Beck'sche Elementarbücher

HERMANN L. STRACK / GÜNTER STEMBERGER

Einleitung in Talmud und Midrasch

Siebente, völlig neu bearbeitete Auflage

VERLAG C. H. BECK MÜNCHEN

Die erste bis sechste Auflage der ‚Einleitung in Talmud und Midrasch‘
von Hermann L. Strack erschienen in den Jahren 1887 bis 1976.
Die siebente Auflage wurde von Günter Stemberger völlig neu bearbeitet.

CIP-Kurztitelaufnahme der Deutschen Bibliothek

Strack, Hermann L.:
Einleitung in Talmud und Midrasch / Hermann
L. Strack; Günter Stemberger. – 7., völlig
neu bearb. Aufl. – München: Beck, 1982.
   (Beck'sche Elementarbücher)
   ISBN 3 406 08282 3
NE: Stemberger, Günter:

ISBN 3 406 08282 3

Umschlagentwurf: Walter Kraus, München
© C.H. Beck'sche Verlagsbuchhandlung (Oscar Beck), München 1982
Gesamtherstellung: C.H. Beck'sche Buchdruckerei, Nördlingen
Printed in Germany

Inhalt

Erster Teil · Allgemeine Einleitung

Zweiter Teil · Die talmudische Literatur

Dritter Teil · Midraschim

Anhang

Vorwort

Sechzig Jahre nach Erscheinen der 5. Auflage der „Einleitung in Talmud und Midrasch" von *H. L. Strack* wird nun eine völlig neu bearbeitete Fassung des Buches vorgelegt. Wer die Entwicklung der rabbinischen Forschung kennt, wird verstehen, daß die Neubearbeitung sich nicht auf die Korrektur von Details und die Ergänzung der Bibliographie beschränken konnte. Ziel war es, dem heutigen Forschungsstand entsprechend ein Arbeitsbuch anzubieten, wie es *Stracks* Buch für seine Zeit gewesen ist und als das es sich durch die Jahrzehnte bewährt hat.

Aus Kostengründen erwies es sich als notwendig, den Umfang von *Stracks* Werk nicht wesentlich zu erweitern, zugleich auch auf den hebräischen Satz zu verzichten. Die Probleme der Transkription sind allgemein bekannt; hier ist eine möglichst einfache Umschrift gewählt, ohne auf phonetische Feinheiten zu achten, auf die es hier nicht ankommt. Bekannt ist auch die Uneinheitlichkeit in der Namensschreibung so mancher Autoren (z. B. *Aloni, Alloni, Allony; Lieberman, Liebermann, Libermann* usw.): bei bibliographischen Angaben wird die Schreibweise des jeweiligen Werkes wiedergegeben, im Text jedoch einheitlich die verbreitetste Schreibung verwendet.

Um den Umfang in Grenzen zu halten, habe ich vor allem den Großteil der älteren Bibliographie, einzelne Tabellen und das Kapitel „Textproben in Übersetzung" gestrichen. So ergab sich die Möglichkeit, den Midrasch-Teil zu erweitern. Die bibliographischen Angaben können natürlich schon aus Platzgründen nicht vollständig sein; doch hoffe ich, trotz sehr beschränkter Wiener Bibliotheksverhältnisse nichts Wesentliches übersehen zu haben.

Wörtliche Übernahmen des Textes von *Strack* sind verhältnismäßig selten; sie sind vor allem in den Kapiteln über die rabbinische Hermeneutik, mündliche und schriftliche Tradition, die wichtigeren Schriftgelehrten sowie in der Inhaltsangabe der Mischna zu finden. Nicht falsche Pietät sollte die Neubearbeitung bestimmen, sondern die Intention *Stracks* den geänderten Erfordernissen entsprechend neu verwirklicht werden.

Wien, im Oktober 1980   *Günter Stemberger*

ERSTER TEIL
ALLGEMEINE EINLEITUNG

I. Der historische Rahmen

Lit.: Palästina: G. *Alon,* Toldot; *ders.,* Studies; M. *Avi-Yonah,* Geschichte der Juden im Zeitalter des Talmud, B 1962; S. W. *Baron,* History II; N. N. *Glatzer,* Geschichte der talmudischen Zeit, B 1937; *J. Juster;* E. M. *Smallwood,* The Jews under Roman Rule. From Pompey to Diocletian, L 1976; G. *Stemberger,* Das klassische Judentum. Kultur und Geschichte der rabbinischen Zeit, M 1979. – *Babylonien:* S. *Funk,* Die Juden in Babylonien, 2 Bde, B 1902/08; *J. Neusner,* Babylonia. – *Innerjüdische Organisation:* H. *Mantel,* Sanhedrin; *J. Taubes,* Ha-Nasi ba-Sanhedrin ha-Gedola, W 1925; M. *Beer,* Exilarchate. – *Anfänge der rabb. Bewegung: J. Neusner,* ,,Pharisaic-Rabbinic'' Judaism: A Clarification, HR 12 (1973) 250–270; *ders.,* Development of a Legend, L 1970; *ders.,* The Formation of Rabbinic Judaism: Yavneh (Jamnia) from A. D. 70 to 100, ANRW II 19/2, 3–42; *A. J. Saldarini,* The End of the Rabbinic Chain of Tradition, JBL 93 (1974) 97–106; *P. Schäfer,* Die Flucht Johanan b. Zakkais aus Jerusalem und die Gründung des ,,Lehrhauses'' in Jabne, ANRW II 19/2, 43–101.

Die geschichtliche Periode, auf deren Hintergrund die hier darzustellende rabb. Literatur entstanden ist, ist das 1. Jahrtausend unserer Zeitrechnung. Ihre beiden Endpunkte sind, grob genommen, das Jahr 70 mit der Zerstörung Jersualems und seines Tempels durch Titus und etwa das Jahr 1040 mit dem Niedergang der gaonäischen Akademien Babyloniens, auch wenn die letzten Werke der rabb. Literatur erst Jahrhunderte später entstehen.

1) Die äußere Geschichte

Die wesentlichen Fakten dieser Periode seien nur ganz knapp in Erinnerung gerufen, da ja keine Literatur ohne ihren zeitgeschichtlichen Zusammenhang begriffen werden kann. Die beiden wichtigsten Zentren des jüdischen Lebens in der damaligen Welt waren Palästina und Babylonien; aus diesen Zentren ist die rabb. Literatur fast ausschließlich hervorgegangen.

In *Palästina* ging den Juden mit ihrer Niederlage im Jahre 70 der letzte Rest staatlicher Eigenständigkeit für immer verloren, der Tempel als religiöses Zentrum und als Basis der priesterlichen Macht existierte nicht mehr. Die Neuorganisation einer jüdischen Selbstverwaltung entwickelte sich nur allmählich aus dem neuen Zentrum religiöser Gelehrsamkeit, Jabne: dort begann Jochanan ben Zakkai bald nach 70, jüdische Gelehrte vor allem aus pharisäischen und Schriftgelehrten-Kreisen, aber auch aus den sonstigen wichtigen Gruppen des zeitgenössischen Judentums um sich zu sammeln. Aus diesen Anfängen entwickelte sich langsam die neue jüdische Führung Palästinas, die das Judentum durch eine Zeit ohne Tempel und ohne Staat zu lenken imstande war: das Patriarchat mit seinem den Sanhedrin der Tempelzeit fortführenden Gericht und seiner Schule.

Am großen Diaspora-Aufstand gegen die römische Herrschaft in den Jahren 115–117 haben die Juden Palästinas, soweit sich erkennen läßt, wohl nicht teilgenommen. Doch dann ließen sie sich unter der Führung Bar Kokhbas in den folgenschweren zweiten großen Aufstand gegen Rom in den Jahren 132–135 hetzen. Erst nach dem Tod Hadrians im Jahr 138 kam es zu einer Versöhnung mit Rom: unter den Antoninen und Severern konnte sodann ein friedlicher Wiederaufbau beginnen, an dessen Ende das machtvolle Patriarchat Jehuda ha-Nasi's, kurz Rabbi genannt, stand. Die jüdische Bevölkerung Palästinas hatte nach 135 ihren Schwerpunkt nicht mehr in Judäa, sondern in Galiläa; Zentrum der jüdischen Selbstverwaltung war nach dem Bar-Kokhba-Aufstand somit auch nicht mehr Jabne, sondern zuerst Uscha (bis etwa 170), dann Bet Schearim und Sepphoris, schließlich ab der Mitte des 3. Jhs. Tiberias.

Das 3. Jh. brachte dem palästinischen Judentum eine Verfestigung seiner Strukturen – Führung durch das nunmehr erbliche Patriarchat und Aufstieg des Rabbinats. Gleichzeitig hatte Palästina natürlich auch seinen Anteil an den politischen Wirren und dem wirtschaftlichen Niedergang des römischen Reichs in dieser Periode, aus der vor allem zwei Fakten hervorzuheben sind: politisch und wirtschaftlich von weitreichender Bedeutung war die Constitutio Antoniniana Caracallas von 212, die (fast) allen Reichsbewohnern, also auch den Juden, das römische Bürgerrecht verlieh. Direkter war das palästinische Judentum durch die Episode der Herrschaft Odenats und Zenobias von Palmyra über weite östliche Gebiete des römischen Reichs, darunter auch Palästina, betroffen (260–273).

Die große Wende kam mit der Christianisierung des römischen Reiches unter Konstantin: 313 wurde das Christentum durch das „Edikt" von Mailand zur religio licita; mit der Alleinherrschaft Konstantins ab 324 wurde dies dann auch für Palästina bedeutsam. Die Folgezeit brachte ein ständiges Vordringen des Christentums, sodaß das Judentum sogar in Palästina immer mehr in die Defensive geriet. Die Herrschaft Julians (361–363), der sogar den Wiederaufbau des Tempels zu Jerusalem gestattete, bedeutete nur eine kleine Atempause. Dann setzte sich das Christentum endgültig durch. Nach außen ist dies vor allem durch ein Gesetz dokumentiert, das alle Untertanen des Reichs auf das nizänische Glaubensbekenntnis verpflichtete und damit das Christentum de facto zur Staatsreligion machte. Um 425 wurde die Institution des jüdischen Patriarchats aufgehoben. Der 438 promulgierte Codex Theodosianus und vollends der 529 bzw. 534 veröffentlichte Codex Justinianus fixierten dann endgültig die Rechtslage zu Ungunsten der jüdischen Bevölkerung. So ist es nicht zu verwundern, daß die Juden Palästinas sich viel von der Herrschaft der Perser (614–628) erwarteten; wiederum enttäuscht, ließen sie auch die Wiederkehr der byzantinischen Regierung über sich ergehen, bis die arabische Invasion – 638 wurde Jerusalem erobert – sie endgültig aus christlicher Macht befreite.

Babylonien, seit dem Exil von 586–538 stets Wohnsitz einer bedeutenden jüdischen Volksgruppe, die kurz nach 70 und wohl in Reaktion auf das Geschehen in Palästina eine Selbstverwaltung unter dem Exilarchen erlangt hatte, wurde für die rabb.-jüdische Geschichte mit dem Bar-Kokhba-Aufstand bedeutsam. Nun flüchteten nämlich zahlreiche Rabbinen Palästinas nach Babylonien, und manche von ihnen blieben auch, nachdem sich die Lage zuhause wieder normalisiert hatte. Um 226 wurde die parthische Herrschaft über Babylonien durch die sassanidischen Perser abgelöst, die den zoroastrischen Glauben als Staatsreligion durchzusetzen versuchten. Anfänglich führte dies zu Schwierigkeiten für die jüdische Bevölkerung; doch unter Schapur I. erhielt sie um 250 ihre Autonomie wieder voll bestätigt; Voraussetzung dafür war die Anerkennung des Landesgesetzes.

Eine lange Periode der Stabilität und Blüte fand erst in der 2. Hälfte des 5. Jhs. ihr abruptes Ende mit einer Reihe von Judenverfolgungen (gleichzeitig mit Christenverfolgungen), die um 468 ihren Höhepunkt erreichten: die jüdische Selbstverwaltung wurde aufgelöst, der Exilarch hingerichtet; Synagogen wurden geschlossen und zahlreiche Rabbinen getötet. Die Normalisierung der Verhältnisse in der ersten Hälfte des 6. Jhs. brachte keine Erneuerung des Exilarchats; ähnlich wie in Palästina fehlte somit nun auch in Babylonien dem Judentum die straffe zentrale Führung.

Die entscheidende Wende kam auch in Babylonien durch die Machtübernahme der Araber um 640. Die beiden großen jüdischen Zentren befanden sich nun erstmals unter einer gemeinsamen politischen Verwaltung; deren Hauptstadt war zuerst unter den Omajaden Damaskus, womit zunächst Palästina dem Machtzentrum näher war, dann jedoch ab 750 unter den Abbassiden Bagdad, was innerjüdisch zu einer Dominanz des babylonischen Judentums führte. Das erneuerte Exilarchat und die Führer der großen rabb. Akademien von Sura und Pumbedita – beide nunmehr in Bagdad – wurden für einige Zeit die anerkannten Vertreter des Judentums nicht nur in Babylonien, sondern auch in der übrigen Diaspora und sogar in Palästina.

Doch der politische Niedergang des Kalifats brachte dann auch eine langsame Gewichtsverlagerung innerhalb der jüdischen Bevölkerung mit sich: Ägypten, Nordafrika und Spanien wurden immer bedeutender; das Exilarchat verlor an Einfluß, die gaonäischen Schulen gingen darnieder. Die Kreuzzugsbewegung – 1099 Eroberung Jerusalems durch die Kreuzfahrer – bedeutete dann das endgültige Aus für diese Geschichtsepoche und die jüdische Welt, in der die rabb. Literatur entstanden war. Mag auch die literarische Tätigkeit im Geist der Rabbinen noch einige Zeit weitergegangen sein, ihre Zeit war endgültig vorbei, und die Schriften der Rabbinen wurden nun selbst Gegenstand von Kommentaren und Kompendien, wurden Primärliteratur.

2) Die Anfänge der rabbinischen Bewegung

Aus heutiger Sicht ist das Jahr 70 ein eindeutiger Wendepunkt in der jüdischen Geschichte. War es jedoch auch für die Zeitgenossen ein solcher Schnitt, der klar die Zeit des Tempels und der Pharisäer von der Zeit nach 70 ohne Tempel und mit den Rabbinen trennte? Die Einführung des Titels Rabbi (zu unterscheiden von der Anrede Rabbi im Sinn ,,mein Herr, mein Meister") deutet auf ein solches Bewußtsein einer neuen Zeit hin. Das spiegelt sich in TEd III 4 (Z. 460): ,,Wer Schüler hat, die selbst wieder Schüler haben, den nennt man Rabbi. Sind seine Schüler vergessen, nennt man ihn Rabban; sind auch die Schüler seiner Schüler schon vergessen, nennt man ihn beim (bloßen) Namen". Der in diesem Text reflektierte Sprachgebrauch nach 70 war keine bloß äußerliche Änderung, sondern zeigt ein neues Selbstverständnis; dieses ist nicht plötzlich und geradlinig entstanden, doch aus dem Rückblick der 2. Hälfte des 2. Jhs. schon klar.

Dieser Wandel im Selbstverständnis der Rabbinen zeigt sich auch in der Traditionskette von Abot bzw. ARN. Diese Schriften bieten zuerst eine Liste der ,,Paare" bis Hillel und Schammai, die untereinander bis zurück zu Mose durch Empfang und Weitergabe der Tora verbunden sind. Nach Hillel und Schammai erfolgt ein Bruch: nur Jochanan ben Zakkai wird nachträglich mit derselben Traditionsterminologie eingefügt *(qibbel – masar)*, während die später dazugefügte Patriarchenliste und die Aufzählung der anderen Rabbinen diese typische Terminologie nicht verwenden. Das zeigt das Bemühen, Jochanan mit den ,,Paaren" zu verbinden, die rabb. Tradition mit der pharisäischen zu verknüpfen *(Saldarini)*.

Wie *J. Neusner* verschiedentlich betont hat (z. B. Phar III 228.282f), kommt dieses Bemühen in der Zeit von Jabne noch nicht zum Tragen: damals fühlte man noch gar keinen Bruch mit der Zeit vor 70. Dessen wurde man sich vielmehr erst in Uscha bewußt, als klar war, daß es in absehbarer Zeit keinen Tempel und keine Restauration früherer Zustände geben werde: ,,the real break in the history of the Pharisaic-rabbinic movement comes not at 70, with the destruction of the Temple, but at 140, with the devastation of southern Palestine and the reconstitution of the rabbinic movement and the patriarchal government in the north" (Phar III 283). Nun erst wurde der Bruch von 70 als irreparabel bewußt und nunmehr begann man auch, explizit an die Zeit vor 70 anzuknüpfen, die geistigen Stammväter der rabb. Bewegung in Hillel und Schammai und ihren Schulen bewußt darzustellen, ja den Ahnen bis in die Zeit Simeons des Gerechten und Esras nachzuspüren, die Kontinuität bis Mose herzustellen.

Die Erzählung von der Flucht Jochanan ben Zakkais aus Jerusalem wurde nun zur Gründungsurkunde des rabb. Judentums (dazu *Schäfer*). Doch dauerte es lange, bis man gerade hier den entscheidenden Neueinsatz gesehen hat. Erst aus der Sicht der Späteren ist es klar, daß der Verlust der Eigenstaatlichkeit und des Tempels die Voraussetzung für den Aufstieg des rabb. Judentums war. Noch länger hat es natürlich gebraucht, bis sich das Rabbinat als die neue Führungsschicht des Judentums durchsetzen konnte und die Vielfalt des Judentums vor 70 zu einer gewissen Einförmigkeit reduzierte. Das rabb. Judentum hat wohl nie die einzige Ausprägung jüdischen Lebens dargestellt; und es ist auch erst durch eine Entwicklung von Jahrhunderten zum „normativen" Judentum geworden, als das man es gern für die ganze Periode gesehen hat.

3) Die Quellen

Die Quellen für die Darstellung der rabb. Zeit sind so einseitig, daß das aus ihnen gewonnene Geschichtsbild weithin ungesichert bleibt – die Vorstellung vom „normativen" Judentum geht z. B. auf diese Quellenlage zurück. Nur die großen Linien der äußeren Geschichte sind durch nicht-jüdische Quellen hinreichend belegt. Was jedoch die innere Entwicklung des rabb. Judentums betrifft, sind wir fast vollständig auf das Selbstzeugnis der Rabbinen angewiesen, somit auf die Literatur einer einzigen Gruppe innerhalb dieses Judentums; das Selbstverständnis der Rabbinen prägt jegliche Überlieferung. Zwar kann man dieses Bild zum Teil durch archäologische Funde (nur in Palästina), durch Texte der Kirchenväter und andere nichtjüdische Schriften überprüfen und korrigieren; Tatsache bleibt, daß wir auf das Selbstzeugnis der Rabbinen verwiesen sind und keine andere Gruppierung innerhalb des damaligen Judentums uns literarische Zeugnisse hinterlassen hat. Wenn die Geonim – etwa der *Seder Tannaim we-Amoraim* oder der *Brief des Scherira Gaon* – uns die Zustände der rabb. Zeit schildern, erfolgt dies wiederum in einem bestimmten Gruppeninteresse; somit sind sie kein geeignetes Korrektiv gegenüber den rabb. Darstellungen. Die tatsächliche Bedeutung der rabb. Bewegung innerhalb des jüdischen Lebens vor allem der talmudischen Periode ist so nur mit Vorsicht abzuschätzen. Sicher ist, daß die Rabbinen erst langsam zur anerkannten Führungsschicht innerhalb des Judentums aufgestiegen sind, erst allmählich ihre Gruppenliteratur zur fast kanonischen Literatur des Judentums werden konnte.

Der *Seder Tannaim we-Amoraim* (STA) verbindet eine Methodenlehre – wie kann man die geltende Halakha aus der rabb. Literatur ableiten? wie verhält sich die Mischna zu den Baraitot und zu den halakhischen Midraschim? – mit einer Traditionskette nach dem Vorbild von Abot, aber auch unter dem Einfluß der islamischen Methode des *isnad al-hadith;* dieser Teil überliefert die Patriarchenliste ab Hillel sowie eine Aufzählung der rabb.

Lehrer bis zum Ende der saboräischen Periode. Wie schon Azaria dei Rossi im Meor Enajjim bemerkt hat, steht am Ende dieser Liste das Datum 884 (sowohl in seleukidischer Zeitrechnung wie auch von der Weltschöpfung her datiert). Gewöhnlich betrachtet man somit 884 als Entstehungsjahr der Schrift, was jedoch keineswegs sicher ist, zumal die Schrift aus verschiedenen Teilen zusammengesetzt ist. Stücke könnten auf Israel zurückgehen, andere wieder in Babylonien entstanden sein, spätere wiederum in Nordafrika und Frankreich, wo der vollständigste Text im Machzor Vitry überliefert ist. Kritische Ausgabe (Grundtext Machzor Vitry): *K. Kahan*, Hg., Seder Tannaim we-Amoraim, F 1935 (mit deutscher Einleitung); vgl. dazu *J. E. Ephrathi*, The Sevoraic Period 14–32.

Brief des Scherira Gaon (Iggeret Rab Scherira Gaon, daher ISG): 987 vom Gaon von Pumbedita Scherira (ca. 906–1006) an Rabbenu Nissim und die Gemeinde von Kairowan geschriebene Antwort auf Fragen zur Redaktion von Mischna, Tosefta und Talmud. Scherira verbindet eine Darstellung der Entstehung der rabb. Schriften mit einer Aufzählung der wichtigen Rabbinen sowie der Geonim bis zu seiner Zeit. In zwei Rezensionen, einer spanischen und einer französischen überliefert. Während *B. M. Lewin* der spanischen Fassung den Vorzug gibt, wird heute eher die französische bevorzugt (cf. *Epstein*, IAL 610–615). Kritische Ausgabe: *B. M. Lewin*, Hg., Iggeret Rab Scherira Gaon, F 1920, Ndr. J 1972. Dazu: *S. Assaf*, Geonim 149–153; *M. Beer*, The Sources of Rav Sherira Gaon's Igeret (h), Bar-Ilan 4–5 (1967) 181–196; *Ephrathi*, The Sevoraic Period 1–13.

4) Die Periodisierung der jüdischen Geschichte

In der rabb. Zeit erfolgt die Periodisierung aufgrund der Quellenlage völlig aus der Sicht der Rabbinen und ihrer Interessen: zentral für sie ist das Verhältnis zu Tradition und Lehre, was sich auch in der Abgrenzung der Perioden spiegelt. Von Hillel und Schammai zu Beginn unserer Zeitrechnung – nach Joseph Ibn Aqnin, einem Schüler des Maimonides, schon ab Simeon dem Gerechten um 300 v., nach Abraham Ibn Daud's um 1160/61 geschriebenem Sefer ha-Qabbala wiederum erst nach 70, genauer nach Jochanan ben Zakkai beginnend – reicht bis zu Rabbi und seinen Söhnen, somit ins frühe 3. Jh., die Zeit der *Tannaiten* (aram. *tanna*, von hebr. *schana* „wiederholen, lehren, lernen": die Meister der später als autoritativ betrachteten, mündlich durch ständige Wiederholung weitergegebenen Lehre) (dazu *Bacher*, ET I 193 f, II 241). Bis etwa 500 folgen die *Amoräer* (*amar*, „sagen, kommentieren", somit die Kommentatoren der tannaitischen Lehren); die Zeit der *Saboräer* (*sabar*, „meinen": die Bearbeiter des babylonischen Talmud) im 6. und wohl auch frühen 7. Jh. findet ihre Fortsetzung in der Periode der *Geonim* (*gaon*, „erhaben", Titel der Schulhäupter Babyloniens) bis ins 11. Jh.

Diese Periodisierung ist schon sehr alt; schon die Gemara des Talmud bzw. die Midraschim treffen die Unterscheidung zwischen den Tannaiten und den ihnen folgenden Lehrern: als Tanna im eigentlichen Sinn (zu einer anderen Bedeutung S. 22) bezeichnen sie nur die Lehrer der mischnaischen Zeit, deren Aussprüche sie mit entsprechenden Verbalformen *(tenu, teni u. ä.)* einleiten; ebenso ist die Verwendung von *amar* im spezifischen Sinn schon talmudisch; die Bezeichnungen *sabora* bzw. *gaon* stammen aus der gaonäischen Periode: so findet man die üblich gewordene Periodisierung schon im STA und ISG vor; Abraham Ibn Daud hat sie dann voll ausgebaut: von ihm stammt auch die heute noch übliche Unterteilung der tannaitischen Periode in fünf Generationen, die der amoräischen Zeit in sieben Generationen.

II. Das rabbinische Schulwesen

Lit.: W. *Bacher,* Das alt-jüdische Schulwesen, Jb. für jüd. Geschichte und Literatur 6 (1903) 48–81; H. Z. *Dimitrovsky,* Hg., Exploring the Talmud, Bd I: Education, NY 1976; E. *Ebner,* Elementary Education in Ancient Israel during the Tannaitic Period, NY 1956; B. *Gerhardsson,* Memory and Manuscript; Y. S. *Zuri,* Toldot Darkhe ha-Limmud be-Jeschibot Darom, Galil Sura we-Nehardea, J 1914; S. K. *Mirsky,* Types of Lectures in the Babylonian Academies, FS S. W. Baron, NY 1959, 375–402; Y. *Sorek,* Nehardea – Mother City and Academy in the Time of the Mishna and Talmud (h), TA 1972; J. *Florsheim,* The Establishment and Early Development of the Babylonian Academies, Sura and Pumbeditha (h), Zion 39 (1974) 183–197; D. M. *Goodblatt,* Instruction (wichtige Korrektur zu den vorgenannten Arbeiten); I. *Gafni,* Yeshiva and Metivta (h), Zion 43 (1978) 12–37 (Kritik an Goodblatt). – *Zur Ordination:* W. *Bacher,* Zur Geschichte der Ordination, MGWJ 38 (1894) 122–127; A. *Epstein,* Ordination et Autorisation, REJ 46 (1903) 197–211 (zur Ordination Rabs durch Rabbi); E. *Lohse,* Die Ordination im Spätjudentum und Urchristentum, Göttingen 1951. – *Zur Jüngerschaft:* J. *Neusner,* Talmudic Judaism in Sasanian Babylonia, L 1976, 46–135.

„Sitz im Leben" der rabb. Literatur ist neben der Synagogenpredigt und im geringeren Maß dem Gerichtswesen der Schulbetrieb im weitesten Sinn. Dieser Schulbetrieb spiegelt sich in den rabb. Texten und trägt seinerseits zur Erklärung dieser Texte bei. Zugleich hat das rabb. Schulwesen den wichtigsten Beitrag zur Ausbreitung des rabb. Ideals geleistet, bis dieses das gesamte Judentum mehr oder weniger bestimmt hat. Daher muß das Schulwesen in seiner Entwicklung hier kurz skizziert werden; zwei seiner wesentlichen Aspekte – Hermeneutik und mündliche Tradition – werden in den folgenden Abschnitten behandelt.

1) Der Elementarunterricht

Schon die Bibel verpflichtet den Vater zur religiösen Unterweisung seiner Söhne (Dtn 11,19). Sifre Dtn § 46 (F. 104) verdeutlicht dies damit, daß der Vater mit seinem Sohn in der heiligen Sprache reden und ihn Tora lehren müsse. Mädchen zu unterrichten, wurde im allgemeinen abgelehnt (Kontroverse in Sota III,4). Die meisten Väter sahen sich nicht in der Lage, diese Verpflichtung selbst zu erfüllen oder aber Privatlehrer anzustellen; so kam es bald zur Gründung von Knabenschulen. Die rabb. Tradition schreibt dies Simeon ben Schetach unter Salome Alexandra (76–67) zu (pKet VIII, 11,32c). Jehoschua ben Gamala, Hoherpriester in den Jahren vor dem großen Aufstand gegen Rom, soll dann das Schulwesen auf alle Städte ausgedehnt haben, sodaß Knaben ab dem Alter von sechs oder sieben Jahren allgemein zur Schule gehen konnten (BB 21a). Doch kann die Initiative Jehoschuas in der damaligen politischen Lage kaum viel Erfolg gehabt haben: nach dem Aufstand mußte sicher wieder neu mit dem Aufbau des Schulwesens begonnen werden, ebenso nach dem Bar-Kokhba-Aufstand und den schwierigen Jahren, die ihm bis zum Tode Hadrians 138 folgten. Ab Mitte des 2. Jhs. hat sich dann der Schulunterricht für Knaben wohl allgemein durchgesetzt. Schon in tannaitischer Zeit kann man somit einem Gelehrten verbieten, in einem Ort zu wohnen, in dem es u. a. keinen Kinderlehrer gibt (Sanh 17b).

Die Grundschule (*bet sefer*, „Haus des Buches") befand sich gewöhnlich in der Synagoge oder einem ihrer Nebenräume. Das Kind lernte dort vor allem den Bibeltext lesen. Es begann mit dem Alphabet auf einer Tafel (ARN A6, Sch. 29), bekam dann kleine Stücke der Tora auf Schriftrollen vorgelegt (pMeg III, 1,74a) und schließlich vollständige Torarollen. Das Buch, mit dem man begann, war Lev (LevR 7,3, M.156). Im Lauf der Schulzeit sollte das Kind theoretisch die gesamte Bibel zusammen mit dem Targum durchlernen. Die Lernmethode, die hier wie überhaupt im jüdischen Schulwesen bevorzugt wurde, war das laute Lesen (Er 53b–54a) und die ständige Wiederholung (Chag 9b).

Im Alter von zehn Jahren (Abot V,21), nach PRK 15,5 (M. 255) mit dreizehn Jahren, gingen die Knaben, die noch weiter lernen wollten, zu einem Mischnalehrer in das „Lehrhaus" (*bet midrasch* oder *bet talmud*), wo sie die Grundzüge der jüdischen Tradition und der Halakha lernten. Eine allgemeinere Fortbildung über das Grundschulniveau hinaus erfolgte durch Predigt und Lehrvortrag in Synagoge und Lehrhaus am Sabbat.

2) Die rabbinische Ausbildung in Palästina

Auch die rabb. Schulen in Palästina wurden wie die Oberschule als *bet ha-midrasch* bezeichnet. Der Ausdruck *jeschiba* oder aram. *metibta,* später für rabb. Schulen geläufig, wurde hingegen zumindest in tannaitischer Zeit nicht für rabb. Schulen verwendet, sondern wörtlich als „Sitzung" verstanden, gelegentlich auch als der bei einer solchen Sitzung vorgetragene Lehrstoff; übertragen wurde der Ausdruck dann auch vom Gericht verwendet. Insofern das Gericht dem Publikum offenstand und die Verhandlungen zugleich der praktischen Unterweisung der Studenten dienten, mag sich hier ein Übergang zur Bedeutung „Hochschule, Akademie" ergeben haben.

Über Vorläufer des rabb. Schulwesens in der Zeit des Tempels, ob es sich nun um Einrichtungen der Pharisäer oder der Schriftgelehrten handelt, ist uns fast nichts bekannt. Die Schilderung des *bet ha-midrasch* auf dem

Tempelberg in TSanh VII,1 (Z. 425) enthält wohl zum Teil anachronistische Züge; auch geht es hier nicht um einen Schulbetrieb im eigentlichen
Sinn, sondern um die Entscheidung der Halakha durch den Sanhedrin vor
dem Publikum, was natürlich eine gewisse Unterweisung mit sich bringt.
Daß Jochanan ben Zakkai vor 70 im galiläischen Dorf Arab ein Lehrhaus
geführt habe, wird zwar oft aus pSchab XVI,8,15d herausgelesen, ist dort
jedoch nicht explizit behauptet (cf. *Neusner*, Development 133f). Außerdem ist der Text relativ spät entstanden und anekdotisch, historisch allerdings nur bedingt verwertbar. Die „Häuser" Hillels und Schammais
schließlich können ebensowenig im Sinn von organisierten Schulen verstanden werden (gegen *Gerhardsson* 85: „two different school foundations
and not merely two tendencies"). Legendär ist auch die Angabe BB 134a,
daß Hillel achtzig Schüler gehabt habe.

Für die Zeit nach 70 ist vor allem eine Baraita in Sanh 32b informativ:
,,,Gerechtigkeit, Gerechtigkeit, ihr sollst du nachjagen' (Dtn 16,20). Folge
den Gelehrten zur *jeschiba*, R. Eliezer nach Lod, R. Jochanan ben Zakkai
nach Beror Chajil, R. Jehoschua nach Peqiin, Rabban Gamaliel nach Jabne, R. Aqiba nach Bene Beraq, R. Mattja nach Rom, R. Chananja ben
Teradjon nach Sikhnin, R. Jose nach Sepphoris, R. Jehuda ben Batyra nach
Nisibis, R. (Chanina, dem Schwestersohn des R.) Jehoschua in die Diaspora [d. h. Babylonien], Rabbi nach Bet Schearim, den Gelehrten in die Qua-
derkammer".

Dieser Text geht auf eine in Sanh 32b zuvor zitierte kürzere Fassung
zurück, die das rechtmäßige Gericht nur bei R. Eliezer in Lod und bei
Rabban Jochanan ben Zakkai in Beror Chajil gewährleistet sieht, also wohl
gegen die Nachfolge Jochanans durch Gamaliel in Jabne polemisiert. Dieser Text wurde später in eine Liste von Lehrzentren umgewandelt, die man
wohl in die Zeit knapp vor 200 datieren kann, da Rabbi noch in Bet
Schearim und noch nicht in Sepphoris wirkt (es sei denn, man wollte
Sepphoris nur nicht ein zweites Mal nennen, nachdem es zuvor schon für
R. Jose in der vorhergehenden Generation erwähnt worden war).

Einzelheiten über den Schulbetrieb, vor allem für die tannaitische Periode, sind nur spärlich bekannt. Mit einer fest organisierten Schule können
wir für die frühe Zeit wohl nur am jeweiligen Sitz des Patriarchen rechnen,
wo die Schule fest mit dem Sanhedrin verbunden war. Die Schulen der
anderen Gelehrten waren wohl eher kleine Jüngerkreise, die sich am
Wohnsitz eines bekannten Lehrers bildeten und nach dessen Weggang
oder Tod auch wieder auflösten. Erst ab dem 3. Jh. kommt es auch außerhalb des Patriarchensitzes zu festen Akademien, die in den Texten immer
wieder zusammenfassend z. B. als „die Rabbinen von Caesarea" oder „die
Rabbinen aus dem Süden" (wahrscheinlich Lod) genannt werden. Die
wichtigsten Schulen Galiläas in amoräischer Zeit waren Sepphoris (auch
noch nach dem Weggang des Patriarchen nach Tiberias) und Tiberias, wo
schon R. Meir unterrichtet haben soll (pChag II,1,77b) und Rabbi Jocha-

nan bar Nappacha (lt. Scherira 279 gestorben) die Schule zu großem Ansehen brachte. Noch vor der Übersiedlung des Patriarchats nach Tiberias gegründet, hat diese Schule auch das Ende des Patriarchats überlebt und ist bis in die islamische Zeit bedeutend geblieben, bis dann Jerusalem wieder das eigentliche Schulzentrum wurde.

3) Die rabbinischen Akademien Babyloniens

Die Geschichte dieser Schulen ist nur in gaonäischen Quellen aus dem 9. und 10. Jh. überliefert (Tanchuma, STA und vor allem ISG). An die Angaben Scheriras hat sich auch die jüdische Geschichtsschreibung des 19. und 20. Jhs. fast ausnahmslos gehalten, seine Angaben im wesentlichen nur mit talmudischem Material auffüllend. Demnach sollen die großen babylonischen Schulen auf das 3. Jh. zurückgehen: Rab, ein jüngerer Zeitgenosse Rabbis, habe in Sura am Eufrat die Hochschule gegründet und sei ihr erster Rektor gewesen; sein Zeitgenosse Mar Samuel habe die Hochschule von Nehardea geleitet; 259 wurde Nehardea von Odenat zerstört, doch lebte seine Schule später wieder auf.

Es ist unmöglich, die gaonäischen Berichte einfach als getreue Zusammenfassungen von Archivmaterial der Akademien zu sehen; vielmehr verfolgen die Texte bestimmte politische Tendenzen – so wollte ISG das Wiederaufleben der Schule von Sura verhindern, indem er wiederholt betonte, allein Pumbedita habe eine ununterbrochene Tradition. Wenn man die gaonäischen Angaben im bT überprüft, der doch das Werk dieser Akademien sein soll, findet man in amoräischer Zeit keinen Beleg für große rabb. Akademien in Babylonien, wie *D. Goodblatt* aufgezeigt hat. Der bT verwendet als Ausdruck für eine rabb. Schule nicht *jeschiba* oder *metibta*, sondern *be rab*, „Haus des Meisters", gewöhnlich mit Zufügung des Namens des dort unterrichtenden Rabbi. Zusammen mit anderen talmudischen Angaben ergibt sich daraus, daß die babylonischen Rabbinen in ihren Wohnhäusern, gelegentlich auch in eigenen Schulhäusern, einen kleinen Jüngerkreis unterrichteten, der sich spätestens mit dem Tod des Meisters wieder auflöste. Erfolgreichere Lehrer haben sicher gelegentlich einen größeren Schülerkreis um sich versammeln können; u. U. haben sie dann auch Hilfslehrer anstellen müssen und so einen größeren Schulbetrieb organisiert. Doch bleibt es Tatsache, daß die Geonim anachronistisch ihre eigenen Verhältnisse in eine frühere Zeit projiziert haben. Die Akademien von Sura, Nehardea und Pumbedita waren in talmudischer Zeit wohl nichts anderes als die in diesen Städten besonders zahlreichen und bedeutenden Lehrer mit ihren Jüngerkreisen, die erst eine spätere Tradition zu einzelnen großen Akademien zusammengefaßt hat. Diese Akademien in ihrer späteren Form sind jedoch erst in der frühen islamischen Zeit entstanden und haben wohl auch islamische Vorbilder.

Was die *Lehrmethoden* betrifft, gab es wohl kaum große Unterschiede zwischen Palästina und Babylonien. Auch auf diesem Ausbildungsniveau hatte das Auswendiglernen durch ständig wiederholtes lautes Rezitieren des Lehrstoffes in einer bestimmten Form der Kantillation (Meg 32a) absoluten Vorrang. Zuerst galt es einmal zu lernen, auch wenn man das Gelernte nicht verstand; über den Sinn eines Textes nachdenken konnte man auch später (AZ 19a, Schab 63a). Wo die Zahl der Schüler genügend groß war, gab es auch einen Pauker, den *Tanna*, der einen möglichst großen Umfang an Traditionsstoff auswendig beherrschen mußte und der diesen Stoff durch ständig wiederholtes Vorsagen den Schülern weitergab. Als lebendige Studienbibliothek im Schulbetrieb unentbehrlich, wurde der Tanna andererseits wegen seines bloß mechanischen Wissens von vielen Rabbinen verachtet: ,,Der Magier murmelt und weiß nicht, was er sagt. Der Tanna lehrt und weiß nicht, was er sagt" (Sota 22a). Trotz dieser Kritik ist die Funktion des Tanna bis in gaonäische Zeit lebendig geblieben, war sie doch zusehr mit dem Ritual des Lernens verbunden, als daß man sie leichthin abgeschafft hätte.

Schon in talmudischer Zeit, besonders ausgebaut aber dann in der gaonäischen Periode, traten in Babylonien neben die Ausbildung der Rabbinen im Jüngerkreis bzw. später in der Akademie die Institutionen von *Pirqa und Kalla*.

Die Etymologie des Wortes Kalla (auch *kallah* wie hebr. ,,Braut" geschrieben) ist nicht geklärt, auch wenn es gern auf die ,,Braut" Tora gedeutet wird. Die von Natan ha-Babli ausführlich geschilderte Institution war eine Art rabb. Bildungstagung, ein mehrtägiges Treffen von Studenten und Absolventen rabb. Schulen. In gaonäischer Zeit waren dafür der Monat Elul im Sommer, der Monat Adar im Winter vorgesehen (die ,,Kallamonate"). Diese zu Beginn des 4. Jhs. erstmals nachweisbaren Versammlungen mögen zum Ausbau der rabb. Akademien wesentlich mit beigetragen haben. Auf ihnen konnte man mit relativ zahlreicher Teilnahme rechnen: mindestens zehn Männer mußten anwesend sein, damit die Sitzung eröffnet werden durfte (BB 12b). Thema der Kalla war ein Traktat der rabb. Tradition, später dann des Talmud, dessen Text abgefragt wurde, bevor man sich an die Diskussion seiner besonderen Probleme machte. Sicher sind die Kalla-Sitzungen für die endgültige Ausgestaltung des bT von besonderer Bedeutung gewesen (siehe *Goodblatt*, Instruction 155ff).

Die *Pirqa* (,,Abschnitt, Kapitel"), ebenfalls seit Beginn des 4. Jhs. nachweisbar, war ein Einzelvortrag zu einem teils halakhischen, teils haggadischen Thema vor einem größeren Publikum, zu dem auch Leute aus dem einfachen Volk gehörten. In gaonäischer Zeit fand die Pirqa regelmäßig an Sabbaten in den Synagogen der rabb. Akademien statt; den Vortrag hielt das Schuloberhaupt oder der Exilarch. Die Pirqa hat somit viel zur Verbreitung der rabb. Geistigkeit im gewöhnlichen Volk beigetragen (dazu *Goodblatt*, Instruction 171f).

4) Die Jüngerschaft

Neben den schulischen Aspekt der rabb. Ausbildung tritt als mindestens ebenso wichtiger Teil der Schulung die *Jüngerschaft* bei einem Gelehrten, der „Dienst" des Gelehrtenschülers (*talmid chakham*) bei einem Rabbi. Diese Jüngerschaft dauert Jahre und ist vielfach mit einer Art Lebensgemeinschaft und einem gemeinsamen Haushalt verbunden. Nur durch diese Lebensschulung wird man ein vollwertiges Mitglied der rabb. Gesellschaft; ohne sie bleibt man trotz allen Wissens ein Ungebildeter, ein *am ha-arets* (Sota 21b–22a). Bei seinem Meister lernt der Jünger das rechte Verhalten und paßt sich ihm in allen Formen des täglichen Lebens an, in Kleidung, Sprechweise usw., was zu einem ausgeprägten Traditionalismus und Klassenbewußtsein führt, vielfach auch zur Erblichkeit des rabb. Standes, auch wenn dies gelegentlich zu Kritik Anlaß gibt (z. B. Ned 81a).

Ziel der Ausbildung ist die Befähigung, in Fragen des religiösen Rechts frei und selbständig entscheiden zu können. In Palästina war dies an die *semikha*, die Ordination, gebunden, mit der auch das Recht verknüpft war, den Titel Rabbi zu tragen. Ob in Babylonien statt der Bezeichnung Rabbi der Titel Rab verwendet wurde, weil es dort die Ordination nicht gab, ist nicht sicher, wenn auch möglich.

Die rabb. Semikha (hebr. „Aufstützen", von da „Handauflegung" als Geste einer Funktionsübertragung) befähigte zur authentischen Weitergabe der Tradition. Sie sicherte die ununterbrochene Traditionskette von Mose bis in die eigene Zeit (Abot). Schon bald gab man die Handauflegung bei der Semikha auf und nannte nur noch den Namen des zu Ordinierenden mit der Formel: „Darf er lehren? Er darf. Darf er richten? Er darf. Darf er erlauben? (d. h. Gelübde lösen) Er darf" (Sanh 5a). In diesem vollen Umfang autorisierte die Ordination zur selbständigen Unterweisung und Entscheidung in der Halakha, zur Ausübung des Gerichts, zur Erlaubnis von Erstlingen für den profanen Gebrauch, zur Lösung von Gelübden, zur Mitwirkung bei der Einfügung des Schaltmonats und zur Verhängung des Banns.

Ursprünglich konnte wohl jeder einzelne Rabbi mit der Ordination das Jüngerverhältnis seines Schülers abschließen. Da aber mit der Ordination die Aufnahme in den sicher auch später zahlenmäßig begrenzten Sanhedrin verbunden war, behielt sich immer mehr der Patriarch das Recht zur Ordination vor, wobei er die anderen Mitglieder des Sanhedrin manchmal befragte, vielfach aber auch nicht. R. Abba sagt in pSanh I,3,19a: „Anfangs erteilte jeder selbst seinen Schülern die Ordination. Später gab man die direkte Ordination auf und sagte: Ein Gericht, das ohne Wissen des Patriarchen ordiniert, hat nicht ordnungsgemäß ordiniert; wenn hingegen der Patriarch ohne Wissen des Gerichts ordiniert, ist seine Ordination gültig. Dann setzte man fest, daß der Sanhedrin nur mit Wissen des Patriarchen

ordiniert und auch der Patriarch nur mit Wissen des Sanhedrin ordiniert".
Wegen der zahlenmäßigen Begrenzung der Ordinierten gab es in Palästina
somit eine Gruppe von rabb. voll ausgebildeten Männern, die jedoch nicht
voll „praktizieren" konnten, da sie nicht ordiniert waren.

Um die Mitte des 4. Jhs., spätestens jedoch mit dem Ende des Patriarchats um 425 hörte dann der Brauch der Ordination auf. Andere Formen,
den Gelehrtenjünger für selbständig zu erklären, haben wohl inzwischen
ihre Stelle eingenommen, wie es in Babylonien schon immer andere Formen gegeben haben muß (so etwa die Aufnahme in den Beamtenstab des
Exilarchen).

III. Die rabbinische Hermeneutik

Lit.: G. *Aicher*, Das Alte Testament in der Mischna, Freiburg 1906; W. *Bacher*, ET;
J. *Bonsirven*, Exégèse rabbinique et exégèse paulinienne, P 1939; D. *Daube*, Alex.
Methods; *ders.*, Rabb. Methods; *ders.*, Texts and Interpretation in Roman and
Jewish Law, Jewish Journal of Sociology 3 (1961) 3–28 (Ndr. in Fischel, Essays
240–265); L. *Dobschütz*, Die einfache Bibelexegese der Tannaim mit besonderer
Berücksichtigung ihres Verhältnisses zur einfachen Bibelexegese der Amoraim,
Breslau 1893; M. *Gertner*, Terms of Scriptural Interpretation: A Study in Hebrew
Semantics, BSOAS 25 (1962) 1–27; A. *Guttmann*, Foundations of Rabbinic Ju-
daism, HUCA 23/1 (1950f) 453–473; I. *Heinemann*, The Methods of the Aggada
(h), J 1949, ³1970; *ders.*, Palästinische und alexandrinische Schriftforschung, Der
Morgen 9 (1933) 122–137; *ders.*, Altjüdische Allegoristik, Jb. Breslauer Seminar 18
(1935); L. *Jacobs*, Studies in Talmudic Logic and Methodology, Lo 1961 (dazu
E. *Wiesenberg*, Observations on Method in Talmudic Studies, JSS 11, 1966, 16–36);
R. *Loewe*, The „Plain" Meaning of Scripture in Early Jewish Exegesis, Papers of the
Institute of Jewish Studies, Lo 1 (1964) 140–185; S. *Lieberman*, Hell.; F. *Maass*,
Von den Ursprüngen der rabbinischen Schriftauslegung, ZThK 52 (1955) 129–161;
J.–E. *Ménard*, Hg., Exégèse biblique et Judaisme, Straßburg 1973; M. *Mielziner*,
Introduction to the Talmud, Cincinnati-Chicago 1894, 117–264; M. *Ostrowski*,
Ha-Middot sche-ha-Tora nidreschet ba hen, J 1924; D. *Patte*, Early Jewish Herme-
neutic in Palestine, Missoula 1975; S. *Rosenblatt*, The Interpretation of the Bible in
the Mishnah, Baltimore 1935; *ders.*, The Interpretation of the Bible in the Tosefta,
Phil. 1974; B *Salomonsen*, Om rabbinsk hermeneutik, Dansk teologisk Tidsskrift 36
(1973) 161–173; G. *Vermes*, Studies 59–91; J. *Weingreen*, From Bible to Mishna.
The continuity of tradition, Manchester 1976, 1–76; S. *Zeitlin*, Les principes des
controverses halachiques entre les écoles de Shammai et de Hillel, REJ 93 (1932)
73–83; *ders.*, Hillel and the Hermeneutic Rules, JQR 54 (1963f) 161–173. Weitere
Literatur zu den einzelnen Abschnitten.

Zu einem großen Teil sind die rabb. Schriften aus dem Versuch erwachsen,
die Tora als das Lebensgesetz des Judentums den sich wandelnden Lebens-
verhältnissen anzupassen. Diese Aktualisierung der Tora erfolgt in der
„mündlichen Tora", deren Entwicklung vor allem auch mit der Bibelauslegung verbunden ist, sei es in direkter Ableitung neuer Bestimmungen oder
Vorstellungen aus dem Bibeltext oder in nachträglicher Rechtfertigung
einer Aussage der Tradition durch eine bestimmte Bibelstelle. Der Umgang
der Rabbinen mit der Bibel mag vielfach willkürlich scheinen, ist jedoch an
gewisse Regeln *(middot)* gebunden, welche die rabb. Tradition im Lauf der
Zeit in Gruppen zusammengefaßt hat, die sieben Regeln Hillels, die dreizehn Regeln Jischmaels und die 32 Regeln des R. Eliezer (ben Jose ha-
Gelili).

Natürlich hat es schon vor der Fassung dieser Regelgruppen eine bestimmte Methodik der Bibelauslegung gegeben. Die frühen Bibelgelehrten bezeichnet man als *soferim*, von *sefer* „Buch" abgeleitet, aber auch mit der Wortbedeutung „zählen" zu verbinden: denn eine ihrer wichtigsten Aufgaben war das Zählen der Worte in jeder Schrift der Bibel sowie der Häufigkeit der einzelnen Worte selbst, ja sogar der Buchstaben (cf. Qid 30a). Ebenso erstellten sie Listen, welche Ausdrücke in der Bibel nur einmal oder zweimal vorkommen. Solche Listen erleichterten die Erklärung eines Textes durch eine Parallele bzw. allgemein aus dem Zusammenhang der Bibel, gilt doch als wesentliches Auslegungsprinzip, die Tora aus der Tora auszulegen (pMeg I, 13, 72b läßt dies schon Noach anwenden).

Aus dem allgemeinen Wortgebrauch oder auch durch den Vergleich mit fremden Sprachen leitet sich die einfache Worterklärung ab. Diese wird gern mit der Formel *ein ... ela* eingeführt: ein Ausdruck bedeutet „nichts als" dies oder das. Vielfach (nicht unbedingt später: eine solche Entwicklung ist nicht zu beweisen) wendet man den Ausdruck allerdings auch dort an, wo die Erläuterung keineswegs aus dem Wortsinn selbst hervorgeht, sondern eher eine theologische Deutung ist oder den Wortsinn gar allegorisch umprägt. Erklärungen dieser Art wurden vielleicht in Textglossen zur Bibel oder auch in eigenen Sammlungen zusammengestellt. Dazu: *W. Reiss*, Wortsubstitution als Mittel der Deutung. Bemerkungen zur Formel *ein ... ela*, FJB 6 (1978) 27–69.

Für die Anwendung der Auslegungsregeln ist prinzipiell zwischen Halakha und Haggada zu unterscheiden. Die Halakha steht im allgemeinen schon vor ihrer biblischen Begründung fest: die Bibelauslegung hat sich dann mehr oder weniger darauf zu beschränken, die bestehende Halakha biblisch zu begründen und zu stützen. Insofern ist die halakhische Exegese traditionsgebundener als die haggadische Auslegung. Andererseits muß sich jedoch die Halakha den wechselnden Verhältnissen anpassen; auch bemüht man sich in den je gewandelten Zeitumständen nach Möglichkeit um eine einheitliche Halakha. Das hat einen ständigen Adaptierungsprozeß zur Folge. Die Haggada hingegen, die ja keinen direkten Einfluß auf das praktische Leben hat, bleibt von dieser ständigen Anpassung weitgehend verschont, auch wenn es im Dienste zeitgebundener Polemik und Abwehr bestimmter Ideen auch hier zeitbedingte Veränderungen gibt. Im allgemeinen ist daher die Haggada, obwohl prinzipiell nicht so streng genormt wie die Halakha, beständiger als diese.

1) Die sieben Regeln Hillels

Lit.: A. Schwarz, Der hermeneutische Syllogismus in der talmudischen Litteratur, Karlsruhe 1901; *ders.*, Die hermeneutische Analogie in der talmudischen Litteratur, Karlsruhe 1897; *ders.*, Die hermeneutische Induktion in der talmudischen Litteratur,

W 1909; *ders.*, Die hermeneutische Antinomie in der talmudischen Literatur, W
1913; *ders.*, Die hermeneutische Quantitätsrelation in der talmudischen Literatur,
W 1916; *J. Bergman*, Gezera schawa mahi?, Sinai 71 (1972) 132–139 (Unterschied
zum *heqqesch); M. Chernick*, The Development of Kelal U-ferat U-kelal and Rib-
būy U-mi'ūt we-Ribbūy, Diss. Yeshiva Univ. 1978 (beide Regeln entwickeln sich
langsam aufeinander zu).

Die sieben Middot Hillels sind nicht von Hillel erfunden, sondern eine
Zusammenstellung von damals üblichen Hauptarten des Beweisverfahrens.
Die Einführung der Regeln in die pharisäische Schriftauslegung verbindet
man gewöhnlich mit der Episode von pPes VI, 1,33a: die Frage, ob man
das Pesachopfer an einem Sabbat zubereiten darf, der mit dem 14. Nisan
zusammenfällt, beantwortet Hillel positiv. Er begründet dies mit einem
Schluß vom Leichteren auf das Schwerere (das tägliche Opfer verdrängt
den Sabbat, obwohl die Bibel seine Darbringung nicht unter Androhung
der Ausrottung gebietet; umso eindeutiger verdrängt das unter dieser Androhung vorgeschriebene Pesachopfer den Sabbat), mit einem Analogieschluß (vom täglichen Opfer heißt es wie vom Pesachopfer, es habe zu
seiner festgesetzten Zeit stattzufinden – *be-mo'ado:* Num 9,2; 28,2; so ist
das Pesachopfer dem täglichen Opfer auch darin gleichzusetzen, daß es den
Sabbat verdrängt) und mit einer Sachanalogie (beidemal handelt es sich um
Opfer der Allgemeinheit). Alle logischen Ableitungen Hillels können seine
Zuhörer, die Sippe von Batyra, nicht überzeugen, bis er sich dafür auf seine
Lehrer Schemaja und Abtaljon beruft, also die Tradition für sich in An-
spruch nimmt.

Dieselbe Erzählung (kürzer in Pes 66a) nennt in der Fassung von TPes
IV,13 (L. 165f) weder die Leute von Batyra noch Schemaja und Abtaljon
als Lehrer Hillels. Auch die polemische Aussage, daß erst die Berufung auf
die Tradition überzeugt, fehlt in T (dazu *Neusner*, Phar I 231–5, 246–251).
Die Berufung Hillels auf seine Lehrer ist übrigens durch den Kontext in T
allein auf die Halakha, nicht jedoch auf die Auslegungsregeln zu beziehen
(*Lieberman*, Hell. 54). Die Nähe der Regeln Hillels zu den in der hellenistischen Rhetorik üblichen Auslegungsregeln, die dann auch in die römische Rechtsauslegung eingegangen sind (dazu *Daube*, Rabb. Methods), ist
daher auch nicht mit dem Hinweis auf Hillels Lehrer Schemaja und Abtaljon zu erklären, die der Tradition nach Proselyten waren und in Alexandrien studiert und gelehrt haben sollen (gegen *Daube*, Rabb. Methods
241). Eine direkte Übernahme der Regeln aus der hellenistischen Welt ist
nicht nachzuweisen, auch wenn Zusammenordnung und Terminologie der
Regeln auf hellenistische Einflüsse zurückgehen mögen.

TSanh VII,11 (Z. 427), wo die Aufzählung der sieben Regeln eingeleitet
wird mit: „Sieben Worte hat Hillel der Alte vor den Ältesten von Patira
ausgelegt", bezieht sich nicht auf die Erzählung in TPes, wo die Leute von
Patira/Batyra gar nicht genannt sind. Die Erzählung gibt nicht den histori-

schen Anlaß für die Einführung der Regeln wieder; sie ist auch nicht als
Illustration dafür erfunden worden, wie auch nicht die Liste aus ihr
abgeleitet ist, nennt doch die Erzählung nur den Schluß vom Leichteren
auf das Schwerere und den Analogieschluß (in T gar nicht explizit) aus den
sieben Regeln, dafür jedoch die in der Liste nicht enthaltene Sachanalogie
(*heqqesch*). Historisch ist die Verbindung Hillels mit den sieben Regeln
nicht zu sichern.

Außer in TSanh ist der Text der Regeln Hillels auch in der Einleitung zu
Sifra (W. 3a) und in ARN A 37 (Sch. 110) überliefert. In Sifra ist er an die
Auslegung der dreizehn Regeln Jischmaels angeschlossen (in der Ausgabe
Weiss fehlt Regel 3 völlig, in Ms. Assemani 66 sind 3 und 4 ineinander
verschmolzen: *ubinjan ab uschne ketubim;* eigentlich gehören ja 3 und 4
als Einheit zusammen, wurden jedoch geteilt, damit sich die Siebenzahl
ergibt). In ARN steht die Liste zusammen mit anderen Listen von je sieben
Dingen; daß ARN sie aus T kopiert hat (so *Neusner*, Phar I 275), läßt sich
nicht belegen. Auch in T scheint die Liste nachträglich an das Kapitel
angehängt, wohl durch den vorausgehenden Siebenerspruch veranlaßt; es
handelt sich um einen in den Schulen allgemein bekannten und nach Bedarf
in verschiedenen Schriften verwendeten Text.

1. *Qal wa-chomer* (genauer wohl *qol*, „Leichtigkeit": so z. B. zu Beginn
von Cod. Assemani 66 von Sifra; die übliche Aussprache vermeidet eine
Verwechslung mit *qol* „Stimme"). Schluß a minori ad maius, vom Leichten
(minder Bedeutenden) auf das Schwere (Bedeutendere) und umgekehrt.
Laut Jischmael wendet schon der Pentateuch zehnmal diese Regel an, so
z. B. Gen 44,8 (GenR 92,7, Th-A 1145). Ein nichtbiblisches Beispiel ist Ket
111b: „ein *qal wa-chomer* vom Weizenkorn: dieses wird nackt begraben
und kommt bekleidet heraus. Wieviel mehr ist dies von den Gerechten zu
erwarten, die bekleidet begraben werden". Die Regel darf allerdings nicht
zur Begründung einer höheren Strafe verwendet werden: „Es genügt,
wenn das aus einem Rechtssatz Gefolgerte dem gleich ist, aus dem es gefolgert wurde" (BQ II,5).

2. *Gezera schawa,* wörtlich: „gleiche Verordnung" oder „Satzung".
Nach *Lieberman*, Hell. 58f, ist der Ausdruck, dessen genaue Etymologie
noch nicht geklärt ist, in Entsprechung zum Terminus der hellenistischen
Rhetorik *synkrisis pros ison* gebildet (zuerst belegt bei Hermogenes, 2. Jh.).
Analogieschluß. Streng genommen ist dieser nur anzuwenden, wenn in
zwei zu vergleichenden Sätzen der Tora dieselben Ausdrücke vorkommen
und womöglich nur dort vorkommen; außerdem sollen diese Ausdrücke,
auf denen der Analogieschluß aufbaut, für das Verständnis des Satzes nicht
notwendig sein, sodaß man annehmen kann, die Bibel selbst habe sie schon
im Hinblick auf den zu ziehenden Analogieschluß gesagt (Schab 64a).
Auch ist die *gezera schawa* nur äußerst zurückhaltend anzuwenden und
soll durch die Tradition gestützt sein: „du sollst die *gezera schawa* nicht
leichtfertig anwenden" (Ker 5a); „niemand zieht einen Analogieschluß aus

eigener Autorität" (pPes VI,1,33a). Nur unter diesen, später allerdings nicht mehr streng eingehaltenen Bedingungen gilt die an einer Stelle des Pentateuch erwähnte gesetzliche Bestimmung auch für eine andere Stelle. Z. B. heißt es Lev 27,7, „ein Mann von sechzig Jahren und mehr" habe bei der Einlösung seines Gelübdes einen bestimmten Schätzwert. Ar IV,4 läßt nun das „und mehr" auch bei anderen Altersangaben gelten, wo es nicht ausdrücklich dazugesagt ist (Lev 27,3.5): in allen Fällen ist vom vollendeten Lebensjahr auszugehen, auch wenn dies einmal eine Erschwerung, ein andermal wieder eine Erleichterung der Vorschrift bedeutet; das Wort „Jahr" hat immer gleich ausgelegt zu werden (*schana, schana, li-gezera schawa*). Eng verwandt mit der *gezera schawa* ist der sogenannte *heqqesch*, die nicht so streng geregelte Sachanalogie (z. B. Hillel in pPes VI,1,33a).

3. *Binjan ab mi-katub echad,* wörtlich: „Gründung einer Familie" (*ab* kurz für *bet ab*) „von einer einzigen Bibelstelle aus". „Vermöge der mit diesem Ausdrucke bezeichneten exegetischen Norm wird auf eine Anzahl biblischer Stellen, die inhaltlich zueinander gehören, irgendeine nur bei einer derselben sich findende nähere Bestimmung angewendet. Die Hauptstelle verleiht so allen übrigen einen sie zu einer Familie verbindenden gemeinsamen Charakter" (*Bacher*, ET I 9). In pSanh I,1,18a sagt R. Eleazar ben Pedat: „An jeder Stelle, wo es heißt: ‚Und Gott‘, ist Gott und sein Gerichtshof gemeint. Und es ist ein *binjan ab:* an allen Stellen mit *wajomer* ‚und er sagte‘ ist ein Unheil ausgesagt". Sifre Dtn § 148 (F. 202) leitet aus Dtn 17,6 ab: wo der Ausdruck *jimmatse* „er wird angetroffen" in einem bestimmten Zusammenhang ausgesagt wird, sind immer zwei oder drei Zeugen verlangt.

4. *Binjan ab mi-schne ketubim* heißt es, wenn die eben erwähnte Ableitung auf zwei Bibelstellen beruht. So werden z. B. die Vorschriften, daß ein Sklave freigelassen werden muß, wenn ihm sein Besitzer ein Auge oder einen Zahn zerstört hat (Ex 21,26.27) allgemein gefaßt: für alles Unersetzliche gehört dem Sklaven als Entschädigung die Freiheit (Mek Neziqin 9, L. III 72f).

5. *Kelal u-ferat u-ferat u-kelal:* „Allgemeines und Besonderes, Besonderes und Allgemeines", d. h. die Näherbestimmung des Allgemeinen durch das Besondere, des Besonderen durch das Allgemeine. Die dreizehn Middot Jischmaels zerlegen diese Regel in acht (Nr. 4–11). Zu Parallelen in der römischen Rechtsauslegung siehe *Daube*, Rabb. Methods 252–4. Die Einleitung 7–8 zu Sifra (W. 2a) erklärt die Regel so: „Wie erfolgt der Schluß vom Allgemeinen auf das Besondere? Es heißt zuerst: ‚Von den Haustieren‘ (darf man Opfer darbringen: Lev 1, 2). Diese allgemeine Aussage schließt nur ein, was dann die detaillierte Aussage enthält. Wie erfolgt der Schluß vom Besonderen auf das Allgemeine? ‚Wenn jemand einem andern einen Esel, ein Rind, ein Schaf zur Verwahrung gibt‘: das ist die detaillierte Aussage, der dann die Verallgemeinerung folgt: ‚oder sonst ein Haustier‘

(Ex 22,9). Der Schluß vom Besonderen auf das Allgemeine besagt, daß der allgemeine Ausdruck den Einzelbeispielen etwas hinzufügt".

6. *Ke-jotse bo be-maqom acher,* „dem Ähnliches an einer anderen Stelle". Die eigenartige Formel, wörtlich „wie herausgeht mit ihm . . ." leitet *Daube,* Rabb. Methods 260, vom hellenistischen Fachausdruck *symbainein* ab, „entsprechen, sich aus einer Schlußfolgerung ergeben". Diese Regel ist dem Analogieschluß ähnlich, jedoch nicht so streng eingegrenzt. Als Beispiel der Beginn von Mek (L.I 1–3): Die Annahme, „das in der Bibel zuerst Genannte sei auch in Wirklichkeit vorrangig", wird an einer Reihe von Beispielen dadurch widerlegt, daß jeweils ein dazu passender Bibelvers angeführt wird, in dem die Reihenfolge anders ist. In Ex 3,6 heißt es „der Gott Abrahams, der Gott Isaaks und der Gott Jakobs"; in Lev 26,42 steht hingegen: „ich gedenke meines Bundes mit Jakob, meines Bundes mit Isaak und meines Bundes mit Abraham".

7. *Dabar ha-lamed me-injano:* „der Schluß aus dem Kontext" der biblischen Aussage. Wegen ihrer Einsichtigkeit ist diese Regel allgemein anerkannt. Der Satz Aqibas in Sifre Num § 131 (H. 169): „jeder Bibelabschnitt, der dicht bei einem anderen steht, ist mit Hinblick auf diesen auszulegen", scheint dasselbe zu besagen, doch führt dieses Prinzip oft nicht zu einer natürlichen Kontextexegese, sondern zu oft weitergeholten Auslegungen aus dem zufälligen Nebeneinander zweier Ausdrücke. Ein Beispiel für die Regel Hillels: eine Baraita in Sanh 86a beruft sich ausdrücklich auf die Ableitung aus dem Zusammenhang in der Auslegung von Ex 20,16: „Du sollst nicht stehlen". Nach Meinung der Rabbinen ist hier vom Menschenraub die Rede, da auch die anderen Gesetze im Zusammenhang von Personen handeln. In Lev 19,11 hingegen bezieht sich das „Ihr sollt nicht stehlen" aus dem Zusammenhang auf den Gelddiebstahl.

2) Die dreizehn Middot des R. Jischmael

Lit.: *A. Freimann,* FS A. Schwarz, B–W 1917, 109–119, zählt 54 hebräische Kommentare zu den 13 Middot auf; *D. Hoffmann,* Ein Midrasch über die dreizehn Middot, FS A. Berliner, F 1903, hebr. Teil 55–71 (ediert den Text von MHG zu Lev 1,2: vermutet, daß der Text aus MRS stammt, aber von MHG gekürzt bzw. zum Teil nach bT ergänzt wurde).

R. Jischmael, der große Lehrer der Generation vor Bar Kokhba, gilt vor allem in der Bibelauslegung als der Gegenspieler von R. Aqiba. Gegen das pressende Deuten einzelner Wörter, ja Buchstaben, stellt er den Grundsatz auf: „die Tora redet in der Sprache der Menschen" (Sifre Num § 112, H. 121); damit lehnt er z. B. die Ausdeutung des Inf. absolutus *hikkaret* vor dem Verbum finitum *tikkaret* ab: „Es sind stilistische Wiederholungen, die die Tora auf ihre Weise verwendet" (pJeb VIII,1,8 d), eine weitere Erklärung solcher Doppelausdrücke ist daher nicht notwendig.

Wie Hillel wird auch Jischmael eine Gruppe von Auslegungsregeln zugeschrieben, die 13 Middot (die Zahl ist traditionell, bei normaler Unterteilung wären es 16; Aaron Ibn Chajjim kommt in seinem Sifra-Kommentar von 1609–11 auf 17 Regeln), deren Text zu Beginn von Sifra (W. 1 a–b) steht. Diese Regeln stehen im Judentum in sehr hohem Ansehen: sie bilden einen Bestandteil des täglichen Morgengebets (so schon im ältesten vollständigen Siddur, dem des Rab Amram Gaon). Zahlreiche jüdische Lehrer seit dem Mittelalter haben sie als vom Sinai her überliefert erklärt (Zusammenstellung von *G. Fischer,* Jeschurun 7, 1860f, 485–7). MHG Ex 21,1 (M. 458) leitet den Text der Middot ein: ,,R. Jischmael sagt: das sind die dreizehn Middot, durch die die Tora ausgelegt wird, die dem Mose am Sinai überliefert wurden". *D. Hoffmann* hat den Text in seine Ausgabe von MRS (F 1905, 117) aufgenommen; doch hat sich dies durch die Genizafunde nicht bestätigen lassen, weshalb der Abschnitt in der Ausgabe *Epstein-Melamed* 158 auch nicht aufscheint. Text der Middot auch in MHG Lev 1,2 (S. 17), dort ausdrücklich aus Sifra zitiert.

Die 13 Middot sind im wesentlichen nur eine erweiterte Fassung der sieben Middot Hillels: J.1 = H.1; J.2 = H.2; J.3 = H.3 und 4; J.4–11 sind gebildet durch Zerlegung von H.5; J.12 = H.7: Chul 63a nennt diese Midda als eine der ,,13 Middot, nach welchen die Tora ausgelegt wird", aber ohne Nennung Jischmaels. H.6 ist ausgelassen.

J.13 ist neu: ,,Zwei Schriftverse widersprechen einander, bis der dritte Vers kommt und zwischen ihnen entscheidet". Als Beispiel Mek Pischa 4 (L.I 32): Aqiba verweist darauf, daß nach Dtn 16,2 das Pesachopfer vom Kleinvieh und von den Rindern darzubringen ist, nach Ex 12,5 von den Schafen und Ziegen. ,,Wie sind diese beiden Schriftstellen aufrecht zu erhalten? Sage: dies ist eine Regel in der (Auslegung der) Tora – zwei Schriftverse widersprechen einander. Sie bleiben an ihrer Stelle stehen, bis der dritte Vers kommt und zwischen ihnen entscheidet". Ex 12,21 nennt nur Kleinvieh für das Pesachopfer; somit ist klar, daß nur Kleinvieh und nicht Großvieh für das Pesachopfer geeignet ist.

Die Geschichtlichkeit der Zuschreibung der 13 Middot an Jischmael läßt sich ebensowenig beweisen wie jene der 7 Regeln an Hillel. *G. G. Porton* (Ishmael II 65) zeigt mit stilistischen Gründen, daß die Liste in Sifra zusammengesetzt ist. Daher gebe es keinen Grund, ,,that it should be assigned to one man, other than the editor of this passage, or to one school". Eine Analyse der exegetischen Traditionen Jischmaels in tannaitischen Sammlungen zeigt: Jischmael ,,never uses the majority of his exegetical methods. He most commonly employs the *a fortiori* argument and the *gezerah shavah,* the same principles which were common in the non-Jewish world of his time" (l.c.6). Wenn wir uns an die Prinzipien halten, die er gemäß diesen Texten tatsächlich verwendete, kannte er höchstens fünf seiner Regeln. Auch sind die klaren Grenzlinien zwischen den Methoden Jischmaels und Aqibas nicht aufrecht zu halten; zu Jischmaels Zeiten gab es noch nicht zwei methodisch klar unterschiedene exegetische Schulen: ,,It appears that the standard picture of Ishmael's exegetical practice is, at earliest, an Amoraic construction" (l.c.7).

Der Karäer Jehuda Hadassi hat in seiner 1148 begonnenen Darstellung des karäischen Glaubens *Eschkol ha-kofer* (Ausgabe Eupatoria 1836, erweiterter Ndr. Lo 1971, 124b) sich gegen diese Middot ausgesprochen und auch auf ihre Ähnlichkeit mit griechischen Regeln, den *12 ergasiai kai epicheirēmata* hingewiesen. Dabei beruft er sich wohl auf ein mittelalterliches Scholion zur Schrift *Peri heureseōs* des Hermogenes. Direkte Parallelen ergeben sich in den *ergasiai* allerdings nur zu den ersten beiden Regeln Jischmaels bzw. Hillels; gewisse Ähnlichkeiten bestehen hingegen mit einigen der 32 Regeln Eliezers, die Hadassi ebenfalls zitiert (cf. *Liebermann*, Hell. 56).

3) Die zweiunddreißig Middot

Lit.: H. G. Enelow, Hg., The Mishnah of Rabbi Eliezer or the Midrash of Thirty-Two Hermeneutic Rules, NY 1933, Ndr. 1970 (Textausgabe mit engl. Einleitung); *V. Aptowitzer,* Das Alter der Baraita der 32 Normen..., FS A. Schwarz, B–W 1917, 121–132; *Albeck,* Deraschot 434–6; *L. Bardowicz,* Die Abfassungszeit der Baraita der 32 Normen für die Auslegung der Heiligen Schrift, B 1913; *J. N. Epstein,* On the Mishna of R. Eliezer Son of R. Jose the Galilean (h), Tarbiz 4 (1932f) 343–353; *ders.,* Mischnat R. Eliezer, HUCA 23/2 (1950f) hebr. Teil 1–15; *M. Moreshet,* The Language of ,,Mishnat R. Eliezer" (h), Bar-Ilan 11 (1973) 183–223; *M. Zucker,* Lepitron baʿajat l,,b middot u-mischnat Rabbi Eliezer", PAAJR 24 (1955) hebr. Teil 1–39.

Die 32 Middot sind nach Eliezer ben Jose ha-Gelili (Generation nach Bar-Kokhba) benannt. Bis ins 19. Jh. war ihr zuerst vom Grammatiker Abulwalid Ibn Ġanach (11. Jh.) zitierter Text nur aus dem *Sefer Keritut* des Simson von Chinon (1260–1330) bekannt (Ausgabe *J. M. Sofer,* J 1965), in der karäischen Tradition durch Jehuda Hadassi. Die Textfassung des MHG Gen (M. 22f) zählt 33 Middot (Teilung der 29. Midda). Als Quelle des MHG hat sich inzwischen die Mischnat R. Eliezer erwiesen, auch Midrasch Agur oder Midrasch der 32 Middot genannt.

Die Datierung des Midrasch ist umstritten. *Enelow* betrachtet das Werk, in dem keine späteren Lehrer als solche des 3. Jhs. zitiert sind, als ,,product of the Tannaitic tradition" (59), ,,composed not later than the closing part of the fourth century" (60). Andererseits hat schon *Bardowicz* ein Datum nach Saadja vorgeschlagen, was auch *M. Zucker* annimmt, nach dem die 32 Middot eine Auswahl aus den 49 Regeln des Samuel ben Chofni sind, der selbst wieder vor allem aus Saadja geschöpft hat. Etwas früher sind die Ansätze von *Epstein* (Zeit des Heraklius) und *Albeck* (8. Jh.). *Moreshet* kommt aus sprachlichen Gründen auf eine Datierung zwischen 600 und

3. Die zweiunddreißig Middot

800. Jedenfalls gilt die Spätdatierung nur für die Endfassung der Schrift, deren Traditionen jedoch zum Teil in talmudische Zeit zurückreichen können. Doch werden die 32 Regeln im Talmud noch nicht genannt. Chul 89b sagt: „Wo du die Worte des Eliezer ben Jose ha-Gelili in der Haggada hörst, halte dein Ohr hin gleich einem Trichter" (so R. Jochanan). Dieser Ruhm Eliezers als Haggadist mag dazu beigetragen haben, die Regelsammlung mit seinem Namen zu verbinden, die auch in manchen Talmudausgaben nach dem Traktat Berakhot abgedruckt ist. Raschi, Abraham ben David und Zakuto lesen im Titel der Baraita nicht „32 Regeln, durch die die *Haggada* ausgelegt wird", sondern: „die Tora". *S. Krauss* folgert daraus, daß diese Middot auch für die halakhische Auslegung gelten (FS A. Schwarz 572). Das gilt für einzelne dieser Regeln, andere jedoch sind eindeutig haggadisch.

1. *ribbui*, „Vermehrung, Einschließung", wenn die Bibel die Wörtchen *af* und *gam* („auch") oder die Akkusativpartikel *et* verwendet. So deutet GenR 1,14 (Th-A 12) Gen 1,1 „Gott schuf den Himmel und die Erde" (im Hebr. zweimal die Akk. partikel *et*) so: „*den* Himmel: das schließt Sonne, Mond, Sterne und Sternbilder ein; und *die* Erde: das schließt Bäume, Gräser und den Garten Eden ein". Halakhische Anwendung: nach Ar I,4 schiebt man die Hinrichtung der zum Tod verurteilten Ehebrecherin, die schwanger ist, nicht auf, bis sie gebiert. Ar 7a begründet dies mit Dtn 22,22: *u-metu gam schnehem* „und sie (die Ehebrecher) sollen alle beide sterben", der Mann und die Frau mit dem Embryo.

2. *mi'ut*, „Einschränkung, Ausschließung, Verminderung", angezeigt durch die Worte *akh, raq* („nur") und *min* („von, aus"). Gen 7,23: „übrig blieb nur (*akh*) Noach". Nach GenR 32,11 (Th-A 298) ist das so zu verstehen: „*akh* bedeutet eine Einschränkung: auch er spie Blut wegen der Kälte", hat also nicht überlebt, ohne Schaden zu nehmen. Halakhische Anwendung: „und du sollst nur (*akh*) fröhlich sein" (Dtn 16,15). Laut Suk 48a schließt das zwar den Abend des letzten Festtags von Sukkot ein, nicht aber den des ersten: dieser ist durch *akh* ausgeschlossen.

3. *ribbui achar ribbui*, „Einschließung nach Einschließung", durch Verbindung von zwei der in 1. genannten Partikel. MidrSam 20,5 (B. 54a) deutet 1 Sam 17,36 „Auch den Löwen (*gam et ha-ari*), auch den Bären (*gam ha-dob*) schlug dein Knecht" im Namen des R. Natan: er hat vier Löwen (je einer zusätzlich für *gam, et* und den Artikel) und drei Bären getötet. Anders in der Halakha, wo gilt: „Einschließung nach Einschließung bedeutet Verringerung" (Sifra Tsaw 11, W. 34d). Wenn daher in Lev 7,12 für das Dankopfer zweimal verlangt wird „mit Öl", wird dafür nur ein halbes Log Öl und nicht ein ganzes wie beim sonstigen Speiseopfer verwendet (vgl. Men 89a, wo diese Meinung Aqiba zugeschrieben wird). Sifre Num § 124 (H. 155f) wendet denselben Grundsatz als Regel des R. Jischmael auf das Verbrennen der roten Kuh an (Num 19,5 zweimal „verbrennen"): man nimmt nur soviel Holz als gerade nötig. R. Jehuda

deutet hier allerdings im Gegenteil, man solle nicht sparen, sieht also im doppelten *ribbui* eine Verstärkung.

4. *mi'ut achar mi'ut,* Verbindung zweier einschränkender oder ausschließender Partikel. „Eine Ausschließung nach einer Ausschließung bedeutet eine Einschließung". Diesen Grundsatz wendet R. Meir halakhisch in Mak 9 b an: auch ein Blinder, der unvorsätzlich jemanden erschlagen hat, muß sich in die Asylstadt flüchten, denn die zwei Ausschließungen – „ohne es zu sehen" (Num 35,23), „ohne Vorsatz" (Dtn 19,4) – bedeuten eine Einschließung. Dieses Argument wird jedoch nicht allgemein akzeptiert. Haggadische Anwendung z. B. zu 1 Kön 8,9: „in der Lade war *nichts, nur* die zwei Steintafeln". Die zweifache Einschränkung *ein . . . raq* führt zur Annahme, in der Bundeslade habe sich auch eine Torarolle befunden (BB 14 a) bzw. die Bruchstücke der ersten Tafeln (BB 14 b).

5. *qal wa-chomer meforasch.* Ausdrücklich angegebener Schluß a minori ad maius und umgekehrt. Vgl. Hillel 1.

6. *qal wa-chomer satum.* Angedeuteter Schluß a minori ad maius und umgekehrt.

7. *gezera schawa* und 8. *binjan ab* vgl. Hillel 2.3.

9. *derekh qetsara.* Abgekürzte oder elliptische Ausdrucksweise. Dtn 21,11: „Und wenn du unter den Gefangenen eine Frau siehst, die schön von Gestalt ist" (*eschet jefat toar*). Aus dem status coniunctus *eschet* statt *ischa* folgert schon Sifre Dtn § 211 (F. 245): „auch wenn sie eine verheiratete Frau ist" (*eschet isch*), darf man sie heiraten. Der späte Midrasch Leqach Tob z. St. verdeutlicht: „Überall, wo *eschet* steht, muß eine Ergänzung erfolgen, z. B. *eschet kesilut* („Frau Torheit", Spr 9,13). Und warum heißt es hier (nur) *eschet*? Um zu lehren: auch wenn sie eine Ehefrau (*eschet isch*) ist".

10. Die *Wiederholung* wird zur Deutung benützt. GenR 89,9 (Th-A 1098) sagt Jehuda b. Ilai: „Eigentlich sollten 14 Jahre Hungersnot über Ägypten kommen" (Gen 41,3.6: 7 magere Kühe, 7 dürre Ähren); Nechemja antwortet: „Eigentlich waren 28 Jahre bestimmt: 14 hat der Pharao (im Traum) gesehen und es dem Josef gesagt", dabei also die Zahl wiederholt. Und weil auch Josef die Worte des Pharao wiederholt, müßten es nach Meinung der Rabbinen 42 Jahre gewesen sein. – Sanh I,6 beweist aus dem doppelten „die Gemeinde" Num 35,24f, daß ein kleiner Gerichtshof 23 Mitglieder haben muß: „Gemeinde" = 10, wie aus Num 14,27 abgeleitet wird, wo man „die Gemeinde" als die zwölf Kundschafter mit Ausnahme von Josua und Kaleb versteht. Zu zweimal 10 kommen noch drei aus anderem Grunde nötige Mitglieder. – Eine Baraita in Chul 115 b versteht das dreifache „Du sollst das Böckchen nicht in der Milch seiner Mutter kochen" (Ex 23,19; 34,26; Dtn 14,21) vom Verbot des Essens, des Kochens und der Nutznießung. Nach Aqiba dagegen bedeutet das dreimal gesetzte Wort „Böcklein", daß Vögel, Wild, und unreines Vieh biblisch nicht unter das Verbot des in Milch Kochens fallen. – Mek Wa-jassa 5 (L. II 119) leitet

Zereqa aus der dreimaligen Wiederholung des „heute" in Ex 16,25 (vom Manna: „Eßt es heute; denn Sabbat ist heute für den Herrn; heute werdet ihr auf dem Feld nichts finden") ab, daß man am Sabbat drei Mahlzeiten halten muß (vgl. Schab 117b). – Joschijja verwendet die dreimalige Setzung des Wortes *elohim* in Ex 22,7f als Beweis dafür, daß in Geld- (Zivil-)-prozessen drei Richter entscheiden: Mek Neziqin 15 (L. III 119); vgl. Sanh 3b.

11. *Zusammengehöriges, das getrennt ist* (durch *sof pasuq* oder anderen trennenden Akzent). In 2 Chron 30,18f ist die Verstrennung tatsächlich sinnstörend, an anderen Stellen wird sie jedoch einfach übergangen, um eine Vorstellung biblisch zu stützen. Mak III,10 verbindet *be-mispar* von Dtn 25,2 mit *arba'im*, dem ersten Wort des folgenden Verses, „an der Zahl 40", um damit eine Begrenzung der Prügelstrafe auf 39 Hiebe zu belegen: „*be-mispar arba'im:* eine Zahl, die 40 am nächsten ist". – Mek Pischa 16 (L. I 139) beweist Jose ha-Gelili, indem er „und es werde nichts Gesäuertes gegessen" (Ex 13,3) mit dem „heute" des folgenden Verses verbindet, daß Israel nur diesen einen Tag in Ägypten Ungesäuertes gegessen hat. – Sifra Qedoschim 2 (W. 87d) leitet die Vorschrift, daß der Besitzer nicht einen Armen vor einem anderen begünstigen solle, indem er ihm auflesen hilft, aus Lev 19,10 ab: dabei wird „du sollst nicht auflesen" dem Zusammenhang und dem Atnach zuwider mit dem folgenden „dem Armen" verbunden (vgl. Git 12a). – Sifra Qedoschim 7 (W. 91a) beweist Simeon ben Eleazar die Forderung, daß der Greis seinen Mitmenschen nicht belästigen dürfe, indem er Lev 19,32 „du sollst ehren das Ansehen des Greises. Und du sollst deinen Gott fürchten" gegen den Atnach abtrennt: „Greis, du sollst deinen Gott fürchten".

Im Zusammenhang mit dieser der Grammatik widersprechenden Satztrennung im Interesse einer bestimmten Auslegung ist auch die gelegentliche Unentschiedenheit zu sehen, wohin ein Wort gehört. Issi ben Jehuda sagt Mek Amaleq 1 (L. II 142), in der Tora gebe es fünf Worte, die kein „Übergewicht" haben, welches die Waagschale zugunsten einer Verbindung mit dem Vorangehenden oder dem Folgenden senken würde (auch Joma 52a–b). Ein halakhisches Beispiel Sota VII,4: nach Dtn 25,9 soll die Witwe dem Schwager, der nicht zur Schwagerehe bereit ist, „den Schuh ausziehen, ihm ins Gesicht spucken und sagen: *So* geschehe dem Mann, der nicht das Haus seines Bruders baut". R. Jehuda läßt das „so" zu „sagen" wie auch zu „geschehe" gehören; sie soll *so* (d. h. in diesem Wortlaut, in hebr. Sprache) sagen: *So* geschehe ...; für Parallelen in den hellenistischen Normen von *synthesis* und *diairesis* siehe *Daube*, Alex. Methods 34–44.

12. Etwas wird zum Vergleich herangezogen und erhält dadurch selbst neues Licht (vgl. Hillel 7). Sanh 74a geht es um den Satz, daß man bei Todesandrohung alle Sünden außer Götzendienst, Blutschande und Mord begehen dürfe. Zu Blutschande und Mord bemerkt Rabbi: „Das ist ebenso,

wie wenn jemand seinen Nächsten überfällt und totschlägt" (Dtn 22,26). „Was lernen wir aus dem Vergleich mit dem Mörder? Was lehrt, empfängt auch Belehrung. Ebenso wie bei der verlobten Jungfrau (Dtn 22,25) ist es auch beim Mörder gestattet, ihn (den Verfolgten) mit seinem (des Verfolgers) Leben zu retten. Und man vergleiche die verlobte Jungfrau (d. h. die Notzucht an ihr) mit dem Mörder: wie man sich eher töten lassen muß, als daß man einen Mord begeht, so muß man sich eher töten lassen (so Lesart Joma 82a), als daß man an einer verlobten Jungfrau Notzucht begeht".

13. Folgt auf ein Allgemeines eine Handlung (ma'ase), so ist sie das Besondere des ersteren (vgl. Hillel 5). Die Aufzählung der 32 Regeln in MHG Gen bringt dazu das Beispiel (M. 30): „,Gott sprach: es werde Licht' (Gen 1,3). Dann heißt es wieder: ,Lichter sollen am Himmelsgewölbe sein' (Gen 1,14). Wer es hört, könnte meinen, dies sei eine andere Begebenheit. Doch es ist nur ein Detail der ersten; denn es wird gelehrt: dies sind dieselben Lichter, die am ersten Tag geschaffen wurden; doch hat er (Gott) sie erst am vierten Tag aufgehängt. Dem entspricht Gen 1,27: ,Und Gott schuf den Menschen nach seinem Abbild'. Siehe, das ist das Allgemeine, und am Schluß detailliert er seine Taten: ,Und Gott der Herr formte den Menschen aus Erde' (Gen 2,7). ,Da ließ Gott der Herr eine Ohnmacht auf den Menschen fallen, sodaß er einschlief, und er nahm eine von seinen Rippen' (Gen 2,21). Wer es hört, könnte glauben, daß dies eine andere Sache ist, und doch ist es nur ein Detail der ersten".

14. Bedeutendes wird mit Geringerem verglichen, um ein besseres Verständnis zu erzielen, z. B. Dtn 32,2 die Tora mit dem Regen. Diese Norm wird für die Halakha nicht angewendet.

15. = Jischmael 13.

16. Ein an seiner Stelle besonderer Ausdruck. Sifre Num § 110 (H. 113): „,Bei eurem Kommen in das Land' (Num 15,18) ... R. Jischmael sagt: die Bibel drückt dieses ,Kommen' anders als alles andere ,Kommen' in der Tora aus. Sonst sagt sie: ,Und wenn ihr in das Land kommen werdet' und ,wenn dich der Herr, dein Gott, (in das Land) kommen läßt'. Hier jedoch heißt es: ,Bei eurem Kommen', um dich zu lehren, daß die Israeliten, sobald sie das Land betraten, zur Teighebe verpflichtet waren" (aus Num 15,20 abgeleitet).

17. Ein an der Hauptstelle nicht deutlich ausgesprochener Umstand wird an einer anderen Stelle erwähnt. Besonders zur Ergänzung einer Pentateuchstelle aus einer nicht zum Pentateuch gehörigen. MHG Gen (M. 32) bringt als Beispiele dafür Gen 2,8: die Beschreibung des Paradieses ist aus Ez 28,13 zu ergänzen, Num 3, wo keine Vorschriften über die Priesterabteilungen stehen, aus 1 Chron 24,19.

18. Es wird ein besonderer Fall einer Art von Vorkommnissen erwähnt, obwohl die ganze Art gemeint ist, z. B. „nächtlicher Zufall" (Dtn 23,11), weil die gemeinten Zufälle in der Nacht am häufigsten vorkommen. – Sifre Dtn § 194f (F. 234f) zu Dtn 20,5f: Wer ein neues Haus gebaut und noch

nicht eingeweiht hat, darf vom Kriegszug zurücktreten. Hier ist nur vom
Bauen die Rede, gemeint ist aber auch Erben, Kaufen, Geschenkterhalten.
Dasselbe gilt hinsichtlich des Weinbergs: hier ist nur vom Pflanzen die
Rede; gemeint ist aber auch Erben, Kaufen, Geschenkterhalten.

19. Eine Aussage ist in bezug auf einen Gegenstand gemacht, gilt aber
auch für einen anderen. Mek Neziqin 6 (L. III 53) zu Ex 21,18: „Wenn
jemand einen andern mit einem Stein oder mit der Faust niederschlägt"
sagt R. Natan: „Er vergleicht den Stein mit der Faust und die Faust mit
dem Stein. Wie der Stein geeignet sein muß, zu töten, so auch die Faust;
und wie die Faust identifiziert werden kann, muß es auch beim Stein
möglich sein. Wenn der Stein mit anderen Steinen vermischt ist (die vielleicht andere geworfen haben), ist der Täter straffrei".

20. Etwas wird von einem Gegenstand ausgesagt, paßt aber sachgemäß
nicht zu diesem, sondern ist auf einen anderen zu beziehen. Sifre Num
§ 118 (H. 138f) zu Num 18,15: „Du mußt auslösen das Erstgeborene des
Menschen, und das Erstgeborene des unreinen Viehs sollst du auslösen".
„Ich könnte das so verstehen, daß alles unreine Vieh inbegriffen ist. Doch
Ex 13,13 sagt: ,Jeden Erstling vom Esel aber löse durch ein Schaf aus', also
vom Esel und nicht von anderem unreinen Vieh. Oder muß man deuten:
den ersten Wurf des Esels muß man mit einem Schaf auslösen, den aller
anderen unreinen Tiere mit Gewändern und Geräten? Ex 34,20 wiederholt
,Den Erstling vom Esel sollst du durch ein Schaf auslösen'. Das wiederholte
,durch ein Schaf' lehrt, daß man nur mit einem Schaf und nicht mit Gewändern und Geräten löst. Warum sagt dann Num 18,15: ,Du mußt auslösen'?
Wenn die Bedeutung nicht die ist, daß man (erstgeborenes) unreines Vieh
auslöst, so beziehe es darauf, daß man unreines Vieh für die Ausbesserung
des Tempels weihen und nachher wieder auslösen kann".

21. Etwas ist mit zwei Dingen verglichen und man legt ihm nur die guten
Eigenschaften beider bei. Z. B. Ps 92,13: „Der Gerechte gedeiht wie die
Palme". Man könnte sagen: wie die Palme bietet er keinen Schatten, doch
ergänzt die Parallelzeile: „Er wächst wie die Zeder im Libanon", die jedoch keine genießbaren Früchte trägt, was wieder auf den Gerechten nicht
anwendbar ist. – Ar IX,7 deutet Lev 25,31: Häuser in Dörfern haben die
Vorzüge der Häuser in ummauerten Städten, zugleich die Vorzüge der
Felder. „Sie werden sofort eingelöst, und sie werden alle zwölf Monate
eingelöst wie Stadthäuser, und sie kehren im Jobeljahr in den Besitz des
Eigentümers zurück, und man zieht (für die Zeit der Benutzung) Geld ab
wie bei Feldern", wenn man sie zurückkaufen will.

22. Ein Satz, der aus dem Parallelsatz ergänzt werden muß. Mek Kaspa 2
(L. III 161) legt R. Natan den Satz Ex 23,1 aus: „Reiche deine Hand nicht
dem Frevler, indem du als falscher Zeuge auftrittst". „Reiche deine Hand
nicht – lasse den Frevler nicht als Zeugen auftreten, und laß den Räuber
nicht als Zeugen auftreten".

23. Ein Satz gilt zur Ergänzung des Parallelsatzes. Nur in der Haggada.

Sifre Dtn § 40 (F. 80) zu Dtn 11,12 „Ein Land, um das sich der Herr, dein Gott, kümmert": Gott kümmert sich doch um alle Länder! Vgl. Ijob 38,26: „um es regnen zu lassen auf menschenleeres Land, auf die Wüste, darin niemand wohnt". Was soll dann das Wort: „Ein Land, um das sich der Herr, dein Gott, kümmert"? Wegen des hier ausgesagten Sichkümmerns kümmert sich Gott auch um alle anderen Länder. Ebenso ist es mit Ps 121,4: „der Hüter Israels schläft und schlummert nicht". Doch vgl. Jjob 12,10: „In seiner Hand ist die Seele alles Lebens". Das Wort „Der Hüter Israels" besagt also: um dieses Behütens willen behütet er neben ihnen alles.

24. Etwas ist im Allgemeinen enthalten und wird dann aus diesem herausgenommen, um über es selbst etwas auszusagen. Jos 2,1 sagt Josua zu zwei Kundschaftern: „Geht, kundet das Land Jericho aus". Jericho ist schon im Land inbegriffen, wird jedoch ausgesondert, um zu zeigen, daß es dem ganzen Land Israel gleichwertig war (MHG Gen M. 35 als Beispiel zu dieser Regel).

25. Etwas ist im Allgemeinen enthalten und wird dann aus diesem herausgenommen, um über dieses etwas auszusagen (leichte Modifikation zu Jischmael 8). Das Verbot Ex 35,3, am Sabbat Feuer anzuzünden, ist schon in Ex 35,2 enthalten, wer am Sabbat arbeitet, soll getötet werden. Man hat es jedoch hervorgehoben, um mit ihm zu vergleichen und dir zu sagen: Wie man durch das Feuermachen, das eine Hauptarbeit ist, sich schuldig macht (ein Opfer darzubringen), so macht man sich wegen jeder anderen Hauptarbeit schuldig (Schab 70a).

26. *Maschal,* „Gleichnis", allegorische Auslegung. Drei Stellen im Pentateuch hat Jischmael für die Halakha allegorisch ausgelegt: Ex 22,2; Num 21,19; Dtn 22,17 (Sifre Dtn § 237, F. 269f). Mek Neziqin 13 (L. III 102) zu Ex 22,2: „Doch ist darüber die Sonne aufgegangen", d. h. nach dem Diebstahl, und der Geschädigte erschlägt den Dieb, „dann entsteht Blutschuld". R. Jischmael bezieht das „darüber" (*alaw*) nicht auf die Tat, sondern auf den Dieb und fragt: „Geht denn die Sonne nur über ihm auf und nicht über der ganzen Welt? Die Sonne bedeutet für die Welt Frieden; ebenso hier. Wenn bekannt ist, daß er (der Einbrecher) im Frieden mit ihm (dem Geschädigten) lebt und dieser ihn dennoch tötet, so ist er schuldig".

27. *Entsprechung.* Entsprechende bedeutsame Zahl. So entsprechen die 40 Tage von Num 13,25 den 40 Jahren Num 14,34.

28. *Paronomasie,* Spiel mit homonymen Wurzeln; z.B. Num 21,9 *nechasch nechoschet* „eherne Schlange", Jer 23,2 *ha-roʿim ha-raʿim,* „die schlechten Hirten".

29. *Gematria,* nach *Bacher,* ET I 127 *grammateia* von *grammateus* notarius oder direkt aus *gramma* gebildet mit erleichternder Konsonantenumstellung. Für die Ableitung aus geōmetria siehe *Lieberman,* Hell. 69 (hellen. Parallelen) und *S. Sambursky,* On the Origin and Significance of the Term Gematria, JJS 29 (1978) 35–38 (überarbeitet aus Tarbiz 45, 1975f,

268–271). Berechnung des Zahlenwerts der Buchstaben. KlglR 1,1 (B. 21 a)
sieht Ben Azzai im ersten Wort von Klgl *eikha* angedeutet, daß die Israeliten nicht eher ins Exil geführt worden seien, als bis sie verleugnet hätten
den Einen (*alef*) Gott, die zehn (*jod*) Gebote, das nach zwanzig (*kaf*)
Generationen gegebene Gesetz der Beschneidung und die fünf (*he*) Bücher
der Tora. Die Zahl 318 der Knechte Abrahams Gen 14,14 wird PRK 8 (M.
139) auf Elieser gedeutet; der Barnabasbrief findet in der Zahl einen Hinweis auf das Kreuz T = 300 und Jesus IH = 18. Joma 20a weist auf den
Zahlenwert von *ha-satan* = 364: 364 Tage des Jahres hat der Satan Gewalt
über die Israeliten, aber nicht am Versöhnungstag. Schab 70a findet in Ex
35,1 *elle ha-debarim* die am Sabbat verbotenen 39 Arbeiten, die dem Mose
am Sinai genannt worden sind: Mehrzahl *debarim* = 2, der Artikel fügt
etwas hinzu (also 2 + 1), und *elle* hat den Zahlenwert 36. R. Mattan leitet
die 30-tägige Dauer des Nasiräats aus Num 6,5 ab: *qadosch jihjeh* „er soll
heilig sein"; *jhjh* hat den Zahlenwert 30 (Naz 5a = Taan 17a; Sanh 22b).

Zur Gematrie gehörig, manchmal aber auch als eigene Regel betrachtet,
ist der Atbasch, die Verwendung eines Geheimalphabets, in dem der erste
Buchstabe des hebräischen Alphabets dem letzten entspricht, der zweite
dem vorletzten usw., sodaß *alef* durch *taw, bet* durch *schin* usw. zu ersetzen ist. So übersetzt der Targum Jer 25,26: „Und zuletzt muß der König
von Scheschakh trinken" unter Anwendung dieser Regel mit „der König
von Babel".

30. *Notarikon* (von notarius, Schnellschreiber). Zerlegung eines Wortes
in zwei oder mehr, oder jeder Buchstabe eines Wortes ist als Anfangsbuchstabe eines anderen Wortes zu verstehen. In den Buchstaben des Wortes
nimretset 1 Kön 2,8 findet Schab 105a die Schimpfwörter angedeutet, die
Schimi gebraucht hat: *noef*, Ehebrecher, Moabiter, *rotseach*, Mörder, *tso-
rer*, Bedränger, *to'eba*, Greuel. GenR 90,4 (Th-A 1103) deutet in selber
Weise den Namen Tsafenat-Paneach, den der Pharao Josef in Gen 41,45
verleiht. – Zerlegung eines Wortes in zwei: Men 66b = Schab 105a deutet
„Karmel" als *kar male*, „voller Polster" (so voll sind dort die Ähren mit
Körnern); PRE 36 (L. 84a) zerlegt den Namen Ruben in *reu ben*, „seht, ein
Sohn". – Auch steht N. für kurze Ausdrucksweise, in welcher ein positiver
Satz auch den entsprechenden negativen einschließt, z.B. Mek Bachodesch
8 (L. II 259) zu Ex 20,12: „Wenn du die Eltern nicht ehrst, werden deine
Tage abgekürzt werden. Denn die Worte der Tora sind (als) Notarikon (zu
verstehen)".

31. *Vorhergehendes, das nachgestellt wird.* Lev 1,15: „Und der Priester
kneipe den Kopf des Taubenopfers ab und lasse ihn auf dem Altar in Rauch
aufgehen, und sein Blut werde an die Wand des Altares ausgepreßt". Dazu
Zeb 65a: „Kann es dir einfallen zu meinen, daß er ihn erst, nachdem er ihn
in Rauch hat aufgehen lassen, auspreßt? Der Satz will vielmehr sagen: wie
das In-Rauch-Aufgehenlassen auf der Höhe des Altares stattfindet, so auch
das Auspressen". – „Und es (das Manna) ward zu Würmern und stinkend"

(Ex 16,20). Nach Mek Wa-jassa 5 (L. II 116) ist das ein verkehrt gestelltes
Schriftwort (*miqra mesuras*): richtig kommt zuerst der Gestank, erst dann
kommen die Würmer. Gelegentlich stellen die Rabbinen auch direkt den
Bibeltext um, damit er ihrem Verständnis entspricht. So Num 9,6: ,,Und
sie kamen vor Mose und Aaron", um eine gesetzliche Auskunft zu erhalten. Das scheint vorauszusetzen, daß man zuerst Mose fragte und erst dann
Aaron, als man von Mose keine Antwort erhielt. Das scheint jedoch
absurd: ,,Wenn es Mose nicht wußte, sollte es dann Aaron wissen? Vielmehr stelle das Schriftwort um (sie kamen vor Aaron und Mose) und
erkläre es so" (R. Joschija in Sifre Num § 68, H. 63). Diese Methode der
Deutung hat ihre Parallelen in der hellenistischen Homerexegese, deren
anastrophē dem rabb. *seres* entspricht (dazu *Daube*, Alex. Methods 27–34
und *Lieberman*, Hell. 65–7).

32. Mancher Bibelabschnitt bezieht sich auf eine frühere Zeit als ein vor
ihm stehender und umgekehrt. Num 7 (Weihegeschenke) sollte vor Num 1
stehen. Auch als *erub paraschijot* ,,Vermischung der Bibelabschnitte" bezeichnet, so BQ 107a, wo R. Chijja bar Joseph eine solche Vermischung in
Ex 22 feststellt: die Worte ,,das ist es" in V. 8 befinden sich zwar im
Abschnitt vom anvertrauten Gut, gehören aber in jenen vom Darlehen (V.
24). Zur Aufeinanderfolge biblischer Aussagen ganz allgemein erklärt die
,,Schule Jischmaels": ,,In der Tora gibt es kein Vorher und Nachher" (Sifre
Num § 64, H. 61; Pes 6b).

IV. Mündliche und schriftliche Tradition

Lit.: Ch. Albeck, Einführung 163–170; *J. M. Baumgarten*, The Unwritten Law in the Pre-Rabbinic Period, JSJ 3 (1972) 7–29; *ders.*, Form Criticism and the Oral Law, JSJ 5 (1974) 34–40; *R. Brown*, Midrashim as Oral Traditions, HUCA 47 (1976) 181–9; *H. M.* und *N. K. Chadwick*, The Growth of Literature, II und III, C 1936/40 (über mündliche Literatur bei verschiedenen Völkern); *R. C. Culley*, An Approach to the Problem of Oral Tradition, VT 13 (1963) 113–125; *J. E. Ephrati*, „But a man should quote his teacher verbatim" (h), Bar-Ilan. Memorial to H. M. Shapiro (1971) 211–238; *J. N. Epstein*, ITM 692–706; *L. Finkelstein*, The Transmission of the Early Rabbinic Tradition, HUCA 16 (1941) 115–135; *B. Gerhardsson*, Memory and Manuscript; *E. Güttgemanns*, Offene Fragen zur Formgeschichte des Evangeliums, M ²1971, bes. 136–153; *I. Heinemann*, Die Lehre vom ungeschriebenen Gesetz im jüdischen Schrifttum, HUCA 4 (1927) 149–171; *J. Heinemann*, Aggadah 17–47; *S. Lieberman*, The Publication of the Mishnah, Hell. 83–99; *B. O. Long*, Recent Field Studies in Oral Literature and their Bearing on Old Testament Criticism, VT 26 (1976) 187–198; *A. B. Lord*, The Singer of Tales, C (M) 1960; *J. Neusner*, The Rabbinic Traditions about the Pharisees before 70 A. D.: The Problem of Oral Tradition, Kairos 14 (1972) 57–70 (erweitert in Phar III 143–179); *ders.*, The Written Tradition in the Pre-Rabbinic Period, JSJ 4 (1973) 56–65; *ders.*, Oral Tradition and Oral Torah. Defining the Problematic, in: *F. Talmage*, Hg., Studies in Jewish Folklore, C (M) 1980, 251–271; *E. Nielsen*, Oral Tradition. A Modern Problem in Old Testament Introduction, Chicago ²1955; *P. Schäfer*, Das „Dogma" von der mündlichen Torah im rabbinischen Judentum, in: *ders.*, Studien 153–197; *W. S. Towner*, Form Criticism of Rabbinic Literature, JJS 24 (1973) 101–118; *J. Vansina*, Oral Tradition: A Study in Historical Methodology, Chicago 1965.

1) Der Begriff der mündlichen Tora. Ein Schreibverbot?

Der Gedanke der „*mündlichen Tora*" ist eine grundlegende Vorstellung des rabb. Judentums: Gottes Offenbarung am Sinai umfaßt nicht nur die in der Bibel niedergelegte „schriftliche Tora", sondern als dieser ebenbürtig einen Komplex an Traditionen, durch welche die Bibel erst voll anwendbar und der jeweiligen Situation entsprechende göttliche Lebensregel sein kann (so z. B. die Lehre von zwei Torot in einer Anekdote um Hillel und Schammai: ARN B29, Sch. 61f; Schab 31a). Daß es eine solche die Schrift begleitende Tradition schon in biblischer Zeit und noch mehr später gegeben haben muß, ist unbestreitbar. Hier geht es allein um die praktische Bedeutung des Begriffs „mündliche Tora" (der ja auch und vor allem das rabb. Schrifttum umfaßt): schließt er eine Aussage über die Art der Weitergabe ein – nicht schriftlich, sondern durch mündliche Überlieferung? Oder ist damit nur eine Abgrenzung gegenüber der Bibel getroffen bzw. nur gesagt, daß die eine Tora Mose am Sinai schriftlich, die andere hingegen mündlich übergeben wurde?

Schon im Mittelalter war dies eine umstrittene Frage. Raschi schreibt z. B. zu Schab 13b bezüglich der Fastenrolle: „die ganze übrige Mischna und Baraita war nicht geschrieben, denn es war verboten, sie niederzuschreiben"; ähnlich zu Er 62b: „zu ihrer Zeit war keine Halakha niedergeschrieben, nicht ein einziger Buchstabe, ausgenommen die Fastenrolle". Saadja, Maimonides und andere wieder vertraten die Ansicht, die Rabbinen hätten ihre Lehren niedergeschrieben und auch Rabbi habe die Mischna schriftlich herausgegeben. Dieser Kontrast der französischen Tradition (Raschi) gegenüber der spanischen (Maimonides) zeigt sich auch in ISG: die französische Rezension behauptet mehrmals, in talmudischer Zeit sei nichts niedergeschrieben worden, während die spanische Fassung betont, Rabbi habe seine Mischna niedergeschrieben (Belege *Lewin*, ISG XLVIIIf).

Im 19. Jh. gab es eifrige Verfechter beider Thesen; nicht nur Vertreter der konservativen Richtung hielten an der mündlichen Traditionsweise der Halakha (oder auch der Haggada) in der talmudischen oder zumindest tannaitischen Periode fest (so sah man z. B. in der Mündlichkeit die Garantie, daß die Halakha an die jeweiligen Zeitumstände angepaßt werden konnte). Vielfach wurde behauptet, die Niederschrift der Halakha oder auch der Haggada sei völlig verboten gewesen. Unabhängig davon gilt jedoch weithin die Annahme, daß de facto bei rabb. Material mit langer mündlicher Überlieferung vor seiner Niederschrift zu rechnen ist. So ist z. B. für *Beit-Arié* (Codicology 10 Anm. 2) die Jahrhunderte lange Lücke zwischen den Qumrantexten und den ältesten rabb. Handschriften nicht auf völligen Verlust zurückzuführen, sondern auf „the dominant oral transmission of Jewish literature" (warum sind dann aber auch keine Bibel-MSS aus dieser Periode erhalten?!).

2) Rabbinische Belege für das Schreibverbot?

Der klassische Belegtext ist Tem 14b (teilweise Parallele Git 60b): R. Dimi (A 4) hatte keinen Boten; sonst hätte er Rab Joseph in einer halakhischen Frage (über das Gußopfer) einen Brief geschrieben. Doch durfte er das überhaupt? „Es sagt doch R. Abba der Sohn des R. Chijja bar Abba, es sagte R. Jochanan (A 2): Die Halakhot schreiben, sind wie einer, der die Tora verbrennt, und wer aus ihnen lernt, empfängt keinen Lohn. R. Jehuda bar Nachmani (A 2), der Dolmetsch des Resch Laqisch, legte aus: Eine Bibelstelle sagt: ‚schreib dir diese Worte auf', und dann sagt die Bibelstelle: ‚gemäß (*al pi*, wörtlich „durch den Mund") diesen Worten' (Ex 34, 37), um dich zu lehren: Dinge, die mündlich (überliefert) sind, darfst du nicht aus einer Schrift vortragen (*le-omran mi-ketab*); was schriftlich (überliefert) ist, darfst du nicht mündlich (d. h. auswendig, aus dem Gedächtnis) vortragen. Eine Lehre aus der Schule des R. Jischmael: ‚Schreib dir diese Worte‘ – diese darfst du schreiben, nicht aber Halakhot. Man sagt: vielleicht ist es bei einer neuen Sache anders. So pflegten R. Jochanan und Resch Laqisch am Sabbat das Buch der Haggada einzusehen und legten so die Bibel aus: ‚Es ist Zeit, für den Herrn zu handeln; sie haben dein Gesetz gebrochen‘ (Ps 119, 126) Sie sagten: Besser, es wird ein Buchstabe der Tora aufgehoben, als daß die (ganze) Tora in Israel in Vergessenheit gerate".

Der Text ist zusammengesetzt:

a) Der Satz Jehudas bar Nachmani ist aus der Umklammerung durch Aussagen Jochanans zu lösen, womit er nicht mehr so absolut klingt. Er darf nicht als Ablehnung jeglicher Niederschrift der mündlichen Tora verstanden werden, verurteilt vielmehr die Verwendung schriftlicher Targume in der Synagogenlesung; Jehuda bar Nachmani war ja Meturgeman! (cf. *Epstein*, ITM 697). R. Chaggai (A 4) erzählt, wie R. Samuel bar R. Isaak (A 3) in der Synagoge einen Bibellehrer sah, „der den Targum aus einem Buch vortrug. Er sagte zu ihm: Das ist dir verboten. Dinge, die mündlich gesagt wurden, sind mündlich (weiterzugeben), schriftliche schriftlich" (pMeg IV, 1, 74 d). Dieser Text kann sich ebenso wie auf den Gottesdienst auf den Schulbetrieb in der Synagoge beziehen; das „Buch" ist entweder ein schriftlicher Targum oder auch die hebräische Bibel, auf die sich der Lehrer bei der Übersetzung stützt – doch auch das ist verboten, „damit sie nicht sagen, die Übersetzung stehe in der Tora" (Meg 32 a).

b) R. Jochanan lehnt das *Schreiben von Halakhot* ab, und wohl auch nur für den offiziellen Schulunterricht („wer aus ihnen lernt"). Jedenfalls sind dergleichen Auffassungen erst seit dem 3. Jh. belegt und, wie aus der polemischen Note hervorgeht, auch nicht allgemein angenommen.

c) Vereinzelt wird auch die *Niederschrift der Haggada* verurteilt; so R. Jehoschua ben Levi: „Wer eine Haggada niederschreibt, hat keinen Anteil (an der kommenden Welt)" (pSchab XVI, 1, 15 c); andere hingegen schätzen Haggada-Bücher (pBer V, 1, 9 a), sodaß es auch in diesem Punkt keine einhellige Meinung gibt.

Das einzige explizite Zeugnis eines Nichtjuden aus dieser Zeit ist Augustinus, Contra adversarium legis et Prophetarum (PL 42, 637): „Nescit autem habere praeter scripturas legitimas et propheticas Iudaeos quasdam traditiones suas, quas non scriptas habent, sed memoriter tenent et alter in alterum loquendo transfundit quas deuterosin vocant." Doch ist Augustinus zu weit von der rabb. Welt entfernt, um als sicherer Zeuge gelten zu können (so rechnet *Epstein*, ITM 698 zu diesem Zitat mit der Unkenntnis des Augustinus).

Der Versuch, mit der Aussage des Josephus über die Pharisäer Ant XIII, 297 den Grundsatz, daß die mündliche Überlieferung nicht niedergeschrieben werden darf, schon ins 1. Jh. zu datieren, ist problematisch: nach den einen ist der Text, wonach die Pharisäer gewisse Vorschriften tradieren, *haper ouk anagegraptai en tois Moyseōs nomois*, während die Sadduzäer sich ausschließlich an die geschriebenen Vorschriften halten (*nomima ta gegrammena*), von einem pharisäischen Gegensatz von schriftlicher und mündlicher Tora zu verstehen (*Baumgarten*, Unwritten Law 12–14; *Schäfer*, Dogma 190), während z. B. *Neusner* (Phar III 163–5; cf. *Epstein*, ITM 697) hier nur den Kontrast sieht: in der Bibel geschrieben – nicht in der Bibel geschrieben. Auf jeden Fall sagt der Text nichts über ein Schreibverbot.

3) Rabbinische Belege für die Niederschrift der mündlichen Tora

Daß die Lehre von der mündlichen Tora in rabb. Zeit nicht notwendig in ein Schreibverbot mündete, sondern vor allem als ein nicht unbedingt für die Praxis relevantes „Dogma" (so *Schäfer*) zu betrachten ist, belegen auch die zahlreichen rabb. Hinweise auf schriftliche Texte haggadischer wie halakhischer Art.

a) Haggada-Bücher

Haggada-Bücher sind in Palästina für Lehrer des 3. Jhs. mehrfach belegt (pSchab XVI, 1, 15 c; pBer V, 1, 9 a; pKil IX, 4, 32 b; pMaas III, 10, 51 a; Tem 14 b; Ber 23 a–b; Sanh 57 b); diesbezügliche Texte von Kirchenvätern (Origenes, Hieronymus) sind hier nur beschränkt verwertbar, da sie nicht unbedingt rabb. Kreise betreffen – das palästinische Judentum war ja auch damals noch vielfältiger. In Babylonien finden sich Erwähnungen solcher Bücher im Zusammenhang mit Lehrern des 4. Jhs. (Ber 23 b; Chul 60 b; BM 116 a; BB 52 a; Schebu 46 b; Schab 89 a ist nicht explizit).

b) Mit Namen erwähnte Schriften

Megillat Taanit, Taan II, 8; Er 62 b u. ö., die „Fastenrolle". Verzeichnis von 36 Tagen aus der Zeit des zweiten Tempels (Makkabäerzeit und Periode der römischen Herrschaft), an welchen wegen der an ihnen geschehenen freudigen Ereignisse nicht gefastet werden darf. Der aram. Text stammt aus dem 1. und 2. Jh.; der hebräische Kommentar dazu (das „Scholion") ist nachtalmudisch.

Text: H. Lichtenstein, Die Fastenrolle. Eine Untersuchung zur jüdisch-hellenistischen Geschichte, HUCA 8–9 (1931–2) 257–351; *B.-Z. Lurie,* Megillath Ta'anith. With Introductions and Notes (h), J 1964. – *Untersuchungen: H. Mantel,* The Megilat Ta'anit and the Sects (h), in: Studies in the History of the Jewish People and the Land of Israel in memory of Z. Avneri, Haifa 1970, 51–70; *W. R. Farmer,* Maccabees, Zealots, and Josephus, NY 1956, 151–8; *S. Zeitlin,* Megillat Taanit as a

Source for Jewish Chronology and History in the Hellenistic and Roman Periods, Phil. 1922; *ders.*, Nennt Megillat Taanit antisadduzäische Gedenktage?, MGWJ 81 (1937) 351–5. Weitere Literatur in *J. A. Fitzmeyer – D. J. Harrington*, A Manual of Palestinian Aramaic Texts, R 1978, 149–151.

Megillat Juchasin, Rolle mit Genealogien. Gattungsbezeichnung und nicht Titel einer bestimmten Schrift. Die von Ben Azzai Jeb 49b zitierte Rolle, nach der N. N. ein Mamzer ist, ist zu unterscheiden von der Rolle, die R. Levi in pTaan IV, 2, 68a anführt, nach der Hillel von David abstammt (cf. GenR 98, 10, Th-A 1259). Nach *J. Z. Lauterbach,* The three books found in the Temple at Jerusalem, JQR 8 (1917f) 385–423, sollen auch die nach Sifre Dtn § 356 (F. 423) und pTaan IV 2, 68a im Tempel gefundenen Bücher dieser Art gewesen sein; doch legt der Zusammenhang eher Pentateuchrollen nahe, die vom Standardtext abwichen.

Sefer Juchasin, Buch der Generalogien. Pes 62b lehnt R. Jochanan es ab, R. Simlai das Buch der Genealogien zu lehren; im Namen Rabs heißt es dann: „Seit der Sefer Juchasin verborgen wurde, ist die Kraft der Weisen erschlafft und ihr Augenlicht stumpf geworden" (pPes V, 3, 32a nennt in einer Parallele, die jedoch den Sefer Juchasin nicht erwähnt, statt Jochanan Jonatan, was auch durch die Variante Natan in Pes 62b gestützt wird. Cf. *Bacher,* pAm I, 60). Mar Zutra sagt anschließend, mit den haggadischen Auslegungen allein zum Text zwischen den beiden Vorkommen des Wortes *atsel* in 1 Chron 8, 38 und 9, 44 hätte man 400 Kamele beladen können, was wohl auch auf die reiche haggadische Auslegung gerade zu den Genealogien der Chronikbücher verweist. Der Sefer Juchasin scheint jedenfalls ein Kommentar zu den Genealogien des Buchs der Chronik gewesen zu sein (cf. Amram Gaon z. St., Otzar ha-Gaonim, *Hg. B. M. Lewin,* III/2, J 1930, 80).

Megillat Chasidim, „Buchrolle der Frommen". So pBer X, 8, 14d, ebenso MHG Dtn 11, 22 (F. 231) und der Großteil der Textüberlieferung von Sifre Dtn § 48, wo jedoch *Finkelstein* 112 die Lesart des MidrTann Dtn 11, 22 (H. 42) übernommt: *megillat charisim,* etwa „Buchrolle der Sonnenverehrer", was *Finkelstein* z. St. mit *D. Hoffmann* (MidrTann VIIf) auf die Essener deutet (vgl. Josephus, BJ II 128). Nach dem Herausgeber des MHG ist jedoch die Lesart des MidrTann als Irrtum des Schreibers zu betrachten. Jalqut § 873 zu Dtn 11, 22 liest *megillat setarim,* „Buchrolle der Geheimnisse" bzw. „geheimgehaltene Rolle".

Hierher gehören die Stellen, an denen von *geschriebenen Targumen* die Rede ist. Vgl. *Zunz* GV 65. So erwähnt z. B. TSchab XIII, 2 (L. 57) einen Targum zu Ijob (vgl. auch *Lieberman,* TK III 203f); auch in Qumran wurde in Höhle 11 ein solcher Targum zu Ijob gefunden (Hg. J. P. M. Van der Ploeg – *A. S. Van der Woude,* L 1971). Verboten war ja nicht die Niederschrift des Targum, sondern nur die Verwendung eines geschriebenen Targum für den öffentlichen Vortrag.

c) Zeugnisse für das Aufschreiben von Halakhot

In der Fastenrolle heißt es zum 4. Tammuz (*Lichtenstein* 331): „Aufgehoben wurde das Buch der Dekrete" *(sefar gezarata)*. Das mittelalterliche hebr. Scholion bezieht den Text auf sadduzäische Verordnungen; ebenso viele moderne Ausleger (z. B. *Lichtenstein* 295–7): sadduz. Strafkodex, aufgehoben beim Regierungsantritt der Salome Alexandra 76 v. Chr. oder 66 beim Ausbruch des Jüdischen Krieges. Dagegen *J. Le Moyne*, Les Sadducéens, P 1972, 219–223, der mit *S. Zeitlin, F. Baer* u. a. an heidnische, eventuell seleukidische Gesetze denkt.

Jochanan ben Nuri (Zeitgenosse Aqibas) erhält von einem alten Mann eine *megillat sammanin*, ein Verzeichnis der zum Räucherwerk gehörenden Spezereien, welches Erbstück in der Familie Abtinas gewesen war: Joma 38a, pScheq V, 2, 49a.

Rab findet im Haus des Chijja eine *megillat setarim*, in der halakhische Sätze des Issi ben Jehuda standen: Schab 6b; 96b; BM 92a. Die „Geheimrolle" (kein Zusammenhang mit dem als „Buch der Geheimnisse" bezeichneten Qumrantext 1 Q 27!) wird von Raschi zu Schab 6b mit dem angeblichen Schreibverbot erklärt: eine im Lehrhaus unbekannte neue Lehre eines einzelnen Rabbi wurde aufgezeichnet, damit man sie nicht vergaß, doch die Niederschrift wurde verborgen gehalten.

Samuel von Nehardea schickt laut Chul 95b an Jochanan dreizehn Kamelladungen voll mit Zweifeln, die sich auf die Gesetze über *Terefa* bezogen (R. Chananel in den Tosafot liest „zwölf Pergamentstücke"). Briefe halakhischen Inhalts werden erwähnt (*Epstein*, ITM 699f).

Die Diskussion zwischen Abaje und Raba BM 80a über BM VI, 5 (der Umfang des Strohs ist beschwerlich wie die Last *ke-masui* bzw. macht die Last beschwerlich *le-masui*) soll nach *Strack* zeigen, daß sie keine geschriebene Mischna vor sich hatten. Doch gibt der Text darüber keinen Aufschluß. Cf. *Epstein*, ITM 380f: das von Abaje vertretene *ke-masui* ist der eigentliche Mischnatext, die „Lesart" Rabas eine Korrektur im Sinne seiner Auslegung.

Vielfach erwähnt der Talmud, daß jemand, der im Schulhaus etwas nicht weiß, „hinausging, prüfte und fand" *(nafaq, daq we-aschkach)*: Ber 19a; Pes 19a; Chag 19a; Jeb 36a; 105a; Ket 81b u. ö. Diese Redewendung kann zwar das Vorhandensein halakhischer Aufzeichnungen nicht direkt erweisen, doch legt sich ein solches Verständnis nahe.

Die älteste uns erhaltene Niederschrift eines halakhischen Textes ist die umfangreiche Mosaikinschrift auf dem Fußboden der Synagoge von Rehob im Bet-Schean-Tal. Auf der Basis von vor allem pT macht sie Angaben über die Halakha des Sabbatjahres und des Zehnten, wie sie in den Orten Israels und der Umgebung einzuhalten ist. Die 1974 entdeckte Inschrift stammt aus der 1. Hälfte des 7. Jhs.: *Y. Sussmann*, A Halakhic Inscription from the Beth-Shean Valley (h), Tarbiz 43 (1973f) 88–158; *S. Lieberman*,

The Halakhic Inscription from the Beth-Shean-Valley (h), Tarbiz 45 (1975 f) 54–63; Z. *Safrai*, Marginal Notes on the Rehob Inscription (h), Zion 42 (1977) 1–23 (nach ihm ist die Inschrift frühestens in die 2. Hälfte des 7. Jhs. zu datieren). Die ältesten Genizafragmente von M, pT und Midraschim, welche Palimpseste über christlichen Texten sind, sind nach Meinung *Sussmann's* (l. c. 155 f A. 497) wohl nicht viel jünger.

4) Schulbetrieb und mündliche Tradition

Die rabb. Polemik gegen die Niederschrift der mündlichen Tora ist, wie wir gesehen haben, erst seit dem 3. Jh. bezeugt; ihre dogmatisch-homiletische Begründung – die mündliche Tora unterscheidet Israel von den Völkern, die zumindest diese mündliche Tora nicht übersetzen und dann behaupten können, sie seien (das wahre) Israel – ist noch später belegt (ab 4. Jh., also in der christlich-byzantinischen Umwelt: pPea II, 6, 17 a; pChag I, 8, 76 d; PesR 5, F. 14 b usw.). Dazu paßt, daß auch im arabischen Denken die Bevorzugung der mündlichen Tradition erst in späterer Zeit auftaucht und nie allgemein wird *(Widengren)*. Gegen die These von der Mündlichkeit der Überlieferung steht die allerdings nicht allzu häufige Erwähnung von schriftlichen Aufzeichnungen der mündlichen Tora, die jedoch auf den privaten Bereich eingeschränkt zu sein scheinen. Die Frage nach der Art der Tradierung der rabb. Texte ist somit nicht eindeutig zu entscheiden.

Tatsache ist, daß im Rahmen des Schulbetriebs nie schriftliche Texte, sei es der Mischna oder eines Midrasch, erwähnt werden. Zu diesem Bild eines auf Mündlichkeit beschränkten Unterrichts paßt die ständige Betonung des Auswendiglernens wie auch die Funktion des Tanna als Repetitors (cf. S. 22 und S. 141 f). Der Tanna wird zuerst in der Generation Aqibas erwähnt. Nach *Neusner* (Phar III 171 f) kommt es in jener Zeit zum Anspruch, nicht nur den Inhalt früherer Lehren, sondern ihren genauen Wortlaut wiederzugeben. Die Belegtexte Ed VIII, 7 und Jad IV, 3 sind jedoch nicht notwendig zu verstehen als Hinweis auf „exact words supposedly orally formulated by a master (Moses), then orally transmitted, and now set down in writing" (Phar III 169), wie *Baumgarten* (Form Criticism 34 f) zu Recht kritisiert hat.

Wenn die rabb. Texte oder ein Teil von ihnen als mündliche Tradition entstanden sind und – zumindest offiziell – auf mündlichem Weg tradiert worden sind, sollte dies mit Stilkriterien am Text nachweisbar sein. Die Stilmittel mündlicher Komposition hat die alttestamentliche Exegese schon seit langem untersucht, dabei vor allem die Ergebnisse der nordischen Epen- und Sagenforschung verwertend. Auch die Epen Homers – im Kontrast mit lebender „mündlicher Literatur" am Balkan – waren schon Gegenstand eingehender Forschung *(Lord)*. In jüngster Zeit gelten die Bemühungen vor allem den noch lebenden mündlichen Literaturen Afrikas. Die Ergebnisse dieser Untersuchungen sind nicht direkt auf rabb. Texte anwendbar. Die Gesetze mündlicher Komposition sind nicht immer universal, sondern verschieden je nach soziologischem Kontext (Stellung des literarisch Schaffenden oder Tradierenden zu seinem Publikum) und literarischer Gattung. Die bisher untersuchten Traditionen sind v. a. epischer oder zumindest erzählender Art, somit am ehesten noch mit haggadischen Traditionen vergleichbar. In der rabb. Tradition überwiegen jedoch weithin rechtliche Diskussionen. Für die Midraschtradition, aber auch weithin für die halakhische Überlieferung ist zusätzlich zu beachten, daß sie Kommentar ist, somit einen Grundtext als tragende Stütze hat. Trotz dieser hier nur angedeuteten Einschränkungen ist eine Übertragung gewisser ziemlich universal beobachteter Stilkriterien mündlicher Komposition wie Tradition möglich.

Ein strikter Nachweis, daß ein bestimmter uns jetzt nur noch schriftlich vorliegender Text mündlich entstanden und überliefert worden ist, ist kaum möglich. Doch legen gewisse sprachlich-stilistische Kennzeichen dies nahe. Auf mündliche *Komposition* deutet v. a. die Verwendung ständig wiederkehrender Sprachmuster und Erzählschablonen, die nur dem jeweiligen Umstand angepaßt werden müssen; daß solche Texte für die mündliche *Weitergabe* gedacht waren, ergibt sich aus ihrer Verwendung mnemotechnischer Hilfsmittel, wozu nicht nur eigene Merkworte *(simanim)* zählen, sondern v. a. auch gewisse syntaktische Muster, Standardphrasen und ein gewisser sprachlicher Rhythmus sowie allgemein festgeprägte literarische Formen. Hierher gehören auch Reihenbildungen, Zahlensprüche usw. wie auch die Zusammenordnung kleinerer Einheiten durch Stichwortassoziation, thematische Zusammengehörigkeit oder auch nur gemeinsame stilistische Eigenheiten. Striktere Anwendung finden dergleichen Regeln natürlich in der Halakha, wo es viel stärker um eine wörtliche Weitergabe geht als in der Haggada, wo bei aller Erstarrung des Erzählgerüsts und von Standardphrasen es im wesentlichen um den Inhalt geht, der auch durch die bloße Notiz von Stichwörtern gemerkt werden konnte.

Besonders für haggadische Texte gilt, was die ethnologische Feldforschung festgestellt hat, daß jede neue Rezitation zugleich eine Neuschöpfung (re-creation) des Textes ist, der sich v. a. in den frühen Phasen der Überlieferung innerhalb bestimmter Grenzen sehr wandeln kann. Ob dabei die Entwicklung zu einer steten Verschönerung, Konkretisierung, Zufügung von neuen Personen, Namen und Details führt oder im Gegenteil zu einem Abschleifen und Verkürzen (so *W. S. Towner* hinsichtlich der rabb. Zahlensprüche), hängt sowohl von der speziellen Einzelgattung wie auch der Funktion des Textes in seinem Kontext ab. Pauschalurteile, ob das Kürzere früher oder später ist, sind unmöglich.

Bei halakhischen Traditionen ist sicher mit größerer Genauigkeit der Überlieferung zu rechnen. Das heißt jedoch nicht, daß wir hier die ipsissi-

ma verba der einzelnen Rabbinen erwarten dürfen. Zwar gilt das Ideal Ed
I, 3: *adam chajjab lomar bilschon rabbo*, „Man ist verpflichtet, die Sprache
(Ausdrucksweise) seines Lehrers zu verwenden". Der Satz ist hier allerdings eine erklärende Glosse, warum in einem Spruch Hillels eine unge-
wöhnliche Maßeinheit verwendet wird; da ISG den Satz nicht wie M-Sätze
mit *tenan*, sondern mit *amrinan* einführt, vermutet *Ephrati* hier überhaupt
eine Leserglosse, die nicht zum M-Text gehört; auch in Ber 47a stand der
Satz nicht ursprünglich (fehlt noch in Raschis Text); allein in Bek 5a
scheint er ursprünglich und von dort auf die anderen Stellen übertragen
worden zu sein. Somit ist die wörtliche Weitergabe von Halakha-Sätzen in
der tannaitischen Zeit nicht durch diesen Satz belegbar; mag diese auch in
bestimmten Kreisen als Ziel gegolten haben und auch im Einzelfall die
Verwendung altertümlicher Ausdrücke erklären, so hat sie doch gewiß
nicht die allgemeine Norm dargestellt, bzw. wurde nicht erreicht (cf. z. B.
D. Halivni, Sources I 7ff). Das zeigt sich v. a. an der Sprache der Mischna:
diese ist so streng normiert und einheitlich, daß man unmöglich den indivi-
duellen Sprachstil des einzelnen Meisters wiedererkennen kann (cf. z. B.
Neusner, Pur XXI, 13.299). Zu einem Teil mag das daran liegen, daß rabb.
Lehrer ihren halakhischen Vortrag bzw. dessen als Merkstoff gedachtes
Resumee der geltenden sprachlichen Disziplin unterwarfen (wie etwa das
Juristendeutsch heute), zum größten Teil ist dies jedoch gewiß der sprach-
lich nivellierenden Redaktion zuzuschreiben.

Die Annahme einer Jahrhunderte lang wortgetreuen oder auch nur sach-
getreuen Überlieferung durch mündliche Weitergabe ist ein durch nichts
beweisbares Postulat. Es mag zwar nicht für jeden Einzelfall gelten, doch
i. a. wird man annehmen müssen, daß Traditionen, die zuerst in späten
Texten auftauchen, eo ipso spät sind, auch wenn sie frühen Meistern zugeschrieben werden (so mit *Neusner*, dessen These *J. Heinemann*, Aggadah
44–47 kritisiert). Eingeschränkt wird diese Hypothese durch die Tatsache,
daß schriftliche Überlieferung notwendig selektiv ist; doch ist der Beweis
für das hohe Alter einer erst spät aufscheinenden Überlieferung nur in
seltenen Fällen zu führen.

Hier ist auch nach dem *Umfang mündlich tradierter Einheiten* zu fragen. Gerne verweist man pauschal auf das phantastische Gedächtnis des
Orientalen. Sicher konnten die Rabbinen i. a. die Bibel auswendig, wie
auch islamische Rechtsgelehrte heute noch vielfach den Korantext auswendig beherrschen. R. Chisda tadelt R. Chananel, weil er gegen die Vorschrift
biblische Bücher aus dem Gedächtnis anstatt von einer schriftlichen Vorlage niederschreibt (Meg 18b: die ganze Bibel, heißt es, könnte er auswendig
schreiben!). Von R. Meir wird erzählt, daß er einmal in Asien eine hebräische Esterrolle aus dem Gedächtnis niederschrieb (TMeg II, 5, L. 349;
GenR 36, 8, Th-A 343; pMeg IV, 1, 74d: nach dieser Fassung kopiert er
dann die auswendig niedergeschriebene Rolle, damit die zweite Niederschrift dann auch liturgisch brauchbar sei). Auch ist an den Umfang dessen

zu erinnern, was ein Tanna auswendig beherrschen soll: z. B. nach Qid 49 b
„Halakha, Sifra, Sifre, Tosefta".

Daß aber auch in rabb. Zeit viel vergessen wurde, zeigen die zahlreichen
Warnungen vor dem Vergessen der Lehre (z. B. Joma 38 b; Men 99 b; Abot
III, 8). Sogar ein grundlegendes Gesetz wie das des Sabbat kann man
vergessen (Schab 68 a), und in den Tagen der Trauer um Mose, heißt es,
wurde überhaupt eine Unmenge an Halakhot, Schlußfolgerungen usw.
vergessen (Tem 15 b–16 a). Es klingt wie ein Trost angesichts menschlicher
Schwäche, wenn R. Jochanan sagt, sogar Mose habe die Tora gelernt und
wieder vergessen, bis sie ihm als Geschenk verliehen wurde (Ned 38 a).
Somit wird man auch den Umfang mündlich tradierter Komplexe nicht
übertrieben hoch ansetzen. I. a. werden es sicher relativ kleine Einheiten
gewesen sein, die dann wohl auch schon in der mündlichen Tradition zu
umfangreicheren Textgruppen zusammengestellt wurden, jedoch einen gewissen begrenzten Umfang nie überschritten. Parallelüberlieferungen von
Texten zeigen mit ihrer oft sehr verschiedenen Zusammensetzung derselben Traditionseinheiten, wie die Gruppierung von Einzeltraditionen oft
erst bei der Niederschrift erfolgte. Die großen geordneten Texteinheiten
sind wohl meist erst bei der Niederschrift entstanden.

Die *Verschriftlichung* einer zuerst mündlichen Tradition bringt einen
Bruch in die Traditionsgeschichte, der nicht überbetont werden kann.
Auch für rabb. Texte gilt, was *M. Dibelius* schon zu den Evangelien festgestellt hat, daß nämlich die Niederschrift „nicht einen organischen Fortgang
des Prozesses durch Sammlung, Rahmung und Verbindung [bedeutet],
sondern den Anfang eines neuen, rein literarischen Werdens" (Die Formgeschichte des Evangeliums, Tüb. 1919, ³1959, 10; dazu *Güttgemanns*
91 ff). Die Textbearbeitung vollzieht sich im schriftlichen Stadium anders
als im mündlichen, ist v. a. bewußter und absichtlicher. Nun werden z. B.
Glossen eingefügt (vgl. *Neusner*, The Written Tradition; ein strikter Beweis ist damit allerdings nicht zu führen), die den ursprünglichen Aufbau
oft stören; es treten typische Lese- anstatt Hörfehler auf usw. Dennoch ist
oft nicht gesichert, ob bei Vorliegen von Parallelversionen ein Text den
anderen schriftlich vor sich hatte oder sich nur auf dieselbe mündliche
Tradition stützt, die noch variabler ist. Ein üblicher Weg der redaktionsge-
schichtlichen Methode, als Kriterium in der Frage, wer wen kopiert hat, die
Tendenz des jeweiligen Verfassers anzusehen, ist bei rabb. Texten problematisch, da diese meist Kompilationen ohne einheitliche Tendenz sind.

Noch komplizierter wird es, wenn schriftliche und mündliche Überlieferung desselben Stoffes nebeneinandertreten, wie dies für die Mischna und
wohl auch für andere Texte lange zutraf. Persönliche Niederschriften (welchen Umfangs?) stehen neben der offiziellen mündlichen Tradition, die
durch die Tannaim weitergegeben wird. *Liebermann* (Hell. 97) spricht in
diesem Zusammenhang von einer „mündlichen Veröffentlichung", der gegenüber die schriftlichen Aufzeichnungen keine Autorität besitzen. Wie

diese mündliche Veröffentlichung im Schulbetrieb praktiziert wurde, sieht er in Er 54b illustriert, wo die Rabbanan lehren, wie die Lehre weitergegeben wurde (wörtlich: wie „die Ordnung der Lehre", *seder mischna*, erfolgte): Mose lernt aus dem Mund Gottes; dann lehrt Mose Aaron seinen Abschnitt, ebenso lehrt er die Söhne Aarons, die Ältesten und das ganze Volk ihren Abschnitt; dann übernehmen der Reihe nach Aaron, seine Söhne und die Ältesten es, den Abschnitt zu wiederholen, sodaß ihn alle viermal gehört haben. R. Perida lehrt einen seiner Schüler jede Lehre vierhundertmal, bis er sie beherrscht, und R. Aqiba meint ohne zahlenmäßige Beschränkung, der Lehrer habe so oft zu wiederholen, bis der Schüler den Text beherrscht. Wenn der Text von der Traditionsweitergabe durch Mose in etwa das rabb. Schulsystem wiederspiegelt, haben wir also die Ausbildung mehrerer Tannaim durch den Redaktor der Mischna anzunehmen; diese Tannaim wiederholen sich gegenseitig den Merkstoff, bis er fest sitzt. Dieses System der „Veröffentlichung" ergibt jedoch nicht einen ein für allemal feststehenden Text; denn der Meister kann den Text, den der Tanna vor ihm rezitiert, noch immer korrigieren und verändern (*Lieberman*, Hell. 93 und *Epstein*, ITM 676).

Wenn diese Darstellung im allgemeinen stimmt, ergeben sich daraus Konsequenzen für die *Textkritik:* diese kann dann nicht mit einem feststehenden Urtext rechnen, den eine Edition rekonstruieren sollte. Das Nebeneinander von mündlicher und schriftlicher Überlieferung mit dem Vorrang des mündlichen Textes schließt eine gewisse Beweglichkeit des Textes ein. Wo dieses Nebeneinander von mündlicher und schriftlicher Überlieferung zutrifft, kann die Aufgabe der Textkritik nicht die Rekonstruktion eines Urtextes sein. Vielmehr hat sie eindeutig in späterer Schreib- und Drucktradition entstandene Fehler zu eruieren, um zu einer möglichst alten Textgestalt zu gelangen, die i. a. durch eine einzelne Handschrift vertreten sein sollte. Der Variantenapparat kommt dann in erster Linie als Bezeugung der frühen Text- und Auslegungsgeschichte hinzu. Die für die Edition rabb. Texte nun weithin üblich gewordene Praxis, anstelle eines rekonstruierten Mischtextes eine Einzelhandschrift (so z. B. die Tosefta-Ausgaben *Rengstorf* und *Lieberman* gegenüber der einzig vollständigen *Zuckermandel*-Ausgabe) oder die Textgestalt einer frühen bzw. repräsentativen Druckausgabe (so die Ausgabe Romm-Wilna des bT) als Grundtext zu verwenden, dem dann der Variantenapparat zur Seite tritt, ist eine Konsequenz dieser Erkenntnis. Allerdings sollte sie nicht dazu führen, die Arbeit der Textkritik auf die bloße Auswahl des optimalen Grundtextes und die Sammlung der Varianten zu beschränken. Selbstverständlich ergibt sich aus dieser Editionspraxis, daß der Ausleger rabb. Texte in viel höherem Ausmaß, als dies bei anderen antiken Texten der Fall ist, stets auch mit dem kritischen Apparat arbeiten muß (cf. *K. H. Rengstorf*, Grundsätzliche und methodische Überlegungen zur Bearbeitung von rabbinischen, insbesondere tannaitischen Texten, Theokratia 1, 1970, 76–87).

Warum haben die Rabbinen überhaupt die *mündliche Tradition* gepflegt, da sie doch in einer von alter Schriftkultur geprägten Umwelt lebten
und selbstverständlich schon als Kinder schreiben gelernt hatten? Der Hinweis auf die hohen Kosten des Schreibmaterials in damaliger Zeit ist zwar
richtig, erklärt jedoch nicht die prinzipielle Bevorzugung der mündlichen
Tradition besonders der Halakha. Die mündliche Weitergabe wurde ja
nicht als Notbehelf betrachtet! Der Grund liegt vielmehr in der Lehre von
der mündlichen Tora, die nach rabb. Anschauung allein mündlich in
angemessener Form weitergegeben werden konnte, wie auch in der Auffassung der Lehre als *mischna,* deren Wortbedeutung schon das Moment
der ständigen (mündlichen) „Wiederholung" einschloß. Parallelen dazu
gibt es auch sonst in der Religionsgeschichte (Parsismus, Buddhismus,
Islam).

Nach *Baumgarten* (The Unwritten Law 29) ist die Betonung der mündlichen Weitergabe „a natural consequence of the canonization of the Torah", würde also der Abgrenzung aller späteren heiligen Tradition von der
Heiligen Schrift dienen. Nach *Neusner* hingegen ist die anachronistische
Methode der mündlichen Tradition in Jabne als Mittel der rabb. Gruppenpropaganda eingeführt worden, um den Anspruch zu untermauern, in der
rabb. Lehre die mündliche Tora Moses weiterzugeben; die mündliche Tradition sei somit „part of the Torah-myth most pertinent to their political
needs" gewesen; allerdings, so schränkt er selbst ein, wäre ein solcher
Anspruch außerhalb der rabb. Bewegung kaum bekannt, noch weniger
anerkannt und somit auf den inneren Kreis der Rabbinen selbst begrenzt
gewesen (Phar III 174f). Eine politische Begründung der mündlichen Methode nur für den internen Gebrauch ist natürlich leicht angreifbar: z.B.
Schäfer, Dogma 193–5, der eine technische Begründung statt der dogmati-
schen wünscht: „nicht die mnemotechnische Methode ist das Neue in
Yavneh, sondern der umfassende Versuch der Gliederung und formelhaf-
ten Bewältigung des (überkommenen) Traditionsmaterials" (195). Tatsächlich schließen beide Begründungen einander nicht aus; und daß die Bewältigung des Traditionsmaterials eben nicht primär in einer Niederschrift,
sondern in einem mündlich zu rezitierenden Text mündet, wäre ohne das
„Dogma" der mündlichen Tora kaum denkbar, wie *Neusner* richtig gesehen hat.

Wann man von rein privater Niederschrift rabb. Texte zum öffentlichen
Gebrauch schriftlicher Exemplare übergegangen ist, kann nicht festgestellt
werden; die Antwort wäre textkritisch bedeutsam, ist jedoch in unserem
Zusammenhang nicht so wichtig. Jedenfalls hat es auch in gaonäischer Zeit
trotz des Vorhandenseins schriftlicher Texte noch immer die Institution
der Tannaim gegeben. Wahrscheinlich hat auch erst der Untergang der
babylonischen Akademien und die Ausbreitung des rabb. Judentums über
Nordafrika und Spanien endgültig den Untergang der mündlichen Überlieferung bedeutet.

Wichtig ist jedenfalls die Tatsache, daß auch schon die frühe amoräische Schuldiskussion zur Mischna manchmal einen geschriebenen Text voraussetzt. So etwa, wenn um die Vokalisierung einzelner Worte diskutiert wird: hat man *nas'u* oder *nis'u* zu lesen (Ket 2 b), *natna* oder *nitna* (Ned 35 a) (dazu *Epstein*, ITM 703)? Die Diskussion Er 53 a zwischen Rab und Samuel, ob in Er V, 1 *me'abberin* oder *me'abberin* zu lesen ist, ain oder alef (kein Bedeutungsunterschied, doch verschiedene Ableitung des Wortes), was *Albeck* als Beleg für verschiedene *Les*arten betrachtet (Einleitung 174), beweist hingegen nicht unbedingt einen schriftlichen Text, sondern könnte auch auf eine Aussprache zurückgehen, die nicht mehr zwischen ain und alef unterscheidet. Eher beweist die Annahme eines Textausfalls durch Homoioteleuton in Zeb XI, 8 – der Text bereitet den Amoräern in Zeb 97 a große Schwierigkeiten – eine schriftliche Vorlage, wie *Albeck* (Einleitung 179 f) unter Verweis auf die Parallele Sifra Tsaw VII, 5, W. 32 d–33 a annimmt. Jedenfalls belegen solche Beobachtungen schriftliche Texte (welchen Umfangs?) als Hintergrund der rabb. Diskussion. Naturgemäß sind solche Nachweise primär bei der Mischna möglich, da sie selbst Gegenstand des rabb. Kommentars wurde. Um wieviel mehr treffen aber dann die Schlußfolgerungen daraus für die anderen rabb. Texte zu, die nicht so zentral als „mündliche Tora" betrachtet wurden!

Abschließend noch einige Bemerkungen zur technischen Seite der Niederschrift rabb. Texte. Die zuvor angeführten Stellen sprechen von Schriftrollen wie auch von *pinqasim* mit Aufzeichnungen der mündlichen Tora. *Pinqas = pinax*, „Tafel", ist nicht nur das wachsüberzogene Notizbrett, sondern besteht aus verschiedenem Material (Kel XXIV, 7 Papyrus: es ist *epiforin*, „Papyrus", und nicht *epifodin = hypopodion*, „Fußschemel", zu lesen, wie es z.B. *Bunte* z.St. tut; häufiger war wohl das preiswertere Pergament). Ein *pinqas* kann aus mehreren Blättern zusammengesetzt sein, sodaß es auch für längere Niederschriften geeignet ist: so ist pMSch IV, 9, 55 b von einem *pinqas* mit zwölf Blatt die Rede, in der Parallele KlglR I, 14 (B. 52) von 24 Blatt. Der *pinqas* kann also das Äquivalent des Codex sein. Welch umfangreiche Literatur man in solchen Codices niederlegen konnte, haben u.a. die koptischen Papyrus-Codices von Nag-Hammadi gezeigt (Ende 4. Jh.). Daß die Codex-Form für solche Aufzeichnungen von den Rabbinen bevorzugt wurde, kann man aus der Analogie zu juridischen Texten der Römer erschließen, die zur leichteren Benützbarkeit gegen Ende des 3. Jhs. von Rollen auf Codices umgeschrieben wurden. Vielleicht spielte auch die Unterscheidung gegenüber den Torarollen mit, wie *Lieberman* glaubt: „The employment of the note-book was the most suitable way of indicating that they were writing the Oral Law, for private, or unofficial use, and not for publication" (Hell. 204 f; dieselbe Erwägung und nicht praktische Gründe haben nach ihm auch bei den Christen zur Bevorzugung des Codex beigetragen). Dem privaten Charakter dieser Niederschriften entsprechend ist es wohl immer bei der Einzelanfertigung geblieben und hat es keine Scriptorien gegeben, in denen der zu kopierende Text einer Mehrzahl von Schreibern diktiert wurde (bei der Bibel war das ja überhaupt verboten). Sogar im Mittelalter ist, wie *M. Beit-Arié* (Codico-logy 11) betont, noch keine Information „about any kind of institutional copying and production of books" zu finden. Das erklärt auch, warum Abschriften rabb. Texte noch zum Ende der gaonäischen Zeit eine absolute Seltenheit waren. (vgl. noch: *L. Blau,* Studien zum althebräischen Buchwe-sen, Budapest 1902; *S. Krauss,* Talmudische Archäologie III, Le 1912, 144–158; *S. Lieberman,* Hell. 203–208).

V. Vom Umgang mit rabbinischen Texten: zur Methodenfrage

Lit.: B. J. Bamberger, The Dating of Aggadic Materials, JBL 68 (1949) 115–123; *R. Bloch,* Note méthodologique pour l'étude de la littérature rabbinique, RSR 43 (1955) 194–225; *B. M. Bokser,* Talmudic Form Criticism, JJS 31 (1980) 46–60; *A. Goldberg,* Entwurf einer formanalytischen Methode für die Exegese der rabbinischen Traditionsliteratur, FJB 5 (1977) 1–41; *D. W. Halivni,* Contemporary Methods of the Study of Talmud, JJS 30 (1979) 192–201; *R. Mayer,* Zum sachgemäßen Verstehen talmudischer Texte, in: Abraham unser Vater. FS O. Michel, L 1963, 346–355; *J. Neusner,* Types and Forms in Ancient Jewish Literature: Some Comparisons, HR 11 (1972) 354–390 (ausführlicher Phar III 5–100); *ders.,* The Use of the Mishnah for the History of Judaism Prior to the Time of the Mishnah. A Methodological Note, JSJ 11 (1980) 177–185; *K. H. Rengstorf,* Grundsätzliche und methodische Überlegungen zur Bearbeitung von rabbinischen, insbesondere tannaitischen Texten, Theokratia 1 (1967ff) 76–87; *A. J. Saldarini,* „Form Criticism" of Rabbinic Literature, JBL 96 (1977) 257–274; *M. Smith,* On the Problem of Method in the Study of Rabbinic Literature, JBL 92 (1973) 112f; *W. S. Towner,* Form Criticism of Rabbinic Literature, JJS 24 (1973) 101–118. – *Einzelstudien:* *D. Ben-Amos,* Narrative Forms in the Haggadah, Structural Analysis, Diss. Indiana University 1966; *ders.,* A structural and formal study of Talmudic-Midrashic legends (h), 4th WCJS, J 1968, II 357–9; *E. Feldman,* The Rabbinic Lament, JQR 63 (1972f) 51–75; *A. Goldberg,* Form und Funktion des Ma'ase in der Mischna, FJB 2 (1974) 1–38; *ders.,* Die Peroratio (Ḥatima) als Kompositionsform der rabbinischen Homilie, FJB 6 (1978) 1–22; *ders.,* Zitat und Citem. Vorschläge für die descriptive Terminologie der Formanalyse rabbinischer Texte, FJB 6 (1978) 23–6; *A. Gulak,* Das Urkundenwesen im Talmud. Im Licht der griech.-ägypt. Papyri und des griech. und röm. Rechts. J 1935; *J. Heinemann,* Prayer in the Talmud. Forms and Patterns, B-NY 1977; *R. M. Johnston,* The study of Rabbinic parables: some preliminary observations, SBL Seminar Papers 10 (1976) 337–357; *F. Maaß,* Formgeschichte der Mischna mit besonderer Berücksichtigung des Traktats Abot, B 1937; *J. Neusner,* Form and Meaning in Mishnah, JAAR 45 (1977) 27–54; *ders.,* Form-Analysis and Source Criticism: The Case of Mishnah Kelim 1: 1–4, in: *R. H. Fisher,* Hg., A Tribute to A. Vööbus, Chicago 1977, 133–152; *A. J. Saldarini,* Last Words and Deathbed Scenes in Rabbinic Literature, JQR 68 (1977f) 27–45; *E. L. Segal,* The Terminology of Case-Citation in the Babylonian Talmud. A Study in the Limitation of Form Criticism, JSJ 9 (1978) 205–211; *A. Shinan,* The Form and Content of the Aggadah in the „Palestinian" Targumim on the Pentateuch and its Place within Rabbinic Literature (h), Diss. J 1977; *E. Stein,* Die homiletische Peroratio im Midrasch, HUCA 8–9 (1931f) 353–371; *I. Ziegler,* Die Königsgleichnisse des Midrasch beleuchtet durch die römische Kaiserzeit, Breslau 1903.

Schon die Frage der mündlichen Überlieferung rabb. Texte hat zu den methodischen Problemen der Textkritik und -edition rabb. Literatur geführt. Hier geht es um allgemeine Methodenfragen, die zum Großteil erst in den letzten Jahren klar bewußt geworden sind. Der methodische Fortschritt, den besonders die Bibelexegese erzielt hat, findet erst zu einem ganz geringen Teil seinen Niederschlag bei der Bearbeitung rabb. Texte. Gerade die weithin verbreitete These, die rabb. Tradition sei über Jh.e hin in absoluter Treue mündlich weitergegeben worden, hat zu einer völlig unkritischen Verwertung rabb. Materials geführt: das betrifft sowohl den Historiker, der vielfach die rabb. Texte ungeprüft als Faktenberichte übernimmt und nur die Übertreibungen etwa bei Zahlenangaben und die offenkundig legendären Züge eliminiert, wie auch den mit der rabb. Theologie beschäftigten Forscher, der oft nicht (genügend) auf die verschiedenen Entstehungszeiten der einzelnen Schriften und auch nicht auf die jeweilige Intention einer literarischen Gattung achtet und so zu einem Bild *der* rabb. Theologie kommt, das recht undifferenziert ist; wegen seiner Einfachheit und Einheitlichkeit wird dieses Bild in der vergleichenden Religionsgeschichte, v. a. auch in der neutestamentlichen Exegese gern übernommen. Nicht nur die Verwertung des in *(H. L. Strack-) P. Billerbeck's* ,,Kommentar zum Neuen Testament aus Talmud und Midrasch" als Steinbruch brauchbarer Zitate ist für diese Situation symptomatisch; auch *E. E. Urbach's* in vieler Beziehung als hervorragend und als Standardwerk zur rabb. Theologie zu bezeichnendes Buch ,,The Sages. Their Concepts and their Beliefs", J 1975, entgeht trotz seiner bewußt historischen Zielsetzung nicht der Gefahr einer fast völlig ungeschichtlichen Darstellung (cf. *Neusner's* Rezension: The Teaching of the Rabbis: Approaches Old and New, JJS 27, 1976, 23–35).

Sicher kann die für die Bibel entwickelte Methodenlehre nicht ungeprüft für rabb. Texte übernommen werden; doch ist von dort Wesentliches zu lernen; so kommen denn auch von dort alle relevanten Anstöße, die die Bearbeitung rabb. Texte in den letzten Jahrzehnten befruchtet haben. Bislang gibt es erst vereinzelte Ansätze zu einer speziell für rabb. Texte geeigneten Methodenlehre. Hier sind natürlich auch nur vereinzelte knappe Hinweise möglich.

1) Die Literaturgeschichte

Die Einordnung rabb. Texte in eine Literaturgeschichte und deren konsequente Berücksichtigung ist eine Grundforderung. Doch ist eine Literatur-*geschichte* bei rabb. Texten sehr problematisch. *Wie datiere ich rabb. Schriften?* Man muß sich prinzipiell der hypothetischen Natur solcher Datierungen stets bewußt bleiben, da zu viele ihrer Kriterien subjektiv sind. Es ist einmal nur von der jeweiligen Endfassung einer Schrift zu sprechen, auch wenn selbstverständlich Schichten oder Einzeltraditionen viel älter sein können als die Gesamtschrift, was jedoch im Einzelfall zu beweisen ist. Schon die gaonäischen Einleitungen – etwa ISG – versuchen eine Antwort auf die Frage, ebenso die Einleitungen des 19. Jhs., wie etwa *Z. Frankel* oder *L. Zunz*. Gewöhnlich beantwortet man die Frage durch die Nennung des jeweiligen Endredaktors einer Schrift: demnach ist Rabbi der Redaktor der Mischna, R. Chijja jener der Tosefta; Jochanan wird der pT zugeschrieben, Rab Aschi und Rabina der bT usw. Dabei wird ein Verfasserbegriff eingetragen, der für die rabb. Schriften mit ganz wenigen Ausnahmen nicht adäquat ist, da es sich dabei gewöhnlich um Kompilationen handelt.

Vielfach versucht man – so etwa *Zunz* – eine Datierung nach inneren Kriterien wie auch nach der äußeren Bezeugung einer Schrift: wann wird eine Schrift zum erstenmal zitiert? Daraus ergäbe sich ein terminus ante quem. Doch wie erkenne ich ein Zitat als solches? Die Namen rabb. Schriften variieren in gaonäischer Zeit sehr und auch noch im Mittelalter sind sie nicht einheitlich. Auch kann derselbe Name verschiedene Schriften bezeichnen. Das Zitat selbst kann auch aus einer ähnlichen Schrift oder aus dem allgemeinen Lehrgut der rabb. Schulen stammen. Auch ist nicht immer auszumachen, in welcher Richtung das Abhängigkeitsverhältnis zu sehen ist. Wie problematisch das Kriterium der Zitierung ist, zeigt sich etwa in der Beurteilung der halakhischen Midraschim: wenn pT und bT sie nicht zitieren (so meint etwa *Ch. Albeck*), bedeutet das nicht eo ipso, daß sie den Talmuden unbekannt und daher später sind. Objektiver ist die Feststellung eines terminus post quem nach den jüngsten in einer Schrift genannten Rabbinen (doch Probleme der Identifizierung im Einzelfall, der Pseudonymität, späteren Zusätze usw.) oder gar nach Zeitereignissen, die erwähnt oder vorausgesetzt sind (allerdings auch hier oft eine Frage der Interpretation: nicht jeder Hinweis auf Jischmael oder die Araber deutet z. B. unbedingt auf die islamische Zeit). Was sprachliche Kriterien betrifft, sind zwar bedeutende Fortschritte in der Unterscheidung von zeitlichen Stufen etwa des Hebräischen gemacht worden. Doch die ritualisierte und formalisierte Sprache der Rabbinen macht oft genauere Angaben unmöglich. Zudem hat die Textüberlieferung vielfach die sprachlichen Eigentümlichkeiten einer Periode oder Region abgeschliffen. Insofern es sich bei rabb. Texten um Zitatliteratur handelt, ist natürlich auch mit verschiedenen Sprachschichten innerhalb derselben Schrift zu rechnen. Schließlich ist auch die Möglichkeit eines bewußt archaischen Stils zu erwägen (als Musterfall der Zohar; doch behauptet z. B. *B. Z. Wacholder* dies auch von Mek).

Trotz dieser Schwierigkeiten ist ein zumindest vorläufiges chronologisches Gerüst einer rabb. Literaturgeschichte machbar. Dieses müßte aber auch in der Auslegung der rabb. Texte entsprechend berücksichtigt werden. Leider ist es noch immer keine Selbstverständlichkeit, daß z. B. die Mischna oder die Tosefta aus sich selbst und nicht aus den Talmudim interpretiert werden müssen; die Talmudim gehören schon zur Auslegungsgeschichte und sind für die Festlegung des ursprünglichen Sinns der Mischna nicht mehr und nicht weniger brauchbar als etwa Texte der Kirchenväter für die Deutung des Neuen Testaments. Ebenso selbstverständlich, doch nicht immer beachtet ist es, daß in der Rekonstruktion geschichtlicher Fakten oder Vorstellungen der tannaitischen Zeit tannaitische Texte absoluten Vorrang gegenüber späteren Texten haben, auch wenn diese eine Aussage im Namen eines Tannaiten oder als Baraita zitieren. Derselbe Vorbehalt gilt für die Verwertung gaonäischer Aussagen für die amoräische Zeit oder babylonischer Quellen für palästinische Zustände.

Die Datierung von Einzeltexten oder von bestimmten Vorstellungen erfolgt gewöhnlich über die Rabbinennamen (dazu S. 66–68). Vor allem ist jedoch die Einordnung solcher Texte oder Vorstellungen in eine umfassendere Traditionsgeschichte zu versuchen, besonders auch durch Heranziehung von Belegen aus der nichtrabb. Literatur, die oft sicherer datierbar ist. Parallelen in den Pseudepigraphen, in Qumran, im Neuen Testament, bei den Kirchenvätern oder in der arabischen Literatur können hier ebenso von Bedeutung sein wie nichtliterarische Zeugnisse (etwa die Fresken der Synagoge von Dura Europos, die für manche haggadische Tradition der früheste datierbare Beleg sind). Allerdings ist auch hier Vorsicht am Platz und nicht ohne weiteres die ständige Kontinuität einer Vorstellung zwischen zwei zeitlich weit entfernten literarischen Belegen (z. B. die Parallelen zwischen PesR 131b–132a und 4 Esr 9,38–10,57) oder gar ein direkter literarischer Zusammenhang zu behaupten.

2) Kultur- und Religionsgeschichte

Die traditionelle Auslegung rabb. Texte betrachtet diese fast ausschließlich als Literatur. Zeitgeschichte und Realienkunde bleiben weithin unberücksichtigt; die Texte werden dadurch eigenartig zeitlos. Doch hat die Erforschung v. a. Palästinas, in viel geringerem Maß auch Babyloniens zur rabb. Zeit in den letzten Jahrzehnten große Fortschritte gemacht. V. a. die Ergebnisse der Archäologie Palästinas tragen zu einem besseren Verständnis der Texte bei. Fragen der Siedlungsgeschichte, der Bevölkerungsstruktur und der wirtschaftlichen Gegebenheiten sind für die Textauslegung ebenso zu berücksichtigen wie etwa die Ausgrabungen von Synagogen, christlichen Kirchen und heidnischen Kultstätten und -gegenständen: diese Ergebnisse erhellen z. B. die Gesetze des Traktats Aboda Zara; andererseits sind die Synagogenfunde mit den rabb. Aussagen über die Erlaubtheit von Bildkunst zu konfrontieren. Als Konsequenz erweist sich das Bild, das uns die rabb. Literatur von den Zuständen ihrer Zeit hinterläßt, als völlig einseitig; anstelle eines monolithischen rabb. Judentums ergibt sich eine viel komplexere soziale Wirklichkeit des palästinischen Judentums in rabb. Zeit.

Von dieser Einsicht aus ist auch nach eventuellen Spuren eines Nachlebens der pseudepigraphen Literatur, von Qumran, Philo und Josephus im rabb. Schrifttum zu fragen. Diese innerjüdischen Zusammenhänge sind noch weitgehend unberücksichtigt.

Was die allgemeine Kulturgeschichte betrifft, sind v. a. die Beziehungen des rabb. Judentums zur hellenistischen Kultur Gegenstand der Forschung gewesen. Im 19. Jh. beschränkte man sich in erster Linie auf den Nachweis einzelner griechisch-hellenistischer Motive in rabb. Texten; *S. Krauss* hat dann die ,,Griechischen und lateinischen Lehnwörter in Talmud und Midrasch" gesammelt – eine Pionierarbeit, die inzwischen unbedingt neu bearbeitet werden müßte; zahlreiche Vorarbeiten dazu hat v. a. *S. Lieberman*, zuletzt auch *D. Sperber* geleistet. *A. A. Hallewy* ist in verschiedenen Büchern hellen. Einflüssen in der Haggada nachgegangen, während *H. A. Fischel* den Einfluß der hellen. Populärphilosophie wie auch bestimmter literarischer Konventionen auf die Rabbinen erforscht hat. Noch nicht so fruchtbar war bisher die Bearbeitung der Beziehungen des babylonischen Judentums zur parthisch-persischen Kultur und Religion.

Schon vielfach untersucht wurden die Zusammenhänge zwischen Rabbinen und Kirchenvätern sowie der gegenseitige Einfluß von rabb. Judentum und Islam. Die Frage von Abhängigkeiten und Anleihen ist hier allerdings methodisch vielfach noch nicht einwandfrei bearbeitet worden: so ist etwa die Zitierung rabb. Meinungen bei den Kirchenvätern vielfach angenommen worden, wo es sich in Wirklichkeit nur um parallele Entwicklungen aus denselben Voraussetzungen handelt. Auch hier ist immer zu fragen, wer wen zitiert bzw. ob überhaupt zitiert wird. Auch ist die Vielschichtigkeit des Judentums Palästinas in rabb. Zeit nicht genügend berücksichtigt worden und die Möglichkeit christlicher Spuren auf rabb. Seite entweder a priori abgelehnt oder aber zu leichtfertig angenommen worden.

3) Form-, Traditions- und Redaktionsgeschichte

Die mit diesen Namen bezeichneten Methoden beherrschen seit Jahrzehnten die biblische Forschung. Der Ausdruck ,,*Formgeschichte*" erscheint erstmals bei *M. Dibelius*, Die Formgeschichte des Evangeliums, Tüb. 1919. Die Sache selbst ist etwa zwanzig Jahre älter: *H. Gunkel* hat sie, dabei auf Ansätze bei Lessing und Herder zurückgreifend, als ,,Gattungsgeschichte" in die alttestamentliche Forschung eingeführt. Die Methode beruht auf der Erkenntnis festgeprägter literarischer Gattungen in der Literatur sowohl der Gegenwart wie vor allem in der Antike. Dabei geht es primär um kleine Überlieferungseinheiten womöglich mündlicher Herkunft, die erst in einer längeren Traditionsgeschichte zusammengewachsen sind und durch einen sekundären ,,Rahmen" zu einem größeren literarischen Werk zusammengefügt werden. Heute bevorzugt man vielfach den Ausdruck ,,Gattung" statt ,,Form", die eigentlich nur die sprachliche Gestalt eines konkreten Textes meint, sich aber gerade in der rabb. Forschung fast allgemein durchgesetzt hat. Es ist zwischen der Form- oder Gattungskritik, die die einzelnen literarischen Formen mit ihren Gesetzlichkeiten und Entstehungsbedingungen, dem ,,Sitz im Leben" ermittelt, und der eigentlichen Formgeschichte zu unterscheiden, der es um Entstehung und Umwandlung von Formen im Lauf der Geschichte geht (vgl. *K. Koch*, Was ist Formgeschichte?, Neukirchen 1964, [3]1974).

In der rabb. Forschung hat es schon früh vereinzelte Ansätze zur Verwendung der formgeschichtlichen Methode gegeben: so etwa *P. Fiebig* in einer Reihe methodisch allerdings nicht sehr befriedigender Arbeiten seit 1904 oder *F. Maaß*, der 1937 am Beispiel des Traktats Abot (für solche Studien besonders geeignet, doch für die Mischna untypisch) eine Formgeschichte der Mischna versuchte (für die eigentliche Form*geschichte* verließ er sich völlig auf die Zuschreibungen der Sätze an die einzelnen Rabbinen, was natürlich äußerst problematisch ist; sonst jedoch ist seine Studie sehr gut gearbeitet). Zu einer systematischen Anwendung der Methode ist es jedoch erst im letzten Jahrzehnt gekommen, an halakhischen Texten v. a. durch *J. Neusner* und seine Schüler, an Midrasch-Material v. a. durch *A. Goldberg* und seine Schüler, an liturgischen Texten durch *J. Heinemann*. Von einer umfassenden rabb. Formgeschichte sind wir noch weit entfernt – nur wenige Gattungen sind bisher an einem umfassenderen Textmaterial untersucht worden. Immerhin ist es schon möglich, einen vorläufigen groben Raster der wichtigsten rabb. Formen zu erstellen, der allerdings kaum über eine bloße Aufzählung hinausgeht und mehr als Arbeitsprogramm denn als Forschungsergebnis zu werten ist. Dabei ergibt sich eine weitgehende Diskontinuität zu biblischen Formen bzw. solchen der zwischentestamentlichen Literatur.

Gelegentlich wird gefordert, Formbestimmungen ohne Rücksicht auf den Inhalt eines Textes vorzunehmen (vgl. *Neusner*, Pur III 192 ff); tatsächlich bedingt der Inhalt die Form. Wenn nicht Formkritik zu bloßer Stilkritik werden soll – diese ist notwendig, sollte jedoch nicht unter dem Namen Formkritik betrieben werden –, ist von einer Bestimmung der Formen auch nach inhaltlichen Kriterien nicht abzusehen.

J. Neusner hat am Beispiel der rabb. Traditionen über die Pharisäer einen Formenkatalog aufgestellt (Types 354–8), der mit Erweiterungen und Modifikationen als Grundlage für den folgenden Raster gedient hat. Grundlegend ist die Unterscheidung zwischen halakhischem, haggadischem und exegetischem Material, welches sowohl an Halakha wie an Haggada teilhat.

Halakha: 1. Aussprüche: a) *einfache Aussage:* N. sagt + direkte Rede; b) *Streitgespräch:* dieses kann eine bloße Aneinanderreihung zweier Aussagen mit ihrem jeweiligen Urheber sein, sei es als

Disput (*X omer* ...; *Y omer* ...) oder Debatte (*X amar lahem/ lo* ...; *Y amar lahem/lo:* also mit histor. Kontext, wenn dieser auch auf das Minimum beschränkt ist, perfekt. Aussage und Zuhörer); in der Lemma-Form geht die Schilderung des Problems den konträren Entscheidungen voraus: Problem – X sagt – Y sagt; in der chiastischen Form folgt einer halakhischen Entscheidung die Nennung des Urhebers: Entscheidung – so sagt X. Y aber sagt: andere halakhische Entscheidung; c) *Bezeugung* (X he'id, bezeugt, daß ... bzw. hinsichtlich: v. a. im Traktat Edujot); d) *Formulare* (Prosbul, Scheidung, Ordination usw.).

2. Erzählung: a) *Brief* (X diktiert einen Brief, dessen Inhalt folgt. Nur wenige Textbeispiele lassen über den Inhalt hinaus ein Briefformular erkennen, das dann den bekannten aramäischen Briefen, etwa jenen von Wadi Muraba'at, folgt); b) *Taqqana:* Früher war es so, doch X *tiqqen,* ordnete an, daß ...; c) *Präzedenzfall,* gewöhnlich einfache Aussagesätze mit wenig Dialog, vielfach eingeleitet durch *ma'ase, „Tatfall": dazu A. Goldberg; d) Ketten* und *Listen;* e) *Aussprüche und Erzählungen in der 1. Person;* f) *Erzählungen, eingeleitet durch einen Bibeltext und dessen Exegese;* g) die talmudische *Sugia* (abgeschlossene logische Einheit der rabb. Diskussion) ist eine zusammengesetzte Form, die nicht nur verschiedene literarische Formen, sondern auch haggadisches neben halakhischem Material umfaßt.

Haggada: Die primäre Unterscheidung von Poesie und Prosa ist in der rabb. Literatur ziemlich nebensächlich, da *poetische Formen* nur vereinzelt vorkommen: von größerer Bedeutung ist allein die Gattung des *Leichenlieds,* das *E. Feldman* untersucht hat.

1. Erzählung: Die wichtigsten Gattungen sind hier die *geschichtliche Anekdote,* der kurze *biographische Hinweis* ohne direkte Rede, die *biographische Erzählung* (als Untergattungen Berufungserzählung, Schulgeschichte, Sterbeerzählung usw.), die *Wundererzählung,* die *Erzählung mit einer Moral,* die *Erzählung in Ich-Form* sowie jene, in der eine *bat qol* eingreift, *Märchen, Fabel* und *Legende.*

2. Darstellung „wissenschaftlichen" Inhalts (geographisch, volkskundlich, medizinisch, astronomisch usw.).

3. Rede: Aussprüche in 1. Person, solche *ohne erzählenden Kontext, Apophthegmata* mit erzählendem Kontext, *Wehrufe, Gleichnisse* (Unterform der Königsgleichnisse), *Sprichwort, Weisheitsspruch, Zahlenspruch (W. S. Towner), Kettenspruch* (Sorites), *Reihen* und *Listen, Gebet* und *Predigt.*

Exegese: Hier ist wieder zwischen Halakha und Haggada zu unterschei-

den. In beiden Gruppen kommt es zu bloßen *Verweisen* auf die
Schrift, Verwendung von Bibeltexten als *Beweisen* sowie zur
eigentlichen *Textauslegung,* deren Intensität von der bloßen
Glossierung über die einfache *Wortexegese* zum vollen *Midrasch* gehen kann, der wieder ein rein am Text orientierter
Auslegungsmidrasch oder ein homiletischer Midrasch sein
kann (dazu näher S. 223 ff.).

Eine zusammengesetzte Form ist die *Homilie,* bei der vor allem
Einleitung und Schluß festen Formgesetzen unterliegen (Proömium und Peroratio; doch *peticha* auch als komplette Kurzpredigt: dazu näher S. 231 f) und deren Hauptteil selbst wieder
verschiedene Gattungen enthalten kann (Gleichnis, Ma'ase
usw.). Zu den literarischen Formen des Hauptteils vgl. *F. Böhl.*

Über diese beschreibende Gattungskritik hat die Arbeit zur *Gattungsge-
schichte* zu führen, die allerdings ebenfalls erst in Ansätzen existiert und
auch nicht überall in derselben Weise möglich ist; so spricht z. B. *Neusner*
hinsichtlich der Mischna bewußt nur von Formanalyse, nicht -geschichte,
da dieses Werk innerhalb einer relativ kurzen Zeit seine formale Gestalt
erhalten hat (,,the naive conception that we may ,date' a unit by the formal
traits exhibited therein. This has not been proved, and I think it cannot be
proved'': JQR 80, 1979f, 142 Anm. 16; doch cf. dazu auch die Einschränkung von *R. S. Sarason, ibidem* 150f).

Welche Ergebnisse kann die formgeschichtliche Arbeit an rabb. Texten
erbringen? Eine bloße Klassifizierung des Materials ist ja zu wenig, darf
nicht Selbstzweck bleiben. Vor allem zwei Resultate sind zu nennen: die
Abgrenzung von vorgegebener Form und Kreativität dessen, der die Form
anwendet, erlaubt ein Urteil, worauf es dem Text ankommt, führt somit zu
einer gemäßeren Auslegung und hält von einer Überbewertung von Zügen
eines Textes ab, die zum Schema gehören, daher nicht sofort z. B. bei
Erzählungen als historische Erinnerung gedeutet werden dürfen; Erkenntnis des historischen Kontextes einer bestimmten Gattung, was u. a. auch zu
einem Urteil über das Alter einer bestimmten Tradition führen kann.

Die *Traditionsgeschichte* ist einerseits *Motivgeschichte,* weist also bestimmte Inhalte in ihrer Kontinuität bzw. Umwandlung innerhalb der
rabb. Zeit nach; andererseits ist sie v. a. anhand der zahlreichen rabb. Paralleltraditionen möglich (dieselbe Traditionseinheit in verschiedener Fassung): die *synoptische Lektüre* dieser Paralleltexte ist eine Grundaufgabe
rabb. Forschung, auch wenn die geeigneten Hilfsmittel dafür noch weithin
fehlen und bisher nicht einmal eine Synopse von Mischna und Tosefta
existiert, geschweige denn eine Synopse des gesamten rabb. Textmaterials,
wie sie z. B. *M. Smith* fordert, die aber aus Gründen des Umfangs kaum zu
verwirklichen sein wird. Gerade Paralleltexte zeigen, welche Texteinheiten
im Lauf der Überlieferung erst zusammengesetzt wurden, ob diese Über-

lieferung primär schriftlich oder mündlich zu denken ist, welche Interessen sie geprägt haben usw.

Die *Redaktionsgeschichte* bemüht sich um die Persönlichkeit des Endredaktors eines Werkes, seine schriftstellerische bzw. theologische Eigenart, die sich darin zeigt, wie er seinen Traditionsstoff auswählt, gruppiert, in einen bestimmten Rahmen fügt, bearbeitet und dadurch interpretiert (dazu *J. Rohde,* Die redaktionsgeschichtliche Methode, Hamburg 1966).

Die Redaktionsgeschichte bemüht sich somit, den Redaktor als Schriftsteller und nicht nur als Sammler von Traditionen zu sehen: dies erweist sich jedoch in der rabb. Literatur viel schwieriger als etwa in den Evangelien. Denn nur wenige späte rabb. Schriften, wie etwa PRE oder SER, gehen auf echte Schriftstellerpersönlichkeiten zurück, deren Intention sich ohne größere Probleme von der Tradition abheben läßt. So ist es auch gerade eine Arbeit zu SER, die die Intention der Redaktionsgeschichte am ehesten an einem rabb. Text verwirklicht hat (nämlich *M. Kadushin,* The Theology of Seder Eliahu. A Study in Organic Thinking, NY 1932: so das Urteil von *P. Kuhn,* Gottes Trauer und Klage in der rabb. Überlieferung, L 1978, 25).

Die rabb. Literatur ist nicht nur Traditionsliteratur, sondern zum größten Teil *Zitatliteratur (A. Goldberg).* Die Zitatform gilt auch schon für die frühesten Stadien dieser Literatur und ihre einfachsten Einheiten. Im Gegensatz etwa zur pseudepigraphen Literatur legen die Rabbinen großen Wert darauf, den Urheber des jeweils zitierten Ausspruches zu nennen (zur Problematik dieser Zuschreibungen siehe das nächste Kapitel). Darin äußert sich jedoch nicht ein gesteigertes Selbstbewußtsein des jeweiligen Autors eines Satzes, sondern gerade im Gegenteil das Wissen des Tradenten, in eine bestimmte Tradition eingebunden zu sein. Zugleich ist das namentliche Zitat von der Ansicht bestimmt, daß ein Satz nur so viel gilt wie sein Urheber, was in amoräischen Zeit zum Bemühen führt, die Urheber anonymer Sätze der tannaitischen Zeit zu eruieren, um dadurch diese Sätze als Meinung eines einzelnen aufzuweisen; denn der anonyme Satz ist von höherer Autorität (sei es als alte unbestrittene Meinung oder als die Meinung des Endredaktors einer Schrift). Ordnungsprinzip bei der Sammlung von Zitaten ist denn auch nicht der Name des Urhebers (auch wenn es solche kleine Sammlungen im Einzelfall gegeben hat): es geht nicht um den Verfasser, sondern allein um die Sache. Es ist übrigens für rabb. Denken bezeichnend, wenn Jochanan ben Zakkai gewissermaßen als Stammvater der rabb. Tradition zwar oft zitiert wird, jedoch selbst seine Gewährsleute nie zitiert; und in der Endphase der talmudischen Tradition, sei es in den späten Schichten des bT oder auch in späten Midraschim, wird das Material ebenfalls wieder anonym; schon die Saboräer und noch mehr die Späteren fühlen, daß ihre Namen nicht mehr gleichwertig neben denen der früheren Rabbinen genannt werden können, ihr eigener Beitrag zum rabb. Traditionswerk von dem der Früheren qualitativ grundlegend verschieden ist.

Auf der Stufe der Endredaktion einer rabb. Schrift ist die Persönlichkeit des Redaktors primär in Auswahl, Anordnung und Bearbeitung der Zitate zu erkennen. Eine bloß additive Redaktion ist ja kaum einmal anzunehmen – am ehesten noch beim eigentlichen Auslegungsmidrasch, der katenenartig die Zitate in der Reihenfolge des biblischen Textes zusammenfügt. Gewöhnlich jedoch baut der Redaktor die Zitate seiner eigenen Zielsetzung entsprechend zusammen und argumentiert mit ihnen, als ob sie seine eigenen Worte wären. Auch ist zu bedenken, daß die vorliegenden Zitate gewöhnlich schon überarbeitet sind, ,,Traditionsformen", die gekürzt ein viel breiteres Material überlieferungsfähig machen (*Goldberg*, Entwurf 7). Als solche liegen sie auch schon dem Redaktor vor, der sie für seinen Zweck verwendet: die jeweilige Änderung des Zwecks eines Zitats ist durch die diachrone Funktionsanalyse zu ermitteln (*Goldberg*, Entwurf 20). Daran ist dann die Intention des Redaktors zu erkennen, wie auch am anonymen Textmaterial, wo dieses dem Redaktor zuzuschreiben ist.

Besonders bei umfangreichen Texten ist auch erst zu klären, wieweit überhaupt mit einer einheitlichen Redaktion zu rechnen ist bzw. auf welche Texteinheiten man eine solche Redaktion beziehen darf. Dies gilt v. a. auch von den beiden Talmudim. Aber auch bei überschaubareren Traditionskomplexen ist diese Frage noch nicht geklärt, wieweit hier einheitliche Gestaltung oder einfach die Zusammenfügung von größeren Blöcken schon redigierten Materials vorliegt. Nicht einmal bei der Mischna ist die Intention des Endredaktors schon gesichert (wenn wir überhaupt im strikten Sinn mit einem solchen Endredaktor rechnen dürfen): nicht einmal die grundlegende Frage ist geklärt, ob die Mischna ein Lehrbuch, eine Materialsammlung oder ein autoritatives Gesetzbuch sein sollte. Durch Anwendung redaktionsgeschichtlicher Methoden müßte man der Klärung dieser Frage näherkommen, ebenso auch grundlegende Probleme der Redaktion der Tosefta und anderer Schriften beantworten können. Auch die Frage z. B. politischer Intentionen der Redaktoren (etwa eine pro-hillelitische Gesamtredaktion der Mischna?) ist noch nicht beantwortet. Hier ergeben sich noch große Aufgaben für die Redaktionsgeschichte rabb. Texte, auch wenn man sich bewußt bleiben muß, wie schwierig gerade bei diesem Material die Trennung von Tradition und Redaktion ist. Eine umfassende vergleichende Bearbeitung von Mischna und Tosefta könnte hier das nötige methodische Instrumentarium zur Verfügung stellen.

VI. Die Rabbinen

Lit.: Ch. Albeck, Einführung 391–414; *ders.,* Mabo 144–451; *W. Bacher,* Tann; pAm; bAm; TT; *M. Beer,* The Babylonian Amoraim. Aspects of Economic Life (h), Ramat Gan 1974; *H. Duensing,* Verzeichnis der Personennamen und der geographischen Namen in der Mischna, Stuttgart 1960; *J. Fraenkel,* Paranomasia in Aggadic Narratives, SH 27 (1978) 27–51 (Einfluß von Wortspielen auf die Gestaltung von Erzählungen über die Rabbinen); *Z. Frankel,* Darkhe und Mabo; *W. S. Green,* What's in a Name? – The Problematic of Rabbinic „Biography", in: *ders.,* Hg., Approaches to Ancient Judaism: Theory and Practice, Missoula 1978, 77–96; *ders.,* Context and Meaning in Rabbinic „Biography", in: *ders.,* Hg., Approaches to Ancient Judaism II, Chico 1980, 97–111; *I. Halevy,* Dorot; *A. A. Hallewy,* Ha-Aggada ha-historit-biografit le-or meqorot jewaniim we-latiniim, TA 1975; *R. Halperin,* Atlas Ets Chajjim. Tannaim wa-Amoraim, Teil I, T–A 1980; *A. Hyman,* Sefer Toldot Tannaim we-Amoraim, 3 Bde, Lo 1910 (Ndr. J 1964); *W. Jawitz,* Sefer Toldot Jisrael, Bde VI–IX, TA 1935; *M. Margolioth,* Hg., Encyclopedia of Talmudic and Geonic Literature, being a Biographical Dictionary of the Tanaim, Amoraim and Geonim (h), 2 Bde, TA 1960; *A. M. Naftal,* Ha-Talmud we-Jotsraw, 5 Bde, TA 1969–79; *J. Neusner,* The Present State of Rabbinic Biography, FS G. Vajda, Löwen 1980, 85–91; *Z. W. Rabinowitz,* Sha'are Torath Babel, J 1961, 315–547; *S. Safrai,* Tales of the Sages in the Palestinian Tradition and the Babylonian Talmud, SH 22 (1971) 209–232; *E. E. Urbach,* The Sages. Their Concepts and Beliefs, J 1975, 564–678; *I. H. Weiss,* Dor.

Neben diesen Werken, die zum Großteil unkritische Materialsammlungen sind, sind die verschiedenen Lexika, v. a. EJ, unter dem Namen des jeweiligen Rabbi zu konsultieren.

1) Unsere Quellen

Unsere Information über die einzelnen Rabbinen stammt aus der rabb. Literatur und den gaonäischen Texten, v. a. STA und ISG. Diese bieten auch eine Reihe absoluter Zahlen nach der seleukidischen Zeitrechnung, v. a. die Todesjahre einzelner Rabbinen (z. B. 279 als Todesjahr von R. Jochanan bar Nappacha). Doch ist zu beachten, daß diese Zahlenangaben in der spanischen und der französischen Rezension von ISG oft nicht übereinstimmen; auch sind diese oft in modernen Arbeiten einfach wiederholten Angaben kaum einmal überprüfbar, haben also nur relativen Wert. Anfänge einer systematischen Untersuchung dieser Zahlenangaben hat *D. Sperber* unternommen (Studies in Talmudic Chronology – I (h), Michtam le-David, GS D. Ochs, Ramat-Gan 1978, 77–85: zu den Todesdaten von 38 babyl. Amoräern).

Die rabb. Texte selbst überliefern nie Daten. Die Zuordnung rabb. Angaben über Ereignisse im Leben dieses oder jenes Rabbi zu einem aus der allgemeinen Geschichte bekannten Datum ist kaum einmal möglich (Ausnahmen etwa die Zerstörung Jerusalems, der Bar-Kokhba-Aufstand, der Aufstand unter Gallus) und auch dann nur bedingt verwertbar. Daß z. B. Aqiba im Bar-Kokhba-Aufstand oder direkt nachher hingerichtet wurde, ist zwar in rabb. Quellen gut belegt, wenn auch legendarisch ausgeschmückt. Doch bringen die Texte keine nähere Zeitangabe. Schon aus diesem Grund ist die Aussage chronologisch unbrauchbar, daß Rabbi im Jahr geboren wurde, in dem Aqiba starb; daraus etwa das Jahr 135 als Geburtsjahr Rabbis abzuleiten, geht nicht an. Dazu kommt, daß der Satz „X wurde geboren, als Y starb" ein Theologumenon ist, wie aus Qid 72b hervorgeht: „Es sagte Mar: Als R. Aqiba starb, wurde Rabbi geboren; als Rabbi starb, wurde Rab Jehuda geboren; als Rab Jehuda starb, wurde Raba geboren; als Raba starb, wurde Aschi geboren. Das lehrt dich: Kein Gerechter geht aus der Welt, ehe ein Gerechter gleich ihm erschaffen wurde. Denn es heißt: ‚Die Sonne geht auf und die Sonne geht unter' (Koh 1,5). Ehe die Sonne Elis unterging, ging die Sonne Samuels in Rama auf" (Joma 38b bringt den Grundsatz mit dem Beispiel von Eli und Samuel im Namen Chijjas b. Abba, der Jochanan zitiert).

Die *Chronologie der Rabbinen* ist somit wie die der rabb. Literatur *relativ*, d. h. durch das Verhältnis eines Rabbi zu einem anderen als dessen Lehrer, Diskussionspartner, Schüler oder Tradent festzustellen (immer vorausgesetzt, daß die Namensgebung eindeutig und der Name richtig überliefert ist). So lassen sich *Generationen* von Rabbinen einander zuordnen. Dieses Bezugsnetz hat zur klassischen Einteilung der rabb. Zeit in fünf Generationen von Tannaiten, sieben von Amoräern geführt. Statt absoluter Lebensdaten ordnet man daher einen Rabbi z. B. als Tannaiten der 2. Generation (T 2) oder Amoräer der fünften Generation ein (A 5; ein vorausgesetztes p oder b verweist auf die Herkunft aus Palästina oder Babylonien). Damit ist auch ein ungefährer Bezug zur absoluten Chronologie gegeben. Fragezeichen bleiben bei selten genannten Rabbinen. Gelegentlich ist nicht ganz sicher, ob wir nicht mit zwei Rabbinen desselben Namens zu rechnen haben, weil sonst die rabb. Angaben unvereinbar sind (z. B. bei Mar Uqba). Auch ist mit Irrtümern späterer Tradenten oder Abschreiber zu rechnen; ja, auch die direkte Erfindung von Rabbinennamen ist (wie im Zohar) nicht völlig auszuschließen (so von *B. Z. Wacholder*, HUCA 39, 1968, 132–4, für Mek angenommen).

2) Rabbinennamen als Datierungshilfe

Die Datierung einer rabb. Schrift gilt für das Gesamtwerk. Die Einzelstücke und -traditionen können jedoch viel älter sein, was jedoch erst zu beweisen ist. Als Anhaltspunkt für die Datierung eines solchen Stücks dienen die Namen der darin erwähnten Rabbinen, ebenso für die Datierung eines einzelnen Ausspruchs. Die Untersuchung umfangreicher Texteinheiten (z. B. durch *J. Neusner*) hat ergeben, daß zumindest in tannaitischen Sammlungen diese Zuschreibungen weitgehend verläßlich sind: wenn schon die Richtigkeit des Tradentennamens nicht positiv bewiesen werden kann, so doch i. a. die mit dem Namen verbundene geschichtliche Periode; diese kann vielfach durch Zitierung, Kommentierung oder Glossierung oder selbstverständliches Voraussetzen einer Vorstellung durch einen Rabbi der folgenden Generation(en) gesichert werden (Methode der *attestation: Neusner*, Phar III 180ff). Andere sind hier allerdings bedeutend skeptischer und behaupten global: ,,attributions are simply not historically reliable data" (*W. S. Towner*, The Rabbinic ,,Enumeration of Scriptural Examples", L 1973, 34; cf. *W. S. Green*, Name 83f). Zweifellos hat die Datierung nach Rabbinennamen mit vielfachen Problemen zu rechnen. Solche Unsicherheitsfaktoren sind, abgesehen vom Problem der Pseudepigraphie (dieses ist um so akuter, je später eine Erzählung oder ein Diktum erstmals aufscheint; es gibt sehr verschiedene Gründe, einem Rabbi später bestimmte Aussprüche in den Mund zu legen), vor allem in der *Namensüberlieferung* zu sehen:

a) Oft weist schon der rabb. Text selbst darauf hin, daß der genaue Name des Tradenten nicht feststeht (v. a. sein Patronym oder seine Herkunftsbezeichnung: der bT bietet die Variante mit der Formel *we-amri le*) oder derselbe Satz verschiedenen Rabbinen zugeschrieben wird *(we-iteima):* dazu *Bacher*, TT 524–540.

b) Oft tragen *mehrere Rabbinen denselben Namen*, v. a. wenn der Vatername ausgelassen wird. Ob R. Jehuda Jehuda b. Ilai (T 3) oder Jehuda bar Jechezqel (bA 3) ist, kann meist durch den Kontext geklärt werden; doch ist der Kontext ursprünglich oder ist die Zusammenstellung fälschlich erfolgt, weil schon die Redaktoren des Stücks den Sprecher falsch identifiziert haben? Wenn nicht eine echte Diskussion geboten wird, sondern einfach Meinungen einander gegenübergestellt werden (siehe unter e), ist der Kontext ebenfalls keine Hilfe. Auch ist keine Entscheidung zu treffen, wenn kein anderer Rabbi im Zusammenhang genannt wird und auch keine rabb. Parallele eine Klärung bringt. Zirkelschlüsse sind oft nicht zu vermeiden, müssen aber als solche bewußt bleiben: so werden die halakhischen Midraschim u. a. auch deshalb gewöhnlich in die tannaitische Zeit datiert, weil sie (fast) nur Tannaiten zitieren; wegen dieser Datierung entscheidet man sich dann im Zweifelsfall für die Identifikation eines Rabbi mit einem Tannaiten.

c) Die *Textüberlieferung* in Handschriften und Drucken ist gerade bei Namen sehr unsicher, wie der kritische Apparat einer Textausgabe deutlich zeigt. So verwechselt man ständig Natan und Jonatan, diesen wieder mit Jochanan. Ebenso vertauscht man Eleazar und Eliezer, Acha und Achai, Joschijja und Hoschaja. Die häufige Verwendung von Abkürzungen kann

zu verschiedenen Auflösungen führen: so wird Simeon mit Jischmael verwechselt, R. Jochanan oder R. Joschijja (jeweils R"J) mit Rabbi (Jehuda
ha-Nasi), der auch da irrtümlich in den Text kommen kann, wo man nach
einem ausgeschriebenen „Rabbi" den Namen zu schreiben vergaß; Simeon
ben Schetach wird zu Simeon ben Azzai (wenn das *schin* des abgekürzten
Patronyms als *ain* verlesen wurde) usw.

d) Wenn *rabb. Parallelüberlieferungen* dasselbe Dictum oder dieselbe
Begebenheit verschiedenen Rabbinen zuschreiben und dies nicht durch
Überlieferungsfehler (wie unter c beschrieben) zu erklären ist, besteht natürlich die Möglichkeit, daß tatsächlich zwei oder mehrere Rabbinen dasselbe gesagt oder erlebt haben. Vielfach ist jedoch mit Wanderlogien oder
-erzählungen zu rechnen, wie auch Parallelen in der nicht-rabb. Literatur
zeigen. Irrige Zuschreibungen kommen ebenso vor wie pseudepigraphe
Zitate von berühmten, v. a. tannaitischen Meistern oder z. B. die Zuschreibung späterer Diskussionen an die „Häuser Hillels und Schammais".

e) Wenn zwei *Rabbinen verschiedener Perioden* in einem Text miteinander diskutieren, ist dies nicht unbedingt als Anachronismus dem Redaktor
anzulasten (und der Text infolgedessen spät zu datieren). Es gibt auch
fiktive Diskussionen, v. a. jedoch auch bloß sachliche Zusammenstellungen
von Aussprüchen verschiedener Rabbinen, ohne daß damit eine historische
Dialogsituation behauptet sein will.

f) Die *Datierung anonymer Aussprüche* bringt zusätzliche Probleme.
Gelegentlich sind sie durch den Kontext als Voraussetzung der datierbaren
Diskussion oder auch als deren abschließende Entscheidung zu erkennen;
u. U. kann durch Parallelen der Sprecher identifiziert werden (besonders
wo schon die rabb. Texte selbst auf die bewußte Verschweigung bestimmter Namen verweisen: so etwa Meir in der Schule Rabbis: cf. *Abr. Goldberg,* Tarbiz 38, 1968f, 231–254); manchmal ist auch ein Ausspruch mit
datierbaren Vorstellungen in Zusammenhang zu bringen, sei es durch
glaubwürdige Zuschreibung ähnlicher Vorstellungen an einen bestimmten
Rabbi oder durch nicht-rabb. Parallelen. Dennoch bleibt natürlich ein relativ großer nicht datierbarer Anteil übrig. Eine anonyme Aussage ist nicht
automatisch alt, weder in der Mischna und noch viel weniger in Talmud
und Midrasch (der anonyme Anteil steigt mit späterer Zeit).

g) Es ist zu betonen, daß wir wohl nur in Ausnahmefällen mit *ipsissima
verba* bestimmter Rabbinen rechnen dürfen (dazu *Neusner,* Development
5f). Der rabb. Tradition geht es i. a. nicht um den Wortlaut einer Lehre,
sondern um deren Inhalt, dem eine eigene Traditionsform zuteil wird –
verkürzt, formalisiert und mnemotechnisch gestaltet – oder der (v. a. in der
Haggada) völlig frei wiedergegeben wird (was jedoch feste Sprachklischees
aus Predigt-, Schul- und Liturgiesprache nicht ausschließt).

3) Probleme der rabbinischen Biographie

Die Darstellung der jüdischen Geschichte der talmudischen Zeit ist seit jeher v. a. eine Aneinanderreihung von Gelehrten-„Biographien" gewesen (typisch z. B. *I. H. Weiss*, Dor). Dennoch ist diese biographische Arbeit nicht allzuweit gekommen, so daß *L. Finkelstein* (Akiba, NY 1936, Ndr. 1975, IX) feststellt: „The lack of suitable life-sketches of the rabbinic sages is especially deplorable because only biography can serve as an introduction to the spirit of the Talmud". Welche Art von Biographie er meint, zeigt seine eigene Darstellung Aqibas, eine geordnete und ausschmückende Nacherzählung der einzelnen rabb. Traditionen über Aqiba; das Ergebnis ist eine Heiligenlegende oder ein historischer Roman, doch keine Biographie. Eine solche ist auch kaum zu schreiben, da das Interesse der rabb. Literatur durchaus nicht biographisch ist. Nicht nur Geburts- und Todesdaten der einzelnen Rabbinen fehlen; auch über die persönlichen Lebensumstände der meisten von ihnen werden wir nicht oder nur nebenbei informiert; nicht einmal kürzere Lebensabschnitte auch nur der wichtigsten von ihnen lassen sich zusammenhängend rekonstruieren; denn die rabb. Texte bieten praktisch nur unzusammenhängende Einzelerzählungen, die auch nicht direkt biographisch orientiert sind.

Was von den Rabbinen überliefert ist, sind primär halakhische, exegetische oder sonstige Aussprüche ohne erzählenden Kontext, einfach mit „R. X sagte, legte aus usw." eingeleitet und neben die Aussprüche anderer Meister gestellt. „We know about early rabbinic figures what the various authorities behind the documents want us to know, and we know it in the way they want us to know it. Consequently, the historical context . . . for any saying attributed to a given master or story about him is the document in which the passage appears, *not* the period in which he is alleged to have lived" (*Green*, Name 80).

Was den Erzählstoff betrifft, finden wir keine Geburts- oder Kindheitsgeschichte, nur vereinzelte Schilderungen, wie sich ein Meister zur Tora bekehrt und mit dem Studium begonnen hat, manche Begebenheiten, die die politische Lage der Juden in einer bestimmten Zeit charakterisieren, Reiseerlebnisse, Sterbeszenen, v. a. jedoch eine Fülle von Schulerzählungen verschiedenster Art (Jüngerverhältnis, Streitszenen, Begebnisse in der Synagoge) und Erzählungen, die als Präzedenzfälle für die praktische Halakha dienen können. Doch nicht nur in der Art der Erzählungen sind die rabb. Quellen sehr selektiv, sondern auch hinsichtlich der Personen, von denen ausführlicher erzählt wird. Es sind v. a. Personen der tannaitischen Zeit, über die wir in größerem Umfang informiert zu sein scheinen, Hillel, Gamaliel II., Jochanan ben Zakkai, Eliezer ben Hyrkanos, Aqiba, Meir und Rabbi, ebenso einzelne, v. a. frühe Amoräer wie Rab, Samuel, Jochanan und Resch Laqisch.

Wie verläßlich sind die erzählenden Überlieferungen? Methodisch ein-
wandfreie Untersuchungen liegen bisher nur zu einzelnen Tannaiten vor
(v. a. Arbeiten *Neusners* und seiner Schüler). Sie zeigen einheitlich, daß
erzählende Traditionen fast immer später als dem jeweiligen Meister zugeschriebene halakhische Stoffe aufscheinen. Erzählungen über frühe Tannaiten sind kaum einmal in Mischna und Tosefta, aber auch nur selten in
den halakhischen Midraschim und in Baraitot enthalten, sondern befinden
sich zum größten Teil in der amoräischen Überlieferungsschicht oder gar
erst in späten Midraschim. Dieser Umstand läßt sich nicht allein mit der
vorwiegend halakhischen Natur der tannaitischen Texte erklären. Das erzählende Interesse kommt einfach erst später. Sicher ist die Möglichkeit
nicht auszuschließen, daß authentische biographische Erinnerungen durch
andere Kanäle (v. a. die soviel strapazierte mündliche Tradition) erhalten
wurden, so daß nur die schriftliche Festlegung spät ist. Da jedoch Erzähl-
material mit zunehmendem zeitlichen Abstand vom jeweiligen Rabbi immer häufiger wird, muß man ernsthaft mit späteren Erfindungen und Aus-
schmückungen rechnen. Für eine ernstzunehmende Biographie ist ein
Großteil der rabb. Erzählungen unbrauchbar (gegen den Optimismus von
S. Safrai, der zwar auch das fehlende biographische Interesse der rabb.
Schriften betont, aber dennoch zuversichtlich ist, daß auch bei divergieren-
den Parallelüberlieferungen über einzelne Rabbinen „the common feature
of all such Aggadot is their genuine historical core ... it is possible to
determine what constitutes the historical element in the narrative": SH p.
210).

Die „biographischen" Erzählungen über die Rabbinen sind keine Au-
genzeugenberichte, die getreu überliefert wurden; meist sind es relativ spät
entstandene Texte, die der Erbauung, Ermahnung oder auch politischen
Zielen dienen (etwa der Stützung des Patriarchats oder anderer Institutionen). Es sind gewöhnlich legendenhafte, stereotype Erzählungen, die jedoch nicht die im Redenstoff so ausgeprägte formale Struktur aufweisen.
Diese formale Verschiedenheit könnte auf andere Überlieferungskanäle als
beim Redenstoff deuten, zeigt jedoch eher, daß die Überlieferung des Er-
zählstoffs nicht so geregelt, nicht so wichtig war, was natürlich eine geringere Zuverlässigkeit mit sich bringt. Nur vordergründig geht es in diesen Texten primär um Einzelpersonen. In Wirklichkeit wollen sie jedoch
v. a. bestimmte Lebenshaltungen, die rabb. Lebensweise und ihr Ideal des
Lernens einprägen; das erklärt wohl auch viele Unterschiede zwischen der
babylonischen und der palästinischen Fassung so mancher Erzählung *(Safrai)*, die eben jeweils verschiedene Situationen der Erzählenden spiegeln.
Die Texte verfolgen somit nach innen pädagogische Zwecke; nach außen
sind sie rabb. Gruppenpropaganda.

Zahlreiche Erzählungen über rabb. Gelehrte weisen auffallende Parallelen zur hellenistischen Philosophenbiographie auf, wie besonders *H. A.
Fischel* gezeigt hat (kritisch dazu *Green*, Name 86). Dies gilt besonders für

einzelne Tannaiten, Hillel v. a., dessen Erzählungen sehr stark an hellenistische Klischees erinnern *(chria)*, aber auch z. B. für die Gestalt der Berurja, die mit Erzählungen über gelehrte Töchter und Gattinnen griechischer Philosophen in Verbindung zu bringen ist. Berurjas Darstellung als Tochter Chananjas b. Teradjon und Gattin Meirs ist allerdings erst im bT nachzuweisen und somit historisch nicht zu sichern (*D. Goodblatt*; wie *S. Safrai* 229 richtig betont, liebt bT überhaupt die Herstellung von Verwandtschaftsbeziehungen zwischen bedeutenden Rabbinen). Es wäre zu fragen, wieweit ein Topos der hellen. Gelehrtenbiographie auch noch im sassanidischen Babylonien nachwirkte. Jedenfalls zeigt das Beispiel Berurjas einen weiteren charakteristischen Zug in der Ausgestaltung biographischer Erzählungen, nämlich den Trend zur nachträglichen Identifikation verschiedener Gestalten und zur Knüpfung enger Beziehungen zwischen den einzelnen Rabbinen: damit verringert sich die Zahl der Unbekannten und wird das Leben der bekannten Gestalten anschaulicher und plastischer (dies ist ein allgemeiner Zug in der Haggada: vgl. *I. Heinemann*, Darkhe ha-Aggada 27ff).

Schließlich müßten auch noch eventuelle Querverbindungen biographischer Erzählungen in rabb. Texten zur christlichen Hagiographie näher untersucht werden (die ja auch das Erbe der hellen. Gelehrtenbiographie übernommen und in die biblische Tradition integriert hat). Vor allem aber bedarf es einer umfassenden Bestandsaufnahme des gesamten biographischen Materials in den rabb. Texten und seiner literargeschichtlichen Einordnung, um über die so notwendigen Untersuchungen zu einzelnen Rabbinen hinaus zu einer Typologie der biographischen Erzählung zu gelangen, aus der ihre Klischees und ihre Entwicklungsmöglichkeiten deutlich werden. Derzeit sind biographische Aussagen über einzelne Rabbinen nur mit größtem Vorbehalt möglich. Eine Biographie im üblichen Sinn wird wohl nie erreichbar werden; dennoch können „biographische" Forschungen zu einer näheren Kenntnis der rabb. Geschichte und ihrer geistigen Strömungen Wesentliches beitragen und sind daher eine bleibende Aufgabe.

4) Die wichtigsten Rabbinen

a) Die älteste Zeit und die fünf „Paare"

„*Die Männer der Großen Synagoge*" (oder „Synode"; *ansche knesset hagedola*) verbinden in Abot I,1–2 die Zeit der Propheten mit der pharisäischen Bewegung, als deren erster Vertreter Simeon der Gerechte genannt wird. Sie überbrücken also eine Zeit von etwa zwei Jahrhunderten. Die spätere rabb. Literatur schreibt ihnen die Niederschrift von Ezechiel, den zwölf kleinen Propheten, Daniel und Ester zu (BB 15a), ebenso exegeti-

sche und liturgische Aktivitäten. Eine geschichtliche Rekonstruktion ihrer
Organisation (etwa Annahme von 120 Mitgliedern, weil in Meg 17b 120
Älteste die 18 Benediktionen ordnen) und Tätigkeit ist haltlos. Sie sind
vielmehr eine Fiktion, aus der großen Volksversammlung von Neh 8–10
abgeleitet, wie schon *A. Kuenen* gezeigt hat.

A. Kuenen, Abhandlungen zur biblischen Wissenschaft, Freiburg 1894,
125–160; *I. J. Schiffer*, The Men of the Great Assembly, in: *W. S. Green*,
Persons 237–276 (Lit.!); *Schürer-Vermes* II 358f.

Simeon der Gerechte (Abot I,2) war nach Josephus, Ant. XII, 43 Hoherpriester unter Ptolemaios I., also um 300; bei Vergleich mit Sir 50,1–21
würde jedoch dieser Beiname eher auf den Hohenpriester Simeon II. (um
200) passen (Ant. XII,224). Hat Josephus die beiden verwechselt? *G. F.
Moore* bezweifelt sogar die Existenz von Simeon I. Die Chronologie von
Abot würde auch eher für Simeon II. sprechen. Die rabb. Tradition betrachtet Simeon völlig als Typus des guten Hohenpriesters und hat keine
historischen Vorstellungen von ihm: sie läßt ihn sowohl mit Alexander
d. Gr. zusammentreffen (LevR 13,5, M.293) wie auch den Vater des Onias
sein, der unter den Makkabäern in Ägypten den Tempel baute (Men 109b).
Konovitz, TS IV 280–2; *G. F. Moore*, Simeon the Righteous, GS I.
Abrahams, NY 1927, 348–364; *Neusner*, Phar I 27–59; *Schürer-Vermes* II
359f.

Antigonos von Sokho, lt. Abot I,3 der Schüler Simeons, hat nach ARN 5
(Sch. 26) zwei Schüler, Tsadoq und Boetos, von denen sich die Sadduzäer
und die Boetosäer ableiten sollen (historisch wertlose Anekdote). *E. J.
Bickerman*, The Maxim of Antigonus of Socho, HThR 44 (1951) 153–165;
Neusner, Phar I 60f; *Schürer-Vermes* II 360.

Abot I läßt in der Traditionskette *fünf „Paare" (zugot)* von Gelehrten
folgen, wohl eine Schematisierung der Tradition in Analogie zu Hillel und
Schammai. Die rabb. Darstellung, daß sie jeweils Nasi und Ab Bet-Din
waren, Vorsitzender und Stellvertreter (im Sanhedrin?), ist ein Anachronismus. Doch cf. *H. Mantel*, Sanhedrin 7–18; *E. E. Urbach*, EJ XVI,
1232–4.

Jose ben Joezer aus Tsereda und *Jose ben Jochanan,* Sota IX,9 als die
letzten „Trauben" bezeichnet (dazu *G. G. Porton*, The Grape-Cluster in
Jewish Literature and Art of Late Antiquity, JJS 27, 1976, 159–176); Chag
II,7 nennt Jose ben Joezer als Frommen in der Priesterschaft. Zu ihrer
Kontroverse über die Semikha Chag II,2 *E. E. Hallewy*, The First Mishnaic Controversy (h), Tarbiz 28 (1958f) 154–157; *S. Zeitlin*, The Semikah
controversy between the Zugoth, JQR 7 (1916f) 499–517. *Konovitz*, TS III
178–180; *Neusner*, Phar I 61–81.

Jehoschua ben Perachja und *Mattai* (andere Lesart Nittai) von Arbel
(Irbid bei Tiberias). Jehoschua wird Sanh 107b und Sota 47a als Lehrer
Jesu genannt, offenbar eine Glosse aus dem frühen Mittelalter (*J. Maier*,
Jesus von Nazareth in der talmudischen Überlieferung, Darmstadt 1978,

117–129); ebenso wird er auf den babyl. Zauberschalen genannt (*Neusner*, Bab V 235–241). Mattai scheint außer Abot I,6f nur noch Chag II,2 auf. *Konovitz*, TS III 57f; IV 57f; *Neusner*, Phar I 82–6.

Jehuda ben Tabbai und *Simeon ben Schetach*. Allein der zweite ist in der rabb. Literatur von Bedeutung. Er soll unter Alexander Jannai (103–76) und Salome Alexandra (76–67), deren Bruder er gewesen sein soll, sich für die pharisäische Partei erfolgreich eingesetzt haben. *Y. Afron*, Schim'on ben Schetach we-Jannai ha-melekh, GS G. Alon, TA 1970, 69–132; *Konovitz*, TS III 42f; IV 276–9; *Neusner*, Phar I 86–141.

Schemaja und *Abtaljon* werden vielfach mit den bei Josephus genannten Samaias und Pollion identifiziert (Ant. XIV, 172–5; XV, 3.370), in denen jedoch andere lieber Hillel und Schammai sehen (so *A. Schalit*, König Herodes, B 1969, 768–771). Dafür spricht die Namensähnlichkeit, dagegen die Behauptung des Josephus, daß Pollion der Lehrer des Samaias war. Auch verbindet die rabb. Tradition anders als Josephus die beiden nicht mit Herodes. *H. Feldman*, The Identity of Pollio, the Pharisee, in Josephus, JQR 49 (1958f) 53–62; *Konovitz*, TS I 30; IV 288; *Neusner*, Phar I 142–159; *Schürer-Vermes* II 362f.

Hillel „der Alte" soll aus Babylonien stammen und nach gewissen (späten) Traditionen aus dem Hause Davids sein. Er lebte zur Zeit des Herodes. Die oft vertretene Meinung, er sei der Lehrer Jesu gewesen, ist haltlos. Die Tradition schreibt ihm sieben Auslegungsregeln und die Einführung des Prosbul zu. Die Traditionen über sein Leben sind völlig klischeegeprägt, kontrastieren den sanften Hillel mit dem strengen Schammai und haben viel mit den Topoi der hellen. Gelehrtenbiographie gemeinsam. *N. N. Glatzer*, Hillel. Repräsentant des klassischen Judentums, F 1966; *L. Finkelstein*, Schub al ha-mu"m ben Hillel u-bene Batira, FS H. A. Wolfson, J 1965, hebr. Band 203–224; *H. A. Fischel*, Studies in Cynicism and the Ancient Near East: The Transformation of a Chria, Religions in Antiquity, GS E. R. Goodenough, L 1968, 372–411; *Neusner*, Bab I 36–38; Phar I 212–340; III 255–272; *M. Stern* in Safrai-Stern II 615–8; *Schürer-Vermes* II 363–7; *E. E. Urbach*, The Sages, Lo 1975, 576–592.

Schammai, manchmal ebenfalls „der Alte" genannt. Hieronymus zu Jes Buch 3 Kap. 8: Sammai igitur et Hellel non multum priusquam dominus nasceretur orti sunt in Judaea, quorum prior dissipator interpretatur, sequens profanus (!); eo quod per traditiones et deuteroseis suas legis praecepta dissipaveri(n)t atque maculaveri(n)t. Vermutlich hat Hieron. den TBer VI,24 (L. 40) zitierten Ausspruch Hillels mißverstanden (*pizar*, „ausstreuen", hier vom Verbreiten der Tora; profanus, da Hillel von *chol* abgeleitet wird). Da die hillelitische Richtung sich durchsetzte, werden die Traditionen Schammais fast nur noch als Kontrast dazu überliefert. *Neusner*, Phar I 185–211. 303–340.

b) Erste Generation der Tannaiten

Eine kurze, historisch ungenaue Liste älterer Gesetzeslehrer gibt Hieronymus zu Jes Buch 3 Kap. 8: Sammai et Hellel, ex quibus orti sunt Scribae et Pharisaei; quorum suscepit scholam Acibas, quem magistrum Aquilae proselyti autumant, et post eum Meir, cui successit (!) Joannan filius Zachai, et post eum Eliezier (!) et per ordinem Telphon (Tarfon) et rursum Joseph Galilaeus et usque ad captivitatem Jerusalem Josue.

Schule Schammais und *Schule Hillels:* zwei Schulrichtungen im Pharisäismus des 1. Jhs. und in der Periode von Jabne, in der die halakhischen Kontroversen beider Schulen zum Großteil schon in festen literarischen Formen festgehalten werden (doch ist auch mit späteren pseudepigraphen Nachbildungen zu rechnen). Dazu gehört, daß in den etwa 300 Perikopen fast nie Namen genannt werden. Die Erzählung von den 80 Schülern des Hillel, wovon Jonatan ben Uzziel der Größte, Jochanan ben Zakkai der Geringste war, ist eine historisch unbrauchbare Legende. In den Kontroversen, von denen etwa zwei Drittel direkt oder indirekt mit den Speisegesetzen zu tun haben, entscheidet die Schule Schammais gewöhnlich erschwerend (Ausnahmen Ed IV–V festgehalten), die Hillels erleichternd. Allgemein anwendbare Prinzipien, nach denen sich die Schulen gerichtet hätten, sind nicht erkennbar, auch wenn in der Schule Schammais eine halakhisch eher konservative Tendenz zu erkennen ist, die wohl auf einem eher wörtlichen Bibelverständnis beruht, und in der Beurteilung eines Geschehens der bloße Akt zählt, während die Hilleliten die Intention berücksichtigen. Eine soziologische Erklärung – die Schammaiten als Vertreter der landbesitzenden Mittelschicht, die Hilleliten als die Unterschicht – ist nicht beweisbar. In Jabne hat sich i. a. die Richtung der Hilleliten durchgesetzt, was auch die Gestaltung der Überlieferung mitbestimmt hat. – Y. D. *Gilat*, Intent and Act in Tannaitic Teaching (h), Bar-Ilan 4–5 (1967) 104–116; *ders.*, The Teachings of R. Eliezer ben Hyrcanos (h), TA 1968, 20–31; *A. Guttmann*, Hillelites and Shammaites – a Clarification, HUCA 28 (1957) 115–126; *I. Konovitz*, Beth Shammai – Beth Hillel. Collected Sayings (h), J 1965; *J. Neusner*, Phar II; *S. Safrai*, EJ IV 737–741; *Schürer-Vermes* II 365 f.

Aqabja ben Mahalalel (Abot III,1; Ed V,6 f u. ö.) läßt sich historisch nicht genau einordnen. Datierungsvorschläge reichen vom 1. Jh. v. bis zur Zeit Gamaliels II. in Jabne. *S. B. Hoenig*, New Light on the Epoch of Akabiah ben Mahalalel, FS A. A. Neuman, L 1962, 291–8; *Konovitz*, TS IV 98 f; *H. Mantel*, Sanhedrin 106–118; *A. Neher*, Aqabia ben Mahalalel. Un héros méconnu de l'époque talmudique, REJ 133 (1974) 225–233; *Neusner*, Phar I 144 f. 416.

Rabban Gamaliel I., „der Alte", Lehrer des Apostels Paulus (Apg 22,3), Apg 5,34–9 als Mitglied des Sanhedrin geschildert, der für die Freilassung der angeklagten Apostel eintritt. Er soll der Sohn eines Simeon gewesen sein, der wiederum Hillels Sohn war. Die Existenz dieses Simeon ist sehr fragwürdig (Schab 15a); aber auch die Annahme, daß Gamaliel Hillels Sohn war bzw. zumindest zu dessen Schule gehörte, läßt sich nicht beweisen. *Neusner*, Phar I 341–376; *Konovitz*, TS I 269–274; *Schürer-Vermes* II 367f.

Chananja (oder Chanina), der Vorsteher der Priesterschaft *(segan ha-kohanim)*, wohl zu Ende des Tempels und auch noch nach 70. *Konovitz*, TS II 188–192; *Neusner*, Phar I 400–413.

Nechonja ben ha-Qana (oder *ha-Qane:* Deutung des Namens unsicher). Schebu 26a wird er als der Lehrer Jischmaels genannt, der von ihm die Vorliebe für die Anwendung der Regel vom Allgemeinen und Besonderen haben soll. Bedeutend in der Hekhalotliteratur. In der Kabbala wird er als der Verfasser des Sefer ha-Bahir angesehen. *Konovitz*, TS IV 21f; *L. H. Schiffmann*, The Recall of Rabbi Neḥuniah Ben Ha-Qanah from Ecstasy in the Hekhalot Rabbati, AJSR 1 (1976) 269–281.

Rabban Simeon ben Gamaliel I., zur Zeit des jüdischen Kriegs; Josephus, Vita 38 (191) beschreibt ihn als „Mann voll Einsicht und Verstand, der auch die schlechteste Lage durch seine Klugheit wieder in Ordnung zu bringen vermochte". *Konovitz*, TS IV 157f; *Neusner*, Phar I 413f.

Nachum der Meder. Er selbst oder seine Familie stammte aus Babylonien. Er erlebte noch den Fall des Tempels. *Konovitz*, TS IV 19f; *Neusner*, Phar I 413f.

R. Tsadoq (MS Parma Ter X,9 vokalisiert *Tsadduq;* cf. *Saddouk* in LXX Ez, Esr, Neh; ebenso *Saddoukaioi*) lebte vor der Zerstörung des Tempels in Jerusalem und gehörte dann zum Kreis um Gamaliel II. Alle „biographischen" Traditionen sind spät; die Annahme von Tsadoq II., der ein Enkel des hier Genannten sein soll, ist im uneinheitlichen Material begründet, doch nicht beweisbar. *J. N. Lightstone*, Ṣadoq the Yavnean, in: *W. S. Green*, Hg., Persons 49–147; *Konovitz*, TS IV 108–112.

Rabban Jochanan ben Zakkai, während des Aufstandes gegen Rom aus Jerusalem geflüchtet, später von den Römern in Jabne interniert, wo er ein „Lehrhaus" gründet, das die Basis des rabb. Judentums werden sollte. Die rabb. Tradition hat dies zu einer Gründungslegende ausgestaltet. Ob Jochanan der Schule Hillels angehörte, ist ebensowenig nachzuweisen, wie seine Mitgliedschaft bei den Pharisäern vor 70. Schon in der frühen Tradition gilt Jochanan als Mystiker. Seine fünf wichtigsten Schüler waren nach Abot II,8f Eliezer ben Hyrkanos, Jehoschua ben Chananja, Jose der Priester, Simeon ben Natanael und Eleazar ben Arakh. – *G. Alon*, Studies 269–343; *M. Cohen*, Quelques observations au sujet de la personnalité et du rôle historique de Raban Yoḥanan ben Zakkay, RHR 187 (1975) 27–55; *J. Goldin*, Maschehu al Bet Midrascho schel Rabban Jochanan ben Zakkai, FS H. A. Wolfson, J 1965, hebr. Bd. 69–92; *A. Kaminka*, Rabbi Jochanan Ben Zaccai and His Disciples (h), Zion 9 (1943f) 70–83; *Konovitz*, TS III 80–97; *J. Neusner*, Life; *ders.*, Development; *ders.*, Eliezer II 437–458;

S. Safrai, Bechinot chadaschot le-ba'ajat ma'amado u-ma'asaw schel Jochanan ben Zakkai le-achar ha-chorban, GS G. Alon, J 1970, 203–226; *A. J. Saldarini*, Johanan ben Zakkai's Escape from Jerusalem. Origin and Development of a Rabbinic Story, JSJ 6 (1975) 189–204; *P. Schäfer*, Die Flucht Johanan b. Zakkais aus Jerusalem und die Gründung des „Lehrhauses" in Jabne, ANRW II 19/2, 43–101.

R. Eliezer ben Jakob der Ältere (sicher vom gleichnamigen Schüler Aqibas zu unterscheiden, auch wenn im Einzelfall nicht immer klar ist, wer von beiden gemeint ist). Überliefert v. a. Traditionen über den Tempel; gilt in Joma 16a sogar als Autor von Middot. *Bacher*, Tann I 62–7; *L. Finkelstein*, The Pharisees, Phil. ³1962, 731–4.

R. Chanina ben Dosa, Charismatiker, Wundertäter und Gesundbeter im 1. Jh. Steht in Verbindung mit Jochanan ben Zakkai und Gamaliel II., war jedoch wohl kein Pharisäer oder Rabbi. – *Konovitz*, TS II 124–7; *Neusner*, Phar I 394–6; *ders.*, Life 47–53; G. B. Sarfatti, Pious Men, Men of Deeds, and the Early Prophets (h), Tarbiz 26 (1956f) 126–153, bes. 130–142; *G. Vermes*, Hanina ben Dosa. A controversial Galilean Saint from the First Century of the Christian Era, JJS 23 (1972) 28–50; 24 (1973) 51–64 (= Studies 178–214).

Chananja ben Chizkijja ben Garon (bzw. Gorion), vor 70 tätig. Ihm schreibt Schab 13b Megillat Taanit zu, ebenso besondere Bemühungen, Widersprüche in der Bibel aufzulösen und das Buch Ez als kanonisch anerkennen zu lassen. *Konovitz*, TS II 201; *Neusner*, Phar I 416.

Nachum aus Gimzo (im südwestlichen Judäa). Von ihm soll Aqiba die Regeln des Einschließens und Ausschließens (*ribbui* und *mi'ut*) gelernt haben (Schebu 26a). *Konovitz*, TS IV 18f; *Bacher*, Tann I 57–59.

c) Zweite Generation der Tannaiten (um 90–130)

1. Ältere Gruppe

Rabban Gamaliel II., Sohn des Simeon ben Gamaliel I., oft zur Unterscheidung von seinem gleichnamigen Großvater als G. von Jabne bezeichnet; Nachfolger des Jochanan ben Zakkai. In der Zeit zwischen 80/90 bis ca. 110 war er der Führer des rabb. Judentums. auch wenn seine Position nicht unumstritten war; dies zeigt seine zeitweilige Absetzung, während welcher der aus priesterlicher Familie stammende Eleazar ben Azarja die Führung übernahm. Die rabb. Tradition weiß auch von einer Seereise nach Rom, die Gamaliel zusammen mit Eleazar ben Azarja, Aqiba und Jehoschua ben Chananja unternahm. Diese Reise wird gelegentlich mit einer Judenverfolgung unter Domitian in Verbindung gebracht, was jedoch problematisch ist. Zu seiner Zeit hat Samuel der Kleine in Jabne die Verwünschung der Häretiker (*birkat ha-minim*) im Achtzehngebet formuliert (Ber 28b). Diese war jedoch nicht primär oder gar ausschließlich gegen Christen formuliert, wie aus der Angabe der Kirchenväter Justinus, Epiphanius und

Hieronymus hervorzugehen scheint, daß die Juden in ihrem täglichen Gebet Verwünschungen über die Christen aussprechen. Auch die in der Geniza von Kairo gefundene Textfassung, die ausdrücklich von *notsrim* statt *minim* spricht, ist kein Beleg für die ursprüngliche Textfassung. Dazu *P. Schäfer*, Die sogenannte Synode von Jabne, Judaica 31 (1975) 54–64 (= Studien 45–55). *R. Goldenberg*, The Deposition of Rabban Gamliel II: an Examination of the Sources, JJS 23 (1972) 167–190 (= *W. S. Green*, Hg., Persons 9–47); *D. Goodblatt*, The Origins of Roman Recognition of the Palestinian Patriarchate (h), Studies in the History of the Jewish People and the Land of Israel 4 (Haifa 1978) 89–102 (nimmt eine Ernennung Gamaliels durch die Römer an; erst dann Bemühung um Anerkennung durch das Volk); *S. Kanter*, Rabban Gamaliel II: The Legal Traditions, Chico 1980; *Konovitz*, TS I 274–314; *B. Z. Wacholder*, Tales about Rabban Gamaliel in the Mishna and Tosefta (h), 4th WCJS, J 1967, I 143–4.

R. Papias, der noch Halakhot aus der Zeit des Tempels überliefert, wird manchmal in den MSS mit R. Pappos (b. Jehuda) verwechselt, der jedoch später lebt. *Bacher*, Tann I 317–9; *Konovitz*, TS IV 107f.

R. Dosa ben Archinos (Abot III,10): die MSS lesen teils auch Harkinas. *Konovitz*, TS II 9–16.

R. Eliezer ben Hyrkanos (Abot II,8), in M schlechthin R. Eliezer (mehr als 320mal). Oft in Disput mit Jehoschua ben Chananja und Aqiba. Lehrte in Lydda. Er führte die pharisäische Tradition in Jabne weiter. Eine Zuordnung zum Haus Hillels oder Schammais ist jedoch nicht möglich. Über ihn wurde vom Sanhedrin in Jabne der Bann verhängt, ein Ereignis, das in der rabb. Tradition dann stark ausgeschmückt worden ist. Die Annahme, Eliezer sei dem Christentum zugeneigt gewesen, ist grundlos, auch wenn seine Verhaftung durch die römischen Behörden vielleicht auf einen solchen Verdacht zurückging: so z. B. *S. Lieberman*, Roman Legal Institutions in Early Rabbinics and in the Acta Martyrum, JQR 35 (1944) 1–57, bes. 20–24 (= Texts and Studies 76–80; cf. *J. Maier*, Jesus von Nazareth in der talmudischen Überlieferung, Darmstadt 1978, 144–160). *M. Aberbach*, Did Rabban Gamaliel II. Impose the Ban on Rabbi Eliezer ben Hyrcanus?, JQR 54 (1963f) 201–7; *Epstein*, ITL 65–70; *Y. D. Gilat*, The Teachings of R. Eliezer ben Hyrkanos and their Position in the History of the Halakha (h), TA 1968; *Z. Kagan*, Divergent Tendencies and their Literary Moulding in the Aggadah, SH 22 (1971) 151–170; *I. Konovitz*, Rabbi Eliezer – Rabbi Joshua. Collected Sayings (h), J 1965; *J. Neusner*, Eliezer (dazu *Abr. Goldberg*, JSJ 6, 1975, 108–114).

Jehoschua ben Chananja, in M einfach R. Jehoschua (mehr als 140mal); oft in Kontroverse mit Eliezer ben Hyrkanos. Wirkte in Peqiin. Zu seiner griechischen Bildung *S. Lieberman*, Greek 16–19; sein Beitrag zu M: *Epstein*, ITL 59–65. *W. S. Green*, Redactional Techniques in the Legal Traditions of Joshua ben Ḥananiah, FS M. Smith, L 1975, IV 1–17; *I. Konovitz*, Rabbi Eliezer – Rabbi Joshua. Collected Sayings (h), J 1965; *R. Loewe*,

Rabbi Joshua ben Ḥananiah: Ll. D. or D. Litt?, JJS 1974 (special issue: FS
D. Daube) 137–154; *J. Podro*, The Last Pharisee. The Life and Times of
R. Joshua ben Hananiah, Lo 1959 (Versuch einer konventionellen Biographie).

Jose der Priester, Simeon ben Natanael und *Eleazar ben Arakh* waren,
wie auch Eliezer ben Hyrkanos und Jehoschua, Schüler des Jochanan ben
Zakkai, Abot II,8. *Neusner*, Life 106–117.

Jose der Priester, Abot II,12, in pChag II,1 als Joseph der Priester.
Bacher, Tann I 67–9; *Konovitz*, TS III 215 f.

Simeon ben Natanael, Abot II,13. *Konovitz*, TS IV 256 f.

R. Eleazar ben Arakh, Lieblingsschüler des Jochanan ben Zakkai, besonders auch in der Mystik. *Bacher*, Tann I 69–72; *Konovitz*, TS I 152–5;
Neusner, Development 247–252 und Index.

R. Eleazar ben Azarja in Jabne, vornehmer, reicher Priester, kurze Zeit
anstelle Gamaliels II. Führer der rabb. Bewegung in Jabne, in deren Tradition er jedoch eine Randfigur ist: *T. Zahavy*, The Traditions of Eleazar
Ben Azariah, Missoula 1977.

R. Eleazar ben Tsadoq, Sohn des oben erwähnten *Tsadoq.* Er hatte einen
gleichnamigen Enkel. *Bacher*, Tann I 46–50; *Konovitz*, TS I 158–171.

Abba Saul ben Batnit (Sohn der Batanäerin), Geschäftsfreund des Eleazar ben Tsadoq. *Bacher*, Tann I 50; *Konovitz*, TS I 29.

Samuel der Kleine formulierte vor Gamaliel II. die *Birkat ha-Minim.*
Sem VIII überliefert die Totenklage, die Gamaliel II. und Eleazar ben
Azarja über ihn gehalten haben. *Bacher*, Tann I 187–211; *Konovitz*, TS IV
115 f.

Simeon ha-Paqoli („der Flachshändler") ordnete zur Zeit Gamaliels II.
das Achtzehngebet (Ber 28 b).

Ben Paturi, Bacher, Tann I 60–62.

R. Eleazar aus Modiim, zur Zeit des Bar-Kokhba-Aufstandes; soll von
Bar Kokhba getötet worden sein. *Bacher*, Tann I 187–211.

R. Levitas aus Jabne, Abot IV,4; nach *Bacher*, Tann I 444, wahrscheinlich in vorhadrianischer Zeit. Auch mehrmals in PRE genannt. *Konovitz*,
TS IV 7.

2. Jüngere Gruppe der zweiten Generation

Die berühmtesten Lehrer dieser Gruppen sind Jischmael und Aqiba.

R. Jischmael ben Elischa, gewöhnlich einfach R. Jischmael, stammt wohl
aus priesterlicher Familie. Schüler des Nechonja ben ha-Qana. Lebt meist
in Kefar Aziz an der Grenze Edoms. Ihm wird der Grundsatz zugeschrieben: „Die Tora redet in der Sprache der Menschen" (gegen die Aqiba
zugeschriebene Ausdeutung von stilistischen Eigenheiten in der Bibel: Sifre Num § 112, H. 121). Vgl. S. 30–32 zu den ihm zugeschriebenen Auslegungsregeln. *Konovitz*, TS III 261–367; *G. G. Porton*, Ishmael; *ders.*, The
Artificial Dispute: Ishmael and ʿAqiva, FS M. Smith, L 1975, IV 18–29.

R. Aqiba ben Josef, gewöhnlich schlechtweg R. Aqiba. Bedeutender
Lehrer in der Zeit von Jabne, dessen Traditionen seine Schüler nach dem
Bar-Kokhba-Aufstand zum Grundstock von M gemacht haben. Mystische
Traditionen werden mit seinem Namen ebenso verbunden (Chag 14b) wie
eine bestimmte Auslegungsmethode der Bibel: es heißt, er habe aus jedem
Häkchen des geschriebenen Gesetzes Berge von Halakhot zu deuten ge-
wußt (Men 29b). Historisch dürfte dies ebensowenig wie bei R. Jischmael
stimmen. Auch verschiedene „biographische" Erzählungen (z. B. daß er
sich erst im Alter von 40 Jahren dem Studium zugewandt habe, oder auch
die Erzählungen von seiner Gefangenschaft und Hinrichtung) sind für die
Darstellung des historischen Aqiba ziemlich unbrauchbar. Daß er Bar
Kokhba als den „Stern aus Jakob", somit als messianische Figur, betrachtet
habe (pTaan IV,7, 68d), würde zu seinen übrigen Anschauungen passen;
doch sind seine zahlreichenReisen kaum im Rahmen einer Werbekampag-
ne für Bar Kokhba zu sehen. Hieronymus erwähnt Aqiba außer zu Jes 8,11
(siehe S. 74) auch in der Epist. ad Algasiam c. 10 (ed. Martianay IV, 207):
[Judaei] solent respondere et dicere: Barachibas et Simon et Helles [Hillel]
magistri nostri tradiderunt nobis, ut bis mille pedes ambulemus in Sabba-
tho. *G. S. Aleksandrow,* The Role of ʿAqiba in the Bar Kokhba Rebellion,
in: *Neusner,* Eliezer II 422–436 (= REJ 132, 1973, 65–77); *L. Finkelstein,*
Akiba: Scholar, Saint and Martyr, NY 1936 = 1970; *A. Guttmann,* Akiba,
„Rescuer of the Torah", HUCA 17 (1942f) 395–421; *I. Konovitz,* Rabbi
Akiba. Collected Sayings (h), J ²1965; *C. Primus,* Aqiva's Contribution to
the Law of Zeraʿim, L 1977; *S. Safrai,* Rabbi Akiba ben Josef. His Life and
Teaching (h), J 1970; *P. Schäfer,* R. Aqiva und Bar Kokhba, in: *ders.,*
Studien 65–121; *J. S. Zuri,* Rabbi Aqiba (h), J 1924.

R. Tarfon, bei Hieronymus zu Jes 8,11 Telphon! Pharisäer aus priesterlicher Familie, in Lydda beheimatet, Lehrer des Jehuda ben Ilai. In seinen
halakhischen Aussprüchen, die zum Großteil in Diskussionen mit Aqiba
geboten werden, geht es ihm einerseits um den Vorzug des objektiven
Faktums vor der subjektiven Intention, andererseits um priesterliche Interessen, zu deren Gunsten er stets entscheidet. Mit dem von Justin dem
Märtyrer genannten Tryphon ist Rabbi Tarfon wohl nicht identisch: dazu
M. Freimann, Die Wortführer des Judentums in den ältesten Kontroversen
zwischen Juden und Christen, MGWJ 55 (1911) 555–585, 565ff; *L. W.*
Barnard, Justin Martyr, His Life and Thought, Lo 1967, 24f. *J. D. Gere-*
boff, Rabbi Tarfon: The Tradition, the Man and Early Rabbinic Judaism,
Missoula 1979; *Konovitz,* TS II 205–230; *J. Neusner,* A Life of Rabbi
Tarfon, ca. 50–120 C. E., Judaica 17 (1961) 141–167.

R. Ilai, Schüler des Eliezer ben Hyrkanos, Vater des Jehuda (b. Ilai), der
oft die Tradition des Eliezer weitergibt. *Konovitz,* TS I 38–41.

Aqilas, „der Proselyt", nach Epiphanius aus Sinope im Pontus, mit dem
kaiserlichen Haus verwandt, Schüler des R. Eliezer und des R. Jehoschua
ben Chananja. Er übersetzte, unter dem Einfluß der Aqiba zugeschriebe-

nen Auslegungsmethode stehend, die Bibel ins Griechische. *D. Barthéle-my*, Les Devanciers d'Aquila, L 1963; *A. Silverstone*, Aquila and Onkelos, Manchester 1931.

R. Jochanan ben Torta kritisiert in pTaan IV,7, 68d Aqibas Eintreten für Bar Kokhba. *Bacher*, Tann II 557f; *Konovitz*, TS III 111f.

Pappos ben Jehuda, auch einfach Pappos (ohne den Titel Rabbi), Hagga-dist. Soll mit Aqiba im Gefängnis gewesen sein (Ber 61b). *Konovitz*, TS IV 106f.

R. Jochanan ben Nuri, im engeren Kreis von Gamaliel II., disputiert mit Aqiba, auch sonst als dessen Gegner gezeichnet. *Bacher*, Tann I 366–8; *Konovitz*, TS III 98–110; *L. A. Rosenthal*, Die Malkhijot R. Jochanan b. Nuri's, FS D. Hoffmann, B 1914, 234–240.

R. Jose ha-Gelili, der Galiläer, disputiert namentlich mit Aqiba, Tarfon und Eleazar ben Azarja; Aussagen über Opfer und Tempeldienst. *Kono-vitz*, TS III 187–214; *J. N. Lightstone*, Yose the Galilean. I Traditions in Mishnah – Tosefta, L 1979; *ders.*, Yosé the Galilean in Mishnah – Tosefta and the History of Early Rabbinic Judaism, JJS 31 (1980) 37–45; *J. Fraen-kel*, SH 27 (1978) 28–35; *D. J. Stevens*, Rabbi Yose the Galilean; a repre-sentative selection of his legal traditions, Diss. Duke Univ., Durham, N. C., 1978.

R. Eleazar Chisma (LevR 23,4 gibt eine Erklärung des Namens), manchmal auch Eleazar ben Chisma genannt, soll ein Schüler des Jeho-schua ben Chananja und im Lehrhaus des Gamaliel II. tätig gewesen sein. Die in seinem Namen überlieferten Halakhot befassen sich v. a. mit land-wirtschaftlichen und Reinheitsgesetzen. *Konovitz*, TS I 93–5; *D. Levine*, Eleazar Ḥisma, in: *W. S. Green*, Hg., Persons 149–205.

R. Jochanan ben Beroqa, Schüler des Jehoschua ben Chananja, Abot IV,4. *Bacher*, Tann I 448f; *Konovitz*, TS III 72–77.

R. Simeon ben Nannos, auch einfach Ben Nannos (*nanas* bzw. griech. *nannos*, „Zwerg"). *Konovitz*, TS IV 253–6.

R. Jose, Sohn der Damaszenerin (ben Dormasqit), Schüler des Eliezer ben Hyrkan, tritt für den Wortsinn in der Bibelauslegung ein (Sifre Dtn § 1, F. 8). *Bacher*, Tann I 389–394; *Konovitz*, TS III 138–140.

R. Chananja ben Teradjon, nach (später) rabb. Tradition durch seine Tochter Berurja Schwiegervater des R. Meir und einer der Märtyrer in der Verfolgungszeit unter Hadrian. *Bacher*, Tann I 394–7; zu den angebl. Fa-milienbeziehungen: *D. Goodblatt*, The Beruriah Traditions, JJS 26 (1975) 68–85 (= *W. S. Green*, Hg., Persons 207–235); *E. E. Urbach*, Ascesis and Suffering in Talmudic and Midrashic Sources (h), FS Y. F. Baer, J 1960, 48–68, bes. 61–64.

R. Eleazar ben Parta (vgl. *peruta* im paläst. Syrisch, „Wechsler"; andere denken an griech. *prōtos*). *Bacher*, Tann I 400–403; *Konovitz*, TS I 156–8. Zu unterscheiden von dem gleichnamigen Enkel.

R. Jehuda ben Baba, mit dem Beinamen Chasid. Er erteilte 7 Schülern

Aqibas bald nach dessen Tod die Ordination und wurde auf der Flucht von römischen Soldaten getötet (Sanh 13b–14a). *G. A. Wewers*, Rabbi Jehuda-ben-Baba. Skizze zum Problem der Individualüberlieferung in der frühen rabbinischen Literatur, Kairos 19 (1977) 81–115; *Konovitz*, TS III 18–23.

R. Jose ben Qisma, Abot VI,9. *Bacher,* Tann I 397–400; *J. Gutmann,* Milchemet ha-Jehudim bime Tirjanos, Sefer Assaf, J 1953, 149–184, bes. 171f; *Konovitz,* TS III 184f.

Simeon ben Azzai, gewöhnlich einfach Ben Azzai (Abkürzung aus Azarja). In Chag 14b gehört er mit Ben Zoma, Elischa ben Abuja und Aqiba zu den vier, die in das „Paradies" gingen, d. h. sich in theosophische Spekulation vertieften, was nur Aqiba ungeschädigt überstand. *G. Scholem,* Jewish Gnosticism, Merkabah Mysticism, and Talmudic Tradition, NY 1960, 14–19; *H. A. Fischel,* Rabbinic Literature 1–34.90–98.99–128. 161–5; *Konovitz,* TS IV 257–269.

Simeon ben Zoma, gewöhnlich einfach Ben Zoma. *H. A. Fischel,* Rabbinic Literature 51–89.138–161; *Konovitz,* TS IV 228–231.

Elischa ben Abuja, mehrmals als *Acher,* „der andere" bezeichnet, weil man ihn nach seinem Abfall nicht nennen wollte. War Lehrer des R. Meir. *A. Büchler,* Die Erlösung Elisaʿ b. Abujahs aus dem Höllenfeuer, MGWJ 76 (1932) 412–456; *Konovitz,* TS I 86–91; *H. Yalon,* Acher im Talmudisch-Hebräischen, MGWJ 79 (1935) 238–240; *ders.* dazu auch Leschonenu 29 (1965) 213–7.

R. Chananja (oder Chanina) *ben Gamaliel II. Bacher,* Tann I 436–440; *Konovitz,* TS II 118–124.

R. Chananja ben Jehuda, Bacher, Tann I 440; *Konovitz,* TS II 204.

R. Simeon ben Tarfon, Bacher, Tann I 447f; *Konovitz,* TS IV 238.

R. Eleazar ben Jehuda aus Bartota (Birtota? so Cod. Kaufmann zu Abot III,7), auch ohne Nennung seines Vaters Eleazar Isch Bartota. *Bacher,* Tann I 440–444; *Konovitz,* TS I 96–98.

R. Simeon von Timna (ha-Timni: so z.B. Jeb IV,13 Cod. Kaufmann; andere bevorzugen die Vokalisierung *ha-Temani,* „aus Teman", wohl Edom, cf. Ijob 2,11). Schüler Aqibas und Jehoschuas (TBer IV,18, L. 23). *Konovitz,* TS IV 285–7.

Gleichfalls zu dieser Generation werden noch *die älteren Schüler Aqibas* gezählt, namentlich:

Chananja ben Chakhinai, in Jabne und Bene Beraq, spät auch zu den „zehn Märtyrern" gezählt. *Bacher,* Tann I 434–6; *Konovitz,* TS II 201–4.

R. Simeon aus Schiqmona. Bacher, Tann I 445f; *Konovitz,* TS IV 285.

R. Chidqa. Bacher, Tann I 446f; *Konovitz,* TS II 25–7.

Außerhalb Palästinas haben gelehrt: *Mattja ben Cheresch* (Cheresch als Eigenname 1 Chron 9,15; andere: Charasch), unmittelbar vor dem hadrianischen Krieg, in Rom. *A. Toaff,* Matia Ben Cheresh e la sua academia rabbinica di Roma, Annuario di Studi Ebraici 2 (1964f) 69–80; *Konovitz,* TS IV 13–15.

R. Jehuda ben Batyra (andere: Betera), in Palästina bei Eliezer ben Hyrkanos, später in Nisibis, wo Jochanan der Sandalenmacher und Eleazar ben Schammua bei ihm Tora lernten. Nach *Neusner*, Bab I 43–49.121–4, ist mit zwei Rabbinen dieses Namens zu rechnen, der eine etwa 20/30–90, der 2. ca. 100–160, beide in Nisibis. *Konovitz*, TS III 23–39.

Chananja, der Neffe (Bruders Sohn) des Jehoschua ben Chananja, wohnte in Babylonien in Nehar Peqod, wohin er nach dem Bar-Kokhba-Aufstand flüchtete. Versuchte dort selbständig den Kalender zu interkalieren, was ein Privileg Palästinas war. *A. Burstein*, Sinai 38 (1956) 32–37; 40 (1957) 387f; *Konovitz*, TS II 197–201; *Neusner*, Bab I 113–121.

d) Dritte Generation der Tannaiten (um 130–160 n. Chr.)

1. Jischmaels bedeutendste Schüler

R. Joschijja, der vielleicht aus Chutsal stammte und sich nach dem Bar-Kokhba-Aufstand in Babylonien niederließ (*Neusner*, Bab I 128–131; *Konovitz*, TS III 7–16), und *R. Jonatan*, wohl ebenfalls ein Babylonier (*Neusner*, Bab I 132; *Konovitz*, TS III 116–131). Sie werden oft in Mek und Sifre erwähnt, doch nur einmal (Abot IV,9) wird Jonatan in M genannt, Joschijja gar nie, vielleicht deswegen, weil Meir und Rabbi im Gegensatz zu Jischmael den Ansichten Aqibas folgten. *Bacher*, Tann II 351–364.

Diesem Kreis scheint auch Abba Chanin (Chanan) angehört zu haben, der oft als Tradent von Äußerungen von Eliezer ben Hyrkanos erwähnt wird und der vielleicht auch ein Babylonier war (*Neusner*, Bab I 130).

2. Die späteren Schüler Aqibas

Von diesen werden die vier ersten am häufigsten genannt (zu den Schülern Aqibas vgl. *Abr. Goldberg*, ,,All base themselves upon the teachings of Rabbi ʿAqiva" (h), Tarbiz 38 (1968f) 231–254):

R. Meir, Schüler erst Jischmaels, dann Aqibas. Auch Elischa ben Abuja war sein Lehrer. Wohnte zeitweise in Tiberias oder im angrenzenden Chammat Tiberias. Nach später Tradition war er durch seine Gattin Berurja Schwiegersohn des Chananja ben Teradjon. Bedeutsam als Halakhist wie Haggadist (Sanh 38b: ein Drittel seines Vortrages war Halakha, ein Drittel Haggada, ein Drittel Gleichnisse). Hatte einen bedeutenden Anteil an der Redaktion von M, in der er etwa 330mal genannt wird. *N. G. Cohen*, Rabbi Meir, A Descendant of Anatolian Proselytes. New Light on His Name and the Historical Kernel of the Nero Legend in Giṭṭin 56a, JJS 23 (1972) 51–59; *R. Goldenberg*, The Sabbath-Law of Rabbi Meir, Missoula 1978; *S. Lieberman*, Hell. 24–26; *Bacher*, Tann II 1–69; *I. Konovitz*, Rabbi Meir, Collected Sayings (h), J 1967.

R. Simeon ben Jochai (= Abkürzung von Jochanan), in M stets (über 300mal) einfach R. Simeon. Er hat lange als Autor des Zohar gegolten; in Wirklichkeit aber ist dieses Hauptwerk der Kabbala in der 2. Hälfte des

13. Jhs. von Mosche ben Schem Tob de Leon in Spanien verfaßt worden. Seinem Kreis wird auch MRS zugeschrieben. *Bacher*, Tann II 70–149; *I. Konovitz*, Rabbi Simeon bar Yohai. Collected Sayings (h), J 1966; *L. Levine*, R. Simeon b. Yoḥai and the Purification of Tiberias: History and Tradition, HUCA 49 (1978) 143–185.

R. Jose ben Chalafta, in M stets einfach R. Jose (etwa 330mal); lehrte in Sepphoris, bedeutender Halakhist. In der Tradition gilt er auch als Haupttradent der geltenden jüdischen Chronologie, wie sie im Seder Olam Rabba fixiert ist. Wird vielfach als der Verfasser von Kelim betrachtet. *Bacher*, Tann II 150–190; *I. Konovitz*, Rabbi Jose ben Halafta. Collected Sayings (h), J 1966; *K. H. Rengstorf*, Die Mischna. Jebamot, Gießen 1929 (Ndr. 1958), 32*–37*.

R. Jehuda bar Ilai (Abkürzung aus Eleazar oder, so *G. Dalman*, Grammatik des jüd.-pal. Aramäisch, Le ²1905, Ndr. Darmstadt 1960, 179, aus Eljoënai, 1 Chron 3,23 usw.). In M stets einfach R. Jehuda (mehr als 600mal); gilt als der Hauptvertreter seiner Generation (Sanh 20a „die Generation des Jehuda b. Ilai"). Sanh 86a schreibt ihm die Grundlage bzw. die anonymen Aussagen des halakhischen Midrasch Sifra zu. *Bacher*, Tann II 191–228.237–274; *I. Konovitz*, Rabbi Judah bar Ilai. Collected Sayings (h), J 1965.

R. Nechemja, oft in Kontroverse mit Jehuda bar Ilai. Nach Sanh 86a soll von ihm der anonyme Teil von T stammen. *Bacher*, Tann II 225–274; *Konovitz*, TS IV 23–55.

R. Eleazar ben Schammua, in M und in der Baraita stets einfach R. Eleazar; in Alexandrien geboren; besucht seinen Lehrer Aqiba im Gefängnis. Geht dann mit Jochanan ha-Sandelar nach Nisibis, um unter Jehuda ben Batyra zu studieren. *Bacher*, Tann II 275–282; *I. Konovitz*, TS I 178–216; *Neusner*, Bab I 126f.

R. Eliezer ben Jakob (der Jüngere dieses Namens, 2. H. 2. Jh.), war nach dem Bar-Kokhba-Aufstand bei der Versammlung in Uscha. *S. Horovitz* (Siphre XVIII) ist geneigt, Sifre Zutta als aus seinem Lehrhaus hervorgegangen anzusehen. *Konovitz*, TS I 48–86.

R. Jochanan ha-Sandelar, „der Sandalenmacher". Nach anderen leitet sich sein Beiname von seinem Heimatort Alexandrien ab. *Bacher*, Tann II 365f; *Konovitz*, TS III 112–5; *Neusner*, Bab I 126–8.

3. Andere Lehrer derselben Generation

Eliezer (manchmal auch Eleazar) *ben R. Jose ha-Gelili*, gepriesener Haggadist (Chul 89a). Ihm werden die 32 Middot des R. Eliezer zugeschrieben (vgl. S. 32f.). *Konovitz*, TS I 104–111.

R. Jehoschua ben Qarcha (oder Qorcha: „Glatzkopf"), bedeutender Haggadist. *Bacher*, Tann II 308–321; *Konovitz*, TS III 59–70.

R. Eleazar ben Tsadoq II., Enkel des schon erwähnten E. b. Ts. I. *Konovitz*, TS I 172f.

R. Jose ben Jasjan, Zeitgenosse des Rabban Simeon ben Gam. II., auch
einfach Ben Jasjan. *Bacher*, MGWJ 45 (1901) 300f und 46 (1902) 83f setzt
ihn mit Jose beR. Issi in Mek Bachodesch 3 (L. II 211) gleich, wo jedoch
alle Textzeugen außer dem Jalqut beR. Jehuda lesen. *Konovitz*, TS III 147.

Rabban Simeon ben Gamaliel II., Vater des Jehuda ha-Nasi. Nach dem
Tod Hadrians übernahm er das von den Schülern Aqibas in Uscha statt
Jabne neu gegründete Zentrum des Rabbinats. Hor 13b erzählt vom Ver-
such R. Meirs und R. Natans, ihn abzusetzen. Dazu *A. Büchler*, La con-
spiration de R. Nathan et R. Méïr contre le Patriarche Simon ben Gama-
liel, REJ 28 (1894) 60–74; *Alon*, Toldot II 69–78; *Bacher*, Tann II 322–334;
Konovitz, TS IV 159–228; *Neusner*, Bab I 73–80. Cf. *A. I. Baumgarten*,
The Akiban Opposition, HUCA 50 (1979) 179–197, zu den Anfängen in
Uscha.

R. Jischmael, Sohn des Jochanan ben Beroqa, zum Kreis des Rabban
Simeon ben G. II. gehörig. *Bacher*, Tann II 369f; *Konovitz*, TS III
267–275.

Abba Saul. Seine Zeit wird dadurch bestimmt, daß er eine Kontroverse
mit Jehuda b. Ilai hatte. *Bacher*, Tann II 366–9; *Konovitz*, TS I 14–28;
I. Lewy, Über einige Fragmente aus der Mischna des Abba Saul, B 1876
(dazu auch *Epstein*, ITL 160–163).

R. Chananja ben Aqabja (oder Aqiba), wahrscheinlich Sohn des Aqabja
ben Mahalalel; wegen seines Scharfsinns von Rab geschätzt (Schab 83b).
Bacher, Tann II 370.

R. Chananja ben Aqaschja, *Bacher*, Tann II 376; *Konovitz*, TS II 205.

Issi (auch Jose) *ben Aqabja*, nach Pes 113b identisch mit dem Folgenden
(?). *Bacher*, Tann II 371–3.

Issi (Verkürzung von Josef) *ben Jehuda*, wahrscheinlich identisch mit
Issi dem Babylonier, einem Schüler des Eleazar ben Schammua, nach Pes
113b auch noch mit anderen. Babylonier. *Bacher*, Tann II 373–6; *Konovitz*, TS I 41–46; *M. Hakohen*, Toldot ha-Tanna Issi ben Jehuda, Sinai 33
(1953) 355–364; 34 (1954) 231–240.325–334.407–423; *Neusner*, Bab I
138f.188–190.

R. Nehorai, Zeitgenosse des Jose ben Chalafta, wahrscheinlich in Sepphoris wohnhaft. *Bacher*, Tann II 377–383; *Konovitz*, TS IV 15–18.

Reuben ben Istrobeli (nach *H. Graetz* und *S. Krauss*: Strobilos, nach
Bacher Aristobulos). Von seiner Intervention in Rom zur Zeit der hadrianischen Verfolgung erzählt Meila 17a–b. *Bacher*, Tann II 383f; *S. Klein*,
Eine Tannaim-Familie in Rom, Jeschurun 3 (1916) 442–5; *Konovitz*, TS IV
113.

Abba Jose ben Dostai (Dositheos). *Bacher*, Tann II 388f.

e) Vierte Generation der Tannaiten

1. Die Zeitgenossen Rabbis

R. Dostai ben Jannai tradiert die Äußerungen Meirs, Joses und Eleazars.

Als Sendbote des Patriarchen in Babylonien. *Bacher*, Tann II 385–7; *Konovitz*, TS 18–20; *Neusner*, Bab I 136 f.

R. Simeon ben Jehuda, aus Kefar Ikos (auch K. Akum oder K. Akko geschrieben), *Bacher*, Tann II 392; *Konovitz*, TS IV 239–245.

Achai ben Joschijja lehrte in Chutsal, nach einiger Zeit in Palästina wieder in Babylonien, wo er der Lehrer Rabs war. *Bacher*, Tann II 393 f; *Konovitz*, TS I 36 f; *Neusner*, Bab I 129–132.136.

R. Jakob, nach Qid 39 b Tochtersohn des Elischa ben Abuja. Tritt bei der Verschwörung des R. Meir und des R. Natan für Simeon ben Gamaliel ein. Gelegentlich Beiname ben Korschai. *Bacher*, Tann II 395–7; *Konovitz*, TS III 245–253.

Symmachos (ben Joseph), Schüler des R. Meir. Von manchen mit dem Autor der griechischen Bibelübersetzung identifiziert. *Bacher*, Tann II 397; *D. Barthélemy*, Qui est Symmaque?, CBQ 36 (1974) 451–465 (= *ders.*, Études d'Histoire du Texte de l'AT, Fribourg-Göttingen 1978, 307–321); *Konovitz*, TS IV 89–95.

R. Isaak, oft in Mek und Sifre Num erwähnt. Mit R. Natan in Babylonien, um gegen R. Chananja einzuschreiten, der dort interkalierte. *Bacher*, Tann II 397–9; *Konovitz*, TS III 254–9; *Neusner*, Bab I 117–121.

R. Jose ben Kipper (*Neusner:* Kefar), Schüler des Eleazar ben Schammua, mehrfach in T; reiste zwischen Palästina und Babylonien. *Bacher*, Tann I 386; *Konovitz*, TS III 180 f; *Neusner*, Bab I 116–8.

R. Dosa, Tradent des Jehuda ben Ilai, nicht identisch mit Dosa ben Archinos. *Bacher*, Tann II 389 f.

R. Dostai ben Jehuda, Tradent des Simeon ben Jochai. *Bacher*, Tann II 390–392; *Konovitz*, TS II 14 f.

R. Eleazar ben Simeon (ben Jochai), in römischen Diensten tätig. *Bacher*, Tann II 400–407; *Konovitz*, TS I 216–252; *S. Krauss*, R. Eleasar ben R. Simeon als römischer Befehlshaber, MGWJ 38 (1894) 151–6; *Y. Gutman*, R. Elazar b. R. Shimon in the Roman Government Service of Palestine (h), Zion 18 (1953) 1–5.

R. Pinchas ben Jair, Asket, Schwiegersohn des R. Simeon ben Jochai, scheint in Lydda gewohnt zu haben. Ihm wird gelegentlich Midrasch Tadsche zugeschrieben. *Bacher*, Tann II 495–9; *Konovitz*, TS IV 101–6; zu seinem Kettenspruch in Sota IX, 15 *P. Schäfer*, Die Vorstellung vom heiligen Geist in der rabbinischen Literatur, M 1972, 118–121.

R. Jischmael ben Jose (ben Chalafta), in Sepphoris. Bibelausleger. *Bacher*, Tann II 407–411; *Konovitz*, TS III 375–389.

R. Eleazar ben Jose (ben Chalafta). Soll mit Simeon ben Jochai nach Rom gereist sein und dort den von Titus geplünderten Tempelschatz gesehen haben. *Bacher*, Tann II 412–5; *Konovitz*, TS I 99–104.

R. Menachem ben Jose (ben Chalafta), auch einfach R. Menachem. *Bacher*, Tann II 415 f; *Konovitz*, TS IV 10–12.

Eurydemos ben Jose (ben Chalafta). *Bacher*, Tann II 416 f.

R. Jose ben Jehuda (ben Ilai), oft in Kontroverse mit Rabbi. *Bacher*, Tann II 417–421; *Konovitz*, TS III 147–178.

R. Jehuda ben Laqisch tradiert im Namen des Simeon ben Gamaliel II., in halakhischer Kontroverse mit Jose ben Jehuda (ben Ilai). *Bacher*, Tann II 494f; *Konovitz*, TS III 44.

R. Eleazar ben Jehuda. *Bacher*, Tann II 417 Anm. 4 hält ihn für identisch mit dem gleichnamigen Lehrer aus Bartota.

R. Simeon ben Eleazar (ben Schammua), Schüler Meirs, oft in Kontroverse mit Rabbi, oft in T. Kontroversen mit Samaritanern. *Bacher*, Tann II 422–436; *Konovitz*, TS IV 117–156; *J. Fraenkel*, SH 27 (1978) 42–50.

R. Jose ben Meschullam, in Kontroverse mit Simeon ben Eleazar. Mit Simeon ben Menasja führte er offenbar die „heilige Gemeinde", die sich Ende 2. Jh. trotz des Verbots für Juden, sich in Jerusalem aufzuhalten, dort gebildet hatte: *S. Safrai*, The Holy Assembly of Jerusalem (h), Zion 22 (1957) 183–194; *ders.*, The Holy Congregation in Jerusalem, SH 23 (1972) 62–78; *Bacher*, Tann II 489; *Konovitz*, TS III 181–3.

R. Natan, mit dem Beinamen ha-Babli, weil er zur Zeit des Rabban Simeon ben Gamaliel II. aus Babylonien nach Palästina gekommen war. An dessen Hof hatte er zusammen mit R. Meir wichtige Funktionen inne, nach Hor 13b wegen der Würdestellung seines Vaters in Babylonien (Exilarch?). Später oft in Kontroverse mit Rabbi. Die ARN zugrundeliegende Rezension von Abot wird gelegentlich ihm zugeschrieben. *Bacher*, Tann II 437–452; *M. Beer*, Exilarchate 29f; *Konovitz*, TS IV 58–89; *Neusner*, Bab I 73–79.

R. Eleazar (aber auch Eliezer bezeugt) *ha-Qappar*. Der Name ist vielleicht von Qefira abzuleiten, einem Ort im Golan nahe Dabbura, wo eine Inschrift entdeckt wurde: *Eliezer ha-Qappar. Ze bet midrascho schel Rabbi.* Oder er ist mit syr. *qufra* zu verbinden: „der Asphalthändler", bzw. von *Kapparis*, Kapernblüte, abzuleiten und bezeichnet dann einen Erzeuger von Medikamenten oder Gewürzen daraus. Wird gewöhnlich als Vater des Bar Qappara betrachtet, auf den sich eventuell die genannte Inschrift bezieht, während andere die beiden überhaupt miteinander identifizieren möchten, was jedoch eher unwahrscheinlich ist. *Bacher*, Tann II 500–502; *D. Urman*, Jewish Inscriptions from Dabbura in the Golan, IEJ 22 (1972) 16–23.

Abba Eleazar ben Gamla (= Gamaliel?).

R. Simeon ben Jose ben Laqonja, Schwager des Eleazar ben Simeon, Onkel und Erzieher des Jonatan ben Eleazar (ben Simeon). *Bacher*, Tann II 488f; *Konovitz*, TS IV 248.

R. Simeon ben Menasja stand mit Jose ben Meschullam an der Spitze der „heiligen Gemeinde" in Jerusalem, die alle Zeit gleichmäßig auf Torastudium, Gebet und Arbeit zu verteilen bemüht war. *Bacher*, Tann II 489–494; *Konovitz*, TS IV 249–253; *S. Safrai*, Zion 22 (1957) 183ff und SH 23 (1972) 62ff.

R. *Mana* (Abkürzung aus Menachem, wie auch Mani) in Akko, nicht zu verwechseln mit den beiden palästin. Amoräern Mani oder Mana.

R. *Jehuda ben Tema* (Zeit?). *Bacher*, Tann II 556f; *Konovitz*, TS III 49–51.

2. R. *Jehuda ha-Nasi*, der „Fürst" oder der „Patriarch", häufig einfach Rabbi, zuweilen Rabbenu oder Rabbenu ha-qadosch, „heilig" aufgrund seines streng sittlichen Lebenswandels. Sohn des Rabban Simeon ben Gamaliel II., nach der Tradition am Todestag Aqibas geboren. Studierte bei Jehuda ben Ilai, später bei Simeon ben Jochai und Eleazar ben Schammua sowie Natan (dessen Ansichten er später freilich oft widerspricht). Residierte später in Bet Schearim, dann in Sepphoris. Er brachte die Institution des Patriarchats zu voller Geltung; seine guten Beziehungen zu den römischen Behörden spiegeln sich in den Legenden über „Antoninus und Rabbi". Soweit hier historische Erinnerungen verarbeitet wurden, ist bei Antoninus am ehesten an Caracalla zu denken, der in den Jahren 199 und 215 Palästina besucht hat. Jehuda ha-Nasi, der als der eigentliche Redaktor von M anzusehen ist, ist nach *A. Guttmann* im Jahr 217 gestorben (zustimmend *Neusner*, Bab I 82 Anm. 1). *Ch. Albeck*, Einleitung 145–170; *G. Alon*, Toldot II 129–148; *J. N. Epstein*, ITL 180–211; *Bacher*, Tann II 454–486; *A. Guttmann*, The Patriarch Judah I – His Birth and His Death. A Glimpse into the Chronology of the Talmudic Period. HUCA 25 (1954) 239–261; *I. Konovitz*, Rabbi Judah ha-Nasi (Rabbi). Collected Sayings (h), J 1965; *S. Krauss*, Antoninus und Rabbi, W 1910; *G. Stemberger*, Die Beurteilung Roms in der rabbinischen Literatur, ANRW II, 19/2 338–396, bes. 367–375; *J. S. Zuri*, Toldot ha-Mischpat ha-Tsibburi ha-Ibri. I,2: Tequfat R. Jehuda ha-Nasi, P 1931.

f) Fünfte Generation der Tannaiten

Halbtannaim; jüngere Zeitgenossen Rabbis, teilweise seine Schüler. Sie bilden den Übergang zur Amoräerzeit, in der die Mischna Rabbis bald als autoritative Zusammenstellung des traditionellen Gesetzes anerkannt wurde.

Gamaliel III., Sohn Rabbis, von diesem zum Nachfolger im Patriarchat bestimmt (Ket 103b). Ein Grab in Bet Schearim mit dem Namen R. Gamaliels neben einem anderen mit dem Namen R. Simeons könnte seines sowie das seines Bruders sein (Katakombe 14). *Bacher*, Tann II 554; *Konovitz*, TS I 318–320.

R. *Chijja* (der Name ist wohl aus Achijja abgekürzt) der Ältere (Ruba oder Rabba). Ch.bar Abba, geboren in Babylonien, vielleicht aus der Exilarchenfamilie (beansprucht Abstammung von David), kam später nach Palästina, wo er in Tiberias lebte und im Seidenhandel tätig war. Schüler und Freund Rabbis, Onkel und Lehrer Rabs. Die rabb. Tradition erwähnt mehrmals seine Mischnajot-Sammlung. Scherira betrachtet ihn als den Re-

daktor von T; manche sehen ihn maßgeblich an Sifra beteiligt. Chul 141a:
Jede Baraita, die nicht von R. Chijja oder R. Oschaja redigiert ist, ist fehlerhaft (unzuverlässig). *Bacher*, Tann II 520–530; *A. Engle*, Rabbi Hiyya
the Great – Halachist and Travelling Salesman, Niv Hamidrashia 1972,
engl. Teil 63–72; *I. Konovitz*, TS II 47–106; *P. Minzberg*, Toldot R. Chijja
u-banaw, J 1953; *Neusner*, Bab I 101–110; *E. S. Rosenthal*, Rab Ben Achi,
R. Chijja gam Ben Achoto (Perat echad le-toldot ha-nusach schel ha-
Babli), FS H. Yalon, J 1963, 281–337.

Bar Qappara (so gewöhnlich im Talmud), eigentlich R. Eleazar ben
Eleazar ha-Qappar (siehe S. 86), auch R. El. ha-Qappar beRabbi. Lehrer
des Hoschaja und des Jehoschua ben Levi. Hatte eine Schule im „Süden",
wohl in Lydda, wo er nach Meinung von *S. Lieberman* Sifre Zutta redigierte (Siphre Zutta, NY 1968, 104ff). Auch ihm wird in der rabb. Tradition eine Mischna-Sammlung zugeschrieben. *Bacher*, Tann II 503–520;
Konovitz, TS I 262–7.

R. Simeon ben Chalafta, Freund Chijjas, wohnte in En Teena bei Sepphoris, mehrfach in Sagen verherrlicht, Haggadist, Gleichniserzähler. *Bacher*, Tann II 530–536; *Konovitz*, TS IV 232–8.

Levi bar Sisi (Sosius?), im bT gewöhnlich einfach Levi (z. B. Joma 24a),
Schüler Rabbis, nicht zu verwechseln mit dem Amoräer, dem Haggadisten
R. Levi. *Bacher*, Tann II 536–9; *B. Ratner*, Die Mischna des Levi ben Sisi,
FS A. Harkavy, St. Petersburg 1908, hebr. Teil 117–122.

R. Simai, Vater des Nachum ben Simai. *Bacher*, Tann II 543–6; *Konovitz*, TS IV 95–7.

R. Banna'a, oder Bannaja bzw. Benaja. Sein Haupttradent war Jochanan bar Nappacha. *Bacher*, Tann II 539–543; *Konovitz*, TS I 258–260.

R. Jonatan ben Amram, Schüler Rabbis. *Konovitz*, TS III 135.

R. Jose ben Saul, Schüler und Tradent Rabbis. *Bacher*, pAm III 598f.

R. Jehuda ben Naqosa tradiert im Namen des R. Jakob. *Konovitz*, TS
III 45f.

Rab Huna, der gelehrte Exilarch, Zeitgenosse Rabbis (pKet XII,3, 35a).
Sein Leichnam wurde nach Palästina gebracht (pKil IX, 32b). *Beer*, Exilarchate 66f. 96f; *Neusner*, Bab I 100–108.

Über die babylonischen Tannaim siehe *Neusner*, Bab I 113–163. Tannaim, deren Zeit nicht sicher bestimmbar ist, nennt *Bacher*, Tann II
547–561.

g) Erste Generation der Amoräer

1. Palästina

R. Chama bar Bisa, Vater eines R. Hoschaja (H. Rabba?). *Bacher*, pAm I
89f.

R. Efes, aus Südjudäa, später Rabbis Nachfolger als Haupt der Akademie in Sepphoris. *Bacher*, pAm I 2.91.341.

R. Chanina (zuweilen Ch.bar Chama), in reifem Alter aus Babylonien nach Palästina gekommen, Schüler Rabbis, Nachfolger des R. Efes als Leiter der Schule in Sepphoris. *Bacher*, pAm I 1–34.

R. Jannai, wohnte in Sepphoris. Zur Unterscheidung von seinem gleichnamigen Enkel (R. Jannai Ze'ira) auch Sabba, ,,der Alte" genannt. Schüler Chijjas, Lehrer Jochanans. *Bacher*, pAm I 35–47; *A. Oppenheimer*, ,,Those of the School of Rabbi Yannai" (h), Studies in the History of the Jewish People and the Land of Israel 4 (Haifa 1978) 137–145.

Jehuda and Chizkijja, die Söhne Chijjas, mit ihrem Vater aus Babylonien nach Palästina gekommen. Jehuda Schwiegersohn Jannais; Chizkijja wird gelegentlich als Redaktor der MRS betrachtet. *Bacher*, pAm I 48–57.

R. Jonatan ben Eleazar, gewöhnlich einfach R. Jonatan, dem R. Chanina nahestehend, aus Babylonien stammend, in Sepphoris wohnhaft. Schüler des Simeon ben Jose ben Laqonja, Lehrer des Samuel bar Nachman. *Bacher*, pAm I 58–88.

Bar Pedaja, voller Name: Jehuda bar Pedaja, Neffe des Bar Qappara, Lehrer des Jehoschua ben Levi. *Bacher*, pAm I 124f.

R. Hoschaja, im pT gewöhnlich Oschaja, Sohn des Chama ben Bisa, zur Unterscheidung von dem Amoräer der 3. Generation auch H. Rabba (,,der Große, der Ältere") genannt. Schüler des Bar Qappara und des R. Chijja, Lehrer Jochanans; lebte in Sepphoris, leitete später eine Schule in Caesarea. Wie Chijja und Bar Qappara hat er Mischnajot gesammelt. *Bacher*, pAm I 89–108; *D. Barhtélemy*, Est-ce Hoshaya Rabba qui censura le ,,commentaire allégorique"?, Colloques Nationaux du CNRS, ,,Philon d'Alexandrie" (Lyon 1966), P 1967, 45–78 (= *ders.*, Études d'histoire du texte de l'AT, Fribourg-Göttingen 1978, 140–173; *L. I. Levine*, Caesarea 76.87–89.103f.

Jehuda II., Sohn Gamaliels III., in pT R. Judan Nesia oder R. Jehuda Nesia. Patriarch, Enkel Rabbis, in freundlichen Beziehungen zu Hoschaja, aber auch zum Schulhaupt Jochanan bar Nappacha. Unter ihm Abstieg des Patriarchats, u. a. wegen des Verkaufs von Richterstellen: dazu *G. Alon*, Studies 374ff.

R. Jose ben Zimra. Seine Tochter war mit einem Sohn Rabbis verheiratet. Eleazar ben Pedat tradierte seine haggadischen Aussprüche. *Bacher*, pAm I 109–118; *Alon*, Studies 405f.

R. Simeon ben Jehotsadaq. Seine Aussprüche sind durch Jochanan überliefert. *Bacher*, pAm I 119–123.

R. Jehoschua ben Levi, in Lydda, einer der hervorragendsten Amoräer Palästinas in der 1. Hälfte des 3. Jhs., besonders durch seine Beschäftigung mit der Haggada; Schüler des Bar Qappara, des Jehuda bar Pedaja und des Pinchas ben Jair. Lehrer des Simeon ben Pazzi und des Tanchum ben Chanilai. *Bacher*, pAm I 124–194; *Y. Frankel*, The Image of Rabbi Joshua ben Levi in the Stories of the Babylonian Talmud (h), 6th WCJS, J 1977, III 403–417; *I. Levy*, La légende de Pythagore de Grèce en Palestine, P

1927, 154ff; *S. Lieberman*, Shkiin, J ²1970, 34–42 (eine Erzählung über Jeh.b.L. bei Petrus Venerabilis, für welche wohl das Alfabet des Ben Sira als Quelle diente); *A. Marmorstein*, Jeschurun 13 (1926) 375–383.

R. Zabdai ben Levi gehörte zum Kreis Hoschajas, verkehrte mit Jehoschua ben Levi, den er überlebte, und mit Rab. *Bacher*, pAm III 640–642.

R. Chijja ben Gamda, in Palästina und Babylonien lebend, tradiert im Namen der letzten Tannaim Simai und Jose ben Saul.

2. Babylonien

Rab Schela, in Nehardea schon ein angesehener Lehrer, als Rab aus Palästina zurückkehrte. *J. Fraenkel*, The story of R. Sheila(h), Tarbiz 40 (1970f) 33–40; *Neusner*, Bab II, 32–34.109–112.

Abba bar Abba, gewöhnlich nach seinem berühmten Sohn „der Vater Samuels" genannt, war auch in Palästina, wo er mit Levi bar Sisi befreundet war. *Bacher*, bAm 34; *Neusner*, Bab II (Index).

Ze'iri oder *Zera* der Ältere, ein zum Kreis Jochanans gehöriger Babylonier, Schüler des R. Chanina (bar Chama), in dessen Namen er oft tradiert. Mehrere Amoräer dieses Namens oft schwer zu unterscheiden. *Halevi*, Dorot II,242–6; *Neusner*, Bab II 145.147.

Qarna, „der Richter der Diaspora", beschäftigte sich bes. mit der Lehre von den Schädigungen (Neziqin). *Bacher*, bAm 34f; *Neusner*, Bab II (Index).

Mar Uqba(n) I., wohl Exilarch um 210–240. Erwähnt wird, daß er dem Gerichtshof in Kafri vorstand. *Neusner*, Bab II 98–107; *Beer*, Exilarchate 65–73 und Index.

Abba Arikha, „der Lange", wohl wegen seiner ungewöhnlichen Körpergröße, eigentlich Abba, gewöhnlich einfach *Rab* genannt. Neffe Chijjas, dem er nach Palästina folgte, um bei Rabbi zu lernen. Nach gaonäischer Tradition (ISG, Lewin 78–81) war er Gründer und Leiter der rabb. Schule zu Sura am Eufrat im Jahr 219, als er aus Palästina zurückkehrte, bis zu seinem Tod im Jahr 247. Doch kann historisch nicht von einer Akademie die Rede sein, sondern von einem Jüngerkreis um Rab (siehe *Goodblatt*, Instruction). „Die Halakha bei Verboten ist nach der Ansicht Rabs, sowohl bei Erleichterung wie bei Erschwerung" (Nid 24b; vgl. Bek 24a). Von ihm heißt es auch an einigen Stellen: „Er gilt als Tannait und darf (gegen die in M aufgenommene Ansicht) disputieren" (Er 50b; BB 42a; Sanh 83b). *R. Felten*, Die Stellung Rabs in der haggadischen Überlieferung, Diss. Köln 1972; *I. Konovitz*, Rab – Samuel, J 1974; *Neusner*, Bab I 105–112.173f; II passim, v. a. 111–119.126–134.180–187.232–236;*J. S. Zuri*, Rab. Biografia Talmudit, J 1925.

Rabba bar Chana, Brudersohn des R. Chijja, Kollege seines Vetters Rab und gleich diesem ein Schüler Rabbis, von dem er die Vollmacht zu religionsgesetzlichen Entscheidungen erhielt (Sanh 5a). In Drucken oft Rabba bar bar Chana (z. B. Chul 8b).

Assi (Issi, Assa), von Rab und Samuel hochgeschätzt (Sanh 29b). *Neusner*, Bab II (Index).

Mar Samuel (lt. ISG *Lewin* 82 gest. 254), auch Samuel Jarchinaa, ,,der Astronom" und ,,Ariokh der Große" genannt (BM 85b), Sohn des Abba bar Abba. Nach ISG 79f Leiter einer rabb. Schule in Nehardea (dazu *Goodblatt*, Instruction). Von ihm stammt der oft angeführte Satz *dina de-malkhuta dina:* ,,Der Rechtsausspruch der Regierung (auch der nichtjüdischen) ist gültiges Recht" (BQ 113a; dazu *S. Shilo,* Dina de-malkhuta dina, J 1974). Zu unterscheiden von Mar Samuel Mar(i). – *M. Beer,* Exilarchate (Index) und Exilarchs 70–73; *B. M. Bokser,* Samuel's Commentary on the Mishnah I, L 1975; *ders.,* Post Mishnaic Judaism in Transition. Samuel on Berakhot and the Beginnings of Gemara, Chico 1980; *J. Horovitz,* Mar Samuel und Schabur I. Zur Erklärung der letzten Zeilen des Talmudtraktats Baba mezia, MGWJ 80 (1936) 215–231 (zur talmudischen Tradition über Schapur allgemein: *G. A. Wewers,* Israel zwischen den Mächten. Die rabbinischen Traditionen über König Schabhor, Kairos 22, 1980, 77–100); *I. Konovitz,* Maʿarekhot ha-Amoraim III: Rab – Samuel, J 1974; *Neusner,* Bab II passim, v. a. 64–72.111–9.134–144.232–6; *F. Rosner,* Mar Samuel the Physician, in: *ders.,* Medicine in the Bible and the Talmud, NY 1977, 156–170.

h) Zweite Generation der Amoräer

1. Palästina

R. Jochanan bar Nappacha (,,der Schmied"), gewöhnlich einfach R. Jochanan. Seine Lehrer waren besonders Jannai, Hoschaja und Chanina ben Chama; unter seinen Genossen ragt Simeon b. Laqisch hervor. Sein Zeitgenosse war auch Rab Jehuda bar Jechezqel (Pes 118a). Jochanan lehrte anfangs in Sepphoris, wo er auch geboren war, später in Tiberias. ISG 83f überliefert, er sei achtzig Jahre Schulhaupt gewesen *(malakh)*, bevor er 279 starb. Maimonides schreibt ihm die Redaktion des pT zu. *Bacher,* pAm I 205–339; *Z. M. Dor,* Teachings; *R. Kimelman,* R. Yohanan of Tiberias. Aspects of the Social and Religious History of Third Century Palestine, Diss. Yale, New Haven 1977; *ders.,* Problems in Late Rabbinic ,,Biography": The Case of the Amora Yohanan, in: P. J. Achtemeier, Hg., SBL Seminar Papers 2 (1979) 35–42; *I. Konovitz,* Maʿarekhot ha-Amoraim I: Rabbi Jochanan – Resch Laqisch, J 1973; *J. S. Zuri,* R. Jochanan, der erste Amoräer Galiläas, B 1918.

R. Simeon ben Laqisch, gewöhnlich Resch Laqisch genannt, Schwager (Mann der Schwester) Jochanans und wie dieser in Tiberias wohnhaft, aber früher als dieser gestorben. *Bacher,* pAm I 340–418; *I. Konovitz,* Maʿarekhot ha-Amoraim I: Rabbi Jochanan – Resch Laqisch, J 1973; *I. Unna,* R. Simon ben Lakisch, als Lehrer der Halacha und Agada, F 1921.

R. Chilfa (in bT Ilfa), Jugendgenosse Jochanans (Taan 21 a). *Bacher*, pAm I 209 f.

R. Isaak ben Eleazar, gewöhnlich Isaak ben Chaqola. Zeitgenosse des R. Jehoschua ben Levi und des R. Jochanan (Joma 78 a). Nach MQ 25 b hielt er Johanan eine Leichenrede.

R. Alexander (bzw. Alexandrai) hat Aussprüche des Jehoschua ben Levi überliefert, ist daher nicht zum ersten Amoräergeschlecht zu rechnen. *Bacher*, pAm I 195–204.

Rab Kahana, in pT stets ohne Titel. Schüler Rabs, kam von Babylonien nach Palästina, wo er zum Kreis Jochanans und Simeons ben Laqisch gehörte. Die gewöhnlich PRK genannte Predigtsammlung stammt aus späterer Zeit. Nicht weniger als sechs babyl. Amoräer hießen R. Kahana, drei von ihnen kamen auch nach Palästina. *Bacher*, pAm III 607–9; *Neusner*, Bab II (Index).

R. Chijja bar Josef ist gleichfalls aus Babylonien nach Palästina gewandert und dort Schüler Jochanans geworden, mit dem disputierend er mehrfach erwähnt wird. *Bacher*, pAm III 560.

R. Jose ben Chanina (nicht zu verwechseln mit dem gleichnamigen Tanna), älterer Schüler Jochanans; auch Kontroversen zwischen beiden sind erhalten. Sein bedeutendster Schüler war Abbahu. *Bacher*, pAm I 419–446; *J. S. Zuri*, Rabbi Jose bar Chanina me-Qisrin, J 1926.

R. Chama bar Chanina, Sohn des Chanina bar Chama in Sepphoris. *Bacher*, pAm I 447–476.

R. Meascha, Enkel des Jehoschua ben Levi. *Bacher*, pAm III 614–6.

R. Simlai (Samlai), Sohn des Abba, stammte aus Nehardea, wohnte dann in Lydda (schon Rab bezeichnet ihn als Bewohner von L.), später in Galiläa bei Jannai in Sepphoris. Sein Tradent ist R. Tanchum bar Chijja. *Bacher*, pAm II 552–566; *Neusner*, Bab II 144; zu seinen Kontroversen mit Minim: *A. F. Segal*, Two Powers in Heaven, L 1977, Index.

R. Chanina, Vater des Acha b. Chanina. *Bacher*, pAm III 557 f.

R. Jonatan aus Bet Gubrin (Eleutheropolis), tradiert einen Ausspruch des Jehoschua ben Levi. *Bacher*, pAm III 592–4.

Mani I., auch Mana bar Tanchum, Zeitgenosse Jochanans. *Bacher*, pAm III 444.612.751.

Ruben, hervorragender Haggadist, Zeigenosse des Mani I., überliefert Aussprüche des Chanina bar Chama. Seine Tradenten sind Bebai und Pinchas. *Bacher*, pAm III 79–86.

R. Abba (oder Ba) *bar Zabdai* (oder Zabda), kurze Zeit auch in Babylonien. Überlebte den Rab Huna von Sura, gehörte noch zum Kreis von Ammi und Assi in Tiberias. *Bacher*, pAm III 533–5.

R. Tanchum ben Chanilai, in pT meist verderbt zu Ilai, Tradent des Jehoschua ben Levi, gehört teilweise schon zur 3. Generation. *Bacher*, pAm III 627–636.

2. Babylonien

Rab Huna (lt. ISG gest. 297), nach Rab bedeutendster Lehrer in Sura. Verschiedene Texte deuten auf einen Exilarchen Huna II., dessen Existenz jedoch unsicher und der vielleicht mit Rab Huna gleichzusetzen ist. *Bacher*, bAm 52–60; *Beer*, Exilarchate 77f.92–97.108f; *I. Konovitz*, Ma'arekhot ha-Amoraim III: Rab Huna – Rab Hisda, J 1977; *Neusner*, Bab III 48–53 und Index.

Rab Jehuda bar Jechezqel (lt. ISG gest. 299), gewöhnlich einfach Rab Jehuda. Schüler Rabs, bedeutender Lehrer in Pumbedita und nach dem Tode des Rab Huna wichtigster Lehrer Babyloniens. Qid 72a wird er zu denen gerechnet, die das Torastudium vor dem Vergessenwerden bewahrten. Die Bedeutung seines Beinamens Schinena Qid 33b ist ungewiß; Hai Gaon: „mit großen Zähnen"; *Bacher* denkt an eiserne Ausdauer; andere: „scharfsinnig". Beschäftigte sich besonders mit Neziqin. Nid 24b wird seine Körpergröße erwähnt. *Bacher*, bAm 47–52; *Neusner*, Bab II (Index).

Efa und Abimi, die „Scharfsinnigen", *Charifin*, von Pumbedita. *L. Bank*, „Les gens subtils de Poumbedita", REJ 39 (1899), 191–8.

Mar Uqba(n) II., Exilarch wie sein Großvater Mar U. I., durch seine Mutter ein Enkel Rabs, tradierte Aussprüche Samuels. *Neusner*, Bab II 98–107; III 48–50.54–58.

Giddel, jüngerer Schüler Rabs, in dessen Namen er viel tradierte. *Bacher*, pAm III 564f.

Rab Qattina und Geniba, beide in Sura, waren gleichfalls Schüler Rabs. Geniba wurde vom Exilarchen wegen seiner Opposition der persischen Staatsgewalt zur Hinrichtung ausgeliefert: *Neusner*, Bab III 75–81.

Rab Adda (Ada) bar Ahaba, in Sura, angeblich am Todestag Rabbis geboren (Qid 72a–b), Schüler Rabs, berühmt durch hohes Alter und Frömmigkeit, als Wundertäter betrachtet. Als Autor der noch im 14. Jh. zitierten Baraita deRab Adda über die Interkalation angesehen. *Bacher*, bAm 74f; *Neusner*, Bab II und III (Index).

Rabbah bar Abuha, Schwiegervater des Rab Nachman, mit dem Exilarchenhaus verwandt. *Neusner*, Bab III 58–61 und Index.

Rab Mattena, Schüler Samuels, dann wahrscheinlich des Rab Jehuda. *Bacher*, bAm 83–85; *Neusner*, Bab III (Index).

Rab Jirmeja bar Abba, in pT Rab Jirmeja bar Wa oder einfach R. J., älterer Schüler Rabs, zeitweise in Palästina. *Bacher*, bAm 7.51 und pAm III 582f; *Neusner*, Bab II und III (Index).

i) Dritte Generation der Amoräer

1. Palästina

R. Samuel bar Nachman (in bT, zuweilen auch in pT: bar Nachmani), Schüler Jonatans ben Eleazar; hochangesehener Haggadist. Wirkte in Tiberias. Er war in Palästina geboren, ist aber zweimal in Babylonien gewesen: zuerst längere Zeit in jüngeren Jahren, später in amtlicher Sendung, um in Babylonien die Interkalation vorzunehmen. Sein Hauptschüler und Tradent ist Chelbo. *Bacher*, pAm I 477–551.

R. Isaak II., in bT oft mit dem Beinamen Nappacha, „der Schmied", Schüler Jochanans, wirkte teils in Tiberias, teils (wahrscheinlich später) in Caesarea; einige Zeit auch in Babylonien, wo er bes. mit Nachman b. Jakob verkehrte. Einer der fruchtbarsten Haggadisten (oft in Kontroverse mit Levi), doch auch in der Halakha angesehen. *Bacher*, bAm 79f.86 und pAm II 205–295; *Levine*, Caesarea (Index); *Neusner*, Bab III (Index).

R. Levi, Schüler Jochanans, Freund des Abba bar Kahana, Schwiegervater Zekharjas. Sein Haupttradent ist Jehoschua von Sikhnin; oft als Haggadist genannt. *Bacher*, pAm II 296–436.

R. Eleazar ben Pedat, gewöhnlich ohne Nennung des Vaters (nicht mit dem Tannaiten Eleazar ben Schammua zu verwechseln); in pT (außer in Ber) Leazar. Geborener Babylonier, genoß in seinem Heimatland den Unterricht Samuels und Rabs, in Palästina den Jochanans. Übernahm von diesem die Schule in Tiberias, starb aber in demselben Jahre 279 (ISG). Seine Haupttradenten sind Abbahu und Benjamin ben Jefet. *Bacher*, pAm II 1–87; *Epstein*, ITM 292–307.

R. Abbahu, einer der späteren Schüler Jochanans, Schüler auch des Jose ben Chanina, Schulhaupt in Caesarea. Kenner der griechischen Sprache und Kultur; Kontroversen mit Minim (Christen?). *Bacher*, pAm II 88–142; *S. T. Lachs*, Rabbi Abahu and the Minim, JQR 60 (1969f) 197–212; *L. I. Levine*, Rabbi Abbahu of Caesarea (h), 6th WCJS, J 1975, II 47–50; *ders.*, R. Abbahu of Caesarea , FS M. Smith, L 1975, IV 56–76; *ders.*, Caesarea (Index); *J. Maier*, Jesus von Nazareth in der talmudischen Überlieferung, Darmstadt 1978, 80ff.

R. Ammi (ben Natan); pT auch Immi, Schüler Jochanans und Hoschajas. Hochangesehener Lehrer in Tiberias. Sehr oft zus. mit Assi und Chijja II. erwähnt; sie waren Zeitgenossen des Kaisers Diokletian. Über Ammi und Assi *Bacher*, pAm II 143–173; *Neusner*, Bab III (Index).

R. Assi, (so bT; pT gewöhnlich Jose, doch auch Assa, Assi oder Issi: der Name ist wohl ein Deminutiv aus Josef), aus Babylonien eingewandert; dort war er Schüler Samuels, später in Palästina Jachanans. *Neusner*, Bab III (Index).

R. Jehuda III. der Patriarch; pT R. Jehuda Nesia oder R. Judan Nesia. Sohn des unbedeutenden Gamaliel IV., Schüler Jochanans. Er beauftragte Ammi und Assi mit der Einrichtung von Kinderschulen. In seiner Zeit besuchte der Kaiser Diokletian Palästina.

R. Chijja II. bar Abba, wahrscheinlich Bruder des Simeon b. Abba, jung aus Babylonien nach Palästina gewandert, wo er Schüler bes. Jochanans war. *Bacher*, bAm 86f und pAm II 174–201.

R. Simeon (in Palästina mit gräzisiertem Namen Simon), in Babylonien S. ben Pazzi genannt, Schüler und Tradent des Jehoschua ben Levi, im Süden wohnhaft, oft in Diskussion mit Chanina ben Papa, Lehrer des

Tanchum ben Chijja und Chilqijjas, der oft in seinem Namen tradiert. *Bacher*, pAm II 437–474.

R. *Zera I.*, ein Babylonier, Schüler des Rab Jehuda bar Jechezqel, gegen dessen Willen er sich nach Palästina begab. Dort trat er in nahe Beziehungen zu Ammi, Assi und Abbahu. Als Schüler Zeras gelten bes. Jirmeja, Abba b. Zebina und Chaggai. Nicht zu verwechseln mit dem späteren palästin. Zera, der ein Schüler Jirmejas war. Er war kein Freund der Haggada: „Die Hagg. läßt sich hin und her wenden, und wir lernen nichts (für die Praxis) aus ihr" (pMaas III, 51a). *Bacher*, pAm III 1–34; *L. Bank*, Rabbi Zeira et Rab Zeira, REJ 38 (1899) 47–63 (unterscheidet drei Träger dieses Namens, nämlich zwei Babylonier, den Schüler des Rab Jehuda und einen Zeitgenossen Abajes und Rabbas, und den Palästinenser); *Abr. Goldberg*, Rabbi Ze'ira and Babylonian Custom in Palestine (h), Tarbiz 36 (1966f) 319–341.

R. *Abba II.*, ein Babylonier, Schüler des Rab Huna und des Rab Jehuda, war wiederholt in Palästina und blieb dann dauernd dort, erst in Caesarea (im Verkehr mit Abbahu), dann in Tiberias (im Verkehr mit Ammi und Assi). *Bacher*, pAm III 517–525.

R. *Samuel bar R. Isaak*, Schüler des Chijja II. bar Abba, Schwiegervater des Hoschaja II., war einige Zeit auch in Babylonien im Kreise des Rab Huna; sein bedeutendster Schüler und Tradent ist Jirmeja. *Bacher*, pAm III 34–54.

R. *Hela* (oder Ela), neben Zera I. der bedeutendste Gelehrte zu Anfang des 4. Jhs. in Tiberias; von diesem (pJoma III,40c; pGit VII,3,48d) „Baumeister der Gesetzeslehre", d. i. großer Gelehrter genannt, Lehrer Abins I., Jonas und Joses. *Bacher*, pAm III 699–702.

R. *Zeriqa* (pT auch Zeriqan), Schüler des Eleazar ben Pedat und Ammis, im Verkehr mit Jirmeja und Jehuda bar Simon. *Bacher*, pAm III 754f.

Hoschaja (II.) und *Chananja*, Brüder, die aus Babylonien stammten, als Nichtordinierte durch das Beiwort *chabrehon de-rabbanan*, „Genosse der Gelehrten", gekennzeichnet; Schüler Jochanans in Tiberias, wo sie sich als Schuhmacher ernährten, beide von der Nachwelt legendarisch verherrlicht. Hoschaja wurde ein Schwiegersohn des Samuel bar Isaak. *Bacher*, pAm III 550–552.565.

R. *Jannai*, Sohn Jischmaels. *Bacher*, pAm III 572f.

R. *Judan bar Jischmael*, vielleicht ein Bruder Jannais. *Bacher*, pAm III 603f.

R. *Joschijja*, Schüler des Jochanan und des Rab Kahana; zur Unterscheidung von dem der 2. Generation angehörigen gleichnamigen Amoräer in Chutsal mehrfach als „Zeitgenosse des Eleazar (ben Pedat)" bezeichnet. *Bacher*, pAm III 599–603.

R. *Abba bar Memel*, im pT R.Ba, angesehener Halakhist; in Verkehr mit Zera I., Samuel b. Isaak und Jirmeja; in seinem Namen tradiert Jose bar Abin. *Bacher*, pAm III 530–532.

R. Jakob bar Idi, Schüler Jochanans. *Bacher,* pAm III 571 f.

R. Isaak bar Nachman, Schüler des Jehoschua ben Levi. *Bacher,* pAm I 131; III 440.

R. Bebai (vgl. Esr 2,11), Schüler Abbahus, zu unterscheiden von dem ungefähr gleichzeitigen bab. Amoräer. *Bacher,* pAm III 667–9.

R. Abba bar Kahana, Schüler Jochanans, bedeutender Haggadist; sein Haupttradent ist Berekhja. *Bacher,* pAm II 475–512; *A. Marmorstein,* Jeschurun 13 (1926) 369–375.

R. Chanina b. Pappai (so bT; Aramaisierung von Pappos); pT meist Chinena, in den Midraschim meist Chanina b. Pappa. Schüler des Samuel b. Nachman, debattiert oft mit Simon ben Pazzi, wirkte neben Abbahu in Caesarea, vorübergehend auch in Babylonien. Mehrfach in Legenden verherrlicht. *Bacher,* pAm II 513–532.

R. Benjamin ben Levi, wesentlich Haggadist. Tradenten: Judan und Huna. *Bacher,* pAm III 661–6.

R. Acha b. Chanina hatte mit Chanina b. Pappai Kontroversen, tradierte Sätze z. B. von Jochanan und Jehoschua ben Levi, hat auch einige Zeit in Babylonien geweilt. *Bacher,* pAm III 504–6.

Tanchum bar Chijja aus Kefar Akko, wohnte in Tiberias, Schüler des Simon ben Pazzi, in Verkehr mit Assi und Chanina b. Pappai. *Bacher,* pAm III 636–9.

R. Abba aus Akko, bekannt durch seine Bescheidenheit. *Bacher,* pAm III 526.

2. Babylonien

Rab Huna b. Chijja, Nachfolger des R. Jehuda b. Jechezqel in Pumbedita. *Beer,* Exilarchate 101–3; *Neusner,* Bab IV 95–7.

Rab Chisda, gest. 309, Schüler und Freund des Rab Huna, nach dem Tod des Rab Jehuda bedeutendster Lehrer in Sura, bes. Haggadist, berühmt durch sein scharfsinniges Diskutieren (Er 67a: *pilpule deRab Chisda). Bacher,* bAm 61–71; *J. Florsheim,* R. Chisda's place in Seder Moed of the Babylonian and Palestinian Talmuds (h), Diss. J 1970; *ders.,* Rav Ḥisda as Exegetor of Tannaitic Sources (h), Tarbiz 41 (1971f) 24–48; *ders.,* Le-Toldot Chajjaw schel Rab Chisda, Sinai 71 (1972) 121–131; *I. Konovitz,* Maʿarekhot ha-Amoraim III: Rab Huna – Rab Hisda, J 1977; *Neusner,* Bab III passim (Index).

Rab Hamnuna. Bacher, bAm 73f; *Neusner,* Bab III (Index).

Rabbah bar Rab Huna, nach dem Tod Chisdas dreizehn Jahre wichtigster Lehrer in Sura, gest. 322. *Neusner,* Bab III (Index); IV 107–9 und Index; *Bacher,* bAm 62f.

Rab Isaak bar Abdimi (Eudemos). *Bacher,* bAm 64f.

Rab Nachman bar Chisda (Ch. ist der eben erwähnte). *Bacher,* bAm 75f; *Neusner,* Bab IV (Index).

Rab Scheschet, Schüler Samuels, daher anfangs in Nehardea, dann in

Machoza, später als Lehrer in Schilhi. Er beherrschte den Traditionsstoff in großem Umfang gedächtnismäßig (Er 67a; Schebu 41b). *Bacher*, bAm 76–9; *Neusner*, Bab III und IV (Index).

Rami (R. Ammi) bar Abba, neben Eleazar ben Pedat und Chijja II. (Betsa 25b). Mehrere haggadische Sätze von ihm Ned 32a.b; Meg 15b.

Rab Nachman bar Jakob (gest. 320), gewöhnlich einfach Rab Nachman, Schüler des Samuel, bei dem sein Vater die Stellung eines Gerichtsschreibers innehatte (BM 16b); N. war der Schwiegersohn des Rabba b.Abuha in Machoza und Gastfreund des Palästinensers Isaak II. In seinem Haus beschäftigte man sich viel mit Masora. *Bacher*, bAm 79–83; *Neusner*, Bab III 61–75 und passim; IV (Index).

Rabbah (pT Abba) *bar bar Chana* (der Vater hieß Abba bar Chana, daher zweimal *bar*) war einige Zeit in Palästina, später in Pumbedita und in Sura. Besonders bekannt geworden ist R. durch seine phantastischen Reiseerzählungen (BB 73a–74a). *Bacher*, bAm 87–93; *Neusner*, Bab III (Index).

Ulla bar Jischmael, bT Ulla ohne Nennung des Vaters, auch in pT ohne Titel; er siedelte aus Palästina nach Babylonien über, kehrte jedoch wiederholt zum Besuch in seine Heimat zurück. *Bacher*, bAm 93–97; *Neusner*, Bab III (Index).

Rabba(h) bar Nachmani, auch einfach Rabbah, gest. 330, Nachfolger des Rab Huna bar Chijja als wichtigster Lehrer, nach der Tradition auch Leiter des Lehrhauses, in Pumbedita. Ist wahrscheinlich nie in Palästina gewesen. Wegen seiner scharfen Dialektik als „Bergeentwurzler" *(Oqer harim)* bezeichnet. *Bacher*, bAm 97–101; *M. Beer*, The Removal of Rabba bar Nachmani from the Office of Head of the Academy (h), Tarbiz 33 (1963f) 349–357; *Neusner*, Bab IV (Index); *D. Sperber*, Ha-im ala Rabbah le-Erets Jisrael?, Sinai 71 (1972) 140–145.

Rab Rachba von Pumbedita, Tradent seines Lehrers Jehuda bar Jechezqel. Pes 13b.52b.

Rab Josef (bar Chijja), gest. 333, wegen seiner umfassenden Kenntnis des traditionellen Gesetzes durch die Bezeichnung „Sinai" geehrt. Nach Rabbahs Tod soll er die Schule in Pumbedita geleitet haben. Ihm wird die Redaktion einer aram. (Teil-)Übersetzung der Bibel zugeschrieben. Auch als Merkaba-Mystiker bekannt. *Bacher*, bAm 101–107.

j) Vierte Generation der Amoräer

1. Palästina

R. Jirmeja, aus Babylonien stammend, Schüler des Zera I., nach dessen Tod die anerkannte Autorität der Schule von Tiberias, tradierte Aussprüche des Chijja II. bar Abba; Lehrer Chizkijjas, Jonas, Joses und Zeras II. *Bacher*, pAm III 95–106.

R. Chaggai, gleichfalls Schüler des Zera, angesehenes Mitglied des Lehrhauses zu Tiberias, Vater Jonatans, Tradent des Isaak II. *Bacher*, pAm III 670–673.

R. *Chelbo,* Schüler des Samuel bar Nachman, dem Ammi nahestehend, vorübergehend in Babylonien bei Rab Huna; sein Schüler war Berekhja. *Bacher*, pAm III 54–63.

R. *Acha* aus Lydda, später in Tiberias, Schüler des Jose b. Chanina und des Tanchum b. Chijja, Lehrer des Huna b. Abin. Er war anerkannt auf dem Gebiet des Halakha, noch mehr als Haggadist. *Bacher*, pAm III 106–160.

R. *Abin I.* (pT auch Abun u. Bun), oder abgekürzt Rabin (so meist in bT), stammte aus Babylonien, wo er auch später längere Zeit geweilt hat. Mit Abaje (gest. 338) befreundet. Seine Lehrer waren Assi und Hela. Tradenten: Judan, Huna, Pinchas (b. Chama) und Berekhja. An vielen Stellen ist es nicht möglich, ihn von seinem gleichnamigen Sohn zu unterscheiden, der an seinem Todestag geboren wurde. *Bacher*, pAm III 397–432.

R. *Samuel b. Ammi.* Von ihm sind bes. haggadische Aussprüche erhalten. *Bacher*, pAm III 744–8.

R. *Chanina b. Isaak.* Haggadist. Tradenten: Jehoschua b. Nechemja und Huna. *Bacher*, pAm III 681–5.

R. *Chanina b. Acha,* wahrscheinlich Sohn des Acha b. Chanina. *Bacher*, pAm III 679 f.

R. *Chanin* (Chanan) aus Sepphoris, Tradent des Samuel b. Nachman. Sein Tradent ist Pinchas. *Bacher*, pAm III 674–6.

R. *Judan,* oft Tradent früherer Autoritäten, Schüler des Abba II. (R.Ba) und Lehrer des Mana II. *Bacher*, pAm III 237–272.

R. *Huna* (auch Chuna, Chunja oder Nechonja), mit vollem Namen R. Huna b. Abin, Schüler und Tradent des Jirmeja und des Acha, neben Jose eine Autorität der Schule von Tiberias, lebte eine Zeitlang in Babylonien, oft haggadischer Kontroversist Judans. Sein Hauptschüler war Tanchuma bar Abba. *Bacher*, pAm III 272–302.

R. *Chasdai.*

R. *Jehuda bar Simon,* auch: der Sohn des S. ben Pazzi; pT auch kurz: J. ben Pazzi; oft auch einfach R. Jehuda, aus Lydda. Schüler seines Vaters Simon b.P. und Zeras. In Kontroversen namentlich mit Aibo. *Bacher*, pAm III 160–220.

R. *Aibo,* Kontroversist des Jehuda bar Simon. *Bacher*, pAm III 63–79.

R. *Jehoschua ben Nechemja,* ausschließlich Haggadist, fast nur in der Midraschliteratur. *Bacher*, pAm III 303–9.

, R. *Chanina b. Abbahu,* Sohn des Schulhauptes von Caesarea. Einmal kurz: Chanina von Caesarea. *Bacher*, pAm III 676–9.

R. *Ahaba* (oder Achawa) ben Zera, Sohn des Zera I. in Caesarea, wo Mani II. seine Vorträge hörte; besonders Haggadist. *Bacher*, pAm III 656–9.

R. *Dimi* oder Abudimi (der „Babylonienfahrer“, *nachota,* der paläst.

Lehrsätze und Überlieferungen in Pumbedita, bes. Abaje, vortrug). *Bacher*, pAm III 691–3.

Hillel II., Patriarch (ca. 330–365), Sohn des Patriarchen Jehuda III. Nur zweimal in Zusammenhang mit Halakhot erwähnt, pBer I,5 a; pTer I,41 a. Ihm wird die Einführung des festen Kalenders zugeschrieben, nach einer Tradition bei Hai Gaon im Jahr 358. Er ist wohl der in der Synagogeninschrift von Chammat Tiberias erwähnte Patriarch. In seine Zeit fällt auch der Versuch Julians, den Tempel wieder aufzubauen. *E. Mahler*, Handbuch der jüdischen Chronologie, F 1916, Ndr. H 1967, 455–479; *M. Schwabe*, A New Document relating to the History of the Jews in the 4th Century C. E. Libanius ep. 1251 (F) (h), Tarbiz 1,3 (1930) 107–121. Die weiteren Briefe des Libanius an einen Patriarchen (*M. Schwabe*, Tarbiz 1,2, 1930, 85–110) betreffen wohl den Sohn Hillels, Gamaliel V.

2. Babylonien

Abaje, lebte etwa 280–339, Sohn des Kajlil, der ein Bruder des Rabba(h) bar Nachmani war. Er war ein Schüler dieses Rabba(h) und bes. Josefs; lt. ISG dann als des letzteren Nachfolger fünf Jahre Schulhaupt in Pumbedita. *Bacher*, bAm 107–113; *Y. L. Maimon*, Le-toldot Abaje, FS Ch. Albeck, J 1963, 306–323; *Neusner*, Bab IV (Index).

Raba, gest. 352, mit vollem Namen Raba bar Josef bar Chama, Schüler des Rab Nachman (bar Jakob) und des Rab Josef; lehrte in Machoza am Tigris. Unter Abaje und Raba erreichte die talmudische Dialektik ihren Höhepunkt; ihren Debatten ist im bT viel Raum gewidmet. Die Halakha hat mit Ausnahme weniger Fälle für Raba gegen Abaje entschieden (Er 15 a; Sanh 27 a). *Ch. Albeck*, Raba ha-scheni, FS J. Freimann, B 1937, hebr. Teil 1–71 (unterscheidet Raba von einem zweiten, der zu den letzten Amoräern gehörte, zu Ende der Zeit von Rabina und R. Aschi); *Dor*, Teachings 11–78; *Neusner*, Bab IV (Index).

R. Adda II. bar Ahaba, Zeitgenosse und Schüler von Abaje und Raba. BB 22 a; Taan 8 a.

Rab Nachman bar Isaak, gest. 356, war zusammen mit Raba Schüler des Nachman bar Jakob. Nach Rabas Tod Schulhaupt in Pumbedita (so ISG). Da Rab N. bar Isaak auch kurzweg Rab Nachman genannt wird, ist es zuweilen schwierig, ihn von seinem Lehrer N. bar Jakob zu unterscheiden. *Bacher*, bAm 133–7; *Neusner*, Bab IV (Index).

R. Rami bar Chama, Schwiegersohn und Schüler Chisdas, gest. um 350. *Neusner*, Bab IV (Index).

R. Idi bar Abin I., Schüler Chisdas, um 350, in Naresch, später in Schekhantsib.

R. Josef bar Chama, in Machoza, Schüler des R. Scheschet.

Rabbah bar Mari, ein Babylonier, der zeitweise in Palästina geweilt hat. *Bacher*, bAm 124–7; *Neusner*, Bab IV 381–3 und Index.

R. Acha bar Jakob in Pafunja (wahrscheinlich Epiphaneia, zum Bezirk von Pumbedita gehörig). *Bacher*, bAm 137–9.

R. Abba bar Ulla, oft kurz Rabba Ulla. *Bacher*, bAm 139f.

Rabba bar Schila. *Bacher*, bAm 140f.

k) Fünfte Generation der Amoräer

1. Palästina

R. Jona, Schüler Jirmejas und Helas. Jona und Jose II. waren um 350 die Häupter des Lehrhauses in Tiberias. In der Zeit des Ursicinus (seit 351 Feldherr des Gallus, der Feldherr und Mitkaiser des Konstantius im Orient war). *Bacher*, pAm III 220–231; *Epstein*, ITM 395–9.

R. Jose II. bar Zabda, gleichfalls Schüler Helas. *Bacher*, pAm III 231–7.

R. Jehuda IV., der Patriarch, etwa 385–400, Sohn Gamaliels V., Enkel Hillels II. Mit seinem Sohn Gamaliel VI. erlosch das Patriarchat in Palästina.

R. Pinchas, voller Name: Pinchas bar Chama, Schüler Jirmejas, zum Kreis des Jose gehörig, Zeitgenosse des Patriarchen Jehuda IV. *Bacher*, pAm III 310–344.

R. Chizqijja, Schüler Jirmejas, Schulhaupt in Caesarea. *Bacher*, pAm III 690f.

R. Berekhja, in den Midraschim oft: B. ha-Kohen; Schüler Chelbos, sehr häufig als Tradent genannt. *Bacher*, pAm III 344–396.

R. Jose bar Abin (Abun), auch Jose beR. Bun, der letzte bedeutende Halakhist in Palästina, Lehrer des Abin II. *Bacher*, pAm III 449.724–9.

Samuel b.R. Jose beR.Bun (oder: b.Jose b.Abin). *Bacher*, pAm III 749.

R. Abin II., am Todestag seines Vaters Abin I. geboren, in der 3. und 4. Ordnung des pT sehr oft neben Mani II., oft in den Tanchuma-Midraschim. *Bacher*, pAm III 397f.404.407.

R. Mani II., auch Mana (Abkürzung aus Menachem), Sohn des Jona, Schüler Joses II., Chizqijjas und Judans. Lebte und lehrte zumeist in Sepphoris, Sein Schüler war der Haggadist Azarja, sein Haupttradent Nachman. Sehr oft in pT. *Bacher*, pAm III 397.443–457.

R. Chananja II. (auch Chanina) aus Sepphoris, oft in Verbindung mit Mani, zu dessen Gunsten er auf die Würde des Schulhauptes verzichtete. *Bacher*, pAm III 673f.446f.

R. Jehuda ben Schalom, in pT stets Judan. *Bacher*, pAm III 432–443.

R. Jona aus Botsra. *Bacher*, pAm III 723.

R. Tanchum(a) bar Abba, genauer Berabbi Abba, Schüler Hunas, sammelte systematisch die Haggada. Seine Midraschsammlungen hat man vielfach als Grundstock von PRK, PesR und den Tanchuma-Jelamdenu-Midraschim betrachtet. Er beschließt die Reihe der bedeutenderen palästinischen Haggadisten. *Bacher*, pAm III 465–511.

R. Nachman, Schüler und Tradent des Mani II. (zu unterscheiden von dem älteren Nachman, dem Sohn des Samuel b.N., und von dem Babylonier Rab N.bar Jakob). *Bacher*, pAm III 739–743.

R. Azarja, Schüler des Mani II., tradiert Aussprüche des Jehuda bar Simon. *Bacher*, pAm III 458–465.

Ulla II., mehrmals in pT (nicht in bT), jüngerer Zeitgenosse Rabas. Später aus Palästina nach Babylonien übersiedelt.

Zera II., Schüler Jirmejas, zum Kreise Manis gehörig. *Bacher*, pAm III 17.99.106.225.449.

2. Babylonien

Rab Papa bar Chanan, gest. 375, Schüler Abajes und Rabas, gründete eine Schule in Naresch bei Sura. Zitierte gerne Volkssprichwörter. *Bacher*, bAm 141–3; *Dor*, Teachings 79–115; *ders.*, The Palestinian tradition and the Halakhic teaching of Rabbi Pappa (h), 4th WCJS, J 1967, I 157–162; *Neusner*, Bab IV (Index). *M. Schiff*, The contribution of Rav Pappa to the redaction of „Talmud" (according to the tractates of Seder Moed) (h), Diss. TA 1979.

Rab Huna, Sohn des Rab Jehoschua, wie Papa ein Schüler Rabas, gelehrt und reich. *Bacher*, bAm 141; *Neusner*, Bab IV (Index).

Rab Bebaj bar Abaje. Zahlreiche Legenden über seinen Umgang mit dem Todesengel und den Dämonen.

R. Chama in Nehardea, Sanh 17b. Nach Rab Nachman bar Isaak hat er lt. ISG 21 Jahre die Schule in Pumbedita geleitet, gest. 377. *Neusner*, Bab V (Index).

R. Papi, Schüler Rabas, Lehrer Aschis, in Machoza, in guten Beziehungen zum Exilarchen.

Dimi von Nehardea, lt. ISG in den Jahren 385–8 Leiter der Schule von Pumbedita.

Rafram I. ben Papa in Pumbedita, Schüler des Rab Chisda und Nachfolger Dimis.

Rab Zebid, auch Z. von Nehardea genannt, lt. ISG von 377 bis 385 Leiter der Schule in Pumbedita. *Neusner*, Bab V (Index).

l) Sechste Generation der Amoräer in Babylonien

Amemar, Lehrer Aschis, hat lt. ISG die Schule in Nehardea wieder hergestellt und lange geleitet. *Bacher*, bAm 146; *Neusner*, Bab V (Index).

Rab Kahana in Pum Nahara (dicht bei Nehardea), Schüler Papas und des Huna b. Jehoschua, Lehrer Aschis. *Neusner*, Bab V.

Rabina I., gest. etwa 420, Schüler Rabas, befreundet mit Rab Nachman b. Isaak; Kollege des Rab Acha b. Raba, später des Rab Aschi. *Neusner*, Bab V (Index).

Huna bar Natan, Schüler Papas, mehrmals von Aschi erwähnt, war, wie Scherira berichtet, Exilarch. *M. Beer*, Exilarchs 62–70.

Rab Aschi (gest. 427), auch mit der Ehrenbezeichnung Rabbana Aschi (Ket 22a); er soll 52 Jahre das Lehrhaus in Sura geleitet und in den Kalla-Monaten den ganzen Talmud, einen großen Teil zweimal, durchgenommen haben. Das hat ihm einen großen Platz in den verschiedenen Theorien zur Entstehung des bT gesichert: siehe *Neusner*, Hg., Formation (Index); *ders.*, Bab V (Index); *J. S. Zuri*, Rab Aschi (h), Warschau 1924.

Rab Kahana, gest. 414, lehrte in Pumbedita. *Neusner*, Bab V.

Rab Acha bar Raba, Sohn des Raba bar Josef, gest. 419, lehrte in Pumbedita, disputiert oft mit Rabina I. *Neusner*, Bab V.

Mar Zutra, mit Aschi befreundet, gest. 417. *Beer*, Exilarchs 49–55; dazu *Neusner*, Bab V 48–51 und Index.

Mar bar Rabina. Bacher, bAm 145.

m) Siebente Generation der Amoräer in Babylonien

ISG nennt als Schulhäupter in Sura:

R. Jemar, Nachfolger Aschis, 427–432, vielfach mit dem Exilarchen Meremar identifiziert. *Beer*, Exilarchs 55–61; *Neusner*, Bab V (Index: Maremar, Yemar).

R. Idi bar Abin II., Schüler Papas, 432–452.

Rab Nachman bar Rab Huna, 452–5. *S. Albeck*, Sinai-Sefer Jobel (1958) 70 f.

Mar bar Rab Aschi (= Tabjomi), 455–468. *Neusner*, Bab V (Index).

Rabba Tosfaa, 468–470. Der Name T. bezieht sich auf die Heimat Tospitis oder ist als „Hinzufüger" zu verstehen. *Neusner*, Bab V (Index).

Rabina (Rab Abina) II. bar Huna, 470–499, Neffe des Rabina I. Schulhäupter in Pumbedita waren lt. ISG:

Rab Gebiha aus Be Qatil, 419–433.

Rab Rafram II., 433–443. *Neusner*, Bab V (Index).

Rab Richumai (Nichumai), 443–449. *Neusner*, Bab V 137f.143–5.

Rab Sama Sohn Rabas, 449–476.

Rab Jose. ISG bezeichnet ihn, zusammen mit Rabina II., als *sof hora'a,* das Ende der autoritativen Lehre und der Amoräer, weshalb man gerne in seine Zeit die Redaktion des bT verlegt. Dazu *Neusner*, Hg., Formation (Index); *ders.*, Bab V 143–5.

Die gaonäischen und mittelalterlichen Traditionen über die späteren Meister einschließlich der Saboräer: *Neusner*, Bab V 135–146 (144f synoptische Tabelle der verschiedenen Quellen).

n) Die Saboräer

Zum Anteil der Saboräer am bT siehe S. 197 f. ISG 98 f nennt folgende Saboräer, die teilweise noch der 2. Hälfte des 5. Jhs., sonst der 1. Hälfte des 6. Jhs. angehören:

1. Älterer Saboräerkreis

Sama bar Jehuda, gest. 504.

Rab Achai bar Rab Huna, gest. 506. Auch mit dem Zusatz „aus Be Chatim“. *Neusner*, Bab V 143–5.

Rab Richumai (Variante Nichumai), gest. 506. *Ephrathi*, The Sevoraic Period 123.

Rab Samuel bar R.Abbahu von Pumbedita, gest. 506. Chul 59b. *Ephrathi*, The Sevoraic Period 122f.

Rabina von Amutsja (oder Amusa), gest. 507.

Rab Acha, Sohn des (Rabba bar) Abbuha, gest. 510.

Rab Tachna (Variante: Tachina) und *Mar Zutra*, Söhne des Rab Chinena, gest. 515 (Mar Zutra ist nicht mit dem gleichnamigen Exilarchen gleichzusetzen, der um dieselbe Zeit versucht haben soll, einen jüdischen Staat in Babylonien zu gründen: dazu *Neusner*, Bab V 95–105).

Rabba Josef (Variante: Jose), Schulhaupt in Pumbedita, gest. 520.

2. Jüngerer Saboräerkreis

Rab Aina in Sura, wohl nicht mit *Rab Giza* zu identifizieren: *Ephrathi*, The Sevoraic Period 33f. 36–44.

Rab Simona in Pumbedita. *Ephrathi*, The Sevoraic Period 36–45.

Rabbai aus Rob in Pumbedita. Manche rechnen ihn schon als Gaon (vgl. ISG 47: *we-amrin de-gaon hawa*). Demnach würde die Zeit der Saboräer schon mit Rab Simona um 540 schließen, was jedoch nicht haltbar ist. *Ephrathi*, The Sevoraic Period 33f.37–42.

Zu den *Geonim* vgl. *Assaf*, Geonim. Der Anfang der Geonim hängt natürlich vom Ende der Saboräer ab, solange man die Bezeichnungen im Sinn einer strikten Periodisierung nimmt und nicht mit einer Zeit des Nebeneinander von Saboräern und Geonim als Schulhäuptern rechnet. Die eigentliche gaonäische Periode setzt jedenfalls erst in islamischer Zeit ein, auch wenn man manchmal schon Simona und Rabbai als die ersten Geonim betrachtet und gewöhnlich *Mar bar Rab Chanan* aus Isqija als ersten Gaon in Sura (ab 589) bezeichnet, *Rab Mar ben Mar Rab Huna* als den ersten in Pumbedita (seit 609). Das Ende des Gaonats ist mit *Samuel ha-Kohen ben Chofni* in Sura, gest. 1034, *Rab Hai* in Pumbedita, gest. 1038, anzunehmen. Über die Anwendung des Titels Gaon in noch späterer Zeit, v. a. für Schulhäupter in Palästina und Ägypten siehe: *S. Poznanski*, Babylonische Geonim in nachgeonäischer Zeit, B 1914; *ders.*, Die Anfänge des palästin. Geonats, FS A. Schwarz, B-W 1917 471–488; *L. Ginzberg*, Geonica, 2 Bde. NY 1909 (Ndr. 1968); *S. Assaf*, Geonim; *ders.*, EJ VII 315–324 (vom Hg. bearbeitet).

VII. Sprachen der rabbinischen Literatur

Die rabb. Literatur ist in verschiedenen Sprachstufen des Hebräischen und des Aramäischen überliefert. Neben das Mischna-Hebräische tritt das Hebräisch der amoräischen und gaonäischen Zeit; das Aramäische, vereinzelt auch in tannaitischen Texten gebraucht, ist v. a. in der amoräischen Literatur in Verwendung. Es scheidet sich regional in den galiläischen und den babylonischen Dialekt. Ein wichtiger Aspekt der rabb. Sprache sind die fremdsprachlichen Einflüsse. die v. a. für die griechischen und lateinischen Fremd- und Lehnwörter bisher schon genauer erforscht wurden, die jedoch auch aus dem orientalischen Sprachbereich (Akkadisch, Persisch, Arabisch) feststellbar sind. In diesem Rahmen kann die Problematik nur kurz skizziert werden; das Hauptgewicht liegt auf der Angabe der sprachlichen Hilfsmittel für den Umgang mit den rabb. Texten. Etwas ausführlicher: *B. M. Bokser*, ANRW II 19/2, 201–8; *D. Goodblatt, ibid.* 273–281.

1) Mischna-Hebräisch (mhe[1])

Lit.: Albeck, Einführung 189–390; *A. Bendavid*, Biblical Hebrew and Mishnaic Hebrew (h), 2 Bde, TA I ²1967, II 1971; *Epstein*, ITM 1207–1269; *J. Fellman*, The Linguistic Status of Mishnaic Hebrew, Journal of Northwest Semitic Languages 5 (1977) 21–22; *G. Haneman*, A Morphology of Mishnaic Hebrew (h), TA 1980: *M. Z. Kaddari*, On the Verb Hyh in the Language of the Mishnah (h), Bar-Ilan 16–17 (1979) 112–125; *E. Y. Kutscher*, The Present State of Research into Mishnaic Hebrew (Especially Lexicography) and its Tasks (h), Archive I 3–28; *ders.*, Some Problems of the Lexicography of Mishnaic Hebrew and its Comparison with Biblical Hebrew (h), Archive I 29–82 (beide Artikel mit ausführlicher engl. Zusammenfassung; Ndr. zusammen mit anderen wichtigen Studien in: *ders.*; Hebrew and Aramaic Studies I, J 1977); *ders.*; EJ XVI 1590–1607; *M. Moreshet*, The Hif'il in Mishnaic Hebrew as Equivalent to the Qal (h), Bar-Ilan 13 (1976) 249–281; *ders.*, The Present Participle with Enclitic Nominative Pronoun in Mishnaic Hebrew (h), Bar-Ilan 16–17 (1979) 126–148; *ders.*, Lexicon of Verbs Renewed by the Tannaim (h), Ramat Gan 1980; *ders.*, Polel/Hitpolel in Mishnaic Hebrew and Aramaic Dialects (h), Bar-Ilan 18–19 (1981) 248–269; *S. Sharvit*, The Crystallization of Mishnaic Hebrew Research (h), Bar-Ilan 18–19 (1981) 221–232; *H. Yalon*, Introduction to the Vocalization of the Mishna (h), J 1964; *ders.*, Studies in the Hebrew Language (h), J 1971. *Grammatik: M. H. Segal*, A Grammar of Mishnaic Hebrew, O 1927, Ndr. Lo 1978 (sehr veraltet).

Mit Ausnahme weniger aramäischer Sätze – Sprüche Hillels und anderer früher Meister: Abot I,13; II,6; IV,5; V,22f; Ed VIII,4; Zitate aus der

Fastenrolle: Taan II,8; dem Targum: Meg IV,9; und aus Urkunden: Ehevertrag Ket IV,7–12; Jeb XV,3; Scheidebrief Git IX,3; Pachtvertrag BM
IX,3; BB X,2 – ist die Mischna in jener Sprachstufe des Hebräischen geschrieben, die man nach ihr als Mischna-Hebräisch bezeichnet, die sich
jedoch (mit Nuancen) auch in der Tosefta und den halakhischen Midraschim wie in den Baraitot des pT findet. Schon die Rabbinen haben diese
Sprachstufe vom Bibelhebräischen (bhe) unterschieden: ,,Die Sprache der
Tora steht für sich und die Sprache der Weisen steht für sich" (R. Jochanan
in AZ 58b).

Im Gefolge von *A. Geiger* hat man mhe früher als Kunstsprache der
Tannaiten angesehen. *M. H. Segal* hat es dann als eine Weiterentwicklung
des bhe nachgewiesen (JQR 20, 1908, 647–737). Die Bar-Kokhba-Briefe
haben nunmehr gezeigt, daß diese Sprache in Judäa tatsächlich gesprochen
wurde; erst nach dem zweiten Aufstand und der Verlagerung des rabb.
Schwerpunktes nach Galiläa, wo Aramäisch die Umgangssprache war,
konnte sich mhe auf Dauer nicht durchsetzen und wurde mit dem Ende
der tannaitischen Periode zu einer toten Gelehrtensprache (so v. a. *Kutscher*). Die Eigenstellung von mhe gegenüber bhe erweist sich in Wortschatz und Grammatik:

a) Wortschatz

Zu einem großen Teil aus bhe übernommen. Doch nehmen nun Worte
vielfach neue Bedeutung an (z.B. *tsedaqa* bhe ,,Gerechtigkeit", mhe
,,Nächstenliebe") oder werden zu rabb. Schulausdrücken; gelegentlich ändern sie auch das Genus oder die Pluralbildung; in der Rechtschreibung
setzt sich die Plene-Schreibung durch. Zahlreiche Lehnworte aus dem Ak-
kadischen und Persischen, aus dem Lateinischen und Griechischen ergänzen den Wortschatz. Den wesentlichen Einfluß nimmt aber das Aramäische.

b) Grammatik

Was das Substantiv betrifft, wird die Verwendung des status constructus
zum Anschluß eines Genitivs weitgehend durch *schel* ersetzt; zusätzlich ist
das proleptische Possessivsuffix häufig (z.B. *ribbono schel olam*, ,,Herr der
Welt"); nach welchen Regeln der Artikel verwendet wird, ist noch nicht
völlig geklärt. *Schel* plus Possessivsuffix ersetzt nun auch oft das Suffix am
Nomen selbst, wie allgemein das Pronominalsystem flexibler wird (z.B.
etsem plus Suffix als Reflexivpronomen; *et* plus proleptisches Suffix: z.B.
oto ha-jom, am selben Tag", usw.). Im *Verbalsystem* erfolgt eine Vereinfachung durch den Ausfall einer eigenen Form für die 2. Person Fem.Plural
(im Perfekt durch die auch sonst übliche Angleichung von Schluß-*mem*
und -*nun*) und eine gewisse Vereinheitlichung bei den schwachen Verben.

Der Pual verschwindet fast völlig; an die Stelle des Hitpael tritt der Nitpa-
el. Entscheidend ist jedoch die Neuerung im Zeitensystem (unter dem
Einfluß des Aramäischen, vielleicht auch des Griechischen): nun erst kann
man Gegenwart, Zukunft und Vergangenheit klar schon von den Formen
her unterscheiden, indem die vollendete Form der Vergangenheit, die un-
vollendete der Zukunft zugeordnet wird und das Partizip das Praesens
ersetzt. Eine fortdauernde perfektische Handlung drückt nun *haja* plus
Partizip aus: *haja omer,* ,,er pflegte zu sagen". Selbstverständlich haben
diese Veränderungen auch die Syntax des mhe gewandelt. Besonders ist
hier die häufigere Verwendung von Relativsätzen zu nennen.

Unterschiede zwischen der Sprache der Rabbinen Palästinas und Babyloniens scheinen schon auf der Stufe von mhe[1] zu bestehen; sie sind v.a.
phonologischer Art (z.B. fast völliges Verschwinden der Laryngale in der
babyl. Aussprache) bzw. betreffen die Schreibweise, sind jedoch jedenfalls
verhältnismäßig gering.

2) Das amoräische Hebräisch (mhe[2])

Lit.: S. *Abramson,* On the Hebrew in the Babylonian Talmud (h), Archive II 9–15;
E. Y. *Kutscher,* unter 1) genannte Titel; E. *Margaliyot,* Ibrit we-Aramit ba-Talmud
u-ba-Midrasch, Leshonenu 27–28 (1963f) 20–33; M. *Moreshet,* The Language of the
Baraytot in the T. B. ist not MHe[1] (h), GS H. Yalon, J 1974, 275–3 14; *ders.,* New
and Revived Verbs in the Baraytot of the Babylonian Talmud (In Comparison with
mhe[2] in the Babylonian and Palestinian Talmudim) (h), Archive I 113–162; *ders.,*
Further Studies of the Language of the Hebrew Baraytot in the Babylonian and
Palestinian Talmudim (h), Archive II 31–73; M. *Sokoloff,* The Hebrew of Bĕrēšit
Rabba according to Ms. Vat. Ebr. 30 (h), Leshonenu 33 (1968f) 25–42.
135–149.270–9.

In amoräischer Zeit wird Hebräisch noch gebietweise eine bestimmte Zeit
in Judäa gesprochen, ist jedoch sonst eine tote Sprache geworden. Diese
verändert sich gegenüber mhe[1] in zweifacher Weise: a) durch den Einfluß
der lebenden Umgangssprache, des Aramäischen, dessen verschiedene Dia-
lekte in Galiläa und Babylonien auch auf mhe[2] differenzierend wirken. In
Palästina kommt ein gewisser Zustrom früher nicht belegter Formen und
Wörter des in Judäa weiterlebenden Hebräisch dazu. b) durch eine steigen-
de Orientierung an bhe in Wortschatz und Formen.

Was die Baraitot betrifft, hat *Moreshet* nachgewiesen, daß sie in der
palästinischen Überlieferung i.a. mhe[1] sind, in bT hingegen eine schon
stark von mhe[2] beeinflußte Sprache aufweisen; die Sprache der babyl.
Baraitot ist demnach als eine Zwischenstufe zwischen mhe[1] und mhe[2] (der
babyl. Ausprägung) anzusehen, bzw. ist gelegentlich völlig mhe[2] (fiktive
Baraitot).

3) Das galiläische Aramäisch

Lit.: E. Y. Kutscher, Studies in Galilean Aramaic, Ramat Gan 1976 (= Übersetzung aus Tarbiz 21, 1950, 192–205; 22, 1951, 53–63; 185–192; 23, 1952, 36–60; überarbeitet); *ders.*, Hebrew and Aramaic Studies, I (h), II (engl./deutsch), J 1977; *ders.*, EJ III 270–275; *G. Svedlund*, The Aramaic Portions of the Pesiqta de Rab Kahana, Uppsala 1974. – *Grammatiken: G. Dalman*, Grammatik des jüdisch-palästinischen Aramäisch, Le ²1905 (Ndr. Darmstadt 1960); *H. Odeberg*, The Aramaic Portions of Bereshit Rabba. With Grammar of Galilaean Aramaic, Lund 1939 (Syntax!); *W. D. Stevenson*, Grammar of Palestinian Jewish Aramaic, O 1924 (alle veraltet und unzureichend).

Das „galiläische" Aramäisch (dessen Geltungsbereich wohl über Galiläa hinaus ganz Palästina umfaßte) ist in den Handschriften und Drucken besonders schlecht überliefert, da europäische Kopisten an ihre Texte (pT, Midraschim) aus der vertrauteren Sicht des bT herangingen, andererseits auch durch die Sprache der Targumim beeinflußt waren, die zwar i. a. palästinischer Herkunft, doch babylonisch überarbeitet sind und so eine Mischform darstellen. Erst die Entdeckung zahlreicher aramäischer Inschriften aus dem talmudischen Palästina und die darauf gestützte Aussonderung von sprachlich besonders verläßlichen MSS hat in den letzten Jahrzehnten die Rekonstruktion des ursprünglichen galiläischen Aramäisch ermöglicht (v. a. durch *Kutscher*).

4) Das babylonische Aramäisch

Lit.: J. N. Epstein, Babylonisch-Aramäische Studien, FS D. Simonsen, Kopenhagen 1923, 290–310; *S. Friedman*, Three Studies in Babylonian Aramaic Grammar (h), Tarbiz 43 (1973f) 58–69; *S. A. Kaufman*, The Akkadian Influences on Aramaic, Chicago 1974; *E. Y. Kutscher*, Hebrew and Aramaic Studies, 2 Bde, J 1977; *ders.*, EJ III 277–282; *S. Morag*, On the Yemenite Tradition of Babylonian Aramaic (h), Tarbiz 30 (1960f) 120–129; *ders.*, Some Notes on the Grammar of Babylonian Aramaic as Reflected in the Geniza Manuscripts (h), Tarbiz 42 (1972f) 60–78. – *Grammatiken: J. N. Epstein*, A Grammar of Babylonian Aramaic (h), J 1960 (dazu *E. Y. Kutscher*, Mechqar Diqduq ha-Aramit schel ha-Talmud ha-Babli, Leshonenu 26, 1961f, 149–183; Ndr. in: Hebrew and Aramaic Studies I 227–252); *M. Margolis*, Lehrbuch der aramäischen Sprache des babylonischen Talmuds, M 1910; *M. Schlesinger*, Satzlehre der aramäischen Sprache des babylonischen Talmuds, Le 1928.

Das babylonische Aramäisch gehört mit dem Mandäischen und dem Syrischen zum östlichen Zweig des Aramäischen. Die Erforschung dieses Dialekts hat weniger Fortschritte gemacht, v. a. auch deswegen, weil hier Inschriften als Korrektiv zu den MSS fehlen, deren sprachliche Überlieferung v. a. durch Biblizismen und Vereinheitlichung gelitten hat. Auch die Zau-

berschalen von Nippur sind, obwohl sprachlich verwandt, hier nur mit
Vorsicht zu verwenden. Umstritten ist auch noch immer die sprachliche
Einordnung der ,,außerordentlichen Traktate" des bT: sind sie Zeugen
einer sprachgeschichtlich früheren Stufe (so *Kutscher*) oder vielmehr spät,
schon der gaonäischen Sprache nahe (*Epstein*)? Die Fragmente der Geniza,
besonders auch die dort entdeckten (vokalisierten) gaonäischen Texte können in der Rekonstruktion der Sprachgeschichte weiterhelfen und v. a.
auch eine genauere Trennung der amoräischen von der gaonäischen Sprache ermöglichen. Leider fehlt auch hier noch eine zuverlässige Grammatik,
auch wenn die von *Epstein* sehr wertvoll ist (*Kutscher*, Leshonenu 26, 170:
,,die einzige wissenschaftliche Grammatik des babylonischen Aramäisch,
die wir heute besitzen").

5) Griechische und lateinische Lehn- und Fremdwörter

Lit.: S. *Lieberman*, Greek; Hell.; Texts and Studies (aber auch fast alle anderen
Werke). –S. *Krauss*, Griechische und lateinische Lehnwörter im Talmud, Midrasch
und Targum, 2 Bde, B 1898–9, Ndr. H 1964 (mit wertvollen Anmerkungen von
I. Löw); D. *Sperber*, Greek and Latin Words in Rabbinic Literature: Prolegomena
to a New Dictionary of Classical Words in Rabbinic Literature, Bar-Ilan 14–15
(1977) 9–60; 16–17 (1979) 9–30.

Mit der Hellenisierung des östlichen Mittelmeerraums ist auch die hebräische und die aramäische Sprache unter den Einfluß des Griechischen geraten und hat im Lauf der Jahrhunderte zahlreiche Wörter in ihren Wortschatz übernommen. Diese Anleihen betreffen fast jedes Lebensgebiet,
Recht und Handwerk ebenso wie Landwirtschaft und Haushalt. Wo diese
Lehnwörter neben den eigenen hebräischen oder aramäischen verwendet
werden, handelt es sich vielfach um Luxus- oder Importgüter. Die lateinischen Einflüsse, die mit der römischen Herrschaft über Palästina einsetzen,
sind verhältnismäßig geringer und beschränken sich vor allem auf die Be-
reiche von Militär und Verwaltung.
Die Problematik dieser Lehnwörter ist nicht nur durch die mit jeder Übernahme in eine fremde Sprache verbundene Abwandlung bedingt, sondern
v. a. durch die Überlieferungsgeschichte der rabb. Texte. Mit der islamischen Eroberung rückt das rabb. Judentum aus dem griech.-latein. Kultur-
kreis; die Lehnwörter werden vielfach bald unverständlich und verball-
hornt bzw. durch ähnlich klingende hebr.-aram. Wörter ersetzt. Das Un-
verständnis der Abschreiber hat dies noch verstärkt. Somit ist das Erkennen der Lehnwörter oft äußerst schwierig geworden. Viele Eintragungen in
S. *Krauss* sind dadurch fehlerhaft. Große Fortschritte haben hier v. a. die
Arbeiten von S. *Lieberman* gebracht, der u. a. auch die Notwendigkeit
betonte, sich über die klassischen Wörterbücher hinaus auf das Vokabular

des in Palästina gebräuchlichen Provinzialgriechisch zu stützen. Anfänge für die dringend notwendige Neubearbeitung des Wörterbuchs von *S. Krauss* hat *D. Sperber* geleistet, neben verschiedenen Einzeluntersuchungen v. a. im genannten Artikel, der eine ausgewählte Liste von zahlreichen gegenüber *Krauss* neuen Beispielen mit einem griech.-latein. Index bietet.

6) Lexika

M. Jastrow, A Dictionary of the Targumim, the Talmud Babli and Yerushalmi, and the Midrashic Literature, 2 Bde, Lo 1886–1903, Ndr. NY 1950; *A. Kohut*, Aruch Completum, 8 Bde, W 1878–92; *ders.*, Additamenta ad Aruch Completum, hg. *S. Krauss*, W 1937; *J. Levy*, Neuhebräisches und chaldäisches Wörterbuch über die Talmudim und Midraschim, 4 Bde, Le 1876–89; Nachträge und Berichtigungen, B 1929; Ndr. H 1964. Dazu kommen die Spezialwörterbücher von *I. Löw*, Die Flora der Juden, 4 Bde, W/Le 1926–1934; *ders.*, Fauna und Mineralien der Juden, H 1969.

Alle genannten Lexika sind veraltet, etymologisch unzuverlässig und auch unvollständig. Die Fortschritte der vergleichenden Semitistik zwingen ebenso zu zahlreichen Korrekturen wie die Textfunde der Geniza von Kairo, die Ergebnisse der Sprachgeschichte des Hebräischen und des Aramäischen und die inzwischen viel genauere Differenzierung des galiläischen und des babylonischen Aramäisch. Ein neues Lexikon der rabb. Literatur wird an der Bar-Ilan-Universität erarbeitet (siehe die 2 Bände von Archive).

ZWEITER TEIL
DIE TALMUDISCHE LITERATUR

I. Die Mischna

Allgemeine Lit.: Ch. Albeck, Einführung; *ders.*, Untersuchungen über die Redaktion der Mischna, B 1923; *ders.*, Die neueste Mischnaliteratur, MGWJ 69 (1925) 401–421; *L. Blau*, Ein Prinzip der Mischnaredaktion, MGWJ 78 (1934) 119–126; *J. Brüll*, Einleitung in die Mischnah (h), 2 Bde, F 1876–85, Ndr. J 1970; *J. M. Ephrati*, On the Literary Sources of the Mishnah (h), Bar-Ilan 11 (1973) 49–68; *J. N. Epstein*, ITM und ITL; *ders.*, On the Mishna of R. Judah (h), Tarbiz 15 (1943 f) 1–13.63; *Z. Frankel*, Darkhe; *L. Ginzberg*, Zur Entstehungsgeschichte der Mischnah, FS D. Hoffmann, B 1914, 311–345; *Abr. Goldberg*, Purpose and Method in R. Judah haNasi's Compilation of the Mishnah (h), Tarbiz 28 (1958 f) 260–269; *ders.*, Tannaitic Teachers of Rabbi's Generation who appear in the Mishnah (h), 6th WCJS, J 1977, III hebr. Teil 83–94; *ders.*, „All base themselves upon the teachings of Rabbi ʿAqiva" (h), Tarbiz 38 (1968 f) 231–254; *A. Goldberg*, Form und Funktion des Maʾase in der Mischna, FJB 2 (1974) 1–38; *A. Guttmann*, The Problem of the Anonymous Mishna, HUCA 16 (1941) 137–155; *D. Hallivni* (Weiss), Notes on the Mishna and Baraita (h), Tarbiz 27 (1957 f) 17–30; *D. Z. Hoffmann*, Die erste Mischna und die Controversen der Tannaim, B 1882; *N. Krochmal*, The Writings (h), Hg. S. Rawidowicz, Lo ²1961, 194–237; *S. Lieberman*, The Publication of the Mishnah, in: *ders.:* Hell. 83–99; *F. Maaß*, Formgeschichte der Mischna mit bes. Berücksichtigung des Traktates Abot, B 1937; *E. Z. Melammed*, Introduction; *ders.*, Tannaitic Controversies concerning the Interpretation and Text of Older Mishnayot (h), Tarbiz 21 (1949 f) 137–164; *ders.*, Interpolations in the Mishnah and their Identification (h), Tarbiz 31 (1961 f) 326–356; *ders.*, The Parallelism in the Mishnah (h), 6th WCJS, J 1977, III hebr. Teil 275–291; *J. Neusner*, Hg., The Modern Study; *ders.*, Form-Analysis and Exegesis: A Fresh Approach to the Interpretation of Mishnah with special reference to Mishnah-tractate Makhshirin, Minneapolis 1980; *ders.*, Judaism: The Evidence of the Mishnah, Chicago 1981; *ders.*, Form and Meaning in Mishnah, JAAR 45 (1977) 27–54; *ders.*, History and Structure: The Case of Mishnah, JAAR 45 (1977) 161–192; *ders.*, Redaction, Formulation and Form: The Case of Mishnah; With Comments by *R. S. Sarason*, JQR 70 (1979 f) 131–152; *L. A. Rosenthal*, Über den Zusammenhang, die Quellen und die Entstehung der Mischna, B 1918; *B.-Z. Segal*, Ha-Geografia ba-Mischna, J 1979; *E. E. Urbach*, EJ XII 93–109; *B. De Vries*, The Early Form of Certain Halakhot (h), Tarbiz 24 (1954 f) 392–405; 25 (1955 f) 369–384; *A. Weiss*, La-cheqer ha-sifruti schel ha-Mischna, HUCA 16 (1941) hebr. Teil 1–32; *ders.*, Al ha-Mischna, Ramat Gan 1969; *H. Yalon*, Introduction to the Vocalization of the Mishna (h), J 1964.

Einzeltraktate (nach alphabet. Reihenfolge der Traktate; Textausgaben und Kommentare folgen S. 142 ff): *Abot: J. J. Cohen*, The „Sayings of the Fathers", its Commentaries and Translations (h), KS 41 (1964 f) 104–117; 277–285; *W. D. Davies*, Reflexions on Tradition: The Aboth Revisited, FS J. Knox, C 1967, 127–159;

B. Z. Dinur, The Tractate Aboth (Sayings of the Fathers) as Historical Source (h), Zion 35 (1970) 1–34; *L. Finkelstein,* Introductory Study to Pirke Aboth, JBL 57 (1938) 13–50; *ders.,* Mabo le-Massekhtot Abot we-Abot de-Rabbi Natan, NY 1950; *A. Guttmann,* Tractate Abot – Its Place in Rabbinic Literature, JQR 41 (1950f) 181–193; *R. T. Herford,* Pirke Aboth. Its Purpose and Significance, FS M. Gaster, Lo 1936, 244–252; *M. Higger,* Pereq Qinjan Tora, Horeb 2 (1935) 280–296; *ders.,* Massekhet Abot we-Qinjan Tora, Horeb 7 (1943) 110–131 (Abot VI, Text in verschied. Fassungen); *C. Roth,* Historical Implications of the Ethics of the Fathers, FS M. Waxman, Chicago 1966, 102–112; *A. J. Saldarini,* The End of the Rabbinic Chain of Tradition, JBL 93 (1974) 97–106; *S. Sharvit,* The Custom of Reading Abot on the Sabbath and the History of the Baraitot Associated Therewith (h), Bar-Ilan 13 (1976) 169–187; *B. T. Viviano,* Study as Worship. Aboth and the New Testament, L 1978.

Edujot: H. Klüger, Über Genesis und Composition der Halachasammlung Edujot, Breslau 1895.

Middot: F. J. Hollis, The Archaeology of Herod's Temple. With a Commentary on the Tractate Middoth, Lo 1934; *A. Spanier,* Zur Analyse des Mischnatraktates Middot, FS Leo Baeck, B 1938, 79–90; *L.-H. Vincent,* Jérusalem de l'Ancien Testament II, P 1956, 496–525; *Th. A. Busink,* Der Tempel von Jerusalem von Salomo bis Herodes. II von Ezechiel bis Middot, L 1980.

Rosch ha-Schana: Z. Karl, Some Observations on the Tractate Rosh Hashana (h), Tarbiz 27 (1957f) 475–482.

Schabbat: Comments on the Order of Mishnayoth in Tractate Shabbath (h), FS A. Weiss, NY 1964, 377–383.

Tamid: L. Ginzberg, Tamid. The Oldest Treatise of the Mishnah, Journal of Jewish Lore and Philosophy 1 (1919), Ndr. NY 1969, 197–209; *A. Spanier,* Zum Mischnatraktat Tamid, MGWJ 69 (1925) 271–5.

1) Worterklärungen

Lit.: S. Abramson, „Mischna" we-„Talmud" (Gemara) be-fi Qadmonim, FS D. Sadan, TA 1977, 23–43; *Albeck,* Einführung 1–3; *Bacher,* ET I 122f. 193–5; *L. Finkelstein,* Midrash, Halakhot, and Aggadot (h), FS Y. F. Baer, J 1960, 28–47.

Das hebr. Verb *schana,* „wiederholen", bedeutet im engeren Sinn durch wiederholtes Vorsagen mündlich Überliefertes lernen (z. B. Abot II,4; III,3) bzw. lehren (z. B. Er 54b), im Gegensatz zu *qara,* die heilige Schrift studieren. Aram. Äquivalent *teni* oder *tena.* Davon als Substantiv *mischna* bzw. aram. *matnita* abgeleitet.

Mischna bedeutet somit das Lernen (Abot III,7) wie auch die mündliche Lehre (TBer II,12, L. 8). In diesem Sinn umfaßt M die drei Zweige der Tradition, den Midrasch als die Auslegung des Bibeltextes, die Halakhot als die von der Schrift unabhängig formulierten Satzungen, schließlich die Haggadot, alles nicht-halakhische Material. So antwortet Qid 49a mit einer Baraita auf die Frage: „Was ist Mischna? R. Meir sagt: Halakhot; R. Jehuda sagt: Midrasch" (dazu näher *Finkelstein*).

Im besonderen bedeutet M das gesamte bis etwa 200 ausgebildete traditionelle Religionsgesetz, aber auch die Lehre eines der in dieser Zeit tätigen Lehrer (Tannaiten) wie auch den einzelnen Lehrsatz (gleichbedeutend *halakha*) oder Sammlungen solcher Lehrsätze (z. B. pHor III,48 c *mischnajot gedolot*, die großen Mischnasammlungen wie die M Chijjas – so statt des „Chuna“ der Drucke zu lesen –, Hoschajas und Bar Qapparas). *Kat'-exochēn* ist M die R. Jehuda ha-Nasi zugeschriebene Sammlung, um die es hier geht.

Natan ben Jechiel gibt in seinem Arukh eine andere Ableitung des Wortes: „warum wird sie M genannt? weil sie die ‚zweite‘ ist gegenüber der Tora“. Ähnlich ist die Ableitung, die hinter dem Sprachgebrauch der Kirchenväter steht, die M mit *deuterōsis* wiedergeben (ebenso Justinians Novelle 146).

Die M Rabbis wird im bT als *mischnatenu* oder *matnitin* (selten *matnita*) zitiert, im pT als *matnitin* oder *matnita*. Andere M-Sammlungen heissen in bT *matnita* oder *baraita*, in pT *mischnajot*. M-Sätze werden in bT und pT angeführt mit *tenan* oder *tenajna*, „wir haben gelernt“.

2) Aufbau und Inhalt

In der uns vorliegenden Form besteht M (ebenso T und die Talmudim) aus sechs Hauptabteilungen oder Ordnungen (*sedarim*, gelegentlich auch *arakhim*). Daher die traditionelle Bezeichnung des Talmud als Schas (Abkürzung von *schischa sedarim*, „sechs Ordnungen“). Jeder Seder hat eine Anzahl (7–12) Traktate: *massekhet* (eigentlich „Gewebe“; zum Bedeutungswechsel vgl. lat. textus) oder aram. *massekhta*. Als Pluralformen sind *massekhot*, *massekhtot* und *massekhiot* belegt. Die Traktate zerfallen in Kapitel (*pereq*), diese in Lehrsätze (*mischna* bzw. pT *halakha*).

a) Inhaltsübersicht

(In Klammer hinter dem Namen des Traktats folgt jeweils die Zahl seiner Kapitel)

§ *1. Erste Ordnung:* Zera'im „Samen“
Elf Traktate, v. a. die Landwirtschaft betreffende Gesetze.

1. *Berakhot* (9), „Segenssprüche“. Bestimmungen zum *Schema*-Gebet, Morgen-, Nachmittag- und Abendgebet, zu den 18 Benediktionen (*Schemone Esre*) und zum Zusatzgebet. Lobsprüche beim Genießen verschiedener Früchte und bei sonstigen Gelegenheiten. Das gemeinsame Gebet nach der Mahlzeit. Nennung des Gottesnamens bei der Begrüßung.

2. *Pea* (8), die „Ecke“ des Ackers, deren Ernte nach Lev 19,9f; 23,22; Dtn 24,19ff den Armen zu überlassen ist; allgemein das Armenrecht. Von

welchen Gewächsen gibt man die Pea? Was macht eine Feldecke aus? Wie gibt man die Pea? Die Nachlese, das Vergessene, der Armenzehnte, der reisende Arme; wer hat Ansprüche auf das Armenrecht?

3. *Demai* (7), „Zweifelhaftes", d. h. Früchte, bei denen es zweifelhaft ist, ob von ihnen die Zehntenhebe für die Priester und in den betreffenden Jahren der zweite Zehnte gegeben sind. Wann muß man nachverzehnten? Wer gilt hinsichtlich der Einhaltung dieser Bestimmungen als vertrauenswürdig? Verhalten bei gemeinsamen Besitz bzw. bei Vermischung von Demai mit Unverzehntetem.

4. *Kilaim* (9), „Verschiedenartiges". Nach Lev 19,19; Dtn 22,9–11 sind das verbotene Mischen von Dingen (Gewächsen, Tieren, Kleidungsstoffen) einer Gattung, aber verschiedener Art. Welche Arten von Pflanzen und welche von Tieren bilden Kilaim? Vermengung von zweierlei Samen; Aussaat von Verschiedenem auf einem Acker oder im Weinberg. Bastarde.

5. *Schebiit* (10), „Siebentes Jahr", in dem nach Ex 23,11 und Lev 25,1–7 die Felder brach liegen und nach Dtn 15 Schulden erlassen und Schuldsklaven befreit werden müssen. Welche Feldarbeiten darf man im Sabbatjahr verrichten? Wie darf man das im Sabbatjahr Gewachsene nutzen? Schuldenerlaß und Prosbul (Erklärung „vor Gericht", *pros boulēn,* daß man die Schulden jederzeit einheben darf).

6. *Terumot* (11), „Abgaben" oder „Heben" (Priesterhebe Num 18,8 ff und Dtn 18,4; Abgabe, die die Leviten nach Num 18,25 f vom ihnen zustehenden Zehnten den Priestern geben müssen). Wie sondert man die Abgabe ab, welches Maß hat sie? Was geschieht bei Vermischung dieser Abgabe mit anderen Früchten, wie erstattet man vergessene oder gestohlene Abgaben? Verunreinigung der Hebe usw.

7. *Maaserot* oder *Maaser Rischon* (5), „Zehnte" oder „erster Zehnter", der nach Num 18,21 ff den Leviten zusteht. Von welchen Früchten muß man diesen Zehnten geben, welche sind zehntenfrei?

8. *Maaser Scheni* (5), „der zweite Zehnte" (Dtn 14,22 ff; vgl. 26,12 ff, nach rabb. Erklärung auch Lev 27,30–33), der bzw. dessen Geldwert in Jerusalem verzehrt werden sollte. Bestimmungen über den Verkauf des zweiten Zehnten, seine Verunreinigung, die Verwendung des dafür erlösten Geldes. Der Weinberg im vierten Jahr; die Wegschaffung *(biʿur)* des Zehnten. Abschaffung des dabei üblichen Bekenntnisses Dtn 26,13–15 und andere vom Hohenpriester Jochanan (= Johannes Hyrkan) angeordnete Änderungen.

9. *Challa* (4), „Teighebe", Num 15,8 ff. Wovon und in welchem Maß muß man Challa geben? Inwiefern gleichen sich Challa und Hebe? Wie unterscheiden sich verschiedene Länder hinsichtlich der Challa?

10. *Orla* (3), „Vorhaut" der Bäume, vgl. Lev 19,23, wonach Bäume in den ersten drei Jahren als unbeschnitten gelten, die Früchte somit verboten sind. Wann betrifft dieses Gesetz Bäume und Weinstöcke? Vermischungen

von Orla, Kilaim, Hebe usw. Anwendung dieser Gesetze in Israel, Syrien und anderwärts.

11. *Bikkurim* (3), „Erstlinge", vgl. Dtn 26,1 ff; Ex 23,19. Wer bringt sie dar, wovon und ab wann? Worin stimmen Erstlinge, Hebe und zweiter Zehnter überein und worin unterscheiden sie sich? Wie bringt man die Erstlinge nach Jerusalem? Viele Mischna- und Talmudtexte fügen ein 4. Kapitel über den Zwitter *(androgynos)* an, das sich mit Varianten in T befindet.

§ *2. Zweite Ordnung: Moed „Festzeiten"*
12 Traktate

1. *Schabbat* (24): Ex 20,10; 23,12; Dtn 5,14 usw. Die wenigen Bestimmungen des Pentateuch zum Sabbat werden hier sehr detailliert, z. T. daraus abgeleitet, daß Ex 35 das Gebot der Sabbatruhe mit den Vorschriften für den Bau des Heiligtums verbindet. Man unterscheidet öffentliches, privates, neutrales sowie freies Gebiet, was den Transport von einem Ort zum andern betrifft. Welche Beschäftigungen sind am Sabbat erlaubt? 39 דאבדי Hauptarten der verbotenen Arbeiten.

2. *Erubin* (10), „Vermischungen" mit denen man bestimmte Sabbatgesetze umgehen kann: durch Ablegen von Speise am Ende des Sabbatwegs (2000 Ellen) gründet man einen „Wohnsitz", von dem aus man einen weiteren Sabbatweg gehen darf. Durch die fiktive Vermischung der Höfe darf man von einem Privatbereich in einen anderen tragen, nachdem in einer der Wohnungen eine aus gemeinsamen Beiträgen hergestellte Speise niedergelegt worden ist.

3. *Pesachim* (10), „Pesachlämmer, Pesachopfer". Ex 12,23; 15,34; 34,18; Lev 23,5–8; Num 28,16ff; Dtn 16,1 ff. Wegschaffen des Sauerteigs; Zubereitung der ungesäuerten Brote; die bitteren Kräuter; am Rüsttag erlaubte Arbeiten; Schlachtung des Pesachlammes und seine Zubereitung; wer darf davon essen? Das Pesachfest im 2. Monat (Num 9,10ff); Ordnung des Pesachmahles.

4. *Scheqalim* (8), „Schekel", nämlich die im zweiten Tempel für den Gottesdienst verwendete Halbschekelsteuer (Ex 30,12ff; Neh 10,33). Wer ist dazu verpflichtet? Einwechseln der dazu vorgeschriebenen alten Münzen. Was darf dafür angeschafft werden? Die Opferbüchsen im Tempel, die Bundeslade, Reinigung des Tempelvorhangs, Kostbarkeit des Vorhangs vor dem Heiligtum.

5. *Joma* (8), „der Tag", d. h. der Versöhnungstag, *(Jom ha-)*Kippurim Lev 16. Vorbereitung des Hohenpriesters; Auslosung der beiden Böcke; drei Sündenbekenntnisse des Hohenpriesters und sein dreimaliges Eintreten in das Allerheiligste. Verbote für den Versöhnungstag. Wodurch versöhnt wird (Sündopfer, Schuldopfer, Tod, Versöhnungstag, Buße).

6. *Sukka* (5), „Laubhütte", auch Plural *Sukkot,* das Laubhüttenfest Lev 23,33–6; Num 29,12ff; Dtn 16,13ff. Herstellung und Beschaffenheit der

Festhütte; vom Essen und Schlafen in ihr; der Feststrauß (Lulab, Etrog); das Wasserschöpfen. Die 24 Priesterabteilungen, ihre Arbeit bei den Opfern, ihr Anteil an den Opferstücken und den Schaubroten.

7. *Betsa* (5), „Ei" (nach dem Anfangswort) oder *Jom Tob,* „Festtag". Was man an Festtagen beachten muß. Unterschiede zum Sabbat. Diesbezügliche Meinungsverschiedenheiten zwischen den Schulen Hillels und Schammais. Kauf von Lebensmitteln an Festtagen, Beförderung von Nahrungsmitteln, Verbot der Feuererzeugung usw.

8. *Rosch ha-Schana* (4), „Neujahrsfest" Lev 23,24 f; Num 29,1 ff. Viererlei Neujahr (Nisan, Elul, Tischri, Schebat). Bezeugung und Heiligung des Neumonds. Blasen des Schofar. Ordnung der Lobsprüche am Neujahrsfest: zehn Malkhijjot (Bibelverse, in denen das Königreich Gottes erwähnt wird), zehn Zikhronot (Bibelverse über das Gedenken Gottes), zehn Schofarot (Verse, in denen das Schofar erwähnt wird).

9. *Taanit* (4), auch Plural *Taanijot,* „Fasten". Wann beginnt man um Regen zu beten, wann darum zu fasten? Die siebentägigen Fasten und die dazugehörigen Gebete. An welchen Tagen fastet man nicht? Weshalb fastet man sonst noch? Choni der Kreiszieher. Wann bricht man bei beginnendem Regen das Fasten ab? Der 17. Tammuz, der 9. Ab und der 15. Ab.

10. *Megilla* (4), „Buchrolle", besonders die Esterrolle, die zu Purim in der Synagoge verlesen wird (vgl. Est 9,28). Wann und wie liest man die Esterrolle? Vom Verkauf heiliger Sachen; die gottesdienstlichen Vorlesungen aus Tora und Propheten; welche Texte dürfen nicht öffentlich vorgelesen, welche nicht übersetzt werden?

11. *Moed Qatan* (3), „Halbfeiertage" (*qatan,* „klein", unterscheidet den Traktat Moed von der gleichnamigen Ordnung), manchmal nach dem Anfangswort auch *Maschqin* genannt, „man bewässert". Vorschriften für die Tage zwischen dem 1. und 7. Tag des Pesach- bzw. zwischen dem 1. und 8. Tag des Sukkotfestes, an denen gewisse Arbeiten erlaubt sind.

12. *Chagiga* (3), „Festfeier". Über die drei Wallfahrtsfeste (Pesach, Wochenfest, Laubhüttenfest: Dtn 16,16). Wer muß im Tempel erscheinen und wieviel muß er für die Opfer aufwenden? Dinge, über die man nicht jeden belehrt. Meinungsunterschiede hinsichtlich der Semikha. Die rituelle Händewaschung. 7 Stufen der Reinheit und Reinheitsvorschriften.

§ 3. Dritte Ordnung: Naschim „Frauen"
7 Traktate

1. *Jebamot* (16), „Schwägerinnen", auch *Jabmut,* „Schwägerschaft", vokalisiert, manchmal auch *Naschim,* „Frauen", genannt. V. a. über die Schwagerehe Dtn 25,5–10; vgl. Rut 4 und Mt 22,24; und die Chalitsa, die davon entbindet. Wer ist dazu verpflichtet und unter welchen Umständen? Wen darf ein (Hoher-)Priester nicht heiraten? Aufnahme von Ammonitern usw. in die Gemeinde. Stellung der Proselyten. Weigerung einer Unmündigen, bei ihrem Mann zu bleiben. Bezeugung des Todes eines Ehemanns.

2. *Ketubbot* (13), „Hochzeitsverschreibungen", vgl. Ex 22,16. Ketubba ist sowohl der Ehevertrag als auch die in ihm der Frau für den Fall der Scheidung oder des Todes des Mannes ausgesetzte Summe. Heirat von Jungfrauen; Strafgeld bei Vergewaltigung eines Mädchens. Pflichten des Manns und der Frau gegeneinander. Besitz der Frau; Erbrecht nach der Frau; Rechte der Witwe.

3. *Nedarim* (11), „Gelübde" und ihre Aufhebung (Num 30). Was gilt als Gelübde? Qorban; Gelübde mit Einschränkung; Ausflüchte. Vier von vornherein ungültige Gelübde. Notlügen. Deutung von Gelübden. Welche Gelübde kann ein Gelehrter erlassen? Wer kann einer Frau oder Tochter die Gelübde aufheben, und welche Gelübde?

4. *Nazir* (9), „Nasiräer", oder *Nezirut*, „Nasiräergelübde", Num 6. Welche Ausdrücke verpflichten zum Nasiräat und wie lange dauert es? Zeit des Scherens. Erlassung von N.-Gelübden. Was dem Nasiräer verboten ist. Verunreinigung des Nasiräers; die von ihm darzubringenden Opfer. N.-Gelübde von Frauen und Sklaven.

5. *Sota* (9), „die des Ehebruchs verdächtige Frau", Num 5,11–31. Durchführung des Eifersuchtsordals vor dem großen Gerichtshof. Unterschiede zwischen Israeliten und Priestern in Rechten und Strafen. Wann gibt man das Eifersuchtswasser nicht zu trinken? Formeln, die man nur hebräisch sagen darf. Erklärung zu Dtn 20,2–9 (Ansprache des Priesters vor dem Krieg); Tötung eines Kalbes, wenn ein Mörder unbekannt bleibt (Dtn 21,1–9). Anhang: Vorzeichen des Messias.

6. *Gittin* (9), „Scheidebriefe" (Dtn 24,1). Übersendung, Beglaubigung und Zurücknahme von Scheidebriefen. Formular, Unterschrift. Wiederaufnahme der entlassenen Frau. Scheidung in Krankheitsfällen, bedingte Scheidung. Gültigkeit mündlicher Anordnungen hinsichtlich eines Scheidebriefs. Gründe für die Scheidung.

7. *Qidduschin* (4), „Antrauung, Verlobung", verschieden von der später erfolgenden Heimführung, der eigentlichen Eheschließung *(nissuin)*. Wie erwirbt sich der Mann eine Frau (durch Geld, Brief, Beischlaf)? Erwerbung von anderen Gütern. Welche Gebote müssen nur Männer erfüllen, welche gelten nur in Israel? Verlobung durch einen Abgeordneten, unter Bedingungen. Ebenbürtige Heiraten. Sittenregeln.

§ 4. Vierte Ordnung: Neziqin „Beschädigungen"
10 Traktate

1. *Baba Qamma* (10), „erste Pforte" (des ursprünglich einheitlichen Traktats Neziqin mit 30 Kapiteln). Beschädigungen im engeren Sinn, einschließlich Diebstahl, Raub und Körperverletzung. Beschädigung durch den stoßenden Ochsen, die nicht zugedeckte Grube, durch Abweiden und Feuer. Abschätzung des Schadens, Ersatz. Bedenklicher Ankauf. Abfälle, die dem Fabrikanten bzw. dem Handwerker gehören.

2. *Baba Metsia* (10), „mittlere Pforte". Fundgegenstände, die zwei bean-

spruchen. Wer hat keinen Anspruch auf Fundgegenstände? Aufbewahrung von Gegenständen. Kauf, die Frist zum Zurücktreten, unerlaubter Gewinn, Ersatzpflicht. Zinsen und Spekulation. Mieten von Arbeitern und Vieh. Miete und Pacht; Pfandnehmen; Lohnforderungen. Ansprüche, die sich aus dem Einsturz eines Baus ergeben.

3. *Baba Batra* (10), „letzte Pforte". Teilung gemeinschaftlichen Besitzes. Beschränkungen in der Ausnutzung des Grundbesitzes. Ersitzung *(chazaqa)*. Verkauf von Immobilien und Mobilien. Gewährleistungspflicht des Verkäufers. Erbschaftsrecht. Vermögensteilung. Geschenke bei der Hochzeit. Ausstellung von Dokumenten. Bürgschaft.

4. *Sanhedrin* (10), aus griech. *synhedrion*, „Gerichtshof". Gericht von drei Männern; kleiner Sanhedrin von 23, großer S. von 71 Mitgliedern. Auswahl der Schiedsrichter. Zeugenschaft. Wer kann weder Richter noch Zeuge sein? Unterschied zwischen Zivil- und Kriminalprozessen. Arten der Todesstrafe. Der ungehorsame Sohn (Dtn 21,18 ff). Der Einbrecher. Der Rückfällige. Hinrichtung ohne Urteil. Wer hat keinen Anteil an der kommenden Welt? Der widerspenstige Lehrer *(zaqen mamre)* und der falsche Prophet.

5. *Makkot* (4), „Schläge". Über die Prügelstrafe (Dtn 25,1–3). Prügelstrafe für falsche Zeugen. Der unvorsätzliche Totschläger und die Asylstädte (Dtn 19,1 ff; Num 35,9 ff). Wann trifft es die Prügelstrafe? Zahl der Hiebe, Art der Ausführung. Strafe der Geißelung macht von der Ausrottung frei. Lohn der Gebote.

6. *Schebuot* (8), „Schwüre" (vgl. Lev 5,4 ff). Hauptarten von Schwüren. Leichtfertiger und vergeblicher Schwur. Zeugniseid; vom Richter auferlegter Eid. Wann schwört man nicht? Eide in Lohn-, Geschäfts- und anderen Angelegenheiten. Vier Arten der Hüter (mit oder ohne Lohn, Entlehner, Mieter).

7. *Edujot* (8), „Zeugnisse" späterer Lehrer über die Sätze früherer Meister, auch *Bechirta*, „Auswahl", genannt. Nach Ber 28a an dem Tag gelehrt, an dem Eleazar ben Azarja statt Gamaliel II. eingesetzt wurde. Insgesamt 100 Sätze, außerdem 40 Fälle, in denen die Schammaiten erleichtern, die Hilleliten erschweren. Die meisten Sätze stehen in M noch an anderer Stelle (nach der Sachordnung).

8. *Aboda Zara* (5), „Götzendienst". Feste der Götzendiener. Bestimmungen gegen zu engen Kontakt mit ihnen. Götzenbilder. Wein von Götzendienern. Wie man von Götzendienern gekaufte Geräte reinigt.

9. *Abot* (5), (Aussprüche der) „Väter", auch *Pirqe Abot*, „Abschnitte, Kapitel der Väter". Traditionskette von Mose bis zum Ende der tannaitischen Zeit. Sentenzen der genannten Lehrer. Anonyme Zahlensprüche und moralische Betrachtungen. Erst in späterer Zeit kam Kapitel 6 dazu, die Lobrede auf das Gesetz *(qinjan tora*, der „Erwerb der Tora"), die nicht zu M gehört.

10. *Horajot* (3), „Lehren, Entscheidungen". Irrtümlich erfolgte reli-

gionsgesetzliche Entscheidungen. Darbringung des Sündopfers Lev 4,13f. Unterschiede zwischen Gericht, Hohempriester und anderen bei Befolgung irriger Entscheidungen. Andere Unterschiede zwischen Hohempriester, gewöhnlichem Priester usw.

§ 5. Fünfte Ordnung: Qodaschim „Heiliges"

11 Traktate

1. *Zebachim* (14), „Schlachtopfer" (vgl Lev 1ff). Erforderliche Intention. Wodurch ein Schlachtopfer untauglich wird und bei welchen Versehen es trotzdem tauglich bleibt. Blutsprengen. Vogelopfer. Vorrang von Opfern gegenüber anderen. Reinigung der Gefäße. Anteil der Priester an den Opfern. Verbrennung von Stieren und Böcken. Geschichte der Opferstätten.

2. *Menachot* (13), „Speiseopfer", vgl. Lev 2; 5,11ff; 6,7ff; 7,9f; Num 6,13ff usw. Die erforderliche Intention. Bei welchen Verstößen ein Speiseopfer tauglich bleibt oder untauglich wird. Zubereitung des Speiseopfers. Brote des Dankopfers, des Einweihungs- und des Nasiräeropfers. Maße beim Speiseopfer. Trankopfer. Opfergelübde.

3. *Chullin* (12), „Profanes". Das Schlachten von nicht zum Opfer bestimmten Tieren und sonstige Bestimmungen über den Genuß von tierischer Nahrung. Wer darf schächten, womit und wie tut man dies? Reine und unreine Tiere. Nicht Fleisch in Milch kochen. Abgaben von Geschlachtetem an die Priester. Erstlinge von der Schafschur. Gesetz vom Vogelnest (Dtn 22,6f).

4. *Bekhorot* (9), „Erstgeburten", vgl. Ex 13,2.12f; Lev 27,26f; Num 8,16ff; 18,15ff; Dtn 15,19ff. Erstgeburt vom Esel, von unreinem Vieh. Beschau von Erstgeburten. Zum Opfer untaugliche Erstgeburten. Fehler, die einen Menschen zum Priesterdienst untauglich machen. Erbrechte des Erstgeborenen. Rechte des Priesters hinsichtlich des Lösegelds. Der Zehnte vom Vieh (Lev 27,32).

5. *Arakhin* (9), „Schätzungen", d.h. Beträge, die man auf Grund eines Gelübdes je nach Alter und Geschlecht zu entrichten hat (Lev 27,2ff). Wer darf schätzen? Mindest- und Höchstmaß. Berücksichtigung des Vermögens des Gelobenden. Verpflichtung der Erben. Pfändung, wenn das Äquivalent nicht bezahlt wird. Lösung des ererbten, erkauften oder verkauften Ackers; ummauerte Städte (Lev 25).

6. *Temura* (7), „Vertauschung" eines Opfertiers (Lev 27,10.33). Womit getauscht werden darf. Verschiedenheit der Opfer einzelner gegenüber solchen der Gemeinde. Tausch bei einem Sündopfer. Was darf nicht auf den Altar gebracht werden? Was von Geheiligtem muß man verbrennen oder vergraben?

7. *Keritot* (6), „Ausrottungen". Die in der Tora (Ex 12,15 u.ö.) genannte Strafe der „Ausrottung" wird als im Alter von 20–50 Jahren erfolgender natürlicher Tod ohne Nachkommen gedeutet. Ausrottung steht auf 36

Sünden, wenn man sie vorsätzlich begeht. Schuldopfer in Zweifelsfällen. Kraft des Versöhnungsfestes.

8. *Meila* (6), „Veruntreuung" von Geheiligtem (Num 5,6–8; Lev 5,15 f). Bei welchen Opfer und ab welchem Zeitpunkt findet Veruntreuung statt, wo ist sie unmöglich? Benutzung des Geheiligten.

9. *Tamid* (6, jetzt 7 durch spätere Unterteilung von Kap. 6), Kurzform für *olat tamid*, das „tägliche Brandopfer", vgl. Ex 29,38 ff; Num 28,3 ff. Die Nachtwache der Priester im Heiligtum. Das Aufräumen des Altars. Die verschiedenen Aufgaben der Priester. Die Darbringung des Opferlamms. Das Morgengebet. Das Räucheropfer. Der Hohepriester beim Opferdienst. Der Priestersegen und die Gesänge der Leviten.

10. *Middot* (5), „Maße" und Einrichtung des Tempels. Die Nachtwachen im Tempel. Tore des Tempels, die Feuerstätte. Tempelberg, Mauern und Vorhöfe. Brandopferaltar. Der Tempel. Der Vorhof und seine Kammern. Die Quaderhalle.

11. *Qinnim* (3), „Vogelnester". Das Taubenopfer, das arme Wöchnerinnen (Lev 12,8) und Arme bei bestimmten Verfehlungen (Lev 5,1 ff) darbringen und das auch als freiwilliges Brandopfer möglich ist (Lev 1,14 ff). Komplikationen, wenn Vögel, die verschiedenen Personen oder zu verschiedenen Opferarten gehören, durcheinander geraten.

§ 6. Sechste Ordnung: *Toharot* „Reinheiten"
12 Traktate

1. *Kelim* (30), „Geräte". Welche Arten von Unreinheiten können Geräte annehmen? Anknüpfungspunkte in der Bibel: Lev 6,20 f; 11,32 ff; Num 19,14 ff; 31,20 ff. Hauptunreinheiten, Grade der Unreinheit und der Heiligkeit. Irdene Gefäße; Öfen und Herde; Gefäße mit Deckel; Geräte aus Metall, Leder usw. Betten, Tische, Reitzeug usw. Unterscheidung von Äußerem, Innerem, Gestell, Rändern, Griffen usw. der Geräte bezüglich möglicher Verunreinigung.

2. *Ohalot* (18), „Zelte", bzw. *Ahilot*, „Bezeltungen". Über die durch einen Leichnam verbreitete Unreinheit. Diese erfolgt nicht nur durch Berührung, sondern schon dadurch, daß sich etwas im selben „Zelt" befindet (Num 19,14). Welche Öffnungen hindern bzw. fördern das Vordringen der Unreinheit? Auffinden von Leichnamen. Gebeinstätten. Häuser von Heiden.

3. *Negaim* (14), „Plagen", d. h. Aussatz (Lev 13–14). Arten des Aussatzes, Beschau durch den Priester. Zweifelhafte Fälle. Blühen des Aussatzes. Aussatzbeulen und Brandmale. Hautkrankheiten. Aussatz von Kleidern und Häusern. Reinigung eines Aussätzigen.

4. *Para* (12), „die (rote) Kuh" (Num 19). Alter und Eigenschaften der roten Kuh. Schlachten und Bereitung der Asche. Zubereitung des Sprengwassers und dessen Aufbewahrung. Wie es untauglich oder unrein wird. Wirksame und unwirksame Besprengung.

5. *Toharot* (10),, ,,Reinheiten", euphemistisch für ,,Unreinheiten". Verunreinigungen, die nur bis Sonnenuntergang wirksam sind. Nicht rituell geschlachtete Tiere *(nebela)*. Grade der Verunreinigung durch Berührung von Unreinem. Zweifelhafte Unreinheit. Verunreinigung durch Flüssigkeiten. Verunreinigung von Öl und Wein beim Pressen und Keltern.

6. *Miqwaot* (10), ,,Tauchbäder" zur Reinigung (Ansätze in Lev 15,12; Num 31,23 für Gefäße; Lev 14,8 für Aussätzige; 15,5 ff für durch geschlechtliche Ausflüsse Verunreinigte). Maß und Beschaffenheit des Tauchbades. Wie ist das Tauchbad zu vollziehen und was macht es unwirksam?

7. *Nidda* (10), ,,Unreinheit (der Frau)"; vgl. Lev 15,19 ff (Blutfluß) und Lev 12 (Wöchnerin). Die Menstruierende; die Wöchnerin. Samaritanische, sadduzäische und nichtisraelitische Frauen. Verschiedene Lebensalter, Pubertät bei weibl. Personen usw.

8. *Makhschirin* (6), ,,was (zum Unreinwerden) geeignet macht", auch *Maschqin*, ,,Flüssigkeiten", genannt. Nach Befeuchtung mit einer von sieben Flüssigkeiten können trockene Nahrungsmittel durch Berührung mit etwas Unreinem unrein werden (vgl. Lev 11,34.37f).

9. *Zabim* (5), ,,mit einem unreinen Ausfluß Behaftete" (vgl. Lev 15). Vom Zählen der sieben reinen Tage, bis der Zab wieder als rein gilt. Fragen bei der Prüfung des Ausflusses; Verunreinigung durch einen Zab. Vergleich mit verschiedenen Arten von Unreinheit. Aufzählung der Dinge, die Hebe untauglich *(pasul)* machen.

10. *Tebul jom* (4), ,,der am selben Tag ein Tauchbad genommen hat" und danach noch bis Sonnenuntergang unrein ist (Lev 15,5; 22,6f). Profanes darf er berühren, Hebe, Challa und Geheiligtes macht er jedoch untauglich *(pasul)*, wenn auch nicht unrein. Wie wirkt sich die Berührung eines Teils auf das Ganze aus?

11. *Jadajim* (4), ,,Hände", d. h. rituelle Unreinheit und Reinigung der Hände; vgl. Mt 15,2.20; 23,25; Mk 7,2 ff; Lk 11,38 f. Reinigung der Hände durch Begießen mit Wasser. Wodurch werden die Hände verunreinigt? Schriften, die die Hände unrein machen, d. h. zum biblischen Kanon gehören: Debatte über das Hohelied und Kohelet. Das Aramäische in Esra und Daniel. Unterschiede zwischen Pharisäern und Sadduzäern.

12. *Uqtsin* (3), ,,Stiele". Wie Stiele, Schalen und Kerne mit unrein werden, wenn die Frucht unrein wird bzw. wie sie die Frucht mit verunreinigen.

b) Ist diese Einteilung ursprünglich?

(vgl dazu *Epstein*, ITM 980–1006; *Albeck*, Einführung 184–8).

Die Unterteilung von M in *sechs Ordnungen* erwähnt Ket 103 b im Namen des R. Chijja (T5): *schita sidre* (vgl. BM 85 b). Palästinische Texte verwenden statt *seder* auch *erekh:* z. B. PRK 1,7 (M. 11) *schesch erkhe hamischna.* Mehrfach nennt der Talmud die Namen der einzelnen Ordnungen. Was die Reihenfolge der 6 Ordnungen betrifft, findet sich die uns vorliegende Folge schon in einer Auslegung des Resch Laqisch (A2) zu Jes 33,6; die einzelnen Ausdrücke des Verses bezieht er der Reihe nach auf die M-Ordnungen: Glaube – Zeraim; deine Zeit – Moed; Macht – Naschim; Rettung – Neziqin; Weisheit – Qodaschim; Wissen – Toharot (Schab 31a). Die Verbindung der Ordnungen mit den einzelnen Ausdrücken des Bibelverses ist nur zum Teil einsichtig. Dies legt nahe, daß der Text die Reihenfolge der Ordnungen nicht aus dem Bibelvers ableitet, sondern diese ihm vorgegeben ist. Trotzdem kann der Text nicht beweisen, daß diese Reihenfolge schon im 3. Jh. feststand. MidrPs 19,14 (B. 86a) legt R. Tanchuma (A5) Ps 19,8–10 auf die 6 Ordnungen von M aus. Dabei nennt er der Reihe nach Naschim, Zeraim, Toharot, Moed, Qodaschim und Neziqin. Die dazu jeweils zitierten Psalmstücke entsprechen nicht der Reihenfolge des Bibeltextes – wohl erst nachträglich hat man Toharot mit dem zugehörigen Psalmzitat an die 5. Stelle gerückt, um der biblischen Textfolge zu entsprechen: das legt nahe, daß dem Autor tatsächlich die hier gebrachte Reihenfolge der M-Ordnungen vorlag (zumal auch hier die Verbindung zwischen Schriftwort und Ordnung äußerst locker ist). D. h. aber, daß es in talmudischer Zeit noch keine verbindliche Reihenfolge der einzelnen Ordnungen gab, auch wenn sich schon bald die uns bekannte Folge immer mehr durchsetzte (ihr entspricht auch BM 114b, wonach Neziqin die 4., Toharot die 6. Ordnung ist).

Die *Namen der Traktate* sind zum Großteil schon in den Talmudim belegt: so z. B. Ber in BQ 30a, Joma in Joma 14b, RH in Taan 2a; Ket, Ned, Naz und Sota in Sota 2a; BQ und BM in AZ 7a; Sanh (einschließlich Mak) in pMak I,31b; Mak und Schebu in Schebu 2b; Ed in Ber 28a, Abot in BQ 30a; Tam in Joma 14b, Mid in Joma 16a, Kel in Kel XXX,4; Ahilot und Negaim in pMQ II,5,81b; Uqtsin in Hor 13b. Die Namen sind meist vom Inhalt, gelegentlich auch vom Anfangswort genommen (so Betsa häufiger als Jom Tob; Schechitat Qodaschim älter als Zebachim; Maschqin älter als MQ).

Die *Zahl der Traktate* beträgt jetzt 63. Ursprünglich aber bildeten die drei „Pforten" (Babot) am Anfang der 4. Ordnung nur einen, gleichfalls Neziqin genannten Traktat: „Ganz Neziqin ist *ein* Traktat" (BQ 102a; vgl. BM 10a.b). Dieser umfaßte wie Kelim 30 Kapitel (LevR 19,2, M.417). Diesen ursprünglichen Zustand geben die MSS Kaufmann und Parma wieder; auch andere MSS zählen die Kapitel der drei „Pforten" durch. Nur wegen seiner Größe ist der Traktat schon in talmudischer Zeit dreigeteilt worden (ebenso Kelim in T): die Teilung erfolgte rein mechanisch in 3 „Pforten" zu je 10 Kapitel; sachlich müßte BM X zu BB gehören. Makkot bildete ursprünglich zusammen mit Sanh einen einzigen Traktat, Sanh, der 14 Kapitel umfaßte, wie die MSS Kaufmann und Parma belegen. Das setzt auch pMak I,14,31b voraus: ,,Wir lernen hier etwas, was wir im ganzen (Traktat) Sanhedrin nicht lernen . . .". Die Abtrennung von Sanh ist auch hier nicht sachgemäß erfolgt: Mak I müßte noch zu Sanh gehören. Noch Maimonides bezeugt, wenn auch unwillig, in der Einleitung zu seinem M-Kommentar, daß in den Handschriften Mak und Sanh verbunden und als ein Traktat gezählt werden. Somit ergibt sich als ursprüngliche Zahl der Traktate 60, wie auch R. Isaak Nappacha (A 3) bezeugt, wenn er die ,,60 Königinnen" von Hld 6,8 als die ,,60 Traktate der Halakhot" deutet (HldR 6,14).

Die *Reihenfolge der Traktate* innerhalb der Ordnungen ist nicht einheitlich überliefert: MSS und Drucke von M weichen ebenso voneinander ab wie die Anordnung der Traktate in der Überlieferung von T und den beiden Talmudim. Die hier gebotene Reihenfolge entspricht der des Maimonides in der Einleitung zu seinem M-Kommentar, ausgenommen in der Folge Naz Sota Git: Maimonides plädiert hier für die Folge Naz Git Sota, die sich jedoch wegen des expliziten Zeugnisses von Naz 2a und Sota 2a (kennt Maimonides diese Stellen nicht?) nicht durchgesetzt hat. Sonst gibt es wenig talmudische Angaben zur Reihenfolge (Taan 2a: RH-Taan; Schebu 2b: Mak-Schebu), die eindeutig verwertbar sind. Eine einheitliche ursprüngliche Reihenfolge der Traktate ist nicht anzunehmen. Das den M-Handschriften zugrundeliegende Ordnungsprinzip innerhalb der Ordnungen scheint die Kapitelzahl der einzelnen Traktate gewesen zu sein, wie schon *A. Geiger* vermutet hat (Wissensch. Zeitschrift für jüd. Theologie 2, 1836, 489–192). Dies trifft jedenfalls für alle Ordnungen außer Zeraim zu, wenn wir in der Ordnung Neziqin die drei ,,Pforten" als einzigen Traktat Neziqin mit 30 Kapiteln betrachten und ebenso Sanh und Mak als Traktat Sanh mit 14 Kapiteln zusammennehmen. In der Ordnung Qodaschim ist zu beachten, daß Tamid ursprünglich nicht 7, sondern 6 Kapitel zählte. Wo die einzelnen MSS von M in der Reihenfolge voneinander abweichen, geschieht dies regelmäßig durch Umstellung von Traktaten mit derselben Kapitelzahl. Wenn die Erstausgabe von M Abot (5 Kapitel) nach Horajot (3 Kapitel) bringt, so wohl deshalb, weil Abot innerhalb der Ordnung (und der ganzen M) einzigartig ist und vielleicht einst überhaupt den Abschluß von M bildete; aber auch diese Ausgabe stellt in der zusammenfassenden Liste der 4. Ordnung Abot vor Horajot!

Die Anordnung der Ordnung Zeraim weicht hingegen völlig von diesem Prinzip ab, auch wenn eine Gruppe größerer Traktate den kleinen Traktaten vorausgeht. Die Kapitelzahlen in der üblichen Reihenfolge sind: 9-8-7-9-10-11-5-5-4-3-3. MS Wien von T stellt im ersten Teil um: Ter (11), Schebi (10), Kil (9); auch ein Geniza-MS belegt die Reihenfolge Schebi-Kil. Doch selbst wenn dies die ursprünglichere Reihenfolge wäre, blieben noch die ersten drei Traktate in ihrer Anordnung ungeklärt. Demai, ,,zweifelhaft Verzehntetes", jetzt an 3. Stelle, müßte rein sachlich erst nach Maas und Ter kommen (in MS Erfurt von T steht Demai tatsächlich nach

Ter!), und auch Pea, jetzt an 2. Stelle, ist hier sachlich kaum gerechtfertigt. Was schließlich Ber betrifft, dürfte der Traktat aufgrund seines Inhalts an den Anfang von M gestellt worden sein (im Münchener Codex des bT steht Ber am Ende der Ordnung Moed!). Wie es zur jetzigen Anordnung der Traktate in Zeraim gekommen ist, kann jedenfalls nicht mehr zufriedenstellend geklärt werden. Zwar ist vermutet worden, daß z. B. die Reihenfolge Kil-Schebi-Ter mit der Reihenfolge der biblischen Basistexte (Lev 19; Lev 25; Num 18) zu begründen sei. Die Annahme jedoch, daß allgemein die Stellung der betreffenden Gesetze im Pentateuch für die älteste Ordnung der Traktate maßgeblich gewesen sei, ist nicht zu belegen, auch wenn die Aufeinanderfolge nicht weniger Bestimmungen innerhalb der einzelnen Traktate durch das Beieinanderstehen entsprechender Sätze im Pentateuch erklärt werden kann. Einzelne Traktate sind sicher wegen ihrer sachlichen Verwandtschaft nebeneinandergestellt worden (so Maas und MSch). Doch auch der Versuch des Maimonides in der Einleitung zu seinem M-Kommentar, die von ihm für ursprünglich gehaltene Anordnung der Traktate sachlich zu begründen (Zusammenstellung des Gleichartigen, Voransetzung des Unentbehrlichen, Aufeinanderfolge in der Tora) kann nicht als überzeugend angesehen werden.

Wenn die Massekhtot innerhalb ihrer Ordnungen tatsächlich primär nach ihrer Kapitelzahl angeordnet worden sind, muß die *Kapiteleinteilung* älter als diese Anordnung sein. In den Talmudim finden sich auch tatsächlich einzelne M-Kapitel mit den noch heute üblichen, aus den Anfangsworten gebildeten Namen zitiert, so pGit VIII,5,49c ,,Wer sich von seiner Frau scheidet" (Git IX), Jeb 96b ,,Vier Brüder" (Jeb III), Nid 48a ,,ein durch Kaiserschnitt entbundenes Kind" (Nid V). Das schließt natürlich nicht aus, daß einzelne Kapitel erst später abgetrennt (Tam VI und VII zählen in den MSS und bei den frühen Kommentatoren als ein einziges Kapitel) oder erst nachträglich hinzugefügt worden sind (Abot VI; Bik IV aus der T-Tradition). Auch ist vereinzelt die Abtrennung der Kapitel sachlich unrichtig vorgenommen worden: so etwa in Schab, wo IX,1–4 sachlich mit VIII,7 zusammengehört (jeweils Aussagen, für die ein zitierter Bibelvers kein Beweis, aber ein Hinweis ist). Solche unsachgemäße Trennungen können gelegentlich älter als die Talmudim sein und auf die Rezitatoren von M in den Schulen, die Tannaim, zurückgehen.

Die *Reihenfolge der Kapitel* innerhalb eines Traktates ist nicht immer eindeutig überliefert: in Er bietet z. B. MS Oxford die Reihenfolge VI, V, VII, IV, während MS München V vor III stellt; Pes ist bei den Geonim zweigeteilt: a) Kap. I–IV und X; b) Kap. V–IX. So kommt es, daß MS München Kap. X direkt an IV anschließt; in Tam bietet MS Florenz IV vor III. In Ber hat Raschi IV nach II gelesen; Meg III steht in den Drucken des bT an 4. Stelle; in Git tauschen Rabbenu Ascher und viele französische Texte VI und VII; BB V steht in MS Hamburg 19 nach VI, VII nach VIII; Sanh X steht im bT an 11. Stelle, Men X in bT an 6. Stelle.

Die Untergliederung der Kapitel in *Halakhot* oder *Mischnajot* ist jedenfalls alt und wird im wesentlichen schon in den Talmudim vorausgesetzt.

Die uneinheitliche Anordnung der Traktate innerhalb ihrer Ordnungen und der Kapitel innerhalb der Traktate in den verschiedenen Textzeugen macht deutlich, daß diese Untergliederung von M nicht einer normativen ursprünglichen Anordnung des Textes folgt, sondern wechselnden Interessen im Lehrbetrieb der Rabbinen und ihrer Nachfolger untergeordnet war; erst die MSS-Tradition und am nachhaltigsten der Versuch des Maimonides haben die Anordnung der Traditionsblöcke innerhalb M normiert, ohne jedoch je zu voller Einheitlichkeit zu führen.

c) Ein Ordnungsprinzip der Mischna

Trotz einer gewissen Uneinheitlichkeit in der Textüberlieferung steht der Aufbau von M soweit fest, daß nach ihrem Ordnungsprinzip zu fragen ist, auch wenn man die Erklärung des Maimonides hinsichtlich der logischen Reihenfolge der Traktate nicht übernehmen kann. *Die Zuordnung der einzelnen Traktate zu ihren jeweiligen Sedarim* ist fast durchwegs vom Inhalt her sachlich gerechtfertigt. Problematisch sind Ber, Naz, Ed und Abot.

1. *Ber,* das sich v. a. mit den täglichen Gebeten befaßt, paßt an sich nicht zur Ordnung Zeraim, in der es um die Gesetze bezüglich der Landwirtschaft und ihrer Produkte geht. Seine Zuordnung zu dieser Ordnung dürfte wohl deshalb erfolgt sein, weil hier auch die Tischgebete mit ihren Segenssprüchen über die einzelnen Lebensmittel ausführlich besprochen werden. Die Thematik des Gebets führt zur Einordnung des Traktats ganz zu Beginn der Ordnung und somit der ganzen M, um deren religiösen Charakter von Anfang an klarzustellen.

2. Die Einordnung von *Naz* gibt schon in Sota 2a und Naz 2a zu Fragen Anlaß. Man begründet die Zusammenstellung mit Sota moralisierend: wer die des Ehebruchs Verdächtige verflucht sieht, wird sich den verführerischen Weingenuß abgeloben. Tatsächlich gehört Naz mit Ned zusammen: da der Traktat über die Gelübde wegen der besonderen Problematik der Gelübde von Frauen (Aufhebbarkeit durch Mann oder Vater: Ned X–XI) in der Ordnung Naschim aufgenommen wurde, fand hier auch Naz (als Sonderfall von Gelübden) seinen Platz, obwohl nur IV,1–5 und IX,1 von Frauen abgelegte Nasiräatsgelübde behandeln.

3. *Ed,* „Zeugnisse“, dürfte im Anschluß an Schebuot, „Schwüre“, in die Ordnung Neziqin gekommen sein, nachdem dieser Traktat mit seiner für M einzigartigen Anordnung nach Lehrmeistern und ohne thematische Einheit sonst nicht unterzubringen war. *Albeck* (Mischna IV 277) sieht die Aufnahme von Ed in Neziqin dadurch begründet, daß die in Ed enthaltenen Sprüche vor dem Sanhedrin in Jabne bezeugt wurden.

4. *Abot,* als einziger Traktat von M rein haggadisch und damit neben Ed

der zweite abnormale Traktat in M, hat nach *Albeck* (Mischna IV 348f) in
Neziqin Aufnahme gefunden, weil die „Väter" die Mitglieder des Sanhedrin waren. Diese Begründung ist jedoch recht zweifelhaft. In BQ 30a sagt
R. Jehuda: „Wer ein Frommer sein will, halte die Gesetze von den ‚Schädigungen'. Raba sagte: die Vorschriften der ‚Väter'. Manche sagen: die Vorschriften von den ‚Segenssprüchen'". Wenn hier Raba die Aussage Jehudas
spezifiziert, wäre damit für seine Zeit die Einordnung von Abot in Neziqin
belegt, aber noch nicht begründet. Eine logische Begründung ist wohl
nicht zu finden. Eher ist die historische Begründung von *A. Guttmann* zu
erwägen: Abot sei erst spät (um 300) in M eingefügt und daher an den
Schluß des Werkes gestellt worden, den damals gewöhnlich die Ordnung
Neziqin bildete.

Innerhalb der einzelnen Traktate ist zwar die thematische Anordnung
grundlegend; doch wird sie immer wieder durch Assoziationen unterbrochen, seien diese inhaltlich, formaler Art oder durch denselben Tradenten
gegeben. In Sota z. B. ist das eigentliche Thema die des Ehebruchs Verdächtige. Wie dieser Vergeltung nach dem Prinzip „Maß für Maß" zuteil
wird, so auch anderen, sei es zum Guten oder zum Bösen (I,7–9). Dem
Satz Jehoschuas über die sittenlose Frau folgt eine weitere Sentenz in seinem Namen, wer aller durch sein Verhalten die Welt zerstört (III,4). Beim
Speiseopfer der Sota wird unterschieden zwischen der Tochter eines Priesters und der Frau des Priesters, die Tochter eines gewöhnlichen Israeliten
ist: so kommt man auf die Unterschiede zwischen Priester und Priester-
tochter allgemein zu sprechen, ebenso auf den Unterschied zwischen Mann
und Frau. formal werden die Sätze durch die Einleitung *ma ben*, „was ist
(der Unterschied) zwischen …?" verbunden (III,7–8). Einem Spruch des
R. Aqiba mit Kommentar des R. Jehoschua in V,1 folgen in 2–5 weitere
Sprüche des R. Aqiba vom selben Tag (*bo ba-jom darasch R. Aqiba*), jeweils von R. Jehoschua und anderen ergänzt; der Anschluß ist dabei durch
die Namen Aqibas und Jehoschuas gegeben, ebenso wohl auch durch das
Stichwort „verunreinigen". Am umfangreichsten sind diese assoziativen
Einschübe in VII–IX: die Beschwörungsformel der Sota kann in allen
Sprachen gesprochen werden; was kann ebenso in allen Sprachen, was nur
in Hebräisch rezitiert werden? So kommt man zu liturgischen Fragen und
zum Thema des Kalbs, dem man das Genick bricht, wenn ein Mörder nicht
gefunden wird. Dieser Brauch hat mit dem Überhandnehmen der Mordfäl-
le aufgehört: was hat sich noch im Lauf der Zeit geändert? Von hier zieht
man die Verbindungslinie bis zu den Zeichen der Endzeit.

An anderen Stellen ist die Textfolge von M offenbar vom halakhischen
Midrasch beeinflußt und hängt vom Zusammenhang des Bibeltextes ab:
MSch V,10–14 erläutert z.B. Dtn 26,13–15; Jeb VIII spricht unmittelbar
nach einigen Bestimmungen über Männer, deren Geschlechtsglied ver-
stümmelt ist (Dtn 23,2f), über die Nichtaufnahme von Ammonitern und
Moabitern sowie die Aufnahme von Ägyptern und Edomitern in die Ge-

meinde (Dtn 23,4ff); auf die Erläuterung von Dtn 20,2–9 in Sota VIII folgt in IX die von Dtn 21,1–9; BM II,10 erwähnt den unter seiner Last erliegenden Esel (Ex 23,5), obwohl das nicht in den Zusammenhang gehört, weil im Kontext vom verirrten Vieh (Ex 23,4) die Rede ist; Mak II bringt Bestimmungen über den unvorsätzlichen Totschläger Dtn 19,4ff und die Asylstädte Dtn 19,2ff; diese gehören nicht in den Traktat, sind aber angeführt, weil Mak I von Fällen spricht, in denen falsche Zeugen Streiche erhalten sollen (Dtn 19,19). Schebu ist im wesentlichen aus der Erklärung von Lev 5 (Kap. I–V) und Ex 22,5–14 (Kap. VI–VIII) zusammengestellt.

Die dem modernen Leser unsystematisch wirkende Stoffzusammenstellung von M geht also auf verschiedene damals übliche Ordnungsprinzipien zurück. Völlige Kohärenz und Einheitlichkeit im System der Rabbinen dürfen wir prinzipiell nicht erwarten. Dennoch können, bei aller gebotenen Vorsicht, die Verschiedenheiten in der Anordnung des Stoffes in M sehr wohl für ihre Quellenanalyse und Traditionsgeschichte verwertet werden.

3) Die Entstehung

a) Die Tradition

Fast jede Darstellung der Entstehungsgeschichte von M beruht auf dem Schreiben des *Gaon Scherira von 987*, in dem er die Fragen der Gemeinde von Kairowan beantwortet: wie wurde M niedergeschrieben? Haben die Männer der Großen Synagoge zu schreiben begonnen und die Weisen jeder Generation einen Teil geschrieben, bis Rabbi kam und M abschloß? Das umfangreiche anonyme Material von M entspricht, wie sie wissen, der Lehre des R. Meir und die am häufigsten genannten Gelehrten – Meir, Jehuda, Jose und Simeon – sind Schüler Aqibas, nach dem die Halakha geht. Doch warum haben die Früheren den Späteren eine Fülle von Material überliefert und hat man dennoch bis zum Ende der Zeit Rabbis nichts aufgeschrieben? Des weiteren will die Gemeinde von Kairowan eine Begründung für die Anordnung der Traktate in M, Auskünfte über T usw. (ISG 4–6).

Die Antwort Scheriras fügt zerstreute talmudische Angaben zu einem geschichtlichen Abriß der talmudischen Zeit. Vor Rabbi gab es keine einheitliche Formulierung der Gesetze, geschweige denn eine geordnete M. Aus Sorge, die Lehre könne verloren gehen, machte sich Rabbi an die Redaktion von M. Dabei ging er nicht nach eigenem Gutdünken vor, sondern ließ die Tradition bis zurück zu den Männern der Großen Synagoge prüfen, um die als richtig befundenen Sätze wörtlich zu übernehmen (als Beleg gilt Sanh V,2, wo Ben Zakkai ohne den Titel Rabban genannt wird: diese Tradition soll aus der Zeit stammen, als er noch nicht ordiniert war).

Einzelne Traktate wie Uqtsin (lt. Hor 13b zur Zeit Simeons b. Gamaliel gelehrt) und Edujot (lt. Ber 28a am Tag der Einsetzung des Eleazar ben Azarja vorgetragen) lagen Rabbi schon fest vor und wurden von ihm nur durch Lehren aus der Zeit seines Vaters ergänzt. Die anonyme Lehre in M ist lt. Scherira tatsächlich jene Meirs, der sich auf Aqiba stützt, welcher wiederum von seinen Lehrern übernimmt. Eine schriftliche Fassung von M war früher nicht nötig, da alle einmütig dasselbe lehrten; erst durch die zahlreichen Schüler Hillels und Schammais kam es zu Meinungsverschiedenheiten.

ISG kommt zu dieser Schilderung einer einheitlichen Weitergabe der M-Lehre aus grauer Vorzeit, bis sie von Rabbi redigiert wurde, von ihrer Auffassung der mündlichen Tora aus, die als solche direkt auf Mose zurückgeht (wie andere explizit sagen). Dieses einheitliche Bild der Traditionsentwicklung dient Scherira im Kampf gegen die Karäer mit ihrer Abwertung der rabb. Überlieferung. Das hohe Alter der mündlichen Tora betont auch Saadja im Sefer ha-Galui (*S. Schechter*, Saadyana, C 1903, 5); doch begannen nach ihm schon die Männer der Großen Synagoge mit der Niederschrift von M. STA schließlich (Machzor Vitry, J 1963, 484) behauptet, gestützt auf Chag 14a: ,,Von den Tagen Moses bis auf Hillel gab es 600 Ordnungen der M, wie sie der Heilige Mose auf dem Sinai gegeben hatte; doch von Hillel an wurde das Ansehen der Tora schwach und so legten Hillel und Schammai nur 6 Ordnungen fest" (vgl. auch Responsum 20 in Shaare Teshubah. Responsa of the Geonim, NY 1946, und Bereschit Rabbati, ed. *Albeck* 48).

Die moderne Einleitungswissenschaft ist i. a. nicht über diese Ansätze hinausgekommen (vgl. *J. Neusner*, Hg., The Modern Study). Fast allgemein rechnet man mit einer langen Vorgeschichte von M: manche führen diese bis zur Offenbarung an Mose auf dem Sinai zurück (*D. Hoffmann*); i. a. läßt man sie jedoch mit dem Schriftstudium in der Exilszeit bzw. mit den Männern der Großen Synode einsetzen (z. B. *Z. Frankel*), wobei durch Esra ebenfalls der direkte Anschluß an die biblische Zeit gesichert ist. Auch die Haggada von den 600 Ordnungen von M vor Hillel oder zumindest die Schaffung der 6 Ordnungen durch Hillel selbst oder in seiner Zeit wird gerne übernommen (z. B. *N. Krochmal*). Andere wie *Ch. Albeck* nehmen im Anschluß an Scherira zwar keine feste Ordnung von M vor Rabbi an, halten jedoch ebenfalls daran fest, daß die Anfänge der in M niedergelegten Halakha Jahrhunderte älter als M selbst sind. Erst *J. N. Epstein* verzichtet weithin darauf, die vormischnaische Periode zu rekonstruieren und verläßt sich im allgemeinen auf eine literargeschichtliche Untersuchung von M selbst.

So ergeben sich als Festpunkte einer traditionellen opinio communis: Rabbi Jehuda ha-Nasi hat M redigiert; dabei hat er als Hauptquelle die M des R. Meir verwendet, der sich wieder auf die M seines Lehrers Aqiba stützt. Aber auch Aqiba war nicht der erste Redaktor von M, sondern greift auf eine „erste M" zurück, deren Wurzeln bis in die biblische Zeit zurückreichen.

Diese Darstellung scheint sich auf rabb. Zeugnisse stützen zu können; v. a. der R. Jochanan zugeschriebene Satz wird zitiert: „Anonyme Aussprüche von M *(stam matnitin)* – R. Meir, solche von T – R. Nechemja, solche in Sifra – R. Jehuda, solche in Sifre – R. Simeon. Und alle richten sich nach R. Aqiba" *(we-kulhu aliba deR. Aqiba:* Sanh 86a). Abgesehen von der Frage der Zuverlässigkeit dieser Tradition spricht der Text nicht explizit von geordneten oder gar schriftlichen M-Sammlungen Aqibas oder Meirs, sondern kann auch von der M zugrundeliegenden Halakha verstanden werden. Dasselbe gilt von Sanh III,4, wo Aqibas M der ersten M gegenübergestellt wird (ebenso Naz VI,1 und TMSch II,12, L. 253; Ket V,3 und Git V,6: die erste M gegenüber späteren Entscheidungen; TMSch II,1, L. 249, und Sifre Zutta Naso 5,10, H. 232 bezeichnen bestimmte Lehren als M des R. Aqiba): M kann hier auch eine einzelne Halakha sein. Eine redaktionelle Tätigkeit Aqibas ist damit nicht notwendig eingeschlossen. Eine solche scheint jedoch in zwei anderen Texten ausgesagt zu sein: „als R. Aqiba den Schülern Halakhot ordnete" *(mesader:* TZab I,5, R. 337), ließ er sie Gegengründe vorbringen. S. *Lieberman* (Hell. 91) versteht dies als Überprüfung der *hypomnēmata*, der Mitschriften der Studenten, und deutet diese Aussage wie auch pScheq V,1,48c („R. Aqiba, der Midrasch, Halakhot und Haggadot festlegte", *hitqin)* im Sinn einer redaktionellen Tätigkeit Aqibas.

So schwer diese rabb. Aussagen zu bewerten sind, kann man sie doch nicht einfach vernachlässigen. Das zeigen auch nichtjüdische Zeugnisse, nämlich zwei allerdings ungenaue oder verderbte Stellen des Epiphanius: „Denn die Überlieferungen der Alten heißen bei den Juden *deuterōseis.* Diese sind vier: eine läuft unter dem Namen Moses [*mischne tora,* das Dtn], die zweite nach dem sogenannten R. Aqiba, die dritte nach Adda oder Juda, die vierte nach den Söhnen der Hasmonäer" (Anordnungen des Johannes Hyrkan? oder Verstümmelung aus Hoschaja? Haer. 33,9, ed. Holl I, 459). Der Paralleltext (Haer. 15,2, Holl I,209) lautet: „Denn es gab bei ihnen vier *deuterōseis:* eine ist nach dem Propheten Mose benannt, die zweite nach ihrem Lehrer Akiba oder Barakiba, eine weitere nach Adda oder Annas, der auch Juda heißt, eine andere nach den Söhnen der Hasmonäer".

b) Bibelauslegung als Ursprung der Mischna?

Lit.: G. *Aicher,* Das Alte Testament in der Mischna, Freiburg 1906; G. *Haneman,* Biblical Borrowings in the Mishna (h), 4th WCJS, J 1968, II 95f; J. Z. *Lauterbach,* Midrash and Mishnah. A Study in the Early History of the Halakah, JQR 5 (1914f) 503–527; 6 (1915f) 23–95.303–323; Ndr. in: *ders.,* Rabbinic Essays, NY 1973 (= Cincinnati 1951), 163–256; E. Z. *Melamed,* Halakhic Midrashim in the Mishna and

Tosephta (h), Bar-Ilan 2 (1964) 84–99; *J. Neusner*, From Scripture to Mishnah: The Origins of Tractate Niddah, JJS 29 (1978) 135–148; *ders.*, From Scripture to Mishnah: The Origins of Mishnah's Division of Women, JJS 30 (1979) 138–153; *ders.*, From Scripture to Mishnah: The Origins of Mishnah's Fifth Division, JBL 98 (1979) 269–283; *ders.*, Scripture and Tradition in Judaism with special reference to the Mishnah, in: *W. S. Green*, Hg., Approaches to Ancient Judaism II, Chico 1980, 173–193; *S. Rosenblatt*, The Interpretation of the Bible in the Mishnah, Baltimore 1935; *R. S. Sarason*, Mishnah and Scripture: Preliminary Oberservations on the Law of Tithing in Seder Zera'im, in: *W. S. Green*, Hg., Approaches to Ancient Judaism II, Chico 1980, 81–96; *E. E. Urbach*, The Derasha as a Basis of the Halakha and the Problem of the Soferim (h), Tarbiz 27 (1957f) 166–182; *J. Weingreen*, From Bible to Mishna. The Continuity of Tradition, Manchester 1976; *S. Zeitlin*, Midrash: A Historical Study, in: *ders.*, Studies in the Early History of Judaism. History of Early Talmudic Law, IV, NY 1978, 41–56.

Die rabb. Auffassung vom sinaitischen Ursprung der mündlichen Tora läßt natürlich auch M am Sinai beginnen. Neben dieser These eines von Anfang an bestehenden Nebeneinander von mündlicher und schriftlicher Tora findet sich in der Tradition auch die andere Meinung, daß die mündliche Tora von der schriftlichen abgeleitet und deren konsequente Auslegung ist. Schon Scherira (ISG 39) behauptet, daß die frühen Lehrer in der Zeit des zweiten Tempels nach der midraschischen Methode von Sifra und Sifre vorgingen, also die Halakha aus der Bibel ableiteten bzw. im Anschluß an die Bibel lehrten, auch wo diese von der Bibel unabhängig ist. Diese wohl auch von der Polemik gegen die Karäer mitbestimmte Aussage Scheriras haben *N. Krochmal, Z. Frankel, J. Brüll, D. Hoffmann* u. a. übernommen (in impliziter apologetischer Abwehr der christlichen These vom „Spätjudentum": *J. Neusner*, JBL 98, 269). *J. Z. Lauterbach* (Rabb. Esssays 163ff) hat sie ausgebaut und die Makkabäerzeit als die Periode angesehen, in der neben die midraschische Methode der Halakha-Lehre die mischnaische getreten sei, welche die Halakha wie die uns vorliegende M ohne Bezug zur Bibel lehrt. Den Grund für das Aufkommen der mischnaischen Methode sah *Lauterbach* darin, daß in einer Periode ohne Lehrautorität zahlreiche Halakhot ohne biblischen Bezug sich eingebürgert hatten und nicht mehr zu verdrängen waren; zugleich konnten die Pharisäer die mit diesen nicht aus der Bibel abgeleiteten Halakhot verbundene Lehre von der mündlichen Tora als Stütze ihrer eigenen Lehrautorität verwenden.

Dagegen steht die Meinung, die Halakha sei ursprünglich nicht aus der Bibel abgeleitet und auch nicht im Rahmen der Exegese gelehrt worden; die mischnaische Methode sei also ursprünglicher als die midraschische. Dafür spricht, daß Halakhot frühester Autoritäten stets ohne biblische Begründung überliefert werden. Auch die Erzählung über Hillels Entscheidung hinsichtlich der Vorbereitung des Pesach-Opfers am Sabbat ist zu erwähnen (pPes VI, 1, 33 a: vgl. S. 24f), vorausgesetzt, sie ist zumindest in ihrem Kern historisch brauchbar. Vertreter dieser Meinung sind u. a.

Halevy (Dorot Ic 292ff; Ie 467ff), *G. Aicher* und *S. Zeitlin*. Nach *Zeitlin*
hat sich die Midraschform nur durchgesetzt, um den in der Zeit des zweiten Tempels entstandenen Halakhot höhere Autorität zu verleihen. Aus
Qid 49a („Was ist M? R. Meir sagt: Halakhot. R. Jehuda sagt: Midrasch";
vgl. Sanh 86a, wonach die anonyme M Meir entspricht, die anonyme Sifra
R. Jehuda) entnimmt *Zeitlin*, daß bei der Sammlung der Halakha in ein
einziges Corpus Meir eine thematische Anordnung vertreten habe, Jehuda
eine Anordnung gemäß dem Pentateuch.

Andere nehmen eine vermittelnde Position ein und vertreten ein Nebeneinander beider Methoden. *J. N. Epstein* (ITL 503ff) und *Ch. Albeck* (Einführung 56–93) nehmen zwar beide im Anschluß an Scherira den zeitlichen
Vorrang der midraschischen Lehrmethode an; doch betonen sie, daß sich
die Halakha vielfach zwar auf die Bibel stützt, sich jedoch nicht aus dieser
ableitet. *E. E. Urbach* nimmt an, daß in der Frühzeit die etablierten Autoritäten (der Sanhedrin und seine Gelehrten sowie die Gerichte) die Halakha
in Form von *taqqanot* und *gezerot* festsetzten, die autoritätslosen Soferim
hingegen sich auf die Bibelauslegung stützten. Erst langsam, mit der
Schwächung der bestehenden Institutionen, habe sich die Bibelauslegung
als gleichwertige Quelle der Halakha durchgesetzt; nach 70 begannen die
Gelehrten Soferim zu werden (Sota IX,15: im Kontext sind die Soferim
jedoch eher als Schullehrer zu verstehen, besagt also die Stelle einen Niedergang der Gelehrsamkeit vor dem Ende der Zeiten!) und schließlich
gewann die Schule Aqibas, die jegliche Halakha aus der Bibel ableiten
wollte, die Oberhand.

Nach unserem derzeitigen Wissensstand sind solche historische Rekonstruktionen kaum möglich. Der einfache Befund des M-Textes selbst zeigt,
daß es im wesentlichen drei Gruppen von Halakhot gibt: 1) solche, die aus
der Bibel abgeleitet sind; 2) von der Bibel unabhängige Halakhot; 3) unabhängig von der Bibel entstandene Halakhot, die nachträglich mit der Bibel
verbunden worden sind. Dem entspricht eine anonyme Aussage in Chag
I,8: „(Die Gesetze über) die Dispens von Gelübden hängen in der Luft und
haben nichts, worauf sie sich stützen können. (Die Halakhot über) Sabbat,
Feste und Vergreifung am geheiligten Gut sind wie Berge, die an einem
Haar hängen. Da gibt es wenig Bibel und zahlreiche Halakhot. Zivilrecht,
Tempeldienst, Reinheiten und Unreinheiten sowie Inzest(gesetze) haben
etwas, worauf sie sich stützen können. Sie sind das Wesen der Tora" (*gufe
tora*). *Ephrati* (Bar-Ilan 11) betont die schlechte Bezeugung der Leseart
„an einem Haar" (*be-sa'ara*) gegenüber der anderen Lesung „im Sturm"
(*samekh* statt *sin*); er sieht den Satz als Polemik gegen das Unternehmen
von Jabne, die Halakha systematisch zu lehren; während die einen Sätze
unbiblisch oder nur schwach durch die Bibel gestützt sind, sind die anderen die biblische Lehre (*gufe tora*) und bedürfen keiner systematischen
Neuordnung. Doch auch wenn *Ephrati's* Analyse historisch stimmt, ist
der Satz doch durch das Fehlen einer rabb. Antwort darauf schon positiv

aufgenommen und nur noch als faktische Feststellung des Verhältnisses der Halakha zur Bibel zu verstehen. Eine genaue Analyse jedes einzelnen M-Traktates, ja jedes einzelnen Komplexes an Gesetzen kann allein dazu führen, das Verhältnis von M zur Bibel genauer zu definieren. M bringt verhältnismäßig wenig Bibelzitate, und sogar diese sind zum Teil erst später hinzugefügt worden; auch ist eine Beweisführung aus der Bibel („wie geschrieben steht") relativ selten. I. a. macht M den Eindruck eines bewußten Bemühens, von der Bibel unabhängig zu sein. Doch zeigt eine genauere Betrachtung einzelner Traktate ein je verschiedenes Verhältnis zur Bibel: manche Traktate wirken wie eine bloße Paraphrase, Kommentierung und Erweiterung des Bibeltextes (so z. B. fast die ganze 5. Ordnung von M außer Tam und Mid, die nicht Bibelerklärung, sondern Darstellung der tatsächlichen Zustände zur Zeit des Tempels sein wollen; ebenso jene Traktate von Seder Toharot, die die Quellen der Unreinheit behandeln). *J. Neusner,* der beide Ordnungen ausführlich untersucht hat, betont allerdings zu Recht: „Sameness, five hundred years later, is the greatest difference" (JBL 98, 282): es geht ja nicht nur darum, bestimmte Bibelabschnitte wiederzugeben und zu kommentieren, sondern auch um die dabei getroffene Auswahl und die Perspektive der Wiedergabe (in der Qodaschim z. B. das Priestertum völlig ignoriert). „Mishnah constitutes a statement on the meaning of Scripture, not merely a statement of the meaning of Scripture" (ibid. 280). Andere M-Texte sind zwar auch erweiternder Bibelkommentar, wären aber aus dem Bibeltext allein nie zu erschließen (z. B. der Traktat Qinnim). Schließlich gibt es zahlreiche Passagen von M, die von der Bibel völlig unabhängig sind bzw. überhaupt in Widerspruch zu ihr stehen. Das gilt z. B. für weite Strecken der sechsten Ordnung, wo es um Orte und Objekte der Unreinheit und um Wege ihrer Beseitigung geht: hier werden eine ganze Reihe von grundlegenden Thesen für den Umgang mit der Bibel vorausgesetzt (z. B. jene, daß die Reinheitsvorschriften auch außerhalb des Kults gelten).

Ein historischer Schluß auf frühe Vorstufen von M ist von dergleichen Erkenntnissen her nicht möglich. M selbst behauptet auch in jenen Traktaten, die offenkundig auf der Bibel beruhen, keine sehr frühen Anfänge: die frühesten zitierten Autoritäten sind vom Beginn unserer Zeitrechnung. Andere Traktate (wie etwa Makhschirin), die von der Bibel ziemlich unabhängig sind, setzen erst nach 70 ein; aber auch solche Traktate, die biblische Grundlagen haben, kommen zu ihrer Interpretation erst aufgrund bestimmter bibelfremder Voraussetzungen. Die Feststellung von M-Einheiten, die nicht systematisch oder assoziativ, sondern in Anlehnung an den Bibeltext aufgebaut sind, kann daher im Einzelfall zur Quellenscheidung innerhalb von M dienen, nicht jedoch eine weiter zurückreichende Vorgeschichte von M belegen, die direkt mit der Bibel verbindet.

c) *Vorstufen unserer Mischna*

Der Versuch, auf dem Weg über eine frühe Stufe eines an die Bibel ange-
lehnten und aus der Exegese stammenden Halakha-Vortrages eine lange
Vorgeschichte von M zu erhellen, kann als gescheitert gelten; die Frage
nach Vorstufen unserer M bleibt dennoch aufrecht. Schon Scherira nimmt
an, daß Rabbi für seine M-Redaktion gewisse Traktate vorlagen, nämlich
Edujot und Uqtsin. Verschiedene Amoräer behaupten ebenfalls solche
Quellen Rabbis, nicht nur in der allgemeinen Aussage Jochanans Sanh 86a,
daß die anonyme M von R. Meir stammt und alle sich an R. Aqiba halten,
sondern auch in der Zuschreibung einzelner Traktate (ihres Grundstocks,
ihres anonymen Teils oder nur einzelner Halakhot?) an bestimmte Tannaiten vor Rabbi.

J. N. Epstein (ITL 25–58; ähnlich kurzgefaßt *E. E. Urbach*, EJ XII,
93–102) arbeitet eine Reihe von M-Sammlungen heraus, die auf die Zeit des
Tempels oder kurz nach seiner Zerstörung zurückgehen sollen. Dazu rechnet er den Grundstock von Scheq (Urheber Abba Jose ben Chanin: pScheq
VI,2,49d), Tam (Simeon von Mitspa: so Jochanan pJoma II,3,39d; dagegen Jakob bar Acha: nicht alles stammt von diesem, sondern nur die „Aussprüche, die den Rabbanan notwendig waren", *millin tserikhin le-rabba-
nan*, mit denen sie also übereinstimmten), Mid (Eliezer ben Jakob: Joma
16a; pJoma II,3,39d mit derselben Einschränkung wie zu Tam) und Joma,
wo wie in Mid schon Tam benützt worden sei. Ebenso rechnet *Epstein*
hierher Teile von Taan, Suk, Chag, Qid und einzelne Stücke in nahezu
allen Traktaten. Bei allen diesen Traktaten, auch Scheq, Tam und Mid,
rechnet er mit späterer Bearbeitung und Ergänzung (spätere Rabbinennamen), vertraut jedoch der weitgehenden Ursprünglichkeit der von ihm als
frühe M herausgearbeiteten Texte.

Epstein hat in seiner Argumentation viele Vorgänger (z. B. *D. Hoffmann*
und *L. Ginzberg*). Seine Hauptkriterien sind zum Teil inhaltlich – Dinge,
die mit dem Tempel(dienst) zu tun haben oder noch den König voraussetzen –, gelegentlich sprachliche Beobachtungen (so zu Tam oder Bik
III,1–8, einem oft zitierten Text, der die Darbringung der Erstlingsfrüchte
im Tempel durch Agrippa beschreibt: archaische Sprache, eigenartige Re-
dewendungen – doch reichen diese wenigen Bemerkungen für eine Quellenscheidung oder gar für eine solche Frühdatierung?), v. a. jedoch amoräische Zeugnisse, dieser oder jener Tannait stehe hinter einem bestimmten
Traktat. Solche talmudische Angaben sind jedoch kein Beweis, sondern
höchstens ein Hinweis auf eine mögliche Lösung, die mit anderen Methoden zu überprüfen ist. Wenn z. B. Eliezer b. Jakob in Mid II,5 und V,4
sagt: „*ich* habe vergessen, wozu es diente", geht nach *Epstein* (ITL 31)
daraus explizit hervor, daß die ganze uns vorliegende Beschreibung von
ihm stammt; sein Name sei hier eingefügt worden, um die Ich-Form zu
erklären. Das ist jedoch nicht beweiskräftig. Auch *Urbach*'s Verweis auf

Dem II,2–3, Chag II,7; III,6f als Zulassungsbedingungen zu einer Ge-
meinschaft, die Parallelen in Qumran haben, beweist nicht „the antiquity
of the formulation and phraseology of these halakhot" (EJ XII, 96), sondern höchstens das Alter ihres Inhalts.

Die internen Kriterien für eine Quellenscheidung – Sprache, Widersprüche innerhalb von M, Abhängigkeit einer Halakha von einer anderen,
eventuell auch formgeschichtliche Kriterien – müßten in einem viel größeren Maß angewandt werden, um zu einem überzeugenden Ergebnis zu
gelangen. Hier geht es ja nicht um die Datierung des Inhalts bestimmter
Halakhot, sondern um ihre literarische Verarbeitung (zur Kritik vgl.
J. Neusner, JBL 98, 278f Anm. 11). *Neusner* (Eliezer II 52) kommt durch
eine formkritische Analyse der Eliezer-Traditionen zu einem negativen
Ergebnis hinsichtlich einer fest formulierten M vor 70: „We do not have
any significant evidence that a corpus of Mishnah – whether in writing or
orally formulated and then orally transmitted in exactly the language of the
original formulation – lay before Eliezer".

Ch. Albeck (Einführung 94–129) sieht sich zwar gezwungen, die amoräischen Zuschreibungen von Tam und Mid zu akzeptieren (127),
schwächt sie aber dahingehend ab, „daß eine Anzahl von anonymen Leh-.
ren dieser Traktate sich in unserer Mischna in demselben Stile vorfinden, in
welchem sie im Trakt. Tamid durch R. Simon aus Mizpa und im Trakt.
Middot durch R. Elieser b. Jakob festgesetzt worden sind" (128). Der erste
redigierte Traktat von M ist nach ihm Edujot, der nach TEd I,1 (Z.454) auf
die Gelehrten in Jabne zurückgehen soll, die aus Angst, die Tora könne
vergessen werden, die Halakha in geordnete Form brachten, bei Hillel und
Schammai beginnend (122ff). Die vom Rest von M so abweichende Anordnung des Stoffes nach Tradentennamen und formalen Kriterien wie
auch die Tatsache, daß ein Großteil dieses Stoffes im sachlich richtigen
Zusammenhang auch in den anderen Traktaten vorkommt, ist nach *Albeck*
nur durch den zeitlichen Vorrang von Ed zu erklären. Allerdings liege der
Traktat uns nicht in der ursprünglichen Form vor, sondern mit vielen
Änderungen und Zusätzen aus späterer Zeit (für eine differenziertere Analyse des Traktats siehe *Epstein*, ITL 422–444, der 428 *Albecks* Meinung
ablehnt; vgl. auch *Neusner*, Phar II 326ff). *Albecks* These ist unhaltbar;
doch bleibt die Eigenart von Ed eine Tatsache, ob man sie nun historisch
durch das höhere Alter des Traktats oder durch die Herkunft aus einer
anderen Schule als der Rest von M erklären will. Doch ist eine beweisbare
Verwertung dieser Beobachtungen für die Redaktionsgeschichte von M
noch nicht gelungen.

Was *R. Aqiba* betrifft, nach dem sich lt. Sanh 86a alle richten, ist seine
Bedeutung für die Entwicklung der M-Tradition nicht zu bezweifeln.
Schon die Amoräer verweisen auf die Tatsache, daß Meir in seinem Hala-
kha-Vortrag nie im Namen des Aqiba zitiert (in M trifft dies tatsächlich
zu). R. Jochanan erklärt dies damit: „jeder weiß, daß Meir ein Schüler des

R. Aqiba ist" (pBer I,4b). Tatsächlich lassen sich viele anonyme Sätze von M als Lehre des Aqiba identifizieren (so immer wieder in bT). Eine Tradition in ARN A18 (Sch.67) vergleicht Aqiba einem Arbeiter, der in seinem Korb alles sammelt, was er findet, Weizen, Gerste usw., und daheim dann sortiert. „So tat R. Aqiba und machte die ganze Tora zu Ringen und Ringen", d.h. er ordnete sie „ringförmig", systematisch, an. Auch ist an den schon genannten Text des Epiphanius zu erinnern. Ebenso seien KohR 6,2; 12,7 und HldR 8,1 erwähnt, die jeweils als Beispiel von *mischnajot gedolot* u.a. die M des R. Aqiba zitieren (zur Problematik dieser Texte *Epstein*, ITL 71). Tatsache ist auch der bedeutende Umfang von Zitaten Aqibas in M sowie sein Anteil am anonymen Stoff von M.

Hier geht es jedoch nicht um die Frage, was Aqiba zum *Material* von M beigetragen hat, sondern darum: hat Aqiba eine geordnete, redigierte M-Sammlung geschaffen, die jetzt noch durch *literarische Kriterien* erfaßbar ist? Der relativ einheitliche Stil unserer M macht nicht nur die Auffindung von ipsissima verba Aqibas in M unwahrscheinlich, sondern noch mehr den Nachweis einer von Aqiba gestalteten literarischen Vorstufe von M unmöglich. Wenn z.B. *Epstein* (ITL 71) Aqiba als den Vater unserer M bezeichnet, mag dies zwar für den Stoff gelten, ist jedoch für die literarische Gestalt von M nicht beweisbar (vgl. *Ch. Primus*, Aqiva's Contribution to the Law of Zera'im, L 1977, 7: „In Aqiva's traditions on agriculture I see no evidence to suggest the existence of an Aqivan proto-mishnah"; vgl. ibid. 194). Wenn Aqiba eine Proto-M geschaffen hat, ist diese völlig im Werk seiner Schüler aufgegangen.

Ähnlich steht es mit der *M Meirs*, der immer wieder in M genannt wird und auf den sicher auch viele anonyme Halakhot zurückgehen. Seine M soll die direkte Basis der M Rabbis gewesen sein, auch wenn man nach Hor 13b–14a in Rabbis Haus die Namen derer nicht nennt, die einst die Würdestellung der Dynastie untergraben wollten (d.h. Meir und Natan). Man hat versucht, ganze Kapitel der heutigen M direkt auf Meir zurückzuführen (so Git VIII, Ed IV und Ber VIII: *Epstein*, ITL 99f). Doch kann man höchstens die Übereinstimmung der Lehre dieser Kapitel mit Meir bzw. seiner Generation beweisen, nicht hingegen die Annahme, daß Meir diese Sätze so formuliert und selbst zu geschlossenen Kapiteln zusammengestellt hat. Gerade die Gestalt Meirs ist trotz seiner häufigen Nennung als des Lehrers bestimmter Halakhot in M völlig ohne eigene Konturen. Von ihm gilt ebenso wie auch von den anderen Schülern Aqibas – Jehuda ben Ilai, Eleazar ben Schammua, Simeon ben Jochai und Jose ben Chalafta, aber auch Abba Saul, dessen M man zu rekonstruieren versucht hat –, daß wir bestenfalls das ihnen zugeschriebene Traditionsmaterial feststellen können, nicht jedoch ihre literarischen Spuren finden (insoweit sie je literarisch tätig gewesen sind!): „The men of the generations(s) following Meir were so successful at leaving their mark on these traditions that any reconstruction of the earlier shape of things must remain hypothetical at best" (R. *Goldenberg*, The Sabbath-Law of Rabbi Meir, Missoula 1978, 246).

Auch läßt sich aus Hor 13 b, wonach Meir und Natan Simeon ben Gamaliel durch die Aufforderung bloßstellen wollen, Uqtsin vorzutragen, einen Traktat, den er nicht beherrscht, aber noch rechtzeitig lernt, nachdem ihn Jakob b. Qodschi durch ständiges lautes Rezitieren des Traktats aufmerksam gemacht hat, nicht sicher schließen, der Traktat habe damals schon feste Gestalt gehabt; noch weniger beweist der Text, daß der Traktat in dieser Gestalt in unsere M übernommen wurde (wie dies ISG und viele andere annehmen). Und auch Kel XXX,4 beweist nichts, wenn Jose b. Chalafta sagt: ,,Wohl dir, Kelim: du hast zwar mit Unreinheit begonnen, aber mit Reinheit geendet". W. *Bunte* (zur Stelle in der Gießener M) rechnet mit Jose als dem Redaktor des Traktats bzw. als jemandem, dem der Traktat schon fertig vorlag; S. 7 hält er hingegen eine Endredaktion durch Rabbi für möglich. Der Satz kann sich ebenso gut auf eine frühere Form des Traktats oder auf eine nicht näher zu bestimmende Lehreinheit von Kelim beziehen oder auch nur auf die Praxis verweisen, auch bei negativen Themen einen positiven Abschluß zu suchen.

Die Vorgeschichte von M ist somit zumindest mit den derzeit zur Verfügung stehenden Methoden nicht als Rekonstruktion ihrer literarischen Quellen realisierbar. ,,Mishnah's formulation and its organization are the result of the work of a single ,generation' of tradents-redactors: tradents who formulate units of thought, and redactors who organize aggregations of said units of thought. Mishnah is not the product of tradents succeeded by redactors". Diese Feststellung *Neusner's* (JQR 80, 142) ist vielleicht ein wenig zu pessimistisch, was die Erhellung von Vorstufen von M betrifft (vgl. die Einschränkungen durch R. S. *Sarason*, ibid. 150), entspricht jedoch dem derzeit Beweisbaren. Sogar dort, wo Texteinheiten in M nach einem anderen Prinzip als der Rest von M zusammengeordnet sind (etwa nach rein formalen Kriterien in Meg I,4–11; Men III,4–IV,4 usw.), können wir zwar mit ziemlich fest geprägten Vorlagen rechnen, doch ist deren unveränderte Überlieferung nicht garantiert.

Mit relativ großer Sicherheit ist hingegen das Wachstum des M-*Stoffes* zumindest in den großen Etappen nachweisbar: eventuelle Anfänge vor 70 – Jabne – Uscha – Endredaktion, wie dies v. a. *Neusner* in seinen Arbeiten zur 3., 5. und 6. Ordnung von M und T gezeigt hat. Denn wenn auch die Zuschreibung einzelner Aussprüche an individuelle Meister immer wieder zu Zweifeln Anlaß gibt, ist doch ihre Einordnung in bestimmte Gelehrtengenerationen mit ziemlicher Sicherheit vorzunehmen und damit auch das umfangreiche anonyme Material weithin historisch einstufbar. Ein Fortschritt darüber hinaus, besonders auch die Beantwortung der Frage, ob dem Endredaktor von M festgeprägte schriftliche oder mündliche Quellen vorlagen, ist vielleicht durch verfeinerte Methoden in Zukunft zu erhoffen, derzeit jedoch nicht zu verwirklichen.

d) Die Redaktion der Mischna

Als Verfasser von M gilt in der rabb. Tradition einhellig R. Jehuda ha-Nasi, kurz Rabbi genannt (vgl. *Epstein*, ITL 200). „Rabbi und Rabbi Natan sind das Ende der Mischna, Rab Aschi und Rabina das Ende der (autoritativen) Lehre" *(hora'a:* BM 86 a). Dieser vielzitierte Satz schreibt selbstverständlich Rabbi nicht direkt die Abfassung von M zu, sondern markiert einfach mit seinem und R. Natans Namen das Ende der mischnaischen Periode. Doch zeugt die unbefangene Zuschreibung von M-Entscheidungen an Rabbi eindeutig für die Vorstellung, daß M das Werk Rabbis ist (z. B. Ket 95 a: „hier hat Rabbi anonym gemäß R. Meir entschieden, dort gemäß R. Jehuda"; R. Jochanan in pQid III, 14, 64 c; R. Simeon ben Laqisch in pSchab XIV, 1, 14 b usw.).

Doch kann M in ihrem gegenwärtigen Umfang keinesfalls von Rabbi selbst stammen. Sie hat vielmehr im Lauf der Zeit zahlreiche Zusätze erhalten. Dazu gehören v. a. jene Stellen, in denen Rabbi selbst genannt und seine Meinung der anderer gegenübergestellt wird (Naz I, 4; Mak I, 8 usw.: vgl. ITL 194–9), ebenso jene Stellen, in denen Lehrer genannt werden, die nach Rabbi gelebt haben: dies besonders in Abot (II, 2 Rabbis Sohn Gamaliel; VI, 2 Jehoschua ben Levi; ganz VI ist ein späterer Zusatz) und am Ende einiger Traktate (so in Sota IX, 15 – dort ist übrigens auch der Tod Rabbis erwähnt – und AZ II, 6, wo mit Rabbi und seinem Hof wohl Jehuda Nesia gemeint ist, sowie Uq III, 12 Jehoschua ben Levi). I. a. ist hier mit späteren Zufügungen zu M zu rechnen, die aus T, halakhischen Midraschim und Baraitot stammen, z. T. auch aus der amoräischen Diskussion von M, während an anderen Stellen einfach das „Ich" des Sprechers vom tradierenden Tanna durch „Rabbi" ersetzt worden ist (hier ist jedoch eine Fehlerquelle: Rabbi ist nicht nur Jehuda ha-Nasi; jeder Tanna nennt seinen eigenen Meister Rabbi). Somit sind diese Stellen kein entscheidender Einwand gegen die Annahme Rabbis als des Redaktors von M, solange wir damit rechnen, daß der Text eine Zeitlang eine gewisse Beweglichkeit bewahrt hat (vgl. *Epstein*, ITM 946ff).

Gewöhnlich kann man die Zuschreibung einer Schrift an einen bestimmten Verfasser auch dadurch überprüfen, daß man die Schrift mit den anderswo überlieferten Meinungen des Genannten vergleicht. Bei M ist ein solcher Vergleich schon insofern sehr schwierig, als gerade die Nennung Rabbis sehr oft auf Überlieferungsfehler zurückzuführen ist (irrtümliche Auslassung des Namens hinter dem Titel Rabbi, falsche Auflösung von Abkürzungen wie R.J. und damit die Verdrängung von Jochanan oder Jonatan durch Rabbi usw.). Eine umfassende Untersuchung der Rabbi zugeschriebenen Traditionen gibt es noch nicht. Vor allem hängt die Frage eng mit dem Problem der Zielsetzung von M zusammen, die anschließend zu besprechen sein wird.

Wie die Amoräer immer wieder betonen, entspricht die anonyme Lehre von M – also jener Teil, den man als die Meinung des Redaktors ansehen kann – in vielen Fällen nicht der sonst bezeugten Meinung Rabbis (vgl. ITL 200ff). Wiederholt heißt es: ,,M ist nicht wie Rabbi" (pBetsa II,3,61b zu Betsa II,3; RH 19b zu RH I,3; Ar 31a zu Ar IX,3 usw.). Men 72a verweist auf einen Widerspruch innerhalb M und spricht die eine Meinung Rabbi, die andere R. Eleazar ben R. Simeon zu. Widersprüche gibt es auch zwischen anonymen Lehren von M und Rabbi zugeschriebenen Sätzen in T (vgl. z. B. TBer III,18, L. 16, mit Ber IV,5; TSchab X,19, L. 45, mit Schab XI,6 usw.). Als Erklärung solcher Widersprüche kann man den Rabbi zugeschriebenen Satz zitieren: ,,ich betrachte ihre Worte als besser im Vergleich zu meinen Worten" (Kil II,11; statt des R. Meir omer der üblichen Ausgaben ist die Lesart Rabbi omer vorzuziehen; cf. ITM 1203); in Er 38b heißt es zu solchen Stellen: ,,Rabbi lehrte dies, ist jedoch nicht dieser Ansicht". Damit sind also sowohl spätere Meinungsänderungen Rabbis wie auch die Übernahme von etablierten Meinungen durch ihn auch in Fällen, wo er persönlich nicht derselben Meinung ist, in Betracht gezogen.

Diese Annahmen sind nicht unwahrscheinlich, fordern jedoch eine weitere Erklärung: warum überliefert Rabbi Sätze, mit denen er nicht (mehr) übereinstimmt? Was beabsichtigt er unter dieser Voraussetzung mit M? Hat er in diesem Fall irgendwo seine eigenen Meinungen niedergelegt? E. Z. Melammed (Introduction 120) nimmt z. B. eine Privatsammlung des Hauses Rabbis an; diese wurde von seinen Schülern und Söhnen redigiert und ist uns – so Melammed – vor allem in T erhalten, wo Rabbi etwa 250 mal erwähnt wird, aber auch in den Talmudim und in den halakhischen Midraschim (vgl. Epstein, ITM 43ff, zu den zahlreichen Traditionen debei Rabbi). Auch Albeck (Einführung 161f) rechnet mit einer Privatsammlung des Lehrhauses Rabbis, mit einem ,,Talmud" Rabbis (pSchab XVI,1,15c), der in Ergänzung zu M vorgetragen worden sei und die Gesetzesentscheidungen enthalten habe.

Die Antwort auf die Frage, warum Rabbi Sätze überliefert, mit denen er nicht übereinstimmt, wie auch die nähere Bestimmung der angenommenen Privatsammlung Rabbis hängt eng mit dem alten Problem zusammen, welchen Zweck M verfolgt: ist sie eine bloße Quellensammlung, ein Lehrbuch oder ein Codex der geltenden Halakha?

Ch. Albeck vertritt die Meinung, daß Rabbis Grundsätze bei der Redaktion von M ,,die Grundzüge für eine jede rein ‚wissenschaftlich' orientierte Sammlung darstellen. Der Redaktor sammelte die Quellen, er klärte die wichtigsten Lesarten ab ..., überlieferte also einen ‚eklektischen' Text aus den ‚dreizehn Arten' der Halacha, die er gelernt hatte (s. Bab. Ned. 41a), aber er änderte diese nicht und fügte ihr nicht seine eigenen Ansichten ein" (Einführung 157). ,,Dass die Halachot bei der abschließenden Redigierung nicht verändert worden sind, sondern in genau derselben Sprache festgesetzt und geordnet wurden, in welcher sie überliefert waren ... Hieraus ist zu folgern, dass der Redaktor sich nicht zum Ziele gesetzt hatte, in seiner

Mischna halachische Entscheidungen ‚für die Praxis‘ *(lemaʿase)* zu ordnen“ (Einf. 155; vgl. 156 und 463f). Die Entscheidung *Albecks* beruht auf seiner Auffassung, daß „der Redaktor der Mischna keine Änderungen, keine Umstellungen und keine Kürzungen an dem Stoff vornahm, der ihm vorlag, sondern ihn in unserer Mischna so festlegte, wie er ihn empfangen hatte“ (149).

Abr. Goldberg (Purpose) leitet wie sein Lehrer *Albeck* aus den Wiederholungen, der sprachlichen Uneinheitlichkeit innerhalb M usw. ab, daß diese kein Codex des geltenden Rechts sein kann. Vielmehr sieht er in M ein vor allem nach pädagogischen Kriterien aufgebautes *Lehrbuch*, das in möglichst gut merkbarer Weise möglichst viel in möglichst kurzer Form bietet. Diese Absicht zeige sich v. a. in der Kombination der Quellen durch Rabbi.

J. N. Epstein (ITL 224–6) schließlich hält sich an die verbreitetste Meinung, M sei ein *Gesetzeskanon*, in dem die anonym gebotenen Entscheidungen jeweils die geltende Halakha darstellen, auch wenn im Einzelfall die Gesetzesentscheidung von M nicht immer sofort zu ersehen ist. In Hinblick auf einen Codex habe Rabbi ihm vorliegende Halakhot geändert, ergänzt oder getilgt, überprüft und revidiert, verschiedene Quellen miteinander verbunden, aber auch die Mehrheitsmeinung seiner eigenen vorgezogen.

Tatsächlich haben die Amoräer spätestens ab der 3. Generation M als Gesetzescodex und in sich völlig einheitliches System betrachtet. Das führte oft zu recht gezwungenen Auslegungen, gelegentlichen Textkorrekturen und der häufigen Annahme elliptischer Ausdrucksweise in M (*chasore mechasra*, „es fehlt etwas“, als Deutungsprinzip: dazu *Epstein*, ITM 595–672). Ähnlich wie in der Bibelauslegung ging man davon aus, daß es in M keine unnötigen Wiederholungen gebe. Diese amoräische Auslegung ist für die Wirkungsgeschichte von M bedeutsam, sagt jedoch nichts über die ursprüngliche Absicht von M. Diese ist vielmehr aus inneren Kriterien zu erheben, die wiederum nicht eindeutig sind, wie die so verschiedene Beurteilung durch so hervorragende Kenner der Materie wie *Epstein* und *Albeck* hinlänglich zeigt.

Für die Auffassung von *M als Quellensammlung* scheinen die Wiederholungen von Halakhot, die inneren Widersprüche, die Abweichungen der anonymen Entscheidungen gegenüber den anderwärts, in T und den Baraitot, als Halakha Rabbis zitierten Ansichten ebenso zu sprechen wie manche sprachliche Beobachtungen. Wiederholungen und noch mehr Widersprüche sind in einem Codex geltenden Rechts schwer erklärlich. Andererseits dürfen wir M nicht nach heutigen Kriterien beurteilen. Oft kommen Wiederholungen zustande, weil Traktate oder auch Kapitel möglichst geschlossene, in sich stehende Einheiten bilden sollen, oder auch, weil M zuweilen größere Texteinheiten zitiert, auch wenn nicht alles in den jeweiligen Zusammenhang gehört (v. a. bei den nach formalen Kriterien zusam-

mengestellten Halakhot oder etwa bei der Zusammenstellung der Erleich-
terungen der Schule Schammais gegenüber jener Hillels in Betsa). Auch die
Aufnahme nicht mehr geltenden Rechts (z. B. Toharot) spricht weniger für
einen Codex als vielmehr für eine Traditionssammlung bzw. ein Lehrbuch,
kann allerdings auch in Hinblick auf die Zukunft erfolgt sein, in der die
Erfüllung dieser Halakhot wieder möglich würde.

Eine wörtliche Übernahme von unveränderten Quellentexten erklärt jedoch nicht die Gesamtheit der literarischen Eigenheiten von M und ist
auch keine notwendige Erklärung. Auch ist zu fragen, ob eine Quellensammlung in sich, ohne Bearbeitung oder bestimmte Zielsetzung, im damaligen Rabbinat überhaupt einem Bedürfnis entsprochen hätte (zumal
diese Sammlung ja alles andere als vollständig ist).

Was die Widersprüche in M betrifft, behilft sich z. B. Men 72 a mit der
Identifizierung der Autoren: in Men X,9 heißt es von der Erstlingsgarbe,
sie sei in Ordnung, wenn sie bei Tag geschnitten werde; nach Meg II,6
hingegen ist die ganze Nacht für das Schneiden der Gerstengarbe geeignet.
Nach Men 72 a stammt die eine Entscheidung von R. Eleazar, die andere
von Rabbi. Demnach würde M nicht immer die Diskussion entscheiden
und auch die anonyme Meinung nicht unbedingt mit der Rabbis übereinstimmen, der Redaktor vielmehr eine Diskussion unentschieden überliefern und seine eigene Meinung an anderer Stelle einfügen. Gerade die
Auflösung von Widersprüchen in M ist äußerst problematisch und wird zu
leicht von einer vorgefaßten Meinung über Rabbis Intentionen beeinflußt.

Die Auffassung von *M als Lehrbuch* nimmt eine Mittelstellung ein. Die
formalen Anforderungen an ein solches sind nicht so strikt wie bei einem
Codex; didaktische Motive könnten im Vordergrund stehen und so die Art
der Quellenverarbeitung (doch wie erkenne ich diese?) und v. a. auch Wiederholungen erklären. Den heutigen Anforderungen an ein Lehrbuch würde M allerdings durchaus nicht entsprechen: zuviel wird als bekannt vorausgesetzt. Wenn M ein Lehrbuch gewesen sein sollte, so jedenfalls keines
für den Autodidakten, sondern eines, das als Leitfaden im Unterricht dienen konnte, eine Kurzfassung der Lehre nach einer breiteren Darstellung
und Erklärung, stets von Erläuterungen begleitet und an bestimmte Wis-
sensvoraussetzungen geknüpft, die nicht die heutigen sind. Auch wissen
wir zu wenig über das rabb. Schulsystem und seine pädagogischen Methoden, um hier zu Sicherheit zu gelangen.

Die Sicht von *M als Codex* ist zwar traditionell geworden, hat jedoch
(aus heutiger Sicht) mit den größten Schwierigkeiten zu kämpfen. *Dagegen*
sprechen v. a. die schon genannten Aspekte, deretwegen sich *Albeck* für
eine Quellensammlung entscheidet, ebenso die Tatsache, daß in einem
Codex die Diskussion, die zur Entscheidung hinführt, mit ihren Gegenar-
gumenten nur verwirren könnte, und auch die (wohl nicht nur für den
heutigen Leser) oft schwierige Entscheidung, was denn tatsächlich die geltende Halakha ist. *Dafür* (aber auch für die These der Sammlung) spricht

neben der Wirkungsgeschichte v. a. die Tatsache, daß M Sätze als Halakha bringt, die der anderwärts als Rabbis Lehre gebotenen Meinung widersprechen. Das zusammen mit dem viel häufigeren Befund, daß die anonyme Schlußentscheidung in einer Diskussion mit anderwärts Rabbi zugeschriebenen Thesen übereinstimmt, legt nahe, daß Rabbi versucht hat, eine allgemein annehmbare Zusammenfassung der Halakha zu finden, auch wenn er nicht in allen Einzelheiten damit übereinstimmt. Auch ist es nicht notwendig, M als ganz persönliches Werk Rabbis zu sehen. Es ist sogar wahrscheinlicher, M als den in seiner Schule gebotenen Lehrvortrag anzusehen, nicht als das Werk eines einzelnen, sondern einer Gruppe mit Rabbi an der Spitze. Das könnte auch mit dazu beigetragen haben, daß M so gar keine persönliche stilistische Handschrift trägt.

Ob M ursprünglich als Sammlung, Lehrbuch oder Codex konzipiert war, ist mit unserem heutigen Wissen nicht eindeutig zu beantworten. Es ist wohl auch nur eine moderne Alternative. Im Prinzip gilt ja die alte Tradition als in der Lehre weiterzugebendes Gesetz, womit die Begriffe in etwa ineinanderfallen. Auch ist eine gewisse Entwicklung nicht auszuschließen: so mag die Zusammenfassung der Halakha in der Schule Rabbis, mit ihrem Streben nach Einschluß der verschiedensten Lehrmeinungen im Rabbinat sicher auch ein politischer Akt im Bemühen um eine Vereinheitlichung des Judentums unter der Leitung des Patriarchenhauses, zuerst primär Basis der Lehre in der Schule, zugleich natürlich Grundlage der Entscheidungen im Gericht Rabbis gewesen sein. Die überragende Autorität Rabbis hat dann dazu geführt, daß das Werk sehr bald als Codex des bindenden Rechts für das gesamte rabb. Judentum betrachtet wurde, wie die Bibel ein Grundstein und eine Basis neuer Entwicklung durch Interpretation (vgl. *Epstein,* ITM: ab etwa der 3. amor. Generation ändert sich die Einstellung zu M; man gibt ihr im Notfall eine sehr gezwungene Deutung oder korrigiert auch ihren Text, widerspricht ihr aber nicht mehr mit Baraitot).

Wie ist die *Redaktion und Veröffentlichung von M* zu denken? Die Redaktionsarbeit bestand im wesentlichen in Sichtung, Zusammenstellung, Auswahl und Ergänzung überkommener Tradition zu einem organischen Ganzen, nicht als Schreibtischarbeit, sondern im Schulbetrieb, als Teamarbeit unter der Führung Rabbis und in Fragen des praktisch anwendbaren Rechts sicher auch im Zusammenspiel mit dem Gericht des Patriarchen. Was die Veröffentlichung betrifft, ist nicht an eine offizielle schriftliche Ausgabe zu denken, deren Erstexemplar etwa am Patriarchenhof zu Einsicht und Kontrolle hinterlegt worden wäre. Es gab nur inoffizielle Niederschriften, die jeweils wohl nur einzelne Teile umfaßten, was zu der schon festgestellten Beweglichkeit in der Überlieferung des Gesamtwerks und seiner Anordnung führte. Wenn es eine offizielle Publikation gegeben haben sollte, ist diese am ehesten in der von *S. Lieberman* vermuteten Form zu denken (vgl. S. 50f), nämlich durch peinlich genaues Anlernen einer Zahl von Tannaim, die dann jederzeit in der Lage waren, die jeweils gewünschte Texteinheit zu rezitieren. Das ergab eine gewisse Beweglichkeit des Textes, insofern diese „lebenden Ausgaben" den Text durch im Schulbetrieb gebrachte kurze Erläuterungen ergänzen konnten, bis in die Zeit der Enkel Rabbis auch deren für wichtig gehaltene Entscheidungen hinzufügen durften, im Lauf der Überlieferung entstandene Fehler korrigierten (nicht unbedingt als Wiederherstellung der ursprünglichen Fassung!) usw. Zugleich bedingte diese Traditionsform aber auch eine gewisse Starrheit des Textes, eine Eigengesetzlichkeit der Tradition, über die der ursprüngliche Herausgeber nicht mehr ohne weiteres frei verfügen könnte; Meinungsänderungen ließen sich nicht leichthin in den Text einbauen; diesbezügliche Versuche trugen wohl auch zur Auffächerung der Texttradition bei, und dies besonders, sobald M auch in anderen Schulzentren übernommen wurde.

Die „Kanonisierung" von M ab der Mitte des 3. Jhs. bewirkte nicht unbedingt eine Erstarrung der Texttradition, sondern veranlaßte ihrerseits wieder Textänderungen (Harmonisierung mit der geübten Halakha), erklärende und ergänzende Zufügungen. Die Kommentierung von M in der amoräischen Zeit wirkte ebenfalls auf den Text zurück; neue Möglichkeiten der Textveränderung ergaben sich dann mit der überwiegend schriftlichen Weitergabe von M. Nur diese letzte Stufe der Textentwicklung ist der Textkritik faßbar. Diese kann nie auf eine Urschrift von M zurückführen, da es eine solche wohl nie gegeben hat. Die frühere Textgeschichte von M ist uns zwar durch verschiedene MSS und Talmuddiskussionen punktuell faßbar, läßt jedoch kein definitives Urteil über M zur Zeit Rabbis zu.

Zusammenfassend läßt sich nur die Kristallisation der Tradition im Kreis um Rabbi zu einem geordneten Ganzen feststellen, das noch etwa fünfzig Jahre gewisse Wachstumsmöglichkeiten hatte, bevor M der üblichen Textgeschichte kanonisch gewordener Schriften unterworfen wurde. Die hier gebotene Skizze der Redaktion und Veröffentlichung von M hat eine gewisse Wahrscheinlichkeit für sich, muß jedoch mit zu vielen Unbekannten rechnen, als daß man sie schon für gesichert halten könnte.

4) Der Text: Handschriften und Ausgaben

Lit.: J. N. Epstein, ITM; *M. Schachter,* Babylonian-Palestinian Variations in the Mishna, JQR 42 (1951 f) 1–35; *ders.,* The Babylonian and Jerusalem Mishnah textually compared (h), J 1959; *S. Zeitlin,* Ha-Mischna sche-ba-Talmud Jeruschalmi we-ha-Mischna sche-ba-Babli, FS Z. Shazar, J 1972, 539–548.

a) Handschriften

In der handschriftlichen Überlieferung des M-Textes ist zwischen dem palästinischen und dem babylonischen Texttypus zu unterscheiden. Diese beiden Typen gehen schon auf die früheste amoräische Texttradition zurück, waren jedoch nie in ihren jeweiligen Ländern einheitlich ausgeprägt, sondern wohl von Schule zu Schule leicht unterschiedlich (vgl. *B. M. Bokser* in *Neusner*, Hg., The Modern Study 33 f, in Kritik an *Epstein*). Auch in ihrer späteren Ausprägung sind die Typen nicht rein erhalten, sondern haben sich gegenseitig beeinflußt (z. B. babylonische Vokalisierung eines paläst. Textes). Des weiteren ist prinzipiell bei Talmud-MSS zwischen dem der Gemara vorangestellten M-Text und dem Text zu unterscheiden, der in der Diskussion der Gemara selbst zitiert oder vorausgesetzt wird.

1. Genizafragmente

Die ältesten erhaltenen M-Texte sind einzelne Fragmente aus der *Geniza von Kairo*. Diese sind jetzt auf verschiedene Bibliotheken und Museen aufgeteilt (v. a. Cambridge, Oxford, London, Leningrad und New York). Sie sind von sehr unterschiedlichem Wert: die ältesten unter ihnen stammen vielleicht aus dem späten 7. oder 8. Jh., die jüngsten sind mehr als 800 Jahre jünger. Besonders bedeutend sind die vokalisierten Texte: vertreten sind sowohl die alte palästinische wie auch die tiberianische und die babylonische Vokalisierung. Die Geniza-Fragmente sind erst zum Teil veröffentlicht:

N. Alloni, Hg., Geniza Fragments (12 Fragmente aus M, meist vor dem 11. Jh.; umfassende hebr. Einführung); *A. I. Katsh*, Ginze Mishna. One Hundred and Fifty Nine Fragments from the Cairo Geniza (h), J 1970 (Fragmente aus der besonders wertvollen Antonin-Sammlung Leningrad, u. a. MS 262, das einen Großteil von Toharot umfaßt. Edition nicht zufriedenstellend); *I. Yeivin*, A Collection of Mishnaic Geniza Fragments with Babylonian Vocalization. With Description of the Manuscripts and Indices (h), J 1974. – *N. Allony*, Qeta Mischna im Niqqud Erets-israeli, FS Ch. Albeck, J 1963, 30–40 (dazu ibid. 114–122 *A. Greenbaum*, Biurim ...); *ders.*, Qeta Mischna Nusaf be-Niqqud Erets-israeli, Sinai 72 (1973) 11–29 (2 Blätter, 10.–11. Jh., Sanh X,6–Mak I,1; Schebu VI,3–VII,7); *Ch. B. Friedmann*, Zur Geschichte der ältesten Mischnaüberlieferung. Babyl. Mischna-Fragmente aus der Altkairoer Geniza, veröffentlicht und kritisch untersucht, Jb der Jüdisch-Literarischen Gesellschaft 17, F 1927, 265–288; *P. Kahle – T. Weinberg*, The Mishna-Text in Babylonia. Fragments from the Geniza, HUCA 10 (1935) 185–222; *P. Kahle*, The Mishnah Text in Babylonia II, HUCA 10 (1935) 185–222; *P. Kahle*, The Mishnah Text in Babylonia II, HUCA 12–13 (1937f) 275–325; *A. I. Katsh*, Unpublished Geniza Fragments of Pirke Aboth in the Antonin Collection in Leningrad, JQR 61 (1970f) 1–14; *R. Mirkin*, Two Mishna Fragments from the Cairo Genizah (h), H. Yalon Memorial Volume, J 1974, 371–384; *S. Morag*, Mischnajot min ha-pereq „Ba-me madliqin" bi-schne kitbe-jad schel Genizat Qahir, Studia Orientalia, GS D. H. Baneth, J 1979, 111–123 (Schwab II); *A. Murtonen*, Qetaʿe Mischna be-Niqqud Babli, Leschonenu 21 (1956f) 1–6; *S. Sharvit*, Tractate Bikkurim: The Printed Edition Compared with Genizah Fragments (h), Bar-Ilan 6 (1968) 22–32. Kurzbeschreibung und Listen von Geniza-Fragmenten in *N. Sacks*, Hg., Mischna Zeraim I, J 1972, 87–112; II, J 1975, 39–43.

2. Die wertvollsten vollständigen M-Handschriften

MS Kaufmann: Bibl. der ungar. Akad. der Wissenschaften, Budapest, Sammlung Kaufmann A 50. Wichtigstes und, abgesehen von den Geniza-Fragmenten, ältestes M-MS (viell. 1. Hälfte 13. Jh.). Paläst. Texttypus mit nachträglicher tiberianischer Vokalisierung. Schrift wohl italienisch. 286 Blatt, Text bis auf ein Blatt (Ker III,7–V,2) vollständig. Beschreibung bei _S. Krauss_, MGWJ 51 (1907) 54–66; 142–163; 323–333; 445–461; Faksimile-Ausgabe durch _G. Beer_, Den Haag 1929, verkleinerter Ndr. J 1968.

MS Parma, Biblioteca Palatina, De Rossi 138. 195 Blatt, etwa Mitte 13. Jh. Paläst. Texttypus in orient. Quadratschrift, nachträglich teilweise durchvokalisiert. Faksimile-Ausgabe J 1970, 2 Bde. _Z. Feintuch_, on the Parma MS (h), Bar-Ilan 18–19 (1981) 196–217, möchte das MS in das 11. Jh. datieren, womit es die älteste erhaltene vollständige Handschrift von M wäre.

MS Cambridge: Univ. Bibl. Add. 470,1. 250 Blatt, etwa 1400. Jerusalemer Textfamilie, sephard.-griech. Schrift. Veröffentlicht von _W. H. Lowe_, The Mishnah on which the Palestinian Talmud rests, C 1883, Ndr. J 1967.

Vollständiger M-Text auch in den beiden vollständigen Talmud-MSS: _Leiden_, Univ. Bibl., Sammlung Scaliger 3, für pT; für bT: _München_, Staatsbibl., Cod. hebr. 95.

Von besonderer Bedeutung ist der M-Text im Autograph des M-Kommentars von Maimonides (siehe S. 147 f). Wichtig auch Codex Paris 328–329 (Faksimile mit Einleitung von M. Bar Asher, 3 Bde, J 1973), der in 2 Bänden die gesamte M mit hebr. Übersetzung des M-Kommentars von Maimonides enthält; 1388–1391 in Cesena geschrieben. Codex Parma ,,B'' De Rossi 497, Seder Toharot (Faksimile mit Einleitung von M. Bar Asher, J 1971).

Kurze Beschreibung der MSS: _N. Sacks_, Hg., Mischna Zeraim I, 1972, 65–81; II, J 1975, 55.

b) Drucke

1. Frühe Drucke

Vom um 1485 entstandenen Erstdruck der M sind nur einzelne Blätter erhalten; so gilt die Ausgabe Neapel 1492 als editio princeps, die ein Werk von J. S. Soncino ist. Enthält auch den hebr. Maimonides-Kommentar; von hier ist wohl auch zum Großteil der M-Text übernommen worden. Dieser ist ein Mischtext, näher beim paläst. Typus, doch babylonisch beeinflußt. Vgl. _Epstein_, ITM 1275–8 und _A. M. Haberman_ in der Einleitung zum Nachdruck der Ausgabe, J 1970. Die späteren Drucke bieten i. a. den babyl. Texttypus, so der Druck Justiniani, V 1546f, und die Ausgabe V 1548 f mit dem Kommentar des Obadja von Bertinoro. Jom Tob Lipmann Heller gab eine aufgrund von MSS korrigierte Ausgabe mit eigenem Kommentar (Tosafot Jom Tob) heraus: Prag 1614–7; Krakau 1643 f. Diese Ausgabe wurde die Grundlage aller späteren Drucke. Von diesen ist v. a. die Ausgabe Romm, 13 Bde, Wilna 1908f zu nennen (schon 1887 begonnen, nach Unterbrechnung 1908 erweitert, nachgedruckt und vollendet).

2. Moderne Gesamtausgaben

Ch. Albeck, Schischa Sidre Mischna, 6 Bde, J 1952–8, mehrmals nachgedruckt. Text vokalisiert von *H. Yalon.* Einführungen und kurze Anmerkungen zu den einzelnen Traktaten. Praktische Handausgabe (dazu *Abr. Goldberg,* KS 34, 1958f, 274–280).

Zwei *kritische Ausgaben* sind in Arbeit:

Die sogenannte „*Gießener Mischna*". Erscheint seit 1912, begründet von *G. Beer* und *O. Holtzmann,* derzeit von *K. H. Rengstorf* und *L. Rost* geleitet. Bis 1935 in Gießen erschienen, dann in Berlin, dort 1956 wieder aufgenommen. Text, deutsche Übersetzung, Einleitung, Kommentar in Form von Fußnoten; wertvoller textkritischer Anhang. Die Qualität der in Berlin erschienenen Bände hat gegenüber früheren Ausgaben sehr zugenommen. In den früheren Bänden wurde ein Mischtext erstellt, in den späteren Codex Kaufmann als Grundtext verwendet; die Varianten der MSS sind in den kritischen Apparat verwiesen, wie das dem heutigen Stand der Textforschung zu M entspricht. Bis 1980 sind insgesamt 38 Traktate erschienen; allein die Ordnung Zeraim ist schon vollständig. Liste der erschienenen Traktate:

Zeraim: Ber *O. Holtzmann* 1912; Pea *W. Bauer* 1931; Demai *W. Bauer* 1931; Kil *K. Albrecht* 1914; Schebi *D. Correns* 1960; Ter *E. Güting* 1969; Maas und MSch *W. Bunte* 1962; Challa, Orla, Bik *K. Albrecht* 1913.1916.1922. – *Moed:* Schab, Er *W. Nowack* 1924.1926; Pes *G. Beer* 1912; Joma *J. Meinhold* 1913; Suk *H. Bornhäuser* 1935; Betsa *W. E. Gerber* 1963; RH *P. Fiebig* 1914; Meg *L. Tetzner* 1968; MQ *E. L. Rapp* 1931. – *Naschim:* Jeb *K. H. Rengstorf* 1929, verbess. Ndr. 1958; Naz *M. Boertien* 1971; Sota *H. Bietenhard* 1956. – *Neziqin:* BQ, BM, BB, Hor *W. Windfuhr* 1913.1923.1925.1914. – *Qodaschim:* Ar *M. Krupp* 1971; Tam, Mid, Qin *O. Holtzmann* 1928.1913.1931. – *Toharot:* Kel *W. Bunte* 1972; Para *G. Mayer* 1964; Nid *B. Z. Barslai* 1980; Zab *W. Bunte* 1958; Tebul Jom, Jad, Uqtsim *G. Lisowsky* 1964.1956.1967.

The Institute for the Complete Israeli Talmud, Jerusalem, hat eine große M-Ausgabe begonnen, von der bisher die 1. Ordnung erschienen ist: The Mishnah with Variant Readings Collected from Manuscripts, Fragments of the „Genizah" and Early Printed Editions and Collated with Quotations from the Mishnah in Early Rabbinic Literature as well as with Bertinoro's Commentary from Manuscript. Order Zeraim I, Hg. *N. Sacks,* J 1972; Order Zeraim II, Hg. *N. Sacks,* J 1975. Als Grundtext ist nicht ein MS verwendet worden, sondern die Ausgabe Romm, Wilna 1908f.

3. Editionen einzelner Traktate (alphabetisch)

R. T. Herford, The Ethics of the Talmud: Sayings of the Fathers, Lo 1925, öfter Ndr. (Abot: Text, Übersetzung, Kommentar); *M. Krupp,* Mischna-

traktat „Arakin". Computergesteuerte textkritische Ausgabe, H 1977;
P. R. Weis, Mishnah. Horayoth, its history and exposition, Manchester
1952 (dazu *Abr. Goldberg,* KS 32, 1956f, 163–8); *Th. Hirth,* Der Mischnatraktat „Keritot" nach Handschriften und Erstdrucken herausgegeben,
übersetzt und kommentiert, Diss. Tüb. 1973; *J. Rabbinowitz,* Mishnah
Megillah. Edited with Introduction, Translation, Commentary and Critical Notes, Lo 1931; *Abr. Goldberg,* The Mishnah Treatise Ohaloth. Critically Edited and Provided with Introduction, Commentary and Notes (h),
J 1955 (dazu *B. De Vries,* Tarbiz 25, 1955f, 237–242); *ders.,* Commentary
to the Mishna. Shabbat. Critically edited and provided with Introduction,
Commentary and Notes (h), J 1976; *E. Z. Melammed,* Shevi'ith Tractate
(according to Manuscripts and Geniza Fragments(h), H. Yalon Memorial
Volume, J 1974, 385–417; *H. Fox,* A critical edition of Mishnah Tractate
Succah with an introduction and notes (h), 2 Bde, Diss. J 1979; *A. Brody,*
Der Mišna-Traktat Tamid, Uppsala 1936.

c) Übersetzungen

Von den früheren Übersetzungen sei nur erwähnt: Mischna ... cum Maimonidis et Bartenorae commentariis integris. Accedunt variorum aucto-
rum notae ac versiones. Latinitate donavit ac notis illustravit *Gulielmus
Surenhusius,* Amsterdam 1698–1703 (zum Teil von anderen übersetzt);
Johann Jacob Rabe, Mischnah oder der Text des Talmuds ... übersetzt und
erläutert, 6 Teile, Onolzbach 1760–1763. Ausgezeichnete Gesamtübersetz-
zung: *H. Danby,* The Mishnah. Translated from the Hebrew with Introduction and Brief Explanatory Notes, O 1933, mehrmals Ndr. Vollständige Übersetzungen auch in der deutschen bT-Übersetzung von *L. Goldschmidt* und in der englischen bT-Ausgabe (Soncino). Veraltet ist die
Übersetzung: Mischnajoth ... Hebr. Text mit Punktation, deutscher
Übersetzung und Erklärung, B 1887ff, Basel ³1968 (Zeraim: *A. Sammter;*
Moed: *E. Baneth;* Naschim: *M. Petuchowski;* Neziqin: *D. Hoffmann;*
Qodaschim: *J. Cohn;* Toharot: *D. Hoffmann).* Zahlreiche Übersetzungen
von Einzeltraktaten (siehe auch oben zu den Textausgaben sowie unten zu
den M-Kommentaren).

d) Konkordanz

Ch. Y. Kasovsky, Thesaurus Mishnae. Concordantiae verborum quae in
sex Mishnae ordinibus reperiuntur, 4 Bde, J 1957–61; *H. Duensing,* Verzeichnis der Personennamen und der geographischen Namen in der Mischna, Stuttgart 1960.

5) Die Auslegung der Mischna

Die Auslegung von M beginnt zum Teil schon in T und dann v. a. in den beiden Talmudim, deren M-Verständnis weithin die spätere M-Interpretation bestimmt hat. Erst relativ spät ist M wieder unabhängig vom Talmud für sich studiert und ausgelegt worden.

Saadja Gaon (882–942) soll einen M-Kommentar verfaßt haben, der jedoch nicht erhalten ist. Ebenso ist der Kommentar des *Hai Gaon* (939–1038) verloren gegangen. Der *Perusch ha-Geonim* wurde ihm vom Erstherausgeber *J. Rosenberg,* B 1856, irrtümlich zugeschrieben, dürfte jedoch aus seinem Schülerkreis stammen. Dieser älteste erhaltene M-Kommentar ist ein Sammelwerk; nur zum Seder Toharot erhalten. Besonders sprachliche Erklärungen (Vergleich mit Arab., Pers., Griech. und Aram.); stützt sich auf die Talmudim, T, die Targume und die LXX. *J. N. Epstein,* Der Gaonäische Kommentar zur Mischnaordnung Teharoth zugeschrieben R. Hai Gaon, 2 Hefte, B 1921–4; *ders.,* Der Gaonäische Kommentar zur Ordnung Tohoroth. Eine kritische Einleitung ..., B 1915 (hebr. Zusammenfassung mit zusätzlichen Textstücken: The Supplement to the Gaonic Commentary to Taharot (h), Tarbiz 16, 1944f, 71–134).

Von *R. Natan,* dem Leiter der palästinischen Jeschiba im 11.Jh., stammt ein arabischer Kommentar mit kurzen Wort- und Sacherklärungen (hebr. Übersetzung von *J. Qafiḥ* in der M-Ausgabe El Hamekoroth, 13 Bde, J 1955–8). Von den zahlreichen Glossaren zu M ist fast nichts erhalten geblieben: siehe *N. Aloni,* Two Fragments from the Geniza Dealing with Mishnaic Vocabulary (h), FS Y.Gil, J 1979, 249–255.

Maimonides (1135–1204) schrieb zwischen seinem 23. und 30. Lebensjahr einen M-Kommentar in arab. Sprache, dem später die Bezeichnung *kitāb as-sirag* bzw. *sefer ha-maor,* ,,Buch der Leuchte" gegeben wurde, da *ha-maor* der Ehrentitel des Maimonides war. Das Werk enthält eine Einleitung zu M und eine Abhandlung über die Tannaiten. Teile, wie die Einleitung und der Kommentar zu Abot und v. a. der Pereq Cheleq (Sanh X) mit den 13 Glaubenssätzen wurden auch getrennt überliefert. Schon zu Lebzeiten des Maimonides teilweise ins Hebräische übersetzt, vollständig 1297 in Spanien durch mehrere Bearbeiter. Die hebräische Übersetzung wurde zuerst in der M-Ausgabe Neapel 1492 gedruckt, in der M-Übersetzung von *G. Surenhusius* ins Lateinische übertragen Amsterdam 1698–1703. Arab. Text mit hebr. Übersetzung: Mischna im Perusch Rabbenu Mosche ben Maimon, Maqor we-Targum, Hg. *J. Qafiḥ,* 7 Bde, J 1963–8. Siehe dazu *J. Blau,* Leschonenu 30 (1965f) 54–60; 31 (1966f) 235–9; 32 (1967f) 399–401; 35 (1970f) 75–8. Auch ist das Handexemplar des Maimonides (nach anderen das Autograph) erhalten, heute auf mehrere MSS aufgeteilt: Oxford Bodl. 393 (Zeraim) und 404 (Neziqin, Qodaschim), sowie London Sassoon 72 (Moed) und 73 (Naschim); Toharot fehlt

völlig, aber auch sonst ist das MS nicht vollständig (z. B. fehlen Schab und
Er I–VII); Faksimile mit hebr.-engl. Einführung: *S. D. Sassoon – R. Edelmann*, Maimonidis commentarius in Mischnam, 3 Bde, Kopenhagen
1954–6. Zum MS: *S. M. Stern*, Autograph Manuscripts of the Commentary on the Mishnah by Maimonides (h), Tarbiz 23 (1953 f) 72–83; *J. Blau*,
Do We Really Possess an Autograph of Maimonides' Mishna-Commenta-
ry? (h), Tarbiz 27 (1957 f) 536–543; *S. M. Stern – S. D. Sassoon*, The Autograph Manuscript of Maimonides' Commentary on the Mishna (h), Tarbiz
29 (1959 f) 261–7. Englische Übersetzung: *F. Rosner*, Moses b. Maimon.
Commentary on the Mishnah: introduction to Seder Zeraim and commentary on tractate Berachoth, NY 1975.

    Isaak ben Melchisedek von Siponto (ca. 1090–1160) schrieb einen Kom-
mentar zu Zeraim, der sich vor allem auf pT, aber auch T, Sifra, bT und die
Geonim stützt. Im Mittelalter wird auch sein Kommentar zu Toharot öfter
zitiert, ist jedoch nicht erhalten. Kritische Ausgabe: *N. Sacks*, Perusch ha-
RIMBATS le-Rabbenu Jitschaq be-R. Malki-tsedeq me-Simpont la-Mi-
schna Zeraim, J 1975. *Simson b. R. Abraham aus Sens* (ca. 1150–1230)
verfaßte einen Kommentar zu M Zeraim (außer Ber) und Toharot (außer
Nid), der in den meisten Talmudausgaben enthalten ist. Dieselben Traktate
kommentierte auch *Ascher ben Jechiel (Rosch)*, der aus Deutschland
stammte und 1327 in Spanien starb. Sein erstmals in der Talmud-Ausgabe
Amsterdam 1717 gekürzt gedruckter Kommentar, vollständig Zeraim
Altona 1735, Toharot F 1720–22, faßt im wesentlichen seine Vorgänger
kurz zusammen und ergänzt sie.

    Von größter Autorität ist der Kommentar des *Obadja von Bertinoro*
(Italien, seit 1486 in Jerusalem, wo er 1510 starb): zuerst veröffentlicht V
1548 f, seither in fast allen M-Ausgaben, latein. Übersetzung von G. *Surenhusius*. Stützt sich auf den Talmudkommentar von Raschi; in Zeraim und
Toharot, wo die Gemara fehlt, übernimmt er v. a. Simson von Sens. Auch
fügt er gewöhnlich die Entscheidung der Halakha im Anschluß an Maimonides hinzu.

    Jom Tob Lipmann Heller (1579–1654) aus Wallerstein in Bayern, später
Rabbiner in Prag und Krakau, ergänzte den Kommentar Bertinoros. Diese
„Zusätze", *Tosafot Jom Tob*, wurden zuerst 1617 in Prag gedruckt, umge-
arbeitet und vermehrt Krakau 1642–4. Seither in den meisten M-Ausgaben.
Salomo ha-Adani (1567–ca. 1625) hat ebenfalls einen Kommentar als Ergänzung von Bertinoro verfaßt: *Melekhet Schlomo;* wie Heller ist auch er
wegen seiner MSS-Kenntnisse bedeutend für die Textkritik von M. Gedruckt in M Romm, Wilna. Dort finden sich auch die Kommentare des
Gaon Elija von Wilna (1720–1798) zu Zeraim, Toharot und einzelnen
Traktaten aus den übrigen Ordnungen, ebenso der Kommentar Tif'eret
Jisrael des *R. Jisrael Lipschütz* (1782–1861), der zuerst mit M in 6 Bänden
in Hannover, Danzig, Königsberg 1830–1850 erschienen ist. Dieser Kommentar bemüht sich v. a. um die praktische Halakha im Anschluß an den

Schulchan Arukh. Er besteht aus zwei Abteilungen, einer Erklärung des Wortsinns (Peschat) und einer in der Art des Pilpul, die *Lipschütz* im Anschluß an 1 Kön 7,21 Jachin und Boas nennt.

Die M-Ausgabe Romm, Wilna, enthält neben den genannten noch zahlreiche andere traditionelle Kommentare (siehe *Albeck*, Einführung 415–438; *A. Marx*, The „Romm" Mishnah, JQR 2, 1911 f, 266–270).

Alle genannten Kommentare sind der Tradition verpflichtet. Das bedeutet v. a., daß M im Licht des Talmud gedeutet wird. Die Erörterungen sind gewöhnlich in Form von Glossen gehalten, die sprachliche oder halakhische Details betreffen und praktisch nie einen größeren Textzusammenhang berücksichtigen; an den Realien des Lebens in mischnaischer Zeit und seinem historischen Zusammenhang sind sie i. a. nicht interessiert.

Moderne Kommentare gibt es, wenn man von den zahlreichen Einzeluntersuchungen zu bestimmten Traktaten (v. a. Abot) oder Textabschnitten absieht, nur zwei (*Albecks* Kommentar in seiner M-Ausgabe ist ja ebenfalls traditionell ausgerichtet, außerdem auf kurze Glossen beschränkt):

Die einzelnen Bände der „*Gießener Mischna*" beschränken sich zwar nach den allgemeinen Einführungen auf eine glossenhafte Kommentierung; diese erfaßt jedoch die wesentlichen sprachlichen, sachlichen und (weniger) religionsgeschichtlichen Zusammenhänge. Doch verhindert diese Art des Kommentierens eine eingehendere Beschäftigung mit literarischen Fragen – Struktur einer Perikope, Beziehungen zu Parallelen, formkritische und traditionsgeschichtliche Fragen. Dies hat in umfassender Weise *J. Neusner* in seiner Kommentierung der Ordnung Toharot getan, bedeutend kürzer zu den Ordnungen Qodaschim, Naschim und Moed: A History of the Mishnaic Law of Purities, 22 Bde, L 1974–7; A History of the Mishnaic Law of Holy Things, 6 Bde, L 1978–80; A History of the Mishnaic Law of Women, 5 Bde, L 1980; A History of the Mishnaic Law of Appointed Times, 5 Bde, L 1981. In derselben Art hat *Neusner* inzwischen auch Neziqin bearbeitet: A History of the Mishnaic Law of Damages, 5 Bde, geplant L 1982 (siehe dazu *J. Neusner*, The Description of Formative Judaism: The Social Perspective of the Mishnah's System of Civil Law and Government, AJSR 5, 1980, 63–79). *Neusner*'s Schüler haben im selben Stil die Arbeit zu Zeraim begonnen: *R. S. Sarason*, A History of the Mishnaic Law of Agriculture, III/1 Demai, L 1978; *P. J. Haas*, A History of the Mishnaic Law of Agriculture. Tractate Maaser Sheni, Chico 1980. Diese Kommentare (v. a. Pur) bemühen sich systematisch um Formkritik und Traditionsgeschichte von M und allgemein um die literarischen Fragen, ohne (zumindest in Pur) die Realien zu vernachlässigen.

II. Die Tosefta

Allgem. Lit.: Ch. Albeck, Mabo 51–78; *ders.,* Die Herkunft des Toseftamaterials, MGWJ 69 (1925) 311–328; *ders.,* Mechqarim ba-Baraita u-ba-Tosefta we-Jachsan la-Talmud, J 1944, Ndr. 1969; *J. H. Dünner,* Die Theorien über Wesen und Ursprung der Tosephtha kritisch dargestellt, Amsterdam 1874; *J. N. Epstein,* ITL 241–262; *Z. Frankel,* Darkhe 322–5; *ders.,* Mabo 22–27; *Abr. Goldberg,* The Use of the Tosefta and the Baraitha of the School of Samuel by the Babylonian Amora Rava for the Interpretation of the Mishna (h), Tarbiz 40 (1970f) 144–157; *A. Guttmann,* Das redaktionelle und sachliche Verhältnis zwischen Mišna und Tosephta, Breslau 1928; *M. D. Herr,* EJ XV, 1283–5; *H. Malter,* A Talmudic Problem and Proposed Solutions, JQR 2 (1911f) 75–95 (Plädoyer für Zuckermandel); *E. Z. Melamed,* Introduction 148–160; *ders.,* Halakhic Midrashim in the Mishna and Tosephta (h), Bar-Ilan 2 (1964) 84–99; *S. Rosenblatt,* The Interpretation of the Bible in the Tosefta, Phil. 1974; *A. Schwarz,* Studien über die Tosifta, MGWJ 23 (1874) 464–470; 561–8; 24 (1875) 25–31; 87–90; 126–139; 274–281; 325–330; 351–366; 460–472; 492–500; *ders.,* Die Tosifta des Tr. Sabbath, in ihrem Verhältnis zur Mischna, Karlsruhe 1879; *ders.,* Tosifta juxta Mischnarum Ordinem recomposita et Commentario instructa, I Wilna 1890, II F 1902; *A. Spanier,* die Toseftaperiode in der tannaitischen Literatur, B 1922; *P. R. Weis,* The Controversies of Rab and Samuel and the Tosefta, JSS 3 (1958) 288–297; *S. Zeitlin,* The Tosefta, JQR 47 (1957) 382–399; *M. S. Zuckermandel,* Tosefta, Mischna und Boraitha in ihrem Verhältnis zueinander, 2 Bde, F 1908–9; Supplement 1910; *ders.,* Gesammelte Aufsätze, 2 Bde, F 1911–2.

Zu Einzeltraktaten: G. Mayer, Ein Zaun um die Tora. Tradition und Interpretation im rabbinischen Recht, dargestellt am Toseftatraktat Kil'ajim, Stuttgart 1973; *R. Di Segni,* Indagini sul trattato di Meghillà della Tosefta, Annuario di Studi Ebraici (Collegio Rabbinico Italiano, Roma) 1975–6, R 1977, 17–43.

Verhältnis T zu M und den Talmudim: W. Bunte, Der Mischnatraktat Zabim in seinem Verhältnis zum gleichnamigen Traktat der Tosefta, ZDMG 107 (1957) 31–66; *B. Cohen,* Mishnah and Tosefta: a comparative study. I Shabbat, NY 1935; *Abr. Goldberg,* The Order of the Halachot in the Mishna and the Tosefta (h), 6th WCJS, J 1972, III 81–94; *ders.,* Tosefta to the Tractate Tamid (h), GS B. De Vries, J 1968, 18–42; *S. Schmida,* Mishna and Tosefta in the first section of Eduyot (h), GS B. De Vries, J 1968, 1–17; *B. De Vries,* Mechqarim 96–129 (zu BM, Mak und Meila) und 148–160 (Beziehung zu Talmudim); *M. Weiss,* The arrangement of the Mishna in Tractate Peah and its relationship to Tosefta (h), Diss. Bar-Ilan 1978.

1) Name, Aufbau und Inhalt

Das aram. *tosefta* (eventuell *tosifta;* Plur. *tosafata;* hebr. *tosefet,* Plur. *tosafot)* bedeutet allgemein „Hinzufügung, Ergänzung", und zwar eine zusätzliche halakhische Lehre, welche M (im weiteren Sinne: die offiziell gelehrte Halakha) ergänzt. So stellt etwa Abbahu in pSchab VIII, 1, 11 a in Abrede, eine neue Halakha (oraita chadata) zu wissen; vielmehr habe er eine tosefta atiqta gehört, eine „alte Ergänzung". Im engeren Sinn kann tosefta ein Buch mit solchen ergänzenden Lehren bezeichnen, insbesondere die uns unter diesem Titel erhaltene Schrift. Meg 28 b nennt in einer umfassenden Formel als rabb. Lehrstoff hilkheta, sifra, sifre we-tosefta (Schebu 41 b fügt noch talmud hinzu); in Qid 49 b ist damit der Stoff bezeichnet, den ein Tanna beherrschen muß. Damit meint man sicher schon festgeordnete Traditionskomplexe – die Halakha mit ihren Ergänzungen und den halakhischen Midrasch, doch wohl kaum die uns unter diesen Namen bekannten Schriften. Auch wenn Joma 70 a explizit aus der tosefta zitiert (das Zitat findet sich mit Varianten in TJoma IV, 19, L. 247 f), ist das nicht unbedingt unsere T.

T ist ein halakhisches Werk, das im Aufbau M entspricht: dieselben 6 Ordnungen (Sedarim) umfassen auch dieselben Traktate, deren Namen und Anordnung sowohl in der T-Überlieferung wie auch gegenüber M leicht variieren (hier übernehmen wir Traktatnamen und Kapitelzählung nach Zuckermandel, auch wenn die Seiten der Ausgaben Lieberman oder Rengstorf angegeben sind: z. B. ist TJoma IV, 19 bei Lieberman TKippurim III, 19). Das zu M Gesagte gilt also auch hier. Nur die Traktate Abot, Tamid, Middot und Qinnim haben keine Entsprechung in T; der Traktat Kelim ist in T in drei „Pforten" unterteilt (BQ, BM, BB). Im Umfang ist T etwa viermal so groß wie M.

Die Sprache von T ist M-Hebräisch, wie in M von vereinzelten aramäischen Sätzen und mit zahlreichen Lehnworten besonders griechischer oder lateinischer Herkunft durchsetzt. Auch die in T genannten Rabbinen entsprechen jenen von M, wenn auch nicht ganz in derselben Verteilung.

2) Die Entstehung

a) Die Tradition

Sanh 86 a heißt es im Namen des R. Jochanan: stam tosefta R. Nechemja. Sollte hier unsere T gemeint sein, wird ihr anonymer Teil einem Lehrer von Uscha (T 3) zugeschrieben, eine Generation später als die anonymen Sätze von M, die auf R. Aqiba zurückgehen sollen. Als eigentlichen Verfasser von T bezeichnet Scherira (ISG L. 34) R. Chijja bar Abba (T 5), einen Freund und Schüler Rabbis, und bestätigt damit die Meinung der Fragesteller aus Kairowan. Dieselbe Meinung vertritt Raschi (z. B. zu BM 85 b) und Maimonides (im Vorwort zu Mischne Tora, J 1957, 9; ebenso in der Einleitung zu seinem M-Kommentar, ed. Qafiḥ I 33 f).

Verschiedene Gelehrte des Mittelalters beziehen übrigens Sanh 86 a nicht

auf unsere T: so etwa R. Simson von Chinon im Sefer Keritut IV, 1, 12 (ed.
J. M. Sofer 158): ,,Was sie im Talmud T nennen, ist nicht, was wir T
nennen, sondern ein Zusatz, den sie hinzufügten, um M zu erklären".
Unsere T bezeichnet er als Werk des R. Chijja und des R. Hoschaja (A 1:
ein von *S. Schechter,* Saadyana, C. 1903, 141 Anm. 1 zitierter Text sieht
ebenfalls Hoschaja als Autor von T an). Dieselbe Meinung vertritt R. Nissim (990–1062) in der Einführung zu seinem Sefer ha-Mafteach (in bT
Romm vor Ber abgedruckt); er begründet dies mit Taan 21 a, wo Ilfa (A 2)
sagt: ,,Wenn mich jemand eine Baraita des R. Chijja oder des R. Hoschaja
fragt und ich sie nicht aus M erklären kann, stürze ich mich vom Masten
des Schiffes und möge ertrinken". Später findet sich diese Ansicht noch
z. B. bei Hameiri, der T als ,,Baraitot" des R. Chijja und des R. Hoschaja
bezeichnet (Einführung zu seinem Abot-Kommentar 12 a). Die wenigen
Stellen, an denen T R. Chijja nennt (z. B. TNeg VIII, 6, R. 180; TBetsa I, 7.
L. 281 wird auch R. Abba = Rab genannt!), müßte man bei Annahme
dieser These wohl als spätere Zusätze betrachten.

In der modernen Forschungsgeschichte hat v. a. Z. *Frankel* die Zuschreibung von T an Chijja und Hoschaja übernommen. Nach ihm vereinigt
unsere T T-Sammlungen des R. Chijja und in geringerem Maß auch des
R. Hoschaja (Mabo 22 a–27 b). Dagegen wendet sich z. B. *Albeck* (Mabo
55 f) mit der Begründung, daß nur ein kleiner Teil der in den Talmudim
diesen Rabbinen zugeschriebenen Baraitot in T enthalten sei.

Wenn man die traditionelle Angabe, R. Chijja sei der Verfasser von T,
mit Sanh 86 a verbindet, ergibt sich die vielfach angenommene Entwick-
lungsgeschichte von T in Parallele zu jener von M: man müßte dann eine T
Nechemjas annehmen, die die M Aqibas oder Meirs ergänzt, und die dann
R. Chijja in Anlehnung an die M Rabbis überarbeitet und beendet hätte.
Zweck von T ist nach dieser traditionellen Auffassung die Ergänzung von
M (um dort nicht aufgenommenes tannaitisches Material nicht in Verges-
senheit geraten zu lassen) bzw. ein Kommentar zu M.

J. N. Epstein (ITL 242 ff) übernimmt zwar auch die traditionellen Angaben, die T mit Nechemja und Chijja verbinden, sieht jedoch in der T
Nechemjas nicht eine Ergänzung zur M Aqibas, sondern zu jener Simeons
ben Gamaliel II., die damals die offizielle M gewesen sei; R. Chijja wiederum habe von Rabbi abweichende bzw. nach ihm entstandene Halakhot
gesammelt; doch sei seine Sammlung nicht unsere T. Diese Rekonstruktion
Epsteins führt nicht nur weitere Unbekannte ein, sondern geht auch weit
über das hinaus, was sich aus den Quellen beweisen läßt.

b) Das Verhältnis der Tosefta zur Mischna

Fast immer ist T als Ergänzung zu M und kurz nach dieser entstanden
betrachtet worden. Dadurch ist T in der Forschungsgeschichte immer in
ihrem Verhältnis zu T und nie selbständig gesehen worden. Eine solche

Betrachtung ist allerdings legitim, sofern T nicht voreilig an M gemessen und durch M interpretiert wird. Eine nähere Bestimmung des Verhältnisses von T zu M, aber auch zu den Baraitot und den Talmudim ist eine wesentliche Aufgabe der T-Forschung.

Für das Verhältnis von T zu M ergibt der Vergleich eine Vielfalt an Beziehungen verschiedenster Art, ähnlich den Grundfakten der synoptischen Frage in der neutestamentlichen Forschung. Dort methodische Anleihen zur Lösung des Problems zu nehmen, liegt daher nahe. Das gilt auch für die Erstellung einer so dringlich erforderten Synopse von T und M (und der anderen Parallelen). Die Beziehungen T-M lassen sich so zusammenfassen:

1. T ist wörtlich gleich M oder weist nur geringe Varianten auf.

2. T bietet zu in M anonymen Sätzen die Autorennamen oder ergänzt M durch zusätzliche Glossen und Diskussionen.

3. T wirkt wie ein Kommentar zu nicht zitiertem M-Material.

4. T bietet zusätzliches Material ohne direkten Bezug zum mit M gemeinsamen Stoff (v. a. mehr haggad. und midraschischen Stoff).

5. T widerspricht M in Halakha oder Tradentennamen.

6. Die *Anordnung* des mit M parallelen Stoffes ist in T weithin gleich, doch oft auch verschieden. Oft hat es den Anschein, daß T die ursprünglichere Anordnung und auch die Halakha selbst in der urtümlicheren Form bietet.

7. Der *Stil* von T ist nicht so prägnant durchformuliert und abgeschliffen wie der von M. Mnemotechnische Züge sind zwar vorhanden, doch nicht so bedeutend wie in M. Es scheint, daß T im Gegensatz zu M nicht zum Auswendiglernen und mündlichen Tradieren formuliert worden ist (*J. Neusner*).

Die hier skizzierten Fakten, ergänzt durch Beobachtungen an den zu T parallelen Baraitot in den Talmudim (sind diese aus T entnommen, stammen sie aus einer Paralleltradition oder sind umgekehrt die talmudischen Baraitot Bausteine von T gewesen?) sind in der *Forschungsgeschichte* sehr vielfältig und widersprüchlich gedeutet worden. Diese Fülle an Erklärungen geht allerdings nicht nur auf die Mehrdeutigkeit der Fakten zurück, sondern auch auf eine oft sehr selektive Verwertung dieser Fakten.

Die umfassendsten Studien zu T stammen von *M. S. Zuckermandel*, dem Herausgeber von T. Durch Jahrzehnte arbeitete er an seiner These, die er 1908–12 in endgültiger Form vorlegte. Nach ihm ist T die M unseres pT, unsere M hingegen babylonisch. Damit erklärt er die Tatsache, daß manchmal pT mit T gegen M übereinstimmt; wo pT mit M gegen T übereinstimmt, sieht er Interpolationen oder Textveränderungen. Später wandelte er seine These so ab, daß das Werk Rabbis unsere M und T umfaßte, pT also beide voraussetzt; die babylon. Amoräer jedoch hätten nur Teile aus diesem Werk anerkannt, eben unsere M. Als M der allgemein anerkannte Codex wurde, ließ man in T viele parallele Texte aus, wodurch T ihre

ursprüngliche Kohärenz verlor. Diese These, die *Zuckermandel* auch mit
seiner T-Ausgabe erhärten wollte, hat fast allgemein schärfste Ablehnung
erfahren und ist auch nicht haltbar. Doch ist ihr Anliegen berechtigt, das
Verhältnis M-T nicht einseitig von M aus zu sehen.

J. H. Dünner, dessen Untersuchung zu T 1874 zugleich mit der frühesten Fassung der These *Zuckermandels* erschien, entfernte sich wie dieser,
doch in anderer Richtung, von der Tradition: nach ihm ist T eine nachtalmudische Kompilation aus talmudischen Baraitot und echtem tannaitischen Material (solches nimmt er an, um damit die Unterschiede von T zu
den talmudischen Baraitot zu erklären). Damit ist *Dünner* ein wesentlicher
Vorläufer *Ch. Albecks* und seiner Schule. Ihm ähnlich urteilt *I. H. Weiss,*
Dor II 193 ff, der T auf einen palästinischen Kompilator zurückführt, der
im 5., vielleicht schon im 4. Jh. in Babylonien gewirkt und neben verschiedenen anderen Quellen auch die Talmudim verwendet haben soll (was
Weiss damit begründet, daß zahlreiche T-Sätze in der Gemara als Aussprüche von Amoräern aufscheinen).

Eine neue Lösung des Verhältnisses M-T hat *A. Spanier* versucht; im
Bemühen von *A. Schwarz,* T anhand von M neu zu ordnen, hat er einen
Vorläufer. *Spanier* bezeichnet T als ,,Sonderausgabe von Scholien zur Mi;
der Sammler, der sie von der Mi loslöste und für sich zusammenstellte, hat
dabei manches hinzugefügt und fortgenommen, um dem neuen Werke
wenigstens in bescheidenem Maße den Schein eines einheitlichen Ganzen
zu verleihen'' (Toseftaperiode 47). Solche Scholien zu M habe es übrigens
schon zur M Aqibas gegeben; Rabbi habe sie z. T. in seine M eingearbeitet,
was viele Parallelen zwischen M und T erklärt, die weit über die Eigenart
von Scholien hinausgehen (S. 74). Selbstverständlich nimmt die These *Spaniers* von allem Anfang an eine schriftliche Fassung von M an.

A. Guttmann vertritt eine ähnliche These: ,,Das Ziel des Tosephtare-
daktors scheint also zunächst gewesen zu sein, das in die Mišna nicht
aufgenommene einschlägige tannaitische Material zu sammeln, gleichviel,
ob es die Mišna ergänzt, erklärt, ihr widerspricht, oder bloß Varianten zu
ihr bietet'' (S. 1). Diesen Stoff hat der Verfasser zu einem relativ selbständigen Werk gestaltet, auch wenn T nur eine Ergänzung zu M darstellte (S. 2).
Die gegenüber M abweichende Anordnung von T erklärt *Guttmann* dadurch, daß zuerst ein bloßer Zettelkatalog von tannaitischen Aussagen
vorlag, wobei einzelne Traktate schon gebündelt waren. Als diese Kartei-
karten in Buch- bzw. Rollenform umgearbeitet wurden, behielten diese
Traktate die Ordnung von M bei, während bei anderen die Ordnung
durcheinandergeriet (176 f). Diese These hat ebenso wie die *Spaniers* nur
wenig Freunde gefunden und ist als unzureichende Notlösung anzusehen,
die außerdem zu sehr moderne literarische Gepflogenheiten in die talmudische Zeit überträgt (auch wenn man zu *Spaniers* Scholientheorie ähnliche
Hypothesen zum Fragmententargum heranziehen könnte).

Die hier genannten Theorien zu T wollen alle eine Pauschallösung anbieten. Doch sind die zuvor genannten Beziehungen zwischen M und T nicht einheitlich über das Gesamtwerk verteilt; vielmehr sind sie in den einzelnen Traktaten von T je verschieden zusammengesetzt und gewichtet. Somit ist ein Pauschalurteil über das Verhältnis von T zu M nicht möglich und sind vorerst einmal die einzelnen Traktate von T für sich zu betrachten.

Diese Eigenständigkeit der Traktate zeigt sich schon in der Länge von T gegenüber M: T insgesamt ist viermal so lang als M; somit sind auch viele Traktate in T länger als in M, einzelne sind fast gleich lang (z. B. Jad), manche jedoch sogar kürzer (z. B. Scheq).

In Stoff und Aufbau setzen viele Traktate von T M voraus, auch wenn T längere Stoffeinschaltungen enthält oder über einzelne Passagen von M kommentarlos hinweggeht oder auch eine andere Anordnung des Stoffes aufweist: so z. B. Ter (dazu *E. Güting* in der Gießener M, auf die sich auch die folgenden Zitate beziehen, 27–31), wo T vielfach M zum besseren Verständnis braucht, kaum einmal jedoch M auf T angewiesen ist. Ähnlich steht es in Schebi (*D. Correns* 28 f), wo T sich ebenfalls auf M bezieht, doch vielleicht eine frühere Textform von M voraussetzt (vgl. auch *De Vries*, Mechqarim 101 zu BM, und 108 Mak). Das läßt nicht an eine direkte Abhängigkeit vom M-Text denken, sondern an die Verwurzelung von T und M in einer gemeinsamen, schon weithin geprägten und geordneten Tradition, wie dies *W. Bunte* zu Maas und MSch annimmt (16–26), wo T ohne M völlig verständlich ist. Anders wiederum Sukka, wo viele Termini von T ohne M nahezu unverständlich sind, T überhaupt ohne M nicht zu deuten ist (so *H. Bornhäuser* 18–25). Umgekehrt wiederum urteilt *K. H. Rengstorf* zu Jeb (46–52): T setzt hier nicht eindeutig M voraus, M hingegen weithin T. Eher könnte man T von M aus ergänzen. Wieder ein anderes Bild ergibt sich *H. Bietenhard* aus Sota (18–22), wo man leichter M aus T ergänzen kann als umgekehrt. Für die gesamte Ordnung Toharot schließlich stellt *J. Neusner* (Pur XXI, 15) fest, daß hier tatsächlich T als Ergänzung von M und als ihr erster Kommentar zu verstehen ist. Seder Qodaschim wiederum ist das Hauptargument für jene, die T als gegenüber M selbständiges Werk betrachten.

Die Liste der hier aufgeführten Urteile ließe sich sehr erweitern. Ihre Verschiedenheit geht nicht allein auf die persönlichen Ansichten der einzelnen Forscher zurück, auch nicht nur auf die sicher vorhandene Uneinheitlichkeit der Fragestellung, mit der man an den Vergleich von M und T herangeht. Sie ist vielmehr in einem objektiv verschiedenen Verhältnis der einzelnen Traktate von M und T zueinander begründet, das wohl auf eine je verschiedene Vorgeschichte verschiedener Traktate oder Ordnungen von T zurückzuführen ist.

c) Das Verhältnis der Tosefta zu den Talmudim

In den vorausgegangenen Hinweisen zur Forschungsgeschichte war auch schon kurz vom Verhältnis der T zu den Baraitot der Talmude die Rede. Auch in dieser für die historische Einordnung von T so wichtigen Frage sind die Fakten nicht eindeutig:

1. Das einzige explizite T-Zitat in den Talmudim befindet sich in Joma 70 a. Die Textvarianten lassen aber keine Entscheidung zu, ob der hier als T zitierte Text tatsächlich aus unserer T und nicht aus einer ähnlichen gleichnamigen Sammlung stammt.

2. Zahlreiche Baraitot in den Talmudim entsprechen (fast) wörtlich T.

3. Andere Baraitot der Talmudim stimmen zwar mit T in der Sache überein, weichen jedoch im Wortlaut beträchtlich ab.

4. Oft diskutieren Amoräer in den Talmudim über Probleme, deren Lösung ihnen aus T bekannt sein müßte. Kennen sie T nicht, anerkennen sie T nicht als die Halakha entscheidende Autorität oder war ihnen einfach der entsprechende T-Text nicht präsent (schließlich werden ja auch nicht immer die passendsten M-Zitate als Beleg gebracht, obwohl man die Kenntnis von M bei den Amoräern doch voraussetzen müßte)?

Diese Beobachtungen lassen verschiedene Deutungen zu, die sich im wesentlichen auf zwei Schulen zurückführen lassen. Ihre profiliertesten Vertreter in den letzten Jahrzehnten waren *J. N. Epstein* und *Ch. Albeck*, doch gehen beide Auffassungen viel weiter zurück.

Nach *Epstein* haben die Talmudim T in verschiedener Weise gekannt: eine Vorform der heutigen T hat zu den Baraitot des bT geführt, während die Baraitot im pT, die T textlich viel näher stehen, direkt auf unsere T zurückgehen. Daß die Talmudim gelegentlich T nicht zitieren, obwohl es ihnen in einer bestimmten Diskussion nützlich wäre, ist nicht überzubewerten und deutet nicht auf ihre allgemeine Unkenntis von T.

Für *Albeck* hingegen ist die häufige Textabweichung talmudischer Baraitot von T-Parallelen sowie die Tatsache, daß der Talmud an entscheidenden Stellen T nicht zitiert, ein Beweis dafür, daß die Redaktoren der Talmudim T noch nicht kannten; vielmehr zitierten sie aus anderen Baraitasammlungen, die (vielleicht zusammen mit den Talmuden) dann auch die Quellen unserer T geworden sind. Die Endredaktion von T ist demnach gegen Ende der amoräischen Zeit anzusetzen.

Eine vermittelnde Stellung nimmt *B. De Vries* ein. Für ihn ist die Nichtberücksichtigung von T in talmudischen Diskussionen kein Beweis für die Nichtkenntnis von T, nicht zur Zeit der Entstehung der einzelnen Sugia und schon gar nicht für die Endredaktion, die es vielleicht gar nicht als ihre Aufgabe angesehen hätte, in ihr vorliegende Sugiot ergänzend mit T-Zitaten einzugreifen. Als Grundlage der Baraitot in den Talmuden sieht *De Vries* eine M ergänzende, den Amoräern schon schriftlich vorliegende Baraita-Sammlung, die nicht mit unserer T übereinstimmt (als Begründung

dafür nennt er weniger die abweichenden Lesarten, als vielmehr Abweichungen in der Anordnung des Textes), auch nicht eine Vorform von T ist,
aber eine mit T gemeinsame frühere Traditionsstufe verwendet. Andere (so
P. R. Weis und *A. Weiss*) relativieren das Problem mit der Annahme, daß
einzelne Amoräer T kannten, andere wiederum nicht.

d) Ist eine Lösung möglich?

Die Verschiedenartigkeit der vorgeschlagenen Lösungen zeigt, daß wir von
einer allgemein annehmbaren Darstellung der Entstehungsgeschichte und
Zielsetzung von T noch weit entfernt sind. Vielleicht liegt das auch an
unseren Fragestellungen, die der Problematik nicht ganz gerecht werden.
Jedenfalls scheint mir, daß *Albecks* Argumente für eine Spätdatierung von
T nicht hinreichen. Die von ihm beobachteten Phänomene können auch
anders gedeutet werden. Die vermeintliche Unbekanntheit von T in den
Talmudim könnte auch als Nichtberücksichtigung wegen geringerer Autorität erklärt werden (so schon Alfasi: T ist nicht Halakha); Textabweichun-
gen der Baraitot gegenüber T könnten z.T. auf sorglosere Zitierweise,
z.T. auf andere, mit T parallele Sammlungen zurückgehen. Schließlich besagt
auch eine tatsächliche Unbekanntheit von T (oder von Teilen von T)
in gewissen Kreisen noch nicht, daß T damals noch nicht existiert hat.
Die Gemeinsamkeiten von T mit M sind zu groß, als daß man ohne zwin-
genden Grund die Entstehungszeit von T allzuweit von jener von M ab-
rücken würde. Das ist wohl auch nicht die Absicht *Neusner's*, wenn er
schreibt: ,,Tosefta is a document of the Amoraic period. Vast stretches of
Tosefta cite and comment upon Mishnah which means that Tosefta is
a post-Mishnaic document" (JQR 80, 1979f, 144 Anm. 18; *Sarason*
ibid. 151 relativiert diese Aussage mit der Annahme, ,,that Tosefta's
framers had access to the same store of Tannaitic information out of
which Mishnah was constructed"; T könne man daher nicht einfach als
Dokument der amoräischen Zeit abtun). Sicher ist T in der Endfassung
nach-mischnaisch und somit schon amoräisch, doch wohl aus den Anfängen der amoräischen Zeit. Der Annahme einer Endredaktion von T im
späten 3. oder frühen 4. Jh. lassen sich jedenfalls kaum schwerwiegende
Gründe entgegenhalten. Daß die Redaktion von T in Palästina erfolgte,
ist wegen der Sprache wie auch wegen der besonderen Nähe zu pT unbestreitbar.

Natürlich ist jedoch mit einem späteren Wachstum von T zu rechnen,
v. a. auch durch das Eindringen von M-Texten, wie auch umgekehrt T-
Texte in die M kamen; ebenso wurden wohl auch noch später talmudische
Baraitot in T eingefügt. Solche Textveränderungen wurden sicher dadurch
begünstigt, daß T nicht den offiziellen Status von M erlangte und dadurch
in der literarischen Gestalt unkontrollierter war. Andererseits war T durch
denselben Umstand nicht so sehr wie M bewußten Anpassungen an die

spätere Halakha ausgesetzt. Dafür hat die Textgestalt von T sicher mehr durch lange Vernachlässigung zu leiden gehabt.

Nach dem bisher Gesagten ist die Frage nach dem Verhältnis von T zu M nicht einhellig zu beantworten: wieweit ist T tatsächlich eine ,,Ergänzung" zu M, wieweit ein selbständiges Werk und daher ihr Name eine ,,Irreführung", wie andere behaupten? Hier geht es wohl kaum mit einem Entweder-Oder. Auch ist eine historische Entwicklung in Betracht zu ziehen: so könnte T zuerst eine zu M parallele, jedoch von M unabhängige Halakha-Sammlung gewesen sein, die mit der ,,Kanonisierung" von M jedoch immer mehr nur in Funktion von M und als Ergänzung dazu gesehen wurde, was entsprechenden Einfluß auf die weitere Textgeschichte hatte, jedoch keine einheitliche und durchgehende Revision von T zur Folge hatte. Oder man denkt an eine getrennte Entstehungsgeschichte der einzelnen T-Traktate, die zu jeweils verschiedenen Verhältnissen in bezug auf M führte; beide Möglichkeiten können auch miteinander kombiniert werden.

Ebenso offen ist die mit dem Vorigen eng verbundene Frage nach der *Zielsetzung von T:* war T ursprünglich als geltende Halakha (in Konkurrenz zu M) gedacht, oder als M ergänzendes Lehrbuch, als erster Kommentar zu M? Diese Frage ist u. a. auch deswegen nicht zu beantworten, weil wir die Quellen von T nicht im notwendigen Maß freilegen und auch kaum Sicheres über ihre ursprüngliche Gestalt sagen können. Die These von *M. D. Herr* (EJ XV, 1284): ,,The compiler did not add, omit, or change his material in any way, but collected the material that was at his disposal", schildert den (oder die) Verfasser von T als bloßen Archivar von Baraitot, ist jedoch unbeweisbar und auch völlig unrealistisch. Es ist nicht zu begründen, daß T alle Baraitot, die wir aus den Talmudim kennen, die jedoch nicht in T enthalten sind, nicht gekannt hat; ebensowenig ist zu beweisen, daß gerade T trotz aller textlichen Abweichungen zu den talmudischen Baraitot stets die ursprüngliche Textgestalt überliefert hat. Auch die inneren Widersprüche und Wiederholungen in T sind kein hinreichendes Argument für die Annahme einer rein sammlerischen Tätigkeit des Redaktors von T. Was jedoch tatsächlich die Absicht von T war, positiv aufzuzeigen, ist uns derzeit genauso unmöglich wie die Beantwortung vieler anderer Fragen zur Literargeschichte von T. Diese ist trotz aller bisherigen Bemühungen zum größten Teil noch immer ungeklärt.

3) Der Text der Tosefta

a) Handschriften

Die einzige vollständige T-Handschrift ist *MS Wien* (Nationalbibl. Wien hebr. 20, Katalog Schwarz Nr. 46). Auch hier fehlen allerdings einige Blät-

ter in der Mitte, die später ersetzt worden sind, 227 Blatt, Anfang 14. Jh.
Dem Texttypus der Geniza-Texte und der sefardischen Textfamilie ähn-
lich, die den Drucken zugrundeliegt. Beschreibung: *M. S. Zuckermandel,*
Der Wiener Tosefta-Codex, Magdeburg 1877.

Älter als der Wiener Codex, doch nur die vier ersten Ordnungen umfassend (nach 3½ Kapiteln von Zeb hat der Schreiber seine Arbeit unterbrochen, obwohl noch Platz war), ist *MS Erfurt.* 222 Blatt in aschkenaz.
Schrift, 12. Jh. (auf der letzten Seite befindet sich eine Pfandurkunde von
1260). Ursprünglich als pT-Handschrift katalogisiert, dann als M verkannt
und erst 1870 von *Z. Frankel* als T identifiziert. Seit 1879 in der königli-
chen Bibl. Berlin, derzeit in der Univ. Bibl. Tübingen. Beschreibung:
M. S. Zuckermandel, Die Erfurter Handschrift der Tossefta, B 1876.

Die Ordnung Moed ist auch in *MS London* (Brit. Mus., Add. 27.296)
überliefert. Sefard. Handschrift, 15. Jh., sehr fehlerhaft. Zahlreiche Fragmente aus der Kairoer *Geniza* befinden sich v. a. in Cambridge (z. B. Er
VIII-Pes IV, Fragmente von Jeb und Para I–IV) und im JThs NY (fast
ganz Jeb in verschiedenen Fragmenten). Siehe *J. Bowman,* Fragments of
the Tosefta from the Cairo Genizah and their Importance for the Text of
the Tosefta, Glasgow University Oriental Society, Transactions 11
(1942–4), Hertford 1946, 38–47. Die schlechte handschriftliche Überlieferung von T gibt dem Textzeugnis mittelalterlicher Autoren besondere Bedeutung, deren Zitate *S. Lieberman* gesammelt hat: Tosefet Rishonim, 4
Bde, J 1937–9. Kurze Beschreibung der MSS durch *M. Lutzki* in *S. Lieberman,* Tosefta Zeraim, 8–13.

b) Drucke

Erstdruck im Talmudkompendium des Alfasi, V 1521 f; dieser Druck beruht auf einem inzwischen verlorenen MS; er wurde die Basis fast aller
späteren Drucke. Schon der Drucker erkannte die Fehlerhaftigkeit seines
MS, wollte jedoch nicht aus Eigenem korrigieren. In der bT-Ausgabe W
1860–73 ist T im Anschluß an den jeweiligen bT-Traktat wiedergegeben
(die beigefügten Varianten aus MS Wien nehmen mit fortschreitendem
Werk ab und fehlen in Seder Toharot völlig). Für die frühen Drucke siehe
M. E. Abramsky, The printed Tosefta (Bibliography) (h), KS 29 (1953 f)
149–161.

M. S. Zuckermandel, Tosephta, Pasewalk 1880; Supplement mit Über-
sicht, Register und Glossar, Trier 1882. Nach eigenen Angaben hat er bis
Zeb V,5 MS Erfurt, dann MS Wien als Grundlage genommen und jeweils
die Varianten aus der anderen Handschrift sowie aus dem Druck mitge-
teilt. Doch ist MS Erfurt nicht genau kopiert und MS Wien noch unvoll-
ständiger benützt. Nach *Lieberman* entspricht die Ausgabe Z. ab Zeb V,6
im wesentlichen dem Druck der Ausgabe Romm (im bT der Ausgabe
Romm Wilna). Zu ihrer Zeit war die Ausgabe eine große Leistung, auch

wenn sie nicht voll zufriedenstellt. Noch durch keine andere Gesamtausgabe ersetzt, jedoch von *S. Lieberman* durch ein wertvolles Supplement ergänzt: Taschlum Tosefta, dem Ndr. von Zuckermandel J 1937 beigebunden, Ndr. J 1970.

S. Lieberman, The Tosefta, NY 1955–1973, umfaßt in 4 Bänden die Ordnungen Zeraim, Moed und Naschim. Basis der Ausgabe ist MS Wien; die Varianten aus MS Erfurt, aus dem Erstdruck und der Geniza enthält der Apparat (Geniza-Fragmente in Faksimile beigegeben). Im Gegensatz zu *Zuckermandel* bietet L. somit keinen Mischtext, auch wenn er in Ausnahmefällen die Lesart von MS Erfurt oder dem Erstdruck in den Text aufnimmt (dies wird jedoch stets angegeben). Hebr. Kurzkommentar und ausführliches Verzeichnis der rabb. Parallelen.

K. H. Rengstorf, in Zusammenarbeit mit anderen, hat in der Reihe *Rabbinische Texte. Erste Reihe: Die Tosefta* bisher einen Textband veröffentlicht – Seder VI: Toharot, Stuttgart 1967. Außerdem einzelne Faszikel mit Text, Übersetzung und Erklärung: Ber und die Hälfte von Pea (3 Fasz., 1956–8) sowie Jeb (1953). Als Grundtext wählt *Rengstorf* MS Erfurt, muß aber natürlich von Zeb an auf MS Wien ausweichen. Auch ist es ein Nachteil von MS Erfurt, daß es der Textrezension der babylonischen Baraitot und nicht der paläst. Textfassung nahesteht. Doch ist die Ausgabe R. eine wichtige Ergänzung zu L.; wo eine der beiden Ausgaben zur Verfügung steht, ist sie natürlich der Ausgabe Z. vorzuziehen.

Methodisch in Anlehnung an die Stuttgarter T: *F. Hüttenmeister,* Der Toseftatraktat Schekalim. Text, Übersetzung, Kommentar, Diss. Saarbrücken 1970.

G. Larsson, Der Toseftatraktat Jom hak-Kippurim. Text, Übersetzung, Kommentar. 1. Teil: Kap. 1 und 2, Lund 1980.

D. E. Y. Sarnor hat mit anderen eine Edition von TSota veranstaltet: Tosefta Massekhet Sota, Boston 1970 (auf der Basis von MS Wien. Einleitung: Computer-Aided Critical Editions of Rabbinic Texts).

c) *Übersetzungen*

Eine latein. Übersetzung von 31 Traktaten der T hat *Biagio Ugolini* zusammen mit dem hebr. Text herausgegeben: Thesaurus antiquitatum sacrarum Bd 17 und 18 (Moed), 19 (Qodaschim), 20 (Zeraim), V 1755–7.

Deutsche Übersetzung und Erklärung in *K. H. Rengstorf,* Hg., Rabbinische Texte, Stuttgart 1960ff. Bisher 5 Bde: I 2 Seder Zeraim, Demai-Schebiit, übers. von *W. F. Krämer, P. Freimark,* 1971; IV 3 Seder Nezikin, Sanhedrin-Makkot, übers. *B. Salomonsen,* 1976; VI 1–3 Seder Toharot, 1960–1967, übers. *W. Windfuhr, G. Lisowsky, E. Schereschewsky, G. Mayer* und *K. H. Rengstorf.* Ebenso die unter b) genannten Einzelhefte (Ber, halb Pea, Jeb).

Englische Übersetzung von *J. Neusner:* The Tosefta. Translated from

the Hebrew, 6 Bde, NY 1977–1981 (Bd 1, Zeraim, von Schülern *Neusners*).
Vollständige Übersetzungen der jeweiligen T-Traktate enthalten auch die
S. 149 genannten Werke *Neusners* und seiner Schüler.
Einzeltraktate: *O. Holtzmann,* Der Toseftatraktat Berakhot. Text,
Übersetzung und Erklärung, Giessen 1912; *M. Kern,* Der Tosefta-Traktat
Yom Tob. Einleitung, Übersetzung und Erklärung, Diss. Würzburg 1934;
E. L. Rapp, Der Tosephtatraktat Moʿed Ḳaṭan, Journal of the Society of
Oriental Research 12 (1928) 100–106 (ebenso in der Gießener M, MQ
2–13); P. Schlesinger, Die Tosefta des Traktat Qiddusin. Übersetzt und
erklärt, Diss. Würzburg 1926. *F. Hüttenmeister,* Scheq, und *G. Larsson,*
Joma (siehe unter b).

d) Konkordanz

H. J. Kasowski, Thesaurus Thosephtae. Concordantiae Verborum quae in
Sex Thosephthae ordinibus reperiuntur, 6 Bde, J 1932–61 (Bde 5 und 6 Hg.
M. Kasowski).

4) Kommentare zur Tosefta

Nach dem Zeugnis der Geonim ist schon zu ihrer Zeit T studiert worden
(z. B. ISG 42 span. Rezension); doch lange Zeit wurde T nur in Zusam-
menhang mit M (v. a. Zeraim: wichtig v. a. *Melchisedek von Siponto* und
Simson von Sens) oder pT studiert. Selbständige Kommentare zu T entstanden erst seit dem 17. Jh. Der erste Kommentar stammt von einem
Anhänger Sabbetai Zewis, *R. Abraham ha-Jakini,* und ist nicht erhalten.
Sein jüngerer Zeitgenosse *Abraham Gombiner* (ca. 1637–1683) schrieb
einen kurzen Kommentar zu TNeziqin: als Anhang zum Werk seines
Schwiegersohns Moses Jekutiel Kaufmann Lechem ha-Panim unter dem
Titel Magen Abraham 1732 in Amsterdam veröffentlicht. Der bedeutendste traditionelle T-Kommentar stammt von *David Pardo* (1718–1790): Sefer Chasde David. Bd I Zeraim, Moed, Naschim Livorno 1776; II Neziqin
Livorno 1790; III Qodaschim J 1890 (Ndr. I–III J 1971); IV 1–3 Toharot, J
1970–77. Zu nennen ist auch der Kommentar des *Elija Gaon von Wilna*
(1720–1797) zu TToharot (in T Romm Wilna 1881). Elija Gaon brachte
das T-Studium in Litauen zu großer Blüte. Aus Litauen stammt auch
Jechezqel Abramsky, der Autor des letzten großen traditionellen T-Kom-
mentars: Chazon Jechezqel. Bd I Zeraim, Wilna 1925; II,1 Moed (Schab,
Er, Pes), J 1934; Chul J 1938; Zeb J 1942; II,2 Moed (RH, Joma), Lo 1942;
BQ J 1948; II,3 Moed (Suk, Betsa, Chag), J 1950; BM 1952, BB 1953, Men
1954, Jeb 1957, Git 1957, Ned 1958, Schebu-Mak 1960, Sota 1963, Bek-Ar
1966 (alle J).
Es gibt noch keinen modernen Kommentar zur gesamten T, doch drei

beachtliche Teilunternehmen: *S. Lieberman*, TK, umfaßt die Ordnungen Zeraim, Moed und Naschim. Sehr ausführlich, weit über das hinausgehend, was man von einem T-Kommentar erwarten würde. Viele Parallelabschnitte aus M und den Talmudim werden ebenfalls erklärt. Wertvolle sprachliche Erläuterungen v. a. zu griechischen Lehnwörtern. Durch die Anlage in Form von Glossen bis ausführlichen Exkursen zu einzelnen Stellen kommen jedoch größere Textzusammenhänge als Einheit zuwenig in den Blick, wie auch die üblichen Einleitungsfragen ausgeklammert werden. Doch auch so ist TK der wichtigste T-Kommentar, den wir derzeit besitzen. Wichtig ist auch *Lieberman's* Tosefet Rishonim, 4 Bde, J 1937–9, für die Kommentierung von T aus der frühen Textüberlieferung.

Die von *K. H. Rengstorf* mit einem Team edierte Stuttgarter T ist in den Übersetzungsbänden (siehe 3 b) ebenfalls von einem Kommentar begleitet. Nicht so umfangreich wie TK, ebenfalls in Form von einzelnen Glossen und daher den literarischen Zusammenhang nicht genügend berücksichtigend, auch die jüdische Auslegungstradition nicht hinreichend beachtend, doch gut in Realien und eine wertvolle Ergänzung zu TK (besonders in Toharot, wo TK fehlt).

J. Neusner hat in A History of the Mishnaic Law of Purities bzw. Holy Things und Woman (siehe S. 149) auch die gesamte T dieser beiden Ordnungen kommentiert und dabei v. a. auch die großen literarischen Fragen, die bisher zu kurz gekommen sind, entsprechend berücksichtigt. Die Ordnungen Moed und Neziqin wurden inzwischen ebenfalls von *J. Neusner* in Angriff genommen, Zeraim von seinen Schülern (*R. S. Sarason:* Demai; *P. J. Haas:* MSch).

III. Der palästinische Talmud

Allgem. Lit.: B. M. Bokser, An Annotated Bibliographical Guide to the Study of the Palestinian Talmud, ANRW II 19,2 139–256 (kritischer Status Quaestionis, wichtig); *J. N. Epstein*, IAL 271–606; *Y. Florsheim*, Le-Arikhat ha-Talmud ha-Jeruschalmi, Sinai 79 (1976) 30–43; *Z. Frankel*, Mabo (Klassiker); *L. Ginzberg*, A Commentary on the Palestinian Talmud I, NY 1941 (Ndr. 1971), hebr. Einleitung (= Mabo); *S. Lieberman*, On the Yerushalmi (h), J 1929, ²1969; *ders.*, The Talmud of Caesarea (h), Beiheft 2 zu Tarbiz, J 1931; *ders.*, Siphre Zutta (The Midrash of Lydda). II The Talmud of Caesarea, NY 1968; *E. Z. Melammed*, Introduction 499–644; *L. I. Rabinowitz*, EJ XV, 772–9.

1) Begriffe; der Name

Talmud (von *lamad* „lernen" bzw. *limmad* „lehren") bedeutet „Studium" (als theoretische Tätigkeit im Gegensatz zu *maʿase*, „Handeln", Ausüben der Gebote), aber auch „Belehrung, Lehre" (so schon in Qumran: 4 QpNah II,8), v. a. die aus der Bibel kommende Belehrung und somit auch den Schriftbeweis. So in den häufigen Ausdrücken *talmud lomar*, „es gibt eine Belehrung aus der Bibel, indem sie sagt" bzw. kurz „die Bibel lehrt"; *mai talmuda*, „welchen biblischen Beleg gibt es?"; *jesch talmud*, „es gibt einen biblischen Beweis". Da *limmad* somit auch „etwas aus der Bibel ableiten" bedeutet, ist Talmud gelegentlich mit Midrasch austauschbar. Talmud kann aber auch die gesamte traditionelle „Lehre" bedeuten, v. a. auch die durch Auslegung von M gewonnene Lehre der Amoräer, die Bibel und M gegenübergestellt wird (z. B. Qid 30a). So definiert auch Scherira (ISG L.51): „Talmud ist die Weisheit der frühen Lehrer, die darin die Gründe der M auslegten". Vgl. *Bacher*, ET I 199–202; II 234f; *Albeck*, Mabo 3f; *Melammed*, Introduction 323–6.

Gemara (gemar bedeutet im babyl. Aramäisch nicht nur „vollenden", sondern auch „lernen") ist das „Lernen der Tradition" bzw. die „traditionelle Lehre" selbst im Gegensatz zur *sebara*, der logischen Ableitung neuer Lehren (z. B. Er 13a; 60a). Diese Lehre der mündlichen Tora wird als „Vollendung" der schriftlichen Tora bzw. als Vollendung des Studiums überhaupt betrachtet. Die Formulierung von Er 32b: „Habt ihr es in die Gemara (die traditionelle Auslegung von M) aufgenommen?" führt zum gaonäischen Sprachgebrauch, der Gemara als „Vervollständigung" von M durch die Auslegung der Amoräer auffaßt. Durch die Zensur gerät „Gemara" anstelle von „Talmud" in die Talmud-Drucke (seit der Ausgabe Basel

1578–81), in denen nach dem M-Text „Gemara" die Überschrift für die amoräische Auslegung bildet und somit zur üblichen Bezeichnung für diese wird. Vgl. *Bacher*, ET II 28–33; *Albeck*, Mabo 4–7; *Melammed*, Introduction 326–330.

Der pT, in seiner Heimat ursprünglich sicher einfach als Talmud schlechthin bezeichnet, begegnet in frühen Zitaten unter verschiedenen Namen. In den Responsen der Geonim wird er als *Talmud Erets Jisrael* angeführt (Saadja, Hai Gaon usw.), ebenso als *Gemara de-Erets Jisrael*. Die Halakhot Gedolot nennen ihn *Talmud de-Ma'arba*, „Talmud des Westens", Nissim ben Jakob von Kairowan und Alfasi *Gemara de-Bene Ma'arba*, „die Gemara der Söhne des Westens", offenbar in Anlehnung an die häufige Ausdrucksweise des bT „im Westen sagen sie" u. ä., womit – von Babylonien aus gesehen – Palästina gemeint ist. Die Tosafot (Anfang zu Chul) sagen *Hilkhot Erets Jisrael*. Die Bezeichnung *Jeruschalmi* findet sich schon vereinzelt bei den Geonim, regelmäßig bei R. Chananel von Kairowan, manchmal auch bei Alfasi, oft auch bei den mittelalterlichen Autoren. Wenn man die heute fast allgemein eingebürgerte Bezeichnung auf den Entstehungsort des pT bezieht, ist dies sicherlich falsch, da Jerusalem damals den Juden verboten war. Vielleicht entstand die Bezeichnung in islamischer Zeit, als Jerusalem der Sitz der früher in Tiberias ansässigen Akademie wurde (so *Baron*, History VI 331 Anm 25). Für Literaturangaben siehe *Bokser*, ANRW 149 f.

2) Inhalt und Aufbau

PT ist der M-Kommentar der palästinischen Amoräer. Dies gilt jedoch im weitesten Sinn. Denn pT hält sich nicht eng an M, sondern bietet viel zusätzliches Material, das mit M nur locker in Verbindung steht. Nicht nur entfaltet pT die Halakha von M in oft völlig unerwarteter Weise, sondern ergänzt sie auch durch verschiedenste haggadische Stoffe und Bibelauslegungen usw. und ist auch als historische Quelle für die Geschichte Palästinas, die Entwicklung der jüdischen Liturgie usw. von Bedeutung. In der Anordnung folgt pT M und wird entsprechend nach dem jeweiligen M-Traktat mit dessen Kapitel und Halakha (wo aber die Zählung der einzelnen Ausgaben variiert) zitiert, ergänzt durch die Blatt- und Kolumnenangabe (a bis d).

a) Das Fehlen vieler Traktate

Nicht zur gesamten M, sondern nur zu den ersten vier Ordnungen sowie zu Nid I–III aus dem Seder Toharot liegt pT vor. Auch fehlt die Gemara zu Abot und Edujot, zu Schab XXI–XXIV und Mak III. Somit liegt in pT die Gemara zu 39 von 63 M–Traktaten vor.

Wie ist das Fehlen der Gemara zu so umfangreichen Teilen von M zu erklären? War sie nie vorhanden? War sie zwar Teil des palästinischen Lehrstoffes, ist jedoch aus bestimmten Gründen nicht in die endgültige Fassung von pT aufgenommen worden? Oder sind Teile des pT im Lauf der Textüberlieferung verloren gegangen?

Die früher gelegentlich vertretene These, ursprünglich habe es eine pGemara zu allen sechs Ordnungen gegeben, beruft sich als Erklärung für den Verlust von Qodaschim und Toharot auf die Ungunst der Zeiten und das lange Fehlen von anerkannten Lehrhäusern in Palästina sowie auf das geringere Ansehen von pT gegenüber bT. Für einen solchen Text-Verlust scheinen zahlreiche Jeruschalmi-Zitate bei mittelalterlichen Autoren zu sprechen, die sich in unserem pT nicht finden (gesammelt von *S. Buber,* Jeruschalaim ha-benuja, J 1906). Doch sind diese Zitate sehr problematisch. Vielfach sind es Sekundärzitate, v. a. von R. Chananel übernommen, wo Zitat und Paraphrase nicht immer zu unterscheiden und auch das Ende des eigentlichen Zitats oft nicht zu erkennen ist. V. a. jedoch zitieren spanische Gelehrte auch den palästinischen Midrasch, MidraschRabba, Tanchuma usw. als Jeruschalmi. So bringt Jehuda ben Barzillai (11.–12. Jh.) in seinem Jetsira-Kommentar (*S. J. Halberstam,* Hg., Commentar zum Sepher Jezira von R. Jehuda b. Barsilai, h, B 1885, 58f) als Jeruschalmi eine Haggada aus TanB Lekh 24, die nachträglich auch in GenR geraten ist (vgl. Th-A 499). Ähnlich steht es mit Jeruschalmi-Zitaten Raschis. Auch kabbalistische Schriften werden als Jeruschalmi zitiert (nicht unbedingt als bewußte Fälschung, sondern eher, da sie für palästinische Midraschim angesehen wurden). So erweist sich ein Jeruschalmi-Zitat im Kad-ha-Qemach des Bachja ben Ascher (13. Jh.) z. B. als dem Buch Bahir entnommen (siehe *Ginzberg,* Mabo 29–32). Auch andere Texte werden gelegentlich als Jeruschalmi zitiert, so der *Sefer Maasim* (dazu: *J. N. Epstein,* Maasim libne Erez Israel, Tarbiz 1, 1929f, 33–42, bes. 36–8; s. *Lieberman,* On the Yerushalmi 36–46; ders., Concerning Sepher ha-Maʿasim, h, Tarbiz 42, 1972f, 90–96; *Z. M. Rabinowitz,* Sepher ha-Maʿasim livnei Erez Yisrael. New Fragments, h, Tarbiz 41, 1971f, 282–305; *M. F. Friedmann,* Schne Qetaʿim me-Sefer ha-Maʿasim li-Bene Erets Jisrael, Sinai 74, 1974, 14–36). Weitere Lit.: *Bokser,* ANRW 227–9.

Ebensowenig führt der Versuch von *Z. Frankel, B. Ratner* u. a. weiter, im vorhandenen pT-Text Querverweise zu verlorengegangenen Traktaten von Qodaschim zu finden (vgl. *Epstein,* IAL 332–4). Auch die Aussage des Maimonides im Vorwort zu seinem M-Kommentar, pT umfasse fünf Ordnungen, ist nicht beweiskräftig, solange kein einziges sicheres Zitat aus pQodaschim vorliegt. Die Veröffentlichung einer angeblichen Handschrift aus dem Jahr 1212 mit dem Großteil der Ordnung Qodaschim durch *S. Friedländer* (1907–8), zuerst von *S. Buber* und *S. Schechter* für echt gehalten, ist schon bald als Fälschung bzw. als thematische Sammlung aus den schon bekannten Teilen von pT (eventuell gestützt auf ein älteres

Werk) erkannt worden: vgl. u. a. *V. Aptowitzer*, MGWJ 54 (1910) 564–570; *A. Schischa*, EJ VII, 182f.

Trotz seiner polemischen Tendenz, die palästinischen Traditionen abzuwerten, ist somit die Aussage des Pirqoi ben Baboi (Ende 8. Jh.) ernstzunehmen: nach ihm halten sich die Juden Palästinas nicht an alle Speisevorschriften, „weil sie keine einzige Halakha aus dem Talmud bezüglich der Schechita und überhaupt aus dem Seder Qodaschim haben. Der Seder Qodaschim und die ganze talmudische Ordnung Toharot ist ihnen in Vergessenheit geraten (*Ginzberg*, Ginze Schechter II 560).

Funde von pT-Fragmenten in der Geniza von Kairo enthalten ebenfalls kein Stück der fehlenden Traktate. Diese waren daher wohl auch nie in pT enthalten. Das bedeutet jedoch nicht, daß sie in Palästina nicht studiert wurden – einschlägige Stellen im pT beweisen ebenso wie Zitate palästinischer Amoräer in bT zu diesen Themen das Gegenteil. Das Studium der in pT fehlenden Traktate in Palästina geht auch aus den Fragmenten hervor, die *M. Margulies* veröffentlicht hat (Hilkhot min ha-Geniza, J 1973). Offen bleibt jedoch, warum dieses Material nicht in die Redaktion von pT aufgenommen wurde (etwa, weil die Gesetze der beiden Ordnungen nicht mehr in Übung waren?). Die Begründung, die Zeitumstände hätte zu einem raschen Abschluß des Werkes gedrängt (*Frankel*, Mabo 48 b), ist nicht zu beweisen.

Bei den unvollständigen Traktaten Schab, Mak und Nid ist eher an einen späteren Textverlust zu denken, auch wenn Schab XXI–XXIV schon dem Schreiber des Fragments in der Geniza nicht vorlag, wie dieser ausdrücklich bezeugt (Text ediert durch *J. N. Epstein*, Tarbiz 3, 1931 f, 245). Was pNid IV–X betrifft, scheint der Text zumindest von VII noch im Mittelalter bekannt gewesen zu sein, wie der Verweis von Tosafot Nid 66a auf Jeruschalmi, Pereq Dam Nidda belegt. Auch vermutet *Ch. Albeck* (Einleitung zu GenR, 72), daß GenR 18,1 (Th–A 160) ein Zitat von pNid V,6 ist. Der Text von pMak III wurde von *S. Lieberman* aufgrund von Parallelen in pT sowie von Zitaten aus dem Mittelalter rekonstruiert (Hilkhot Ha-Yerushalmi, NY 1947, 67f); das ihm noch unbekannte Geniza-Fragment, das *S. Wiedder* veröffentlichte (Tarbiz 17, 1945 f, 129–135) und das Mak III enthält, bestätigt im wesentlichen die Rekonstruktion. Allerdings erweist sich auch hier, wie vorsichtig mittelalterliche Zitate zu verwenden sind; manche einschlägige Zitate stammen nicht aus pT, sondern wohl aus einem halakhischen Sammelwerk Palästinas (vgl. *J. N. Epstein*, Tarbiz 17, 1945 f, 136f). Weitere Lit. bei *Bokser*, ANRW 165–8.

b) Wiederholungen innerhalb des palästinischen Talmud

Neben den fehlenden Traktaten prägen v. a. die zahlreichen oft (fast) wörtlichen Wiederholungen langer Abschnitte innerhalb von pT dessen Erscheinungsbild. Die folgende Liste hat *W. Bacher* (JE XII, NY 1906, 6f)

erstellt; auf die Bedeutung dieser Parallelen für die Redaktions- und Textgeschichte von pT ist später noch einzugehen.

Aus dem ersten Seder sind 39 lange Abschnitte im zweiten wiederholt,
einige mehr als einmal (Stellenangaben hier nur nach Seite, Kolumne und
Zeile, bei den Parallelen nur die Anfangszeile): Ber 3 b, 10–55 = Schab
3 a,69; 4 a,30–56 = Scheq 47 a,13 = MQ 83 c,40; 5 a,33–62 = MQ 82 b,14;
5 d,14–20 = Schab 3 a,55; 5 d,65–6 a,9 = MQ 83 a,5; 6 c,4–17 = Joma
44 d,58; 6 d,60–67 = Meg 73 d,15; 7 b,70–7 d,25 = Taan 67 c,12;
7 d,75–8 a,59 = Taan 63 c,2; 8 c,60–69 = RH 59 d,16; 9 a,70–9 b,47 = Taan
63 c,66; 9 c,20–31 = Meg 75 c,8; 9 c,49–54 = Meg 75 b,31; 10 a,32–43 = Pes
29 c,16; 11 c,14–21 = Pes 37 c,54; 12 c,16–25 = Er 22 b,29; 12 c,44–62 =
Suk 24 a,6 = Meg 72 a,15; 13 d,72–14 a,30 = Taan 64 a,75; *Pea*
15 a,67–15 b,21 = Chag 76 b,24; 17 a,39–72 = Chag 76 b,13; 18 d,16–33 =
Scheq 46 a,48; 18 d,66–19 a,5 = Scheq 48 c,75; 21 a,25–29 = Scheq 48 d,55;
Demai 22 a,31–40 = Scheq 48 d,40; *Kilaim* 29 b,27–61 = Er 19 c,15 = Suk
52 a,40; 29 b,62–76 = Suk 52 a,73; *Schebi* 34 c,27–49 = MQ 80 b,26;
38 a,50–60 = Schab 3 c,55; *Ter* 44 a,32–38 = Schab 44 d,4; 45 d,42–51 =
Schab 3 d,2 (vgl. AZ 41 d,13–28); 46 a,41–46 b,35 = Pes 28 a,34; *Maas*
49 a,22–28 = Suk 53 d,43; 49 b,14–32 = Schab 6 b,17; 49 b,39–48 = Betsa
62 b,72; *MSch* 53 b,6–44 = Joma 45 c,2 (vgl. Schebu 32 b,56–34 c,3);
54 b,48–58 = Scheq 51 b,15; 55 a,23–55 = Er 24 c,33; 55 d,62–67 = MQ
80 b,72; *Chal* 57 c,16–20 = RH 57 b,60.

16 Abschnitte des ersten Seder sind im dritten wiederholt: *Ber*
6 a,35–6 b,17 = Naz 56 a,12; 6 b,51–56 = Qid 61 c,11; 9 d,3–19 = Git
47 b,49; 11 b,42–68 = Naz 54 b,2; 14 b,45–70 = Sota 20 c,40; *Pea*
15 b,41–47 = Ket 32 c,10; 15 c,7–16 = Qid 61 a,75; *Demai* 25 b,60–25 c,7
= Qid 63 a,75; *Kil* 32 a,64–32 d,7 = Ket 34 d,74; *Schebi* 36 b,25–68 = Qid
61 c,56; *Ter* 40 c,42–40 d,6 = Jeb 13 c,70; 42 b, 44–53 = Naz 43 d,16;
44 c,9–44 d,44 = Ket 27,5; *MSch* 55 a,69–55 b,13 = Git 47 d,55; *Orla*
61 b,8–33 = Naz 55 c,32; *Bik* 64 a,32–44 = Jeb 9 b,71.

10 Abschnitte aus dem ersten Seder sind im vierten wiederholt: *Ber*
3 a,52–69 = Sanh 30 a,65 = AZ 41 c,46; 6 b,20–41 = Sanh 20 a,43; *Pea*
16 b,22–25 und 43–60 = Sanh 27 c,38; *Schebi* 35 b,26–40 = AZ 44 b,27;
39 b,14–38 = Mak 31 a,33; *Ter* 45 c,24–45 d,11 = AZ 41 a,18; 47 c,66–47 d,4
= AZ 41 c,13; *MSch* 54 d,71–55 a,8 = Sanh 19 a,63; 56 c,9–18 = Sanh
18 d,13; *Orla* 62 b,49–62 c,10 = AZ 45 a,32.

Auch Abschnitte der zweiten Ordnung kehren in der vierten wieder.
Besonders lange sind: *Schab* 9 c,62–9 d,59 = Sanh 24 c,19; 14 d,10–15 a,1 =
AZ 40 d,12.

3) Die Entstehung nach der Tradition

Maimonides bezeichnet R. Jochanan (bar Nappacha, lt. ISG im Jahre 279
gestorben) als Verfasser des pT (Vorwort zum M-Kommentar, ed. *Qafiḥ*

I 46). In der Einführung zu Mischne Tora präzisiert er: ,,Und R. Jochanan verfaßt den pT im Land Israel etwa 300 Jahre nach der Zerstörung des Tempels", etwa hundert Jahre, bevor Rab Aschi den bT verfaßte. Im mit Mischne Tora etwa gleichzeitgen Sefer ha-Qabbala des Abraham Ibn Daud (*Cohen* hebr. Text p. 24) ergänzt eine Glosse, die sich in Handschriften und im Erstdruck findet, wohl in Übernahme von Maimonides (so *Cohen* 122 Anm. 18), zu R. Jochanan: ,,Und er verfaßte den pT zu fünf Sedarim; denn vom Seder Toharot gibt es nur den Traktat Nidda. Und der pT wurde etwa 200 Jahre nach Zerstörung des Tempels verfaßt". Die Zeitangabe korrigiert Maimonides, dessen ,,300 Jahre nach Zerstörung des Tempels" ja nicht zu den Lebensdaten des Jochanan bar Nappacha paßt. Vgl. auch den Sefer Keritut des Simson von Chinon.

Schon früh erkannte man die Schwierigkeiten dieser Angabe des Maimonides, werden doch in pT zahlreiche Rabbinen genannt, die bis ins späte 4. Jh. lebten, ebenso werden so späte Ereignisse erwähnt (u. a. wird Ursicinus, der Feldherr des Gallus um 351–4, mehrmals genannt). Dies zusammen mit der Diskrepanz in der Zeitangabe des Maimonides führt zur Annahme eines anderen, späteren Jochanan als Verfasser von pT. So urteilt z. B. Estori ha-Parchi (1280–ca. 1355) in Kaftor wa-Ferach mit der Begründung, Jochanan bar Nappacha sei ein Schüler Rabbis, der pT hingegen sei etwa 280 Jahre nach M verfaßt worden (Kap. 16; ed. *A. M. Luncz*, J 1897, 280). Auch bei modernen Autoren fehlen nicht Versuche, die Angabe des Maimonides mit den Fakten zu harmonisieren: so meint *Frankel* (Mabo 48 a), der Name Jochanans verweise nur auf seine Schule, die Akademie von Tiberias; *W. Bacher* (JE XII,17) wiederum sieht in der Nennung von Jochanan als Verfasser von pT nur ausgedrückt, daß dieser den Grundstock dazu geschaffen habe.

4) Die Redaktion

a) Der terminus post quem

Die spätesten in pT genannten Rabbinen sind Amoräer der 5. Generation, v. a. Mana II. bar Jona (in bT Mani genannt), der in Sepphoris wirkte, und der bekannte Halakhist Jose bar Abin (= Jose beR. Bun), die in der 2. Hälfte des 4. Jhs. tätig waren. Aber auch R. Samuel, der Sohn des R. Jose bar Abin, und Schüler des R. Mana sind noch genannt, z. B. R. Azarja (? Esra) und R. Nachman, womit wir im 5. Jh. stehen. Der letzte in pT zitierte babylonische Gelehrte ist Raba (um 350 gestorben).

Das letzte erkennbare historische Ereignis, von dem pT spricht, ist der Aufstand gegen Gallus (351); wenn die Lesart von pNed III,2,37d (Julian) gegenüber der Parallele pSchebu II,9,34d (Diokletian) vorzuziehen ist (so *Epstein*, IAL 274), ist sogar noch der Aufmarsch des Kaisers Julian zu seinem Perserfeldzug 363 erwähnt. Von diesen Fakten her ist die Redaktion des pT in der 1. Hälfte des 5. Jhs. wahrscheinlich – IAL 274 versucht eine genauere Datierung um 410–420, doch ist eher ein etwas späteres Datum anzunehmen. Es liegt nahe, die Endredaktion von pT mit dem Ende des Patriarchats vor 429 in Verbindung zu bringen (z. B. *Ginzberg,* Mabo 83), sie als Reaktion auf diesen schweren Eingriff in die Organisation des palästinischen Judentums zu sehen. Diese früher beliebte ,,Katastrophentheorie'' ist zwar heute etwas in Mißkredit geraten, hat jedoch noch immer viel für sich, solange man sie nicht mißbraucht, um damit Probleme der pT-Redaktion vorschnell wegzuerklären oder gar die palästinische Überlieferung als unfertig abzuwerten, wie dies ja schon Pirqoi ben Baboi getan hat.

Als *Ort der Endredaktion* ist Tiberias anzunehmen, nachdem ,,hier'' in pT immer wieder eindeutig als Tiberias zu erkennen ist und ,,die Rabbinen von hier'' den ,,Rabbinen des Südens'' (pBer II,7,5 b) oder den ,,Rabbinen von Caesarea'' (pSchab XIII,1,14a) gegenübergestellt werden. Auch treten die Rabbinen von Tiberias in einem Großteil von pT-Abschnitten nicht nur zahlenmäßig besonders hervor, sondern bestimmen auch die späteste Schicht der jeweiligen Perikope. Das entspricht auch der hervorragenden Stellung der Akademie am Sitz des Patriarchen, ist jedoch nicht zu verallgemeinern; denn von einer einheitlichen und zentralen Redaktion von pT kann nicht gesprochen werden, wie verschiedene Beobachtungen deutlich machen.

b) Art der Redaktion

Die zahlreichen Wiederholungen von Perikopen könnten ebenso wie das Fehlen zahlreicher M-Traktate und -Kapitel nahelegen, daß pT gar nicht im eigentlichen Sinn redigiert wurde, sondern nur eine eilige Stoffsammlung ist. Zu dieser Annahme kommt *I. Halevy* (Dorot II,528f) v. a. auch wegen der vielen Widersprüche in pT, aber auch deshalb, weil die Reihenfolge der Gemara in pT oft nicht jener von M entspricht. Man müsse daher schließen, daß der ,,Redaktor'' einfach die Materialblöcke aus verschiedenen Schulen ungeordnet und unvermittelt nebeneinander gestellt habe. Dagegen haben sich v. a. *S. Lieberman* (The Talmud of Caesarea 20–25) und *L. Ginzberg* (Mabo 69–81) gewandt (Zusammenfassung: Melammed, Introduction 564–7).

Es ist mit einer echten Redaktion von pT zu rechnen, auch wenn diese natürlich nicht an modernen Ordnungsprinzipien zu messen ist. Charakteristisch für den Redaktor war es v. a., Sugiot an allen Stellen zu bringen, wo Themen oder Fragestellung sich berührte, auch wenn nur ein Teil der Sugia an der anderen Stelle sachlich angebracht war (vgl. *Lieberman,* On the Yerushalmi 34). Dabei hat er gelegentlich Perikopen umgebaut, um sie der neuen Umgebung anzupassen. So ändert z. B. pBer III,1,6a–b die Ordnung

gegenüber der Parallele pNaz VII,1,56a, um den Anschluß an das vorher
Gesagte herzustellen (*Ginzberg*, Mabo 76). Im Lauf der Textüberlieferung
sind gerade diese Paralleltraditionen dann Anlaß für zahlreiche Textverfäl-
schungen gewesen. Bei Abschrift des gesamten pT pflegte man Parallelstellen nicht zu wiederholen, sondern einfach die Auslassung zu vermerken;
sollte man aber nur einen einzelnen Traktat kopieren, mußte man diese
Stellen wieder einfügen. Das war oft mit falschem Einsatz oder Ende der
Stelle oder unrichtiger Einfügung in den Kontext verbunden und rief so
erst den Eindruck völliger Unordnung in pT hervor. Ebenso konnte es
vorkommen, daß eine Parallelstelle schließlich nur noch im sekundären
Zusammenhang überliefert wurde (und in Extremfällen völlig verloren
ging), dort jedoch in der Fassung, die eigentlich an die andere Stelle gehört
hätte (umfassende Studie des Problems: *M. Assis*, Parallel sugyot in the
Jerusalem Talmud, h, Diss. J 1976). Auch sonst ist die jetzige Unordnung
des pT oft auf Abschreibfehler zurückzuführen (z. B. Ausfall von Tradentennamen, Umstellung von Sätzen, Homoioteleuta usw.).

Wo die *Anordnung der Gemara* nicht der Reihenfolge von M entspricht,
geht dies vielfach darauf zurück, daß die pT zugrundeliegende M einfach
anders angeordnet war. Durch Abschreiber oder Drucker des pT durchge-
führte Umstellungen, um die Anordnung von pT an unsere M anzuglei-
chen, haben die Verwirrung nur vergrößert. Auch finden sich Abweichungen von der M-Ordnung vielfach gerade in Parallelperikopen und sind
dann einfach auf falsche Einordnung des Textes durch den Abschreiber
zurückzuführen, der eine in seiner Vorlage ausgelassene, da schon anderswo gebrachte Stelle falsch eingefügt hat. Der Großteil der Fälle ist mit einer
der beiden angeführten Erklärungen zu lösen, so daß auch an den übrigen
Stellen mit Überlieferungsfehlern zu rechnen ist.

Widersprüche in pT sind meist innerhalb einer Sugia anzutreffen. Wie
meist schon aus den Tradentennamen hervorgeht, sind diese gewöhnlich
auf die übergangslose Aneinanderfügung von Perikopen aus verschiedenen
Schulen zurückzuführen, so daß Meinungsverschiedenheiten unvermittelt
nebeneinanderstehen, obwohl explizit gesagt wird, daß der betreffende
Punkt außer Streit steht. Wo Widersprüche zwischen einer Sugia und ihrer
Parallelversion auftreten, ist damit zu rechnen, daß der Redaktor Fassungen derselben Sugia aus verschiedenen Schulen verwendet hat (dazu kommen natürlich noch die schon erwähnten Möglichkeiten von Textveränderungen im Lauf der Überlieferung).

Unter Berücksichtigung des Gesagten ist jedenfalls eine echte und systematische Redaktion von pT anzunehmen, die u. a. dafür sorgt, daß in
Palästina nicht anerkannte Schulregeln der Babylonier auch in Traditionen
von in Palästina lehrenden babylonischen Meistern nicht vorkommen (*Lieberman*, Talmud of Caesarea 22, nennt als Beispiel pJeb VIII,2,9b, wo
Jirmejas Satz die babylonische Regel ,,was schließt die Verallgemeinerung
ein?'', *klala le-atoje mai?* voraussetzt, aber nicht nennt). Wie im einzel-

nen die Redaktion vorgegangen ist und auf welche Quellen sie sich stützt, wie sie diese bearbeitet usw., ist noch nicht hinreichend geklärt.

c) Die Redaktion von Neziqin

Über die Feststellung hinaus, daß einzelne Sugiot in verschiedenen Schulen formuliert worden sind, läßt sich für einen umfassenden Teil von pT, nämlich den Traktat Neziqin mit seinen drei „Pforten" eine vom Rest des pT abweichende Redaktion erweisen. Schon *I. Lewy* hat in seinem Kommentar zu pBQ I–VI (Jb Breslau 1895–1914) wegen der Widersprüche zwischen Sugiot in Neziqin und ihren Parallelen im übrigen pT auf eine verschiedene Redaktion dieses Teils von pT geschlossen; *S. Lieberman* (Talmud of Caesarea) hat die Frage systematisch untersucht und ist zu folgenden Ergebnissen gekommen:

Die drei Babot unterscheiden sich vom übrigen pT nicht nur allgemein durch eine viel knappere Sprache, sondern auch durch viele Details von Stil und Wortwahl sowie in der Schreibung von Amoräernamen. Es ist anzunehmen, daß diese Unterschiede ursprünglich viel ausgeprägter waren, aber durch Angleichung an den Rest von pT in der Textüberlieferung oft verwischt worden sind. Sugiot von Neziqin, die Parallelen im übrigen pT haben, unterscheiden sich von diesen in Aufbau und Inhalt wie auch in den Namen der genannten Amoräer. Manche Sugiot in Neziqin haben ihrem Inhalt nach ihren Stammplatz in einem anderen Traktat, wo sie in pT jedoch nicht aufscheinen; umgekehrt werden in anderen Traktaten Mischnajot von Neziqin erklärt, worauf jedoch Neziqin in keiner Weise bezugnimmt, diese Tradition also nicht zu kennen scheint. In Neziqin häufig erwähnte Amoräer werden in pT sonst kaum genannt, während im übrigen pT wichtige (besonders späte) Amoräer in Neziqin nicht oder kaum aufscheinen. Daraus ist zu schließen, daß Neziqin nicht zusammen mit dem Rest von pT in Tiberias, sondern in einer anderen Schule redigiert worden ist.

Die Schule, aus der Neziqin stammt, ist Caesarea, das seit dem 3. Jh. ein bedeutendes talmudisches Zentrum war (dazu *L. I. Levine*, Caesarea 82–96, der *Lieberman*'s These zustimmt). Die dortigen Rabbinen, etwa 140mal in pT kollektiv als *Rabbanan de-Qesarin* genannt, haben offenbar eine Art „rabb. Gilde" gebildet (*Levine* 95–7). Die mit Caesarea verbundenen Rabbinen, deren bedeutendster Abbahu ist, werden in Neziqin besonders oft genannt. Dazu kommt, daß die Beispielerzählungen und sonstigen Illustrationen von Halakhot sich meist auf Caesarea beziehen, während die Formel *it amrin* „andere sagen" gewöhnlich Rabbinen in Tiberias meint. Die Tatsache, daß in Neziqin zahlreiche griechische Wörter vorkommen, die sich sonst in der rabb. Literatur nicht finden oder dort eine andere Bedeutung haben, läßt ebenfalls auf eine griechischsprachige Umgebung wie eben Caesarea schließen.

Fast alle in Neziqin genannten Amoräer gehören den drei ersten Generationen an. Aus späteren Generationen sind nur R. Jose b. Zabdi (etwa 40mal) und R. Rose beR. Bun (etwa 30mal) häufig genannt, und zwar regelmäßig als Abschluß der Diskussion; ihren Aussagen folgen nie anonyme Kommentare. Zu diesen Beobachtungen passen Unterschiede in der Halakha gegenüber dem Rest von pT und auch eine oft noch recht archaische Terminologie. Das alles deutet auf eine frühere Redaktion von Neziqin, die um 350 erfolgt sein dürfte. *Ginzberg* (Mabo 81 f) übernimmt diese Thesen – er sieht im ,,Talmud von Caesarea" ein Handbuch für die in der Halakha ungebildeten Richter der jüdischen Gemeinde von Caesarea. *J. N. Epstein* (IAL 286) hat dagegen eingewandt, viele sonst im pT den Rabbinen von Caesarea oder Abbahu zugeschriebene Aussprüche fehlen in Neziqin oder stehen dort im Namen anderer Rabbinen; auch spricht pBB X, 1, 17 c von den ,,Rabbinen von Caesarea" (nicht so die Parallele pGit VII, 12, 49 d!), obwohl man ,,die Rabbinen von hier" erwarten müßte, wenn Caesarea der Ort der Redaktion gewesen wäre. Sicher hat es einen ,,Talmud von Caesarea" gegeben; doch werde dieser im ganzen pT verwendet, auch in Neziqin, ,,auch, aber nicht mehr". Auch mache es die häufige Nennung des R. Jose beR. Bun unmöglich, die Redaktion von Neziqin früher als die des übrigen pT anzusetzen. Neziqin sei auch gar nicht im eigentlichen Sinn redigiert, sondern enthalte an vielen Stellen nur kurze Zusammenfassungen und Hinweise als Gedächtnisstützen (IAL 290; *Melammed*, Introd. 572, schließt sich *Epstein* an).

S. Lieberman (Sifre Zutta 125–136) hat auf die Einwände geantwortet und seine These nochmals bekräftigt. Die Argumente *Epsteins* gegen *Lieberman* sind durch die allgemeine Textverderbnis von pT und die Feststellung zu entkräften, daß sicher auch der ,,Talmud von Caesarea" nicht alles aufgenommen hat, was die Rabbinen von Caesarea gelehrt haben. Schwerwiegender ist der Einwand gegen die Frühdatierung von Neziqin, dessen Endredaktion sicher nicht viel vor dem Rest von pT erfolgt ist. Insgesamt ist jedoch *Lieberman*'s Arbeit jedenfalls ein großer Fortschritt in der Analyse von pT.

d) Quellen des palästinischen Talmud

Hier geht es nicht so sehr um Quellenschriften im eigentlichen Sinn, als vielmehr um die Materialien, die den Redaktoren von pT bzw. den Amoräern der pGemara zur Verfügung gestanden sind: M, Baraitot, halakhische Midraschim und babylonische Traditionen.

1. Die M des pT
Insofern pT ein Kommentar von M ist, bildet M natürlich seine wichtigste Basis. Die genaue Feststellung des M-Textes, der den Diskussionen von pT zugrundeliegt, ist jedoch mit großen Schwierigkeiten verbunden. Die ur-

sprüngliche Fassung von pT hat keinen M-Text enthalten, sondern nur
Zitate und Anspielungen innerhalb der Gemara selbst. Erst spätere MSS
haben den durchlaufenden Text gemäß den Texteinheiten von M aufgebro-
chen und jeweils kapitelweise den M-Text vor den der pGemara gesetzt. So
ist z. B. auch der Schreiber von MS Leiden vorgegangen: den M-Text und
den Text von pT hat er von je verschiedenen Vorlagen abgeschrieben (siehe
J. Z. *Feintuch*, The Mishna of the MS Leiden of the Palestinian Talmud, h,
Tarbiz 45, 1975f, 178–212: die M-Vorlage ist meist MS Parma, De Rossi
138). Gelegentlich hat dabei der Kopist die Kapitel in der Gemara nicht
richtig abgetrennt. In Jeb XV–XVI war seine pT Vorlage unvollständig, so
daß er die Grenze zwischen den beiden Kapiteln nicht erkannte, und so hat
er einfach beide M-Kapitel gemeinsam vor den folgenden Text der Gemara
gesetzt. Der sonst von MS Leiden abhängige Erstdruck hat aufgrund eines
anderen MS korrigiert (*Epstein*, IAL 605, vgl. ITM 932f.).

Das bedeutet, daß der M-Text unserer MSS und Drucke von pT nicht
unbedingt jener Text ist, den die Amoräer diskutierten. Er ist vielmehr ein
Mischtext zwischen der palästinischen und der babylonischen M-Rezension (sofern wir zwischen den beiden Rezensionen überhaupt so klar trennen können, wie dies *Epstein* macht).

Der tatsächliche Grundtext von pT ist aus der Gemara zu erschließen.
Diese läßt oft Abweichungen vom M-Text erkennen, der sich in unseren
Ausgaben an der Spitze des Kapitels befindet, aber auch von der Textfassung der M-Handschriften selbst wie auch von jener, die die Gemara des
bT voraussetzt. Ber I,1 zählt z.B. Gebote auf, die man „bis Mitternacht"
erfüllen muß, deren Verpflichtung jedoch die Gelehrten bis zum folgenden
Morgengrauen festgelegt haben. Im bT zugrundeliegenden M-Text ist hier
das „Essen des Osterlammes" nicht erwähnt (Ber 9a), wohl aber in der von
pT diskutierten Fassung (pBer I,3,3a; die MSS-Überlieferung von M ist
hier uneinheitlich). Schab II,6 heißt es, daß Frauen wegen drei Übertretun-
gen sterben, während sie gebären (*be-scha'at ledatan*). Die pGemara setzt
hingegen die Lesart *jldot* voraus und diskutiert, ob man joldot („Gebären-
de") oder *jeladot* „Mädchen") vokalisieren müssen (pSchab II,5b). Die
Lesart *be-scha'at ledatan* ist wohl eine klarstellende Umschreibung des
zweideutigen Ausdrucks (*Ginzberg*, Mabo 54).

Die zitierten Beispiele ließen sich leicht vermehren. Überall weicht hier
die in pT vorausgesetzte M-Formulierung von jener des bT ab. *L. Ginzberg* ist der Meinung, daß sich in Palästina eine von Rabbi selbst revidierte
Fassung seiner M durchgesetzt hat, während in Babylonien die Erstfassung
nicht mehr verdrängt werden konnte (Mabo 51). Doch macht er selbst
darauf aufmerksam, daß nicht alle M-Varianten zwischen pT und bT so zu
erklären sind, sondern wir auch mit bewußten Korrekturen des M-Textes
durch die Amoräer rechnen müssen. Die Rekonstruktion *der* M des pT ist
also auch durch die Gemara nicht möglich, da nicht alle Einzelbeispiele
einer Textabweichung in pT automatisch einer einheitlichen palästinischen

M-Rezension zugeschrieben werden dürfen, ja die Existenz einer völlig einheitlichen M-Fassung in ganz Palästina ebenfalls zu bezweifeln ist. (Vgl. *Epstein*, ITM 706–726.771–803; IAL 604–6; *Ginzberg*, Mabo 51–6; *Melammed*, Introduction 535–548; *Bokser*, ANRW 171f; die S. 142 genannten Titel von *M. Schachter* und *S. Zeitlin*).

2. Baraitot in pT

Baraita, wörtlich die „draußen befindliche" Lehre (kurz für aram. *matnita baraita*) bezeichnet alle tannaitischen Lehren und Aussprüche außerhalb von M. Der hebr. Ausdruck *mischna chitsona* ist erst spät belegt (NumR 18,21). In pT kommt die Bezeichnung Baraita nur pNid III,3,50d vor, sonst meist *matnita*, wie für M selbst. Die Sprache der Baraitot ist gewöhnlich eine spätere Form des M-Hebräischen.

Lit.: M. Higger, Otsar ha-Baraitot, 10 Bde, NY 1938–48 (Sammlung der Baraitot in beiden Talmudim); *S. Abramson*, Al schne leschonot habaa min ha-mischna, Sinai 79 (1975f) 211–228 (zur Unterscheidung von *tanja* und *tenan* in der Einleitung von Zitaten); *Ch. Albeck*, Die Herkunft des Toseftamaterials, MGWJ 69 (1925) 311–328; *ders.*, Mechqarim ba-Baraita we-Tosefta we-Jachasan la-Talmud, J 1944, Ndr. 1969; *ders.*, Mabo 19–50; *W. Bacher*, TT; *J. N. Epstein*, ITM; *M. Stieglitz*, die zerstreuten Baraitas der beiden Talmude zur Mischna Berachot, Diss. Bern 1908; *B. De Vries*, EJ IV, 189–193.

Die zahlreichen Baraitot in pT sind nur zum Teil mit einer der dafür üblichen Formeln eingeleitet (z. B. *teni R.N.N.* oder anonym *teno rabbanan* u. a.), oft jedoch ohne jeden Hinweis auf ihre Herkunft aus der Baraita. Der Vergleich mit MSS zeigt, daß diese Zitatformeln oft später ausgefallen sind (dazu *Higger*, Otsar II 227ff). Die Baraitot des pT (wie auch des bT) stammen v. a. von den Tannaim als den Tradenten der Schulen sowie aus sicher schriftlichen Sammlungen tannaitischen Materials. Ob man T als solche Baraitot-Sammlung betrachten muß oder mit M den Baraitot gegenüberzustellen hat, ist schon im Mittelalter nicht einhellig beantwortet worden und in diesem Zusammenhang auch unwesentlich. Ein klares Urteil, ob pT T selbst als Quelle verwendet (so *J. N. Epstein)* oder nur T-Stoff aus gemeinsamen Quellen schöpft (so *Ch. Albeck),* ist jedenfalls derzeit nicht möglich (vgl. S. 156).

Der weitaus größte Teil der Baraitot in pT ist anonym. Doch werden auch eine Reihe von Sammlungen zitiert (*Bacher*, TT 203–214; Melammed, Introduction 549–554); die wichtigsten davon sind die Baraita-Sammlungen aus den Schulen des R. Chijja (etwa 200mal zitiert), des R. Hoschaja (etwa 80mal) und des Bar Qappara (etwa 60mal). Ob diese Sammlungen mit den *Mischnajot Gedolot* dieser drei Rabbinen (pHor III,48c: statt Chuna ist Chijja zu lesen!) identisch sind, ist nicht sicher, jedoch wahrscheinlicher als die Annahme zusätzlicher Sammlungen dieser Meister. Wichtige Baraita-Sammlungen stammen auch aus den Schulen des

R. Simeon bar Jochai (etwa 70mal) und des R. Jischmael (etwa 80mal), des R. Samuel (etwa 20mal, nur in den Ordnungen Zeraim und Moed) und des R. Chalafta b. Saul (etwa 20mal).

Die Überlieferung der Baraitot stellt uns vor eine Reihe von Problemen. Manchmal werden Baraitot an anderer Stelle als Aussage eines Amoräers zitiert, was beides stimmen mag, aber auch auf Texte verweisen kann, die irrtümlich oder gar pseudepigraph als Baraitot überliefert werden. Auch weichen Baraitot vielfach gegenüber ihren Parallelen in T, den halakhischen Midraschim oder bT ab, was auf eine nicht so genormte Weitergabe von Baraitot wie bei M (und selbst dort ist die Normierung nur relativ!) schließen läßt. Baraitot werden oft nicht wörtlich zitiert, sondern nur gekürzt, in Anspielung, durch eine spätere Auslegung erweitert oder an einen anderen Sprachgebrauch gepaßt (dazu *Ginzberg*, Mabo 60f). V. a. jedoch macht die bruchstückhafte Überlieferung jede Rekonstruktion eventuell vorliegender (schriftlicher) Sammlungen von Baraitot und deren Verwertung bzw. Unkenntnis in pT (wie in den anderen rabb. Schriften) problematisch und damit auch daraus gezogene Schlußfolgerungen unsicher. Weitere Lit. in *Bokser*, ANRW 173–8,

3. Midraschim

Ebenso wie bT, jedoch in viel geringerem Ausmaß, hat auch pT midraschischen Stoff aufgenommen. Die zuvor genannten Baraitot bieten neben mischnaischem Material auch viel Midrasch, so daß *Bacher* mehrere tannaitische Midrasch-Sammlungen als Quellen von pT vermutet (TT 210–213), und zwar Midraschim zum Pentateuch (Ex bis Dtn) aus der Schule des R. Chijja (vielfach zu Lev und mit Parallelen in Sifra, das deshalb gelegentlich R. Chijja zugeschrieben wird), des R. Jischmael, des R. Simeon ben Jochai und des R. Chizkijja.

Was den halakhischen Midrasch betrifft, hat *E. Z. Melammed* (Introduction 275–296) das gesamte Material in pT gesammelt. Etwa 1300 Zitate aus halakhischen Midraschim, die bestimmten Tannaiten zugeschrieben oder anonym als Baraita zitiert werden, verteilen sich ungefähr so: etwa 270 Zitate betreffen Ex, 440 Lev, 190 Num, 230 Dtn und über 100 Gen und die übrige Bibel. Teilweise finden sich diese Zitate wörtlich oder abgewandelt in den uns erhaltenen halakhischen Midraschim wieder, teilweise haben sie keine Parallele. Keines der Zitate ist sehr lang, viele sind sogar äußerst kurz, umfassen nicht einmal eine Zeile, oft nur einzelne kommentierende Worte. Selbstverständlich erschwert das äußerst die Feststellung, ob wir es mit einem echten Zitat zu tun haben, mit einer bloßen Anspielung oder einem Hinweis auf eine bestimmte Auslegungstradition. Oft ist der Midrasch aus der Schule des R. Aqiba explizit dem des R. Jischmael gegenübergestellt: ob dies aus der jeweiligen Quelle des pT stammt oder das Werk des Redaktors des jeweiligen Abschnitts ist, kann man nicht feststellen.

PT zitiert auch über 1100 Midraschim im Namen von Amoräern. Zum überwiegenden Teil sind sie haggadischer Art und beziehen sich auf Gen, Propheten und Schriften (aber auch zu Ex bis Dtn sind die Midraschim, allerdings zu einem viel geringeren Teil, haggadisch). Auch hier sind die zitierten Midraschim sehr kurz. Auch die längeren unter ihnen umfassen nur wenige Zeilen. Gerne verbindet pT mehrere Midraschim eines einzelnen Amoräers miteinander; die halakhischen Midraschim bieten vielfach die biblische Begründung zu halakhischen Kontroversen der Tannaiten. Von der Sprache her sind die meisten dieser Midraschim hebräisch, doch gegenüber den tannaitischen Texten viel mehr mit aramäischen Worten oder auch ganzen Sätzen durchzogen. Besonders umfangreich ist das Aramäisch natürlich in der Haggada, die ja in erster Linie für das gewöhnliche Volk bestimmt war (*Melammed*, Introduction 312–7).

Viele der in pT zitierten Midraschim haben Parallelen in der Midraschliteratur sowie in bT. Die Frage nach eventuell pT vorliegenden Midrasch-Schriften oder -Sammlungen ist jedoch wegen der Kürze der Zitate und des allgemeinen Überlieferungszustandes von pT wie der rabb. Schriften i. a. nicht mit Sicherheit zu beantworten, auch wenn man sicher mit der Existenz midraschischer Schriften im amoräischen Palästina rechnen darf. *M. B. Lerner* (The book of Ruth in aggadic literature and Midrasch Ruth Rabba, h, Diss. J 1971) nimmt z. B. an, daß pT in einer späteren Redaktionsstufe eine frühe Rezension von RutR verwendet hat. Manchmal mag diese Beziehung zwischen pT und Midrasch wechselseitig gewesen sein, daß eine Frühform des Midrasch pT bekannt war, die endgültige Fassung wiederum von pT beeinflußt ist; auch ist damit zu rechnen, daß mit pT etwa zeitgleiche Midraschim frühere Fassungen von pT bzw. von einzelnen Traktaten verwendet haben. Da dieselben Amoräer sowohl an der Ausgestaltung des pT wie auch auf dem Gebiet des Midrasch gearbeitet haben, können Abhängigkeitsverhältnisse verschiedener Schriften zueinander nur mit äußerster Vorsicht festgestellt werden.

4. Babylonische Traditionen

Palästinische Gelehrte standen in dauerndem Kontakt mit babylonischen Rabbinen, sei es durch Kollegen, die aus beruflichen Gründen zwischen den beiden Ländern hin- und herreisten (die sogenannten *nachote*) oder auch durch Babylonier, die sich für eine bestimmte Zeit oder auch auf Dauer in Palästina niederließen. Besonders für Caesarea sind starke Verbindungen zu Babylonien belegt (*Levine*, Caesarea 89–92.96). Selbstverständlich brachten diese Babylonier auch ihre Traditionen mit, auch wenn sie versuchten, sich ihrer neuen Umgebung anzupassen (vgl. BM 85a über R. Zera: als er Palästina zog, fastete er hundert Tage, um die babylonische Gemara zu vergessen. Dazu *Abr. Goldberg*, Tarbiz 36, 1966f, 319–341). So kommen zahlreiche Aussprüche babyl. Amoräer in den pT, gewöhnlich zitiert mit der Einleitung „dort sagen sie" bzw. „die Rabbinen von dort lehren" (*Bacher*, TT 311–7; 477–505; *Epstein*, IAL 314–322). Allerdings muß sich „dort" in pT nicht immer auf Babylonien beziehen, sondern kann auch eine andere rabb. Schule in Palästina meinen! Viele der in pT zitierten Aussprüche von Babyloniern sind in bT nicht oder in anderer Form überliefert. In diesem Zusammenhang ist sicher nicht an größere Komplexe von schon durchredigierten (schriftlichen oder mündlichen) Traditionen zu denken, die man als „Quellen" des pT im eigentlichen Sinn bezeichnen könnte, sondern einfach an Traditionsmaterial, das durch Vermittlung babyl. Gelehrter in Palästina bekannt worden ist. Vgl. auch *Bokser*, ANRW 187–191. *J. Schwartz*, Tension between Palestinian Scholars and Babylonian Olim in Amoraic Palestine, JSJ 11 (1980) 78–94.

e) Das Zusammenwachsen der Überlieferung

Untersuchungen zur Redaktion von pT beschränken sich i. a. auf dessen Endzustand, dessen Eigenheiten durch die Redaktionsmethode erklärt werden sollen, und sehen pT als Einheit. Die hervorragende Ausnahme ist *S. Lieberman*'s Untersuchung der drei „Pforten" von Neziqin. Zwar herrscht weithin Übereinstimmung, daß verschiedene amoräische Schulen hinter pT stehen. Doch gibt es noch keine systematische Untersuchung zur Vorgeschichte des pT bzw. seiner Teile, auch wenn es selbstverständlich ist, daß nicht die Endreadaktoren in einem einzigen Arbeitsgang eine amorphe Masse von Traditionsgut kompiliert und bearbeitet haben.

 Z. Frankel (Mabo 45 a–49 a) hat eine Entwicklung des pT in drei Stufen vermutet: Kommentierung von M im Schulbetrieb – Sammlung und Ergänzung solcher Schulnotizen durch verschiedene Meister in Form von Traktaten entsprechend dem Aufbau von M – Auswahl, Kombination und Bearbeitung dieser Sammlungen in Tiberias (vgl. *Epstein*, IAL 275, der zu Einzelbeispielen ebenfalls drei Schichten feststellt). Diese Annahme ist vernünftig und im Einzelfall von Neziqin auch belegbar. Doch bietet sie nicht mehr als die großen Umrisse einer Entwicklung. Die Literargeschichte des pT im einzelnen festzustellen (die Entwicklung der Sugia, die Entstehung der einzelnen Traktate und die gestaltende Arbeit der verschiedenen Meister und Schulen, das relative Alter der einzelnen Stücke und ihr Zusammenwachsen) muß die Aufgabe kommender Forschung sein. Erst dann ist eine historisch gesicherte Verwendung von pT möglich, die über den zu optimistischen Standpunkt hinwegkommt, Einzelsprüche nach den als Autoren oder Tradenten genannten Meistern zu datieren, ohne dabei ins Gegenteil zu verfallen und nur die Stufe der Endredaktion zu akzeptieren. Bis dorthin ist noch ein weiter Weg.

5) Der Text

Mehr als andere rabb. Schriften hat pT in seiner Textüberlieferung gelitten. Auf die zahlreichen Textverderbnisse durch Auslassung und Wiedereinfügung von Parallelperikopen wurde schon hingewiesen. Andere Gründe der Textverderbnis sind in der Vernachlässigung von pT zu sehen, sobald bT die absolute Vorherrschaft im Studienprogramm des europäischen Judentums erlangte und sogar in Palästina pT verdrängen konnte. Als Folge davon sind nur sehr wenige MSS von pT erhalten, die außerdem, ausgenommen die Geniza-Fragmente, stark durch den Text und die Sprache des bT beeinflußt sind. Die Unkenntnis der dem pT eigenen Sprache führte nicht nur zu Angleichungen in Schreibweise und Grammatik an bT bzw. bei hebräischen Abschnitten an die Bibel, sondern auch zu einer völligen Verfälschung zahlreicher griechischer und lateinischer Lehnwörter und Zitate und in der Folge zu weiteren „Korrekturen", um dem Text einen Sinn abzugewinnen (dazu vgl. v. a. die Arbeiten von *S. Lieberman*). Zur Inschrift von Rehob als ältestem Zeugnis für die pT-Tradition siehe S. 46f.

a) Handschriften

MS Leiden, Scaliger 3 (Univ. Bibl. Leiden) ist das einzige vollständige MS von pT (selber Umfang wie die Drucke). 672 Blatt in zwei Folio-Bänden, 1289 vollendet. Der Schreiber Jechiel b.R. Jequtiel b.R. Benjamin ha-Rofe beklagt in Kolophon seine sehr fehlerhafte Vorlage, die er nach Kräften zu korrigieren versucht hat. Trotz sehr schneller Arbeit (die Ordnungen Naschim und Neziqin hat er in 36 Arbeitstagen vollendet: *Melammed*, Introd. 508), die zu zahlreichen Auslassungen durch Homoioteleuton führte, ist das MS textkritisch äußerst wertvoll. Viele Randglossen, meist Textkorrekturen, stammen zum Teil vom Schreiber selbst. Faksimile-Ausgabe mit Einführung von *S. Lieberman* J 1971 (schlechte Wiedergabe: siehe *P. S. van Konigsveld* und *A. van der Heide*, Studia Rosenthaliana 8, 1974, 131–7); Neuausgabe: *M. Edelmann*, Hg., Early Hebrew manuscripts in facsimile. Vol. III The Leiden Yerushalmi part 1. Ms. Leyden, Univ. Library Scaliger 3, mit Einführung von *E. S. Rosenthal*, 1979.

J. N. Epstein, Some Variae Lectiones in the Yerushalmi. I: The Leiden MS (h), Tarbiz 5 (1933f) 257–272; 6 (1934f) 38–55; *ders.*, Diqduqe Jeruschalmi: IAL 335–606 (nur bis Schab XV vollendet, von *Melammed* ergänzt); *S. Liebermann*, Hayerushalmi Kiphshuto, J 1934, Mabo 15–21; *ders.*, Further Notes on the Leiden Ms. of the Jerushalmi (h), Tarbiz 20 (1949) 107–117; *A. van der Heide – P. S. J. van Koningsveld*, Het Leidse handschrift van de Jeruzalemse Talmud: Een recente restauratie door Zr. Lucie M. Gimbrére O. S. B. te Oosterhout N. Br., Studia Rosenthaliana 7 (1973) 258–265.

MS Rom, Codex Vat. Ebr. 133. 152 Blatt. Sota und Zeraim (ohne Bik; M fehlt in Sota IX und in ganz Zeraim außer Ber II). Etwas älter als MS Leiden; sehr fehlerhaft, doch ergänzt es manche Lücken in MS Leiden und hat wertvolle Lesearten. Verwendet als Vorlage vier verschiedene MSS (*Melammed,* Introd. 513). Faksimile: Talmud Yerushalmi Codex Vatican (Vat. Ebr. 133) mit Einleitung von *S. Lieberman* (= *ders.,* On the Yerushalmi, h, J 1929), J 1971. Ausgewählte Varianten aus MS Rom zu Seder Zeraim: *L. Ginzberg,* Yerushalmi Fragments from the Geniza, NY 1909, Ndr. H. 1970, 347–372.

Zeraim und Scheqalim mit Kommentar des S. Sirillo: British Museum 403–405 = Or. 2822–1824, z. T. auch in Nat. Bibl. Paris, Suppl. Hebreu 1389 (nach *Y. Sussmann,* Tarbiz 43, 1973f, 108 Anm 110, könnte MS Paris die ältere Fassung sein; doch betrifft dies nur den Kommentar; der pT-Text ist im wesentlichen identisch). Um etwa 1530 entstanden, doch noch ohne Verwendung des Erstdrucks V 1523; Teile des MS könnten ein Autograph des Sirillo sein. Editionen: *M. Lehmann,* Hg. Berakhot, Mainz 1875; *Ch. J. Dinklas,* Hg., Zeraim, 11 Bde, J 1934–1967; *K. Kahana,* Hg., Schebiit, 2 Bde, J 1972–3. Der Traktat Scheqalim ist schon früh mit dem Text des bT verbunden worden. Er befindet sich u. a. in MS München des bT (Faksimile-Ausgabe *H. L. Strack* Ndr. J 1971), ebenso in einem MS mit Kommentar des R. Meschullam (ed. *A. Schreiber,* Treatise Shekalim, NY 1954). Eine kritische Ausgabe des Traktats durch *M. Assis* ist in Vorbereitung.

Weitere MSS: Z. M. Rabinovitz, A Fragment of Mishna and Yerushalmi Shevi'it (h), Bar-Ilan 2 (1964) 125–133 (pSchebi VII, jemenit. MS des 14. Jhs.; *Bokser,* ANRW 158 erwähnt, daß *Sussmann* das MS für ein Geniza-Fragment hält, dessen Fortsetzung sich in Cambridge befindet); *M. Assis,* A Fragment of Yerushalmi Sanhedrin (h), Tarbiz 46 (1976f) 29–90; 327–9; dazu *S. Lieberman,* On the New Fragments of the Palestinian Talmud (h), ibid. 91–6 (nordafrik. MS, 12. Jh., Großteil von pSanh V,1,22c–VI,9,23c); *A. H. Freimann,* A Fragment of Yerushalmi Baba Kama (h), Tarbiz 6,1–2 (1934) 56–63; dazu *J. N. Epstein,* ibid. 64f (Vat. Ebr. 530, nicht später als 14. Jh.; BQ II,4,3a–III,4,3c); *E. S. Rosenthal,* Concerning the New MS to Palestinian Talmud Neziqin, 7th WCJS, Programme, J 1977 (MS Escorial G–1–3; BQ III Mitte – BB IX,4 Mitte, am Rand eines MS von bT BQ–BB: siehe *Bokser,* ANRW 158).

b) Fragmente aus der Geniza

Zahlreiche Fragmente befinden sich in verschiedenen Bibliotheken und sind erst zum Teil veröffentlicht. Eine umfassende Untersuchung des Alters der einzelnen Stücke steht noch aus; die Pauschaldatierung ins 10. Jh. ist sehr fraglich (*Y. Sussmann,* Tarbiz 43, 1973f, 155f Anm. 497; *Sussmann* plant eine umfassende Ausgabe der pT-Fragmente aus der Geniza). Der

besondere Wert der Fragmente liegt, abgesehen von ihrem Alter und der
besonderen Seltenheit von pT-MSS, darin, daß sie alle im Orient entstanden sind und die ursprüngliche Schreibweise viel besser als die europäischen MSS erhalten haben.

L. Ginzberg, Yerushalmi Fragments from the Genizah Vol. I (mehr nicht erschienen), NY 1909, Ndr. H 1970; *ders.*, Ginze Schechter I 387–448; *S. Abramson*, Qeta
Geniza mi-Jeruschalmi Schabbat Pereq ha-Matsniʿa, Kobez Al Yad VIII (XVIII), J
1975, 3–13; *N. Alloni,* Geniza Fragments 35–43; *J. N. Epstein*, Additional Fragments of the Jerushalmi (h), Tarbiz 3 (1931 f) 15–26.121–136.237–248; *A. I. Katsh*,
A Genizah Fragment of Talmud Yerushalmi in the Antonin Collection of the
Saltykov-Shchedrin Library in Leningrad, JQR 71 (1980 f) 181–4 [Scheq VII, 31
a. b. 32 a; Fortsetzung von *Ginzberg* p. 139]; *S. Loewinger*, New Fragments from
the Yerushalmi Pesaḥim ch. 5–7, FS A. Marx, NY 1950, hebr. Teil 237–283 (dazu
Lieberman, ibid. 284–6); *Z. M. Rabinovitz*, New Genizah Fragments of the Palestinian Talmud (h), GS H. Yalon, J 1974, 499–511; *S. Wiedder*, A Fragment of Jerushalmi from Geniza Fragments in Budapest (h), Tarbiz 17 (1945 f) 129–135 (dazu
J. N. Epstein, ibid. 136 f).

Zu pT-MSS und Geniza-Fragmenten siehe: *Bokser*, ANRW 153–163; *Ginzberg*,
Mabo 36–40; *Melammed*, Introduction 508–515; *N. Sacks*, Mischna Zeraim I, J
1972, 72–76.

Wegen der schlechten handschriftlichen Bezeugung von pT sind die Zitate
in der mittelalterlichen Literatur von besonderer Bedeutung. Für die Ordnungen Zeraim und Moed (außer Er) hat sie gesammelt: *B. Ratner*, Aha-
wath Zion we-Jeruscholaim, 12 Bde, Wilna 1901–1917, Ndr. J 1967, trotz
vieler Fehler von größtem Wert (wichtige Rezensionen u. a.: *V. Aptowitzer*
MGWJ 52, 1908; 54, 1910; 60, 1916; *W. Bacher*, REJ 43, 1901, bis 64,
1912). Für mittelalterliche Zitate wichtig ist auch *S. Lieberman*, Emendations in Jerushalmi (h), Tarbiz 2 (1930 f) 106–114; 235–240; 380; 3 (1931 f)
337–9; ebenso seine anderen Arbeiten.

c) *Druckausgaben*

Lit.: *A. M. Habermann*, Ha-Talmud ha-Jeruschalmi, in der Neuausgabe von
R. Rabbinovicz, Maʾamar al Hadpasat ha-Talmud, J 1952, 203–222; *E. R. Malachi*,
Al ha-Defus ha-Jeruschalmi, Sinai 60 (1967) 169–173; *Bokser*, ANRW 151 f.

Erstdruck durch D. Bomberg, V 1523 f. Als Grundlage diente MS Leiden
(dazu zuletzt: *M. Mishor*, An Impress from the Venice Edition in the
Leiden Ms. of Talmud Yerushalmi, h, KS 53, 1977 f, 578). Der Herausgeber
behauptet, drei zusätzliche MSS verwendet zu haben. Diese sind wohl
verloren, wenn nicht pHor in bT, ed. 1520–1523 von einem dieser drei
MSS stammt; *Melammed*, Introd. 514, vermutet auch, daß MS Rom dem
Drucker in Venedig vorlag. Wie *S. Lieberman*, Jeruschalmi Horajot, FS
Ch. Albeck, J 1963, 283–305, gezeigt hat, hat der Herausgeber fast nur MS
Leiden verwendet und seine Vorlage vielfach „korrigiert". In bT ed.

1520–1523 ist pHor statt der Tosafot zur babylonischen Gemara abgedruckt, pScheq ebenfalls nach einem anderen MS als in pT wiedergegeben. *Weitere Ausgaben:* Krakau 1609 mit kurzem Kommentar; Krotoschin 1866 (Ndr. J 1969, verbreitetste Ausgabe); Shitomir, 5 Bde mit Kommentaren, 1860–1867; Romm Wilna, 7 Bde mit Kommentaren, 1922, Ndr. J 1973. Versuch einer kritischen Ausgabe: *A. M. Luncz,* Talmud Hierosolymitanum ad exemplar editionis principis, 5 Bde, J 1907–1919 (Ber bis Schebi; verwendet MS Leiden, Vat 133, das MS mit dem Kommentar Sirillos und einzelne Geniza-Fragmente); *E. A. Goldman,* A critical edition of Palestinian Talmud, tractate Rosh Hashana, HUCA 46 (1975) 219–268; 47 (1976) 191–268; 48 (1977) 219–241; 49 (1978) 205–226.

d) Übersetzungen

Es gibt noch keine zufriedenstellende Gesamtübersetzung des pT in eine europäische Sprache. *Biagio Ugolini* hat 20 Traktate mit eigener latein. Übersetzung ediert: Thesaurus Antiquitatum Sacrarum, Bde 17–30, V 1755–65 (17: Pes; 18: Scheq, Joma, Suk, RH, Taan, Meg, Chag, Betsa, MQ; 20: Maas, MSch, Challa, Orla, Bik; 25: Sanh, Mak; 30: Qid, Sota, Ket). *M. Schwab,* Le Talmud de Jérusalem, 11 Bde, P 1871–1889, Ndr. in 6 Bden P 1969 (sehr unzuverlässige französ. Übers.). *A. Wünsche,* Der Jerusalemische Talmud in seinen haggadischen Bestandtheilen übertragen, Zürich 1880, Ndr. H 1967. Eine englische Übersetzung hat *J. Neusner* in Angriff genommen: The Palestinian Talmud. A Preliminary Translation and Explanation, Chicago 1981 ff (beginnt mit AZ, Hor und Mid).

Einzeltraktate: Ch. Horowitz, Der Jerusalemer Talmud in deutscher Übersetzung. Band I: Berakhoth, Tüb. 1975; *ders.,* Jeruschalmi. Der paläst. Traktat Sukka, die Festhütte, übersetzt und interpretiert, Düsseldorf 1963; *ders.,* Jeruschalmi. Der palästinische Talmud Nedarim (Gelüde) übersetzt und interpretiert, Düsseldorf 1957; *A. W. Greenup,* Taanith from the Palestinian Talmud, Lo 1918; *J. Rabbinowitz,* The Jerusalem Talmud (Talmud Yerushalmi): Bikkurim. Text, translation, introduction and commentary, Lo 1975. *G. A. Wewers,* Übersetzung des Talmud Yerushalmi IV/7: ʿAvoda Zara. Götzendienst, Tüb. 1980.

e) Konkordanz

M. Kosovsky, Concordance to the Talmud Yerushalmi (Palestinian Talmud) I, J 1979 (Erstdruck als Basis).

6. Kommentare

Lit.: Bokser, ANRW 225–249; *Ginzberg,* Mabo 90–132; *S. Lieberman,* The Old Commentators of the Yeruschalmi (h), FS A. Marx, NY 1950, hebr. Teil 287–319; *Melammed,* Introd. 515–534; *I. Twersky,* Rabad of Posquières, C (M) 1962; *J. Rubinstein,* Quntras ha-schalem schel Mefarsche ha-Jeruschalmi, im Anhang zur pT Ausgabe NY 1948.

Abgesehen von einer möglichen Verwendung des pT oder einer seiner Vorstufen in verschiedenen Midraschim finden wir den frühesten Beleg für den Einfluß des pT in der Inschrift von Rehob (siehe S. 46f) aus dem 7. Jh.: pDemai II,22c–d und pSchebi VII,36c werden hier verwertet, sei es direkt aus einer pT-Fassung oder aus einer halakhischen Bearbeitung des pT nach Art des Sefer ha-Maasim, der in der ursprünglichen Fassung um die Mitte des 7. Jhs. entstanden ist. Die ziemlich schnelle Verdrängung des pT durch bT (Jehudai Gaon bemüht sich nach 750 darum sogar schon in Palästina) bewirkt, daß pT lange Zeit nicht als selbständiges Werk kommentiert wird, sondern lediglich als Parallelbeleg oder Erläuterung zu bT herangezogen wird: so v. a. im Sefer Methiboth, ed. *B. M. Lewin,* J 1933 Ndr. 1973, aus dem 10. Jh., dessen Verfasser ein Babylonier war, der wohl in Kairowan wirkte (dieser entscheidet aber oft noch die Halakha gegen bT!); ebenso bei R. Chananel von Kairowan, 11. Jh. (dazu *A. Y. Friezler,* Jachaso schel Rabbenu Chananel li-Jeruschalmi be-Ferusch le-Babli, Nib ha-Midraschija, TA 1972f, 126–134). Ähnlich R. Nissim und Alfasi im 11. Jh. sowie dann Maimonides (*S. Lieberman,* Hilkhot ha-Yerushalmi le-ha-Rambam, NY 1947). Im 12. Jh. ist auch der Sefer Rabia des Eliezer b. Joel ha-Levi (ed. *E. Prisman,* 4 Bde, J 1965) für die Wirkungsgeschichte des pT von Bedeutung, ebenso dann das Schriftum der Tosafisten, die pT mehr verwendet haben, als vielfach angenommen wird (*E. E. Urbach,* The Tosafists 543ff).

Die ältesten erhaltenen Kommentare im eigentlichen Sinn zu pT betreffen beide den zusammen mit bT überlieferten Traktat Scheqalim. Sie werden *R. Meschullam,* 13. Jh., und dem gleichzeitigen *Schüler des R. Samuel ben R. Schneur von Evreux* zugeschrieben; ediert von *A. Schreiber* (Sofer), Treatise Shekalim with two Commentaries of Early Rabbinic Authorities, NY 1954; *E. E. Urbach* bezweifelt diese Zuschreibung und sieht die Kommentare als Werke von frühen Tosafisten an: KS 31, 1955f, 325–8. Zur Ordnung Zeraim sind auch die frühen M-Kommentare heranzuziehen, die sich stark auf pT stützen, da hier bT fehlt.

Solomo Sirillo aus Spanien, später in Safed, vollendete um 1530 seinen Kommentar zu Zeraim und Scheq, wahrscheinlich noch ohne Kenntnis des Erstdrucks von pT (vgl. S. 179).

Eleazar b. R. Mosche Azikri (1553–1600, Safed) schrieb Kommentare zu Ber (in pT Shitomir 1860), Pea, Demai, Ter und Pes (nur in Zitaten im

Melekhet Schlomo des Salomo Adani in M Romm), Betsa (ed. *I. Francus*, Talmud Jeruschalmi Massekhet Betsa im Perusch ... Rabbenu El'azar Azikri, NY 1967, mit ausführlicher Einleitung).

Samuel Aschkenazi (ca. 1525–1595) kommentierte die Haggadot des pT, vielleicht noch mit pT-MSS: Jefe Mare, V 1590 und öfter (*M. Benayahu*, R. Samuel Yaffe Ashkenazi and Other Commentators of Midrash Rabba. Some Biographical and Bibliographical Details, h, Tarbiz 42, 1972f, 419–460, bes. 428–430).

Jehoschua Benveniste, (ca. 1590–1665, Türkei) verfaßte einen ausführlichen Kommentar zu den halakhischen Teilen von 18 Traktaten: Zeraim Konstantinopel 1662 (Ndr in: Jeruschalmi Zeraim, J 1972), der Rest Konst. 1749. Wichtig wegen seiner Verwendung mittelalterlicher Autoren.

David Darschan, ein hauptsächlich sprachlicher Kurzkommentar zur pT-Ausgabe Krakau 1610.

Elija b. Loeb Fulda (ca. 1650–1720): Knapper Kommentar zu 15 Traktaten – Zeraim und Scheq, Amsterdam 1710; BQ, BM und BB F 1742. Gab den Anstoß für das Studium des pT in Deutschland und Osteuropa.

Mosche Margolies (gestorben 1780, Litauen), Kommentar zum ganzen pT: Pene Mosche, Nachträge Mar'e ha-Panim. Amsterdam 1754 Naschim; Livorno 1770 Neziqin; vollständig in pT Shitomir.

David Fränkel, der Lehrer Moses Mendelssohns, 1704–1762: Qorban ha-Eda; Nachträge Schire Qorban. Will den Kommentar Fuldas ergänzen (nur Scheq bei beiden). Dessau 1742, B 1757. 1760–62. Margolies und Fränkel sind die beiden wichtigsten traditionellen Kommentare.

Elija Gaon von Wilna hat sich in verschiedenen Werken mit pT befaßt, v. a. in seinem Kommentar zum Schulchan Arukh. Textkritisches Interesse; versucht pT anders als seine Vorgänger aus sich selbst und nicht aus bT zu erklären. *K. Kahana*, Le-Cheqer Be'ure haGRA li-Jeruschalmi we-la-Tosefta, TA 1957.

Die in diesen Kommentaren vertretene traditionelle Richtung wird bis in die Gegenwart weitergeführt, u. a. von *Jehoschua Isaak Schapiro*, Noam Jeruschalmi, 4 Bde, Wilna 1863–9; Ndr. in 2 Bden J 1968, *Abraham Krochmal*, Jeruschalaim ha-Benuja, Lemberg 1867, Ndr. J 1971, und *Joseph Engel*, Kommentar zu Zeraim, Giljon ha-Schas, W 1924, Ndr. in Talmud Jeruschalmi. Zeraim, J 1972. Vgl. auch die Sammlung wichtiger Kommentare: Haschlama li-Jeruschalmi, Wilna 1928, Ndr. J 1971 (Zusatztitel: Schitta mequbbetset al ha-Jeruschalmi). Traditionell orientiert ist auch noch *S. Goren*, Ha-Jeruschalmi ha-meforasch. I Berakhot, J 1961, auch wenn hier schon textkritisch gearbeitet und v. a. *Ginzberg*'s und *Lieberman*'s Arbeit eingebracht wird.

Unter den *modernen Kommentaren* sind v. a. folgende zu nennen (bewußte und systematische Anwendung kritischer Methoden): *I. Lewy*, Introduction and Commentary to Talmud Yerushalmi. BQ. I–VI, J 1970 (= Ndr. von: Interpretation des 1. [2. usw] Abschnittes des

paläst. Talmud-Traktats Nesikin, h mit deutscher Einleitung, Jb des jüd.-
theol. Seminars Breslau 1895–1914). Vgl. *E. Urbach*, Der Einfluß des Seminars auf das Studium des Jerusalemischen Talmuds (h), in: *G. Kisch*, Hg.,
Das Breslauer Seminar, Tüb. 1963, 175–185, bes. 177–182.

Saul Liebermann (sic!), Hayerushalmi Kiphshuto, Part I Vol. I: Sabbath
Erubin Pesahim, J 1934 (nicht mehr erschienen). Auch seine anderen Arbeiten enthalten viel für die Interpretation von pT.

Z. W. Rabinovitz, Schaʿare Torat Erets Jisrael. Notes and Comments on
the Yerushalmi, ed. *E. Z. Melammed*, J 1940 (besonders auch zu Stil und
Komposition des pT. Cf. die Rezension von *G. Allon*, Tarbiz 12, 1940f,
88–95).

L. Ginzberg, A Commentary on the Palestinian Talmud. A Study of the
Development of the Halakah and Haggadah in Palestine and Babylonia (h),
4 Bde, NY 1941–1961. Textkritisch bedeutsamer „Kommentar" zu Ber
I–V mit umfangreichen Exkursen zu verschiedensten Problemen v. a. der
jüdischen Liturgie. In Bd I neben umfangreicher hebr. Einleitung ein allgem. englischer Introductory Essay. Ndr. der Bde 1–3 NY 1971. Vgl.
Abr. Goldberg, KS 38, 1962f, 195–202.

M. Assis, Hagahot u-Feruschim bi-Jeruschalmi Schabbat, HUCA 48
(1977) hebr. Teil 1–11.

J. Feliks, Talmud Jeruschalmi Massekhet Schebiit (Text von pSchebi I–V
nach MS Leiden mit Varianten aus MSS, Geniza und Erstdruck; Kommentar v. a. botanisch orientiert bzw. in bezug auf die landwirtschaftlichen
Gesetze), J 1980.

IV. Der babylonische Talmud

Allgem. Lit.: Ch. Albeck, Mabo 452–575; *N. Aminoah*, The redaction of the tractate Qiddushin in the Babylonian Talmud (h), TA 1977; *E. Berkovits*, EJ XV, 755–768; *N. Brüll*, Die Entstehungsgeschichte des babylonischen Talmuds als Schriftwerkes, Jb für jüd. Geschichte und Literatur 2 (1876) 1–123; *Z. Dor*, The Babylonian Tractate of Gittin, its composition and methods of compilation (h), Diss. J 1960; *ders.*, On the Sources of Gittin in the Babylonian Talmud (h), Bar Ilan 4–5 (1967) 89–103 (Ndr. in: *ders.*, Teachings); *J. N. Epstein*, IAL 9–270; *D. Goodblatt*, The Babylonian Talmud, ANRW II 19,2, B-NY 1979, 257–336; *L. Jacobs*, How Much of the Babylonian Talmud is Pseudepigraphic?, JJS 28 (1977) 46–59; *J. Kaplan*, The Redaction of the Babylonian Talmud, NY 1933, Ndr. J 1973; *E. Z. Melammed*, Introduction 319–397; *J. Neusner*, Invitation to the Talmud. A Teaching Book, NY 1973; *ders.*, Hg., Formation; *Z. W. Rabinowitz*, Schaʿare Torath Babel, J 1961; *J. Sussmann*, Babylonian Sugiyot to the Orders Zeraʿim and Tohorot (h), Diss. J 1969; *M. A. Tenenblatt*, The Babylonian Talmud in its Historical Development: Its Origin and Arrangement (h), TA 1972; *A. Weiss*, The Babylonian Talmud as a Literary Unit, Its Place of Origin, Development and Final Redaction (h), NY 1943; *ders.*, The Talmud in its Development (h), NY 1954; *ders.*, SLA; *ders.*, Studien zur Redaktion des babylonischen Talmuds, MGWJ 73 (1929) 131–143; 184–211; *ders.*, Die Herkunft und Entstehungszeit des Talmudtraktats Tamid, MGWJ 83 (1939, Ndr. 1963) 261–276; *ders.*, Le problème de la rédaction du Talmud de Babylone par R. Aši à la lumière de la lettre de Šerira, REJ 102 (1937) 105–114.

1) Aufbau und Inhalt

Zu den Begriffen „Talmud" und „ Gemara" siehe S. 163 f. Die Geonim, R. Nissim, Alfasi und andere bezeichnen bT einfach als *talmud dilan*, „unseren Talmud". *Talmuda de-Babel* in BM 85 a bedeutet nicht unseren bT, sondern einfach die in Babylonien in amoräischer Zeit traditionelle Lehre. *Talmud babli* soll bT von pT abgrenzen, gewöhnlich jedoch genügt Talmud (oder Gemara) als Bezeichnung für bT, der im jüdischen Verständnis der Talmud schlechthin ist.

In einer allerdings nur sehr annähernden Weise läßt sich bT als die babylonische Kommentierung von M bezeichnen. Doch umfaßt bT Gemara nur zu 36 ½ von 63 Traktaten von M: keine Gemara gibt es zu Zeraim mit Ausnahme von Ber; in Moed fehlt Scheq (in MSS und Drucken durch pT ersetzt) in Neziqin Ed und Abot, in Qodaschim Mid, Qin und Tam (ausgenommen Kapitel I, II, IV); in Toharot ist nur Nid kommentiert.

Sind diese fehlenden Traktate in den babylonischen Schulen erörtert worden? Dies scheint u. a. aus dem Ausspruch Rabas (4. Jh.) hervorzugehen: „In den Tagen Rab Jehudas (bar Jechezqel) bestand das ganze Studium im (Seder) Neziqin; wir hingegen lernen die sechs Ordnungen . . . wir lernen sogar (den Traktat) Uqtsin in dreizehn Sitzungen" (Taan 24 a.b; Ber 20 a dasselbe im Namen Papas, eines Schülers Rabas). Diskussionen zu Themen der M-Traktate ohne Gemara finden sich verstreut in den anderen Traktaten von bT. Ob der Ursprung solcher babyl. Aussagen jedoch in der Auslegung von Zeraim und Toharot selbst liegt (so *B. M. Bokser*, Samuel's Commentary on the Mishnah I, L 1975, 4 zu Zeraim) oder nicht (so *Sussmann*, Babylonian Sugiyot 316: Zeraim und Toharot wurden in den babyl. Schulen nicht für sich selbst studiert), ist nicht sicher.

Warum sind diese Traktate in bT ohne Gemara geblieben? Wenn man nicht mit Zufall oder äußeren Gründen rechnen will, bleibt die traditionelle Antwort, daß die Gesetze von Zeraim außer Ber sowie von Toharot außer Nid in der Praxis keine Bedeutung hatten: die landwirtschaftlichen Gesetze waren zum Großteil an das Land Israel gebunden, die Reinheitsvorschriften allgemein nicht mehr durchführbar, da es keinen Tempelkult gab. Dasselbe würde zwar auch für Qodaschim gelten, wozu es jedoch eine bGemara gibt: vielleicht deshalb, weil nach Men 110a das Studium der Opfervorschriften bzw. der Tora allgemein dem Opferdienst im Tempel gleichgestellt wird.

In den üblichen Druckausgaben umfaßt bT (inklusive M zu den Traktaten ohne Gemara und mit den „außerkanonischen" und „kleinen" Traktaten) fast 2900 Blatt Folio und ist damit viel umfangreicher als pT. Das liegt am ausladenderen Stil von bT sowie seinem viel längeren Wachstum, v. a. jedoch auch daran, daß bT viel Material aufgenommen hat, das mit einem M-Kommentar nichts mehr zu tun hat (was in kleinerem Umfang natürlich auch für pT gilt). V. a. hat bT zahlreiche und umfangreiche *Midraschim* integriert, während diese in Palästina einer eigenen Literaturgattung vorbehalten bleiben (wenn man von kleinsten midraschischen Einheiten in pT absieht). Ganz allgemein ist die Haggada in bT viel umfangreicher als in pT (⅔ von bT gegenüber ⅙ von pT). So enthält bT z. B. in Ber 55 a–57 b ein „Traumbuch" (vgl. pMSch IV, 9, 55 b–c), in BB 73 a–75 b einen Traktat über Wunder und Visionen, in Suk 27 b–28 a Beispielerzählungen über das Verhalten der Rabbinen in den Lehrhäusern, in Git 55 b–58 a Erzählungen aus der Zeit der beiden großen Aufstände gegen Rom (vgl. KlglR). An Midraschim seien z. B. Meg 15 b–17 a zu Ester (vgl. EstR) und Sota 11 a–13 a zu Ex (vgl. ExR) genannt.

BT weist insgesamt enzyklopädischen Charakter auf. Alles, was in den rabb. Schulen gelehrt wurde und für erhaltenswert galt, wurde aufgenommen: vielerlei Legenden (etwa über Totenerscheinungen), Anekdoten über die Rabbinen, historische Erinnerungen, Wissensstoff aus Medizin, Biologie, Mathematik, Astronomie, Astrologie usw. So ist bT weniger ein thematisch geschlossenes Buch als vielmehr eine im Aufbau an M orientierte Nationalbibliothek des babylonischen Judentums.

2) Die Entstehung: die Tradition

Die traditionelle Entstehungsgeschichte von bT beruht im wesentlichen auf zwei Talmudzitaten: BB 157b spricht von zwei *mahadurot* des Rab Aschi, was nicht nur ,,Ausgabe'', sondern auch ,,Revision, Fassung'', der dort diskutierten Lehre bedeuten kann. BM 86a nennt ,,Rabbi und R. Natan das Ende der *mischna*, Rab Aschi und Rabina das Ende der *hora'a*''. Wie *hora'a* genauer zu interpretieren ist, steht nicht fest. Am ehesten ist es, parallel zu *mischna*, als eine bestimmte Form der Lehre und autoritativen Entscheidung der Halakha aufzufassen, die auf die Zeit der Amoräer beschränkt wird. So versteht es STA 8, wonach die *hora'a* von Rab bis Rab Aschi und Rabina währt und 204 bzw. nach anderer Lesart 280 Jahre dauert. Die beiden Zahlenangaben erklären sich durch die Unsicherheit, ob Rabina I., ein Zeitgenosse des nach STA 424 verstorbenen Aschi, oder der 499 verstorbene (STA 6) Rabina II. gemeint ist. Die erste Möglichkeit würde eher dem Wortlaut von BM 86a entsprechen (ein gewisser Zeitpunkt für das Ende der *hora'a*, anstatt dieses fast ein Jahrhundert währen zu lassen). Doch wurde die zweite Möglichkeit in gaonäischer Zeit allgemein übernommen: so schon von STA 6, wonach mit dem Tod Rabinas II. der Talmud ,,verschlossen'' (*nistam*) bzw. ,,versiegelt'' wurde (*nechetam*, so eine andere Leseart).

Am einflußreichsten wurde die Version von ISG, die neben diesen Talmudstellen v. a. Schultraditionen von Pumbedita verwertet: ,,Und Rab Aschi leitete sein Lehrhaus nahezu sechzig Jahre lang. Daher lesen wir im Kapitel *mi sche-met* (hier BB 157b) von der ersten *mahadura* von Rab Aschi und von der letzten *mahadura* von Rab Aschi. Denn so haben die Rabbanan festgelegt: in jeder Kalla zwei *metibata*, seien sie nun kurz oder lang, zu lehren. Und so wiederholte (bzw. revidierte) er seine Lehre *(talmudeh)* in 30 Jahren. Und da Rab Aschi nahezu 60 Jahre lang vorsaß, hatte er zwei *mahadure*. Und er starb im Jahr 424'' (span. Rezension: 427; ISG 93f). ,,Und am Mittwoch, dem 13. Kislew des Jahres 499 starb Rabina, der Sohn des Rab Huna, welcher das Ende der *hora'a* ist'' (ISG 95). ,,Und nach ihm saß Rab Assi vor und in seinen Tagen war das Ende der *hora'a* und der Talmud wurde verschlossen'' (*istetem talmuda; Goodblatt* ANRW 309 erwägt auch die Übersetzungsmöglichkeit ,,wurde der Talmud anonym gemacht'', insofern nachher die Urheber von Aussagen und Texten nicht mehr genannt werden) (ISG 97). Die Nennung von Rab Assi (span. Rezension: Jose) als *sof hora'a* ist übrigens durch den Talmudtext nicht gestützt! Anschließend streift Scherira nur kurz die Zeit der Saboräer, von denen innerhalb weniger Jahre die meisten starben, wie er gestützt auf gaonäische Chroniken feststellt (ISG 97f). Erst die gaonäische Zeit behandelt er wieder ausführlicher.

ISG nennt nirgends ausdrücklich Rab Aschi als den Herausgeber des bT;

auch muß *talmud* in seinem Text nicht unbedingt bT bedeuten, sondern kann auch einfach die talmudische Lehre sein. Doch versteht ISG die beiden Talmudstellen offenbar aus der Sicht der gaonäischen Zeit und ihrer Institutionen als Aussagen über den Abschluß der talmudischen Lehre (sei es nun allgemein oder in Form des redigierten bT); die zwei *mahadurot* sind demnach eine zweimalige Totalrevision dieser Lehre in den Kalla-Monaten der 60-jährigen Amtszeit Rab Aschis (bzw. nach der spanischen Rezension in den Semestern dieser Lehrjahre). Die mittelalterliche Tradition ist völlig von ISG abhängig. Sie baut ihre Angaben weiter aus und konkretisiert sie (nun ist eindeutig bT gemeint). So z. B. Raschi in seinen Kommentaren zu BM 86a und BB 157b. Ebenso Abraham Ibn Daud: Rab Aschi „begann den Talmud niederzuschreiben" (Sefer ha-Qabbala, ed. *Cohen* 27); Rab Jose ist der Anfang der Saboräer und im 24. Jahr seines Vorsitzes (d. h. im Jahr 500) wurde der Talmud versiegelt. „Seine Niederschrift begann unter Rab Aschi und 73 Jahre nach seinem Tode wurde er versiegelt" (ibid. 33).

Diese Thesen sind bis in die Gegenwart immer wieder übernommen worden und bilden noch immer das klassische Bild: demnach hat Aschi zweimal den gesamten Talmud bearbeitet; einige Jahrzehnte später erfolgte dessen endgültiger Abschluß und Niederschrift. Fraglich bleibt dabei nur, welche Rolle man den Saboräern zuteilt. Aber auch z. B. *E. Berkovits* (EJ XV, 760–2), der ihnen nicht nur die üblicherweise angenommene fast nur stilistische Revision, sondern auch längere Textstücke zuschreibt, läßt bT um die Mitte des 6. Jhs. endgültig vollendet sein, damit in Übereinstimmung mit den großen Autoritäten *Epstein* und *Albeck*. Eine große Rolle in allen Rekonstruktionen spielt auch die von Scherira für das Ende der Perserzeit erwähnte Verfolgungszeit (ISG 99), die gewöhnlich als Motiv für die bT-Redaktion schon durch Aschi gilt (dieser hätte dann in Vorahnung kommender Verfolgung gearbeitet) oder zumindest die Niederschrift des bT nach so langer mündlicher Überlieferung begründet.

Die traditionelle These ist aus mehreren Gründen problematisch. Nicht nur sind die beiden bT-Texte als Basis dafür zu schmal, außerdem nicht eindeutig und historisch nicht von vornherein gesichert. Die Auslegung durch Scherira setzt außerdem in BB 157b ein Akademiesystem und v. a. auch die Institution der Kalla-Monate in einer Weise voraus, wie sie erst in gaonäischer Zeit voll nachweisbar ist. Schließlich ergibt die Analyse von bT selbst, daß Rab Aschi zwar viel Material beigetragen hat, aber gegenüber anderen Meistern seiner Zeit und nach ihm in keiner Weise herausragt, so daß man ihn als den Redaktor der Erstfassung von bT bezeichnen könnte. Sicher ist mit den Namen von Aschi und Rabina ein Zeitraum angegeben, der für die Redaktion von bT entscheidend war. Näheres kann aber nur eine Untersuchung von bT selbst ergeben.

3) Die Redaktion

a) Keine einheitliche Redaktion

Wie *J. N. Epstein* (IAL 12; ihm folgt *Melammed*, Introd. 462f) betont, zeigen Unterschiede, Widersprüche und Verdoppelungen innerhalb von bT, ja auch innerhalb einzelner seiner Traktate, ebenso wie sprachliche und stilistische Unterschiede und die Nennung verschiedener Amoräer in verschiedenen Traktaten und ihren Abschnitten, daß bT kein Werk aus einem Guß ist, sondern viele Quellen verarbeitet, Schichten aus verschiedenen Zeiten und Generationen, von verschiedenen Verfassern, Redaktoren und Schulen vereint: „*Jeder einzelne Traktat ist ein Buch für sich*" (IAL 12). So ist es sicher nicht nur dem Umstand zuzuschreiben, daß *Epstein* seine Einleitung nicht selbst vollenden konnte, sondern logische Konsequenz, wenn er in IAL nicht eine Einleitung in „den" bT bietet, sondern Einleitungen zu (neun) Traktaten des bT.

Fünf Traktate – Ned, Naz, Meil, Ker, Tam – heben sich vom Rest des bT durch eine Reihe sprachlicher und grammatischer Eigenheiten ab, wie schon die Tosafisten beobachtet haben (*Urbach*, The Tosafists 561). Zu diesen „*außergewöhnlichen Traktaten*" gehören auch jene Teile von Tem, die durch den Ausdruck *lischana acharina* gekennzeichnet sind. Diese Traktate unterscheiden sich durch den Wortschatz, durch grammatische Eigenheiten (andere Possessivsuffixe, Demonstrativ- und Personalpronomina) und eine abweichende Terminologie: statt *teiqu,* eine Sache bleibt „unentschieden", heißt es z. B. *tibae;* das sonst übliche *chasore mechasra,* die Deutung durch Annahme einer Auslassung im M-Text, fehlt, wo man es erwarten würde. Diese und andere ursprünglich noch viel ausgeprägtere sprachliche Unterschiede sind z. T. durch Abschreiber und Drucker an den üblichen Stil von bT angepaßt worden (dazu *Epstein,* A Grammar of Babylonian Aramaic, h, J 1960, 14–16, und IAL 54.72–4; *Melammed,* Introduction 464–470).

Raschi bezeichnet (z. B. Tem 6b) die *lischana acharina* als *laschon jeruschalmi.* Ihm folgt *I. Halevy* (Dorot III 48–50), der annimmt, daß hier und in den anderen außergewöhnlichen Traktaten tatsächlich palästinischer Sprachgebrauch vorliegt. Gestützt auf ein gaonäisches Zeugnis, daß Ned seit Jehudai Gaon in den babylonischen Jeschibot nicht studiert wurde (dazu *B. M. Lewin,* Otzar ha-Gaonim XI, J 1942, 5–12: nur von Ned ausdrücklich bezeugt, von den anderen Traktaten könnte man es aufgrund gaonäischer Listen von Traktaten annehmen), nimmt er an, daß diese Massekhtot in den babylonischen Jeschibot unter den Geonim nicht gelehrt wurden, wohl aber in Palästina, wo man auch die Abschriften dieser Traktate angefertigt habe. Das soll dann auch den sprachlichen Stil beeinflußt haben.

Dagegen wendet sich v. a. *Z. W. Rabinowitz* (Schaʿare Torath Babel

299–310): noch im 11. Jh. hat man in Palästina pT und nicht bT studiert.
Die sachlichen Unterschiede dieser Traktate gegenüber dem Rest von bT
haben in pT keine Parallelen; die sprachlichen Eigenheiten lassen sich nicht
auf Palästina zurückführen, sondern beruhen auf Dialektunterschieden im
babylonischen Aramäisch. Der Großteil des bT wurde in Sura redigiert,
wo Rab Aschi wirkte; die sprachlich abweichenden Traktate hingegen weisen den Dialekt von Pumbedita und Nehardea auf, der dem paläst. Aramäisch nahesteht. Sie sind in Pumbedita redigiert worden (so schon *I. Lewy*
in seinem Kommentar zu pNeziqin p. 74); das lege auch die Ähnlichkeit
der Sprache mit jener der Geonim nahe, die ja zum Großteil aus Pumbedita
stammen (doch verwenden auch die Schriften der Geonim aus Sura dieselbe Sprache! *De Vries,* Mechqarim 231). Den Sonderfall von Tem, wo oft
sachlich dasselbe in zwei sprachlich verschiedenen Fassungen kommt, eine
davon als *lischana acharina* gekennzeichnet, begründet *Rabinowitz* mit
einer doppelten Redaktion dieses Traktats, einer in Sura und einer in Pumbedita; später seien dann beide Fassungen miteinander vereint worden.

Andere versuchen die Eigenart dieser Traktate weniger durch einen anderen Ort der Redaktion als vielmehr zeitlich zu begründen. *A. Weiss*
(MGWJ 73, 186–9; 83, 261–276; The Bab. Talmud as a Literary Unit
46–128) und ähnlich auch *B. De Vries* (Mechqarim 223–238) sehen die
außergewöhnlichen Traktate als älter an. *A. Weiss,* der die Unterschiede zu
den anderen Traktaten herabspielt, meint, ganz bT sei zuerst in Pumbedita
redigiert worden und erst dann in die anderen Schulen gekommen; dort
erfuhren die regelmäßig studierten Traktate sprachliche Anpassungen; die
vernachlässigten 5½ Traktate hingegen behielten ihre sprachlich urtümli-
che Form. *De Vries,* der auch sachlich die 5½ Traktate für urtümlicher
hält, nimmt insbesondere für Meila (Mechqarim 237f) eine Redaktion im
Lehrhaus des Rab Papa an, betont jedoch gleich *Weiss* die ältere Sprachge-
stalt dieser Traktate gegenüber den anderen, die in gaonäischer Zeit regelmäßig studiert und entsprechend adaptiert wurden.

J. N. Epstein hingegen vertritt, daß die 5½ Traktate später als der Rest
des bT sind. Seiner Ansicht nach enthalten sie Zitate aus dem übrigen bT
(*De Vries* tut diese Stellen als spätere Zufügungen ab: das würde jedoch
wohl im Gegensatz zu seiner sonstigen Annahme das Studium dieser Traktate in gaon. Zeit voraussetzen!); v. a. jedoch ist ihre Sprache dem gaonäischen Aramäisch schon so nahe, daß sich eine frühere Datierung verbietet
(IAL 54–71.72–83.131–144). Eine endgültige Entscheidung zwischen den
beiden Thesen, zwischen Früh- und Spätdatierung dieser Traktate ist derzeit noch nicht möglich. (Siehe auch *Goodblatt,* ANRW 304-7).

b) Quellen

1. Mischna

Lit.: Siehe die S. 142 genannten Titel von *M. Schachter* und *S. Zeitlin; B. M. Bokser,*
Samuel's Commentary on the Mishnah. Its Nature, Forms, and Content. Part One:

Mishnayot in the Order of Zeraʿim, L 1975; *ders.*, Post Mishnaic Judaism in Transition. Samuel on Berakhot and the Beginnings of Gemara, Chico 1980; *J. Florsheim*, Rav Hisda as Exegetor of Tannaitic Sources (h), Tarbiz 41 (1971 f) 24–48; *J. Fraenkel*, Ha Gufa Qashya. Internal Contradictions in Talmudic Literature (h), Tarbiz 42 (1972 f) 266–301; *Abr. Goldberg*, The Use of the Tosefta and the Baraitha of the School of Samuel by the Babylonian Amora Rava for the Interpretation of the Mishna (h), Tarbiz 40 (1970 f) 144–157; *M. Zucker*, Ha-,,Chasore Mechasra" ba-Talmud, FS A. Schwarz, W 1926, 47–53.

Selbstverständlich ist auch für bT M die Basis. Schon die MSS, ebenso dann auch die Drucke von bT überliefern daher einen vollständigen M-Text. Dieser ist, wie schon betont, kein einheitlicher Grundtext; auch weicht, wie auch bei pT, gelegentlich der in der Diskussion vorausgesetzte M-Text von jenem am Anfang der Gemara ab (dazu ITM 166 ff). Insofern M palästinische Verhältnisse voraussetzt, steht natürlich die Exegese von M in Babylonien unter anderen Bedingungen als in Palästina. Mit der Anerkennung von M als Codex geltenden religiösen Rechts wohl noch im 3. Jh. sieht sich die babylonische Exegese von M gezwungen, M mit der zuweilen von ihr abweichenden babyl. Halakha in Einklang zu bringen. Dies erfordert eine viel größere Freizügigkeit im Umgang mit M als in Palästina üblich.

In Babylonien ist v. a. der Hinweis auf die elliptische Ausdrucksweise von M mit der Formel *chasore mechasra* beliebt, weshalb man entsprechend zu ergänzen habe. Manchmal geschieht dies zu Recht, manchmal aber auch ohne entsprechende Stütze im Text (dazu *M. Zucker; Epstein*, ITM 595–672). Ebenso spezifisch für bT ist die Formel *ha-gufa qaschia*, ,,das enthält in sich eine Schwierigkeit", um auf Widersprüche zwischen zwei Teilen einer M hinzuweisen. Auch hier sind z. T. wirkliche innere Widersprüche gesehen, zum Großteil jedoch in den Text hineingelesen worden, um eine bestimmte Auslegung zu erzielen (dazu *J. Fraenkel*). Wie *J. Florsheim* zu Rab Chisda betont: ,,Das Hauptziel der Auslegung ist die Erneuerung der Halakha. D. h. das Wesen der Auslegung ist es, die Quelle mit der nach dem System Rab Chisda's entschiedenen Halakha übereinstimmen zu lassen und nicht, das System Rab Chisda's mit der Quelle in Übereinstimmung zu bringen. D. h. nicht, daß Rab Chisda nicht die Auslegung der Quellen nach dem Wortsinn kannte; doch war diese nicht sein Hauptziel ... Dieses System ist nicht Rab Chisda eigen, sondern für den Talmud in seiner Gänze typisch" (Tarbiz 41, p. 48).

2. Baraitot

Lit.: Zum Begriff und allgemein S. 174. *Albeck*, Mabo 44–50; *Bacher*, TT 222–234; *Goodblatt*, ANRW 286–8; *L. Jacobs*, Are there fictitious baraitot in the Babylonian Talmud?, HUCA 42 (1971) 185–196; *Melammed*, Introduction 258–270 = Zusammenfassung von: *ders.*, Halachic Midrashim of the Tannaim in the Talmud Babli (h), J 1943; *ders.*, Introd. 392–4.407–12; *A. Weiss*, SLA 167–171.

Die Frage, ob und wieweit bT bzw. einzelne seiner Meister T und die halakhischen Midraschim gekannt haben, ist nicht mit Sicherheit zu beantworten (vgl. zu T S. 156f, zu den Midraschim S. 235f). Die Möglichkeit, daß die Parallelen zwischen bT und diesen Werken auf nur ähnliche Sammlungen zurückgehen, ist nicht auszuschließen. Andererseits lassen auch die Abweichungen im Wortlaut bei diesen Parallelen nicht unbedingt auf andere Vorlagen schließen, sondern können auch im Lauf der Textüberlieferung bzw. durch bloß sinngemäße Zitation entstanden sein. Für die Analyse von bT selbst ist diese Frage auch nicht so bedeutend: „Whether or not the Babylonian Amoraim knew the extant Tannaitic collections, they obviously had at their disposal compilations of Tannaitic sources. Some of these compilations bore the same name as the extant collections; others bore different names" (*Goodblatt*, ANRW 287).

Keine besonderen Probleme stellen die Baraitot, welche bT mit pT gemeinsam hat; denn hier ist die palästinische und wohl auch tannaitische Herkunft des Materials (nicht unbedingt der Formulierung) i. a. gesichert. Anders hingegen steht es mit jenen als Baraita eingeführten Texten des bT, die sich nur im bT befinden. Dies gilt besonders dann, wenn eine Parallele in pT existiert, jedoch nicht als Baraita (etwa in einer Erzählung über R. Eliezer ben Hyrkan BM 59b: vgl. pMQ III, 1, 81c). Ebenso fragwürdig sind jene Baraitot, die gleich daneben oder an anderer Stelle als Aussprüche von Amoräern zitiert werden. Was schließlich die Aussagen von Tannaim aus amoräischer Zeit betrifft, sind die Amoräer selbst nicht bereit, diese als Autorität gleich einer echten Baraita anzunehmen.

Wie problematisch manche Baraitot sind, haben schon die Geonim gesehen (vgl. das Responsum des Rab Hai Gaon zu Pes 105a in *B. M. Lewin*, Otzar ha-Gaonim III, J 1930, 104, worauf schon *I. H. Weiss*, Dor III 195f, aufmerksam macht). *A. Weiss* (The Talmud in its Development 35–63) hat zwar versucht, die parallele Bezeugung von Aussprüchen als Baraitot und amoräische Aussagen damit zu erklären, daß in amoräischer Zeit viele Baraitot schon Allgemeingut waren und eben nicht ausdrücklich als solche zitiert wurden. Das mag zwar im Einzelfall richtig sein, kann jedoch nicht sämtliche Beispiele erklären, wie *L. Jacobs* hervorhebt: zumindest manche Baraitot sind jedenfalls in bT als fiktiv anzusehen.

3. Midraschim

Neben dem Tannaiten zugeschriebenen midraschischen Material in bT finden sich dort auch zahlreiche Midraschim aus amoräischer Zeit. Z. T. ist dieser Midraschstoff sicher in der Auslegung von M entstanden, wenn etwa Bibelstellen die Halakha von M oder auch amoräische Entscheidungen stützen sollen. Diese meist nur kurzen Stücke können wohl nicht als Quellen von bT im eigentlichen Sinn angesehen werden, ebensowenig wie die vielen Stellen, in denen haggadische Schriftauslegung – gewöhnlich ganz nach den Prinzipien, die schon in tannaitischer Zeit üblich waren – kurz

und mehr nebenbei aufscheint (*Melammed*, Introduction 296–311.384–391).
Doch gibt es in bT auch größere und zusammenhängende Midraschim,
deren Sitz im Leben nicht die M-Exegese ist, sondern die als eigene Disziplin gepflegte Bibelauslegung in Schule oder Synagogenpredigt Palästinas
oder Babyloniens. In diesen Fällen (Beispiele S. 186; allegorische Auslegung
von Joel 2,20 auf den bösen Trieb in Suk 52a; halakh. Deutung von
Lev 23,42f in Suk 6b, die allerdings auch direkt aus der M-Auslegung
stammen könnte, usw.; siehe *A. Weiss*, SLA 256–9.276.292) sind
wohl mündlich oder schriftlich ausformulierte Traditionseinheiten anzunehmen, die den babyl. Amoräern als Quellen vorlagen und nicht erst von
ihnen selbst im Rahmen der M-Auslegung geschaffen wurden. In diesem
Zusammenhang sind auch die Targumim zu nennen, die den babyl. Amoräern
ebenfalls, wenn auch nicht unbedingt in der uns heute bekannten, so
doch in einer relativ gefestigten Form als Quelle zur Verfügung gestanden
sind.

4. Palästinische Quellen aus amoräischer Zeit

Lit.: Z. M. Dor, Teachings; *Abr. Goldberg*, Palestinian Law in Babylonian Tradi-
tion, as Revealed in a Study of Pereq ʿArvei Pesaḥim (h), Tarbiz 33 (1963 f) 337–348;
Bacher, TT 506–523; *Epstein*, IAL 290–312; *Melammed*, Introduction 442–451;
A. Weiss, SLA 264 ff.

Früher hat man vielfach angenommen, daß bT pT gekannt und als Quelle
benützt hat. Alfasi (Sefer ha-Halakhot, Ende von Er: ed. *N. Sacks*, J 1969,
I 198), wohl auf Rab Paltoi Gaon gestützt (so *Ginzberg*, Mabo 85), lehnt es
ab, eine Entscheidung auf pT gegen bT zu stützen, da schon die Verfasser
von bT pT geprüft und in vielen Punkten verworfen hätten. Ein näherer
Vergleich von pT mit bT zeigt jedoch, daß bT nicht unseren pT verwendet
hat (dazu *Epstein*, IAL 290–2); vielmehr ist mit der Verbreitung palästinischen Materials – ungeformter Traditionen ebenso wie ganzer Sugiot,
wenn auch noch nicht in der endgültigen Form, in der sie uns in pT
begegnen – in Babylonien zu rechnen. Das erklärt die unleugbaren Parallelen zwischen den beiden Talmudim und zugleich ihre Abweichungen
und Widersprüche in Tradentennamen, Halakha usw., ebenso auch die
Tatsache, daß viele Aussprüche babyl. Amoräer nur in pT enthalten sind
(Liste in *Bacher*, TT 311–317; 477–505) und daß Sprüche palästin. Amoräer in bT stark von ihrer Wiedergabe in pT abweichen.

Hauptverantwortlich für die Verbreitung palästin. Überlieferungen in
Babylonien sind babylonische Lehrer, die eine Zeitlang in Palästina studiert haben (z. B. Rab) sowie die *nachote* (vgl. S. 176). Auf solche Anleihen
in der palästinischen Tradition verweist bT selbst immer wieder mit Formeln wie „im Westen sagen sie" (z. B. Sota 18b), „als N. N. kam" (z. B.
Schab 45b) oder „N. N. sandte" (z. B. Git 66a), um damit persönliche
oder briefliche Überbringung von Traditionen auszusagen. Einzelne Rab-

binen sind an solchen palästinischen Traditionen besonders interessiert und bemühen sich um ihre Auslegung und Verwertung: so v. a. Raba und sein Schüler Papa, die sich intensiv mit der Lehre Jochanans auseinandersetzen (dazu Z. M. Dor).

Der palästinische Einfluß reicht von der bloßen Übernahme halakhischer Entscheidungen und Bräuche (dazu *Goldberg*) bis zur Übertragung ganzer Sugiot, die in Babylonien natürlich noch entsprechend bearbeitet wurden (*Dor* passim; *Bacher*, TT; *Epstein*, IAL; *Melammed*, Introd.). Auch kleine Traktate, wie etwa das Traumbuch von Ber 55a–57b, stammen aus palästinischen Quellen (pMSch IV, 9, 55b und KlglR zu 1,1), auch wenn sie in Babylonien entsprechend ausgebaut und erweitert worden sind (dazu *B. Stemberger*, Der Traum in der rabbinischen Literatur, Kairos 18, 1976, 1–42, v. a. 8–14).

c) *Das Zusammenwachsen der Tradition*

Nicht erst Rab Aschi im 5. Jh. oder sonst ein Endredaktor hat bT aus verschiedenen Quellen zusammengearbeitet. Vielmehr ist mit einer langen Entwicklung des bT und vielfältigen Vorformen zu rechnen, in denen die genannten Quellen schon in jeweils verschiedenem Ausmaß zur Verfügung standen und verwertet wurden. Überspitzt formuliert: jeder große Meister der amoräischen Zeit hat „seinen" Talmud gelehrt, sei dieser nun umfassend oder auf einzelne Traktate oder Themen spezialisiert gewesen (wie dies z. B. *Bokser* für Samuel gezeigt hat; vgl. auch *D. Rosenthal*, Pirqa de 'Abbaye (TB Rosh Ha'Schana II) (h), Tarbiz 46, 1976f, 97–109, der die Gemara zu RH II mit Ausnahme weniger Zusätze Abaje und seiner Schule in Pumbedita zuschreibt; auch die Sammlung von Sprüchen einzelner Meister ist gelegentlich als Quelle in bT eingegangen, z. B. BQ 11a–b, wo 7mal Ulla im Namen des R. Eleazar spricht; dazu *A. Weiss*, SLA 221–5).

Daß solche verschiedenen Quellen der babylonischen Gemara bT zugrundeliegen (dazu v. a. *Albeck*, Mabo 557–575; weitere Lit. bei *Goodblatt*, ANRW 289–293), geht v. a. aus den Parallelperikopen hervor. Wo diese an verschiedenen Stellen (fast) identisch überliefert werden, könnte man sie auf redaktionelle Entscheidung zurückführen. Doch manche dieser Parallelversionen weichen stark voneinander ab, schreiben denselben Ausspruch verschiedenen Meistern zu bzw. widersprüchliche Aussagen einem selben Meister. Diese Sugiot verweisen ebenso auf verschiedene Quellen wie jene Stellen, an denen einmal dieselbe Aussage eines Rabbi übernommen und dann wieder völlig abgelehnt wird, oder die aus einer Gemara zitieren, die nicht unserem bT entspricht (oft mit der Formel *we-hawenan ba:* dazu *De Vries*, Mechqarim 200–214). Ein weiteres Anzeichen verschiedener Quellen ist die Einleitung *ika de-amri* „manche sagen" o. ä., worauf das soeben Gesagte mit nur leichten Varianten nochmals kommt (auch mit *lischana acharina*), sowie die nicht chronologische Anordnung von Rabbinen in einem Abschnitt: wenn beim üblicherweise chronologischen Aufbau einer Perikope nach späten Meistern wieder ältere Lehrer kommen, kann dies auf eine nachträgliche Ergänzung des Abschnitts aus einer anderen Quelle deuten (*Albeck*, Mabo 573 f; dagegen *A. Weiss*, Mechqarim 160–212).

Die verschiedenen Quellen, die der Endredaktion von bT zugrundelagen, zu rekonstruieren ist beim derzeitigen Wissensstand nicht möglich – wenn dies überhaupt je möglich sein sollte. Es ist ganz allgemein fraglich, ob es eine solche Endredaktion im eigentlichen Sinn gegeben hat oder ob wir nicht eher (so z. B. *A. Weiss*, SLA 117 f) mit einem – sicher von bestimmten großen Meistern maßgeblich beeinflußten – organischen Wachstum des babylonischen Traditionsmaterials rechnen müssen, das schließlich aus bestimmten Gründen (Interessensverlagerung) aufgehört hat. Das würde sich mit ISG 66 decken, daß der Talmud von Generation zu Generation erweitert wurde. *A. Weiss* (The Bab. Talmud as a Literary Unit 256) denkt an mehrere lokale Talmude, die jeweils Schicht für Schicht entstanden. Auch ist eine literarische Eigenentwicklung der einzelnen Traktate vorauszusetzen, von denen manche älter, andere wieder jünger sind (so *J. N. Epstein;* siehe auch die Untersuchungen von *Aminoah* und *Dor* zu solchen Einzeltraktaten).

Formkritische Untersuchungen können auch in der Frage der Literargeschichte von bT weiterhelfen. Zwar ist die eigentliche Formenkritik von bT noch in ihren Anfängen und keineswegs zu einer Formengeschichte ausgebaut; doch gibt es zumindest eine Reihe von Untersuchungen zu den Grundbausteinen des bT, v. a. von *A. Weiss*. Schon vor ihm hat *J. Kaplan* zwischen kurzer und langer Form von bT unterschieden, die er *gemara* und *talmud* nennt und die seiner Meinung nach auch zeitlich einander folgen. Ähnlich unterscheidet *Weiss* (neben anderen Formen, wie Sammlungen, Midraschim und Traktaten) zwischen *Memra* und *Sugia*.

Die *Memra* ist „eine kurze amoräische Aussage, die einen bestimmten abgeschlossenen Gedanken ohne jedwede Diskussion umfaßt" (SLA 1); sie kann hebräisch oder aramäisch, anonym oder einem Amoräer zugeschrieben, selbständig oder auch Kommentar zu Bibel, M oder Baraita sein. Die Datierung einer solchen Memra ist für jeden Einzelfall eigens zu entscheiden.

Die *Sugia* (von aram. *segi,* „gehen" abgeleitet, somit „Gang" – vgl. Halakha – nämlich der Gang einer Diskussion, die Entscheidung in einer Kontroverse) bezeichnet eine in sich geschlossene Grundeinheit der talmudischen Diskussion, die vielfach auf einer Memra oder mehreren davon aufbaut, eine M diskutieren, aber auch von M unabhängig sein kann. Die Sugia ist an sich auch in Palästina daheim, hat jedoch in Babylonien eine besondere Entwicklung und Ausgestaltung erfahren.

Die Sugiot als Grundbausteine des bT entziehen sich einer pauschalen Beurteilung. Manche sind kurz und einfach aufgebaut, andere kompliziert und entsprechend lang; manchmal verwerten sie sogar andere Sugiot oder

Teile davon, die sie in sich aufnehmen. Zwar in sich abgeschlossen, können Sugiot doch die Kenntnis anderer Sugiot und deren Begrifflichkeit voraussetzen. Hier sind Ansätze für eine Datierung und die Erkenntnis des Wachstums der Sugiot gegeben. Dabei sind allerdings vorschnelle Urteile zu vermeiden, wie etwa die pauschale Frühdatierung des anonymen Materials (z. B. *Albeck*, Mabo 577; vgl. dazu *G. G. Porton* in *Neusner*, Hg., Formation 131); weiter führen Kriterien, wie sie v. a. *S. Friedman* ausgearbeitet hat (6th WCJS III 390). Daß die Sugiot der außergewöhnlichen Traktate vergleichsweise rudimentär sind (*De Vries*, Mechqarim 194), ist ein Argument für die Frühdatierung dieser Traktate.

Einzelne Sugiot sind sicher schon sehr früh, noch im 3. Jh., entstanden und haben andere Sugiot beeinflußt. Spätere Sugiot verwerten z. T. diese früheren zusammen mit anderen Quellen – Midraschim, Spruchsammlungen usw. Wohl von Anfang an werden auch solche Sugiot wie andere Materialien anhand von M geordnet und gesammelt, was zu immer umfangreicheren Corpora führt, die ihrerseits wieder mit anderen Sammlungen kombiniert werden. *Ch. Albeck* nimmt an, daß die späteren Redaktoren nichts anderes getan haben, als Materialblöcke unverändert aneinanderzureihen. Dafür sprechen Abweichungen, Widersprüche und Wiederholungen zwischen den einzelnen Teilen von bT. Sicher hat bT nicht eine Redaktion im modernen Sinn erfahren; doch ist die Vorstellung einer bT-Redaktion im Sinn einer bloßen Materialsammlung sicher auch eine unzulässige Vereinfachung.

Lit. zur Sugia: Ch. Albeck, Mabo 576–601 (dazu *G. G. Porton* in *J. Neusner*, Hg., Formation 127–133); *S. Atlas*, Le-hitpatchut ha-sugia we-ha-halakha, HUCA 17 (1942f) hebr. Teil 1–12; *ders.*, Le-toldot ha-sugia, HUCA 24 (1952f) hebr. Teil 1–21; *J. A. Ephrati*, Contributions of Succeeding Generations to a Sugya in Bava Metzia (h), Bar-Ilan 6 (1968) 75–100; *M. S. Feldblum*, The Impact of the ,,Anonymous Sugyah" on Halakhic Concepts, PAAJR 37 (1969) 19–28; *S. Friedman*, Some Structural Patterns of Talmudic Sugiot (h), 6th WCJS, J 1977, III 389–402; *ders.*, A Critical Study of Yevamot X with a Methodological Introduction (h), Texts and Studies. Analecta Judaica I, Hg. *H. Z. Dimitrovsky*, NY 1977, 275–441; *Abr. Goldberg*, The Sources and Development of the Sugya in the Babylonian Talmud (h), Tarbiz 32 (1962f) 143–152; *ders.*, Le-hitpatchut ha-sugia ba-Talmud ha-Babli, FS Ch. Albeck, J 1963, 101–113; *L. Jacobs*, The Talmudic Sugya as a Literary Unit. An Analysis of Baba Ḳamma 2 a–3 b, JJS 24 (1973) 119–126; *ders.*, A Study of Four Parallel Sugyot in the Babylonian Talmud, JJS 25 (1974) 398–418; *B. De Vries*, Mechqarim 181–199.239–258; *A. Weiss*, The Talmud in its Development; *ders.*, SLA; *ders.*, Mechqarim (zu Weiss: *S. Kanter* und *D. Goodblatt* in *J. Neusner*, Hg., Formation 87–94 und 95–103; *M. S. Feldblum*, Prof. Abraham Weiss – his approach and contribution to Talmudic scholarship, FS A. Weiss, NY 1964, 7–80, bes. 13–36).

d) Der Beitrag der Saboräer

Lit.: T. R. Bard in *J. Neusner,* Hg., Formation 61–74; *J. E. Ephrathi,* The Sevoraic Period; *Y. Etz-Ḥaim,* Saboraic Material as a Factor in the Development of Non-Identical Parallel Sugiot (h), Michtam le-David, GS D. Ochs, Ramat-Gan 1978, 137–152; *I. Francus,* Additions and Parallels in T. B. Bava Qamma VII (h), Bar-Ilan 12 (1974) 43–63; *S. Friedman,* Glosses and Additions in TB Bava Qamma VIII (h), Tarbiz 40 (1970f) 418–443; *ders.,* beide zur Sugia genannten Artikel; *D. Goodblatt,* ANRW 294f. 314–8; *H. Klein,* Gemara and Sebara, JQR 38 (1947f) 67–91; *ders.,* Gemara Quotations in Sebara, JQR 43 (1952f) 341–363; *ders.,* Some Methods of Sebara, JQR 50 (1959f) 124–146; *B. M. Lewin,* Rabbanan Saborae we-Talmudam, J 1937; *E. Z. Melammed,* Introduction 473–8; *E. L. Segal,* The Use of the Formula *ki ha de* in the Citation of Cases in the Babylonian Talmud, HUCA 50 (1979) 199–218; *J. S. Spiegel,* Later (saboraic) additions in the Babylonian Talmud (h), Diss. Univ. TA 1975; *A. Weiss,* The Literary Activities of the Saboraim (h), J 1953.

Die Bezeichnung „Saboräer" leitet sich von *sabar,* „nachdenken, prüfen, schlußfolgern" ab. Die so genannten Lehrer folgen den Amoräern. Was jedoch ihre nähere Geschichte und v. a. ihr Werk betrifft, herrscht wenig Klarheit. Scherira Gaon gibt als saboräische Periode die Zeit von 500 bis 589 an, während Abraham Ibn Daud sie ein Jahrhundert länger, bis 689, währen läßt. In der Forschung hat sich lange Scheriras Angabe durchgesetzt, und gestützt auf schlechte Textfassungen von ISG (und STA) hat man diese Zeit noch mehr eingeschränkt, sie nur noch bis Mitte des 6. Jhs. bzw. eine einzige Generation währen lassen: „Die eigentlichen Saboräer gehören nur einer einzigen Generation an" (*H. Graetz,* Geschichte der Juden V, Le ⁴1909, 398; vgl. auch *I. H. Weiss,* Dor IV 3f).

Entsprechend gering hat man auch das Werk der Saboräer veranschlagt, überzeugt davon, daß Rab Aschi und Rabina das Ende der *hora'a* darstellen und um 500 der Talmud „versiegelt" worden ist. In traditionellen Darstellungen bleibt so den Saboräern nur die Feinarbeit literarischer Endredaktion: die Einfügung erklärender Glossen, die Angabe, welcher der zitierten amoräischen Aussagen die Halakha folgt, die Ergänzung von beweisenden Schriftstellen oder vollständigen Parallelen, wo ursprünglich nur ein knapper Hinweis darauf gegeben war, die Angabe von Simanim, mnemotechnischen Hilfen, u. ä. Sogar *J. N. Epstein* schränkt ihre Tätigkeit noch ziemlich ein: Ihr Werk ist „die äußere Anordnung (des bT), meist ohne etwas zu ändern ... außer Zusätzen und Bindegliedern zwischen Memrot und Sugiot, die jedoch oft die ganze Sugia und ihre ursprüngliche Gestalt ändern. Sie übertrugen Sugiot von einer Stelle zu einer anderen, ergänzten eine durch die andere und bemühten sich um deren Vergleichung" (IAL 12).

Inzwischen hat sich ein Wandel in der Beurteilung der Saboräer angebahnt. Der längere Zeitansatz des Sefer ha-Qabbala Ibn Daud's beginnt sich durchzusetzen (Begründung bei *Ephrathi* 74–81) und man erkennt

auch immer mehr den großen Anteil der Saboräer am bT. V. a. *J. Kaplan*
und *A. Weiss* haben gezeigt, daß man von einer „Versiegelung" des bT um
500 nicht sprechen kann. Die Saboräer, „durch deren Verdienst die Himmel ausgespannt sind und die Erde festgegründet ist" (STA 9), haben nicht
nur kleine kosmetische Retuschen an bT vorgenommen, sondern ihn durch
zahlreiche Sugiot ergänzt. Darauf verweisen schon die Geonim (ISG 71!),
die oft bT in einer Fassung zitieren, in der saboräische Ergänzungen noch
fehlen, ebenso die handschriftliche Überlieferung des bT, die oft saboräische Stücke nicht enthält bzw. gerade hier sehr schwankt. Auch Angaben
mittelalterlicher Autoren helfen hier oft weiter.

Schon *N. Brüll* hat darauf hingewiesen, daß manche Traktate mit saboräischen Sugiot beginnen. *A. Weiss* hat dies für fast alle Traktate und auch
viele Kapitelanfänge innerhalb der Traktate aufgezeigt: diese Sugiot sind
entweder das Werk von Saboräern, die damit eine Einführung in den Traktat oder das Kapitel geben, oder von ihnen unter Verwendung amoräischer
Quellen geschaffen. Detailuntersuchungen wie die von *S. Friedman* und
I. Francus haben die Berechtigung der Annahmen von *Weiss* gezeigt. Besonders zahlreich sind die saboräischen Ergänzungen in BM, aber auch in
BQ und BB, womit sich Neziqin auch hierin als ein zusammengehöriger
Traktat erweist (*Friedman*, Glosses); aber nirgends fehlen sie ganz.

Was die anonymen Stücke des bT betrifft, hat *D. Halivni* (Sources II
Einführung) die Vermutung geäußert, daß sie spät, jedenfalls aus der Zeit
nach Rabina und R. Aschi sind, und gefolgert: unter dieser Voraussetzung
„müssen wir die Gemara als ein aus zwei Büchern zusammengesetztes
Werk betrachten, aus einem Buch der Amoräer und einem Buch der anonymen Traditionen" (7f). Auch *J. S. Spiegel* findet als gemeinsamen Nen-
ner saboräischer Ergänzungen die Anonymität (Additions 250). Soll das
eventuell auch ISG 97 andeuten: *istetem talmuda*, „der Talmud wurde
anonym gemacht", wie *Goodblatt* (ANRW 309) zu übersetzen vorschlägt?
Hier lassen sich noch keine allgemeinen Schlüsse ziehen; doch sind diese
Ansätze jedenfalls zu bedenken und im einzelnen zu untersuchen. Immerhin ist schon deutlich geworden, daß der Anteil der Saboräer am bT gewal-
tig ist. So hat schon *J. Kaplan* (Redaction 312) die Saboräer als die eigentlichen Redaktoren von bT bezeichnet.

e) Gaonäische Ergänzungen

„Die Behauptung, der Talmud sei am Ende des 5. Jahrhunderts
abgeschlossen worden, schwebt mithin in der Luft. Der Talmud wurde seit
der Mitte des 8. Jahrh. nicht fortgesetzt, weil sich bereits ein selbständiges
schriftstellerisches Streben Bahn zu brechen suchte, wie die Halakhot Pe-
sukoth und Gedoloth beweisen, und weil durch den Karaismus der talmudischen Richtung Abbruch geschah" (*L. Löw*, Gesammelte Schriften V,
Szegedin 1900, 67).

Dieses Urteil ist im Grunde richtig; denn auch nachdem die Talmudtraktate durch die Saboräer ihre im wesentlichen endgültige Gestalt gewonnen hatten, scheute man sich auch in der Übergangszeit von den Saboräern zu den Geonim (deren Perioden nicht glatt abzugrenzen sind) nicht,
weitere Erklärungen in den Text von bT selbst einzufügen. Mitte des
8. Jhs. sieht man bT jedoch schon als abgeschlossenes Werk an. Zwar
kommen auch weiterhin Ergänzungen in den Text, v. a. durch Jehudai
Gaon (gestorben ca. 761), doch erst auf dem Umweg über erklärende
Randglossen (*Assaf,* Geonim 135f). Viele dieser Ergänzungen sind in MSS
als *perusch* gekennzeichnet oder fehlen bzw. werden von mittelalterlichen
Autoren als gaonäische Zutaten identifiziert. Wichtig ist in diesem Zusammenhang v. a. der Sefer ha-Ittur des Isaak ben Abba Mari von Marseilles
(12. Jh.). So manche Jehudai zugeschriebene Stellen (dazu *Brüll* 73ff; *Melammed,* Introd. 472) gehen allerdings auf frühere Geonim und Saboräer
zurück (*Assaf,* Geonim 136). Auch spätere Erklärungen, wie v. a. Raschi,
sind auf dem Umweg über Randglossen in den Text hineingekommen.
Ganz allgemein ist bT im Mittelalter in Übereinstimmung mit Raschis
Erklärungen und Emendationen redigiert worden (dazu *J. A. Ephrati,* Bar-
Ilan 6, 1976, 75–100). Auch ist man bis in die jüngste Vergangenheit mit
der Eintragung von Konjekturen in den Text sehr großzügig gewesen, so
daß *D. Goodblatt* urteilt: ,,BT reached its present state only in the last
century" (ANRW 264). Damit stehen wir jedoch schon bei der Textgeschichte von bT, während seine Redaktionsgeschichte mit dem frühen
8. Jh. endgültig abgeschlossen ist.

4) Der Text

Wie schon die Redaktionsgeschichte von bT zeigt, ist dieser nicht durch
einen bestimmten Herausgeber oder einen Kreis von Herausgebern zu
einer genau datierbaren Zeit redigiert worden. Damit haben wir auch nie
einen einheitlichen und allgemein anerkannten bT-Text anzunehmen.
Nicht nur ist die Grenze zwischen Redaktions- und Textgeschichte nicht
klar zu ziehen; das Nebeneinander von zwei gaonäischen Akademien hat
wohl ebenso die Vereinheitlichung der Textgestalt von bT verhindert. So
machen denn auch die Geonim schon ihren Responsen auf Textvarianten
aufmerksam. In der weiteren Textüberlieferung in den verschiedenen Zentren der jüdischen Gelehrsamkeit haben sich diese natürlich noch vermehrt.
   Aufgabe der Textkritik kann es nun nicht sein, einen ,,Urtext" wieder-
herzustellen, sondern die Textgestalt(en) jener Zeit zu rekonstruieren, als
bT als abgeschlossenes Werk angesehen wurde, d. h. die Textgestalt des
8. Jhs. Dies ist nur nach entsprechenden textgeschichtlichen Vorarbeiten
und der Einordnung der verschiedenen MSS (und Zitate daraus) in Textfa-
milien möglich, wie schon *A. Marx* gefordert hat, gegen den Mischtext der

Berakhot-Ausgabe von *N. Pereferkowitsch* (St. Petersburg 1909) protestierend (JQR 1, 1910f, 279–285). Auch die mittelalterlichen Zitate von bT sind noch nicht voll verwertet. Was hingegen die textkritische Verwertung von rabb. Parallelen betrifft, etwa in den Midraschim, ist äußerste Vorsicht am Platz, will man nicht verschiedene Ausprägungen einer Tradition als Textvarianten mißverstehen.

Ein wichtiger Punkt in der textkritischen Arbeit ist die Auffüllung von *Zensurlücken. S. Lieberman* (Shkiin, J ²1970) vermutet, daß schon sehr früh eine innerjüdische Zensur magische und theosophische Texte gestrichen hat, die den Karäern und ihrer Kritik eine willkommene Angriffsfläche boten. Mit solcher innerer Zensur ist auch später zu rechnen. Ab 1263 (Disputation von Barcelona) tritt jedoch die christliche Zensur in den Vordergrund, die mit dem Aufkommen des Buchdrucks volle Wirksamkeit erlangte: in der bT-Ausgabe Basel 1578/9 wurde z. B. AZ völlig gestrichen! Jüdische Drucker ließen vielfach schon vorbeugend bestimmte Stellen aus, um nicht bei der Zensur Anstoß zu erregen: so schon Gerschom aus Soncino. Während die weißen Stellen in den Exemplaren der zu Soncino gedruckten Traktate wohl in den Lücken der benutzten (spanischen) Handschriften begründet sind, rühren die ziemlich häufigen Weglassungen in den zu Pesaro gedruckten Traktaten wohl von Gerschom selbst her, der auf die Abhängigkeit des Herzogs vom Papst Rücksicht zu nehmen hatte. Leer gelassene Stellen findet man z. B. in AZ Pesaro, im ersten Sulzbacher Druck des Traktats Sanh und in vielen späteren Drucken. Die russische Zensur hat 1835, zuerst für den Wilnaer Druck, verboten, daß auf die Streichungen durch leere Räume aufmerksam gemacht werde.

Ein Teil der von der Zensur im bT und in den Kommentaren zu ihm gestrichenen Stellen ist in kleinen meist anonym erschienenen Schriftchen gesammelt. Außer diesen hat es noch manche nicht in Buchform gedruckte Zusammenstellung gegeben, so die in Amsterdam 1708 von Simeon und Isaak Schammasch einseitig bedruckten Blätter, welche in die Ausgabe Frankfurt/Oder eingeklebt werden sollten. Vgl. *A. Berliner,* Censur und Confiscation hebräischer Bücher im Kirchenstaate, F 1891; *M. Carmilly-Weinberger,* Censorship and freedom of expression in Jewish history, NY 1977; *W. Popper,* The Censorship of Hebrew Books, NY 1899, Ndr. 1969; *I. Sonne,* Expurgation of Hebrew Books, NY 1943, Ndr. in: *Ch. Berlin,* Hg., Hebrew Printing and Bibliography, NY 1976, 199–241.

a) Handschriften

Die erste Erwähnung einer vollständigen bT-Handschrift findet sich im 10. Jh.: Samuel ha-Nagid schreibt (zitiert im Sefer ha-Ittim des Jehuda von Barcelona), Natronai bar Chakinai, der 773 aus Babylonien verbannt wurde, habe für die spanischen Juden bT aus dem Gedächtnis niedergeschrieben (Text in *B. M. Lewin,* Otzar ha-Gaonim I, Haifa 1928, 20). Nach einem im Jahr 953 aus Babylonien nach Spanien geschriebenen Brief (der Geniza-Text ist veröffentlicht in JQR 18, 1906, 401) hat Gaon Paltoi (842–858) für Spanien ein bT-MS mit Erläuterungen anfertigen lassen. *A. Marx* (JQR 18, 1906, 770) findet daher die Nachricht über Natronai sehr zweifelhaft; *S. Abramson* (Tractate ʿAbodah Zarah, NY 1957, XIII Anm. 1) hingegen hält beide Nachrichten für miteinander vereinbar. Maimonides sagt, er habe ein Stück einer etwa 500 Jahre alten Gemara benutzt (Mischne Tora Bd XVI, J 1965, 201). Nachmanides erwähnt die aus der Schule Chuschiels (Ende 10. Jh.) hervorgegangenen korrekten Talmudexemplare (Milchamot Adonai BQ 85 b; Text in verschied. Ausgaben von Alfasi enthalten, z. B. Romm Wilna 1922). Von so frühen MSS ist allerdings fast nichts erhalten geblieben. Nicht nur der große Textumfang von bT ist einer größeren Verbreitung und Erhaltung von MSS im Wege gestanden, sondern viele MSS sind auch in von der Kirche angeordneten Talmudverbrennungen immer wieder vernichtet worden (erstmals Paris 1242, als 24 Wagenladungen hebr. MSS verbrannt wurden).

MS München, Cod. Hebr. 95 der Staatsbibl. München. Einziges vollständiges MS des bT (doch auch hier fehlen 18 Blatt: Pes 119a–121b; 58a–67b; Ket 84a–87a; Men 76b–77b der übl. Ausgaben). 570 Blatt in aschken. Schrift, 1343 in Paris entstanden. Zahlreiche Randglossen (Varianten, Kurzkommentare). Faksimile-Ausgabe durch *H. L. Strack,* L 1912 (mit 43 pp. Einleitung, in der die fehlenden Stücke aus anderen MSS wiedergegeben sind); J 1971 in 3 Bden. Beschreibung *N. Sacks,* Mischna Zeraim I, J 1972, 69f.

MS Leningrad-Firkovitch. 177 Blatt, orient. Schrift, sehr schlecht erhalten. Umfaßt Ket und Git. Nach Firk. auf 1112 datiert, doch konnte schon R. Rabbinovicz (Diqduqe Soferim Megilla Einleitung) diese Stelle nicht mehr lesen.

MS Oxford, Bodleian Libr. 2673, enthält Ker zur Hälfte und ist das älteste sicher datierte MS von bT: 1123. Publiziert in *S. Schechter-S. Singer,* Talmudical Fragments in the Bodleian Library, C 1896, Ndr. J 1971.

MS Florenz, Nationalbibl. III 7–9. Der Band mit Bek, Tem, Ker, Tam, Meil und Qin wurde 1177 vollendet (Ber im selben Band ist von anderer Hand). Von derselben Hand oder doch aus derselben Zeit sind wohl die beiden anderen Bände: BQ, BM, BB, Sanh und Schebu. Alle 3 MSS umfassen etwa ⅓ des bT. Faksimile: Babylonian Talmud: Codex Florence (National Library III 7–9), Introduction by *D. Rosenthal,* 3 Bde, J 1972.

MS Hamburg 165 umfaßt die drei Babot. 1184 in Gerona geschrieben. Faksimile durch *L. Goldschmidt,* B 1914, Ndr. J 1969 (mit neuem Faks.). Zu erwähnen ist auch Chul in MS 169: Babylonian Talmud. Tractate Hullin. Codex Hamburg 169, J 1972.

Vatikan. Von den großteils einst der Palatina in Heidelberg gehörigen Talmud-MSS der Vat. Bibl. (dazu Katalog Assemani, R 1756, wonach 31 Codices 57 Talmudtraktate und mehrere „kleine Traktate" enthalten. Liste der MSS: The Institute of Hebrew Manuscripts. List of Photocopies in the Institute. Part III: Hebrew Manuscripts in the Vatican, by *N. Allony-D. S. Loewinger*, J 1968) sind bisher veröffentlicht: Manuscripts of the Babylonian Talmud from the Collection of the Vatican Library. Series A, 3 Bde, J 1972 [I: Vat. Ebr. 109 (Er, Betsa), 108 (Schab, MQ); II: Vat. Ebr. 134 (Joma, RH, Taan, Suk, Betsa, Meg, Chag, MQ); III: Vat. Ebr. 130 (Git, Ket); 110 (Sota, Ned, Naz)]; Series B, 3 Bde, J 1974 [IV: Vat. Ebr. 118 (Zeb, Men); V: Vat. Ebr. 119 (Zeb, Tem, Ar, Bek, Meila, Ker); 114 (Jeb, BM); VI: Vat. Ebr. 111 (Jeb, Qid, Nid)].

New York, JThS no. 44830, 1290 in Ubeda, Spanien, vollendet, enthält AZ. Faksimile: Tractate 'Abodah Zarah of the Babylonian Talmud. Ms. Jew. Theol. Sem. of America, mit Einleitung und Anmerkungen von *S. Abramson*, NY 1957.

Göttingen, Univ. Bibl. Cod. Hebr. 3, 110 Blatt, Anf. 13. Jh. enthält Teil von Taan sowie Chag, Betsa, Meg und MQ bis 10a.

Karlsruhe, Badische Hof- und Landesbibl., Reuchlin 2: Sanh, einst im Besitz Reuchlins.

London, Brit. Museum, Harley 5508: RH, Joma, Chag, Betsa, Meg, Suk, MQ, Taan. 236 Blatt, wahrscheinl. 12. Jh.; Add. 25717: Bek (teilweise), Ar, Ker. 102 Blatt, 14. Jh.

New York, Columbia University. Von *E. Deinhard* aus dem Jemen nach NY gebrachtes MS, geschrieben 1546–8, enthält in 2 Bden: Betsa, Pes, Meg, MQ, Zeb. The Yemenite MS of Megilla, Hg. *J. M. Price*, Toronto 1916; The Yemenite MS of Mo'ed Katon, ohne Ort und Jahr, Hg. *J. M. Price*, Ndr. J 1970.

b) Geniza-Fragmente

Zu bT gibt es zahlreiche, z. T. sehr umfangreiche MSS-Fragmente aus der Geniza von Kairo, die aber erst z. T. veröffentlicht worden sind. Manche Fragmente mögen bis ins 9. Jh. zurückreichen, doch gibt es noch keine systematische Untersuchung zur Paläographie dieser Texte und damit zu einer begründeten Datierung. Ebenso ist auch die Einordnung der Lesarten der verschiedenen Fragmente in die Textgeschichte von bT erst zu leisten.

W. H. Lowe hat schon 1879 ein Fragment von Pes herausgegeben (4 Blätter): The fragment of Talmud Babli Pesachim of the ninth or tenth century, in the University Library, Cambridge, C. 1879; *N. Alloni*, Geniza Fragments, enthält auch 7 bT-Fragmente; *Y. Hasidah*, Me-Ginze Jehuda. Daf Gemara Ketab-Jad, Sinai 73 (1973) 224–9 (Ber 27a–b; 14. Jh.); *A. I. Katsh*, Ginze Talmud Babli, J 1975 (178 Fragmente aus der Saltykov-Shchedrin Bibl. Leningrad zu Ber bis Jeb); *ders.*, Ginze Talmud Babli II, J 1979 (90 Fragmente zu Ket bis Nid); *ders.*, Unpublished Geniza Talmudic Fragments from the Antonin Collection, JQR 58 (1967 f) 297–309; *ders.*, Unpublished Geniza Talmudic Fragments of Tractate Shabbath in the Antonin Collection in the U.S.S.R., JQR 63 (1972 f) 39–47; *ders.*, Massekhet Berakhot min ha-

Geniza, FS Z. Shazar, J 1973, 549–596 und 16 pp. Faksim.; *ders.*, Unpublished Geniza Talmudic Fragments, Journal of the Ancient Near Eastern Society of Columbia University 5 (1973) 213–223 (= FS T. H. Gaster); ders., Unpublished Geniza Talmudic Fragments of the Tractates Baba Mezia, Baba Bathra and Sanhedrin in the Antonin Collection in Leningrad Library in the USSR, JQR 66 (1975f) 129–142; *ders.*, Unpublished Genizah Fragments of the Tractate Shabbat in the Dropsie University Collection, JQR 69 (1978f) 16–26; *ders.*, Unpublished Talmudic Genizah Fragments in the Antonin Collection of the Saltykov-Shchedrin Library in Leningrad, JQR 69 (1978f) 193–207; *M. Hershler*, Hg., Talmud Babli. Massekhet Ketubot I, J 1972, 73–91, und II, J 1977, 31–37, beschreibt die Geniza-Fragmente; ebenso *A. Liss*, Hg., Talmud Babli. Massekhet Sota, J 1977, 31–45. Die Cambridge Univ. Library Genizah Series kündigt als Bd 4 an: *S. Morag*, Vocalised Talmudic Manuscripts in the Cambridge Genizah Collections (siehe schon: *S. Morag*, On the Vocalization of the Babylonian Talmud in the Geonic Period, h, 4th WCJS, J 1968 II 223–5).

Allgemein zu MSS siehe auch: *E. N. Adler*, Talmud Manuscripts and Editions, FS J. H. Hertz, 1942, 15–17; *I. M. Traube*, Studies in texts and manuscripts of Tractate Kiddushin, Diss. JThS NY 1975 (h).

Der Mangel an guten frühen MSS von bT macht die Kollation der Talmud-Zitate bei den Geonim und im Mittelalter zusammen mit den Textvarianten der MSS zu einer dringlichen Notwendigkeit. *R. Rabbinovicz*, Diqduqe Soferim. Variae Lectiones in Mischnam et in Talmud Babylonicum, 15 Bde, M 1868–1886; Bd 16 Przemysl 1897; Ndr. in 12 Bden NY 1960, hat hier Pionierarbeit geleistet. Das Werk umfaßt die Ordnungen Zeraim, Moed, Neziqin (ohne Abot); von Qodaschim nur Zeb, Men, Chul. Ergänzungen: *M. S. Feldblum*, Diḳduḳe Sopherim. Tractate Gittin, NY 1966; *H. Malter*, The Treatise Taʿanit of the Babylonian Talmud, NY 1930, Ndr. J 1973; als Diqduqe Soferim ha-Schalem versteht sich die vom Complete Israeli Talmud Institute begonnene bT-Ausgabe (siehe unten). Sammlung der gaonäischen Texte durch *B. M. Lewin*, Otzar ha-Gaonim, 13 Bde, Haifa und J, 1928–1943; Otsar ha-Geonim le-Massekhet Sanhedrin, Hg. *H. Z. Taubes*, J 1966.

c) Druckausgaben

R. Rabbinovicz hat eine Geschichte des bT-Drucks vorgelegt (Ma'amar al hadpasat ha-Talmud, M 1866 in Bd I von Diqduqe Soferim, 1877 getrennt; J 1952 von *A. M. Haberman* neu herausgegeben und auf den neuesten Stand gebracht).

Um 1480 hat die Familie Alqabets einzelne Traktate in einer spanischen Rezension herausgebracht; Angehörige der Familie setzten später die Arbeit in Saloniki fort. Dazu *H. Z. Dimitrovsky*, S'RIDEI BAVLI: Spanish Incunabula Fragments of the Babylonian Talmud, NY 1978. Auch in Marokko (Fez) wurden zwischen 1516 und 1521 einzelne Traktate gedruckt; nur Er 1521 vollständig erhalten. Jehoschua Schlomo und sein Neffe Gerschom aus Soncino haben von 1484–1519 in Soncino, Barco und Pesaro wenigstens 25 Traktate gedruckt (*E. N. Adler,* Talmud Printing before Bomberg, FS D. Simonsen, Kopenhagen 1923, 81–4; *A. M. Haberman,* Ha-Madpisim Bene Soncino, W 1933; *M. Marx,* Gershom (Hieronymus) Soncino's Wanderyears in Italy, 1498–1527. Exemplar Judaicae Vitae, HU-CA 11, 1936, 427–500).

Daniel Bomberg, ein Nichtjude in Venedig, hat die ersten vollständigen Ausgaben des bT gedruckt, die erste 1520–23 (Ndr. J 1968), die zweite 1531 vollendet. Sein Erstdruck fixiert die äußere Form der bT-Drucke bis in die Gegenwart: jeweils Textbeginn eines Traktats auf Blatt 2, da 1 dem Titelblatt vorbehalten ist; Vorder- und Rückseite jeden Blatts werden als a und b gezählt. Die Seitenaufteilung bleibt bei allen Ausgaben gleich, ebenso die Beifügung des Raschi-Kommentars auf der Innenseite des Textes, der Tosafot auf der Außenseite. (siehe *A. M. Haberman,* The printer Daniel Bomberg and the list of books published by his press, h, Safed-TA 1978).

In den folgenden Jahren Drucke in verschiedenen jüd. Gemeinden, u. a.: *M. A. Justiniani,* V 1546–51; Basel 1578–80 durch die Zensur stark verstümmelt (*J. Prijs,* Der Basler Talmuddruck, 1578–1580, Olten 1960); Krakau 1602–5 folgt Basel, ergänzt jedoch die meisten Zensurverstümmelungen und übernimmt den dort fehlenden Traktat AZ aus Krakau 1579; Amsterdam 1644–8 *Immanuel Benveniste,* übernimmt den Text von Lublin 1617–39; Frankfurt am Main 1720–2 (1714–7 in Amsterdam begonnen; diese Teile in F nachgedruckt) hat fast allen folgenden Drucken als Grundlage gedient. Umfangreichste Sammlung von Kommentaren in der Ausgabe Romm, Wilna 1880–1886 (vgl. *A. M. Haberman,* Peraqim betoldot ha-madpisim ha-ibrim we-injane sefarim, 1476–1896, J 1978).

Das *Institute for the Complete Israeli Talmud* hat 1972 mit der Herausgabe eines bT begonnen, der als Grundtext den der Ausgabe Romm Wilna verwendet und dazu kritische Apparate mit den Varianten aus Geniza, MSS und mittelalterlichen Zitaten bietet. Bisher erscheinen: Tractate Kethuboth, ed. *M. Hershler,* I J 1972; II J 1977; Tractate Sotah, ed. *A. Liss,* I J 1977, II J 1979 (dazu *S. B. Hoenig,* The Latest Critical Editions of Talmudic Texts, JQR 64, 1973 f, 322–330).

A. Steinsalz hat eine besonders für den Nichtspezialisten sehr hilfreiche Ausgabe begonnen, die den vokalisierten bT-Text mit Raschi-Kommentar und einem kurzen neuhebräischen Kommentar mit hebr. Übersetzung der aram. Teile, Textvarianten, Parallelen usw. bietet. Bisher erschienen: Ber, Schab, Er, Pes, Suk, Joma, Sanh und BM (J 1967–1980).

Einzeltraktate: Taan, Hg. *H. Malter,* Phil. 1928, *editio major* 1930 (hier ohne die engl. Übersetzung; anders als die im folgenden zu nennenden Traktate versucht *Malter* einen Mischtext auf der Basis von 24 MSS zu erstellen, was entsprechend kritisiert worden ist) Ndr. 1967 und J 1973; Git, Hg. *M. S. Feldblum,* NY 1966; BQ, Hg. *E. Z. Melammed,* J 1952;

BM, Hg. *M. N. Zobel* und *H. Z. Dimitrovsky*, TA-J 1960; BB, Hg.
S. Abramson, J 1952; AZ, Hg. *S. Abramson*, J 1957.

d) Übersetzungen

I. Epstein, Hg., The Babylonian Talmud. Translated into English with
notes, glossary and indices, 35 Bde, Lo 1935–52, Ndr. in 18 Bden Lo 1961
u. ö.; seit 1960 ist auch eine zweisprachige Ausgabe im Erscheinen.
L. Goldschmidt, Der babylonische Talmud, 12 Bde, B 1929–36, Indexband
Hg. *R. Edelmann*, Kopenhagen 1959; zweisprachige Ausgabe in 9 Bden B
1897–1935. *M. Cales-H. J. Weiss*, Hg., El Talmud de Babilonia, Buenos
Aires 1964 ff (auf 26 Bände geplant; Text der Ausgabe Romm Wilna und
span. Übers.; bis 1979 erschienen: Ber, Jeb, Ned, BQ, BM, BB); *E. Zolli*, Il
Talmud babilonese, Bari 1958 (nur Ber; Ndr. R 1968 mit dem Titel: Il
trattato delle Benedizioni del Talmud babilonese, mit einer Einführung
von *S. Cavalletti;* Kritik durch *A. Toaff,* La Rassegna Mensile di Israel 34,
1968, 642–7).

e) Konkordanz

C. J. und *B. Kasowski*, Thesaurus Talmudis. Concordantiae Verborum
quae in Talmude Babilonico reperiuntur, J 1954 ff (bis 1980 40 Bde bis inkl.
tana); dazu: *B. Kosowsky*, Thesaurus Nominum Quae in Talmude Babylo-
nico Reperiuntur, J 1976 ff (bis 1979 4 Bde bis inkl. Raktha).

5) Die Autorität des babylonischen Talmud

Der bT erreichte seine (fast) endgültige Gestalt im 8. Jh., zu einer Zeit, als
die babylonischen Akademien in Blüte standen und die gerade an die
Macht gekommenen Abbassiden ihre Hauptstadt Bagdad gründeten. Damit war das babylonische Judentum im politischen Zentrum der damaligen
Welt, auch durch Verkehrsverbindungen von überall her relativ leicht erreichbar. Das ermöglichte eine geistige Ausstrahlung des rabb. Judentums,
das sich nunmehr in Babylonien endgültig gefestigt hatte und über den
Kreis der Talmudschulen hinaus auf das Volk immer mehr Einfluß bekam,
weit über die Grenzen des Landes hinaus.
    Etwa um dieselbe Zeit erfuhr aber das rabb. Judentum Babyloniens auch
eine große Gefährdung durch die aufkommende Bewegung der Karäer mit
ihrer Ablehnung der mündlichen Tradition und des Talmud. Diese Gefährdung dürfte ihrerseits die Rabbinen zum Angriff herausgefordert haben. Jedenfalls bemüht sich schon um 750 Jehudai Gaon, in Palästina für
die babylonische Halakha zu werben (siehe S. 182). Schon seit amoräischer
Zeit in Palästina vorhandene babylonische Synagogengemeinden haben

diesen Vorstoß sicher erleichtert, ebenso die Nähe der karäischen Halakha zu palästinischer Überlieferung, die damit leicht suspekt wurde. Hier griff auch um 800 Pirqoi ben Baboi ein, der in einem Brief an die zum Einflußbereich Palästinas gehörende Gemeinde von Kairowan offen gegen die palästinische Halakha polemisiert (den Text hat *B. M. Lewin* veröffentlicht: Geniza Fragments: I. Chapiters of Ben Baboj, h, Tarbiz 2, 1930f, 383–404; dazu *J. N. Epstein,* ibid. 411 f; *S. Spiegel,* Le-paraschat ha-polmos schel Pirqoi Ben Baboi, FS H. A. Wolfson hebr. Teil, J 1965, 243–274). Im 9. Jh. versucht in Palästina der Sefer ha-Jeruschalmi einen Kompromiß zwischen paläst. und babylon. Halakha; doch spätestens mit dem Untergang der Akademie von Jerusalem im 11. Jh. siegt die babylonische Tradition.

Fast entscheidender war jedoch der Sieg des bT in Kairowan. Hält im Sefer ha-Metibot (10. Jh.) die Tradition des pT noch ihren Platz neben jener des bT, so wird sie bei Chananel und Nissim schon klar an die zweite Stelle gerückt und steht für Alfasi der Vorrang des bT gegenüber pT außer Frage. Mit dem Einfluß Alfasis auf die weitere Entwicklung der talmudischen Studien in Spanien ist der absolute Vorrang des bT dort endgültig gesichert und wird auch im aschkenazischen Raum nie in Frage gestellt. Der babylonische Talmud ist damit „der" Talmud schlechthin geworden, nach dem sich die gesamte Halakha bis in die Gegenwart richtet und der zumindest bis ins 18. Jh. auch der in den Lehrhäusern des Judentums absolut vorrangige, wenn nicht überhaupt ausschließliche Lehrstoff gewesen ist (vgl. *Ginzberg,* Mabo 88–110).

6) Kommentare

Die Auslegung des bT beginnt in diesem selbst, da jede neue Schicht des bT zugleich auch wesentlich Deutung der vorausgehenden ist. In der *gonäischen Periode* konzentrieren sich die Bemühungen um die Auslegung des bT in drei Arten von Schriften:

a) Einführungen in den Talmud

Diese Einführungen enthalten kurze Angaben über die Lehrer des Talmud, ebenso Regeln für dessen Auslegung, v. a. zur Entscheidung der Halakha (dazu *Assaf,* Geonim 147–154). Die arabische Einführung in den Talmud des *Saadja Gaon* wird in den Buchlisten der Geniza erwähnt, doch sind nur fünf Abschnitte davon in hebr. Übersetzung in den Klale ha-Talmud des Betsalel Aschkenazi (Ende 16. Jh.) erhalten: veröffentlicht von *A. Marx,* FS D. Hoffmann, B 1914, hebr. Teil 196f.205.210 (*S. Abramson,* On „Darkei ha-Talmud", Attributed to R. Saadya Gaon, h, KS 52, 1976f, 381–2, hält die Zitate für Exzerpte aus Samuel b. Chofni; vgl. *ders.,* Injanot be-sifrut ha-Geonim, J 1974, 164–173). *Samuel ben Chofni* hat ebenfalls eine arab. Einführung in den Talmud geschrieben, von der Teile in der Geniza entdeckt worden sind. In 148 Kapiteln behandelt sie die talmudischen Lehrer, die in bT erwähnten Quellen und die Regeln zur Festlegung der Halakha (*E. Roth*, A Geonic Fragment Concerning the Oral Chain of Tradition, h, Tarbiz 26, 1956f, 410–420; *S. Abramson*, R. Samuel b. Ḥofni's Introduction to the Talmud, ibid. 421–3; dort auch zu früher veröffentlichten Fragmenten; *ders.*, Injanot be-sifrut ha-Geonim, J 1974, 173–6).

b) Responsen

Responsen in Beantwortung verschiedenster Anfragen aus der jüdischen Welt enthalten auch viel zur Talmudauslegung.

Gesammelt in *B. M. Lewin*, Otzar ha-Gaonim, 13 Bde, Haifa und J 1928–43; *H. Z. Taubes*, Otsar ha-Gaonim le-Massekhet Sanhedrin, J 1966; *A. Harkavy*, Responsen der Geonim, B 1887; *S. Assaf*, Teschubot ha-Geonim, 2 Bde, J 1927–9. Ebenfalls hierher gehören die *halakhischen Kompendien:* die Scheiltot (*S. Mirsky*, Hg., Sheeltot de Rab Ahai Gaon, 5 Bde, J 1960–1977; vgl. *S. Abramson*, Injanot be-sifrut ha-Geonim, J 1974, 9–23), die Halakhot Pesuqot des Jehudai Gaon (*S. Sasoon*, Hg., Sefer Halachot Pesuqot. Auctore R. Jehudai Gaon (Saec. VIII), J 1950; Faksimile des Codex Sassoon 263 mit Einleitung von *S. Abramson*, J 1971; *E. Hildesheimer*, An Analysis of the Structure of „Halachot Pesukot", h, Michtam le-David, GS D. Ochs, Ramat-Gan 1978, 153–171) und die Halakhot Gedolot des Simon Qajjara (*J. Hildesheimer*, Hg., Halachoth Gedoloth nach dem Texte der Handschrift der Vaticana, B 1890; *E. Hildesheimer*, Sefer Halakhot Gedolot I, J 1971 = Ausgabe nach dem MS der Ambrosiana Mailand; *S. N. Hoenig*, Halakhot Gedolot: An Early Halakhic Code, The Jewish Law Annual 2, 1979, 45–55; Faksim. des Codex Paris 1402 mit Einleitung von *S. Abramson*, J 1971).

c) Kommentare der Geonim

Diese werden z. T. bei mittelalterlichen Autoren zitiert (*Melammed*, Introduction 479–486), zum Großteil sind sie jedoch verloren gegangen. So der Kommentar des *Paltoi Gaon*, von dem wir aus einem Brief an Chasdai Ibn Schaprut von 952 wissen. Von *Scherira* sind Kommentare zu Ber und Schab aus mittelalterlichen Zitaten bekannt, jener zu BB I–III aus einer Buchliste der Geniza sowie Fragmenten, die *S. Assaf* und *J. Mann* veröffentlicht haben (*J. Mann*, Texts and Studies in Jewish History and Literature I, NY 1930, Ndr. 1972 mit Einführung von *G. D. Cohen*, bringt 568–572 ein Stück von Scheriras Kommentar zu BB, 573–607 Stücke von Hai Gaon zu Ber; *J. N. Epstein*, On the Commentary of R. Sherira and R. Hai Gaon to Baba-Bathra, h, Tarbiz 5, 1933f, 45–9). Der *Saadja* zugeschriebene Kommentar zu Ber (veröffentlicht von *S. A. Wertheimer*, J 1908, nach einem Geniza-Fragment) stammt wohl nicht von diesem, son-

dern von einem späteren Autor, der eingangs ein Stück aus Saadjas M-
Kommentar zitiert (so *Assaf*, Geonim 143). *Hai Gaon* hat Kommentare zu
vielen bT-Traktaten verfaßt, die z. T. aus mittelalterlichen Zitaten, inzwischen auch fragmentarisch aus der Geniza bekannt sind. Von ihm dürften
auch die Texte zu Git und Qid aus der Geniza stammen (*S. Löwinger*,
Gaonic Interpretations of the Tractates Gittin and Qiddushin, HUCA 23/
1, 1950f, 475–498 und 10 pp. Faksimile), doch nicht aus einem eigentlichen
Kommentar, sondern als Responsa konzipiert (so *S. Assaf*, KS 29, 1959f,
64f). *E. Hurwitz*, Fragments of the Geonim Commentary to Tractate
Shabbath from Cairo Geniza, and Selections from Commentaries of Rishonim from MSS (h), Hadorom 46 (1977f) 123–227. Allgemein zu den
gaon. Kommentaren *S. Assaf*, Geonim 135–146.

d) Mittelalterliche Einleitungen in den Talmud

Hier ist v. a. die Einleitung des Samuel ha-Nagid zu nennen, die in vielen
bT-Ausgaben nach Ber abgedruckt ist und v. a. schwierige Termini erklärt.
Aus Zitaten geht hervor, daß nur ein Teil der Einleitung erhalten ist. Die
Einführung des *Maimonides* zu seinem M-Kommentar ist z. T. auch eine
Einleitung in den Talmud. Eine arabische Einleitung in bT stammt von
Joseph Ibn Aqnin, einem Schüler des Maimonides (*H. Graetz*, Hg., Einlei-
tung in den Talmud von Joseph Ibn-Aknin, FS Z. Frankel, Breslau 1871,
Ndr. J 1967). Zu nennen ist auch *Simson von Chinon* (Anf. 14. Jh.) mit
seinem Sefer Keritut (Hg. *S. Sofer*, J 1965) sowie *Betsalel Aschkenazi*
(16. Jh., Ägypten), dessen Klale ha-Talmud methodologische Bemerkun-
gen der hervorragendsten Ausleger des Talmud enthalten (Hg. *A. Marx*, FS
D. Hoffmann, B 1914, 369–382 und hebr. Teil 179–217).

e) Halakha-Kompendien

Die Tradition dieser Kompendien wird im Mittelalter durch *Isaak ben
Jakob Alfasi* weitergeführt, der im Sefer ha-Halakhot (ed. *N. Sacks*, Hilkh-
hot Rab Alfas, 2 Bde, J 1969) das geltende Gesetz des bT mit einer Kurzfassung von bT selbst verbindet. *Eliezer ben Joel ha-Levi* (13. Jh.,
Deutschland, Akronym Rabia) hat halakhische Entscheidungen, Novellen
und Responsen zum Talmud im *Sefer Rabiah* zusammengefaßt (*V. Aptowitzer*, Hg., Sefer Rabiah, B 1913, II J 1935, Ergänzungen 1936; Introductio ad Sefer Rabiah, h, J 1938; Neufassung dieser Ausgabe in 4 Bden durch
S. Y. Cohen und *E. Prisman*, J 1964–5). Ein weiteres Talmudkompendium
stammt von *Ascher ben Jechiel* (= *Rosch;* aus Deutschland, gest. 1327):
dieses ist in den meisten bT-Ausgaben abgedruckt. Zu nennen ist auch
Maimonides' Mischne Tora (20 Bde, J 1957–1965), das die gesamte Halakha in sachlicher Ordnung umfaßt, ebenso die Arbaa Turim des *Jakob ben
Ascher* (gest. um 1340). Dessen Schrift hat *Josef Karo* (1488–1575) im Bet

Josef kommentiert, dessen Kurzfassung, der Schulchan Arukh, 1554 in Safed vollendet wurde. Durch Mose Isserles (1520–1572) in der Mappat ha-Schulchan ergänzt, wurde das Werk allgemein als geltendes Recht angenommen.

f) Eigentliche Kommentare zu bT nach den Geonim

Der erste Kommentar ist der des *Chananel ben Chuschiel* von Kairowan (etwa 990–1050). Dieser kommentierte wohl ganz bT unter starker Benutzung von pT. Zu Moed und Neziqin außer BB in bT Wilna (*S. Assaf*, Mepirusche Rab Chananel le-Sanhedrin, FS M. Ostrovsky, J 1946, 69–84).

Nissim ben Jakob von Kairowan (gest. um 1062) hat einen Kommentar zu Ber, Schab und Er verfaßt, gedruckt in bT Wilna (*B. M. Lewin*, Perusch Rabbenu Nissim le-Erubin, FS J. Freimann, B 1937, hebr. Teil 72–80, veröffentlicht Fragmente aus der Geniza).

Gerschom ben Jehuda (gest. 1028 in Mainz) werden Kommentare zu 9 Traktaten zugeschrieben (in bT-Wilna; *N. Sacks*, Qobets Rischonim le-Massekhet Moed Qatan, J 1966, enthält u.a. auch den Gerschom zugeschriebenen Komm.); diese sind jedoch später stark erweiterte und zu Beginn des 12. Jhs. redigierte Vorlesungsmitschriften seiner Schüler. Gerschoms Schüler waren v.a. *Natan ben Jechiel*, der im 11. Jh. in Rom ein Talmudlexikon, den Arukh, verfaßte (ed. *A. Kohut*, 8 Bde, W 1878–92; wichtig für die Textkritik), und Raschi.

Raschi (= R. Schlomo Jitschaqi aus Troyes, gest. 1105) hat zu den meisten der mit Gemara versehenen Traktate des bT einen klassisch gewordenen Kommentar geschrieben, der in fast allen bT-Ausgaben abgedruckt ist. Die als Raschi gedruckten Kommentare zu Taan, Ned, Naz, Hor und MQ stammen jedoch nicht von ihm; die Traktate Pes, BB und Mak wurden von seinen Schülern vollendet; der echte Raschi-Komm. zu MQ wurde aus einem spanischen MS von *E. F. Kupfer* veröffentlicht (J 1961). *J. Fraenkel*, Rashi's Methodology in his Exegesis of the Babylonian Talmud (h), J 1975; *A. Aptowitzer*, Le-toldot perusche Raschi la-Talmud, FS B. Heller, Budapest 1941, 3–17; *Ḥ. Merḥavya*, Regarding the Rashi Commentary to ‚Ḥelek‘ (Talmud Bavli, Sanhedrin, Chap. XI) (h), Tarbiz 33 (1963f) 259–286 (hält dieses Stück im Gegensatz zu *J. N. Epstein* u.a. für echt, jedoch mit zahlreichen Glossen durchsetzt; ebenso *J. Fraenkel*, Rashi's Methodology 304–325).

Jehuda ben Natan, ein Schwiegersohn Raschis, vollendete dessen Kommentar zu Mak (ab 19b) und kommentierte fast den gesamten bT. In bT-Wilna ist ihm Pseudo-Raschi zu Naz zu Unrecht zugeschrieben. Dieser Kommentar dürfte von Meir bar Samuel, einem anderen Schwiegersohn Raschis, stammen: *J. N. Epstein*, The Commentaries of R. Jehuda ben Nathan and the Commentaries of Worms (h), Tarbiz 4 (1932f) 11–34; 153–192; 295f. Siehe auch *E. Kupfer*, Hg., Perusche ha-Talmud mi-Bet

Midrascho schel Raschi: Perusch Mass. Qidduschin, J 1977; *A. Schreiber* (Sofer), Schne Peruschim Qadmonim al-Mass. Meila, J 1965.

Die *Tosafisten* (,,Ergänzer" des Kommentars Raschis) wirkten v. a. im 12. und 13. Jh. in Deutschland und Frankreich. Nicht fortlaufender Kommentar, sondern ausführliche Erläuterung einzelner Stellen. Bemühen sich um die Beseitigung innerer Widersprüche in bT durch den *Pilpul* (wörtlich ,,Pfefferung": eine später zu Denkakrobatik ausartende scharfe Logik) und die Erschließung von Halakhot für immer neue Lebensumstände. Zu den älteren Tosafisten gehören drei Enkel Raschis: Isaak ben Meir, Samuel ben Meir (vollendete Raschis Komm. zu BB ab 29a) und Jakob ben Meir (Rabbenu Tam), sowie dessen Neffe Isaak ben Samuel von Dampierre. Isaaks Schüler Simson von Sens veranstaltete die älteste Sammlung dieser Tosafot, die ,,Tosafot von Sens", die zur Basis der folgenden Sammlungen wie der des Eliezer von Touques wurden (,,Tosafot von Touques"), welche den Großteil der in den bT-Ausgaben am Außenrand abgedruckten Tosafot ausmachen.

E. E. Urbach, The Tosafists; *ders.,* Die Entstehung und Redaktion unserer Tosafot, Jb Jüd.-theol. Sem. Breslau 1936; *ders.,* Mi-toratam schel Chakhame Anglia milifne ha-gerusch, FS I. Brodie hebr. Teil, Lo 1966, 1–56; *J. Faur,* Tosafot ha-Rosch le-Massekhet Berakhot, PAAJR 33 (1965) hebr. Teil 41–65; *S. Fridman,* Sefer Scha-'are Schalom, TA 1965; *A. Schreiber,* u. a., Hg., Tosfoth Chachmei Anglia, J 1968 ff (Git, Sanh 1968; BM 1969; Betsa, Meg, Qid 1970; Nid, AZ 1971); *B. Z. Wacholder,* Supplements to the Printed Edition of the Tosafot Yesanim, Yevamot, Chapter I, HUCA 40/41 (1969 f), hebr. Teil 1–30.

Mose ben Nachman (gest. 1270) hat zu zahlreichen Traktaten *Chidduschim* (,,Neuerungen") – ausführliche Diskussionen einzelner Stellen des bT – geschrieben und damit eine neue Entwicklung in der bT-Auslegung eingeleitet. Ausgabe in 3 Bden, J 1928–9, Ndr. J 1972; krit. Ausgabe: *M. Hershler,* Hg., Chiddusche ha-Ramban, J 1970 ff (I, 1970: Mak, AZ, Sanh; II 1973: Schab, Er, Meg).

Menachem ben Salomo, gewöhnlich *Meiri* genannt, provençalischer Name Don Vidal Solomon (1249–1306), hat Chidduschim unter dem Titel Bet ha-Bechira verfaßt, die inzwischen zum Großteil veröffentlicht sind (zwischen 1942 und 1971 28 Bde zu 31 Traktaten, J, Chag in TA; auch zu MChalla, Abot und Miqwaot).

Salomo b. Abraham Adret (1235–1310, Barcelona): Chidduschim, 3 Bde, J 1962.

Ascher ben Jechiel: Kommentare zu Ber und Nid, Hg. *S. Wilman,* Brooklyn 1978; Schab, Hg. *S. Lange,* J ⁴1977; Git TA 1976; Ned in den meisten bT-Ausgaben. Tosafot zu Qid, Hg. *M. S. Shapira,* TA 1969; zu BM, Hg. *M. Hershler-J. D. Gorodetzky,* J 1959.

Jom Tob ben Abraham aus Sevilla (= Ritba, 1250–1320): Chiddusche ha-Ritba, Hg. *M. Goldstein,* 6 Bde, J 1974–8 (Er, Joma, Meg, Betsa, Suk,

Taan, MQ, Ned, Git, AZ, Nid); BM, Hg. *A. Halpern,* Lo 1962; BB, Hg. *B. J. Menat,* J 1975; für übrige Traktate siehe die Ausgabe TA 1958 (6 Bde).

Betsalel ben Abraham Aschkenazi (ca. 1520–1591/4) sammelte Talmudauslegungen der Geonim und mittelalterl. Autoren in seiner Schitta Mequbbetset, 11 Bde, TA 1963; neue Ausgabe durch *J. D. Ilan,* Bene Beraq 1975 ff (bisher 4 Bde: Men, Ar, Bek, Meila, Tem).

Von den späteren Kommentatoren seien nur genannt: Salomo Luria von Lublin, gest. 1573; Samuel Edels, gest. 1631 in Ostrog; Elija Gaon von Wilna, gest. 1797; Aqiba Eger, gest. 1837 in Posen. In bT Wilna sind zahlreiche Kommentare mitgedruckt. Frühe Kommentare sind ediert in *M. Hershler,* Hg., Ginze Rischonim, J 1962 ff (bis 1967 3 Bde: Suk, RH, Joma, Taan, Ber). Viele Kommentare sind im *Otzar Mefarshei Hatalmud,* J 1971 ff zusammengefaßt (keine wörtliche Wiedergabe, Hauptgewicht auf den Autoren nach 1600). Bis 1979 5 Bde erschienen (Suk, Mak, BM). *A. Freimann,* List of the Early Commentaries on the Talmud (h), FS L. Ginzberg, NY 1945, II 323–354; *M. M. Kasher–J. Mandelbaum,* Sarei ha-Elef. A Millennium of Hebrew Authors (500–1500 C. E.) (h), NY 1959; *I. Ta-Shmah,* ,Ḥiddushei ha-Rishonim' – their Order of Publication (h), KS 50 (1974 f) 325–336.

Moderne Kommentare zu bT, die über die Besprechung einzelner Stellen hinausgehen, gibt es nicht. Am ehesten könnte man hier *Z. W. Rabinowitz,* Sha'are Torath Babel. Notes and Comments on the Babylonian Talmud (h), Hg. *E. Z. Melamed,* J 1961, nennen, ebenso *D. Halivni,* Sources and Traditions. A Source Critical Commentary on the Talmud. I: On Seder Nashim, TA 1968; II: Seder Moed from Yoma to Hagiga, J 1975 (h), eventuell auch den hebr. Kurzkommentar in der bT-Ausgabe Steinsalz, der aber kaum einmal über Raschi hinausgeht. Die Beschäftigung mit halakhischen bzw. literargeschichtlichen Problemen und der bloße Umfang von bT haben jedenfalls bisher von einer durchgehenden Kommentierung abgehalten.

7) Der Talmud in der Polemik

Lit.: F. Delitzsch, Rohling's Talmudjude beleuchtet, Le 1881; *W. P. Eckert,* in: *K. H. Rengstorf–S. v. Kortzfleisch,* Hg., Kirche und Synagoge. Handbuch zur Geschichte von Christen und Juden I, Stuttgart 1968, 227–235; 278–282; 285–7; *S. Grayzel,* The Church and the Jews in the XIIIth Century, NY 1966; *ders.,* The Talmud and the Medieval Papacy, FS S. B. Freehof, Pittsburgh 1964, 220–245; *I. A. Hellwing,* Der konfessionelle Antisemitismus im 19. Jh. in Österreich, W 1972 (zu Rohling und Deckert); *E. Klibansky,* Zur Talmudkenntnis des christlichen Mittelalters, MGWJ 77 (1933) 456–462; *Ch. Merchavia,* The Church versus Talmudic and Midrashic Literature (500–1248) (h), J 1970; *M. Pelli,* The Age of Haskalah, L 1979, 48–72 (Einstellung der Maskilim); *S. Rappaport,* Christian Friends of the Talmud,

FS I. Brodie, Lo 1967, I 335–354; *J. M. Rosenthal*, The Talmud on Trial. The Disputation of Paris in the Year 1240, JQR 47 (1956f) 58–76.145–169; *M. Stern*, Urkundliche Beiträge über die Stellung der Päpste zu den Juden, Kiel 1893, 98–108. 117–122.126–138.156–182 (16. Jh.).

Als Werk einer zwar starken, doch nicht alleinherrschenden Richtung im Judentum hat der Talmud stets seine Gegner auch innerhalb desJudentums gehabt. Schon vor der Vollendung des bT führen innerjüdische Polemiken zur Novelle 146 Justinians von 553, die nicht nur die Vertreter der griechischen Bibellesung in der Synagoge stärkt, sondern auch jede *deuterosis* verbietet, worunter wohl jede über die Bibel hinausgehende traditionelle Erklärung derselben gemeint ist. Leo VI. (886–912) hat dieses Verbot erneuert, das an sich gegen bT hätte angewendet werden können, jedoch offenbar keine praktische Auswirkung hatte. Gefährlicher war die Opposition der *Karäer* gegen den Talmud. Anan ben David, der um die Mitte des 8. Jhs. diese Richtung begründete, soll aufgefordert haben, die Worte der Mischna und des Talmud zu verlassen; er werde einen eigenen Talmud verfassen (so der Gaon Natronai im Seder Rab Amram Gaon, Hg. *D. Goldschmidt*, J 1971, 111).

Karäische Tendenzen oder auch nur ein radikaler Rationalismus im Gefolge des Maimonides haben *Nikolaus Donin* zu einem Gegner des Talmud gemacht. Deshalb 1224 von Rabbinen gebannt, trat er 1236 zum Christentum über. 1238 legte er Gregor IX. eine Schrift mit 35 Punkten gegen den Talmud vor, was zur *Disputation von Paris* 1240 über den Talmud zwischen Nikolaus und Rabbi Jechiel führte und 1242 die Verbrennung der schon 1240 konfiszierten hebräischen Bücher zur Folge hatte. 1247 schreibt Innozenz IV. er habe den Juden den Besitz des Talmud erlaubt, da sie ohne ihn nicht gemäß ihrer Religion leben könnten, zugleich aber habe er auch die Zensur des Talmud veranlaßt. Die *Disputation von Barcelona* 1263 zwischen dem ehemaligen Juden Pablo Christiani, der aus Talmud und Midrasch Beweise für das Christentum schöpfen wollte, und Nachmanides, der dagegen die Halakha als allein verbindlichen Teil des Talmud betonte, zeigt einen anderen Aspekt im Kampf um den Talmud. Die etwas später entstandene Pugio Fidei des *Raymund Martini* versucht ebenfalls, den Talmud für die christliche Propaganda unter den Juden zu verwenden. In der Folgezeit bestimmen jedoch Verurteilungen des Talmud (z. B. nach der Disputation von Tortosa 1413–14), Verbote, daß Juden den Talmud studieren (so Eugen IV. im Anschluß an das Konzil von Basel), Talmudverbrennungen (z. B. 1553 in Rom und Venedig, wo die blühenden hebräischen Druckereien zugrundegingen) und Zensur das Bild in den christlichen Ländern.

Auch im 16. Jh. war es ein bekehrter Jude, *Johannes Pfefferkorn*, der den Kampf gegen den Talmud führte, sah er doch in den jüdischen Büchern den alleinigen Grund, daß die Juden nicht Christen würden. Als er 1509 von Kaiser Maximilian mit der Prüfung der hebräischen Bücher beauftragt wurde, setzte sich der Humanist *Johannes Reuchlin* entschieden für den Talmud ein; Pfefferkorn brachte ihm deshalb ein langes Verfahren vor der Inquisition ein. Die römischen Maßnahmen gegen die Reformation verschärften schließlich das Klima religiöser Intoleranz und so kam der Talmud auch auf den ersten Index der verbotenen Bücher von 1559. Christliche Hebraisten des 17. Jhs. erkannten den Wert der rabb. Literatur für ein tieferes Verständnis des Neuen Testaments: *John Lightfoot*, Horae Hebraicae et Talmudicae, C 1658, hat hier einen Weg gewiesen, der in *(H. L. Strack-)P. Billerbeck*, Kommentar zum Neuen Testament aus Talmud und Midrasch, 6 Bde, M 1922–1961, sein vorläufiges Ziel erreicht hat (*M. Smith*, Tannaitic Parallels to the Gospels, Phil. 1951, hat sich methodisch richtig sehr eingeschränkt); zu nennen ist auch *J. Buxtorf*, Lexicon chaldaicum, talmudicum et rabbinicum, Basel 1639.

Das Hauptwerk der talmudfeindlichen Literatur ist *Johann Andreas Eisenmenger*, Entdecktes Judenthum, 2 Bde, F 1700. Eisenmenger hat jahrzehntelang bei Juden die rabb. Literatur unter dem Vorwand studiert, zum Judentum übertreten zu wollen, in Wirklichkeit jedoch alle Stellen zusammengesucht, die jüdische Irrtümer oder Angriffe gegen die christliche Religion belegen sollten. In seinem Werk, das für die kommenden Zeiten eine wahre Fundgrube antijüdischer Argumente werden sollte, zitiert er jeweils die hebräischen Originalquellen mit seiner Übersetzung, die zeitweise fehlerhaft, jedoch sicher nicht bewußt falsch war; auch hat er keine Belege gefälscht, wie ihm gelegentlich vorgeworfen wurde. Die Frankfurter Juden erwirkten ein Verbreitungsverbot, doch erschien 1711 in Berlin (Impressum Königsberg) eine 2. Auflage und 1732f eine englische Übersetzung.

Eisenmengers Zitatensammlung, ohne den jeweiligen Zusammenhang für jegliche Mißdeutung offen und so auch ,,Beweis" für Ritualmord, Brunnenvergiftung und andere ,,jüdische Verbrechen", diente *August Rohling* (1839–1931, seit 1876 Professor für Altes Testament in Prag) als Basis für sein Plagiat ,,Der Talmudjude", Münster 1871. Das Machwerk, das insgesamt 17 Auflagen erlebte, erwies sich als Munition in der antisemitischen Hetze v. a. der christlich-sozialen Partei in Österreich, wobei sich besonders auch der Wiener Pfarrer *Joseph Deckert* (1843–1901) hervortat.

Aber auch innerjüdische Angriffe gegen den Talmud waren in dieser Periode, die zugleich die der Haskala – der jüdischen Aufklärung war, nicht selten. *Moses Mendelssohn*, selbst rabb. gebildet, bemühte sich, den Quellen, d. h. der Bibel, den ihr geziemenden Platz und den Vorrang gegenüber dem Talmud einzuräumen. Der Lehrplan der auf ihn zurückgehenden Freischule in Berlin (1778 gegründet) gab dem Talmudstudium keinen Raum. Spätere jüdische Aufklärer wurden zuweilen gegen den Talmud direkt polemisch, wie etwa der Lektor der Rabbinerschule Warschau,

Abraham Buchner (Der Talmud in seiner Nichtigkeit, Warschau 1848). Die meisten jedoch begnügten sich damit, die rabb. Literatur zu umgehen – erst relativ spät werden Talmudstudien in der Wissenschaft des Judentums bedeutend – oder auf ihre rein historische Bedeutung hinzuweisen. Mit der Gründung der Rabbinerseminare und Jüdischen Hochschulen fiel diesen die historisch-kritische Erforschung der rabb. Literatur zu, während die osteuropäischen Jeschibot das traditionelle Studium dieser Schriften weiterpflegten. Diese orthodoxen Kreise waren es auch, die an der halakhischen Autorität des bT auch für die Gegenwart festhielten, während weite jüdische Kreise – so v. a. auch das Reformjudentum – die talmudische Halakha den Zeitumständen anzupassen versuchten oder überhaupt als völlig überholt betrachteten und ad acta legten.

V. Die außerkanonischen Traktate

Am Ende der Ordnung Neziqin des bT werden gewöhnlich eine Reihe von Texten abgedruckt, die man als „außerkanonische" Traktate (da sie nicht die Autorität des eigentlichen bT besitzen) oder auch als „kleine Traktate" bezeichnet („klein" eher im Sinn geringerer Autorität als notwendig kleinen Umfangs). Diese erstmals in der bT-Ausgabe Romm-Wilna 1886 in dieser Form zusammen wiedergegebenen Traktate sind in zwei Gruppen zu teilen, sieben selbständige Schriften und sieben thematische Sammlungen von Halakhot, die zum größten Teil auch sonst belegt sind. Oft bezeichnet man nur diese zweite Gruppe als „kleine Traktate" im eigentlichen Sinn.

Englische Übersetzung aller dieser Traktate: *A. Cohen*, Hg., The Minor Tractates of the Talmud, 2 Bde. Lo 1965, ²1971.

1) Abot de Rabbi Natan (= ARN)

Lit.: L. Finkelstein, Introductory Study to Pirke Abot, JBL 57 (1938) 13–50; *ders.*, Mabo le-Massekhtot Abot we-Abot de-Rabbi Natan, NY 1950; *J. Goldin*, The two versions of Abot de Rabbi Nathan, HUCA 19 (1945 f) 97–120; *ders.*, EJ III, 984–6; *ders.*, The Third Chapter of Abot De-Rabbi Nathan, HTR 58 (1965) 365–386; *T. Kahana*, Le-habanat ha-Baraita al Hilkhot Jeruschalaim, Beth Mikra 21 (1975 f) 182–192 (zu ARN 35 und Parallelen); *A. Marmorstein*, EJ (B 1928) 368–370; *L. Zunz*, GV 114–6.
Text: S. Schechter, Aboth de Rabbi Nathan. Edited from Manuscripts with an Introduction, Notes and Appendices (h), W 1887, korrigierter Ndr. H 1979; Übersetzungen von Fassung A: *K. Pollak*, Rabbi Nathans System der Ethik und Moral, F 1905; *J. Goldin*, The Fathers according to Rabbi Nathan, New Haven 1955; Fassung B: *A. J. Saldarini*, The Fathers according to Rabbi Nathan (Abot de Rabbi Nathan) Version B. A Translation and Commentary, L 1975 (dazu *J. Elbaum*, KS 52, 1976 f, 806–815).

ARN ist in zwei Fassungen (A und B) überliefert, die 41 bzw. 48 Kapitel umfassen. Fassung A wurde erstmals in der Talmud-Ausgabe von *M. A. Justiniani* am Ende von Seder Neziqin abgedruckt (V 1550). *S. Schechter* hat sie in der üblichen Form wiedergegeben; jedoch nach MSS (Oxford Neubauer 408; MS Epstein vom Jahr 1509) und mittelalterlichen Zitaten korrigiert. Fassung B hat schon *S. Taussig* z. T. aus Cod. hebr. München 222 veröffentlicht (Neweh Schalom I, M 1872); *S. Schechter* hat MS Rom Ass. 303 als Basis genommen, dazu MS Parma De Rossi 327 und MS

Halberstam aus der Bodleiana, Oxford Neubauer 2635, sowie mittelalterl. Zitate herangezogen. Inzwischen sind auch zwei Geniza-Fragmente von ARN B bekanntgeworden (in der Übersetzung von *Saldarini* verwertet). ARN steht eindeutig in einem Abhängigkeitsverhältnis zum M-Traktat Abot, den es zitiert und kommentiert. Gleich ihm enthält ARN nur Haggada. Für die nähere Bestimmung des Verhältnisses zu Abot unterscheidet *Schechter* verschiedene Teile: ARN A 1–11 (B 1–23) und 12–18 (B 23–30) betrachtet er als Midrasch zu Abot, dessen Aussprüche ARN ausführlich und oft mit verschiedenen Deutungen nacheinander interpretiert und dazu oft die Bibel heranzieht. ARN 20–30 (B 31–35) verhalten sich eher wie M selbst, indem sie einfach die Sprüche der Rabbinen ohne Kommentar bieten. 31–41 (B 36–48) bestehen wie Abot V primär aus Zahlensprüchen; sie zitieren Abot und ergänzen es nach Art von T (*Schechter* XVIf). *Goldin* und *Saldarini* schließen sich *Schechter* an, betrachten jedoch den Midrasch als die vorherrschende Gattung. Die Bezeichnung von ARN als T zu Abot (z. B. *D. Hoffmann*, Die erste Mischna und die Controversen der Tannaim, B 1882, 27) bzw. als Baraita dazu (so *Zunz*, GV 114; *Albeck*, Einführung 410) ist darin begründet, daß ARN (fast) nur Tannaiten als Autoritäten zitiert und in M-Hebräisch verfaßt ist, anstatt im Aramäisch der Gemara.

Der Abot-Text in beiden ARN-Fassungen weicht voneinander ab und weist gemeinsame gravierende Unterschiede zur jetzigen M Abot auf. M Abot enthält viel mehr Material, als ARN zugrundeliegt. Auch sind in ARN die Aussprüche der Rabbinen z. T. chronologisch richtiger geordnet als in M. Ebenso gibt es Abweichungen im Wortlaut und in den Tradentennamen (oft auch zwischen ARN A und B). *L. Finkelstein* (Mabo 4f; ihm folgen *Goldin* und *Saldarini*) hält die beiden Fassungen von ARN vorliegende Form von Abot für älter als die der M.

Nach *S. Schechter* (XX–XXIV) gehen ARN A und B auf einen gemeinsamen schriftlichen Urtext zurück, während *Goldin* (The two versions) mit *Finkelstein* (JBL 57,16.39) sie für voneinander unabhängige Ausformungen der mündlichen Tradition hält. Das Grundthema in A sei das Studium der Tora, in B die guten Werke (The two versions 98f).

Für die Entstehungsgeschichte von ARN ist der Name von R. Natan belanglos. Es ist weder sicher, daß damit der bekannte Tannait gemeint ist, noch, daß dieser als Verfasser von ARN angesehen wurde. *J. Goldin* (EJ 984) vermutet, ARN beruhe auf einer Abot-Rezension von R. Natan und sei deswegen nach ihm benannt.

Die Verwendung einer von M abweichenden Fassung von Abot legt als Entstehungszeit für den Grundstock von ARN spätestens das frühe 3. Jh. nahe. Wie lange die lebendige Entwicklung von ARN gedauert hat, läßt sich nicht sagen. Die weithin übliche Datierung der Endfassung in das 7. bis 9. Jh. (*Zunz*, GV 116: nachtalmudisch) beruht im wesentlichen darauf, daß man ARN mit den kleinen Traktaten als Einheit sieht. Von Sprache,

Inhalt und zitierten Rabbinen aus ist eine solche Spätdatierung jedoch nicht gerechtfertigt (zumal ARN B schon in den Scheiltot im 8. Jh. zitiert wird). „The composition of the contents of ARN cannot be much later than the third or following century, or at the utmost shortly thereafter" (*Goldin*, The Fathers XXI). Von beiden Fassungen hat B, da nicht so verbreitet, weniger unter späteren Veränderungen gelitten (*Schechter* XXIV) und somit die urtümlichere Gestalt bewahrt.

2) Soferim

Lit.: M. Higger, Masseket Soferim, NY 1937; *ders.*, Seven Minor Treatises ... and Treatise Soferim II (mit engl. Übers.), NY 1930; *J. Müller*, Masechet Soferim. Der thalmudische Tractat der Schreiber, Le 1878 (mit ausführlichem deutschen Kommentar). – *M. M. Kasher*, Torah Shelemah Bd 29: The Script of the Torah and its Characters (h), J 1978, 94–99; *I. W. Slotki*, Einleitung zu seiner Übers. in A. Cohen, The Minor Tractates I; *Zunz*, GV 100f (Deraschot 275–7 Anmerkungen von *Albeck*).

Der Traktat Soferim ist in zwei Fassungen überliefert, einer palästinischen (in den Talmudausgaben) und einer babylonischen. Die übliche (pal.) Version besteht aus mehreren Teilen: Kap. 1–5 geben die Regeln für die Herstellung der Bibelhandschriften unter Verwendung des kleinen Traktats Sefer Tora; 6–9 setzen dieses Thema fort; 10–21 regeln die öffentliche Verlesung der Tora. Da auch bT vielfach zitiert wird, ist der Traktat, der auch als Hilkhot Soferim oder Baraita de-Soferim zitiert wird, in seiner jetzigen Gestalt nicht vor Mitte des 8. Jhs. anzusetzen, auch wenn frühere Vorformen anzunehmen sind. In manchen Punkten widerspricht Soferim der talmudischen Halakha und hat sich darin durchgesetzt.

Von der (bab.) Version II sind nur die ersten zwei Kapitel erhalten. Doch zeigt *Higger* (Seven Minor Treatises, hebr. Einleitung 12–15) durch Zitate in einem Geniza-Text (veröffentlicht von *E. N. Adler*, JQR 9, 1897, 681–716 als ein Werk des Jehuda ben Barzilai, von *Higger* jedoch einem babylonischen Juden des 11. Jhs. zugeschrieben), daß der Text ursprünglich umfangreicher gewesen sein muß. Hai Gaon zitiert mehrmals diese zweite Fassung.

3) Ebel Rabbati

Lit.: N. Brüll, Die talmudischen Traktate über Trauer um Verstorbene, Jahrbücher 1 (1874) 1–57; *M. Higger*, Treatise Semachot, NY 1931 (krit. Ausgabe); *Ch. M. Horovitz*, Uralte Tosefta's Teile 2–3, Mainz 1890 (Semachot zutarti und Stücke von Ebeltraktaten); *D. Zlotnick*, The Tractate „Mourning", New Haven 1966 (Einleitung, engl. Übersetzung, krit. Text); *ders.*, EJ XIV, 1138f; *M. Klotz*, Der talmudische Tractat Ebel Rabbati, B 1890 (krit. Ausgabe der Kap. 1–4 mit kommentierter deutscher Übers.); *Zunz, GV* 94.

Ebel Rabbati, der „große (Traktat) über die Trauer", euphemistisch bei Raschi u. a. Semachot („Freuden") genannt, beschreibt in 14 Kapiteln Halakhot und Gebräuche, die gegenüber Sterbenden, Selbstmördern und Hingerichteten einzuhalten sind, Trauer- und Begräbnisbräuche, aufgelokkert durch viele Beispielerzählungen *(ma'ase)*. In MQ 24a; 26b; Ket 28a werden Zitate aus einer Schrift namens Ebel Rabbati gebracht; nur hat es offenbar Textrezensionen verschiedenen Umfangs und Inhalts gegeben (Nachmanides zitiert in Torat ha-Adam eine Variante als *mekhilta achariti de ebel;* verschiedene mittelalterliche Zitate finden sich nicht in unserem Text); so bleibt offen, ob bT nicht doch eine frühe Form oder Rezension unseres Textes zitiert. Der Gaon Natronai (9. Jh.) schreibt zu den bT-Stellen: „Ebel ist ein M-Traktat, in dem Trauergebräuche enthalten sind; in ihm findet sich ein Großteil der Halakhot, die in MQ III gelehrt werden; und es gibt zwei, einen großen und einen kleinen" (Otzar ha-Gaonim VIII, J 1938, 95).

Der Text fehlt in MS München von bT, wurde jedoch schon in der Erstausgabe des bT 1523 gedruckt und ist in mehreren MSS überliefert. Gewöhnlich wird er ins 8. Jh. datiert (z. B. *Brüll*). Doch können die zahlreichen Parallelen mit bT und v. a. pT nicht einfach als Entlehnungen aus den Talmudim erklärt werden. Von den genannten Rabbinen her, vom Aufbau, Inhalt und auch von der Sprache aus ist auch ein viel früheres Datum möglich (*Zlotnick:* Ende 3. Jh.), das auch durch archäologische Fakten (Begräbnissitten) gestützt wird (*E. M. Meyers,* The Use of Archaeology in Understanding Rabbinic Materials, FS N. N. Glatzer, L 1975, 28–42, 93f; *ders.,* Jewish Ossuaries: Reburial and Rebirth, R 1971).

4) Kalla

Lit.: Ch. Albeck, Mabo 601–4, *V. Aptowitzer,* Le traité de „Kalla", REJ 57 (1909) 239–248; *B. De Vries,* The date of compilation of the tractate ‚Kalla rabbati‘ (h), 4th WCJS, J 1967, 131–2 (Ndr. in: *ders.,* Mechqarim 259–262). – *Text: N. N. Coronel,* Chamischa Quntarsim. Commentarios quinque …, W 1864 (erste Ausgabe von Kalla Rabbati); *M. Higger,* Massektot Kallah, NY 1936; *M. Friedmann,* Pseudo-Seder Eliahu zuta, W 1904, 13–19 (Ndr. zusammen mit SER und SEZ, J 1960).

Der in bT und Machzor Vitry wiedergegebene Traktat Kalla („Braut") umfaßt ein Kapitel, das Verlobung, Ehe und eheliche Beziehungen bespricht. Schab 114a, Taan 10b und Qid 49b nennen als Erfordernis für einen rabb. Gelehrten die Kenntnis der *massekhet kalla*. Raschi u. a. beziehen dies auf den Traktat Kalla, während Chananel u. a. darin die Institution der Kalla und des dafür vorbereiteten Traktats sehen; diese Deutung ist vorzuziehen, wobei die Nennung des Kalla-Traktats in bT schon eine Glosse zur paläst. Tradition ist *(Albeck; Goodblatt*, Instruction 157–9). Gewöhnlich sieht man in Kalla ein Werk des Jehudai Gaon (8. Jh.); *Higger* 13 sieht es als tannaitisches Werk an, das ein Schüler des Eliezer ben Hyrkan verfaßt habe. Tatsächlich ist gegen eine Frühdatierung von Kalla nichts einzuwenden (3. Jh.?).

Kalla Rabbati, von *Coronel* aus MS Halberstam-Epstein veröffentlicht, auch in bT Romm Wilna enthalten, besteht aus 10 Kapiteln mit jeweils Baraita und Gemara; die Gemara von 1–2 kommentiert den Traktat Kalla, 8 das Zusatzkapitel VI von Abot (Qinjan Tora), die übrigen Kapitel sind Gemara zum Traktat Derekh Erets. Meist einem Schüler des Jehudai Gaon zugeschrieben *(Aptowitzer)*, wird das Werk von *Friedmann* 15 mit der Schule Rabas (bA4) verbunden; *De Vries* übernimmt dies, begründet v. a. mit der sprachlichen Nähe zu den außergewöhnlichen Traktaten des bT.

5) Derekh Erets Rabba (DER)

Lit.: A. Epstein, Qadmoniot 104–6; *S. Krauss*, Le traité talmudique „Déréch Éréç“, REJ 36 (1898) 27–46.205–221; 37 (1898) 45–64; dazu *W. Bacher*, REJ 37 (1899) 299–303; *Zunz*, GV 116–8. – *Text: M. Higger*, The treatises Derek Erez, Pirke ben Azzai, Tosefta Derek erez, edited from MSS with an introduction, notes, variants and translation, NY 1935, Ndr. J 1970.

Derekh Erets (wörtlich „Weg der Erde“, daher „Lebensregeln“) bezeichnet zwei völlig verschiedene Traktate, die zur Unterscheidung voneinander nachträglich als Rabba bzw. Zutta bezeichnet wurden. DER ist eine Sammlung von Baraitot, durch Aussprüche früher Amoräer ergänzt. Die Kapitel 1–2 fehlen in manchen MSS (1: unerlaubte Ehen – Elija Gaon möchte das Stück daher zu Kalla nehmen; 2: verschiedene Menschenklassen usw.), die mit 3 beginnen, das auch Pereq ben Azzai bezeichnet wird (Raschi in Ber 22a) und vielfach dem ganzen Traktat den Namen gegeben hat. Kap. 3–11 bieten Lebensregeln, Tischsitten, Regeln für das Benehmen im Bad usw. und haben viel Material mit ARN gemeinsam. Ber 22a bitten die Schüler R. Jehuda, sie ein Kapitel Derekh Erets zu lehren; pSchab VI,2,8a nennt einen Satz aus DER als *be-derekh erets* stehend. Der Grundstock könnte schon in tannaitischer Zeit entstanden sein; doch ist der Text später nicht nur überarbeitet worden, sondern hat ein lebendiges Wachstum erfahren, das zu sehr variierender Texttradition geführt hat.

6) Derekh Erets Zutta (DEZ)

Lit.: Siehe zu 5; *M. Friedmann*, Pseudo-Seder Eliahu zuta, W 1904, Ndr. J 1960. Deutsche Übersetzung: *A. Tawrogi*, Der thalmudische Tractat Derech Erez Sutta, Königsberg 1885.

DEZ ist eine primär an den Gelehrten gerichtete Sammlung von zumeist anonymen Maximen, die zu Selbstprüfung und Bescheidenheit mahnen. Das letzte Kapitel (10) ist eschatologisch. Das Werk ist zusammengesetzt: 1–4 wird auch als ,,Sündenfurcht" (Jir'at Chet) zitiert; 5–8 (in den bT-Ausgaben aus Machzor Vitry übernommen) nennen die Halakhot Gedolot allein DEZ. Kap. 10 stammt sicher auch aus anderer Quelle. Von Stil und Inhalt her ist eine Datierung in frühe amoräische Zeit möglich, doch fehlt die Basis für eine sichere Datierung der Endredaktion.

7) Pereq ha-Schalom

Text in *Higger* (siehe unter 5) und *Higger*, Massekhtot Zeirot, NY 1929 (beide Fassungen). Übersetzung: *A. Wünsche*, Lehrhallen IV 56–61.

Das Kapitel, oft als 11. von DEZ wiedergegeben (so in bT Wilna), ist eine kleine Schrift mit Sprüchen über den Frieden, die in zwei Fassungen vorliegt (vgl. *S. Schechter*, ARN 112f Anm. 19 zu B). Als Quelle ist wohl LevR 9,9 (M. 187–195) anzusehen.

8) Die anderen ,,kleinen Traktate"

Text: M. Higger, Seven Minor Treatises ... and Treatise Soferim II, NY 1930 (Einführung, Text, Übersetzung). Zuerst von *R. Kirchheim*, Septem libri Talmudici parvi Hierosolymitani, F 1851, Ndr. J 1970, nach einem MS E. Carmoly's ediert, seither in fast allen bT-Ausgaben nach den unter 1–7 besprochenen Texten.

Die 7 Traktate sind thematische Sammlungen von Baraitot, die als Einheit erstmals in Nachmanides, Torat ha-Adam (Kitbe Ramban, ed. *B. Chavel*, J 1964, II 100) genannt sind: ,,der Traktat Tsitsit aus den sieben kleinen Traktaten" *M. Higger* betrachtet die üblicherweise als nachtalmudische Schriften bezeichneten Texte als die ersten thematischen Kompendien in der Zeit nach M, in Palästina entstanden, doch später in Babylonien überarbeitet. LevR 22,1 (M. 496) sagt R. Nechemja, daß auch die Gesetze über Tsitsit, Tefillin und Mezuza schon in der Gesetzgebung am Sinai enthalten waren. Der Satz wird in KohR 5,7 übernommen, dort aber durch einen späteren Bearbeiter, der bei Tsitsit usw. an die kleinen Traktate dachte, durch Gerim, Abadim u. a. ergänzt (dazu *Epstein*, ITM 50). Diese Texte sind somit als Belege für die kleinen Traktate nur indirekt (für die gaonäische Zeit) brauchbar.

1. *Sefer Tora:* Vorschriften über das Schreiben von Torarollen; Grundform wohl schon im 3. Jh., wenn auch später überarbeitet.

2. *Mezuza*, ,,Türpfosten". Ein Pergamentstück mit Dtn 6,4–9; 11,13–21 in einem Behälter, der am rechten Türpfosten angebracht wird.

3. *Tefillin*, „Gebetsriemen", aus Ex 13,9.16; Dtn 6,6; 11,18 abgeleitet.

4. *Tsitsit*, „Quasten, Schaufäden" (Num 15,37ff; Dtn 22,12) an den vier Zipfeln des Oberkleides, später am kleinen und am großen Talit (Gebetsmantel).

5. *Abadim*, „Sklaven". Deutsch mit Anmerkungen: Angelos 1, Heft 3–4, Le 1925, 87–95.

6. *Gerim*, „Proselyten".

7. *Kutim*, „Samaritaner". Die freundliche Einstellung zu den Samaritanern in einem großen Teil von Kutim legt nahe, daß der Grundstock dieses Traktats wohl schon vor dem endgültigen Bruch Ende des 3. Jhs. entstanden sein muß.

Die letzten drei Traktate waren schon früher veröffentlicht worden (*H. J. D. Azulai*, Mar'it ha-Ajn, Livorno 1805; eine andere Fassung von Gerim schon in Simchat ha-regel, Livorno 1782); so hat *Jakob Naumburg* Gerim schon in Nachalat Jakob, Fürth 1793, kommentiert.

DRITTER TEIL
MIDRASCHIM

I. Einführung

Lit.: R. Bloch, Midrash, DBS V, P 1950, 1263–80; *dies.*, Ecriture et tradition dans le judaisme – aperçus à l'origine du Midrash, Cahiers Sioniens VIII, 1954, 9–34; *E. E. Hallewy*, Biblical Midrash and Homeric Exegesis (h), Tarbiz 31 (1961f) 157–168; *I. Heinemann*, Darkhe ha-Aggada, J ³1970 (dazu *E. E. Urbach*, KS 26, 1949f, 223–8); *J. Heinemann*, Aggadah; *M. D. Herr*, EJ XI, 1507–1514; *K. Hruby*, Exégèse rabbinique et exégèse patristique, Revue des sciences religieuses 47 (1973) 341–372; *M. Jurgrau*, Targumic and Midrashic Methods of Interpretation (h), Bar-Ilan 12 (1974) 179–199; *M. Kadushin*, The Rabbinic Mind, NY ²1965; *R. Le Déaut*, A propos d' une définition du midrash, Bib 50 (1969) 395–413; *S. M. Lehrman*, The World of Midrash, Lo 1961; *F. Maaß*, Von den Usprüngen der rabbinischen Schriftauslegung, ZThK 52 (1955) 129–161; *E. Z. Melammed*, Bible Commentators (h), J 1975, I 5–128; *M. P. Miller*, Targum, Midrash and the Use of the Old Testament in the New Testament, JSJ 2 (1971) 29–82 (bibliographischer Essay); *G. Porton*, Midrash: Palestinian Jews and the Hebrew Bible in the Greco-Roman Period, ANRW II, 19/2, B-NY 1979, 103–138; *A. Rosenzweig*, Die Al-tikri-Deutungen, FS I. Lewy, Breslau 1911, 204–258; *S. Rozik*, Midrashic and Literary Modes in Biblical Interpretation (h), Beth Mikra 21 Heft 64 (1965) 71–78; *I. L. Seeligmann*, Voraussetzungen der Midraschexegese, VTS 1 (L 1953) 150–181; *H. Slonimsky*, The Philosophy Implicit in the Midrash, HUCA 27 (1956) 235–290; *G. Vermes*, Scripture and Tradition in Judaism: Haggadic Studies, L 1961; *ders.*, Bible and Midrash: Early Old Testament Exegesis, in: *ders.*, Studies 59–91 (zuvor in: The Cambridge History of the Bible I, C 1970, 199–231); *I. Wartski*, Leshon ha-Midrashim, J 1970 (bes. zu griech. Termini im Midrasch); *J. Weingreen*, From Bible to Mishnah, Manchester ¹1976; *A. G. Wright*, The Literary Genre Midrash, Staten Island, NY 1967 (dazu *Le Déaut* im genannten Aufsatz).

1) Der Begriff

Lit.: Bacher, ET I 25–28.103–5; II 41–3.107; *I. Frankel*, Peshat in Talmudic and Midrashic Literature, Toronto 1956; *M. Gertner*, Terms of Scriptural Interpretation: A Study in Hebrew Semantics, BSOAS 25 (1962) 1–27; *I. Heinemann*, Lehitpatchut ha-munachim ha-miqtso'iim le-ferusch ha-Miqra, Leschonenu 14 (1946) 182–9; *R. Loewe*, The „Plain" Meaning of Scripture in Early Jewish Exegesis, Papers of the Institute of Jewish Studies, Lo, 1 (1964) 140–185; *S. Wagner*, ThWAT II (1977) 313–329.

Midrasch ist vom Verb *darasch* abgeleitet, das „suchen, fragen" bedeutet. Schon in der Bibel wird das Verb vorwiegend theologisch verwendet, mit

Gott oder der Tora u. ä. als Objekt (z. B. Esr 7,10 „das Gesetz Gottes erforschen", Jes 34,16 „im Buch Gottes nachforschen"). Das Substantiv Midrasch kommt in zwei späten Stellen vor: nach 2 Chron 13,22 ist die Geschichte Abijas „aufgezeichnet im Midrasch des Propheten Iddo"; 24,27 spricht vom „Midrasch zum Buch der Könige". Die genaue Bedeutung von Midrasch ist an beiden Stellen nicht sicher: „Buch, Werk" (die LXX übersetzt *biblion* bzw. *graphē*, die Vulgata *liber*) oder doch schon im späteren Sinn eine „Auslegungsschrift". Sir 51,23 ist der erste Beleg für *bet midrasch*, „Lehrhaus". Qumran verwendet *darasch* häufig im Sinn von „erforschen, auslegen" (die Gesetze oder Gebote: 1QS 5,11; 6,6; 4Qfl 1,11) und spricht vom *midrasch ha-tora* (1QS 8,15; CD 20,6).

Damit ist der rabb. Sprachgebrauch schon gegeben, wo Midrasch v. a. „Forschung, Studium" ist und als „Theorie" vom wesentlicheren Tun *(maʿase)* abgesetzt wird (Ab I,17), insofern synonym mit *talmud*, das z. B. in pPes III,7,30b dem Tun gegenübergestellt wird. Im engeren Sinn als „Auslegung" steht Midrasch in Ket IV,6 ze *midrasch darasch*, „diese Auslegung legte er vor" (Gegenstand der Auslegung ist hier die Ketubba). Speziell wird Midrasch dann auf die Beschäftigung mit der Bibel bezogen: so z. B. pJoma III,5,40c, wonach sich jede Schriftauslegung *(midrasch)* nach dem Inhalt zu richten hat. Das *bet ha-midrasch* ist somit das Lehrhaus, in dem man dem Studium v. a. der Bibel obliegt (z. B. Schab XVI,1 Pes IV,4). Konkret bezeichnet Midrasch dann auch das Ergebnis der Auslegung bzw. Schriftwerke, die Bibelauslegung enthalten. Der *darschan* (aram. *daroscha*) ist der Schriftausleger oder Prediger.

An sich besagt der Ausdruck nicht eine bestimmte Methode der Bibelauslegung, die der Erhebung des Wortsinns, dem *peschat*, gegenübergestellt werden könnte, wie dies dann in der mittelalterlichen Exegese der Fall ist (auch wenn es eine Unterscheidung *derasch-peschat* schon in amoräischer Zeit gibt: *Heinemann* 188; vgl. Ar 8b; Er 23b; Sanh 100b u. ö.). Auch der *peschat* ist in talmudischer Zeit nicht der einfache Wortsinn, sondern vielfach nur eine durch lange Tradition oder Lehrautorität geheiligte Meinung.

2) Die Eigenart des rabbinischen Midrasch

Der rabb. Midrasch läßt sich nicht genau definieren, eher beschreiben: „Le midrash se décrit et ne se définit pas" (*Le Déaut* 401). G. *Porton* versucht es folgenderweise: „midrash is a type of literature, oral or written, which has its starting point in a fixed, canonical text, considered the revealed word of God by the midrashist and his audience, and in which the original verse is explicitly cited or alluded to" (ANRW 112).

Der kanonische (oder vielleicht allgemeiner: religiös autoritative) Text ist sicher wesentliche Voraussetzung des Midrasch (auch wenn Ket IV,6 als

Gegenstand der Auslegung die Ketubba nennt); Midrasch ist aber nicht nur „a literature about a literature" (*Wright* 74), wie *R. Le Déaut* (406) zu Recht moniert, sondern kann ebensogut statt auf einen biblischen Text auf ein biblisches Ereignis anspielen. Eine brauchbare Beschreibung des Midrasch muß jedoch auch imstande sein, Midrasch von der Literatur zur Bibel vor und nach der rabb. Periode abzugrenzen, Vorläufer und Nachfolger der rabb. Bibelauslegung aufzuzeigen.

Hier ist das auch von *Porton* hervorgehobene *religiöse Interesse* der midraschischen Bibelauslegung von Bedeutung. Midrasch ist nicht „objektive" Fachexegese, auch wenn er sich zuweilen deren Methoden aneignet, die philologische Fragestellung ebenso kennt wie das Prinzip der Auslegung aus dem Kontext, der Erklärung der Bibel aus der Bibel, und auch textkritisch interessiert ist (auch wenn die *al-tiqri*-Auslegung in der rabb. Literatur durchaus nicht immer nur der Textkritik dient: vgl. *Seeligmann* 160; *I. Heinemann*, Darkhe 127–9). Midrasch ist primär religiöse Betätigung, wie auch die (spät eingeführte) Rezitation der dreizehn Regeln Jischmaels im Morgengebet zeigt. Er kommt aus dem Bewußtsein einer untrennbaren Zusammengehörigkeit Israels und seiner Bibel, weshalb Midrasch immer auch *Aktualisierung* ist, die Gegenwartsbedeutung des Textes bzw. der biblischen Geschichte stets von neuem zu erheben hat. Nicht immer allerdings ist der Gegenwartsbezug der Midraschexegese offensichtlich; aber auch dort, wo sie oberflächlich betrachtet nur der frommen Neugierde dient, geht es letztlich darum, die Bibel stets die geistig-religiöse Umwelt sein zu lassen, in der der Jude lebt.

Die *Methoden* der Bibelauslegung im Midrasch beschränken sich nicht auf die hermeneutischen Regeln. *G. Vermes* unterscheidet zwischen „reiner Exegese", in der es um sprachliche Probleme, echte und vermeintliche Lücken und Widersprüche im Text geht, und „angewandter Exegese", „providing a non-scriptural problem with a scriptural solution" (Bible and Midrash 62). Auch ist, wie schon früher betont, zwischen Halakha und Haggada zu unterscheiden. Die *halakhische Exegese* muß nicht nur die in der Bibel fehlenden Details nachliefern, die erst die genaue Gebrauchsanweisung einer biblischen Vorschrift sind; sie muß auch Widersprüche ausgleichen (etwa zwischen Dtn 15,12 und Ex 21,7 hinsichtlich der Freilassung der Sklavin: *Vermes*, Bible and Midrash 69), den Bibeltext mit der bestehenden Praxis in Übereinstimmung bringen (etwa in der Frage des Bilderverbots), in der Bibel noch gar nicht vorgesehene Regelungen biblisch abstützen (Bibelstelle als *asmakhta*, „Stütze", oder *zekher*, „Erinnerung, Hinweis") usw. Die *haggadische Exegese* ist freier, mehr vom spielerischen Moment mitbestimmt, dennoch aber in ihrer Weise stark traditionsgebunden wie andererseits auch zeitgeschichtlichen Einflüssen offen (z. B für apologetische und polemische Notwendigkeiten). Die Unterschiede zwischen halakhischer und haggadischer Exegese sind jedenfalls weniger prinzipiell, als vielmehr durch die verschiedene Zielrichtung beider bestimmt.

I. Heinemann (Darkhe) spricht von zwei Hauptrichtungen in der Haggada: *die „schöpferische Geschichtsschreibung"* füllt biblische Erzählungen auf, indem sie Details ergänzt, Personen identifiziert, die Lebensverhältnisse der biblischen Gestalten anachronistisch zeichnet, diesen die Kenntnis der ganzen Bibel und auch der Zukunft zuschreibt, Widersprüche bereinigt, durch Analogie die Details der Erzählungen miteinander verbindet usw. Die *„schöpferische Philologie"* deutet nicht nur Wiederholungen von Worten und Sätzen, für das Verständnis eines Satzes nicht notwendige Wendungen, sondern auch das Fehlen von Details, die man erwarten würde, durch ein argumentum ex silentio. Sie achtet auf kleine stilistische Abweichungen zwischen parallelen Aussagen und Erzählungen, verschiedene Möglichkeiten, ein nicht vokalisiertes Wort zu lesen, sowie auf sprachlich antiquierte Formen der Bibel. Von der Selbständigkeit der einzelnen Redeteile überzeugt, nimmt sie oft ihre eigene Abtrennung von Worten und Sätzen vor (anfänglich gab es in MSS zwischen den einzelnen Worten keine Zwischenräume!), zerlegt ein Wort in Teile oder betrachtet es als Notarikon, zählt die Häufigkeit des Vorkommens eines bestimmten Buchstabens in einem Abschnitt, achtet auch die Stellung eines Wortes im Zusammenhang, um daraus etwas abzuleiten, dreht die Reihenfolge von Worten in einem Satz um, deutet eigenwilligst Eigennamen usw.

Was willkürlicher Umgang mit dem Bibeltext zu sein scheint, entspringt in Wirklichkeit der Auffassung, daß in der Tora alles enthalten ist (Abot V,22 sagt Ben Bag Bag: „Wende und wende sie (die Tora), denn alles ist in ihr"). Auch ist die Bibel, wie man überzeugt ist, mehrdeutig: „Eine Bibelstelle hat mehrere Bedeutungen" (Sanh 34a). Dabei bleiben sich die Rabbinen jedoch bewußt, daß sie in ihrer Auslegung der Bibel gelegentlich Gewalt antun, wenn etwa Jischmael dem Eliezer ben Hyrkan vorwirft: „Siehe, du sagst zur Schrift: sei still, bis ich dich auslege" (Sifra, Tazria Negaim 13,2, W.68b). Wesentlich bleibt jedoch immer das Bewußtsein, daß die Bibel relevant bleibt, das Wort Gottes an den Menschen heute ist.

3) Anfänge der Midraschexegese

Ansätze zu einer midraschischen Auslegung früherer Bibeltexte hat es schon *innerhalb der Bibel* selbst gegeben: „Die älteste Midraschexegese (hat sich) organisch aus der Eigenart der biblischen Literatur entwickelt" (*Seeligmann* 151). So hat man etwa die Chronikbücher als Art Midrasch zu den Büchern Sam und Kön verstanden, ebenso die chronistischen Zusätze in früheren Büchern gesehen (z.B. Glosse in Gen 22,14, die den Berg der Opferung Isaaks mit dem Tempelberg gleichsetzt). Ebenso sind hier die Geschichtspsalmen zu nennen und v.a. auch die Psalmüberschriften.

Aus der *nachbiblischen Literatur* sei das Lob der Väter in Sir 44–50 genannt, die Schilderung des Wirkens der Weisheit in der Geschichte Israels in Weish 10–19, ebenso auch das midraschische Element in der LXX sowie im Werk des Philo oder des Josephus. Umstritten ist die genauere Bestimmung der literarischen Gattung von Jubiläen und Genesisapokryphon. Das Gen-Apokryphon ,,contains elements similar to a *targum* and to a *midrash*" (J. A. *Fitzmyer*, The Genesis Apocryphon of Qumran Cave I, R ²1971, 10) und ist nach *M. R. Lehmann* wahrscheinlich ,,the oldest prototype of both available to us" (RQ 1, 1958f, 251).

Das *Verhältnis von Targum und Midrasch* ist überhaupt nicht klar abzugrenzen. Für beide wird Neh 8,8 oft als Ausgangspunkt, wenn nicht gar als erster Beleg genannt. Dort heißt es von der Verlesung der Tora unter Esra: ,,Und sie lasen im Buch, der Tora Gottes, in Abschnitten und mit Erklärungen, so daß sie das Gelesene verstanden". Jedenfalls ist der Targum nicht einfach Übersetzung, sondern auch Erklärung und oft auch Erweiterung der Bibel mit Haggada. Mit *Le Déaut* 411 ist anzunehmen, daß viele Elemente vom Targum in den Midrasch kamen und umgekehrt, also keine selbständige Geschichte der beiden literarischen Gattungen anzunehmen ist (siehe dazu v. a. A. *Sperber*, The Bible in Aramaic IV B: The Targum and the Hebrew Bible, L 1973, sowie die Texte in IV A: The Hagiographa. Transition from Translation to Midrash, L 1968; zu Bd B siehe A. *Díez Macho*, JSJ 6, 1975, 217–236; für Parallelen zwischen Pentateuch-Targumen und rabb. Literatur siehe E. B. *Levine* im Anhang zu A. *Díez Macho*, Neophyti 1. Targum Palestinense MS de la Biblioteca Vaticana, Bde II–V, Madrid 1970–78). Die Verwandtschaft der beiden Gattungen ergibt sich auch aus dem gemeinsamen Sitz im Leben, der für beide in Schule sowie Synagogenliturgie zu sehen ist (dazu A. D. *York*, The Targum in the Synagogue and in the School, JSJ 10, 1979, 74–86); Meturgeman und Darschan, Übersetzer und Prediger, sind sicher oft identisch gewesen. Das besagt jedoch nichts über die eigentlichen Anfänge des Midrasch, wie *Porton* (ANRW 118) zu Recht betont: ,,Those woh argue that the regular readings of the Torah within the synagogal service gave rise to midrash find little evidence upon which to base their theory".

Aus Qumran ist als eigene Gattung der Bibelauslegung auch der *Pescher* bekannt geworden (1QpHab). Nach dem jeweiligen Bibelvers folgt jeweils die Deutung des Prophetentextes auf die Gegenwart der Gemeinde von Qumran. Darin spiegelt sich die Überzeugung der Gemeinde, daß die Prophetentexte über ihren gewöhnlichen Sinn hinaus eine Bedeutung für das Ende der Tage haben, das sich in der Gegenwart des Auslegers erfüllt. Hierin sind diese Kommentare mit den Erfüllungszitaten im Neuen Testament zu vergleichen. Der Pescher ist als Untergattung des Midrasch zu betrachten (vgl. M. *Fishbane*, The Qumran Pesher and Traits of Ancient Hermeneutics, 6th WCJS, J 1977, I 97–114; M. P. *Horgan*, Pesharim: Qumran Interpretations of Biblical Books, Washington 1979; W. H. *Brownlee*, The Midrash Pesher of Habakkuk, Missoula 1979, H. *Gabrion*,

L'interprétation de l' Écriture dans la littérature de Qumrān, ANRW II 19,1, B-NY 1979, 779–848).

Midraschartige Texte hat man auch im *Neuen Testament* festgestellt; besonders für die Kindheitsevangelien und für die Erzählung von der Versuchung Jesu hat man vielfach den Begriff Midrasch verwendet. Allerdings ist gerade in der neutestamentlichen Forschung die Bestimmung eines Textes als Midrasch vielfach zu einer Modeströmung geworden, wobei nicht immer genügend auf die Eigenart des rabb. Midrasch als Ausgangspunkt geachtet worden ist. *Wright's* Arbeit über die literarische Gattung Midrasch geht von dieser Unsicherheit in der neutestamentlichen Forschung aus.

Zu nennen ist auch der *Liber Antiquitatum Biblicarum*, der wohl vom Ende des 1. Jhs. stammt und von *Porton* (ANRW I 22) als ,,one of the oldest midrashim in our possession" bezeichnet wird (dagegen *M. D. Herr* 1508: LAB ist kein Midrasch!), während andere wiederum (so *L. Finkelstein*) die Pesach-Haggada als den ältesten eigentlichen Midrasch betrachten. Eine längere Vorgeschichte des Midrasch vor rabb. Zeit läßt sich jedenfalls nicht bestreiten.

4) Einteilung der Midraschim

Die erhaltenen rabb. Midraschim lassen sich folgenderweise einteilen:

a) Halakhische und haggadische Midraschim

Die Abtrennung ist nicht genau, insoferne auch die halakhischen Midraschim haggadischen Stoff enthalten und umgekehrt, kennzeichnet jedoch das jeweils dominierende Interesse eines Midrasch. Gegen die Bezeichnung einer Midraschgruppe als haggadische Midraschim wird gelegentlich der Einwand erhoben, der Ausdruck sei eine Tautologie. Die ursprüngliche Bedeutung von Haggada sei ja Bibelauslegung, wie die Einleitungsformel *maggid ha-katub* nahelegt (*Bacher*, ET I 30; vgl. *Porton*, ANRW 128). Doch betrifft dieser Einwand höchstens die Herkunft des Begriffs Haggada, da ja in der weiteren Entwicklung eindeutig eine Einschränkung des Begriffs erfolgte. Wie *Bacher* selbst betont (ET I 33), ,,hat das Substantiv schon in früher Zeit im Sprachgebrauche der Schulen die Bedeutung nichthalachischer Schrifterklärung gewonnen. Denn nur in dieser Bedeutung tritt uns das Wort in den ältesten Traditionen entgegen". Die überkommene inhaltliche Einteilung ist also beizubehalten. Die Bezeichnung der halakhischen Midraschim als ,,*tannaitische Midraschim*" ist hingegen als Einteilungsprinzip nur dann konsequent, wenn man auch von amoräischen bzw. gaonäischen Midraschim spricht, d. h. die Entstehungszeit zum Einteilungsgrund macht. Dazu ist jedoch die Datierung vieler Midraschim (bes. auch der halakhischen Midraschim) viel zu problematisch.

b) Exegetische und homiletische Midraschim

Von der Form her unterscheiden wir exegetische und homiletische Midraschim, auch als Auslegungs- bzw. Predigtmidraschim bezeichnet. Doch auch hier ist keine glatte Trennung durchzuführen, insofern sich gelegentlich charakteristische Züge der einen Gattung auch in der anderen finden. Doch prinzipiell ist es ein Unterschied, ob der Midrasch den biblischen Text Vers für Vers, oft sogar Wort für Wort auslegt oder nur zu einzelnen Versen bzw. zum Hauptthema des Wochenabschnitts der Tora- oder Prophetenlesung einen erbaulichen Kommentar gibt. Auch bieten die Predigtmidraschim sicher i. a. nicht tatsächlich gehaltene Synagogenpredigten, sondern literarische Kurzfassungen, die z. T. auch direkt in den Schulen entwickelt worden sind.

Die Vermischung der verschiedenen Gattungen im Midrasch ist sicher auch dadurch gefördert worden, daß Midrasch mehr noch als die sonstige rabb. Literatur weitgehend Kompilation, Zitatliteratur ist. Besonders im exegetischen Midrasch besteht die Neigung zur katenenartigen Aneinanderreihung von Auslegungen entsprechend der Anordnung des Bibeltextes, wobei gewöhnlich die Autoren bzw. Tradenten der einzelnen Auslegungen genannt werden. Dasselbe gilt aber auch vom homiletischen Midrasch. Gegenseitige Anleihen zwischen den Gattungen sind normal.

c) Entstehungsland

Hier gibt es keine Unterscheidung: fast alle Midraschim mit Ausnahme der späten Sammelwerke sind in Palästina entstanden. Babylonien hat keine eigene Midraschliteratur entwickelt; ja, auch die in bT enthaltenen Midraschim sind vergleichsweise rudimentär und bestehen außerdem zu einem großen Teil aus palästinischem Material. Warum die babylonischen Rabbinen in der Midraschliteratur (ebenso auch im Targum) nicht schöpferischer gewesen sind, ob dies mit dem Sitz im Leben des Midrasch zusammenhängt (der von daher näher zu bestimmen wäre) oder ob sonstige Ursachen dahinterstehen, ist noch völlig unbeantwortet.

5) Der Lesezyklus in der Synagoge

Lit.: A. *Büchler,* The Reading of the Law and the Prophets in a Triennial Cycle, JQR 5 (1892f) 420–468; 6 (1893f) 1–73 (Ndr. in *J. J. Petuchowski,* Hg., Contributions to the Scientific Study of Jewish Liturgy, NY 1970); I. *Elbogen,* Der jüdische Gottesdienst in seiner geschichtlichen Entwicklung, H [4]1962 (= Ndr. von F [3]1931), 155–186; J. *Heinemann,* The Triennial Lectionary Cycle, JJS 19 (1968) 41–8; J. *Mann,* The Bible as Read and Preached in the Synagogue, Cincinnati I 1940 (Ndr. NY 1971 mit wichtigem Prolegomenon von B. Z. *Wacholder*), II 1966 (von I. *Sonne* vollendet); *G. F. Moore*, Judaism in the First Centuries of the Christian Era I, C (M) 1958 (= 1927) 296–302; *Ch. Perrot*, La lecture de la Bible dans la synagogue. Les anciennes lectures palestiniennes du Shabbat et des fêtes, H 1973.

Die Homilien-Midraschim bieten Predigten zu den Synagogen-Lesungen der Sabbate und Festtage. Sie folgen einer palästinischen Leseordnung, auch wenn sie meist nachträglich nach der babylonischen Ordnung unterteilt worden sind (ebenso verfuhr man mit den halakhischen Midraschim, die ursprünglich ein völlig anderes Gliederungsprinzip gehabt haben).

a) Die Tora-Lesung

Meg III,6 sieht eine lectio continua der Tora vor, wobei jedoch nicht einheitlich geregelt ist, ob die Wochentagslesungen in den Ablauf einbezogen werden oder nicht. Aus Meg 29b geht hervor, daß man in Babylonien einen einjährigen Lesezyklus hatte, in Palästina einen dreijährigen (der Text ist allerdings nicht datierbar; offen ist auch, ob hier „drei Jahre" im strikten Sinn gemeint sind). Doch gab es in Palästina noch in gaonäischer Zeit *keine einheitlichen Zyklen* (für die rabb. Zeit cf. LevR 3,6, M.69; für die gaon. Periode Ha-Chilluqim sche-ben ansche mizrach u-bene Erets Jisrael, Hg. *M. Margoliot*, J 1938, 88), sondern die Zyklen variierten von Ort zu Ort. Das belegen auch die verschiedenen Perikopenlisten (die Pentateuch-Perikope heißt in Palästina Seder, in Babylonien Parascha): 141, 154 oder 167 Sedarim sind belegt. Die Lesungen waren auch nicht an eine bestimmte Jahreszeit gebunden, wie u.a. aus den Qerobot Jannais hervorgeht. Statt eines Zyklus von genau 3 Jahren haben wir somit einen solchen von ca. 3½ bis fast 4 Jahren anzunehmen. Auch wird der Zyklus unterbrochen, z.B. für die besonderen Sabbate (für die ebenso wie für die Feste die Lesung schon sehr früh feststeht). Es kann somit keine feste Entsprechung bestimmter Tora- mit bestimmten Prophetenlesungen gegeben haben. Der babylonische einjährige Zyklus teilt den Pentateuch in 54 Wochenabschnitte; es ist möglich, daß auch diese Leseordnung ursprünglich aus Palästina stammte (*Wacholder* XXIII, *Perrot* 146f).

b) Die Prophetenlesung

Die Prophetenlesung (*Haftara*, „Abschluß, Entlassung"; vgl. den palästinischen Ausdruck *aschlemata*, „Vollendung", d.h. wohl der Bibellesung und nicht des Gottesdienstes selbst) ist zwar schon im Neuen Testament belegt (Lk 4,17), jedoch erst sehr spät nach einem Zyklus geregelt worden. Anders als für die Toralesung galt für die der Propheten nicht die Pflicht der lectio continua (Meg IV,4). Die Lesungen für die Feste und die ausgezeichneten Sabbate waren schon sehr früh festgelegt (TMeg III,1–7, L.353–5; dazu *Lieberman*, TK V 1164ff), im übrigen galt jedoch lange

Wahlfreiheit, wenn nur die Haftara irgendwie mit dem Seder zusammenpaßte (Meg 29b). Vielfach wurden die Haftarot in eigenen Rollen zusammengeschrieben (Git 60a); soweit man aus den späten Haftarot-Listen des „dreijährigen" Zyklus entnehmen kann, wurden bei deren Auswahl Jesaja und die zwölf kleinen Propheten ganz besonders bevorzugt. An den drei Trauer- und sieben Trostsabbaten (17. Tammuz bis Sukkot), zu denen die Haftarot ebenfalls schon sehr früh feststanden, hat sich die Synagogenpredigt an die Haftarot gehalten; wieweit sie diese sonst berücksichtigt hat, ist nicht allgemein zu beantworten (vgl. *Wacholder* XII gegen *Mann*).

c) Hagiographen

Nach Schab XVI,1 werden sie im Synagogengottesdienst am Sabbat nicht gelesen; pSchab XVI,1,15c schränkt dies auf die Zeit vor dem Mincha-Gebet ein, zu welchem Schab 116b für Nehardea ausdrücklich die Lesung der Ketubim bezeugt. Sehr früh ist die Lesung von Ester für Purim belegt, die von Rut, Hld und Klgl ist in Soferim XIV,3 bezeugt. Selbstverständlich wurden im Gottesdienst auch die Psalmen rezitiert, doch i.a. wohl kaum nach einer festen Ordnung.

6) Synagogenpredigt, Peticha und Chatima

Lit.: J. Heinemann, Sermons in the Talmudic Period (h), J 1970; *ders.*, EJ XIII, 994–8; *ders.*, On Life and Death. Anatomy of a Rabbinic Sermon, SH 27 (1978) 52–65 (zur Predigt des Tanchum von Nawe in Schab 30a–b); *S. Maybaum*, Die ältesten Phasen in der Entwicklung der jüdischen Predigt, 19. Bericht der Lehranstalt für die Wissenschaft des Judenthums in Berlin, 1901; *L. Zunz*, GV 342–372. – *Zur Peticha: W. Bacher*, Die Proömien der alten jüdischen Homilie, Le 1913 (Ndr. Westmead 1970); *A. Goldberg*, Petiḥa und Ḥariza. Zur Korrektur eines Mißverständnisses, JSJ 10 (1979) 213–8; *ders.*, Versuch über die hermeneutische Präsupposition und Struktur der Petiḥa, FJB 8 (1980) 1–59; *K.-E. Grözinger*, Prediger gottseliger Diesseitszuversicht, FJB 5 (1977) 42–64; *J. Heinemann*, The petiḥtot in aggadic midrashim, their origin and function (h), 4th WCJS, J 1968, II 43–7; *ders.*, The Proem in the Aggadic Midrashim – A Form-Critical Study, SH 22 (1971) 100–122; *ders.*, Tannaitic Proems and their Formal Characteristics (h), 5th WCJS, J 1972, III 121–134; *P. Schäfer*, Die Peticha – ein Proömium?, Kairos 12 (1970) 216–9. – *Zur Chatima: A. Goldberg*, Die Peroratio (Ḥatima) als Kompositionsform der rabbinischen Homilie, FJB 6 (1978) 1–22; *E. Stein*, Die homiletische Peroratio im Midrasch, HUCA 8–9 (1931–2) 353–371.

Die rabb. Predigt, sei sie nun Volkspredigt in der Synagoge, für einen breiteren Kreis im Lehrhaus außerhalb des Gottesdienstes (und damit zeitlich nicht so gebunden) oder als Schulvortrag in der rabb. Akademie gedacht, sei sie gekürztes Referat einer tatsächlich gehaltenen Predigt oder

Literaturpredigt, war – den Umständen entsprechend und auch je nach Zeit und Gegend verschieden stark – durch bestimmte formale Konventionen geprägt. Davon sind bisher Peticha und Chatima besonders untersucht worden, während der Hauptteil der Predigt eher vernachlässigt blieb und auch nicht so deutlich zutage liegende Gesetzmäßigkeiten aufweist.

a) Die Peticha

Die Peticha ist wohl die häufigste Form der Midraschliteratur. *W. Bacher* hat in den ihm zur Verfügung stehenden Texten fast 1400 Beispiele gezählt. Der Name kommt von der üblichen Formel: *Rabbi N.N. patach,* „hat (die Predigt) eröffnet", oder auch: „hat gepredigt". Dementsprechend wird Peticha gewöhnlich als „Eröffnung", „Proömium" wiedergegeben, kann aber auch einfach „Predigt" bedeuten.

Der Grundaufbau ist dreigliedrig: ein Peticha-Vers, gewöhnlich nicht aus der biblischen Schrift(engruppe), aus der die Lesung stammt, meist aus den „Schriften"; der Prediger legt diesen Vers so aus, daß er zum abschließenden Lesungsvers (gewöhnlich dem 1. oder 2. Vers der Lesung, i. a. der Pentateuchlesung, daher auch „Sederversh") hinführt.

Neben dieser „einfachen Peticha" gibt es die zusammengesetzte, wenn die auslegende Überleitung vom Peticha-Vers zum Seder-Vers in mehreren Anläufen durch verschiedene zitierte Rabbinen erfolgt. Manchmal wird noch vor dem Peticha-Vers der Seder-Vers zitiert. Gelegentlich werden in der Peticha auch Schriftverse aus allen drei Teilen der Bibel verwendet: *Bacher* hat darin den Gedanken der Einheit der Schrift als Grundmotiv der Peticha gesehen; dagegen richtig *Goldberg* (JSJ 10): dies ist nicht typisch für die Peticha, sondern eine davon unabhängige besondere Form des Beweises.

Vereinzelt kommt die Peticha auch im halakhischen Midrasch vor (jedoch immer zweifelhaft) und wird auch manchmal im Talmud und Midrasch Tannaiten in den Mund gelegt. Ihre klassische Form erreicht sie jedenfalls in den frühen haggadischen Midraschim (wie GenR, LevR), während es später immer mehr zu Mischformen kommt.

Die Funktion der Peticha ist umstritten: ist sie Einleitung zu einer Predigt oder selbst die Predigt? *Bacher* hat mit der Übersetzung „Proömium" die Peticha als Einleitung gesehen. Dabei stellt sich die Frage, warum denn so zahlreiche Proömien erhalten sind, jedoch keine eigentlichen Predigten, wenn man nicht die den Proömien folgenden formlosen Aneinanderreihungen von Einzelauslegungen als solche betrachten möchte. *J. Heinemann* hat deshalb die Peticha als einführende Kurzpredigt vor der Lesung gedeutet, wofür sowohl die Kürze der Petichot wie auch ihr „auf den Kopf gestellter" Aufbau sprechen; später sind Petichot dann aber sicher auch als Einleitung zu längeren Predigten verwendet worden. *P. Schäfer* hingegen hält es für unmöglich, daß *patach* beide Bedeutungen, „eröffnen" und

,,erklären, predigen", gleichzeitig haben kann. Außerdem gibt es keinen Beleg, daß solche Einführungspredigten tatsächlich üblich waren. Daher schließt er, daß die Peticha die Predigt schlechthin sei und die Einleitungsformel *R. N. N. patach* sinngemäß bedeute, daß er den Perikopenvers mit Hilfe des zitierten Bibelverses ausgelegt habe. Wohl zu Recht hält *Grözinger* dies für eine Scheinalternative, da man vielfältige Funktionen der Peticha in der Geschichte der rabb. Homilie annehmen muß, wobei die Peticha sowohl eine selbständige homiletische Einheit oder auch Bestandteil einer zweigliedrigen Homilie, einer wirklich vorgetragenen wie auch einer Literaturpredigt – dann u. U. erst vom Redaktor gebildet – sein kann (FJB 43–7).

b) Die Chatima

Die Chatima (,,Abschluß" der Predigt, nicht direkt eine Peroratio, die ja durch rhetorische Stilmittel die Argumente der Rede zusammenfaßt und so den Zuhörer überzeugen will, was in der Chatima nicht so der Fall ist): die rabb. Homilie ist bemüht, mit einem tröstlichen Ausklang zu enden (Sifre Dtn § 342, F. 391 f, auf das Beispiel Moses zurückgeführt; PRK 13,14, M. 238: alle Propheten haben mit Mahnworten begonnen und mit Trostworten geendet, ausgenommen Jeremia). Die Einfügung von Trostworten am Ende von M- und T-Traktaten bezeugt dieselbe Tendenz.

Der messianische bzw. allgemein endzeitliche Ausblick in der Chatima ist analog zur Peticha gestaltet, doch nicht so fest geprägt. Die Chatima setzt im Perikopentext ein und leitet meist von dessen erstem oder letztem behandelten Vers (dem *injan*, dem eigentlichen Thema der Predigt) zum Chatima-Vers über, der gewöhnlich ein den Propheten entnommener tröstlicher Vers ist. Diesen leitet eine ziemlich geprägte Chatima-Formel ein, in der oft Gott als Sprecher auftritt und die gewöhnlich diese Welt der kommenden gegenüberstellt (,,nicht so wie in dieser Welt ist es in der kommenden", oder ,,so ist es in dieser Welt – um wieviel mehr in der kommenden" u. ä.). Anders als bei der Peticha ist bei der Chatima der Anfang schwer zu bestimmen, da nicht formal gekennzeichnet. Oft kann man ihn nur vom Schluß her erkennen.

Die homiletische Funktion dieser v. a. in der Pesiqta- und Tanchuma-Homilie beheimateten Form der Chatima ist, wie *Goldberg* betont (20–22), von der typologischen Schriftdeutung der rabb. Homilie her zu sehen. Der Prediger legt den Perikopenvers, der gewöhnlich von etwas Unvollkommenem und Unvollständigem spricht, bewußt in Richtung auf den Prophetenvers aus, führt also vom Unvollkommenen zum Vollkommenen hin. Die Chatima ist somit das eschatologische Schlußkerygma der Predigt.

II. Die halakhischen Midraschim

1) Allgemeine Einführung

Lit.: Ch. Albeck, Untersuchungen über die halakischen Midraschim, B 1927; *ders.*, Mabo 79–143; *M. Chernick*, The Use of Ribbüyîm and Mi'ûṭîm in the Halakic Midrash of R. Ishmael, JQR 70 (1979f) 96–116 (keine klare Trennung zwischen Jischmael und Aqiba); *J. N. Epstein*, ITL 497–746; *L. Finkelstein*, The Sources of the Tannaitic Midrashim, JQR 31 (1940f) 211–243; *A. J. Heschel*, Studies in Midrashic Literature (h), FS A. Weiss, NY 1964, 349–360 (Unterschiede zwischen den Schulen Jischmaels und Aqibas in der Haggada); *M. D. Herr*, EJ XI 1521–3 (Zusammenfassung von *Albeck*); *D. Hoffmann*, Zur Einleitung in die halachischen Midraschim, B 1887; *E. Z. Melammed*, Introduction 161–317; *ders.*, The Relationship between the Halakhic Midrashim and the Mishna and Tosefta: The Use of Mishna and Tosefta in the Halakhic Midraschim (h), J 1967 (zusammengefaßt in Introd. 223–258); *S. K. Mirsky*, The schools of Hillel, R. Ishmael and R. Akiba in Pentateuchal interpretation, FS I. Brodie, Lo 1966, I 291–9; *G. G. Porton*, The Traditions of Rabbi Ishmael Part II: Exegetical Comments in Tannaitic Collections, L 1977.

Die halakhischen Midraschim sind Auslegungsmidraschim zu Ex bis Dtn. Wie der Name besagt, sind sie v. a. gesetzlich ausgerichtet; als fortlaufende Kommentare sind sie jedoch auch stark haggadisch, da sie die erzählenden Abschnitte nicht übergehen.

D. Hoffmann hat diese Midraschim in *zwei Gruppen* eingeteilt, die er den *Schulen Aqibas* und seines Zeitgenossen *Jischmael* zuordnet. Als Kriterien nennt er die Namen der jeweils zitierten Lehrer und die Tatsache, daß viele in Midraschim der Schule Jischmaels anonyme Sätze in den Talmudim auf die Schule Jischmaels zurückgeführt werden. Die beiden Schulen unterscheiden sich nach *Hoffmann* im weiteren durch ihre technische Terminologie sowie die exegetische Methode. Die Schule Aqibas wendet die Wortanalogie *(gezera schawa)* gerne an, jene Jischmaels hingegen nur, wenn das Wort sonst überflüssig wäre und daher als eigens für diese Deutung bestimmt erscheint. Für die Schule Aqibas sei auch das Einschließen und Ausschließen *(ribbui* und *mi'ut)* bezeichnend, ebenso die Ausdeutung aller sprachlichen Besonderheiten, wie etwa das Doppeltstehen einzelner Ausdrücke oder einzelne Partikel und Buchstaben. R. Jischmael und seiner Schule wird hingegen eine Vorliebe für den Wortsinn zugeschrieben, da die Bibel die Sprache der Menschen spreche. Nach diesen Kriterien hat *Hoffmann* der Schule Jischmaels Mekhilta und Sifre Num zugewiesen, Anfang und Schluß von Sifre Dtn und dann auch MidrTannaim zu Dtn; der Schule

Aqibas gehören an: zu Ex die Mekhilta de R. Simeon ben Jochai, zu Lev Sifra, zu Num Sifre Zutta und zu Dtn Sifre.

Ch. Albeck hat indessen aufgezeigt, daß die Einteilung der Midraschim nach Schulen sehr zu relativieren ist. Einzig in der Terminologie unterscheiden sie sich absolut, auch wenn in der Textüberlieferung diese Unterschiede gelegentlich verwischt worden sind (Untersuchungen 78–81 stellt er die charakteristischen Termini der einzelnen Midraschim zusammen). Diese terminologischen Unterschiede gehen jedoch nicht auf die verschiedene Begrifflichkeit der Schulen Jischmaels und Aqibas zurück, sondern auf die Redaktoren dieser Midraschim. Diese haben das aus verschiedenen Quellen stammende Material terminologisch vereinheitlicht, wie auch die Parallelen in den Talmudim erweisen (Unters. 86). Die Zuweisung an die Schulen Jischmaels und Aqibas ist nicht bewiesen, ,,da die Abhängigkeit der Methoden dieser Midraschim von den Grundsätzen der genannten Tannaiten nur allzuschwach begründet ist" (Unters. 139). Doch hält auch *Albeck* es für erwiesen, daß Mek und noch mehr Sifre Num zahlreiche Quellen aus der Schule des R. Jischmael verwendet haben.

Die Frage nach den Quellen der halakh. Midraschim hat *L. Finkelstein* aufgegriffen, der im Grunde *Albecks* These zustimmt. Prinzipiell ist das haggadische Material gesondert zu betrachten, da es auf anderen Quellen aufbaut, die allen Gruppen gemeinsam waren und nur leicht adaptiert worden sind. Die eigentlichen Schulunterschiede lagen im gesetzlichen Bereich. Nach Ausscheiden der zahlreichen Interpolationen in den halakh. Midraschim, auf die auch *J. N. Epstein, S. Lieberman* u. a. aufmerksam gemacht haben, kommt man nach *Finkelstein* tatsächlich auf einen Kern zurück, der aus den Schulen Jischmaels und Aqibas stammt, auch wenn die Unterschiede der beiden Schulen in späterer Zeit verwischt worden sind.

Wie problematisch jedoch auch dieses Ergebnis *Finkelstein*'s ist, hat *G. G. Porton* aufgezeigt. Zwar scheint die Fülle des Jischmael zugeschriebenen exegetischen Materials seine Rolle in der Bibelauslegung zu stützen; doch erlaubt das noch keinen Schluß auf eine Auslegungsschule Jischmaels; im überlieferten Material verwendet Jischmael die Mehrheit der ihm zugeschriebenen hermeneutischen Regeln nie, verläßt gelegentlich auch den Wortsinn, wo Aqiba sich daran hält, und benützt überhaupt Aqiba zugeschriebene Methoden (wie auch umgekehrt Aqiba solche Jischmaels). Somit ist eine klare Grenzziehung zwischen Jischmael und Aqiba nicht möglich, ebensowenig auch die Annahme von zwei sich deutlich gegenüberstehenden Schulen in der Zeit Jischmaels. ,,It appears that the standard picture of Ishmael's exegetical practices is, at earliest, an Amoraic construction" (*Porton*, Ishmael II,7; vgl. III,2f).

Damit ist die These *Albecks* erhärtet, daß die terminologischen Unterschiede, die zwischen beiden Midraschgruppen tatsächlich bestehen, Werk der Redaktoren sind (wobei offenbleibt, ob wir dabei an die Erst- oder Endredaktoren zu denken haben); diese haben aus anderen Quellen entnommenes Material terminologisch an ihre Hauptquellen angepaßt, in denen sich die Schulterminologie schon allmählich herausentwickelt hatte (*Albeck*, Unters. 86).

Somit ist als *vorläufiges Ergebnis* festzuhalten: 1) Exegetische Unterschiede zwischen Jischmael und Aqiba sind nicht beweisbar, ebensowenig, daß sie Auslegungsschulen begründet haben. 2) Die halakhischen Midraschim gliedern sich in zwei Gruppen, die Traditionen von R. Jischmael oder R. Aqiba bzw. von deren Schülern bevorzugen, diese jedoch nicht ausschließlich überliefern. 3) Haggada und Halakha in diesen Midraschim stammen aus verschiedenen Quellen; der haggadische Stoff ist allen Gruppen gemeinsam. 4) In der Halakha entwickelt sich eine Schulterminologie, die von den Redaktoren der Midraschim auch auf fremdes Material angewendet worden ist. 5) Mit *Albeck* (Unters. 154) sind die halakhischen Midraschim zu gruppieren: a) Mek und Sif Num; b) Sifra und Sifre Zutta; c) Sifre Dtn und MRS; die Midraschim von b) und c) weisen oft dieselben Quellen auf, gehören also irgendwie zusammen, während MidrTannaim und Fragmente zu Lev mit a) in eine Gruppe zu rechnen sind. 6) Wenn man schon von Midraschim der Schulen Jischmaels bzw. Aqibas sprechen will (wobei man sich auf Maimonides, Vorwort zu Mischne Tora, stützen kann), müßte man sich des rein praktischen (nicht historischen) Charakters einer solchen Benennung bewußt sein; vorzuziehen ist (mit *Herr*, EJ) die neutralere Einteilung in Gruppe I („Jischmael") und II („Aqiba").

Vielfach werden die halakhischen Midraschim auch als *tannaitische Midraschim* bezeichnet, begründet mit der Sprache dieser Midraschim (M-Hebräisch) und den in ihnen genannten Lehrern (Tannaiten bzw. Amoräer der 1. Generation). Auch diese Einstufung hat *Albeck* angegriffen, weil die halakhischen Midraschim in den beiden Talmudim nie zitiert würden (Unters. 91 ff). Zwar sieht auch *Albeck* die zahlreichen Parallelen zwischen den hal. Midraschim und den talmudischen Baraitot, führt diese jedoch eher auf beiden bekannte Sammlungen zurück. Dies begründet er v. a. mit der sehr variierenden Zitationsweise solcher Aussprüche in den Talmudim: „Wenn der Talmud z. B. unsere Mekilta anführen sollte, könnte er sie nicht bald mit *tania*, bald mit *teni R. Jischmael*, bald mit *teni R. Schim'on* usw. anführen. Die talmudischen Quellenangaben müssen also auf andere, eindeutig bestimmte Baraitasammlungen Bezug nehmen, und nicht auf unsere halakischen Midraschim, die Baraitot aus all diesen Sammlungen enthalten" (Unters. 110).

Diese Argumentation ist nicht ganz stichhaltig; sie preßt die Talmudim in ein zu starres Zitationsschema und bedenkt auch nicht die verschiedenartige Herkunft des Talmudmaterials. Doch sind tatsächlich Zitate aus den hal. Midraschim in den Talmudim nicht mit absoluter Sicherheit nachzuweisen. Das argumentum ex silentio, daß der Talmud sich in bestimmten Diskussionen sicher auf die hal. Midraschim gestützt hätte, wären sie ihm bekannt gewesen, hilft in unserer Frage nicht weiter. Auch gibt *Albeck*

(Unters. 119) zu, daß der Umstand, daß die Talmudim die hal. Midraschim nicht kennen, nicht mit Sicherheit beweise, ,,daß sie in talmudischer Zeit nicht existiert hätten". Doch sei es wahrscheinlich, daß sie ,,frühestens in spättalmudischer Zeit" abgefaßt wurden. *M. D. Herr* präzisiert das Entstehungsdatum mit der 2. Hälfte des 4. Jhs. oder Anfang 5. Jh. (EJ XI, 1523). Beide halten jedoch an der tannaitischen Herkunft des Materials dieser Midraschim fest: es sind Baraitot. Es ist nicht zu bezweifeln, daß die hal. Midraschim i. a. nach der eigentlichen tannaitischen Zeit, d. h. nach der Redaktion von M ihre Endredaktion erfahren haben. Das zeigen u. a. die zahlreichen Zitate aus M und T, die *Melammed* in den hal. Midraschim gesammelt hat, auch wenn es im Einzelfall kaum zu beweisen ist, daß das Zitat aus der Endfassung von M oder (besonders!) T stammt. Auffallend ist jedoch, daß *Melammed* kein Zitat in Sifre Zutta nachweisen konnte. Das allein zeigt schon, daß ein Pauschalurteil hinsichtlich der Datierung der hal. Midraschim nicht möglich ist, sondern in jedem Einzelfall differenziert geurteilt werden muß. Immerhin ist auch die Spätdatierung der hal. Midraschim in der Schule *Albecks* nicht schon allein dadurch gesichert, daß in den Talmudim keine Zitate aus ihnen absolut beweisbar sind. Die urtümlichere Gestalt, die Paralleltraditionen zwischen hal. Midraschim und Talmudim regelmäßig in den Midraschim aufweisen, ja auch das oft nachweisbare relativ höhere Alter einer Tradition im Midrasch gegenüber einer M- oder T-Parallele legen es nahe, die Endredaktion der hal. Midraschim i. a. nicht allzuweit von der von M und T zu entfernen. Das späte 3. Jh. dürfte einem Großteil der hal. Midraschim als Datum der Redaktion entsprechen, auch wenn dies zu jedem einzelnen Midrasch genauer festzulegen ist.

2) Die Mekhilta de Rabbi Jischmael (= Mek)

Lit.: S. *Abramson,* Arbaʿa Injanot be-Midresche Halakha, Sinai 74 (1974) 1–9 (zu einer von ihm gebotenen neuen Leseart aus einem MS Antonin S. *Lieberman,* Pisqa Chadascha mi-Mekhilta u-Firuscha, Sinai 75, 1974, 1–3); *Ch. Albeck,* Mabo 79–113, bes. 106–113; *W. D. Davies,* Reflections on the spirit in the Mekilta: a suggestion, FS Th. H. Gaster, NY 1974, 95–105 (ebenso 6th WCJS, J 1977, III 159–173; *K. G. Eckart,* Untersuchungen zur Traditionsgeschichte der Mechilta, Diss. Kirchl. Hochschule B 1959; *J. N. Epstein,* ITL 545–587; *L. Ginzberg,* The Relation between the Mishnah and the Mekiltah (h), GS M. Schorr, NY 1944, 57–95 (Ndr. in *L. Ginzberg,* Al halakha we-aggada, TA 1960, 66–103.284–290); *M. D. Herr,* EJ XI, 1267–9; *M. Kadushin,* Aspects of the Rabbinic Concept of Israel. A Study in the Mekilta, HUCA 19 (1945f) 57–96; *ders.,* A conceptual approach to the Mekilta, NY 1969; *H. Klein,* Mekilta on the Pentateuch, JQR 35 (1944f) 421–434; *O. C. Kvarme,* Skrift og tradisjon. En innføring i den rabbinske midrasjlitteratur med saerlig henblikk pa Mekilta de Rabbi Jismael, Tidsskrift for Teologi og Kirke 49 (1978) 173–196; *J. Z. Lauterbach,* The Name of the Mekilta, JQR 11 (1920f) 169–195; *ders.,* The Arrangement and the Divisions of the Mekilta, HUCA 1 (1924) 427–466;

ders., The Two Mekiltas, PAAJR 4 (1933) 113–129 (zu Mek-Zitaten, die in beiden Fassungen fehlen); *H. I. Levine*, Studies in Mishnah Pesachim, Baba Kama and the Mechilta (h), TA 1971; *E. Z. Melammed*, Introduction 181–188.249–253; *J. Neusner*, Bab I 179–183; *G. Stemberger*, Die Datierung der Mekhilta, Kairos 21 (1979) 81–118; *W. S. Towner*, The rabbinic „enumeration of scriptural examples". A Study of a Rabbinic Pattern of Discourse with Special Reference to Mekhilta d' R. Ishmael, L 1973; *B. Z. Wacholder*, The Date of the Mekilta de-Rabbi Ishmael, HUCA 39 (1968) 117–144.

a) Der Name

Mekhilta (Wurzel *kul*) ist das aram. Äquivalent für hebr. *midda* oder *kelal*, „Regel, Norm". Näherhin bedeutet es die Ableitung der Halakha aus der Bibel nach bestimmten Regeln, dann auch die halakhische Exegese selbst bzw. deren Ergebnis, und damit auch vielfach mit Mischna oder Baraita ungefähr gleichbedeutend (vgl. das Responsum des Hai Gaon in *L. Ginzberg*, Geonica II, NY 1909, 39). Schließlich bedeutet Mek auch einen Traktat, der solche Auslegungen enthält (somit ähnliche Entwicklung wie beim griech. *kanōn*). Die Gleichsetzung mit *megilta* im Arukh des Natan von Rom ist haltlos. Im Talmud bezeichnet Mek nicht unseren Ex-Kommentar, sondern wird als *baraita* der *matnita* gegenübergestellt: so Pes 48a; Tem 33a; vgl. Git 44a: „geh und schau in deiner *mekhilta* nach", d. h. in schriftlichen Notizen zur Halakha.

In gaonäischer Zeit bezeichnet Mek (vielleicht ursprünglich im Plural: *mekhilata*, ungefähr gleichbedeutend mit *massekhtot*) den halakhischen Kommentar zu Ex bis Dtn. So vielleicht schon die Halakhot Gedolot, auch wenn die Textüberlieferung hier kein sicheres Urteil erlaubt (cf. *Epstein*, ITL 546), dann Hai Gaon (*A. Harkavy*, Responsen der Geonim, B 1887, Nr. 262) und auch noch Maimonides in der Einleitung zu Mischne Tora. In anderen Texten ist Sifre (debe Rab) ebenso umfassend gemeint, gelegentlich ohne Sifra zu Lev: so auch in Sanh 86a, Chag 3a u. ö., auch wenn dort mit Sifra und Sifre noch nicht unsere erhaltenen Midraschim gemeint sind. Die Bezeichnung Mek für unseren Midrasch ist sicher jünger als Sifre.

Wenn ein Saadja zugeschriebener Text unsere Mek als *mekhilta de-we-elle-schmot* zitiert, ist dies vielleicht noch eher Beschreibung als eigentlicher Name (*Lauterbach*, Name 174), ebenso der Ausdruck *mehkhilta de-erets Jisrael* (z. B. *Harkavy*, Responsen der Geonim Nr. 229). Die ersten sicheren Belege für die Bezeichnung unserer Schrift als Mekhilta de R. Jischmael stammen aus dem 11. Jh.: Nissim von Kairowan (zu Schab 106b in bT Wilna) und Samuel ha-Nagid in seiner Einleitung zum Talmud.

Die Benennung nach R. Jischmael erfolgte nicht, weil man diesen für den Verfasser der Schrift gehalten hätte (doch siehe Maimonides!), sondern – wie in der mittelalterlichen Zitierweise üblich – weil der eigentliche Midrasch in Pischa 2 (L. 15; Pischa 1 ist als Einleitung zu betrachten) mit der Nennung Jischmaels einsetzt.

b) Inhalt und Einteilung

Mek ist ein Kommentar zu Ex 12,1–23,19; 31,12–17; 35,1–3. Somit umfaßt sie nur etwa zwölf von vierzig Kapiteln von Ex. Sie konzentriert sich auf die gesetzlichen Teile, übergeht hier aber auch die erzählenden Stücke nicht. Auffällig ist jedoch, daß auch wesentliche gesetzliche Teile nicht behandelt werden. Die Vorschriften zum Bau des Bundeszeltes (Ex 25,1 ff) wurden offenbar in einem eigenen Werk kommentiert, das wohl in etwa der *Baraita de-melekhet ha-mischkan* entsprach (deren Grundstock nach Meinung von *Epstein*, ITL 549, eventuell auf die Schule des R. Jischmael zurückgeht). Diese in M-Hebräisch verfaßte Schrift, die nur Tannaiten zitiert, beschreibt den Bau des Bundeszeltes in 14 Kapiteln: Text in BhM III 144–154; krit. Ausgabe von *M. Friedmann*, W 1908 (Ndr. zusammen mit Sifra J 1967). Ein Geniza-Fragment der Baraita hat *Hopkins*, Miscellany 78 ff, veröffentlicht. Siehe auch *Ginzberg*, Ginze Schechter I 374–383. Ebenso war auch der Kommentar zu Ex 29 (Weihe der Priester) eine eigene Schrift, die als *Mekhilta de-Milluim* in Sifra (zu Lev 8) aufgenommen wurde, obwohl sie terminologisch zur Gruppe I („Schule Jischmaels") gehört.

In der ursprünglichen Einteilung ist Mek in 9 Traktate *(Massekhtot)* gegliedert, die wiederum in insgesamt 82 Abschnitte *(Paraschijot)* unterteilt sind (MSS bieten *Halakhot* als weitere Unterteilung): 1. Pischa (Ex 12,1 ff); 2. Beschallach (13,17 ff); 3. Schirata (15,1 ff); 4. Wajassa (15,22 ff); 5. Amaleq (17,8 ff); 6. Bachodesch (19,1 ff); 7. Neziqin (21,1 ff); 8. Kaspa (22,24 ff); 9. Schabbeta (31,12–17; 35,1–3).

Diese Einteilung richtet sich allein nach dem Inhalt und nicht nach der Leseordnung in der Synagoge. Erst die Druckausgaben haben die Einteilung nach der babylonischen Leseordnung eingeführt; das führte zur Bezeichnung des 1. Teils von Amaleq als Beschallach, des 2. Teils (ab 18,1) zusammen mit Bachodesch als Jitro; auch wurden die Abschnitte Neziqin und Kaspa als Mischpatim zusammengefaßt, Schabbeta hingegen in Kitissa und Wa-jaqhel geteilt. Doch empfiehlt sich die Beibehaltung der ursprünglichen Einteilung (so Ausgabe *Lauterbach;* die Ausgabe *Horovitz-Rabin* hat leider die sekundäre Einteilung übernommen, fügt jedoch in Kleindruck die ursprüngliche hinzu).

c) Eigenart, Entstehung, Datierung

Die Zuordnung von Mek zu Gruppe I („Schule Jischmaels") erfolgt (z. B. *Epstein*, ITL 550 ff) wegen der zahlreichen Stellen von Mek, die wörtlich oder dem Inhalt nach in anderen Schriften als Lehre des R. Jischmael zitiert werden, in bT mit der Einteilung *tanna debe R. Jischmael* bzw. in bT und in den Midraschim als *teni R. Jischmael* aufscheinen. Doch ist auch festzustellen, daß manche der so eingeführten Zitate in Mek fehlen bzw. dieser

gar widersprechen, so daß von hier kein Beweis zu führen ist. Was die
Auslegungsmethode betrifft, ist die Zuordnung in den halakhischen Teilen
unproblematisch (z. B. keine Ausdeutung der rein stilistischen Verdoppelungen); der haggadische Teil stammt aus gemeinsamen Quellen mit der
anderen Gruppe. Eindeutig ist die Abgrenzung in der exegetischen Terminologie (z. B. *maggid* statt *melammed* usw.).

Zur *Entstehungsgeschichte* von Mek hat *Lauterbach* (in der Einführung
zu seiner Textausgabe) einige Thesen vorgelegt. Für ihn ist Mek „one of
the older tannaitic works" (XIX), „one of the oldest Midraschim", wie aus
der alten Halakha hervorgehe, die oft der späteren widerspricht, aus vielen
sonst nicht erhaltenen alten Legenden, einer zum Großteil noch sehr einfachen Bibelauslegung, die weithin mit den alten Bibelübersetzungen übereinstimmt. Im Talmud ist sie unter dem Namen Mek nicht bekannt, da sie
in amoräischer Zeit nur Teil der größeren Sammlung Sifre (zu Ex, Num
und Dtn) war. Auch ist der den Amoräern bekannte Midrasch zu Ex nicht
mit unserem identisch, sondern nur der Kern dazu, der in verschiedenen
Redaktionen bis zur Endgestalt beträchtliche Veränderungen in Form und
Inhalt mitgemacht hat (XXIII). Der Kern gehe höchstwahrscheinlich auf
die Schule des R. Jischmael oder zumindest auf die Lehren seiner Schüler
zurück; doch habe schon der erste Redaktor Material aus der Schule des
R. Aqiba hinzugefügt. Mek habe „more than one revision and several sub-
sequent redactions" mitgemacht, wovon eine wahrscheinlich in der Schule
des Jochanan bar Napacha erfolgte, in dessen Namen viele in Mek anonym
geführte Sätze sonst in der rabb. Literatur aufscheinen. Doch habe es auch
noch spätere Redaktionen von Mek gegeben (XXVI).

Dieses Bild einer Reihe von einander folgenden Redaktionen, einsetzend
zu Beginn der amoräischen Zeit mit einem auf die Schule Jischmaels zurückgehenden Kern, hat manches für sich, auch wenn es nicht ganz mit
Lauterbach's Bezeichnung von Mek als einem der ältesten tannaitischen
Werke übereinstimmt. Die Datierung der Endredaktion (abgesehen von
späteren Interpolationen, Textverderbnissen usw.) ist dabei völlig in
Schwebe gelassen. Was ist bei diesen vielfachen Überarbeitungen vom tannaitischen Kern tatsächlich noch geblieben? Konsequent gedacht, kann
man hier wohl nicht mehr von einem tannaitischen Midrasch sprechen.

Eine Entstehungsgeschichte von Mek kann nur von den einzelnen Quellen von Mek ausgehen, wobei auch das Verhältnis zu MRS zu berücksichtigen ist. Die getrennte Untersuchung des haggadischen und des halakhischen Materials ist hier ebenso geboten (darauf hat *L. Finkelstein* aufmerksam gemacht) wie eine differenzierte formgeschichtliche Behandlung der
einzelnen Stücke (wie sie *Eckart* am Beispiel des Traktats Pischa versucht
hat). Hier stehen wir noch ziemlich am Anfang der Arbeit. Dies gilt auch
von der Untersuchung der einzelnen Massekhtot der Mek als selbständiger
Einheiten. *J. N. Epstein* hat auf die Gemeinsamkeiten, aber auch Widersprüche und Unterschiede zwischen den einzelnen Traktaten hingewiesen

(ITL 581–7): „ihr ganzer Zusammenhang besteht nur in ihrem Platz in *einer* Sammlung und in *einem* Buch", nämlich in ihrer Verbindung zu einem Ex-Midrasch (ITL 581). Dazu paßt, was *E. Z. Melammed* (Introd. 249) zur Verwendung von M und T in Mek feststellt (kein Zitat in Schirata und Schabbeta, nur zwei in Beschallach, dagegen 45 in Pischa, 36 in Neziqin usw. Was als echtes Zitat anzusehen ist, bleibt problematisch, ändert jedoch nichts an diesen charakteristischen Unterschieden zwischen den einzelnen Traktaten). *J. Neusner* hat die enge Zusammengehörigkeit von Pischa und Neziqin aufgezeigt (v. a. durch das weit überproportionale Vorkommen von Joschijja, Jonatan und Natan, aber auch die viel größere Häufigkeit von Jischmael). Da die hier genannten Rabbinen alle drei nach dem Bar-Kokhba-Aufstand in Babylonien waren, schließt *Neusner* „that the Mekhilta sections in question were *originally* compiled on the basis of discussions between 135 and 150 c. e., . . . probably at Huẓal" (Bab I 179). Eher ist es möglich, die Endredaktion von Mek zu datieren. Zwar hat *B. Z. Wacholder* eine Entstehung des Werkes im 8. Jh. in Ägypten oder sonst in Nordafrika vorgeschlagen, mit der Begründung, daß Mek bT und nachtalmudische Schriften verwende, Tannaiten erfinde und die historischen Verhältnisse der tannaitischen Zeit nicht kenne; auch spiele sie auf die islamische Herrschaft und den Bilderstreit an; in Kaspa 5 sei sogar eine gaonäische Tradition verwendet. Eine genauere Untersuchung der Einzelstellen zeigt jedoch, daß diese Argumente nicht stichhaltig sind. Mek weist vielmehr bei Paralleltraditionen gewöhnlich die ältere Fassung als z. B. T, Sifre und MRS auf. Die Erwähnung der Söhne Ismaels bedeutet nicht notwendig einen Hinweis auf die islamische Herrschaft. Die Form der Einzeltraditionen, die genannten Rabbinen und die historischen Ereignisse, auf die angespielt wird, legen nahe, die Endredaktion in die 2. Hälfte des 3. Jhs. zu verlegen.

d) *Der Text*

1. Handschriften

MSS der vollständigen Mek sind MS Oxford 151, laut *Neubauers* Katalog (I, 1886, 24) von 1291, sowie MS München, Cod. hebr. 117, etwa 1435 entstanden. Faksimile: The Munich Mekhilta. MS Munich, Bavarian Nat. Libr. Cod. Hebr. 117, Introd. by *J. Goldin*, J 1979. Teile des Mek-Textes finden sich auch in Casanata Ms. H. 2736 (Ende von Beschallach und ganz Schirata) und Oxforder Fragmenten (Nr. 2657 Teile von Wajassa, Nr. 2669 Teile von Neziqin).

Geniza-Fragmente haben *E. Y. Kutscher* (Geniza Fragments of the Meḵilta of Rabbi Yišmaʿel, h, Leschonenu 32, 1968, 103–116: Fragment Oxford 62d mit Stück von Wajassa) und *Z. M. Rabinovitz* veröffentlicht (Ginzé Midrash 1–14: Stücke von Beschallach und Schirata aus dem British Museum, von derselben Art wie die von *Kutscher* veröffentlichten; nach

Rabinovitz 2 zu den ältesten Fragmenten der Geniza insgesamt zählend; cf. auch *Kutscher* zum hohen textkritischen Wert der Fragmente). Weitere Geniza-Fragmente aus der Bibliothek des Dropsie College, Phil., und jener der Columbia University hat schon *Lauterbach* in seiner Ausgabe verwertet.

2. Druckausgaben

Erstdruck 1515 in Konstantinopel; die Ausgabe V 1545 verwendet Konst. und korrigiert diesen Text (nur selten anhand eines MS, und zwar desselben, das Konst. zugrundelag: *E. Z. Melamed*, The Constantinople Edition of the Mechilta and the Venice Edition, h, Tarbiz 6, 1934f, 498–509). Von den späteren Ausgaben werden besonders jene mit Kommentar von *J. H. Weiss*, W 1865, und die mit Kommentar von *M. Friedmann*, W 1870, viel zitiert. Sie sind nun ersetzt durch zwei *kritische Ausgaben:*

H. S. Horovitz-I. A. Rabin, Mechilta d'Rabbi Ismael cum variis lectionibus et adnotationibus, F 1931, J ²1960 (verwendet als Basistext i. a. V 1545; dazu *E. Z. Melamed*, Tarbiz 6,1, 1934, 112–123). Die von *Rabin* angekündigte hebr. Einleitung ist nicht erschienen.

J. Z. Lauterbach, Mekilta de Rabbi Ishmael: A critical edition on the basis of the MSS and early editions with an English translation, introduction and notes, 3 Bde, Phil. 1933–5 (breitere Textbasis als bei *Hor.-Rabin*, doch kein vollständiger kritischer Apparat; eklektischer Text; dazu *Lieberman*, KS 12, 1935f, 54–65).

Zum Text von Mek siehe auch: *L. Finkelstein*, The Mekilta and its Text, PAAJR (1933f) 3–54.

3. Konkordanz

B. Kosovsky, Otsar Leschon ha-Tannaim. Concordantiae verborum quae in Mechilta d'Rabbi Ismael reperiuntur, 4 Bde, J 1965–9; *G. Ṣarfatti*, Mechanical analysis of the vocabulary of the Meḳilta, 4th WCJS, J 1968, II 211 (Arbeit in Vorbereitung einer Konkordanz und sonstiger Wortlisten).

4. Übersetzung

J. Winter-A. Wünsche, Mechiltha, ein tannaitischer Midrasch zu Exodus, Le 1909; engl. Übersetzung in *Lauterbach*.

3) Die Mekhilta de Rabbi Simeon ben Jochai (= MRS)

Lit.: S. Abramson, Arbaʿa injanot be-midresche halakha, Sinai 74 (1973f) 1–13 (zu MRS 1–8); *Ch. Albeck*, Untersuchungen 151–6; *ders.*, Mabo 82f; *J. N. Epstein*, ITL 725–740; *L. Ginzberg*, Der Anteil R. Simons an der ihm zugeschriebenen Mechilta, FS I. Lewy, Breslau 1911, 403–436; *M. D. Herr*, EJ XI, 1269f; *M. Kasher*, Meqorot ha-Rambam we-ha-Mekhilta de Raschbi, NY 1943 (dazu *S. Zeitlin*, JQR

34, 1943f, 487–9, der meint, daß MRS mehrfach Mischne Tora benützt hat und nicht umgekehrt); *Ch. Levine,* Exegesis of the Mishna in the Mechilta de Rashbi and its Relation to Amoraic Teaching (h), Bar-Ilan 16–17 (1979) 59–69; *ders.,* The Concept of ,Shelihut Yad' in the Mechilta de Rashbi (h), Bar-Ilan 18–19 (1981) 99–117; *I. Lewy,* Ein Wort über die ,,Mechilta des R. Simon", Jb des jüd.-theol. Sem. Breslau 1889; *E. Z. Melammed,* Introduction 208–213; *B. De Vries,* Mechqarim 142–7.

Der Ex-Midrasch MRS wird im Mittelalter oft zitiert (bis ins 16. Jh.), wurde jedoch nicht gedruckt und galt seit dem 17. Jh. als verschollen, bis er im 19. und 20. Jh. wiederentdeckt wurde.

a) Name

Mittelalterliche Zitate aus MRS werden gewöhnlich als Mekhilta de R. Simeon (b. Jochai) angeführt: z. B. mehrmals im Pentateuchkommentar des Nachmanides, z. B. zu Ex 22,12; Ritba (Jom Tob ben Abraham von Sevilla) zitiert den Text als Mekhiltin de R. Aqiba; auch der Name *mekhilta de sanija* kommt vor (,,Mek. vom Dornbusch", da Beginn in Ex 3; so Hadassi im Eschkol ha-Kofer 36a). Ein auch bei Nachmanides gebrachtes Zitat findet sich in den Responsen der Geonim (*Harkavy* Nr. 229) als Sifre debe Rab in Gegenüberstellung zur *Mekhilta de-erets Jisrael* (wegen der Kürze des Zitats – zwei Worte und ein Bibelvers – ist nicht sicher, daß der gaonäische Text wirklich diese Stelle und nicht nur eine Parallele zitiert).

b) Text

Schon *M. Friedmann* hat in seiner Mek-Ausgabe die ihm bekannten MRS-Zitate gesammelt; I. Lewy hat dann gezeigt, daß der Großteil davon in MHG überliefert ist. *D. Hoffmann* hat dann aus MHG und drei Geniza-Fragmenten von MRS (zwei in Oxford, ein weiteres in Cambridge ist nicht mehr aufzufinden) den Text rekonstruiert: Mechilta de-Rabbi Simon ben Jochai ..., F 1905. Durch weitere Textfunde ist jedoch diese Ausgabe wie die gesamte frühe Literatur zu MRS fast nur noch forschungsgeschichtlich von Interesse.

Derzeit bekannte MSS (von *J. N. Epstein* gesammelt): am wichtigsten ist *MS Firkovitch* II 268, Leningrad, das auf 51 Blatt in Raschi-Schrift 20 nicht zusammenhängende Stücke, etwa die Hälfte von MRS, überliefert. Zur selben Geniza-Handschrift gehören noch Blätter, die sich in verschiedenen Bibliotheken befinden. Weitere Fragmente befinden sich in Cambridge (*Ginzberg,* Ginze Schechter I 339–373) und Oxford; MS Antonin 236 in Leningrad bietet ein Stück von MRS in einer eigenen Textrezension, das *Melamed* daher im Anhang zur Textausgabe gesondert abdruckt.

Auf der Grundlage dieser Fragmente hat *J. N. Epstein* eine Ausgabe vorbereitet, die *E. Z. Melamed* fertiggestellt hat. In dieser Edition sind etwa zwei Drittel des Textes durch Geniza-Fragmente gedeckt, der Rest (kleingedruckt) stammt aus Zitaten im MHG: *J. N. Epstein-E. Z. Melamed,* Mekhilta d'Rabbi Šim'on b. Jochai. Fragmenta in Geniza Cairensi reperta digessit apparatu critico, notis, praefatione instruxit . . ., J 1955 (in der Einleitung 13–25 bietet *Epstein* Forschungsgeschichte und Einordnung von MRS, 33–45 beschreibt *Melamed* die erhaltenen Geniza-Fragmente).

S. Abramson, A New Fragment of the Mekhilta de-Rabbi Shim'on bar Yoḥai (h), Tarbiz 41 (1971f) 361–372 (entspricht *Epstein-Mel.* 9–10); *G. Ṣarfatti,* Qeta mitokh Mekhilta de-Raschbi, Leschonenu 27/28 (1962–4) 176 (= E.-M. 157 Z.5–11; dazu *Z. Ben-Ḥayyim,* ibid. 177f; beide Fragmente im JThS, NY).

c) Inhalt und Einteilung

MRS ist ein Auslegungsmidrasch zu Ex 3,2.7–8; 6,2; 12,1–24,10; 30,20–31,15; 34,12.14.18–26; 35,2. Die fragmentarische Überlieferung läßt natürlich kein definitives Urteil zu, ob nicht der ursprüngliche Textbestand größer war. Der Anfang mit Ex 3 ist jedoch durch die mittelalterliche Zitierung als „Mekhilta vom Dornbusch" gesichert. Auch die ursprüngliche Einteilung (wohl wie Mek in Massekhtot, Paraschen und Halakhot) ist nicht genau festzustellen; die Gliederung nach Paraschen in der Ausgabe E.-M. ist ein rein praktischer Behelf.

d) Eigenart, Entstehung und Datierung

Terminologie und Rabbinennamen reihen MRS in die Gruppe II der hal. Midraschim („Schule Aqibas") ein. Auffällig ist allerdings die häufige Nennung der Schüler Aqibas mit Patronym, ebenso die vielfache Bevorzugung des Wortsinns in der Auslegung. Die Haggada stimmt mit Mek überein.

L. Ginzberg stimmt *I. Lewy* zu, daß R. Chizkijja (A1) MRS redigiert habe (viele anonyme Sätze von MRS werden in den Talmudim R. Chizkijja zugeschrieben), hält jedoch gegen *Lewy,* nach dem MRS in gar keiner Beziehung zu R. Simeon oder seiner Schule steht, an der Verfasserschaft des R. Simeon wegen der vielen anonymen Sätze in MRS, die die Lehre Simeons bieten, fest. Doch hat *J. N. Epstein* (Einleitung 18–22 der Ausgabe) gezeigt, daß MRS oft auch R. Chizkijja zugeschriebene Sätze nicht enthält bzw., was noch schwerwiegender ist, diesem widerspricht. Er leitet daraus ab, daß der *tanna debe Chizkijja,* den die Talmudim zitieren, selbst wieder Sifre debe Rab zu Ex (d. h. MRS) verwendet hat. R. Simeons Lehre wird in MRS auch verwendet, doch könne dieser weder als Verfasser noch als Hauptautorität der Schrift gelten. Sie ist nach ihm nur benannt, weil er in ihr als erster Rabbi zitiert ist.

Epstein betont, daß MRS Sifra, Sifre und T oft benützt hat und somit später als die anderen halakhischen Midraschim entstanden ist. *De Vries* hat zudem wahrscheinlich gemacht, daß (zumindest die Endredaktion von) MRS Mek als fertiges Buch vor sich gehabt und auch verwendet hat. Dazu kommt die Beobachtung *Levine*'s, daß MRS M nach Art der Amoräer behandelt und entsprechend ihren eigenen halakhischen Anschauungen formuliert, ebenso die spätere Stufe des M-Hebräischen in MRS: so *M. D. Herr;* ob man allerdings deshalb schon mit ihm (1270) MRS nicht früher als Anfang des 5. Jhs. ansetzen kann, ist fraglich; jedes Datum im 4. Jh. scheint ebenso möglich – doch fehlen noch entsprechende Detailuntersuchungen, um eine genauere Datierung zu sichern.

4) Sifra

Lit.: Ch. Albeck, Mabo 113–123.608–610; *J. N. Epstein,* ITL 645–702; *M. D. Herr,* EJ XIV, 1517–9; *E. Z. Melammed,* Introduction 189–194.233–243; *J. Neusner,* Purities; *G. G. Porton,* Ishmael II 63–81.

a) Der Name

Sifra, aram. ,,Buch'' , bezeichnet das Buch Lev, weil dieses im altjüdischen Schulsystem das erste Buch war, mit dem der Unterricht begann: R. Issi begründet dies in LevR 7,3 (M.156) damit, daß die Kinder und die Opfer rein sind und Reine sich mit Reinem beschäftigen sollen. Diese Erklärung ist sicher sekundär; doch auch die Annahme, der Lernbeginn mit Lev sei alte priesterliche Tradition, läßt sich nicht beweisen. Für den Beginn des Unterrichts mit Lev siehe auch ARN A6 (Sch.29) über Aqiba. Beide Stellen verwenden übrigens die in Palästina übliche Bezeichnung *Torat Kohanim,* ,,Priestergesetz''.

Sowohl Sifra wie auch Torat Kohanim bezeichnen dann auch einen halakhischen Midrasch zu Lev (nicht unbedingt unser Sifra!): z. B. Ber 47b, wonach der Lehrstoff Sifra, Sifre und Halakha ist; nach Meg 28b und Qid 49b u. ö. Halakha, Sifra, Sifre und Tosefta. Torat Kohanim z. B. in Qid 33a, Jeb 72b und regelmäßig als Titel in den MSS. Ber 11b und 18b verwenden die Bezeichnung Sifra debe Rab, den im Lehrhause (Rabs) gelehrten Kommentar zu Lev (*Goodblatt,* Instruction 116f, meint, daß *sifra debe rab* einfach ,,Schulbuch'' bedeutet und keine Beziehung zu Rab besteht. Das ist an sich möglich, besonders was Rab betrifft; doch scheint hier nicht irgendein Lehrbuch gemeint zu sein, sondern ein ganz bestimmtes Buch, das mit der späteren Tradition am ehesten noch als Lev-Kommentar zu verstehen ist). Alle diese Bezeichnungen sind auch in der gaonäischen und mittelalterlichen Literatur üblich, und zwar nun eindeutig auf unser Sifra bezogen.

b) Inhalt und Einteilung

Sifra ist ein halakhischer Midrasch zu Lev, der im jetzigen Überlieferungszustand ganz Lev Vers für Vers, oft sogar Wort für Wort kommentiert. Dem Charakter von Lev entsprechend ist sein Inhalt fast ausschließlich Halakha. Wie bei Mek war die ursprüngliche Einteilung sachlich (9 Traktate oder Dibburim, die in Paraschijot unterteilt waren, diese wieder in je zwei bis drei Kapitel, Peraqim); diese wurde jedoch in der Textüberlieferung an die Paraschen der babylon. Leseordnung angepaßt und auch sonst verfälscht.

Ursprüngliche Einteilung:

1. 1,1–3,17 Nedaba oder Wajjiqra
2. 4,1–5,26 Choba (Nefesch)
3. 6,1–7,38 Tsaw

4. 10,8–12,8 Scheratsim
5. 12,9–13,59 Negaim

6. 14,1–15,33 Metsora

7. 16,1–20,27 Achare (Mot) oder Qedoschim
8. 21,1–24,23 Emor
9. 25,1–27,34 Sinai

Jetzt übliche Einteilung:

1. 1,1–3,17 Nedaba od. Wajjiqra
2. 4,1–5,26 (Wajjiqra) Choba
3. 6,1–7,38 Tsaw
4. 8,1–36 Mekhilta de-Milluim
5. 9,1–11,47 Schemini
6. 12,1–8 Tazria
7. 13,1–59 Tazria Negaim
8. 14,1–57 Metsora
9. 15,1–33 Metsora Zabim
10. 16,1–18,30 Achare (Mot)
11. 19,1–20,27 Qedoschim
12. 21,1–24,23 Emor
13. 25,1–55 Behar
14. 26,1–27,34 Bechuqqotai

c) Eigenart, Entstehung, Datierung

Die in den Drucken vorliegende Fassung von Sifra ist nicht einheitlich. Der Grundstock von Sifra gehört mit seiner Terminologie, der exegetischen Methode und den wichtigsten Rabbinen zur Gruppe II der halakhischen Midraschim (,,Schule Aqibas"). Doch gibt es in Sifra eine Reihe von Ergänzungen. Dazu gehört schon die Einleitung mit den 13 Regeln, nach denen die Tora ausgelegt wird (*Epstein,* ITL 641 f). Sicher aus Gruppe I ist auch die *Mekhilta de-Milluim* (W.40 d–46 b) zu Lev 8,1–10,7 (die also auch den 1. Teil des jetzigen Abschnitts Schemini einschließt; vgl. *Albeck,* Untersuchungen 81–4, und *Epstein,* ITL 681). In Schemini 17–28 ist dieses Stück selbst noch einmal ergänzt worden (W.44 c–45 b; dieses Stück fehlt z. B. in Cod. Ass. 66, ed. *Finkelstein* 192, und im Genizatext von *Rabinovitz,* Ginzé Midrash 42–50). Noch später ist Achare 13,3–15 (W.85 d–86 b) und Qedoschim 9,1–7; 9,11–11,14 (W.91 c–93 b) zu Lev 18,6–23 und 20,9–21 hinzugekommen: diese sogenannte *Mekhilta de-Arajot* hat erst Aaron Ibn Chajjim in seinem Qorban Aharon aus dem Jalqut eingefügt; sie fehlt noch im Erstdruck; im Codex Assemani 66 (*Finkelstein* 370–387) ist sie aus anderer Quelle ergänzt worden. Ursprünglich hat man diesen Text nicht öffentlich ausgelegt („vor dreien": Chag II,1; TChag II,1, L.380, was pChag II,1,7a als Meinung Aqibas darstellt). Auch dieses Stück gehört seiner Eigenart nach zur Gruppe I der halakhischen Midraschim (*Epstein*, ITL 640f).

Schließlich paßt auch der Abschnitt Bechuqqotai nicht ganz zum Rest von Sifra; er dürfte einem anderen Zweig der von Sifra vertretenen Auslegungsrichtung angehören. Auch sonst sind noch eine Reihe von kleineren Stücken erst später in Sifra gelangt (siehe *Epstein*, ITL 682ff).

Sanh 86 nennt R. Jochanan R. Jehuda (bar Ilai) als Lehrer der anonymen Sätze in Sifra (vgl. Schab 137a, Er 86b u.ö.). Die amoräische Tradition schreibt somit Jehuda einen halakhischen Kommentar zu Lev zu. Einzelne anonyme Sätze von Sifra werden im Talmud tatsächlich als Lehre Jehudas zitiert; d.h. der Lev-Kommentar des Jehuda (bzw. der im Talmud ihm zugeschriebene Kommentar) hat vielleicht als Grundstock oder Quelle für unser Sifra gedient, oder diese Sätze stammen aus der allgemeinen Schultradition.

Die Bezeichnung Sifra debe Rab führt Maimonides in der Einleitung zu Mischne Tora (Ausgabe J 1957, Sefer ha-Madda 9) zur These: „Rab verfaßte Sifra und Sifre, um die Grundlagen *(iqqare)* der Mischna zu erklären und bekanntzumachen" (stützt sich auf Ber 18b). Auch *Weiss* (Einleitung zu seiner Ausgabe, IV) vertritt diese These gegenüber der anderen Erklärung des Namens, er bezeichne nur den in der Schule Rabs üblicherweise gelehrten Kommentar zu Lev (wie auch ITL 652 vertritt). Gegen eine Verfasserschaft Rabs spricht u. a., daß er manchmal die Lösung eines Problems in Sifra nicht zu kennen scheint bzw. dieser sogar widerspricht.

Andere wieder (so *D. Hoffmann* 22f; dazu *Albeck*, Untersuchungen 119f) betrachten R. Chijja als Verfasser von Sifra. Dieser hat sich tatsächlich viel mit Lev beschäftigt und manche seiner Lehren finden sich auch in Sifra. *Epstein* vermutet, daß Chijja einen Lev-Kommentar verfaßt hat, den dann vielleicht der Endredaktor von Sifra verwendet hat (ITL 655). Die These von *Strack*, der Grundstock von Sifra stamme von Jehuda, der Endredaktor sei R. Chijja, vereinfacht zu sehr auf der Basis der Tradition. Sifra vereint vielmehr die Lehren verschiedenster Rabbinen und aus verschiedensten Quellen. Wie *Melammed* (Introd. 233ff) gezeigt hat, zitiert Sifra besonders oft M und T (über 400 Stellen, besonders aus Negaim). Dazu hat *J. Neusner* festgestellt (FS W. D. Davies, L 1976, 94): „the pronounced tendency of *Sifra* is to insist that *Mishnah's* laws – commonly cited verbatim – not only derive from Scripture ... *but can only derive from Scripture and cannot be based upon reason. Sifra* turns out to be a massive, integrated, and coherent critique of *Mishnah*, insisting that *Mishnah*'s laws are true only because *Mishnah*'s laws derive from the written Torah ... *Sifra*'s polemic is pointed and explicit"; Sifra kann daher nur in Funktion von M gelesen werden. Es müßte allerdings erst untersucht werden, wie weit diese

Tendenz ganz Sifra oder nur Stücke davon betrifft. Jedenfalls ist zu fragen, ob diese Konzeption von Sifra die Endredaktion von M voraussetzt oder parallel zur Arbeit an M denkbar ist, wobei nur die Letztbearbeitung von Sifra anhand der fertigen M erfolgte (wenn es tatsächlich eine durchgehende Tendenz ist). Umstritten ist, wieweit Sifra in den Talmudim zitiert wird oder ob diese nur mit Sifra gemeinsame Quellen zitieren. Doch dürfte dies nicht hinreichen, mit *Herr* Sifra auf die Zeit um 400 oder später zu datieren. Ein Datum in der 2. Hälfte des 3. Jhs. scheint für den Grundstock von Sifra gerechtfertigt; allerdings hat gerade dieser Text eine umfangreiche und noch nicht hinreichend geklärte Nachgeschichte gehabt.

d) Der Text

1. Handschriften
Codex Assemani 66 der Vatikanbibliothek ist, abgesehen von den Geniza-Fragmenten, die älteste erhaltene rabb. Handschrift. Wahrscheinlich im 10. Jh. entstanden (so *M. Lutzki* im Mabo zum Faksimile 70ff, während *L. Finkelstein* ibid. 1 das 9. Jh. annimmt. *H. Cassuto*, Codices Vaticani Hebraici. Codices 1–115, Vatikan 1956, 95, schreibt gar, ,,manus saec. fere VIII" habe den Text korrigiert und vokalisiert). Babylonische Vokalisierung. Faksimile: Sifra or Torat Kohanim according to Codex Assemani LXVI, with a Hebrew Introduction by *L. Finkelstein*, NY 1956. Eine von diesem MS sehr verschiedene Texttradition bietet die Vatikanhandschrift *Vat. Ebr. 31*, auf 1073 datiert. Dieses MS dürfte aus Ägypten stammen (*Finkelstein*, l.c. 1); in seinen Lesearten steht es einigen Geniza-Fragmenten und MHG nahe. Faksimile: Torath Cohanim (Sifra), Seder Eliyahu Rabba and Zutta Codex Vatican 31, J 1972. Weitere MSS: Parma De Rossi 139, Oxford Neubauer 151 und London Margulies II 341.

G. Haneman, On the Linguistic Tradition of the Written Text in the Sifra MS. (Rome, Codex Assemani 66) (h), GS H. Yalon, J 1974, 84–98, zeigt die disparate Herkunft der einzelnen Teile von Sifra in Cod. Ass. 66 mit linguistischen wie äußeren Kriterien.

Geniza-Fragmente: N. Alloni, Geniza Fragments 67–70; *Rabinovitz*, Ginzé Midrash 15–50 (umfassen Weiss 2c–3b; 3c; 4a–b; 4b–c; 20a–c; 22d–23b; 35c–d; 43d–45c: ein neuer Text der Mekhilta de Milluim).

2. Druck
Erstdruck Konstantinopel 1523; dann V 1545. Heute wird gewöhnlich nach der Ausgabe *I. H. Weiss* zitiert, Wien 1862, Ndr. NY 1947. *M. Friedmann*, Sifra, der älteste Midrasch zu Levitikus, Breslau 1915, Ndr. J 1967, verwertet zwar verschiedene MSS, umfaßt jedoch nur Nedaba 1–19 (bis Lev 3,9). *L. Finkelstein* hat eine kritische Ausgabe angekündigt. Siehe auch: *L. Finkelstein*, Emendations to the Text of Torat Kohanim (h), GS

M. Schorr, NY 1944, 241–7; *ders.*, Notes and Emendations on the Sifra (h), FS L. Ginzberg, NY 1945, hebr. Bd. 305–322.

3. Konkordanz

B. Kosovsky, Otsar Leschon ha-Tannaim. Sifra, 4 Bde, NY-J 1967–9.

4. Übersetzung

Sifra. Halachischer Midrasch zu Leviticus, übersetzt von Prof. Dr. *J. Winter,* Breslau 1938.

e) Kommentare

Hillel ben Eljaqim (Griechenland, 12. Jh.) hat einen Sifra-Komm. verfaßt, den *S. Koleditzky* nach MS Wien 59 und einem MS der Bodleiana ediert hat: Sifra or Torat Kohanim and commentary by R. Hillel ben R. Eliakim, 2 Teile, J 1961; *Abraham ben David* (Rabad) von Posquières (1120–1198): sein Kommentar, schon im Erstdruck von Sifra veröffentlicht, scheint auch in dem *Simson von Sens* (Anf. 12. Jh.) zugeschriebenen Komm. verwendet worden zu sein (so *Melammed,* Introd. 194), der u. a. in der Ausgabe Sifra J 1959 veröffentlicht ist (in dieser Ausgabe zahlreiche Kommentare). Von *Aaron Ibn Chajjim* (geboren in Fez, gestorben in Jerusalem 1632) stammt der ausführliche Kommentar Qorban Aharon, V 1609–11, Ndr. J 1970, der auch sämtliche einschlägigen talmudischen Stellen einbezieht. Die Anmerkungen des Gaon von Wilna zu Sifra sind erstmals in Sifra J 1959 gedruckt; dort auch viele weitere Kommentare zu der Baraita der 13 Regeln Jischmaels.

5) Eine „Mekhilta" zu Lev?

Lit.: J. N. Epstein, ITL 634–643; *H. Klein,* Mekilta on the Pentateuch, JQR 35 (1944f) 421–434; *E. Z. Melammed,* Introduction 213f; *Z. M. Rabinowitz,* Ginzé Midrash 51–9.

Schon die Zufügungen zu Sifra, die aus der anderen Auslegungsschule stammen (Mekhilta de-Milluim und Mekhilta de-Arajot), legen nahe, daß es ursprünglich auch zu Lev zwei halakhische Kommentare gegeben hat. *J. N. Epstein* zitiert als Stütze für diese Annahme die in den Talmudim als *teni R. Jischmael* bzw. *tanna debe R. Jischmael* zitierten Auslegungen zu Lev (dieses Material vollständig in *Porton,* Ishmael III). Solche Zitate können allerdings die Existenz eines durchgehenden Kommentars zu Lev aus der „Schule Jischmaels" nicht beweisen, sondern höchstens nahelegen. Weiteres einschlägiges Material findet sich in T: *Epstein* identifiziert TSchebu III (Z.449f) als Kommentar der Schule Jischmaels zu Lev 5,1,

TSchebu I,5–7 (Z.446f) als solchen zu Lev 5,2. Ebenso verweist er auf die Einfügung in Sifra Schemini 5,4 in MS Rom 31 und zahlreiche Stücke in Sifre-MSS und -Ausgaben (dazu auch *L. Finkelstein*, Prolegomena to the Sifre, PAAJR 3, 1932, 26ff). *Z. M. Rabinovitz* hat ein Blatt einer jemenitischen Handschrift (ca. 14. Jh.) mit einem Kommentar zu Lev 9,16–10,5 veröffentlicht, offenbar eine Fortsetzung zum Text in *L. Ginzberg*, Ginze Schechter I 67–83. Der Text kombiniert verschiedene Midraschim, doch scheint der Großteil davon der sogenannten ,,Schule Jischmaels" anzugehören.

6) Sifre Numeri

Lit.: Ch. Albeck, Mabo 123–7; *J. N. Epstein*, ITL 588–624; *M. D. Herr*, EJ XIV 1519f; *S. Horovitz*, Einleitung zu seiner Textausgabe; *Z. Karl*, Mechqarim be-Sifre, TA 1954; *E. Z. Melammed*, Introduction 195–202; *J. Neusner*, Bab 183–7.

a) Der Name

Sifre, ,,Bücher", bezeichnet in Ber 47b, Chag 3a u. ö in der Zusammenstellung ,,Halakha, Sifra, Sifre und Tosefta" einen halakhischen Kommentar zu Ex, Num und Dtn. Auch in gaonäischer Zeit wird noch der Ex-Kommentar dazugerechnet; in Nordafrika und Europa gilt jedoch im Mittelalter der Name Sifre nur noch für die uns erhaltenen halakhischen Kommentare zu Num und Dtn. Der Ausdruck *schear sifre debe rab* (Joma 74a, BB 124b) bezeichnet in bT offenbar einfach ,,die übrigen Schulbücher" ohne Bezug auf die Person Rabs; was deren Inhalt genauer war (in Joma wird eine Erklärung zu Lev, in BB eine solche zu Dtn daraus zitiert) ist nicht festzustellen. Chananel zitiert Sifre Num § 28 als Sifre debeRab, bezieht den Ausdruck also auf unsere Midraschim zu Num und Dtn und versteht Rab als Eigenname; er sieht also die beiden Midraschim als von Rab verfaßt an (so auch Rambam) oder zumindest als in seiner Schule gelehrt an (Chananel zu Schebu 37a). Für Sifre Num findet man gelegentlich die Bezeichnung Midrasch Wischalchu, da der Kommentar mit Num 5 beginnt (so z.B. der Arukh).

b) Inhalt und Einteilung

Sifre Num ist ein Auslegungsmidrasch zu Num, der mit 5,1 einsetzt, dem ersten gesetzlichen Stück von Num; größere erzählende Einheiten wie Num 13–14 oder 16–17 übergeht er völlig; in den besprochenen Stücken schließt er jedoch auch die erzählenden Teile ein, bringt also auch Haggada. Die ursprüngliche Einteilung war rein sachlich und unabhängig von der Leseordnung der Synagoge: Paraschijot, die in Baraitot unterteilt waren.

Diese Einteilung ist nachträglich in MSS und Drucken verwischt worden. Die heute übliche Einteilung gliedert den Text in Paragraphen (Pisqaot), die weithin der Verseinteilung der Bibel entsprechen. Zusätzlich nennt man den Namen des jeweiligen Leseabschnitts: §§ 1–58 = Parascha Naso (zu Num 5–7); §§ 59–106 = P. Behaʿalotekha (zu Num 8–12); §§ 107–115 = P. Schelach (zu Num 15); §§ 116–122 = P. Korach (zu Num 18); §§ 123–130 = P. Chuqqat (zu Num 19); § 131 = P. Balaq (zu Num 25, 1–13); §§ 132–152 = P. Pinchas (zu Num 26,52–30,1); §§ 153–158 = P. Mattot (zu Num 30,2–31,24); §§ 159–161 = P. Masʿe (zu Num 35,9–34).

c) Eigenart, Entstehung, Datierung

Sifre Num gehört der Gruppe I der hal. Midraschim an (,,Schule Jischmaels"). Sifre Num bevorzugt dieselben Rabbinen (besonders Jischmael, Joschijja, Jonatan, Natan), dieselbe Terminologie und dieselbe Auslegungsmethode wie Mek. Auch hier befinden sich zahlreiche Texte, die in anderen rabb. Schriften R. Jischmael zugeschrieben werden, allerdings auch Unterschiede und Widersprüche dazu.

Sifre Num ist kein einheitlicher Text. Ein langes haggadisches Stück in Behaʿalotekha (§§ 78–106) fällt durch eine andere Terminologie und andere Tannaitennamen auf. Offenbar ist hier versucht worden, zwischen den beiden Midraschschulen auszugleichen, was jedoch nicht ohne Spannungen und innere Widersprüche abging. § 131 (Balaq) gehört der Gruppe II an, und auch die Haggada in §§ 134–141 stammt aus einer anderen Quelle als der Rest von Sifre Num.

Die Aussage Jochanans in Sanh 86a, daß die anonymen Sätze in Sifre R. Simeon (b. Jochai) entsprechen, bezieht sich nicht auf unser Sifre zu Num und Dtn. das ja eine Zusammenfügung verschiedener Midraschim ist. Nur einzelne Stücke in Sifre Num scheinen aus den Kreisen um Simeon b. Jochai zu stammen (*Epstein*, ITL 601 rechnet dazu §§ 42, 119, 128). Wie bei den anderen hal. Midraschim herrscht auch hier keine Einhelligkeit, ob die Talmudim Sifre Num gekannt und zitiert haben oder nur gemeinsame Quellen zitieren. Als Entstehungszeit kommt auch für Sifre Num am ehesten ein Datum ab der 2. Hälfte des 3. Jhs. in Frage.

d) Text

1. Handschriften und Drucke

H. S. Horovitz stützt sich in seiner kritischen Ausgabe Siphre D'be Rab. Fasciculus primus: Siphre ad Numeros adjecto Siphre zutta, Le 1917, J ²1966 (zu ergänzen mit der Kollation von MS Berlin in *Kuhns* Übersetzung) auf folgende Handschriften: MS British Museum add. 16006, in dem zahlreiche Stellen durch Homoioteleuton ausgefallen sind; MS Vatikan 32

(10. oder frühes 11. Jh.; Faksimile J 1972) und ein Midrasch Chakhamim, der u. a. einen großen Teil von Sifre exzerpiert. Dazu kommt MS Berliner Staatsbibliothek (Ms. Orient. Quart. 1594), wahrscheinlich im 14. Jh. in Norditalien entstanden und wohl der wichtigste Textzeuge von Sifre Num (so *K. G. Kuhn* in seiner Übersetzung von Sifre Num 708; 703–785 bietet er eine Beschreibung und Kollation des MS. Siehe auch *L. Finkelstein*, PAAJR 3, 3 ff).

Erstdruck V 1545 zusammen mit Sifre Dtn (Ndr. J 1970f).

2. Übersetzung

K. G. Kuhn, Der tannaitische Midrasch Sifre zu Numeri übersetzt und erklärt, Stuttgart 1959. Auswahlübersetzung (ca. ⅓): *P. P. Levertoff*, Midrash Sifre on Numbers, Lo 1926.

3. Konkordanz

B. Kosovsky, Thesaurus „Sifrei". Concordantiae verborum quae in „Sifrei" Numeri et Deuteronomium reperiuntur, 5 Bde, J 1971–4.

e) Kommentare

Der Kommentar des *Hillel ben Eljaqim* (12. Jh.) ist wichtig für die Textkritik; er zitiert auch verschiedene frühere Kommentare wie den von Hai Gaon. Enthalten in der Sifre-Ausgabe von *S. Koleditzky*, J 1948, die auch die Anmerkungen des Gaon von Wilna enthält. Der Kommentar des *David Pardo* (18. Jh.) wurde 1799 in Saloniki veröffentlicht, der von *M. Friedmann* in seiner Sifre-Ausgabe W 1864.

7) Sifre Zutta (= SZ)

Lit.: Ch. Albeck, Untersuchungen 148–151; *ders.*, MGWJ 75 (1931) 404–410 (Kritik an *Epstein*); *J. N. Epstein*, ITL 741–6; *ders.*, Tarbiz 3 (1931f) 232–6 (Antwort auf *Albeck*, MGWJ); *M. D. Herr*, EJ XIV, 1522f; *H. S. Horovitz*, Einleitung zu seiner Textausgabe XV–XXI; *S. Lieberman*, Siphre Zutta (The Midrash of Lydda) (h), NY 1968; *E. Z. Melammed*, Introduction 215–9.249.

Sifre zutta, „das kleine Sifre" zur Unterscheidung von Sifre Num, wird in mittelalterlichen Zitaten auch einfach als Sifre oder Zutta angeführt oder auch als *Sifre schel panim acherim*. Maimonides zitiert die Schrift mehrmals als Mekhilta (de R. Jischmael) im Sefer ha-Mitswot.

Der *Text* von SZ ist nur fragmentarisch in mittelalterlichen Zitaten, im Jalqut und MHG sowie in Zitaten in NumR erhalten. Dazu kommen zwei Fragmente aus der Geniza, von denen eines schon *S. Schechter* veröffentlicht (JQR 6,1894,656–663) und *H. S. Horovitz* in seine Textausgabe im

Anhang an Sifre Num (siehe oben) aufgenommen hat (330–334). *J. N. Epstein*, Sifre Zutta Paraschat Para, Tarbiz 1 (1929 f) 46–78 veröffentlichte MS Firkovitch II A 313⁴³, ein 5 Blatt umfassendes Fragment (entspricht *Horovitz* 300–315). *Horovitz* bemerkte schon zu seiner Ausgabe von SZ, „daß vieles in den Text aufgenommen sein dürfte, was nicht aus S. z. stammt, aber mit eben solcher Bestimmtheit läßt sich behaupten, daß in demselben vieles fehlen dürfte, was ursprünglich im S. z. enthalten war" (XX). *S. Lieberman* sieht dies durch den Vergleich mit dem von *Epstein* veröffentlichten Fragment bestätigt, doch dürfte der von *Horovitz* zusammengestellte Text von Vollständigkeit nicht weit entfernt sein (Siphre Zutta 6). *Lieberman* (Siphre Zutta 6–10) ergänzt den Text von SZ durch eine Reihe weiterer Zitate.

Wie Sifre Num dürfte auch SZ mit 5,1 eingesetzt und einen durchgehenden hal. Kommentar zu Num geboten haben, der nicht nach der Leseordnung, sondern sachlich nach Paraschen unterteilt war.

SZ steht der Gruppe II der hal. Midraschim („Schule Aqibas") nahe; das zeigt besonders der Vergleich mit Sifra, mit dem SZ zahlreiche sachliche und auch wörtliche Parallelen aufweist, von dem es jedoch auch in vielen Punkten abweicht. Gerade in der exegetischen Terminologie bietet SZ manche sonst nicht belegte Formeln, wie auch manche in SZ zitierte Tannaim sonst nicht überliefert sind. In der Halakha weicht SZ recht oft von M ab. Auffällig ist auch, daß der Name Rabbis wie auch der Natans nie genannt, ihre Lehren vielmehr anonym gebracht werden. *S. Lieberman* (91) sieht darin polemisches Verschweigen sowohl des Patriarchen Rabbi wie auch des mit dem Exilarchen verwandten Natan.

Gegen *D. Hoffmann*, der Simeon b. Jochai als Autor von SZ vermutet hatte (er bezog Sanh 86a *stam sifre R. Simeon* auf SZ), nennt *Horovitz* (XVII) R. Eliezer ben Jakob (T3), der in SZ oft genannt und auch mehrmals in rabb. Texten als Autor von in SZ anonym gebrachten Sätzen zitiert wird. *Epstein* vermutet als Ort der Endredaktion Sepphoris (da Er 83 b Sepphoris nennt, wo die Parallele SZ 283 Zeile 19 einfach „von uns" sagt), als Redaktor Bar Qappara (T5) (ITL 745), während *Melammed* (Introd. 216 f) eher an dessen Zeitgenossen R. Chijja denkt. *Lieberman* 92 ff betrachtet wie *Epstein* Bar Qappara als Endredaktor, hält jedoch Sepphoris für unmöglich (Sitz des Patriarchen, während SZ so kritisch gegenüber dem Patriarchat ist) und schließt daher auf Lydda, das in spättannaitischer Zeit das einzige bedeutende Torazentrum neben Sepphoris gewesen ist. Seines Erachtens ist SZ älter als alle anderen hal. Midraschim (Anfang 3. Jh.).

8) Sifre Deuteronomium

Lit.: S. *Abramson*, Arbaʿa Injanot be-Midresche Halakha, Sinai 74 (1974) 9 13; Ch. *Albeck*, Mabo 127–9; J. N. *Epstein*, ITL 625–630. 703–724; L. *Finkelstein*,

Haschpaʿat Bet Schammai al Sifre Debarim, Sefer Assaf, J 1953, 415–426; *ders.*, Concerning an Obscure Beraytha in the Sifre (h), FS S. Halkin, J 1973, 181–2; *I. B. Gottlieb*, Language Understanding in Sifre Deuteronomy: A Study of Language Consciousness in Rabbinic Exegesis, Diss. NY Univ. 1972; *R. Hammer*, Section 38 of Sifre Deuteronomy: An Example of the Use of Independent Sources to Create a Literary Unit, HUCA 50 (1979) 165–178; *M. D. Herr*, EJ XIV, 1520f; *Z. Karl*, Mechqarim be-Sifre, TA 1954; *E. Z. Melammed*, Introduction 202–7.243–5.

Zum *Namen* siehe S. 249.

a) Inhalt und Einteilung

Sifre Dtn ist ein exegetischer Midrasch zu Dtn, 1,1–30; 3,23–29; 6,4–9; 11,10–26,15;31,14;32–34. Außer dem gesetzlichen Hauptstück Dtn 12–26 kommen also auch erzählende Teile (der historische Prolog, das Gebet des Mose, das Schemá, die Amtsübertragung an Josua, Lied und Segen des Mose sowie dessen Tod). Die ursprüngliche Gliederung erfolgte nach Paragraphen (Pisqaot), die wohl je einem Vers entsprachen, sowie den offenen und geschlossenen Paraschijot des Bibeltextes (nicht jenen der babylonischen Leseordnung, die nachträglich auch hier einbezogen wurde): siehe *Rabinovitz*, Ginzé Midrash 61.

b) Text

Krit. Ausgabe *L. Finkelstein*, Siphre ad Deuteronomium H. S. Horovitzii schedis usis cum variis lectionibus et adnotationibus, B 1939, Ndr. NY 1969. Eklektischer Text. Wichtige Rezensionen zu den ersten Faszikeln der Ausgabe: *J. N. Epstein*, Tarbiz 8 (1936f) 375–392; *S. Lieberman*, KS 14 (1937f) 323–336. Die Ausgabe beruht v. a. auf folgenden MSS (dazu *L. Finkelstein*, Prolegomena to an Edition of the Sifre on Deuteronomy, PAAJR 3, 1931f, 3–42): *MS Rom* Assemani 32 (10. oder 11. Jh.) umfaßt den ganzen Text von Sifre Num und Dtn (außer zu Dtn 32–34); Faksimile J 1972; *Berlin* MS Orient. Quart. 1594 (siehe S. 251); *Britisch Museum* MS Add. 16,406; *MS Oxford*, Neubauer 151. Die sechs von F. schon verwerteten *Geniza-Fragmente* sind durch ein weiteres zu ergänzen: *Z. M. Rabinovitz*, Ginzé Midrash 60–65 (umfaßt §§ 289–292, orient. Schrift ca. 14. Jh.). Zitate in MHG, Jalqut und einem jemenitischen Midrasch (vom Ende des 14. Jhs., Sammelwerk nach Art des MHG: Leningrad Cod. II Firkovitch 225 Teil 4): *L. Finkelstein*, Fragment of an Unknown Midrash on Deuteronomy, HUCA 12–13 (1937–8) 523–557 (nur ein Teil des MS!). *Erstdruck* V 1545 zusammen mit Sifre Num (Ndr. J 1970/1).

Konkordanz: B. Kosovsky (S. 251).

Übersetzung: H. Ljungman, Sifre zu Deuteronomium, 1. Lieferung (§§ 1–31 = Dtn 1,1–6,4), Stuttgart 1964.

c) Eigenart, Entstehung, Datierung

Sifre Dtn ist kein einheitliches Werk. §§ 1–54 und 304–357, d. h. die haggadischen Teile, gehören nicht mit dem zentralen gesetzlichen Teil §§ 55–303
(Dtn 11,29–26,15) zusammen. Der halakhische Teil ist nach den üblichen
Kriterien – Rabbinen, Auslegungsmethode und Fachterminologie – Gruppe II der hal. Midraschim („Schule Aqibas“) zuzurechnen, was auch die
zahlreichen, oft wörtlichen Parallelen zu Sifra zeigen. Einzelne Stücke werden zwar in anderen rabb. Texten als Lehre des R. Jischmael zitiert; doch
lassen sich diese als spätere Zufügungen erweisen: sie scheinen in der MSS-
Tradition meist erst spät auf bzw. sind sonst als in den eigentlichen Text
erst nachträglich eingedrungene Glossen ersichtlich. In der Ausgabe *Finkelstein* sind diese fraglichen Texte durch Kleindruck gekennzeichnet (vgl.
ITL 706f. 711–724).

Die Aussage von Sanh 86a, der anonyme Teil von Sifre gehe auf
R. Simeon zurück, paßt nach *Epstein* (ITL 705f) am ehesten auf den halakhischen Teil von Sifre Dtn, da so manche hier anonym angeführte Stellen in
anderen rabb. Texten im Namen des R. Simeon b. Jochai gebracht werden.
Dasselbe gilt allerdings auch bezüglich Rabbi und R. Chizkijja: bei diesen
Rabbinen will *Epstein* das aber eher mit der Benützung von Sifre Dtn in
deren Schulen erklären, ebenso auch bei Jochanan bar Nappacha (ITL
709), den *D. Hoffmann* 70f als Redaktor von Sifre Dtn angesehen hatte.

L. Finkelstein (GS Assaf) hat eine detaillierte These zur Entstehung von
Sifre Dtn im halakhischen Teil vorgetragen. Ausgehend von den Stellen,
wo Sifre Dtn die Halakha Schammais gegen die Hillels vertritt, führt er
diese auf den Schammaiten Eliezer ben Hyrkan zurück, dessen Schüler
noch unter Jochanan ben Zakkai mit der Redaktion von Sifre Dtn begonnen haben sollen (F. verweist besonders auf Stellen, die vom Gerichtshof in
Jabne sprechen). Später habe dann Aqiba Sifre Dtn in seiner Schule gelehrt,
ergänzt und korrigiert und der Meinung Hillels angepaßt, ohne jedoch alle
Spuren der früheren Redaktion zu verwischen (423f).

Diese These *Finkelstein*'s geht über das Beweisbare weit hinaus. Eliezer
ist nicht als Schammait anzusprechen, sondern stimmt nur manchmal mit
der Meinung dieser Schule überein (*Neusner*, Eliezer II 309). Zwar steht
Sifre Dtn zusammen mit Sifra Eliezer-Traditionen näher als etwa Mek
(ibid. 226–233), doch kann ihm kein besonderes exegetisches Interesse oder
gar eine eigene exegetische Methode nachgewiesen werden (387–398). *Finkelstein*, aber auch *Epstein* haben für ihre Rekonstruktionen Beobachtungen zu Einzeltraditionen und möglichen Quellen von Sifre Dtn auf ein
geschichtliches Werden der Gesamtschrift interpretiert. Zu solchen Urtei-
len fehlt jedoch noch immer die Basis. Auch beim halakhischen Teil von
Sifre Dtn kommen wir derzeit über eine Datierung der Endredaktion nicht
hinaus. Diese ist entgegen der Schule *Albecks* nicht um 400, sondern im
späten 3. Jh. zu vermuten.

Dasselbe gilt für die *haggadischen Teile* §§ 1–54 und 304–357, die aus der „Schule Jischmaels" stammen bzw. dieser nahestehen, wie Terminologie, Rabbinennamen usw. zeigen *J. N. Epstein* (ITL 627ff) zeigt die Uneinheitlichkeit auch der haggadischen Stücke selbst. Allein §§ 31–54 (Dtn 6,4–9; 11,10–28) hat durchgehend die für Gruppe I typischen Charakteristika (auch Parallelen zu Mek); §§ 1–25; 26–30 sowie 304–357 sind hingegen aus verschiedenen Quellen zusammengesetzt, was sich in den Rabbinennamen und v. a. in einer Mischterminologie zeigt. Der haggadische Stoff der halakhischen Midraschim ist allerdings ganz allgemein viel stärker Gemeingut als die Halakha.

d) Kommentare

Es sind dieselben wie zu Sifre Num, da beide Werke als Einheit überliefert wurden (S. 251).

9) Midrasch Tannaim

Lit.: Ch. Albeck, Untersuchungen 156f; *J. N. Epstein,* ITL 631–3; *M. D. Herr,* EJ XI, 1518f; *E. Z. Melammed,* Introduction 219–222.

MidrTann ist die Bezeichnung, die *D. Hoffmann* dem von ihm rekonstruierten halakhischen Midrasch zu Dtn gab. Andere bevorzugen die Bezeichnung Mekhilta zu Dtn, um damit die Zusammengehörigkeit mit Mek zu betonen, bzw. im Anschluß an die Aussage des Maimonides im Vorwort zu Mischne Tora, daß Jischmael eine Mekhilta zu Ex bis Dtn geschrieben habe.

a) Der Text

D. Hoffmann hat schon 1890 Zitate aus MHG gesammelt, die die Existenz eines hal. Midrasch zu Dtn (auch zu 12–26 und nicht nur zu den Rahmenkapiteln) beweisen sollten: Ueber eine Mechilta zu Deuteronomium, FS I. Hildesheimer, B 1890, 83–98 und hebr. Teil 3–32. *S. Schechter* veröffentlichte dann zwei Geniza-Fragmente: Genizah Fragments, JQR 16 (1904) 446–452; The Mechilta to Deuteronomy, JQR 16 (1904) 695–701. Diese hat *D. Hoffmann* dann zusammen mit MHG-Zitaten zur Grundlage seiner Textausgabe gemacht: Midrasch Tannaim zum Deuteronomium, 2 Hefte, B 1908/9. Ein weiteres Geniza-Fragment: *S. Schechter,* Mekhilta le-Debarim Paraschat Re'e, FS I. Lewy, Breslau 1911, hebr. Teil 187–192. Da das von ihm in JQR 16,695ff. veröffentlichte Fragment fehlerhaft wiedergegeben war, edierte es *J. N. Epstein* neu: Mekhilta le-paraschat Re'e, GS H. P. Chajes, W 1933, hebr. Teil 60–75. *Hoffmann* hatte es in seiner Ausgabe ohne Rückgriff auf das MS mit Konjekturen „korrigiert".

Epstein (ITL 632 f) folgert aus dem Vergleich der Geniza-Fragmente mit
MHG, daß dessen Autor keine vollständige Handschrift der Mekhilta zu
Dtn zur Verfügung hatte, bei Texten, die Parallelen in bT oder Sifre Dtn
haben, diese miteinander kombiniert und auch nicht alles, was sich nicht in
Sifre findet, deshalb auch schon aus der Mekhilta zu Dtn entnommen habe.
Nur etwa die Hälfte der MHG-Zitate in *Hoffmann* dürften tatsächlich aus
Mek zu Dtn stammen. Das zu beurteilen, ist nach inneren Kriterien (Aus-
legungssystem, Rabbinennamen, Terminologie) möglich. Sicherheit ist al-
lerdings nur durch neue MS-Funde zu erreichen.

b) Eigenart und Entstehung

MidrTann war ein halakhischer Midrasch, der wohl ganz Dtn umfaßte. Die
Geniza-Fragmente dokumentieren glücklicherweise gerade den Übergang
von Dtn 11 zu 12, also vom haggadischen zum halakhischen Teil. Sie
rechtfertigen in etwa die Entscheidung *Hoffmanns*, für den haggadischen
Teil Sifre Dtn §§ 1–54, ergänzt durch MHG, zu übernehmen, ebenso
§§ 304ff. Die ursprüngliche Einteilung war, wie die Geniza-Fragmente
zeigen, in Paraschen und Halakhot.

Rabbinennamen, exegetische Methode und Terminologie weisen Midr-
.Tann der Gruppe I (,,Schule Jischmaels'') der halakhischen Midraschim zu.
Über Entstehungsgeschichte und Datum der Endredaktion läßt sich beim
fragmentarischen und z. T. auch fragwürdigen Textzustand nichts Näheres
sagen; das Urteil über die anderen halakhischen Midraschim kann wohl im
allgemeinen vorläufig auch hier als Arbeitshypothese übernommen
werden.

III. Die ältesten Auslegungsmidraschim

1) Genesis Rabba (GenR)

Lit.: Ch. Albeck, Einleitung zum Bereschit Rabba, im Anhang zur Textausgabe
Theodor-Albeck Bd III, J ² 1965 (h); *J. N. Epstein*, IAL 287–290 (Beziehung zu pT);
E. A. Goldman, Parallel Texts in the Palestinian Talmud to Genesis Rabba (Chapters I–V), Rabbinic Thesis, Hebrew Union College, Cincinnati 1969; *M. Gutt-
mann-B. Heller*, EJ (1931) VII, 241–7; *J. Heinemann*, The Structure and Division
of Genesis Rabba (h), Bar-Ilan 9 (1971) = GS H. *M. Shapiro* I, Ramat Gan 1972,
279–289; *M. D. Herr*, EJ 7, 399–401; *M. Lerner*, Anlage des Bereschith Rabba und
seine Quellen, B 1882; *A. Marmorstein*, The Introduction of R. Hoshaya to the
First Chapter of Genesis Rabba, FS L. Ginzberg, NY 1945, 247–252; *H. Odeberg*,
The Aramaic Portions of Bereshit Rabba. With Grammar of Galilean Aramaic,
Lund-Le 1939; *L. I. Rabinowitz*, The Study of a Midrash, JQR 58 (1967f) 143–161;
L. Zunz, GV 184–9.

a) Der Name

GenR, nach der hebr. Bezeichnung von Genesis auch Bereschit Rabba,
scheint mit diesem Namen schon in den Halakhot Gedolot, im Arukh und
öfter auf. Daneben sind auch die Bezeichnungen Bereschit de Rabbi
Oschaja, Bereschit Rabba de Rabbi Oschaja und Baraita de Bereschit Rabba schon früh belegt. Ungeklärt ist jedoch, warum der Kommentar als
Rabba bezeichnet wird. Zunz (GV 187) vermutete als ursprünglichen Namen Bereschit de R. Oschaja Rabba. Später sei der Name des R. Oschaja –
nach dem der Midrasch benannt wurde, weil er mit *R. Oschaja patach*
beginnt – ausgefallen und Bereschit Rabba übriggeblieben. Dagegen läßt
sich einwenden, daß gerade die besten Textzeugen nur R. Oschaja und
nicht R. Oschaja Rabba lesen. Bereschit Rabba als ,,die große Genesis"
zum Unterschied vom Bibeltext selbst zu verstehen, verbietet sich, da sonst
jeder Bibelkommentar den Beinamen Rabba erhalten müßte. So bleibt die
Möglichkeit, daß Rabba unseren Gen-Kommentar von einem kleineren
Gen-Kommentar unterscheiden sollte, sei es, wie *J. Theodor* (MGWJ
38,1894,518) meinte, der viel ausführlichere Teil von GenR, d. h. die Paraschen 1–29, im Unterschied zum viel kürzer gefaßten Rest (Th. sieht hierin
zwei Midraschim, aus denen GenR zusammengesetzt ist), oder sei es zur
Unterscheidung von einem anderen kleineren Gen-Midrasch. Durch die
gemeinsame Überlieferung mit anderen Midraschim zum Pentateuch dürfte dann die Bezeichnung Rabba auch auf diese übergegangen sein, später
dann auch auf die Megillot.

b) Inhalt und Aufbau

GenR ist ein Auslegungsmidrasch zu Gen. Er gibt teils einfache Wort- und Satzerklärungen, teils, in oft nur loser Anknüpfung, kurze oder ausführliche haggadische Deutungen und Darlegungen, in die häufig Sentenzen und Gleichnisse hineinverflochten sind. Ab Parasche 93 wird die Vers-für-Vers-Erklärung aufgegeben. MS Vatikan 30 überliefert jedoch 95–97 in einer anderen Textfassung, die als die ursprüngliche zu betrachten ist. Die Druckausgaben zählen gewöhnlich 100 Paraschen, die Handschriften zwischen 97 und 101, letztere Zahl in MS Vat. 30. Hier weicht die Zählung ab Par. 97 (in Vat. 30 als 98 gezählt) voneinander ab. Aber auch in den Paraschen 40–43 haben MSS und Drucke keine einheitliche Zählung. Ein Teil der Texttradition teilt 40 in 40 und 41, verbindet aber sein 43 mit dem 43 der anderen Tradition, daß hier wieder die Einheit hergestellt ist. Gegenüber den halakhischen Midraschim erhält das Werk sein besonderes Gepräge durch die (teilweise freilich späteren) *Proömien*. Alle Paraschen mit Ausnahme von sieben (13.15.17.18.25.35.37) haben eine oder mehrere Petichot. *Albeck* (12) zählt im eigentlichen GenR (Paraschen 1–94 sowie 95–97 nach MS Vat. 30) insgesamt 246 Petichot, die meist mit Versen aus den Ketubim einsetzen und zum größeren Teil (170) anonym sind. Die Zahl der Petichot zu Beginn der Paraschen schwankt zwischen einer (in 38 Paraschen) und neun (in Parascha 53).

Nach welchem Prinzip ist die Paraschen-Einteilung erfolgt? *Albeck* (97) folgt *Theodor*, daß die Paraschen zum Großteil nach den „geschlossenen" und „offenen" Abschnitten in der Bibel (Setumot und Petuchot) eingeteilt worden seien, in einzelnen Fällen auch nach dem dreijährigen Lesezyklus Palästinas. Doch bleibt nach diesem System ein großer Teil der Paraschen unerklärt. Deshalb versucht *J. Heinemann* eine Erklärung von den Petichot aus. Gewöhnlich sind diese vor den Sedarim zu erwarten, zu denen ja gepredigt wurde. Für Gen kennt der palästinische Zyklus etwas mehr als 40 Sedarim. Wo nun in GenR eine Parasche einem Seder-Beginn entspricht, sind gewöhnlich zwei oder mehr Proömien zu finden; wo dies nicht der Fall ist, gibt es entweder gar keine Peticha (7mal) oder eine kurze, rudimentäre oder auch eine unechte Peticha. Das läßt den Schluß zu, daß die Einteilung von GenR ursprünglich nach den Sedarim der palästinischen Leseordnung erfolgte. Wegen Materialfülle, so *Heinemann*, habe man dann weitere 50 bis 60 Abschnitte gemacht und diesen, um einen gleichmäßigen Aufbau des Midrasch zu erzielen, womöglich Proömien vorangestellt, sich dabei aber auch mit Ersatzlösungen beholfen.

c) Quellen von Genesis Rabba

Der Redaktor des Midrasch stützt sich auf eine Fülle von rabb. Traditionen; im Einzelfall ist allerdings schwer zu entscheiden, ob er schriftliche

Texte vor sich hat und frei zitiert, oder ob er auf frühere Fassungen der uns
überlieferten Texte oder gar nur auf gemeinsame mündliche Traditionen
zurückgreift. Die letzte Annahme könnte v. a. bei den Parallelen von GenR
mit Philo, Josephus und der zwischentestamentlichen Literatur zutreffen;
doch ist auch nicht auszuschließen, daß solche Traditionen, die ja im rabb.
Judentum nicht gepflegt wurden (zumindest nicht offen), durch Kontakte
und Diskussionen mit Christen bekannt wurden. Diese Wechselwirkungen
in Palästina sind noch nicht genügend erforscht.

Dreimal (Ausgabe Th-A 198.461.1152) beruft sich GenR ausdrücklich
auf die Übersetzung des Aquila ins Griechische. Zu den Targumim finden
sich zahlreiche Parallelen, oft mit dem ausdrücklichen Hinweis auf den
Targum. Abweichungen im Wortlaut sind natürlich, da ja die Targumim
noch lange ein lebendiges Wachstum erfahren haben. Aber auch bei den
zahlreichen Zitaten aus M und Baraita (mit oder auch ohne Hinweis) hält
sich der Redaktor nicht an den genauen Wortlaut, wie er uns überliefert ist.
So kann *Albeck* sogar bei wörtlichen Parallelen mit T eine direkte Entlehnung aus T verneinen, einerseits weil viele dieser Parallelen sich auch in pT
finden, v. a. jedoch weil es sich hier gewöhnlich um Haggada handelt,
deren Herkunft schwer zu beweisen ist. Ähnlich steht es mit den hal.
Midraschim, deren Verwendung in GenR *Albeck* verneint (wo nicht anders möglich, einfach mit dem Argument, daß ja auch pT die hal. Midraschim nicht verwendet habe: 64).

Ein eindeutiges Urteil ist zwar, wie so oft in der rabb. Literaturgeschichte, nicht möglich, was die direkte Benützung gewisser Schriften betrifft.
Sicher ist jedoch, daß GenR mit den Inhalten von M, T, hal. Midraschim
und Targumim wohl vertraut gewesen ist.

Eine besondere Bedeutung für die Datierung von GenR hat die Frage,
ob der Redaktor unseren pT benützt hat oder nicht. *Frankel*, Mabo
51b–53a, vertrat ebenso wie *Zunz*, GV 185, die Ansicht, daß GenR pT
benützt und erklärt hat. Dagegen hat *Albeck* durch einen umfassenden
Vergleich der etwa 220 Parallelstellen gezeigt, daß GenR einen pT verwendet hat, der unserem pT glich, doch von diesem verschieden war. Daß
GenR diese andere Fassung von pT verwendet hat und nicht umgekehrt
dieser pT GenR benützt, geht v. a. aus den halakhischen Aussprüchen in
GenR hervor. Diese ,,wurden fast alle zuerst als Erklärung oder Ergänzung
der M und nicht zu einem Toratext gelehrt. D. h. daß der Redaktor von
GenR sie aus dem Talmud kopierte, den er zur M hatte" (67). Von hier
kann man dann auch für die Haggada schließen, wo diese in GenR pT
parallel ist, auch wenn hier mit zahlreicheren Quellen zu rechnen ist.

d) Redaktion und Datierung von Genesis Rabba

Im Vorwort zu Mischne Tora schreibt Maimonides, daß ,,R. Oschaja, der
Schüler unseres heiligen Rabbi, einen Kommentar zum Buch Genesis ver-

faßte". Damit meint er offenbar GenR. Diese Zuschreibung geht eindeutig
vom Anfang von GenR aus, wo R. Oschaja als erster zu Wort kommt. Der
Name GenRabba scheint die Zuschreibung des Werkes an Rabba bar
Nachmani (bA3) verursacht zu haben: so in einer MSS-Gruppe des Sefer
ha-Qabbala des Abraham Ibn Daud (Cohen verweist diese Leseart, die er
p. 123 als Glosse bezeichnet, in den Apparat).

Eine Datierung im 3. Jh. (Oschaja) oder um 300 (Rabba bar Nachmani)
ist aber nicht haltbar, zitiert doch GenR babylon. Rabbinen aus der Zeit
um 300, palästinische Rabbinen bis etwa 400. Auch wird Diokletian genannt (GenR 63,8, Th-A 688). Zunz (GV 186) meint außerdem in GenR
64,10 (Th-A 710–712), wo von einer später wieder zurückgezogenen Erlaubnis der römischen Regierung die Rede ist, den Tempel wieder aufzubauen, nicht einen Hinweis auf die Zeit Hadrians sehen zu können, wofür
der hier genannte R. Jehoschua ben Chananja spricht; er glaubt hier vielmehr einen mißverstandenen Bericht über den Versuch des Tempelbaus
unter Julian zu erkennen. Die Zeitverwirrung zeige, daß der Redaktor
lange nach den Ereignissen gelebt habe. Eine solche Deutung dieses Textes
ist jedoch absolut nicht notwendig. Die Datierung von GenR ins 6. Jh. ist
daher nicht begründet. Von den in GenR erwähnten Rabbinen und Ereignissen her ist nur eine Datierung nach 400 gefordert. Da GenR pT noch
nicht in seiner jetzigen Form zitiert, wohl aber auch die letzten Schichten
seines Inhalts kennt, ist der Midrasch wohl etwas gleichzeitig mit pT end-
redigiert worden, d. h. im 5. Jh. und wohl in dessen 1. Hälfte.

Zur Vorgeschichte von GenR läßt sich nichts sagen. Die Annahme,
GenR sei die erweiterte Fassung eines schon von R. Oschaja begonnenen
Midrasch, läßt sich nicht erweisen. Sicher ist jedoch, daß GenR in Palästina
redigiert wurde. Darauf verweist nicht nur das Überwiegen von palästinischen Rabbinen in GenR, sondern v. a. die Sprache: vorwiegend Hebräisch
mit vielen griechischen Fremdwörtern, aber auch Teile in galiläischem Aramäisch. Dazu kommt die Tradition (Raschi zu Gen 47,2 bezeichnet GenR
als Aggadat Erets Jisrael).

Der Text von GenR hat im Lauf der Überlieferung verschiedene Erweiterungen (aber auch Auslassungen) erfahren. Dies ist v. a. aus dem Vergleich von Cod. Vat. 30 mit den übrigen Textzeugen zu ersehen. Schon
Zunz hat auf solche Zufügungen in den Paraschen 75 (Th-A
884–892.894–6), 91 (Th-A 1118–1126) und 93 (Th-A 1161–1171) aufmerksam gemacht, die zum Großteil aus Tanchuma stammen. Andere Erweiterungen sind erst in den Drucken dazugekommen.

Was die Kapitel 96–100 betrifft, hat Zunz (GV 265–7) auf ihre Andersar-
tigkeit gegenüber dem Rest von GenR aufmerksam gemacht und betont,
daß ein Großteil des Inhalts mit Tanchuma übereinstimmt. Außerdem
bieten die meisten MSS die Auslegung des Jakobsegens Gen 49 in einer
teilweise aus Tanchuma-Homilien übernommenen jüngeren Rezension,
die auch im Arukh und im Jalqut zitiert wird. Diese Fassung wird als

schitta chadascha bezeichnet. *Albeck* 103f gibt zu, daß 95 und 96 Tanchuma-Homilien sind, die aber durch die in Vat. 30 überlieferten echten GenR-Paraschen 95–97 zu ersetzen sind. Die vier letzten Paraschen 98–101 (bzw. 97–100 in den üblichen Drucken) sind jedoch echter Bestandteil von GenR, ausgenommen die mit *lischana acharina* gekennzeichneten Abschnitte in den beiden letzten Paraschen. Die Parallelen zu Tanchuma besagen nicht, daß Tanchuma die Quelle für GenR gewesen sei. Einzelne Stellen in Vat. 30, die *Albeck* (104.108) als Zutaten verdächtigte, hat *L. M. Barth* durch neues Textmaterial als echt erwiesen (An Analysis of Vatican 30, Cincinnati 1973, 89ff).

e) Der Text

1. Handschriften (Beschreibung in *Albeck* 104–117)

MS Vat. Ebr. 60 der Vatikanbibliothek ist die älteste erhaltene GenR-Handschrift; in der Ausgabe Th-A noch nicht verwendet. *H. Cassuto*, Codices Vaticani Hebraici 1–115, Vatikan 1956, 87, datiert das MS auf ca. das 10. Jh. Faksimile: Midrash Bereshit Rabba. Codex Vatican 60. (Ms. Vat. Ebr. 60) A previously unknown manuscript, recently established as the earliest and most important version of Bereshit Rabba, J 1972. *M. Sokoloff*, The Geniza fragments of Genesis Rabba and Ms. Vat. Ebr. 60 of Genesis Rabba (h), Diss. J 1971.

MS Vat. Ebr. 30, im 10. oder 11. Jh. in Ägypten als das Werk mehrerer Schreiber entstanden, gilt als die beste Textfassung von GenR (so *Albeck*, *Kutscher* u. a.). Es ist dem älteren MS Vat. Ebr. 60 überlegen, auch wenn Anfang und Ende sowie Stücke im Hauptteil fehlen. Faksimile: Midrash Bereshit Rabba (Ms. Vat. Ebr. 30) with an Introduction and Index by *M. Sokoloff*, J 1971. *L. M. Barth*, An Analysis of Vatican 30, Cincinnati 1973; *E. Y. Kutscher*, Studies in Galilean Aramaic, Ramat Gan 1976,11–41; *M. Sokoloff*, The Hebrew of Berešit Rabba according to Ms. Vat. Ebr. 30 (h), Leschonenu 33 (1968f) 25–42.135–149.270–279.

MS British Museum, Add. 27169, das GenR und LevR enthält, wurde von *Theodor* als der Basis-Text seiner Ausgabe gewählt. *Albeck* 105 glaubt an eine Niederschrift vor dem Jahr 1000 (nach einer Glosse wird der Messias für dieses Jahr erwartet), während *Herr* 401 das MS auf die Mitte des 12. Jhs. datiert. Beschreibung: *J. Theodor*, Der Midrasch Bereschit Rabba, MGWJ 37 (1893), 38 (1894) und 39 (1895) in zwölf Fortsetzungen.

Weitere MSS sind MS Paris, Bibl. Nat. Nr. 149 (GenR, LevR und Teil von NumR, 1291 in Arles geschrieben) und MSS in Oxford, Stuttgart und München.

2. Geniza-Fragmente

Schon die Ausgabe Th-A hat einzelne Blätter aus der Geniza in der Bodleiana zu Oxford im Apparat verarbeitet (Stücke aus GenR 33,34,70,72,74). *Albeck* gibt im Registerteil 146–150 drei Blatt aus Cambridge (schon von

E. Levine, JQR 20, 1907f, 777–783, veröffentlicht) und eines aus Oxford wieder (Stücke von GenR 1,4 und 5). Nicht verwertet sind die Texte in *A. S. Lewis-M. D. Gibson*, Palestinian Syriac Texts, Lo 1900, Plates II und III (Texte transkribiert in *L. M. Barth*, An Analysis of Vatican 30, 329–335; Stücke aus GenR 1,2,56,57). *N. Alloni*, Geniza Fragments 51–62 hat weitere Fragmente beschrieben (und in Faksimile wiedergegeben): 14 Fragmente auf 29 Blättern (zusätzlich viele kleine Fragmente, die noch nicht genau identifiziert sind), auf Bibliotheken in Oxford, Cambridge, London und Leningrad verteilt, stammen alle von derselben Handschrift in paläst. Vokalisierung, die auf einem griechischen Palimpsest geschrieben wurde (umfangreiche Stücke der Paraschen 1,2,33,55,56–58,59,65–66,70,71–73,74–77,78,80,81 und 98 = 99). Auf Fragmente in der Adler Collection des JThS NY verweist *L. M. Barth*, An Analysis 85 (GenR 1,4,28–29).

3. Drucke (dazu Albeck 117–138)
Der Erstdruck von GenR erfolgte zusammen mit dem der anderen Schriften des Midrasch Rabba zum Pentateuch Konstantinopel 1512, wahrscheinlich auf der Basis mehrerer MSS, wovon eines von der Art des MS Vat. Ebr. 30 gewesen sein muß. Doch finden sich hier auch viele in keinem MS vorhandene Ergänzungen, aus pT, anderen Midraschim und dem Raschi zugeschriebenen Kommentar zu GenR entnommen (*Albeck* 127f). Zum zweitenmal, nun auch einschließlich der Midraschim zu den Megillot, die zuerst 1519 erschienen sind (in Pesaro?), wurde GenR 1545 in Venedig gedruckt. Als Grundlage diente neben dem Erstdruck ein MS, doch wurden auch viele eigenmächtige Textveränderungen vorgenommen (*Albeck* 131). Die Ausgabe von 1545 war dann die Grundlage für die zahlreichen weiteren Drucke des Midrasch Rabba, von denen die wichtigste jener von Romm, Wilna 1887 ist, der auch zahlreiche traditionelle Kommentare enthält. Auf ihn stützt sich die Ausgabe von *M. A. Mirkin*, Midrasch Rabba, 11 Bände (davon GenR in 1–4), TA 1956–1967; doch berücksichtigt diese Ausgabe auch die Edition Th-A. Zu erwähnen ist auch die Ausgabe des Midrasch Rabba von *E. E. Hallewy*, 8 Bde, TA 1956–1963. Beide Ausgaben bieten einen vokalisierten Text der Rabbot zum Pentateuch.

Die kritische Ausgabe von *J. Theodor-Ch. Albeck*, Midrash Bereshit Rabba. Critical Edition with Notes and Commentary, 3 Bde, J 1965 (Ndr. von B 1912–1936 mit Korrekturen) verwendet als Basis das MS des British Museum, arbeitet jedoch fast das gesamte damals bekannte MSS-Material in den Apparat ein. Die Edition ist mustergültig, auch wenn schon *Albeck* erkannte, daß eigentlich MS Vat. 30 und nicht MS London die Basis hätte sein sollen (so urteilt auch *L. M. Barth*, An Analysis 120). Doch läßt das inzwischen gefundene Geniza-Material und auch MS Vat. 60, das *Theodor* und *Albeck* übersehen haben, obwohl im Katalog der Brüder Assemani richtig gekennzeichnet, eine Neuausgabe wünschenswert erscheinen.

4. Übersetzungen
A. *Wünsche,* Bibl. Rabb., Le 1881, Ndr. H 1967; *H. Freedman-M. Simon,*
Hg., Midrash Rabba. Translated into English, 10 Bde, Lo 1939, ³1961
(GenR in Bden 1–2, übersetzt von *H. Freedman*).

f) Kommentare

Die Ausgabe von GenR V 1567–8 enthält den fälschlich Raschi zugeschrie-
benen Kommentar am Innenrand (dazu *J. Theodor,* FS I. Lewy), am Au-
ßenrand jenen des Abraham ben Ascher, eines Schülers des Josef Karo in
Safed, später Rabbiner in Aleppo. Beide zusammen tragen dort den Titel
Or ha-Sekhel. Sehr verbreitet ist der Kommentar *Mattenot Kehunna* des
R. Issachar Baer ben Naftali ha-Kohen, 1584 vollendet (zum gesamten
Midrasch Rabba): der Teil zu GenR erschien zuerst in der Ausgabe des
Midrasch Rabba Krakau 1587–8. Der Autor war textkritisch sehr interessiert und versuchte, mit MSS die Fehler in den Druckausgaben zu korrigie-
ren. Ein moderner Kommentar ist der Ausgabe Th-A unter dem Titel
Minchat Jehuda beigegeben. Dieser ist jedoch primär textkritisch ausge-
richtet. Ein einfacher hebräischer Sachkommentar ist in der Ausgabe *Mirkin* zu finden, ebenso in der Ausgabe *Hallewy.*

2) Klagelieder Rabba (KlglR)

Lit.: J. Abrahams, The sources of the Midrash Echah rabbah, Dessau 1881; *B. Hel-
ler,* EJ X (1934) 48–50; *M. D. Herr,* EJ X, 1376–8; *C. Raphael,* The Walls of
Jerusalem. An Excursion into Jewish History, NY 1968; *M. Zulay,* An Ancient
Poem and Petichoth of Echa Rabbati (h), Tarbiz 16 (1944f) 190–195; *Zunz,* GV
189–191. – *Text: S. Buber,* Midrasch Echa Rabbati. Sammlung agadischer Ausle-
gungen der Klagelieder, Wilna 1899, Ndr. H 1967; *Z. M. Rabinovitz,* Ginzé
Midrash 118–154; *ders.,* Genizah Fragments of Midrash Ekha Rabba (h), 6th
WCJS, J 1977, III 437–9.

a) Der Name

KlglR wird auch Midrasch Threni oder nach dem hebr. Anfang Ekha
Rabbati genannt. Den letztgenannten Namen verwendet schon Raschi zu
Jes 22,1 und Jer 40,1. Dieser Titel bezog sich wohl ursprünglich nur auf
Kapitel 1 (Jerusalem wird Klgl 1,1 als *rabbati am* bezeichnet) und wurde
erst nachträglich auf die anderen Kapitel ausgedehnt (so *Zunz,* GV 189
Anm. e; *Buber,* Mabo 3 Anm. a deutet hingegen Rabbati im Gegensatz zu
einem kleinen Midrasch zu Klgl, Ekha zutta). Andere Bezeichnungen sind:
Aggadat Ekha (Rabbati) – so Chananel; Megillat Ekha (Arukh); Midrasch
Qinot (Raschi zu Ez 12,3); Midrasch Ekha (Raschi zu Jes 43,24).

b) Der Text

KlglR, ein exegetischer Midrasch zu Klgl, dem eine Reihe von Petichot vorangestellt sind, ist in zwei Textrezensionen überliefert. Die eine wird durch den Erstdruck Pesaro 1519 (Ndr. B 1926; zusammen mit den anderen Megillot) vertreten (diese Fassung auch in Midrasch Rabba, Wilna 1887), die andere durch die Ausgabe *Buber*, die als Textbasis MS J.I.4 der Biblioteca Casanata in Rom benutzt. Diese Textfassung ist durch Zitate im *Arukh* und bei mittelalterlichen Autoren belegt. Allerdings fehlen im von *Buber* verwendeten MS (an dessen Ende eine Kaufbestätigung von 1378 eingetragen ist) unter anderem die Petichot, die *Buber* deshalb aus Cod. 27089 des British Museum (datiert 1504) übernommen hat; doch auch in dieser 19 verschiedenen Schriften umfassenden Sammelhandschrift fehlen die Petichot 1–4, für die einfach auf die Quelle PRK verwiesen wird. Fünf weitere MSS sind in Parma erhalten, wovon MS De Rossi 1240 im Jahr 1270 geschrieben wurde; zwei MSS befinden sich in der Vatikanbibliothek, eines in Oxford, ein weiteres (1295 datiert) in München; dieses gleicht im Text dem Erstdruck und hat diesem vielleicht als Grundlage gedient (Beschreibung der MSS in *Buber*, Mabo 73–7).

Rabinovitz hat mehrere *Geniza-Fragmente* veröffentlicht: ein Fragment von 3 Blatt in Cambridge enthält den Text mehrerer Petichot, ein Blatt in Leningrad den Midrasch zu 1,17 und 16; ein weiteres Blatt in Cambridge bietet den Midrasch zu 3,64–4,2. Die Fragmente, alle in orientalischer Schrift und von *Rabinovitz* ins 11. bis 12. Jh. datiert, weichen in Textanordnung, Inhalt und Sprache von den beiden bekannten Fassungen ziemlich ab, sind jedoch i. a. dem Erstdruck näher als der Ausgabe *Buber*. Die Fragmente zeigen, wie im Lauf der Überlieferung des Textes griechische Worte verfälscht, seltene rabb. Ausdrücke abgeändert, sprachliche Eigenheiten dem Stil des bT bzw. des mittelalterlichen Hebräisch angeglichen wurden und auch die Textordnung vielfachen Änderungen ausgesetzt war. Trotz ihres geringen Umfangs sind somit die Geniza-Fragmente wertvolle Zeugen einer sehr frühen Entwicklungsstufe des Midrasch.

Übersetzungen: A. Wünsche, Bibl. Rabb., Le 1881, Ndr. H 1967; *A. Cohen*, Lamentations, in: Midrash Rabba, Translated into English, Hg. *H. Freedman-M. Simon*, Lo 1939, Ndr. 1961.

c) Inhalt und Redaktion

KlglR ist durch zahlreiche Petichot eingeleitet, auf die unten noch einzugehen ist; der eigentliche Kommentar ist entsprechend den 5 Kapiteln von Klgl in 5 Paraschijot eingeteilt. Diese bieten eine durchgehende Auslegung Vers für Vers; einerseits einfache Wort- und Sacherklärungen, aber auch zahlreiche Gleichnisse und Erzählungen. Da Klgl zum 9. Ab im Gedenken an die Zerstörung des Tempels im Jahre 70 in den Synagogen gelesen und kommentiert wurde, hat man in diesem Midrasch zahlreiche Erzählungen über die Zerstörung Jerusalems im Jahre 70, aber auch über andere Notzeiten unter Trajan und Hadrian sowie im Bar-Kokhba-Aufstand eingebaut, ebenso auch Themen der früheren Märtyrertradition übernommen, wie die aus 2 und 4 Mak bekannte Erzählung von der Mutter mit ihren sieben Söhnen, die als Märtyrer sterben. Daneben lockern andere Erzählungen den Text auf, etwa solche, in denen die Überlegenheit der Bewohner Jerusalems gegenüber denen Athens gezeigt werden soll. Parallelen zu Josephus Flavius müssen nicht unbedingt mit einer direkten Benützung von dessen Werk erklärt werden.

KlglR zitiert neben Tannaiten vorwiegend palästinische Amoräer, alle spätestens aus dem 4. Jh. Das spricht ebenso für eine frühe Entstehung in Palästina wie auch die Sprache, in der Hebräisch neben galiläischem Aramäisch steht, zahlreiche griechische Ausdrücke (z. B. *nikētēs barbarōn* in Peticha 23) und auch lateinische Stücke zu finden sind (z. B. die Anrede Jochanans ben Zakkai an Vespasian in 1,5: *vive domine imperator*).

KlglR verwendet M und T sowie Mek, Sifra und Sifre. Mit pT weist der Midrasch zahlreiche Parallelen auf (vgl. z. B. 1,2 mit pTaan IV,59d–60c). Die starken Unterschiede im Text scheinen jedoch eher für die Benützung einer gemeinsamen Vorlage als für direkte Abhängigkeit zu sprechen. Ob PRK benützt wird, ist fraglich: was zu 1,2 im Anschluß an Ps 77,7f gesagt wird, könnte aus PRK 17 (M.281) entlehnt sein, doch ist eher an den umgekehrten Weg zu denken.

KlglR selbst scheint in LevR, RutR und einer Reihe anderer Midraschim verwendet worden zu sein. Eine Benützung durch bT kann hingegen trotz der langen Sammlung von parallelem Stoff in Git 55b–58a nicht angenommen werden. Eine Beeinflussung von KlglR durch bT wiederum gehört nicht in die Redaktionsgeschichte des Midrasch, sondern in die Geschichte seiner Textüberlieferung, wie gerade auch die Geniza-Fragmente deutlich machen.

Zunz (GV 190f) hat aufgrund vermeintlicher Anspielungen an die arabische Herrschaft in KlglR die Schrift ins 7. Jh. datiert. Doch liest die Ausgabe *Buber* 77 zu 1,15 neben Edom nicht Ismael, sondern Seir. *Buber* (Mabo 9) hat wiederum den Text zu früh angesetzt, ins 4. Jh. (weil er pT 200 Jahre nach Zerstörung des Tempels datiert!). Am wahrscheinlichsten ist ein Entstehungsdatum im 5. Jh., wohl in der ersten Hälfte. Doch hat die Popularität des Midrasch dazu geführt, daß sein Text sehr freizügig behandelt wurde: auch später hat man noch aus anderen Schriften Stücke eingebaut oder den Text Paralleltraditionen angepaßt, dafür wieder sicher auch echtes Material getilgt. Späte Einzelzüge können daher nicht für die Redaktion des Midrasch selbst veranschlagt werden, wie andererseits die hier vorgenommene Datierung nur die Grundform des Midrasch deckt, die noch am ehesten durch die Geniza-Fragmente vertreten wird.

d) *Die Petichot*

Die Petichot, die den Anfang des Midrasch bilden, machen mehr als ein Viertel des Werkes aus. Jetzt zählt man 34, wovon jedoch die Proömien 2 und 31 aus je 2 zusammengesetzt sind, so daß es 36 sind: vielleicht ist dies absichtlich, da 36 der Zahlenwert des Wortes Ekha ist. Die Petichot entsprechen dem klassischen Typ; 20 gehen von Prophetentexten aus, 13 von den ,,Schriften" (davon 2 von Klgl selbst!), 3 vom Pentateuch. *Nach welchem Prinzip die Petichot angeordnet sind,* läßt sich nicht sagen. Die Annahme von *Herr* (1377), sie seien nach der Zahl der Petichot im Namen der einzelnen Rabbinen gereiht, beginnend mit den Rabbinen, die vier Petichot bieten, bis zu denen, von denen nur eine Peticha gebracht wird, entspricht weder der Reihung der Ausgabe *Buber* noch jener der übrigen Drucke (die hierin mit *Buber* übereinstimmen): zuerst kommen 3 Petichot des Abba bar Kahana, dann je vier von Abbahu, Isaak und Chanina b. Pappa, je zwei von Abbahu, Abin usw., nach drei Einzelpetichot nochmals zwei im Namen des Zabdi; in drei Fällen (2b–31b–34) fehlt der Name samt Einleitung. Vor allem jedoch zeigt das Geniza-Fragment eine völlig andere Reihenfolge von Petichot: 23–16–19–18–17–24–25; auch nennt es für Peticha 16 statt Abbahu Abun.

Der Geniza-Text zeigt auch einen einheitlichen Abschluß aller Petichot: ,,als sie verbannt wurden, begann Jeremia über sie zu klagen und sagte: 'Wie einsam sitzt sie da' (Klgl 1,1)". In MSS und Drucken ist dieser stereotype Abschluß der Petichot teilweise getilgt worden. Andererseits fehlt im Geniza-Text u. a. ein langes Stück über die Klage Gottes usw. in Pet. 24, das schon früher aus verschiedenen Gründen als spätere Ergänzung verdächtigt worden war (z. B. *A. Goldberg,* Untersuchungen über die Vorstellung von der Schekhinah, B 1969, 135).

S. Buber (Mabo 4) hat angenommen, daß die Petichot nicht vom Redaktor von KlglR in den Text aufgenommen wurden, sondern von einem späteren Sammler, der u. a. auch KlglR schon benützt hat. Dagegen stellt *M. Zulay* fest, daß die Petichot schon im alten Pijjut vorausgesetzt sind und daher in byzantinischer Zeit schon bekannt gewesen sein müssen (An Ancient Poem 190). Dieses Argument gilt jedoch nur für die einzelnen Stücke (immerhin laut *Zulay* 21 von 36), die im Pijjut verwertet sind, und nicht für die Gesamtheit der Petichot, von denen eine Reihe (z. B. die ersten 4) aus PRK entnommen zu sein scheinen (oder gemeinsames Material oder auch umgekehrt?). Die Textgeschichte von KlglR zeigt jedenfalls, wie anfällig diese Einleitung zu KlglR für spätere Ergänzung und Bearbeitung gewesen ist, auch wenn vielleicht ein Grundstock der Petichot tatsächlich auf den Redaktor des Midrasch zurückgeht. Ob die Petichot (oder zumindest einige davon) auf tatsächliche Synagogenpredigten zurückgehen, ist in diesem Zusammenhang unwesentlich.

IV. Homilien-Midraschim

1) Levitikus Rabba (LevR)

Lit.: Ch. Albeck, Midrasch Wajjiqra Rabba, FS L. Ginzberg, NY 1945, hebr. Bd 25–43; *J. Heinemann,* Chapters of Doubtful Authenticity in Leviticus Rabba (h), Tarbiz 37 (1967f) 339–354; dagegen *Abr. Goldberg,* On the Authenticity of the Chapters „Vayehi baḥazi hallayla" (Ex. XII,29) and „Shor o Kesev" (Lev XXII,27) in the Pesiqta (h), Tarbiz 38 (1968f) 184–5; *J. Heinemann,* The Art of Composition in Leviticus Rabbá (h), Hasifrut 2 (1969–71) 809–834; *ders.,* Profile of a Midrash. The Art of Composition in Leviticus Rabba, JAAR 31 (1971) 141–150 (Kurzfassung des zuvor genannten Artikels); *ders.,* EJ XI, 147–150; *D. Künstlinger,* Die Petichot des Midrasch rabba zu Leviticus, Krakau 1913; *M. Margulies,* Bd V seiner Textausgabe: Introduction, Supplements and Indices (h), J 1960; *Z. M. Rabbinowitz,* Two supplements to the collection of liturgical poems by Yannai (h), 4th WCJS, J 1968, II 49f (Verwendung von LevR); *Zunz,* GV 191–5. – *Text: M. Margulies,* Midrash Wayyikra Rabbah. A Critical Edition based on Manuscripts and Genizah Fragments with Variants and Notes, 5 Bde, J 1953–1960.

a) Name

Nach dem hebr. Beginn von Lev in den MSS gewöhnlich als Wajjiqra Rabba zitiert (Rabba wohl von GenR übernommen), gelegentlich auch als Haggadat Wajjiqra, Haggada de-Wajjiqra und ähnlich.

b) Text

Margulies hat als Basis seiner Ausgabe *MS British Museum* Add. 27169 Nr. 340 verwendet, das GenR und LevR umfaßt und auch für die GenR-Ausgabe von *Theodor-Albeck* die Grundlage war (Beschreibung des MS durch *Albeck* dort, Mabo 105ff). *Vatikan Cod. Hebr. 32* (Faksimile J 1972) umfaßt neben LevR auch Sifre Num und Dtn und dürfte aus dem 10. oder 11.Jh. stammen. Für LevR geht das MS, wie aus den gemeinsamen Auslassungen und Kürzungen hervorgeht, mit dem MS des British Museum auf eine gemeinsame Vorlage zurück. Zur selben Textfamilie gehört MS 149 der Nationalbibliothek *Paris,* das auch GenR und den Beginn von NumR umfaßt und auf 1291 datiert ist. Nur zum Teil hat *Margulies MS München 117* vom Jahr 1433 verwertet. Weitere MSS befinden sich in der Bodleiana in Oxford sowie in Jerusalem (alle spät).

Die *Geniza-Fragmente* von LevR beschreibt *Margulies* V 3–86 und druckt sie zum Großteil auch ab; es sind insgesamt 40 Blatt, die von 17 MSS stammen. Das älteste (*Margulies* V 3: 9.Jh.) und wichtigste Fragment, MS Heb. C. 18 F. 17–22 der Bodleiana, ist teilweise vokalisiert: Beschreibung *N. Alloni*, Geniza-Fragments 63 f, Faksimile 155–166. Auch in LevR erweist sich der von den Geniza-Fragmenten vertretene Texttypus als der älteste und noch am wenigsten verfälschte. *Erstdruck* Konstantinopel 1512, dann V 1945. Die Drucke stützen sich v. a. auf ein MS vom Typ des MS Paris, verwenden jedoch auch andere Vorlagen. LevR befindet sich in allen traditionellen Drucken von Midrasch Rabba, in *Mirkin*, Midrasch Rabba VII–VIII und in *Hallewy*, Midrasch Rabba V. Kritische Ausgabe von *Margulies*. *Übersetzungen: A. Wünsche*, Bibl. Rabb. V, Le 1883 f, Ndr. H 1967; *J. Israelstam-J. J. Slotki*, Bd IV der Soncino-Ausgabe des Midrasch Rabba, Lo 1939, ³1961.

c) *Inhalt und Einteilung*

LevR besteht aus 37 Homilien zu Lev. Jede Predigt beginnt mit Petichot (nur 2–5–22 nur eine Peticha), denen die eigentliche Predigt (in den Geniza-Fragmenten regelmäßig mit *gufa* eingeleitet) folgt, die mit der Chatima eschatologisch ausklingt. Der Großteil der Petichot (88 von 126) ist anonym.

Die Einteilung in 37 Homilien scheint dem palästinischen Lesezyklus zu folgen. Dieser kennt jedoch nur 20 bis 25 Sedarim zu Lev. *J. Heinemann* glaubt die Lösung des Problems darin zu sehen, daß einige Predigten erst später hinzugefügt worden sind (allerdings sehr bald, da sie in allen MSS enthalten sind): von den fünf Kapiteln, die auch in PRK enthalten sind, hält er LevR 20.29.30 (= PRK 26.23.27) für ursprüngliche Bestandteile der PRK, 27 (= PRK 9) vielleicht ebenso (so in EJ nach der Kritik *Goldbergs*). Allein 28 (= PRK 8) ist ziemlich sicher in LevR ursprünglich und später in PRK übernommen worden. Außerdem betrachtet *Heinemann* LevR 2 als wahrscheinlich nicht authentisch; dieses Kapitel ist nämlich wie LevR 1 eine Homilie zu Lev 1,1: die beiden anderen Fälle von zwei Homilien zu nur einem Seder sind LevR 4 und 5 sowie 20 und 21 – doch 20 gehört richtig zu PRK und 4 dürfte richtig zu einem Lev 4,13 und nicht 4,1 f beginnenden Seder gehören. Die auch so noch verbleibende Überzahl von Homilien gegenüber dem Lesezyklus versucht *Heinemann* durch die Annahme zu erklären, daß der LevR zugrundegelegte Zyklus von dem sonst üblichen stark abwich und daher LevR durch Homilien zu den Standardperikopen ergänzt wurde. Von der Form her sind die Predigten in LevR als literarische Homilien zu betrachten, auch wenn sie auf wirklichem Predigtmaterial aufbauen dürften.

d) *Redaktion und Entstehungszeit von LevR*

Die Frage ist v. a. aus dem Verhältnis zu den anderen rabb. Texten zu beurteilen. Mit *GenR* hat LevR viel Stoff gemeinsam, ebenso die Sprache.

Margulies V p. XII glaubt, daß beide Schriften gemeinsame haggadische Quellen benutzen und aus demselben Lehrhaus stammen. *Albeck* hingegen glaubt an eine Benützung von GenR durch LevR; *Abr.* Goldberg möchte auch wegen der äußeren Form – Homilienmidrasch anstelle des Auslegungsmidrasch zu GenR, der noch den halakhischen Midraschim nahesteht; größere Bedeutung der Petichot in LevR – LevR erst nach GenR ansetzen (KS 43, 1967f, 73).

Noch näher ist LevR mit *PRK* verwandt. Neben den fünf gemeinsamen Kapiteln, die – wie schon gesagt – auf spätere Überarbeitung zurückgehen, finden sich zahlreiche Parallelen. *S. Buber* u. a. haben daraus eine Verwendung der PRK durch den Redaktor von LevR erschlossen; *Albeck* 36ff und ihm folgend *Abr.* Goldberg sehen umgekehrt PRK in Abhängigkeit von LevR; *Margulies* (V p. XIII) schließlich läßt beide Werke auf denselben Verfasser zurückgehen.

Was die Parallelen mit *pT* betrifft, schließt *Albeck* 30f, daß LevR pT benützt hat (und zwar unseren pT, nicht eine andere Fassung davon, wie GenR), in den haggadischen Parallelen aber auch eine andere Quelle zur Verfügung hatte. *Margulies* XIX kann jedoch wahrscheinlich machen, daß die Parallelen (zumindest der Großteil davon) nicht auf eine Benützung des pT durch LevR, sondern auf gemeinsame haggadische Quellen zurückgehen, ja daß pT eine Vorstufe von LevR verwenden konnte: „Das haggadische Buch zu Lev, das dem Redaktor des pT vorlag, war unserem LevR sehr ähnlich."

Die zahlreichen Parallelen zwischen LevR und *Tanchuma* stammen zum Teil aus LevR, wo Tanchuma sie vorgefunden und gekürzt übernommen hat (z. B. sind in Tanchuma die Petichot gewöhnlich anonym, in LevR mit Tradentennamen). Anklänge an Tanchuma in LevR, v. a. sprachlicher Art, sind dort erst spät eingedrungen, wie der Vergleich mit früheren MSS und den Geniza-Fragmenten beweist.

Da LevR M, T und die halakhischen Midraschim zitiert, selbst wiederum schon im Midrasch Rabba zu den Megillot (besonders HldR und KohR) und von den frühen Paitanim, besonders Jannai, benützt wird, engt sich die Zeit der Redaktion von LevR auf etwa 400 bis 500 ein. Dasselbe ergibt sich aus den in LevR genannten Rabbinen, meist palästinischen Gelehrten des 3. und 4. Jhs. Eine nähere Bestimmung würde sich aus dem Verhältnis zu GenR, PRK und pT ergeben: dieses läßt sich jedoch nicht eindeutig erklären (so datiert *Margulies* XXXII LevR auf den Anfang des 5. Jhs., *Albeck* 42 auf das Ende des 5. bzw. den Anfang des 6. Jhs.). Daß der Midrasch in Palästina entstanden ist, ergibt sich aus der Sprache (galiläisches Aramäisch, viel Griechisch), der Bevorzugung paläst. Rabbinen, vielen paläst. Ortsangaben und auch aus der Halakha, deren landwirtschaftliche Gesetze nur in Palästina in Geltung waren.

2) Pesiqta de Rab Kahana (PRK)

Lit.: Ch. Albeck, Deraschot 105–7.360f; *L. Baeck*, Haggadah and Christian Doctrine, HUCA 23/1 (1950f) 549–560; *Abr. Goldberg*, On the Authenticity of the Chapters ,,Vayehi baḥaẕi hallayla" (Ex XII, 29) and ,,Shor o Kesev" (Lev. XXII, 27) in the Pesiqta (h), Tarbiz 38 (1968f) 184–5; *B. Mandelbaum*, Prolegomenon to the Pesikta, PAAJR 23 (1954) 41–58 (Beschreibung der MSS, Struktur von PRK); *ders.*, EJ XIII, 333f; *D. Sperber*, Varia Midrashica IV, REJ 137 (1978) 149–157; *G. Svedlund*, The Aramaic Portions of the Pesiqta de Rab Kahana ... with Engl. translation, commentary and introduction, Uppsala 1974; *Z. Zinger*, The Bible Quotations in the Pesikta de Rav Kahana, Textus 5 (1966) 114–124; *L. Zunz*, GV 195–237. – *Text: B. Mandelbaum*, Pesikta de Rav Kahana. According to an Oxford Manuscript with variants ... with commentary and introduction, 2 Bde, NY 1962 (dazu *Abr. Goldberg*, KS 43, 1967f, 68–79). *Übersetzung: A. Wünsche*, Bibl. Rabb. V, Le 1884f, Ndr. H 1967; *W. G. Braude-I. J. Kapstein*, Pesikta de-Rab Kahana, Phil. 1975.

a) Der Name

Pesiqta (vielleicht ursprünglich Pluralform *pesiqata;* mit *pasuq,* ,,Vers", verwandt) entspricht *pisqa,* ,,Abschnitt, Kapitel". *Zunz* (GV 203) vermutet, daß Pesiqta ursprünglich nur die Einzelabschnitte der Sammlung zusammen mit dem jeweiligen Titel bezeichnete und erst später der Name für das ganze Werk wurde. Der Name ist gewählt, weil der Midrasch nicht einen durchlaufenden Kommentar bietet, sondern Leseabschnitte aus der Synagogenliturgie kommentiert.

Die Benennung des ursprünglich sicher einfach Pesiqta genannten Werks nach Rab Kahana ist ab dem 11. Jh. belegt (R. Meschullam ben Mosche u. a.: *Zunz*, GV 204 Anm. f.). Nach Meinung von *Zunz* und *S. Buber* kam es zu dieser Bezeichnung, weil die größte Texteinheit des Werkes (die mit dem Sabbat vor dem 17. Tammuz einsetzenden zwölf Kapitel) beginnt: *R. Abba bar Kahana patach.* Doch selbst wenn PRK einst mit diesem Text begonnen haben sollte, warum hat man dann den zu erwartenden Namen Pesiqta de R. Abba bar Kahana so abgekürzt? *B. Mandelbaum* (PRK II, engl. Einführung XVIII) möchte daher eher die Erwähnung des R. Kahana zu Beginn des Kapitels für Neujahr (in zwei MSS), das er für den ursprünglichen Anfang des Textes hält, für den Namen verantwortlich machen, der PRK von anderen Pesiqta genannten Werken unterscheiden sollte.

b) Text

PRK war lange nur aus Zitaten, besonders im Arukh und im Jalqut bekannt. *Zunz* hat aus diesen Zitaten ihren Inhalt und Aufbau rekonstruiert

2. Pesiqta de Rab Kahana (PRK)

(GV, 1. Aufl. 1832). Daß ihm dies im wesentlichen gelungen ist, hat die aufgrund von vier nachher bekannt bzw. benutzbar gewordenen Handschriften von *S. Buber* veranstaltete Ausgabe (Lyck 1868) bestätigt. Diese Ausgabe ist nunmehr durch den Text von *Mandelbaum* abgelöst worden; doch ist *Bubers* Ausgabe wegen ihres Kommentars und der Zitate mittelalterlicher Autoritäten weiterhin nützlich.

Buber hatte als Grundlage MS Safed, 1565 in Kairo geschrieben (= MS 47 der Alliance Israélite Universelle, Paris) verwendet, ergänzt (unsystematisch) durch drei weitere MSS: Oxford MS Marshall Or. 24, durch das Kolophon auf 1291 datiert; MS Carmoly, Cambridge Add. 1497, spätes 15. oder Anf. 16. Jh.; Parma De Rossi Cod. 261: 2 aus dem 13. oder 14. Jh. (nur 11 Kapitel). *M. Friedmann* (Beth Talmud 5, 1886–9, 46–53.78–90. 108–114.168–172.197–206) hat zwei weitere MSS beschrieben: MS Casanatense 3324 in Rom (frühes 17. Jh., unvollständig) und ein zweites MS aus der Bodleiana, Oxford (15. Jh., Text z. T. gekürzt).

B. *Mandelbaum* verwendet als Grundtext das Oxford MS Marshall Or. 24; neben den genannnten MSS kommt noch MS Oxford, Bodleiana (*Neubauer* 2324/11) dazu. Ebenso kann er sieben *Geniza-Fragmente* verwerten (JThS, NY; Cambridge; Oxford; Leningrad), wovon die von Cambridge von besonderem Interesse sind: hier ist allerdings die Beschreibung und Wiedergabe der Varianten in *Mandelbaum* zu korrigieren: siehe *N. Alloni*, Geniza Fragments 71–5; *N. Alloni-A. Diez-Macho*, Pesiqta de Rab Kahana be-Niqqud Eretsisraeli, Leschonenu 23 (1958f) 57–71. Bei zwei der drei Texteinheiten handelt es sich um Palimpseste über griech. (*Mandelbaum I,* 13 schreibt aus Versehen „lateinische“, obwohl auf seiner Foto-Wiedergabe die griech. Unzialen klar erkennbar sind) und syrischen Texten, die auf das 8.–10. Jh. zu datieren sind (*Abr. Goldberg*, KS 43,71 Anm. 1 hat die Abweichungen *Mandelbaums* gegenüber dem Text in Leschonenu kollationiert).

c) Inhalt und Aufbau

PRK ist ein Homilienmidrasch für die Lesungen der Feste und der besonderen Sabbate, die ja schon früh eine feste Lesung hatten. *Zunz* hatte ursprünglich 29 Pisqaot erschlossen, beginnend mit Neujahr, da der Arukh zweimal Rosch ha-Schana als *resch pisqot* bezeichnet. Die Ausgabe *Buber* hingegen beginnt nach den ihm vorliegenden MSS mit Chanukka und zählt 32 Pisqaot (doch hat er 31 weggelassen; 22 und 30 sind doppelt, 24 ist nicht ursprünglich). *Mandelbaum* beginnt seine Ausgabe zwar mit Chanukka, anerkennt aber die Richtigkeit der These von *Zunz*, gestützt auf MS Oxford 2324/11 sowie eine Buchliste aus der Geniza, die den Anfang der Pisqa Rosch ha-Schana zitiert. Um die ursprüngliche Reihenfolge einzuhalten, müßte man somit bei *Mandelbaum* mit Bd II seiner Ausgabe beginnen. *Goldberg*, KS 72, bezweifelt die Beweiskraft dieser Argumente, insbesondere da die Buchliste der Geniza auch sonst Buch*teile* zitiert. Siehe auch *Braude-Kapstein* XLVIIf. *Mandelbaum* (II pp XIV–XVII) zählt 28 Pisqaot und 9 Anhänge. Neben den Festpredigten gibt es Homilien zu den 4 Sabbaten nach Chanukka, den drei Strafsabbaten vor dem 9. Ab und den 7 Trostsabbaten nach diesem Tag sowie zu den zwei Sabbaten nach Neujahr (für diese letzten zwölf Sabbate gilt als Predigttext die Haftara!). Die Anhänge betreffen Simchat Tora, das in Palästina wenig Sinn gehabt hätte (PRK ist ja eine Sammlung von jährlichen Predigten; die Feier zum Abschluß des Zyklus hätte es jedoch nur einmal in ca. 3½ Jahren gegeben), den ursprünglich ebenfalls nur in Babylonien gefeierten zweiten Tag von Sukkot und eine Reihe von der PRK fremden Zufügungen (Anhang 4 in *Mandelbaum*, d. h. die zweite Predigt zu Dtn 14,12ff hält *Goldberg*, KS 72, für echt: die Lesung wurde sowohl am Sabbat in der Osterwoche wie auch an jenem in der Sukkotwoche gehalten; siehe dazu *E. Fleischer*, The Reading of the Portion ‚Asser Te'asser‘ (Deut. XIV,22) (h), Tarbiz 36, 1966f, 116–155).

Zu den fünf mit LevR gemeinsamen Kapiteln siehe S. 268. *Albeck* hatte sie alle in LevR für ursprünglich gehalten; *Heinemann* hingegen nimmt nur LevR 28 als ursprünglich gegenüber PRK 8 an, betrachtet jedoch PRK 9,23,26 und 27 als in der Pesiqta ursprünglich. Aber auch die Entlehnung von LevR 28 beweist ihm nicht die Kenntnis von LevR durch den Redaktor von PRK; vielmehr ist sie auf der Stufe der Textüberlieferung erfolgt. PRK 7 dürfte (so *Goldberg*) aus PesR bzw. aus Material, das PesR vorlag, übernommen worden sein, PRK 12,12–25 aus Tanchuma Jitro stammen. In beiden Fällen ist der *Aufbau der Pisqa* (zusätzlich zu MS-Überlieferung und Stil) ein gewichtiges Argument, wie *Goldberg* (KS) gezeigt hat: denn in den echten Pisqaot sind jeweils die Petichot (zwischen 1 und 10 pro Pisqa) der größte Teil (zu den Petichot *Braude-Kapstein* XXX–XXXVI); ihnen folgen gelegentlich thematische Abhandlungen, die fast als Abwandlung der Form der Peticha zu betrachten sind, bevor die Pisqa mit wenigen Vers-Auslegungen schließt.

d) Redaktion und Datierung

Die handschriftliche Überlieferung von PRK zeigt mit ihrer Uneinheitlichkeit in Aufbau, Reihenfolge und Umfang, daß der Text von PRK ebenso wie jener der PesR noch lange nicht endgültig festgelegt war (*H. Hahn*, Wallfahrt und Auferstehung zur messianischen Zeit, F 1979, 2: ,,Beide Pesiqtot sind als literarische Gesamtwerke nicht vor ihrer ersten Drucklegung fixiert‘‘). Erwägungen zur Datierung betreffen daher nur den Grundstock des Werkes bzw. sein Material, müssen aber mit einer späteren Beweglichkeit der Schrift rechnen, die ja als Predigtsammlung ein Werk des praktischen Gebrauchs in der Synagoge war.

Zunz, GV 206f, nahm an, daß PRK pT, GenR, LevR und KlglR verwendet habe und etwa um 700 verfaßt worden sei. Zu dieser späten Datierung veranlaßt ihn auch die Einleitung der Haggada durch Halakha und das Fest Simchat Tora. Die Homilie zu diesem Fest ist jedoch, wie schon gesagt, eine spätere Zufügung; auch die mit LevR gemeinsamen Kapitel wurden schon besprochen. Wenn *Zunz* (GV 207) meint, daß Eleazar ha-Kallir (der heute allgemein in die byzantinische Zeit datiert wird) schon PRK gekannt habe, spricht dies gegen die Spätdatierung. Von Inhalt, Aufbau, literarischen Beziehungen und Sprache her (zu dieser *Svedlund* 9 f) ist das Werk in das 5. Jh. zu datieren, etwa gleichzeitig mit LevR, auch wenn die Annahme von *Margulies* (Mabo zu LevR, XIII) nicht zu beweisen ist, daß LevR und PRK vom selben Redaktor stammen.

Datum und palästinische Herkunft (diese ist aus den genannten Rabbinen und aus der Sprache zu erschließen) scheinen gegen eine Verbindung des Werkes mit einem der sechs uns bekannten Rabbinen namens Rab Kahana zu sprechen (alle sechs waren Babylonier, auch wenn drei davon sich zeitweise in Palästina aufhielten). *Buber* hatte PRK für den ältesten homiletischen Midrasch gehalten, den Rab Kahana, der Schüler Rabs, in Palästina verfaßt habe. *Svedlund* 4 rechnet ebenfalls mit der Möglichkeit, daß dieser Rab Kahana im 3. Jh. die Pesiqta redigierte. *Braude-Kapstein* X erklären den Namen der PRK damit, daß ,,it was presumably he who gathered, compiled, and edited the Piskas that comprise the work‟; doch datieren sie PRK ins 5. Jh. (XXVIII f), scheinen also an einen späteren Kahana zu denken. Keine dieser Lösungen befriedigt; die Benennung von PRK nach Rab Kahana bleibt ungeklärt.

Im Arukh und bei Raschi wird PRK noch oft zitiert; später jedoch wird sie durch PesR verdrängt und ist schon ab dem 15. Jh. nur noch durch den Jalqut bekannt.

3) Pesiqta Rabbati (PesR)

Lit.: V. *Aptowitzer*, Untersuchungen zur gaonäischen Literatur, HUCA 8–9 (1931 f) 383–410; B. J. *Bamberger*, A Messianic Document of the Seventh Century, HUCA 15 (1940) 425–431; P. *Bogaert*, Apocalypse de Baruch. Introduction, Traduction du Syriaque et Commentaire, 2 Bde, P 1969, I 222–241; W. G. *Braude*, Overlooked Meanings of Certain Editorial Terms in the Pesikta Rabbati, JQR 52 (1961 f) 264–272; N. J. *Cohen*, The Manuscripts and Editions of the Midrash Pesikta Rabbati. A Prolegomenon to a Scientific Edition, Diss. HUC NY 1977 (dazu kritisch H. *Hahn*, Wallfahrt 24 f); A. *Goldberg*, Erlösung durch Leiden. Drei rabbinische Homilien über die Trauernden Zions und den leidenden Messias Efraim (PesR 34.36.37), F 1978; ders., Ich komme und wohne in deiner Mitte. Eine rabbinische Homilie zu Sacharja 2,14 (PesR 35), F 1977; K. E. *Grözinger*, Ich bin der Herr, dein Gott! Eine rabbinische Homilie zum Ersten Gebot (PesR 20), Bern-F 1976; K. E. *Grözinger-H. Hahn*, Drei Textzeugen der Pesiqta Rabbati, FJB 1 (1973) 68–104; H. *Hahn*, Wallfahrt und Auferstehung zur messianischen Zeit. Eine rabbinische Homilie zum Neumond-Shabbat (PesR 1), F 1979; *ders.*, Wiener Pesiqta-Rabbati-Fragmente (einschl. neuer Funde), FJB 7 (1979) 105–114; *I. Lévi*, Bari dans la Pesikta Rabbati, REJ 32 (1896) 278–282; *ders.*, La Pesikta Rabbati et le 4ᵉ Ezra, REJ 24 (1892) 281–5; *A. Marmorstein*, Eine messianische Bewegung im 3. Jahrhundert, Jeschurun 13 (1926) 16–28.171–186.369–383; *L. Prijs*, Die Jeremia-Homilie Pesikta Rabbati Kapitel 26. Kritische Edition nebst Übersetzung und Kommentar, Stuttgart 1966; *M. Sanders*, The first print of Pesiqta Rabbathi (h), Areshet 3 (1960f) 99–101; *A. Scheiber*, An Old MS of the Pesiqta on the Ten Commandments (h), Tarbiz 25 (1955f) 464–7 (Geniza-Fragment aus der Sammlung Kaufmann, Budapest: frühe Form von PesR oder eine Fassung des Midrasch zu den 10 Geboten); *D. Sperber*, EJ XIII, 335f; *L. Zunz*, GV 250–262 (dazu ergänzend *Albeck*, Deraschot 119–121 und 388f). – *Text: M. Friedmann*, Pesikta Rabbati. Midrasch für den Fest-Cyclus und die ausgezeichneten Sabbathe, W 1880, Ndr. TA 1963; *W. G. Braude*, The Piska concerning the sheep which rebelled, PAAJR 30 (1962) 1–35 (Pisqa 2b ediert auf der Basis von MS Parma 1240). – *Übersetzung: A. Wünsche*, Bibl. Rabb. III, Le 1882, Ndr. H 1967 (nur Auszüge); *W. G. Braude*, Pesikta Rabbati. Discourses for feasts, fasts and special Sabbaths, 2 Bde, New Haven 1968. – Alle genannten Frankfurter Monographien enthalten auch Übersetzung und kritische Textausgabe.

a) Der Name

Zu Pesiqta siehe S. 270. Die Bezeichnung *rabbati* erfolgt zur Unterscheidung von anderen Predigtsammlungen wie PRK. Der Name ist zuerst in Raschi zu Jes 51,12 belegt; dieser verwendet, ebenso wie Machzor Vitry, auch den Namen *Pesiqta gedola* (zu Ex. 6,14). Zedekia ben Benjamin verwendet im 13. Jh. *Pesiqta rabbeta*, ebenso auch die Ausgabe Prag. Gelegentlich wird PesR auch einfach Pesiqta genannt.

b) Inhalt und Text

PesR ist eine Sammlung von Predigten zu den Festen und besonderen Sabbaten. Ihr Umfang ist erst durch die Drucke endgültig festgelegt worden. Der Erstdruck Prag 1653 (so *Sanders)* oder 1656 umfaßt 47 Pisqaot, ebenso die nachfolgenden Drucke, die alle vom Erstdruck abhängig sind. *M. Friedmann* gibt die Ausgabe Sklow 1806 wieder, korrigiert durch die Erstausgabe und eigene Konjekturen. Den 47 Homilien fügt er als erste Ergänzung vier Predigten an (aus MS Parma? *Grözinger-Hahn* 104 rechnen mit einer eigenen Quelle), als zweite Ergänzung bringt er ein Stück von Bereschit Rabbati. Die Übersetzung *Braude* zählt diese Zusätze als Kapitel 48.49.50.52 und 53. 51 bei *Braude* ist eine Homilie zu Sukkot aus MS Parma, die in die Drucke nicht aufgenommen wurde, jedoch für die Vollständigkeit des Jahreszyklus notwendig ist.

Die Zahl der Kapitel entspricht nicht der der Predigten, die höher ist. Schon *Friedmann* hat daher die Kapitel 23, 27 und 29 geteilt (23; 23/24; 27; 27/28; 29; 29/30; 29/30–30).

Im jetzigen Aufbau folgt PesR diesem Jahreskreis (Zählung *Braude*): Neumondsabbat (1), Chanukka (2–9), ausgezeichnete Sabbate (10–16), Pesach (17–19 und 48–49), Wochenfest (20–25), drei Trauer- und Mahnsabbate vor dem 9. Ab. (26–29/30), sieben Trostsabbate nach dem 9. Ab (29/30–30 bis 37), Neujahr bis Jom ha-Kippurim (38–47.50), Laubhütten und Schemini Atseret (51–52), Schabbat Bereschit (53).

PesR hat somit erst in *Friedmann* und *Braude* ihren größten Textumfang erhalten. Die MSS hingegen kennen diese Form der PesR nicht. Die beiden wichtigsten Textzeugen sind *MS Parma* 3122 (früher 1240; in *Friedmann* noch nicht verwertet) und *MS Casanata* 3324 in Rom. Das von *Zunz* auf 1270 datierte MS Parma (in De Rossi's Katalog noch fälschlich als Leqach Tob identifiziert) ist eine Sammelhandschrift mit sehr vielen Flüchtigkeitsfehlern, die PesR in vier Blöcke aufteilt, diese offenbar nicht als Einheit betrachtend (dagegen *Hahn*, Wallfahrt 15: das MS bietet eine möglichst umfassende Sammlung von Homilien zu den Sabbaten und Festen inklusive der Midraschim zu den Festrollen). Das MS umfaßt (Tabelle in *Grözinger-Hahn* 88f): Tanchuma Buber /PesR 1–18 / HldR / PesR 48. 49.25.19–24 / Leerseiten / 29/30–43.50.44–47.51–53 /andere Midraschim / 26–28 / KlglR.

MS Casanata kann nach *Grözinger-Hahn* 87 noch am ehesten als ein Pesiqta-MS bezeichnet werden, da es offenbar einen Festzyklus von Chanukka bis Sukkot bieten will. Das Anfang 17. Jh. sorgfältig geschriebene MS ist nur unvollständig erhalten (21 Kapitel), doch ist der fehlende Teil aus dem Inhaltsverzeichnis bzw. einer verwandten Londonder Handschrift zu erschließen. Die Handschrift ersetzt über die in MS Parma und den Ausgaben mit PRK gemeinsamen Pisqaot von PesR hinaus eine Reihe weiterer Homilien durch solche aus PRK, mischt die Pesiqtot also noch stärker als die sonstige Überlieferung. Im Aufbau zeigt sich jedoch auch eine gewisse Gemeinsamkeit mit MS Parma: in beiden steht 25 vor 19, 50 zwischen 43 und 44; in beiden fehlt 46. Von Bedeutung sind die Fragmente eines Wiener Pesiqta-MS, das wahrscheinlich im 13. Jh. entstand und textkritisch wichtig ist; bisher sind 18 Seiten davon gefunden worden (Paraschen 1,5,7,8,21,22,27,27/28,28,31 und 32 ganz oder teilweise).

Ein weiterer Textzeuge ist das Exemplar der editio princeps im JThS, das nicht nur zahlreiche Randglossen, sondern auch zusätzliche handschriftliche Paraschen aufweist, davon 2 aus dem Jalqut, weitere neun aus einer mit MS Parma verwandten Quelle (dazu *Grözinger-Hahn* 98–104). Zu berücksichtigen sind auch die PesR-Zitate im Jalqut, die textkritisch allerdings mit Vorsicht zu verwenden sind. Zusätzliches Material findet sich in *L. Ginzberg*, Ginze Schechter I 171–181, und *S. A. Wertheimer*, Batei Midraschot I 260–264.

c) Redaktion und Kompilation

Schon die Textüberlieferung zeigt, daß ein Gesamturteil über PesR nicht möglich ist. Das Werk ist zusammengesetzt. Der Erstdruck, MS Casanata und MS Parma sind drei Redaktionen dieser Pesiqta, „die aus einem gemeinsamen Homilienschatz schöpften, dem sie mehr oder weniger große Blöcke entnahmen und nach ihren Vorstellungen oder Bedürfnissen gruppiert und zu eigenen Werken verbunden haben" (*Grözinger*, Ich bin der Herr 7; vgl. *Goldberg*, Ich komme 7). Mit *Grözinger* (Ich bin der Herr 8f) sind mindestens fünf oder sechs Quellen zu unterscheiden:

1. eine *Jelamdenu-Quelle* (MS Parma überschreibt PesR 1–18: „Im Namen des Herrn unseres Gottes laßt uns beginnen. Jelamdenu". Dies ist womöglich als Titel gemeint: *Grözinger-Hahn* 90). Diese Predigten beginnen jeweils mit einem Jelamdenu-Abschnitt, dem eine Peticha im Namen des R. Tanchuma bar Abba folgt. Dazu gehören: PesR 1–14.19.25.29.31. 38–45.47–49.

2. *Homilien, die aus PRK stammen* bzw. aus dieser bekannt sind: PesR 15–18 (= PRK 5–8) und 32 (= PRK 18); teilweise 14 (= PRK 4); PesR 51. 52 (= PRK 27.28). Die Handschriften haben zusätzliches PRK-Material aufgenommen.

3. *Formal mit 2. verwandt* sind PesR 27, 27/28, 29/30, 29/30–30.

4. *Ruach-ha-qodesch-Homilien* beginnen mit: „Das ist es, was N.N. im heiligen Geiste sprach". Sie haben stets nur eine Peticha, die einen eigenen Aufbau aufweist: PesR 20 (gehörte ursprünglich vielleicht nicht zu PesR und scheint auch in der dem Jalqut vorliegenden PesR noch nicht enthalten gewesen zu sein: *Grözinger*, Ich bin der Herr 19f), 28,30,34–37. Eine Mischform in 50.

5. *Midrasch von den 10 Geboten* (bei Ha-Meiri als Midrasch Mattan Tora zitierte): PesR 21–24. Unterscheidet sich in Sprache und Aufbau vom Rest (weite Teile in Aramäisch, zahlreiche Maʿasim).

6. *PesR 26* (doch siehe *Prijs* 21f. der keinen Grund sieht, diese Homilie einem anderen Verfasser zuzuschreiben: zwar beginne 26 nicht mit einem Bibelvers, aber doch mit einem aus Bibelversen zusammengesetzten Satz; der flüssige Erzählstil, der PesR 26 auszeichnet, sei durch die Sache bedingt). PesR 46 fehlt in beiden MSS. Schon *Friedmann* 186b Anm. 1 hat diese Homilie als später erklärt. PesR 53 stammt, wie schon gesagt, aus Bereschit Rabbati.

Zunz (GV 255) datiert PesR in die 2. Hälfte des 9. Jhs.; dabei stützt er sich neben den seiner Meinung nach in PesR zitierten Schriften v. a. auf PesR 1 (F. 1b): seit der Zerstörung des Tempels sind 777 Jahre vergangen (Glosse: „nun sind es schon 1151"), d. h. der Verfasser schrieb nach 845 (da in der jüdischen Chronologie 68 als Jahr der Tempelzerstörung gilt). Diese Datierung wurde weithin übernommen: so von *J. Mann*, The Jews in Egypt and in Palestine under the Fātimid Caliphs, I, Lo 1920, Ndr. NY

1970, 48 Anm. 2; *L. Prijs* 77, auch wenn dieser das Material für älter hält (11 Anm. 3); *D. Sperber*, EJ XIII,335 (doch nur für den Jelamdenu-Teil, während er sonst eine Datierung ins 6. oder 7. Jh. angibt). *Friedmann* zur Stelle stützt sich ebenfalls auf diese Zahl, bezieht sie jedoch auf die Zerstörung des 1. Tempels, d.h. nach der Chronologie von SOR das Jahr 355 (die Perserzeit 536–320 wird nur als 52 Jahre gezählt); die Glosse wäre entsprechend auf 719 zu datieren. *Friedmann* ist sich bewußt, daß dies nicht für das Gesamtwerk gilt (24: Stücke stammen zweifellos aus gaonäischer Zeit), möchte dieses jedoch aus verschiedenen Gründen nicht viel später ansetzen.

Einen Bezug dieser Stelle auf das Jahr 355 vertritt jetzt auch *H. Hahn*, der deshalb auch die Zuschreibung der Peticha an R. Tanchuma für verläßlich hält (Wallfahrt 110–113), jedoch selbstverständlich daraus keine Schlüsse für das Gesamtwerk zieht. Immerhin scheint ihm die Redaktionsgeschichte von PesR 1 ein Datum dieses Kapitels im 5. Jh. nahezulegen (388 ff), und zwar in Palästina (397 ff). Für den Jelamdenu-Teil der PesR sieht *Hahn* 380 keinen Grund gegen das allgemeine Ergebnis von *F. Böhl*, „daß der Jelamdenu materiell spätestens um 400 vorlag" (Aufbau und literarische Formen des aggadischen Teils im Jelamdenu-Midrasch, Wiesbaden 1977, 90). Ein solches versuchsweises Ergebnis gilt natürlich nur für das Material dieses umfangreichen Teils von PesR, nicht jedoch für die Sammlung dieser Homilien, die jedoch unter Umständen nicht allzuviel später anzusetzen ist.

Ein anderer Block von PesR, der zum Großteil schon in Detail untersucht worden ist, sind die *Ruach-ha-qodesch-Homilien*. Schon *Friedmann* 24 hatte PesR 34–37 einem anderen Verfasser als dem des Hauptteils des Werkes zugeschrieben und als die frühesten Kapitel des Buches bezeichnet. *B. J. Bamberger* datierte diese Homilien über die Trauernden Zions und den leidenden Messias in die Jahre 632–7, gestützt auf 36,2 (F. 162a): „Im Jahr, in dem sich der Messias offenbart ... wird der König Persiens gegen einen König Arabiens Krieg führen, und dieser König Arabiens wird nach Edom gehen, um sich mit den Edomitern zu beraten. Darauf wird der König Persiens die ganze Welt verwüsten". Ebensogut könnte sich dieser Text jedoch auf Odenat beziehen, wofür sowohl der Name des R. Isaak als auch die Erwartungen der Zeit sprechen, daß dem Kommen des Messias ein Krieg zwischen Persien und Rom vorausgeht.

Ein anderer Anhaltspunkt sind die „*Trauernden Zions*": *J. Mann*, The Jews in Egypt and Palestine under the Fātimid Caliphs, I Lo 1920 (Ndr. NY 1970) 47–9, sieht sie als Büßerbewegung in islamischer Zeit und betrachtet PesR 1 und 34–37 als spätesten Teil des Werkes, von einem italienischen Haggadisten verfaßt, der in der 1. Hälfte des 9. Jhs. sich den Trauernden um Zion in Jerusalem anschloß. Andere kommen zu einer ähnlichen Datierung, indem sie die Trauernden um Zion mit der gelegentlich erwähnten karäischen Gruppe dieses Namens gleichsetzen: so z. B.

H. Graetz, Geschichte V, Le ⁴1909, 269.507f, und zuletzt *M. Zucker*, Tegubot li-tenuat Abele Tsion ha-Qarajjim ba-sifrut ha-rabbanit, FS Ch. Albeck, J 1963, 378–401. Zur Kritik *A. Goldberg*, Erlösung durch Leiden 131–4.

Goldberg zeigt, daß PesR 35 mit 34.36–37 ursprünglich nicht zusammengehörte, betont aber auch die Problematik jeglicher Datierung dieser Texte. Nichts spricht gegen eine Datierung von PesR 35 im 3. oder zu Beginn des 4. Jhs. (Ich komme 20); ebenso ist auch für PesR 34 eine Entstehung irgendwann nach Mitte des 3. Jhs. anzunehmen (Erlösung 142). Doch kann die Redaktion in beiden Fällen auch viel später erfolgt sein. Besonders kompliziert wird die Frage, da selten klar verwertbare Parallelen mit bekannten und datierten Schriften vorliegen. So ist die Frage der Benützung der Scheiltot des R. Acha (7/8. Jh.) in PesR oder umgekehrt nicht geklärt: *Zunz* und *Aptowitzer* nahmen eine solche Benutzung in PesR für gesichert an, *Friedmann, S. Buber* und *Braude* kommen zum gegenteiligen Ergebnis. Auch würde die Entscheidung natürlich immer nur für die betreffenden Stellen gelten. Ebenso ungeklärt ist das Verhältnis der PesR zu ha-Kallir (nach *Zunz*, GV 256, hat dieser PesR gekannt; dagegen *Aptowitzer* 403ff).

Was den Entstehungsort von PesR betrifft, hatte *Zunz* einst Griechenland vorgeschlagen (GV 256), *I. Lévi* wegen einer vermeintlichen Nennung von Bari (PesR 28, F. 135b) Süditalien angenommen. Diese Lokalisierungen hängen natürlich mit der Spätdatierung von PesR zusammen. Zahlreiche Argumente sprechen für eine Entstehung in Palästina, so v. a. die Namen der zitierten Rabbinen (paläst. Amoräer des 3. und 4. Jhs.), ebenso das Fehlen einer Pisqa für Simchat Tora, vielleicht auch die Sprache. Allerdings ist keines dieser Argumente absolut beweiskräftig und müßte auch hier noch vor einer vorschnellen Verallgemeinerung gewarnt werden.

Die Entstehungsgeschichte von PesR ist somit noch weithin ungesichert. Der Gedanke an einen einzelnen Endredaktor ist jedenfalls nicht haltbar. Vielmehr ist ein langwieriger Entwicklungsprozeß anzunehmen. In diesem wurden einzelne Homilien, die ihrerseits wieder schon vorredigiertes Material verwenden (etwa Apokalypsen in PesR 36–37 oder Hekhalotmaterial in PesR 20), in Gruppen zusammengefaßt, die Form und Geist gemeinsam haben. Oft wurden diese erst später der Festliturgie dienstbar gemacht und sodann mit anderen Texten verbunden (so wurde wohl 34–37 mit anderen Homilien zu den Trostpredigten 29–37 zusammengefaßt). So entstanden relativ feste Einheiten, die im Lauf der Zeit zu einem Predigtzyklus für das ganze Jahr zusammenwuchsen. Doch blieben Teile noch immer austauschbar, wie dies ja der Predigtsammlung als einem Gebrauchsbuch von ihrem Wesen her entspricht. Die globale Spätdatierung von *Zunz* u. a. ist jedenfalls nicht haltbar. Die jetzt öfter vertretene Datierung ins 6. oder 7. Jh. (*Braude; Sperber* in EJ XIII,335) kann allerdings auch nur für Homilien-

gruppen als angemessener zeitlicher Rahmen gelten, der jedoch im einzelnen erst abzusichern ist.

4) Tanchuma – Jelamdenu

Lit.: Ch. Albeck, Deraschot 112–6.373–5; *V. Aptowitzer*, Scheeltoth und Jelamdenu, MGWJ 76 (1932) 558–575; *F. Böhl*, Aufbau und literarische Formen des aggadischen Teils im Jelamdenu-Midrasch, Wiesbaden 1977; *L. Ginzberg*, Ma'amar al ha-
Jelamdenu, in: Ginze Schechter I 449–513; *M. D. Herr*, EJ XV, 794–6; *A. Marmorstein*, Zur Erforschung des Jelamdenu-Problems, MGWJ 74 (1930) 266–284; *ders.*,
Die Gottesbezeichnung Elohim im Jelamdenu, MGWJ 75 (1931) 377–379; *C. Mili-
kowski*, The Punishment of Jacob – A Study in the Redactorial Process of Midrash
Tanḥuma (h), Bar-Ilan 18–19 (1981) 144–9; *M. Stein*, Le-cheqer Midresche Jelamdenu, FS M. Schorr, Warschau 1935, hebr. Teil 85–112; *L. Zunz*, GV 237–250.

Text: Midrasch Tanchuma, J 1960; *S. Buber*, Midrasch Tanchuma, 2 Bde, Wilna
1885, Ndr. J 1964; *J. Adler*, Midrasch Tanchuma ketab jad Vatikan 44, Kobez al
Yad 8 (18), J 1975, 15–75 (MS aus dem 14. Jh., Mischform zwischen gewöhnl. Text
und TanB); *L. Ginzberg*, Ginze Schechter I 18–66.96–102.107–135 (13 Geniza-
Fragmente; dazu *J. Mann*, Genizah Studies, American Journal of Semitic Languages and Literatures 46, 1929f, 265–7, der zum Teil die Identifikation bestreitet);
J. Mann, The Bible as Read and Preached in the Old Synagogue, I NY 1971 (=
Ndr. von 1940, mit Prolegomenon von *B. Z. Wacholder*), II (vollendet von *I. Son-
ne*) Cincinnati 1966; *S. A. Wertheimer*, Batei Midrashot I 139–175; *E. E. Urbach*,
Seride Tanchuma-Jelamdenu, Kobez al Yad 6 (16) Teil 1, J 1966, 1–54; *J. D. Wilhelm*, Qetaim mi-midrasch Tanchuma le-Sefer Schemot u-mi-midrasch Jelamdenu
le-Sefer Debarim, Kobez al Yad 6 (16) Teil 1, J 1966, 55–75; *K. Wilhelm*, Ein Jelam-
denu-Fragment, MGWJ 75 (1931) 135–143. *Übersetzung* von Tanchuma Buber:
H. Bietenhard, Midrasch Tanḥuma B. R. Tanḥuma über die Tora genannt Midrasch
Jelammedenu Bd I, Bern-F 1980 (Gen und Ex; Textbasis ist Cod. Vat. Ebr. 34, der
vom Buber-Text oft abweicht).

a) Der Name

Tanchuma oder Jelamdenu bezeichnet einen in mehreren Sammlungen bekannten Homilien-Midrasch zum ganzen Pentateuch. Letzterer Name ist
von der halakhischen Einleitung *Jelamdenu Rabbenu*, ,,es belehre uns unser Meister,'' entnommen. Der Name Tanchuma wird entweder damit
erklärt, daß mehrere Vorträge beginnen: ,,So hat R. Tanchuma bar Abba
eingeleitet'', oder durch die Annahme, daß dieser Amoräer in der 2. Hälfte
des 4. Jhs. selbst die Grundlage zu diesen Homilien geschaffen habe (so
Bacher, pAm III, 502f). Tatsächlich sind im Namen keines anderen Rabbi
so viele Proömien überliefert wie in dem Tanchumas. Der Name Tanchuma ist z. B. bei Raschi und im Jalqut belegt, der Name Jelamdenu besonders im Arukh und im Jalqut.

b) Der Text

Tan liegt in zwei Ausgaben vor, die zwei verschiedene Textrezensionen darstellen: *1. die gewöhnliche Ausgabe*, Erstdruck Konstantinopel 1520/22, dann V 1545, Mantua 1563 (über Zusätze in diesem Druck, welche auch in die späteren Ausgaben aufgenommen wurden, siehe *Buber*, Einleitung 163–180), Verona 1595 und öfter; mit den Kommentaren Ets Josef und Anaf Josef Wilna-Grodno 1831 und öfter. – *2. Die Ausgabe Buber* nach MS Oxford Neubauer 154 (Alter fraglich) als Basistext und vier weiteren MSS aus Oxford, dem Cod. Vat. Ebr. 34 (den *Theodor* lieber als Basis der Ausgabe gesehen hätte), München Cod. hebr. 224 (einige Kapitel, z. T. auch in BhM VI 91–185) und MS Parma De Rossi 1240. Der von *Buber* veröffentlichte Text (= TanB) weicht zu Gen und Ex stark von der gewöhnlichen Ausgabe ab; zu Lev, Num und Dtn stimmt er mit dieser im wesentlichen überein.

Schon *Buber* kannte eine Reihe weiterer MSS. Erst ein Teil davon ist inzwischen veröffentlicht worden, so das MS Cambridge 1212 (Anfang 14. Jh.), das *Urbach* veröffentlicht hat. Zahlreiche Fragmente aus der Geniza von Kairo haben v. a. *L. Ginzberg* und *J. Mann* veröffentlicht.

Wie verhalten sich Tan und Jelamdenu zueinander? Einerseits scheinen die beiden Namen austauschbar zu sein – nicht nur werden im Mittelalter dieselben Zitate manchmal als Tan, manchmal als Jel. gebracht; eine große Zahl von Homilien in Tan verbindet die halakhische Einleitung Jelamdenu Rabbenu mit einer Peticha im Namen Tanchumas. Andererseits scheinen Tan und Jel. für den Kompilator des Jalqut zwei verschiedene Werke gewesen zu sein, die er nebeneinander zitiert und die sich nur zum Teil decken. Außerdem sind viele Jel.-Zitate der mittelalterlichen Literatur in beiden Fassungen des Midrasch nicht auffindbar (Sammlung der Zitate, bes. zu Num, in *L. Grünhut*, Sefer ha-Likkutim 4–6). Ist demnach mit einem verlorengegangenen Jel.-Midrasch zu rechnen?

Lange Zeit wurde die Diskussion durch die Frage nach einem Ur-Tanchuma oder Ur-Jelamdenu bestimmt und deren Stellung zu den beiden Tan-Drucken und den weiteren Jel.-Zitaten diskutiert. *Buber* z. B. betrachtete seinen Text als den Ur-Tanchuma, *Ginzberg* die von ihm veröffentlichten Fragmente als Ur-Jelamdenu. Alle Rekonstruktionen mußten mit verschiedenen Unbekannten rechnen und waren zudem in der Datierungsfrage sehr subjektiv (so wurde von manchen Aramäisch im Text als Zeichen der Jugend, von anderen als solches des Alters gewertet; ähnlich in der Frage der Gottesnamen).

Die seither veröffentlichten bzw. bekannt gewordenen MSS zeigen, daß die Fragen viel komplexer als angenommen sind. Die Tan-Jel.-Midraschim sind eine in vielen Fassungen überlieferte Gruppe von Homilien-Midraschim zum Pentateuch, der nicht nur die beiden Tan-Ausgaben und verschiedene handschriftliche Rezensionen angehören, sondern die auch Ex-

R II, NumR II, DtnR, Teile der PesR und anderer Midraschim umfaßt. Mit *E. E. Urbach* 3 ist somit die Suche nach einem Ur-Tanchuma hoffnungslos, zumindest was seine Erhaltung in einer bestimmten Handschrift betrifft. Diese Midraschgattung war so erfolgreich, daß sie sich schnell regional differenzierte. Als Gebrauchsliteratur waren diese Midraschim noch längste Zeit Veränderungen, Textzuwachs und Textverlust ausgesetzt.

Was die *Form der Tan-Homilien* betrifft, leitet gewöhnlich das stereotype Jelamdenu Rabbenu die halakhische Einheit ein, der sich eine mit dieser eng verbundene haggadische Einheit anschließt. Mehreren Proömien folgt die Auslegung der ersten Verse des Sedertextes und ein messianischer Schluß. Eine Analyse der Formen des haggadischen Teils hat *F. Böhl* vorgelegt. Die Predigten dürfen z. T. tatsächlich gehalten worden sein, z. T. aber auch literarische Predigten sein; hier hat sicher auch eine Wechselwirkung stattgefunden, so daß eine klare Bestimmung nicht möglich ist.

c) Entstehung – Redaktion

Zunz (GV 247) datiert Tan-Jel. in die 1. Hälfte des 9. Jhs. Dafür beruft er sich v. a. auf Ähnlichkeiten mit den Scheiltot und gaonäischen Schriften, Polemik gegen die Karäer und einen Text (Tan Noach 3), wonach die beiden Akademien in Babylonien noch bestehen. Auch heute ist diese Datierung noch weithin üblich (z. B. *Herr*, EJ 795).

Gerade bei einer Predigtsammlung ist eine Datierung anhand von Einzelstellen äußerst problematisch. Der Text über die beiden Jeschibot Babyloniens (dazu *Goodblatt*, Instruction 13–15; *V. Aptowitzer*, HUCA 8–9, 1931 f, 415–7) findet sich mit Varianten auch in einem Brief des Pirqoi ben Baboi (um 800). Diesen Brief als Quelle von Tan anzunehmen, ist kaum möglich; auch ist jederzeit mit Interpolationen in Tan zu rechnen. Das gilt auch für die übrigen Berührungen mit gaonäischen Texten, v. a. mit den Scheiltot (dazu *Aptowitzer* MGWJ 76), die eher für die Überlieferungsgeschichte von Tan von Interesse sind. Auch ist die Nähe von Tan zu den Scheiltot v. a. formaler Art.

F. Böhl sieht die Tatsache, daß schon in TBer IV, 16–18 (L. 22–24) eine dem Jel. vergleichbare Form belegt ist, als „Beweis gegen die häufig behauptete Abhängigkeit des Jelamdenu von den Scheeltoth des R. Achai, zumal die Abfolge von (a) Bitte um Belehrung durch die Schüler und (b) Antwort des Rab öfters in tannaitischen Texten nachweisbar war" (Aufbau 91). Die Jelamdenu-Formel findet sich auch in bT mehrfach im Zusammenhang halakhischer Belehrung; formal ähnlich ist auch die Predigt des Tanchum von Newai in Schab 30a–b. *Böhl* sieht eine Entwicklungslinie der Jelamdenu-Form von der Schülerunterweisung über die halakhischen Responsen des bT zur halakhisch-haggadischen Unterweisung der literarischen Jelamdenu-Form, die im Midrasch als Einleitung in eine größere

Texteinheit verwendet wird. In PesR findet diese Entwicklung ihren Abschluß. Aufgrund der in Jel. genannten Tradenten kommt er zum Schluß, daß dieser ,,materiell spätestens um 400 vorlag" (Aufbau 90). Sofern man dieses Urteil nicht als Globaldatierung versteht und mit längerer Weiterentwicklung rechnet, ist ihm wohl zuzustimmen. Die übliche Spätdatierung gerade von Predigtwerken hat sich zusehr auf Einzelbeobachtungen gestützt, die nicht eindeutig bestimmbar sind. Formgeschichtliche Untersuchungen können hier sicher weiterhelfen, auch wenn es bis zur Einzeldatierung der Tan-Homilien noch ein weiter Weg ist.

Daß eine Predigtsammlung zu den Pentateuch-Lesungen (wie schon *Theodor* zeigte, richtete sich Tan ursprünglich nach der etwa dreijährigen paläst. Leseordnung) sicher nicht später als eine solche zu dem Festzyklus einem Bedürfnis der Gemeinden entsprach, spricht sicher auch für eine frühe Datierung solcher Sammlungen, die jedoch nie eine absolut endgültige Form erreicht haben, wie die Vielfalt der MS-Versionen und mittelalterlichen Zitate zeigt.

Als Entstehungsort der Gattung haben wir sicher Palästina anzunehmen (Lesezyklus, Rabbinen, Stoff), auch wenn später andere Länder zur Weiterentwicklung der Textrezensionen beigetragen haben.

5) Deuteronomium Rabba (DtnR)

Lit.: M. D. Herr, EJ V, 1584–6; *L. Zunz*, GV 263–5 (*Albeck*, Deraschot 122f.391). – *Text:* Ausgaben von Midrasch Rabba, z. B. *A. Mirkin* XI; *S. Liebermann*, Midrash Debarim Rabbah, J ²1964; *L. Ginzberg*, Ginze Schechter I 107–168; *J. Mann-J. Sonne*, The Bible as Read and Preached in the Old Synagogue II, Cincinnati 1966, hebr. Teil 220–239; *Z. M. Rabinovitz*, Ginzé Midrash 72–82. Siehe auch Lit. zu Tanchuma. – *Übersetzung: A. Wünsche*, Bibl. Rabb. III, Le 1882, Ndr. H 1967; *J. Rabbinowitz* in der Soncino-Ausgabe des Midrasch Rabba, Lo 1939, Ndr. 1961 (jeweils die gewöhnliche Fassung).

a) Name

DtnR wird im Mittelalter als (Haggadat) Elle ha-Debarim Rabba, Debarim Rabbati und ähnlich, aber auch als Jelamdenu oder Tanchuma zitiert, da der Midrasch ja tatsächlich zur Tan-Gruppe gehört.

b) Text

Alle MSS weichen von der gedruckten Fassung von DtnR (Erstdruck Konstantinopel 1512; dann V 1545) z. T. ab. *S. Buber*, Liqqutim mi-Midrasch Elle ha-Debarim Zutta, W 1885, 10–32, hat aus dem Cod. Hebr. 229 der Staatsbibliothek München vom Jahr 1295 die Perikope Debarim (Dtn 1, 1–3,22) und die Zusätze in Nitsabim veröffentlicht. Die Paraschen 2 und 9–11 fehlen in diesem MS, die übrigen Kapitel sind gleich dem Druck. Ein

MS im Besitz von *A. Epstein* (von ihm beschrieben in Qadmoniot 80–82) gleicht MS München, enthält jedoch vom üblichen Druck abweichende Paraschen 2 und 9 (Wa-etchannan und Wa-jelekh), Zusätze zu 8 (Nitsabim) und Ergänzungen der beiden letzten Paraschen aus Tanchuma. Oxford MS 147, von *S. Lieberman* ediert, gehört in dieselbe Art von MSS wie jenes von *Epstein* beschriebene (ähnlich auch Oxford MS 2335). Es enthält Midrasch Rabba zur ganzen Tora. In DtnR bietet es über das Material von MS Epstein hinaus zusätzliche Homilien aus Tanchuma zur Parascha 2 (Wa-etchannan). Die Ausgabe *Lieberman* kennzeichnet durch kleineren Druck die Stücke, die mit Tanchuma identisch sind (Wa-etchannan p. 34–43; Ha'azinu und We-zot haBerakha, p. 125–131) bzw. mit der üblichen Ausgabe übereinstimmen (Eqeb bis Nitsabim, p. 83–116), zusammen über die Hälfte des Textes.

Das von *Rabinovitz* edierte Fragment, ein Blatt aus der Antonin-Sammlung in Leningrad, weicht in der Parasche Re'e von beiden Tan- und DtnR-Fassungen ab und könnte eine Frühform davon darstellen. Das Fragment stammt ca. aus dem 11. Jh.

c) Aufbau

Die gewöhnliche Fassung von DtnR ist in den Drucken nach den Sabbatperikopen des einjährigen Zyklus in 11 Abschnitte geteilt (die Ausgaben Konstantinopel 1512 und V 1545 haben nur 10, da Nitsabim und Wajelekh miteinander verbunden sind). In Wirklichkeit besteht DtnR aus 27 in sich abgeschlossenen Homilien, die sich auf Texte des ca. dreijährigen Zyklus beziehen.

Die Homilien beginnen mit einer halakhischen Einleitung: *Halakha – adam me-Jisrael* ist die Frageformel, auf die die Antwort mit der Einleitung *kakh schanu chakhamim* folgt. Es folgen ein oder mehrere Proömien, die hier schon ziemlich selbständige homiletische Gebilde sind. Die Haggada setzt gewöhnlich mit den Worten ein: *ze sche-amar ha-katub*, „das ist es, was die Bibel sagt". Nach Auslegung des Schriftabschnitts klingt die Predigt gewöhnlich mit einem verheißenden oder tröstenden eschatologischen Schluß aus.

DtnR in der Ausgabe *Lieberman* leitet die Predigten nicht immer mit einer halakhischen Frage ein; auch beginnt die Frage dort jeweils ohne einleitende Formel. Die Antwort hingegen beginnt stets mit *kakh schanu rabbotenu*, die Haggada mit *zehu sche-amar ha-katub*.

d) Entstehung und Datierung

Die Textüberlieferung deutet auf eine komplizierte Entstehungsgeschichte. Bei Bekanntwerden von MSS München und Epstein schloß man auf die Existenz eines zweiten vollständigen DtnR. Mittelalterliche Zitate, die in

beiden Textfassungen fehlen, führten *A. Epstein* zur Annahme einer dritten Rezension. Doch ist der MS Oxford eigene Stoff nicht so umfangreich
(verschiedene Rezensionen nur in den beiden ersten und zu Beginn der
dritten Parasche), als daß man auf eine zweite vollständige Fassung von
DtnR schließen müßte.

Aus mittelalterlichen Zitaten ist zu erschließen, daß die übliche Fassung
in Frankreich und Deutschland verbreitet war, die von *Lieberman* edierte
in Spanien, wo sie Nachmanides als erster zitiert.

Beide Textfassungen benützen pT (oft gekürzt), GenR und LevR, die
gewöhnliche Fassung auch KlglR. Ein Einfluß von bT ist hingegen nicht
nachzuweisen (einzelne babyl. Wendungen in DtnR gehen auf die Textüberlieferung zurück). Da DtnR der Sprache (Hebräisch, galiläisches Aramäisch, viele griechische Fremdwörter), den Rabbinen- und Ortsnamen
nach in Palästina entstanden ist, muß es vor der Ausbreitung des bT in
Palästina entstanden sein. Parallelen mit dem späteren Midrasch Petirat
Mosche sind wohl als nachträgliche Ergänzungen zu betrachten. Die Spätdatierung von *Zunz* (GV 264f) ist somit völlig unbegründet, wie *Lieberman* XXII betont. Das Werk ist sicher früher entstanden; eine genauere
Datierung zwischen etwa 450 und 800 ist durch die bewegte Textgeschichte (v. a. ständige gegenseitige Beeinflussung der verschiedenen Tan-Rezen-
sionen) sehr erschwert.

6) Exodus Rabba (ExR)

Lit.: M. D. Herr, EJ VI, 1067–9; *S. Liebermann*, Midrash Debarim Rabbah, J
²1964, XXII; *L. Zunz*, GV 268–270 (dazu *Albeck*, Deraschot 125.396f). – *Text* in
den üblichen Ausgaben des Midrasch Rabba, z. B. *A. Mirkin*, Midrasch Rabba
Bd V–VI. *Übersetzung: A. Wünsche*, Bibl. Rabb. III, Le 1882, Ndr. H 1967; *S. M.
Lehrmann* in der Soncino-Ausgabe des Midrasch Rabba, Lo 1939, Ndr. 1961.

ExR (oder Schemot Rabba) ist in MS Oxford Bodl. 147 und 2335 überliefert, die jeweils den ganzen Midrasch Rabba zur Tora enthalten. Die
Handschriften sind noch nicht hinreichend analysiert; auch gibt es keine
wissenschaftliche Ausgabe von ExR. Erstdruck Konstantinopel 1512, dann
V 1545.

Das Werk ist aus zwei verschiedenen Teilen zusammengesetzt. *Der erste
Teil* (ExR I) umfaßt die Paraschen 1–14 und ist ein exegetischer Midrasch
zu Ex 1–10 (11 wird in ExR nicht kommentiert). In der Art von GenR
geschrieben, könnte ExR I dessen Fortsetzung sein, die bis zum Beginn der
Mekhilta führt. *Der zweite Teil* (ExR II) mit den Paraschen 15–52 ist ein
homiletischer Midrasch zu Ex 12–40, der zur Gattung des Tan-Jel.-Mi-
drasch gehört (dies zeigt u. a. die mehrfache Einleitung: *kakh patach
R. Tanchuma bar Abba*). Die Predigten folgen den Sedarim des palästini-

schen Lesezyklus, wobei gewöhnlich nur die ersten Verse kommentiert werden. Ein auf die Zukunft gerichteter Predigtschluß ist in diesem Teil häufig.

Zunz, der das Werk noch nicht teilt, datiert es als ganzes in das 11. oder 12. Jh., wobei aber viele Stücke aus älteren Werken geschöpft seien, da die Schrift die gesamte ältere Haggada benütze. Eine so globale Spätdatierung ist jedoch äußerst fraglich *(Lieberman)*. *Herr* betrachtet den zweiten Teil als älter gegenüber dem ersten, der den verlorengegangenen Anfang des homiletischen Midrasch zu Ex als Quelle benützt habe. Für die Datierung von ExR I stützt er sich v. a. auf sprachliche Argumente (teilweise babylon. Aramäisch) und die Benützung des bT, dessen Aramäisch manchmal sehr unglücklich in galiläisches Aramäisch übertragen worden sei. Er setzt diesen Teil nicht vor dem 10. Jh. an. Eine genaue sprachliche Analyse könnte in dieser Frage mehr Klarheit bringen. In ExR II, dessen Sprache im wesentlichen M-Hebräisch mit galiläischem Aramäisch und zahlreichen griechischen und lateinischen Lehnwörtern ist, sieht *Herr* neben der tannaitischen Literatur und pT die frühen amoräischen Midraschim und Tanchuma benützt, nicht jedoch bT. Da Nachmanides in seinem Pentateuchkommentar schon ExR in seiner jetzigen Form kennt, muß die Kombination der beiden Teile des Midrasch spätestens im 12. Jh. erfolgt sein, kann jedoch auch bedeutend früher anzusetzen sein. Für eine genauere Datierung beider Teile sind erst weitere Untersuchungen notwendig.

7) Numeri Rabba (NumR)

Lit.: Ch. *Albeck*, Midraš Berešit Rabbati, J 1940, Ndr. 1967, Mabo 9–20; ders., Deraschot 126f; A. *Epstein*, Quadmoniot 64–9; M. D. *Herr*, EJ XII, 1261–3; *Zunz*, GV 270–274. – *Text:* in den üblichen Midrasch-Rabba-Ausgaben; z. B. in A. *Mirkin*, Midrasch Rabba IX–X. Zum Text auch Z. M. *Rabinovitz*, Ginzé Midrash 66–71, und L. *Ginzberg*, Ginze Schechter I 91–102 (von unseren Tan-Ausgaben und NumR z. T. abweichendes Geniza-Material). *Übersetzung:* A. *Wünsche*, Bibl. Rabb. IV, Le 1883–5, Ndr. H 1967; J. J. *Slotki* in der Soncino-Ausgabe des Midrasch Rabba, Lo 1939, Ndr. 1961.

Die frühesten vollständigen MSS von NumR (im Hebräischen Bemidbar Rabba bzw. im Erstdruck Konstantinopel 1512 Bemidbar Sinai Rabba) stammen aus dem 15. Jh. (Oxford Bodl. 147 und 2335); MS hebr. Paris 149 aus dem Jahr 1291 enthält NumR 1–5; MS München 97,2 von 1418 bietet NumR 1–14.

Der Midrasch besteht aus zwei sehr verschiedenartigen Teilen. NumR I umfaßt die Abschnitte 1–14, etwa drei Viertel des Gesamtwerks, und ist eine haggadische Bearbeitung von Num 1–7. NumR II (Abschnitte 15–23) ist ein homiletischer Midrasch, der Num 8–36 in viel kürzerer Form bespricht.

Was die Entstehung des Midrasch betrifft, betrachtete *I. H. Weiss* (Dor III 236), dem *Mirkin* folgt, NumR als einheitliches Werk des Mosche ha-Darschan (11. Jh., Narbonne), während die meisten mit *Zunz* in NumR ein zusammengesetztes Werk sehen.

NumR I zu den zwei ersten Sedarim des einjährigen Zyklus (Bemidbar, Naso), doch nach dem palästinischen ca. dreijährigen Zyklus in Paraschen gegliedert, hat als Textbasis einen Tanchuma-Midrasch (anonyme Proömien, z. T. noch mit Halakha), der später jedoch stark erweitert worden ist: ,,Statt der kurzen Erläuterungen oder Allegorien der Alten, statt ihrer steten Berufung auf Autoritäten, lesen wir hier Compilationen aus halachischen und haggadischen Werken, untermischt mit künstlichen, oft spielenden Anwendungen der Schrift, und finden viele Blätter hindurch keine Quelle namhaft gemacht" (*Zunz*, GV 272 f). In den Erweiterungen gegenüber Tan finden sich zahlreiche Stellen aus verschiedenen rabb. Schriften (tannaitische Midraschim, PRK, PesR, MidrPss usw). Mit *Ch. Albeck* ist anzunehmen, daß diese Texte auf einmal eingefügt wurden, und zwar aus einem Werk aus der Schule des Mosche ha-Darschan, den schon Raschi (z. B. zu Num 32,41 f) als Autor von Auslegungen kennt, die uns nur aus NumR bekannt sind. Bereschit Rabbati und der von *S. Buber* veröffentlichte Midrasch Aggada, die von Mosche ha-Darschan oder aus seiner Schule stammen, haben viel mit NumR gemeinsam und auch in ihnen zeigt sich die Methode des Mosche ha-Darschan, Auslegungen aus den verschiedensten Werken mosaikartig zu einem neuen Midrasch zusammenzubauen. Bezeichnend für ihn ist die starke Benützung der Pseudepigraphen und die Zitierung von rabb. Werken nach den (vermeintlichen) Verfassern. So wird z. B. Midrasch Tadsche öfter in NumR als Pinchas ben Jair zitiert, Seder Elijahu als Elija (z. B. NumR 5,9: ,,Elija sagt"); 14,10 bringt ein Zitat aus Tan Schemot 3: ,,R. Tanchuma sagt". Mit *Zunz* ist die Entstehung der erweiterten Fassung nicht vor dem 12. Jh. anzunehmen.

NumR II (Kapitel 15–23), ursprünglich wohl nach dem ca. dreijährigen Lesezyklus eingeteilt, ist in den Ausgaben nach den Sabbatparaschen des einjährigen Zyklus gegliedert; nur die Parasche Schelach-lekha (Num 13–15) hat zwei Abschnitte. Wie schon *M. Benveniste* erkannt hat (Vorwort zu Ot Emet, Saloniki 1565), ist dieser Teil im wesentlichen der Midrasch Tanchuma. Am Anfang der halakhischen Einleitung haben die Drucke von NumR ,,Halakha", während das Pariser MS Hebr. 150 die ältere Formel Jelamdenu Rabbenu liest. Der Textüberschuß gegenüber den Tan-Drucken ist i. a. durch Tan-MSS gedeckt. Die zwei längeren Ergänzungen, auf die das nicht zutrifft, stammen aus Mosche ha-Darschan: 18,15–18; 20,5–6; ebenso 18,29, das aber auch in den Tan-Druck aufgenommen worden ist.

Herr rechnet für diesen Teil wie für Tan im allgemeinen mit einer Entstehungszeit im 9. Jh.; doch ist wohl ein früheres Datum wahrscheinlicher (siehe S. 281 f). Wie NumR II muß auch NumR I vor der Bearbeitung ausgesehen haben; eventuell ist aber auch damit zu rechnen, daß ein ursprünglich einheitlicher Tan-Midrasch zu Num erst durch die Bearbeitung in der Schule des Mosche ha-Darschan zerrissen und nachträglich wieder vereint worden ist. Diese Verbindung der beiden Teile erfolgte wohl Anfang 13. Jh., da der Jalqut NumR noch nicht als Gesamtwerk zu kennen scheint, Nachmanides hingegen NumR schon als solches zitiert.

8) Kleinere Homilien-Midraschim

a) Aggadat Bereschit

Aggadat Bereschit ist eine Sammlung von 28 Homilien zu Gen nach dem ca. dreijährigen Lesezyklus. Jede Homilie hat drei Abschnitte, somit insgesamt 84 (83 in den früheren Drucken; denn MS Oxford 2340 allein, das übrigens das Werk als Seder Elijahu Rabba bezeichnet, enthält auch den Abschnitt 42). Der erste Abschnitt knüpft jeweils an Gen an, der zweite an einen Text aus den Propheten, der als Haftara zu diesem Seder zu betrachten ist; der dritte ist zu einer (vielleicht an demselben Sabbat gelesenen) Psalmstelle. Der Anfang (Gen 1,1–6,4) und die letzte Besprechung eines Psalmverses fehlen. Der Inhalt ist großteils aus TanB entnommen. Das oft Rab zugeschriebene Werk (so Abraham ben Elija von Wilna in seiner Textausgabe Wilna 1802) wird von *M. D. Herr* in das 10. Jh. datiert.

Ausgaben: Zuerst V 1618 am Schluß der *Schtei Jadot* von Menachem di Lonzano; BhM IV 1–116; *S. Buber*, Aggadat Bereschit, Krakau 1903, Ndr. 1973 (verwendet den Erstdruck zusammen mit MS Oxford). Siehe *M. D. Herr*, EJ II,366; *L. Zunz*, GV 268.

b) Midrasch Haschkem oder Midrasch We-hizhir

Ein Midrasch zu Ex bis Num (vielleicht auch Dtn) nach dem einjährigen Zyklus. Der überwiegende Teil ist aus den Scheiltot, den Halakhot Gedolot, sowie der Baraita über den Bau der Stiftshütte geschöpft, das Haggadische besonders aus Tanchuma. Das Münchner MS Hebr. 205, am Anfang defekt, beginnt mit einem haggadischen Stück zu Ex 8,16, das sich auch in Tan der früheren Ausgaben zur Stelle befindet und von dessen Anfang *haschkem* der eine Name dieses Midrasch entnommen ist. Das MS reicht bis Num 5,11 ff. Der zweite Name stammt davon, daß fast alle pentateuchischen Abschnitte mit *we-hizhir ha-qadosch barukh hu* beginnen („und Gott ermahnte" Israel). Manche halten hingegen Midrasch Haschkem und Midrasch We-hizhir für zwei verschiedene Werke, von denen das zweite etwa hundert Jahre jünger ist. Nach *Zunz* gehört das Werk vermutlich dem 10. Jh. und dem europäischen Süden an. Zitate aus alten Autoren hat *L. Grünhut*, Sefer ha-Likkutim I 2a–20a, gesammelt.

Ausgabe: J. M. Freimann, Sefer We-hizhir I (Ex), Le 1873; II (Lev, Num), Warschau 1880; *J. D.* Eisenstein, Ozar Midrashim I 138–146. *H. G.* Enelow, Midrash Hashkem Quotations in Alnaqua's Menorat ha-Maor, HUCA 4 (1927) 311–343. Siehe *L.* Zunz, GV 294; *ders.*, Schriften III, B 1876, 251–9.

c) Pesiqta Chadatta

Die „neue Pesiqta" ist ein kürzerer Predigtmidrasch für die Feiertage (veröffentlicht in BhM I 137–141; VI 36–70). Er enthält Homilien zu Chanukka, Pesach, Schabuot, Sukkot, Purim, Neujahr und Versöhnungstag. Wie der in älteren Quellen bezeugte Name *Ma Rabbu* zeigt, begann der Midrasch ursprünglich mit Neujahr, dessen Homilie mit diesen Worten beginnt (*S.* Lieberman, Midrash Debarim Rabbah, J ²1964, XIV f). Quellen sind u. a. GenR, PRE und Sefer Jetsira. Übersetzung: A. Wünsche, Lehrhallen V.

d) Midrasch Wa-jekhullu

Nach Gen 2,1 benannt. Wir kennen das Werk nur aus Zitaten (gesammelt von *L.* Grünhut, Sefer ha-Likkutim II 16a–20a) bei Autoren seit der Mitte des 12. Jhs. Diese Zitate beziehen sich auf Gen, Lev, Num und Dtn; somit scheint der Midrasch den ganzen Pentateuch umfaßt zu haben. Eine wesentliche Quelle für ihn war Tanchuma. Vgl. *Zunz,* GV 293 f.

e) Midrasch Abkir

Das Werk ist aus mehr als fünfzig Auszügen im Jalqut und in anderen Schriften bekannt (nicht sicher sind die Zitate im Leqach Tob des Tobija ben Eliezer). Es hat sich wohl nur über Gen und Ex erstreckt. Sein Name stammt von der Formel *Amen. Be-jamenu ken jehi ratson.* Mit dieser Formel („Amen. In unseren Tagen, so sei es das Wohlgefallen" Gottes) schlossen alle seine Homilien, wie Eleazar aus Worms um 1200 bezeugt. Die Sprache ist rein hebräisch. Inhalt und Darstellung erinnern an jüngere Haggadawerke. Wie in PRE ist viel von Engeln die Rede, vgl. die Auszüge im Jalqut §§ 132.234.235 (Jannes und Jambres). 241.243. Das ganze Werk war noch Azarja de Rossi (gest. 1578) und Abraham Ibn Aqra bekannt.

Die Auszüge im Jalqut sind von *S.* Buber (Liqqutim mi-Midrasch Abkir, Ha-Schachar 11, W 1883, 338–345.409–418.453–461) gesammelt; ebenso in *Abraham ben Elija von Wilna,* Rab Pealim (Hg. *S. M.* Chones, Warschau 1894, Ndr. TA 1967) 133–147; weitere Zitate: *A.* Epstein, Ha-Eschkol 6 (1909) 204–7; *A.* Marmorstein, Debir 1 (1923) 113–144 (nicht sicher aus diesem Midrasch). – Vgl. noch *L.* Zunz, GV 293 f; *M. D.* Herr EJ XVI, 1516 f (datiert das Werk Anfang 11. Jh.); *H. J.* Haag, „Dies ist die Entstehungsgeschichte des Himmels und der Erde" – Midrash Avkir zu Gen 2,4, Judaica 34 (1978) 104–119.173–9; *J. S.* Spiegel, The Latest Evidence to Midrash Abkir (h), KS 45 (1969 f) 611–5.

V. Midraschim zu den fünf Megillot

1) Die sogenannten Rabbot

a) Klagelieder Rabba S. 263–6

b) Midrasch Schir ha-Schirim oder Hoheslied Rabba (HldR)

Nach dem zu Beginn angeführten Vers Spr 22,29 *chazita isch mahir* wird der Midrasch auch Aggadat Chazita genannt. Die editio princeps Pesaro 1519 verwendet die Bezeichnungen Schir ha-Schirim Rabbati und Midrasch Schir ha-Schirim. Die älteste Handschrift ist MS Parma De Rossi 1240, wo HldR nach PesR 18 zum Pesachfest eingefügt ist, zu dem ja Hld gelesen wird. Z. M. *Rabinovitz*, Ginzé Midrash 83–117, hat mehrere Geniza-Fragmente aus Cambridge bzw. Leningrad, insgesamt 10 Seiten, alle etwa aus dem 11. Jh., veröffentlicht (zu Hld 1,2.5 f. 8 f. 12; 3,1). Diese weisen v. a. sprachlich einen viel unverfälschteren palästinischen Charakter auf; Anleihen bei bT, wie sie auch in den Druckausgaben zu finden sind, fehlen hier.

HldR ist ein exegetischer Midrasch. In der Erstausgabe war er in zwei Paraschen eingeteilt (Hld 1,1–2,7; 2,8 ff); die späteren Ausgaben zählen entsprechend der Kapitelzahl von Hld 8 Paraschen. Es ist eine allegorische Auslegung des Hld, das Aqiba für hochheilig erklärt hatte. Die Behandlung der einzelnen Stellen ist sehr ungleichmäßig: aus älteren Homilien sind Proömien und längere Stücke entnommen. Mehrmals Wiederholungen, z. T. in den Drucken ausgelassen, wie die Geniza-Texte zeigen. Nach *Theodor* sind diese Wiederholungen wie auch die Verschiedenartigkeit des Materials mit dem katenenhaften Charakter von HldR zu erklären (dazu *Lachs*, JQR 55,243 f). Hauptquellen sind pT, GenR, LevR und PRK; auch M-Stellen und Baraitot sind angeführt. Die Proömien am Anfang enden mit ein und demselben Satz aus Seder Olam. HldR (in einer anderen Fassung) diente als Quelle von PesR. Die Schrift ist mit *Herr* in die Mitte des 6. Jhs. zu datieren (eine spätere Datierung in Anlehnung an *Zunz* vertritt *Lachs*, JQR 55,249: ursprüngliche Komposition zwischen 650 und 750, endgültige Fassung in der 2. Hälfte des 8. Jhs.); doch enthält sie viel älteres Material, besonders auch wertvolle Informationen zur christlich-jüdischen Kontroverse der ersten Jahrhunderte *(Urbach)*.

Text in den üblichen Midrasch-Rabba-Ausgaben; *N. Goldstein*, Midrasch Schir ha-Schirim Rabba be-ketab jad Parma 1240, Kobez al Yad 9 (19), J 1979, 1–24 (umfaßt nur ein Viertel des Textes, wichtige Vatianten); *Z. M. Rabinovitz*, Ginzé Midrash 83–117; *A. Scheiber*, Ein Fragment aus dem Midrasch Schir Haschirim Rabba. Aus der Kaufmann Geniza, AcOr 32 (1978) 231–243 (ein Blatt; HldR zu 4,7–8); *S. A. Wertheimer*, Batei Midrashot I 347–353. *Übersetzung: A. Wünsche*, Bibl. Rabb. II, Le 1880, Ndr. H 1967; *M. Simon* in der Soncino-Ausgabe des Midrasch Rabba, Lo 1939, Ndr. 1971. – *Lit.: M. D. Herr*, EJ XV,152–4; *S. T. Lachs*, An Egyptian Festival in Canticles Rabba, JQR 51 (1960f) 47–54; *ders.*, Prolegomena to Canticles Rabba, JQR 55 (1964f) 235–255; *ders.*, The Proems of Canticles Rabba, JQR 56 (1965f) 225–239; *J. Theodor*, Zur Komposition der agadischen Homilien, MGWJ 28 (1879) 271–5.337–350.408–418.455–462; 29 (1880) 19–23; *E. E. Urbach*, Rabbinic Exegesis and Origenes' Commentaries on the Song of Songs and Jewish-Christian Polemics (h), Tarbiz 30 (1960f) 148–170; *L. Zunz*, GV 274f.

c) Midrasch Rut

Auslegungen und Haggadot nach der Reihenfolge der Textverse, in acht Abschnitten (ursprünglich wohl vier). An der Spitze steht eine Einleitung mit 6 Proömien und der (aus GenR oder LevR entnommenen, auch sonst sich findenden) langen Ausführung, daß überall, wo eine biblische Erzählung mit „Und es war in den Tagen . . ." beginnt, von einer Leidenszeit die Rede ist. Proömien auch vor den Abschnitten 3,4,6,8. Am Anfang von 2 und 4 stehen längere Auslegungen über 1 Chron 4,21–3 und 11,13 (dies aus pSanh II). Hauptquellen sind die tannaitische Literatur, pT, GenR und PRK. Midrasch Rut hat einiges mit Midrasch Kohelet gemeinsam, so zu 3,13 Meir und sein Lehrer Elischa (vgl. pChag II). Von anderen langen Stücken sei hervorgehoben die sechsfache Deutung von 2,14 auf David, Salomo, Chizkijja, Manasse, den Messias und Boaz. Der Text, in dem keine Rabbinen nach dem 4. Jh. genannt sind und der u. a. wegen seiner Sprache in Palästina beheimatet ist, ist wegen seiner literarischen Abhängigkeiten um etwa 500 anzusetzen. In der Erstausgabe Pesaro 1519 als Midrasch Rut bezeichnet, seit der Ausgabe V 1545 als Rut Rabba.

Text in den üblichen Midrasch-Rabba-Ausgaben. Kritische Textausgabe mit Einführung: *M. B. Lerner*, The book of Ruth in aggadic literature and Midrash Ruth Rabba (h), Diss. J 1971, Bd 2 (Basistext MS Oxford 164; Kollation der Geniza-Texte usw.); *N. Alloni*, Geniza Fragments 65f. *Übersetzung: A. Wünsche*, Bibl. Rabb. III, Le 1883, Ndr. H 1967; *L. Rabinowitz* in der Soncino-Ausgabe des Midrasch Rabba, Lo 1939, Ndr. 1971. – *Lit.: P. D. Hartmann*, Das Buch Ruth in der Midrasch-Literatur, F 1901; *M. D. Herr*, EJ XIV,524; *M. B. Lerner*, siehe oben, 3 Bde; *S. Lieberman*, Qetsat he'erot le-techilat Rut Rabba, FS H. Yalon, J 1963, 174–181; *L. Zunz*, GV 276f (ergänzt durch *Albeck*, Deraschot 130).

d) Midrasch Kohelet

Der in Handschriften und im Erstdruck Pesaro 1519 Midrasch Kohelet genannte Midrasch (im Arukh als Haggadat Kohelet zitiert, erst seit der Ausgabe V 1545 Kohelet Rabba bezeichnet) folgt dem Bibeltext von Vers zu Vers, nur wenige Verse (in der Ausgabe Pesaro 15 von 222) ohne

Erläuterung lassend. Der Erstdruck zählt drei Paraschen (1,1 ff; 7,1 ff; 9,7 ff). Jetzt wird der Text gewöhnlich nach der Kapitelzahl der Bibel in zwölf Abschnitte geteilt. Der Verfasser benutzt sehr stark die in den älteren Midraschim (GenR, KlglR, HldR, PRK und LevR) vorkommenden Proömien, die an einen Vers von Koh anknüpfen. Das lange Stück 12,1–7 ist aus dem Proömium zu LevR 18 und Peticha 23 von KlglR zusammengesetzt. Vielfach sind die Haggadot des pT benutzt, während die Parallelen zu bT wohl spätere Ergänzungen sind. Der Traktat Abot und mehrere der kleinen Traktate (Gerim, Sklaven, Schaufäden, Gebetsriemen und Mezuza) werden genannt. Wiederholungen sind nicht selten. Viermal (2,24; 3,13; 5,17; 8,15) heißt es: „Überall, wo in dieser Rolle von Essen und Trinken gesprochen wird, ist der Genuß gemeint, den die Tora und die guten Werke gewähren." Wie der Verfasser versteht, allegorische Deutung mit einfacher Erklärung zu verbinden, den aus verschiedenen Quellen zusammengetragenen Stoff zu einem Ganzen zu verbinden, zeigt z. B. 2,4–8. Der Text, von dem es noch keine kritische Ausgabe gibt, ist vielleicht im 8. Jh. in Palästina entstanden. Die älteste Handschrift ist MS Vat. Hebr. 291,11 b (von 1417?), weitere MSS befinden sich in Oxford und Jerusalem; die Geniza-Fragmente sind in *Wachten* 28–31 beschrieben.

Lit.: L. Grünhut, Kritische Untersuchung des Midrasch Kohelet Rabba, Quellen und Redaktionszeit, F 1892; *M. D. Herr*, EJ VI,355; *S. Lieberman*, Notes on Capter I of Midrash Koheleth Rabbah (h), FS G. Scholem, J 1967, hebr. Teil 163–179 (v. a. zum griech. Wortschatz); *ders.*, Schesch Millim mi-Qohelet Rabba, GS G. Allon, J 1970, 227–235; *J. Wachten*, Midrasch-Analyse. Strukturen im Midrasch Qohelet Rabba, H 1978; *L. Zunz*, GV 277. – *Übersetzung: A. Wünsche*, Bibl. Rabb. I, Le 1880, Ndr. H 1967; *A. Cohen* in der Soncino-Ausgabe des Midrasch Rabba, Lo 1939, Ndr. 1971.

e) Midrasch Ester

Midrasch Ester, seltener auch Haggadat Megilla oder auch Midrasch Ahasweros genannt, ist eine Auslegung der am Purimfest vorgelesenen Esterrolle. Die frühesten MSS stammen vom Anfang des 15. Jhs., der Erstdruck ist Pesaro 1519. Dieser teilt den Midrasch in 6 Abschnitte (1,1.4.9.13; 2,1.5), die durch Petichot gekennzeichnet sind. Die späteren Ausgaben haben 10 Abschnitte. Die Ungleichheit der Textbehandlung (Est 1–2 ist jeder Vers besprochen; 3,1–8,15 mit vielen Auslassungen) legt nahe, zwei verschiedene Midraschim zu unterscheiden:

EstR I (Abschnitte 1–6) zeichnet sich durch klassische Proömien aus, die selten anonym sind, und ist der Sprache nach in Palästina entstanden. Dieser Text zitiert pT, GenR und LevR; er selbst wird in KohR, MidrPss usw. zitiert; somit ist er auf etwa 500 zu datieren.

EstR II (Abschnitte 7–10) weist nur wenige und nicht klassische Petichot auf und mischt altes mit jungem Material (in 6 eine lange Einschaltung

von Septuaginta-Material zu Est aus Josippon: Traum und Gebet Mordechais, Gebet Esters und ihr Erscheinen vor dem König). *Herr* (EJ VI, 915)
vermutet eine Entstehungszeit im 11. Jh. als Ersatz für die ursprüngliche
Fortsetzung von EstR I, die durch Zitate in KohR, MidrPss und bei mittelalterlichen Autoren belegt ist. *Z. M. Rabinovitz*, Ginzé Midrash 155–160,
bringt einen Geniza-Text von Cambridge (ca. 11. Jh.) zu Est 6,11–7,8, der
eine Fortsetzung von EstR I zu sein scheint. Die Verbindung von EstR I
und II ist wohl im 12. oder 13. Jh. erfolgt.

Text in den üblichen Ausgaben von Midrasch Rabba. *Übersetzung: A. Wünsche*,
Bibl. Rabb. II, Le 1881, Ndr. H 1967; *M. Simon* in der Soncino-Ausgabe des Midrasch Rabba, Lo 1939, Ndr. 1971.

2) Andere Midraschim zu den Megillot

a) Hoheslied

S. Buber, Midrasch suta. Hagadische Abhandlungen über Schir ha-Schirim, Ruth, Echah und Koheleth, nebst Jalkut zum Buche Echah, B 1894,
Ndr. TA o. J. Die Ausgabe gibt MS Parma De Rossi 541 (jetzt 2342,3)
wieder; *S. Schechter* hat das sehr fehlerhafte MS Parma (ca. 1400 geschrieben) gleichzeitig mit *Buber* ediert und mit vielen Anmerkungen versehen:
Aggadath Shir Hashirim, C 1896 (aus JQR 6–8, 1894–6; JQR 8, 1896,
179–184 kritisiert er die sehr fehlerhafte Wiedergabe des MS durch *Buber*).
Schechter verweist auf die großen Gemeinsamkeiten mit Jelamdenu und
datiert das Werk ins 10. Jh., auch wenn es viel altes Material enthält. Besonders die Abschnitte über den Krieg gegen Rom haben viel Interesse
erregt (siehe *Lieberman*, Greek 179–182; *G. Alon*, Studies 43; *Y. Baer*,
Zion 36, 1971, 131f). *Z. M. Rabinovitz*, Ginzé Midrash 250–295, hat ein
Geniza-Fragment aus Leningrad ediert, das auf 6 Blatt etwa ein Drittel des
Textes umfaßt und der bisher bekannten Version weit überlegen ist. *Rabinovitz* bestreitet die Verwandtschaft des Textes mit Jelamdenu (andere
Terminologie; jeder Vers wird erklärt); auch die Datierung erfordert eine
neue Untersuchung.

Einen dritten Midrasch zum Hld hat *L. Grünhut* herausgegeben: Midrasch Schir Ha-Schirim, J 1897. Neubearbeitung dieser Ausgabe: *E. H.
Grünhut-J. Ch. Wertheimer*, Midrash Shir Hashirim, J 1971. Siehe dazu
die scharfe Kritik von *M. B. Lerner*, KS 48 (1972f) 543–9: für den Text ist
die alte Ausgabe vorzuziehen, Einleitung und Kommentar sind dilettan-
tisch. Das von *Grünhut* edierte Geniza-MS, auf 1147 datiert, ist nicht mehr
auffindbar. *Herr* (EJ XVI, 1515) datiert das Werk ins 11. Jh.; doch bedarf
das noch einer genaueren Untersuchung.

J. Mann hat ein Fragment eines weiteren Midrasch zu Hld aus der Geniza veröffentlicht: HUCA 14 (1939) 333–7; ein von ihm in Texts and Stu-

dies I, NY 1930 (Ndr. 1972) 322 Anm. 47 publiziertes Fragment stammt
seiner Meinung nach wiederum von einem anderen Midrasch. Siehe auch
M. B. Lerner, Perusch Midraschi le-Schir ha-Schirim mime ha-Geonim,
Kobez al Yad 8 (1976) 141–164; *Ch. Albeck*, Deraschot 129.404f.

b) Kohelet

Kohelet Zutta ist kürzer als KohR, ohne daß es bisher geklärt ist, ob
KohZutta älter als KohR oder nur eine Kurzfassung (mit einigen Ergänzungen) von KohR ist (so *Albeck*, Deraschot 130f). Ausgabe von *S. Buber*
(siehe oben zu a); Beschreibung von MSS: *J. Wachten*, Midrasch-Analyse,
H 1978, 32–6; *S. Greenberg*, Midrash Koheleth Zuṭa, FS A. Marx, NY
1950, hebr. Teil 103–114. Siehe auch *L. Ginzberg*, Ginze Schechter I
169–171 (Fragment eines anderen Koh-Midrasch).

c) Ester

S. Buber, Sammlung agadischer Commentare zum Buche Esther, Wilna
1886, umfaßt den Midrasch Abba Gurion, den Midrasch Panim Acherim A
und B sowie Leqach Tob. Der *Midrasch Abba Gurion*, schon von Raschi
zitiert, ist auch in BhM I abgedruckt. Übersetzung: *A. Wünsche*, Lehrhallen II. Die übliche Spätdatierung auf das 11. oder 12. Jh. ist nach der Veröffentlichung einer anderen Fassung aus der Geniza durch *Rabinovitz*, Ginzé Midrash 161–170 zu revidieren (Fragmente aus dem 10. Jh.). Auch das
Verhältnis zum Targum Scheni zu Ester (*Zunz*, GV 291) ist zu überprüfen.
Der *Midrasch Panim Acherim A* stammt vielleicht aus dem 11. Jh.; die
Fassung B (2,5–14 schon in BhM I 19–24; Übersetzung in *A. Wünsche*,
Lehrhallen II), die *Buber* aus einem Oxforder MS von 1470 edierte, wird
schon im Jalqut benützt. *Rabinovitz*, Ginzé Midrash 171–8, hat ein Geni-
za-Fragment (Cambridge, ca. 11. Jh.) veröffentlicht, daß einen vollständi-
geren Text als die MSS bietet.
    S. Buber, Aggadat Ester. Agadische Abhandlungen zum Buche Esther,
Krakau 1897, Ndr. Israel o. J., nach zwei jemenitischen MSS ediert, ist dem
Verfasser des MHG zuzuschreiben (*Ch. Albeck*, Das verkannte Buch
„Agadath Esther", MGWJ 72, 1928, 155–8).
    Weitere Midraschim zu Ester sind Midrasch Jeruschalmi al Megillat
Ester, *S. A. Wertheimer*, Batei Midrashot I, 318.340–343, und zwei verschiedene Fassungen von Mordechais Traum und Esters Gebet: BhM V
1–8 (Übersetzung *A. Wünsche*, Lehrhallen II); *S. A. Wertheimer*, Batei Mi-
drashot I 316f.331–9.

VI. Andere Auslegungsmidraschim
(nach der Reihenfolge der bibl. Bücher)

Bereschit Rabbati, Bereschit Zutta, Leqach Tob, Sekhel Tob und Midrasch Samuel: siehe Kapitel VIII.

1) Midrasch Jona

Midrasch Jona besteht in den üblichen Ausgaben aus zwei Teilen. Der erste, im wesentlichen auch im Jalqut zu Jona (Jalqut II §§ 550f: beide scheinen aus derselben Quelle geschöpft zu haben); Kap. 10 ist fast ganz aus PRE aufgenommen, einiges auch aus pT und bT. Der zweite Teil mit 2,11 beginnend („da sprach Gott zum Fisch") ist aus dem Zohar (abgedruckt in BhM I, übersetzt in *Wünsche*, Lehrhallen II); er steht nicht in dem von *H. M. Horowitz*, Sammlung kleiner Midraschim I 11–34, benützten MS De Rossi. *Horowitz* bringt drei Rezensionen. Erstdruck Prag 1595, dann Altona (ohne Jahr, um 1770), beidemal im Anschluß an den Reisebericht des Petachja von Regensburg. Vgl. *Zunz*, GV 282f.

2) Midrasch Psalmen (MidrPss)

MidrPss bzw. Midrasch Tehillim, nach den Anfangsworten aus Spr 11,27 auch Schocher Tob genannt, besteht aus zwei verschiedenen Teilen, wie schon *Zunz*, GV 278–280, erkannt hat. Der erste umfaßt die Psalmen 1–118 (nur diese befinden sich in den Handschriften und im Erstdruck), vielleicht auch ein Stück von 119 (so zwei MSS). Dieser erste Teil ist nicht das Werk eines einzigen Redaktors; denn die Handschriften weichen stark voneinander ab, auch finden sich nicht wenige Wiederholungen. Sicher hat es schon früh haggadische Sammlungen über die Psalmen gegeben: GenR 32,3 (Th-A 307) spricht von einer Aggada de-Tehillim des R. Chijja; auch sonst ist in der rabb. Literatur von Haggada-Büchern mit Psalmen die Rede. Auch wurden Psalmen mit Vorliebe für den Peticha-Vers verwendet, so daß zahlreiche Auslegungen dazu vorhanden waren; ob die Psalmen im Synagogengottesdienst Palästinas als dritte Lesung verwendet wurden, wie Aggadat Bereschit nahelegen könnte, ist jedoch nicht gesichert. Immerhin sind von diesen älteren Sammlungen sicher noch Reste vorhanden gewesen, als spätere Haggadisten Midraschim zu biblischen Büchern in größerer

Zahl zusammenstellten. Man hat offenbar aus den verschiedensten Quellen Homilien und Auslegungen über einzelne Verse zusammengetragen. Daher läßt sich auch eine bestimmte Abfassungszeit nicht angeben. *Zunz* dachte an die letzten Jahrhunderte der gaonäischen Epoche; *Buber* hat eine Frühdatierung von MidrPss 1–118 vorgeschlagen und gemeint, nur spätere Zutaten erweckten den Eindruck der Jugend. *Albeck* wiederum bleibt bei der Spätdatierung. Es ist sicher mit einer längeren Entwicklungszeit zu rechnen, was genauere Aussagen unmöglich macht. Der Großteil des Materials geht sicher auf talmudische Zeit zurück (*Braude* XI; XXXI meint er, MidrPss sei vom 3. bis zum 13. Jh. gewachsen). Der Ausdruck und die Art der haggadischen Auslegungen sprechen für Palästina als Abfassungsort: die erwähnten Amoräer sind alle Palästinenser oder kommen doch (das sind nur wenige) auch im pT vor. Bei der Auslegung wird Qere und Ketib, volle und defektive Schreibung, oft berücksichtigt. Mehrfach wird der Zahlenwert der Buchstaben eines Wortes verwendet. Auch finden sich Zerlegungen von Wörtern (Gematria und Notarikon).

Der zweite Teil von MidrPss, Pss 119–150 umfassend, wurde zuerst allein in Saloniki 1515 gedruckt. Er steht in keiner Handschrift und ist großteils (Pss 122.124–130.132–7) wörtlich aus dem Jalqut entlehnt. Für die Pss 123 und 131 hat *Buber* aus PesR, Sifre, NumR und bT einen Ersatz-Midrasch zusammengestellt. *J. Mann* hat ein Geniza-Fragment veröffentlicht (Pss 13–16.24–7), das in seinen stilistischen Eigenheiten diesem zweiten Teil gleicht (Pss 119–121.138–150), und daher geschlossen, daß es ursprünglich mindestens zwei vollständige Midraschim zu Pss gegeben habe: der 2. Teil verwendet nicht die Formel *zehu sche-amar ha-katub*, sondern einfach Salomo usw. *amar*, bringt die Auslegungen anonym und ist viel kürzer gefaßt. Somit vermutet *Mann* auch für den 2. Teil eine frühere Textbasis, während man gewöhnlich diesen Teil erst im 13. Jh. ansetzt.

Ausgaben: zusammen mit Midrasch Samuel und Midr.Spr V 1546, Prag 1613; allein als Midrasch Schocher Tob Lemberg 1851, Warschau 1873. S. *Buber*, Midrasch Tehillim, Wilna 1892, Ndr. J 1966 (nach MS Parma De Rossi 1332 mit Vergleichung weiterer 7 MSS); zum Text auch: BhM V; *M. Arzt*, Chapters from a Ms. of Midrash Tehillim, FS A. Marx, NY 1950, hebr. Teil 49–74; *J. Mann*, Some Midrashic Geniza Fragments, HUCA 14 (1939) 303–358. *Übersetzung:* A. *Wünsche*, Midrasch Tehillim, Trier 1892, Ndr. H 1967; W. G. *Braude*, The Midrash on Psalms, 2 Bde, New Haven 1959 (= ³1976, auch textkritisch wertvoll). – *Lit.:* J. *Elbaum*, EJ XI, 1519f; K.-E. *Grözinger*, Prediger gottseliger Diesseitszuversicht. Jüdische ,Optimisten', FJB 5 (1977) 42–64 (zu Ps 34); L. *Rabinowitz*, Does Midrash Tillim Reflect the Triennial Cycle of Psalms?, JQR 26 (1935f) 349–368 (wahrscheinlich ja); L. *Zunz*, GV 278–280 (und *Albeck*, Deraschot 132.411f).

3) Midrasch Mischle

Dieser Midrasch zu den Sprichwörtern (MidrSpr) wird im 11. Jh. zitiert, vielleicht auch schon von den Geonim (so *Buber*, aber nicht sicher). Großenteils mehr Kommentar als Midrasch (doch vgl. 1,1 die vier Rätsel, welche die Königin von Saba Salomo aufgibt; 9,2 Tod Aqibas). Nicht weniges ist ohne Auslegung gelassen, so Kap. 3 ganz, 7 und 18 fast ganz. Zitate im Jalqut zeigen, daß viel verloren gegangen sein muß. Als Quellen haben ältere Midraschim gedient, nach *Bubers* Meinung auch bT, nicht aber pT. Daraus hat *Buber* geschlossen, der Midrasch sei in Babylonien entstanden, während *Zunz* an Süditalien dachte. Die von *Rabinovitz* veröffentlichten Geniza-Fragmente aus Cambridge (2 Blatt eines Palimpsests aus dem 10. Jh., 6 Blatt aus dem 11. Jh., mit den Kapiteln 7–10.14f) und Oxford weisen jedoch typisch palästinische Schreibweise und Terminologie auf. Parallelen zum bT fehlen bzw. sind in der von pT und Midraschim belegten Fassung geboten. Der oft umfangreichere Text aus der Geniza, in dem übrigens auch die in den Drucken übliche Einteilung in 31 Kapitel wie in der Bibel fehlt, verlangt eine Neuuntersuchung der Datierungsfrage: *Zunz* hatte das Ende der gaonäischen Zeit vorgeschlagen, *Buber* ein etwas früheres Datum, während *Rabinovitz* an das 7. bis 8. Jh. denkt. Auch die Parallelen zur Hekhalotliteratur verlangen nicht unbedingt eine spätere Datierung.

Drucke: Konstantinopel 1512/17, V 1546. S. *Buber*, Midrasch Mischle, Wilna 1893, Ndr. J 1965 zus. mit MidrSam (nach MS Paris 152, verglichen mit MSS aus Parma und Rom, jedoch nicht mit dem ältesten MS, Parma 3122, aus dem Jahr 1270). Zum Text auch *L. Ginzberg*, Ginze Schechter I 163–8 (neue Fassung zu 31,22–25); *Z. M. Rabinovitz*, Ginzé Midrash 218–249; *ders.*, A Genizah Fragment of Midrash Mishle (h), Michtam le-David, GS D. Ochs, Ramat-Gan 1978, 106–119; andere Fassung von Kap. 31 in *Wertheimer*, Batei Midrashot II 146–150. – Vgl. auch *J. Elbaum*, EJ XI, 1517; *M. Higger*, Beraitoth in Midrash Samuel and Midrash Mishlei, Talpioth 5 (1951f) 669–682 (sieht darin Beleg für babyl. Herkunft).

4) Midrasch Ijob

Seine Existenz bezeugt z. B. Jalqut ha-Makhiri. Die erhaltenen Auszüge und Zitate sind gesammelt in *Wertheimer*, Batei Midrashot II 151–186, der das Werk R. Hoschaja Rabba zuschreiben möchte (3. Jh.), da viele hier anonyme Aussagen ihm anderswo zugeschrieben sind. Vgl. *Zunz*, GV 282. Die Datierungsfrage, schon durch die fragmentarische Überlieferung problematisch, bedarf noch genauerer Untersuchungen (z. B. Vergleich mit dem Targum Ijob aus Qumran).

VII. Andere Haggadawerke

1) Erzählungshaggada

Zeitlich umfassende Werke:

a) *Megillat Taanit:* siehe S. 44f.

b) *Seder Olam (SOR)*

Seder Olam wird seit dem 12. Jh. (zuerst bei Abraham ben Jarchi) zur Unterscheidung von dem gleich zu nennenden Werke Seder Olam Rabba (SOR) genannt. Von der Tradition dem Tannaiten Jose ben Chalafta (ca. 160) zugeschrieben; wohl in früher amoräischer Zeit redigiert, aber später noch durch Zusätze vermehrt oder überarbeitet. SOR umfaßt die Zeit von Adam bis zum Ende der Perserzeit, die er auf 34 Jahre zusammenzieht. Der zweite Teil des abschließenden Kapitels 30 bietet die wesentlichen Daten von Alexander dem Großen bis Bar Kokhba, vielleicht eine Kurzfassung einer ursprünglich umfangreicheren Version. Auf SOR geht die Datierung der Zerstörung Jerusalems auf das Jahr 68 und die Zeitrechnung „seit Erschaffung der Welt" zurück, die sich im Judentum jedoch erst im 11. Jh. allgemein durchgesetzt hat.

Text: B. Ratner, Seder Olam Rabba. Die grosse Weltchronik, Wilna 1897; *ders.,* Einleitung zum Seder Olam (h), Wilna 1894; Ndr. zusammen mit hebr. Einleitung von *S. K. Mirsky,* NY 1966; *A. Marx,* Seder Olam (Kap. 1–10) herausgegeben, übersetzt und erklärt, B 1903; *M. J. Weinstock,* Seder Olam Rabba ha-schalem, 3 Bde, J 1956–1962; *S. A. Hopkins,* Miscellany 78.92–4 (Fotos von Geniza-Fragmenten). – *Lit.: S. Gandz,* The Calendar of the Seder Olam, JQR 43 (1952f) 177–192; 249–270; *M. Gaster,* Demetrius and Seder Olam: ein Problem der hellenistischen Literatur, FS D. Simonsen, Kopenhagen 1923; *J. M. Rosenthal,* EJ XIV, 1091–3; *L. Zunz,* GV 89.

c) *Seder Olam Zutta (SOZ)*

SOZ stellt eine Liste von 89 Generationen von Abraham bis zum Exil und dann bis zum Ende der talmudischen Zeit auf. Sein Hauptinteresse gilt dem Amt des Exilarchen, das nach der Tradition auf die Zeit des babyl. Exils zurückgeht und in der Familie Davids erblich ist. Diese Linie kommt mit der Auswanderung von Mar Zutra III. nach Palästina zu ihrem Ende. Die späteren Exilarchen sind nicht davidischer Herkunft und daher nicht legitim, wie das Buch polemisch impliziert. Das Werk ist frühestens im 8. Jh. entstanden.

Text: S. Schechter hat den Text nach MS De Rossi 541 (1. Hälfte 14. Jh.) in MGWJ 39 (1895) 23–8 abgedruckt: Seder Olam Suta; *M. Grosberg*, Seder Olam zuta and complete Seder Tannaim v'Amoraim, Lo 1910; Ndr. J–TA 1970; *M. J. Weinstock*, Seder Olam Zutta ha-Schalem, J 1957. – *Lit.: M. Beer*, Exilarchate 11–15; *A. D. Goode*, The Exilarchate in the Eastern Caliphate, 637–1258, JQR 31 (1940f) 149–169; *J. M. Rosenthal*, EJ XIV, 1093; *L. Zunz*, GV 142–7.

d) Pirqe de Rabbi Eliezer (PRE)

PRE, auch Baraita de Rabbi Eliezer (Arukh, Raschi), Mischna de RE oder auch Haggada de RE genannt, hat in der uns vorliegenden Gestalt 54 Kapitel, ist jedoch offensichtlich unvollständig. Da von weiteren Kapiteln keine Spur erhalten ist, hat der Verfasser das Werk vielleicht nicht abgeschlossen. Inhalt: 1–2 aus dem Leben des R. Eliezer; 3–11 die Schöpfung; 12–23 Adam bis Noach (Ankündigung des zehnmaligen Herabkommens Gottes auf die Erde; die drei Pfeiler, auf denen die Welt ruht: Tora, Gottesdienst, Liebeswerke); 24–25 die sündige Menschheit und die Sprachverwirrung; 26–39 Abraham bis Jakob; 40–48 Mose bis zur Offenbarung Gottes nach der Versündigung durch das goldene Kalb; 49–50 Nachkommen Amaleks (Haman, Titus), Bemerkungen über die Esterrolle; 51 die einstige Erlösung; 52 sieben Wunder; 53–4 Bestrafung Mirjams wegen ihres Redens gegen Mose (Num 12). Hier bricht die Erzählung ab. Daß sie weitergehen sollte, ist dadurch beweisbar, daß von den angekündigten zehn Abstiegen Gottes zur Welt nur acht gebracht werden; auch sind die Kapitel 27 ff mit den Benediktionen des Achtzehngebets verbunden, doch kommt das Werk nur bis zur 8. Benediktion, dem Gebet um Gesundheit. Es ist anzunehmen, daß das Werk bis zum Tod des Mose geplant war, also den ganzen Pentateuch behandeln wollte.

Die Schrift ist kein Midrasch im eigentlichen Sinn, sondern eher der Gattung der „rewritten Bible" zuzurechnen, einer zusammenhängenden biblischen Geschichte, in manchem arabischen Bibelerzählungen ähnlich, auch wenn noch midrasch-artige Züge vorhanden sind (Anführung von Einzeltraditionen im Namen ihrer Sprecher, auch wenn diese oft pseudepigraphisch eingesetzt zu sein scheinen; Widersprüche von Einzeltraditionen sind nicht ausgeglichen). Ob der Verfasser selbst die pseudepigraphe Zuschreibung an Eliezer ben Hyrkan gewollt hat, ist unsicher. Das Buch kann auch einfach nach Eliezer benannt worden sein, weil es mit ihm beginnt. Da manche Handschriften jedoch diese beiden Kapitel nicht enthalten, ist auch die Möglichkeit gegeben, daß sie erst nachträglich mit diesem Werk verbunden wurden.

Das Werk scheint im 8. oder 9. Jh. entstanden zu sein (Pirqoi ben Baboi im frühen 9. Jh. zitiert es offenbar schon). Es spielt mehrfach auf die arabi-

sche Herrschaft an, besonders in den Erzählungen über Ismael, als dessen
Frauen Aischa und Fatima genannt werde (Kap. 30); auch der Felsendom
auf dem Tempelplatz ist schon bekannt. Ein Text in PRE 28 scheint die
messianische Zeit für das Jahr 729 zu erwarten, doch ein anderer (PRE 30)
spielt offenbar auf die gleichzeitige Herrschaft der beiden Söhne Harun al
Raschids (809–813) an. Sicher ist in PRE auch mit Interpolationen zu
rechnen. Insgesamt ist jedoch das Werk, wiewohl es sich auf eine Fülle
älterer Traditionen stützt, auch die Pseudepigraphen kennt und vielleicht
auch ganze Kapitel ziemlich unverändert aus anderen Quellen übernommen hat (etwa die drei astronomischen Kapitel 6–8), nicht ein Sammelwerk
wie andere Midraschim, sondern als die Leistung einer Schriftstellerper-
sönlichkeit anzusehen. Als Entstehungsort ist wohl Palästina anzunehmen
(fast alle zitierten Rabbinen sind von dort).

Text: Erstdruck Konstantinopel 1514 (Lücken durch Selbstzensur); V 1544; War-
schau 1852 mit Kommentar von *D. Luria* (Ndr. J 1963); *M. Higger*, Pirqe Rabbi
Eliezer, Horeb 8 (1944) 82–119; 9 (1946f) 94–166; 10 (1948) 185–294 (Kollation von
drei MSS der Biblioteca Casanatense, Rom, in Anschluß an *C. M. Horowitz);*
C. M. Horowitz, Pirke de Rabbi Eliezer. A complete critical edition as prepared by
C. M. Hor., but never published. Facsimile edition of editor's original MS, J 1972;
G. Friedlander, Pirke de Rabbi Eliezer, Lo 1916, Ndr. NY 1965 (engl. Übersetzung
des MS A. Epstein, Wien, mit Einführung; dazu *B. Halper*, JQR 8, 1917f,
477–495); eine abweichende Fassung des letzten Kapitels: *Wertheimer* I 238–243;
Kap. 39–41 aus MS Parma 1240 (wo diese Kapitel zusammen mit Seder Elijahu
Zutta 19–25, die auch zur Eliezertradition gehören, zwischen PesR eingeschoben
sind): *M. Friedmann*, Pseudo-Seder Eliahu Zuta, W 1904, 50–56. *Geniza-Fragmente: N.* Alloni, Geniza Fragments 76 (ein Palimpsestblatt zu PRE 45f in Cambridge);
Z. M. Rabinowitz, Genizah Fragments of the Pirke R. Eliezer (h), Bar-Ilan 16–17
(1979) 100–111 (PRE 26 – Anfang 29, 11. Jh.). *Weitere Lit.:J. Heinemann*, Aggadah
181–199.242–7 (v. a. Verhältnis zum Islam); ders., Ibbude aggadot qedumot be-
ruach ha-zeman be-Pirqe Rabbi Eliezer, FS S. Halkin, J 1975, 321–343; *B. Heller*,
Muhammedanisches und Antimuhammedanisches in den Pirke R. Eliezer, MGWJ
69 (1925) 47–54; *M. D. Herr*, EJ XIII, 558–560; *L. Zunz*, GV 283–290 *(Albeck*,
Deraschot 136–140.421–3; vgl. auch *Albeck*, Agadot im Lichte der Pseudepigraphen, MGWJ 83, 1939, 162–9, zu Parallelen v. a. mit dem Jubiläenbuch).

e) Josippon

J. ist eine Geschichte der Juden vom Fall Babylons bis zur Zerstörung des
Tempels in Jerusalem. Das Werk wurde 953 von einem anonymen Verfasser in Süditalien geschrieben; als Quellen benützte er v. a. Josephus, den er
durch Hegesipp, die Apokryphen in der Vulgatafassung und verschiedene
lateinische Texte aus dem frühen Mittelalter ergänzte. Schon im 11. Jh.
identifizierte man den Verfasser mit Josephus Flavius und machte das
Werk damit zum Pseudepigraph, während im Originaltext der Verfasser
klar zu erkennen gibt, daß er von Josephus abhängig ist. Im Lauf der Zeit

ist das Werk stark erweitert worden, u. a. durch eine hebräische Fassung des Alexanderromans.

Druck: zuerst 1480 in Mantua, dann in einer längeren Fassung Konstantinopel 1514, die den üblichen Ausgaben zugrundeliegt. *D. Flusser,* The Josippon (Joseph Gorionides). Edited with an Introduction, Commentary and Notes, I (= kommentierter Text), J 1978; bis zum Erscheinen des Bands II mit der Einführung vgl. die Einführung (h) von *D. Flusser,* Josippon. The Original Version MS Jerusalem 8°41280 and Supplements, J 1978 (Faksimile); *ders.,* EJ X, 296–8. Lateinische Übersetzung von *J. F. Breithaupt,* Gotha 1707.

f) Sefer ha-jaschar

Das „Buch des Aufrechten" (vgl. Jos 10,13), auch Toldot Adam genannt, bietet eine Nacherzählung der Geschichte von Adam bis zum Auszug aus Ägypten. Es gibt sich als altes Werk aus, das ein Greis gerettet habe, als Titus Jerusalem eroberte. Die Erzählung stützt sich auf Bibel, Talmud und Midrasch, aber auch auf nichtjüdische Traditionen. *J. Dan* (The Hebrew Story 137f) vermutet, daß das gewöhnlich ins 11. oder 12. Jh. datierte Werk, das als Quellen u. a. den Midrasch Wa-jissau und die Dibre hajamim schel Mosche verwendet, erst zu Beginn des 16. Jhs. in Neapel entstanden ist (es gibt kein MS!), wo es 1552 zuerst gedruckt wurde; Drucke auch V 1625, B 1923 und öfter; engl. Übersetzung: *M. M. Noach,* The Book of Jaschar, NY 1840. – *Lit.: J. Dan,* KS 49 (1973f) 242–4; *ders.,* Matai nitchaber „Sefer ha-Jaschar"?, FS D. Sadan, TA 1977, 105–110; *M. D. Herr,* EJ XVI, 1517; *L. Zunz,* GV 162–5.

Auf einzelne Zeiten beziehen sich:

g) Midrasch Wa-jissau

Die Schrift schildert die Kämpfe der Söhne Jakobs gegen die Amoriter und Esau, anknüpfend an Gen 35,5; 36,6. Daß diese Erzählungen sehr alt sind, wird bezeugt durch Jub 34.37f und das Testament Judas 2ff (gemeinsame Vorlage?). Im Mittelalter kompiliert.

Der im Jalqut Gen § 133 erhaltene Text ist wieder abgedruckt in BhM III und *R. H. Charles,* The Greek versions of the testaments of the twelve Patriarchs, O 1908, 237f (1. Teil), und *ders.,* The Ethiopic Version of the Hebrew Book of Jubilees, O 1895, 180–2; *M. Gaster,* The Chronicles of Jerahmeel, Lo 1899, 80–87, bietet die engl. Übersetzung einer etwas verschiedenen Fassung; deutsche Übersetzung in *H. Rönsch,* Das Buch der Jubiläen, Le 1874, 390–398; krit. Ausgabe: *J. Z. Lauterbach,* Midrash Wayissa'u o Sefer Milchamot Bene Ja'aqov, GS H. P. Chajes, W 1933, hebr. Teil 205–222; *T. Alexander-J. Dan,* The Complete „Midrash Vayisa'u", Folklore Research Center Studies 3 (J 1972) hebr. Teil 67–76; siehe auch *D. Flusser,* EJ XI, 1520f; *Zunz,* GV 153.

h) Dibre ha-jamim schel Mosche

Das „Leben Moses" ist in reinem Hebräisch geschrieben, teilweise einfach aus Bibelversen zusammengesetzt; die ausschmückenden Sagen sind inhaltlich zumindest teilweise recht alt, da sehr Ähnliches schon bei Josephus zu finden ist. In islamischer Zeit entstanden. Im Arukh erwähnt.

Druck: Konstantinopel 1516; V 1544; BhM II, 1–11. Übersetzung: *A. Wünsche, Lehrhallen* I. *M. Gaster,* The Chronicles of Jeraḥmeel, Lo 1899, Kap. 42–8, übersetzt einen ähnlichen Text. *J. Dan,* EJ XII,413; *Zunz,* GV 153.

i) Midrasch Petirat Aharon

Der „Midrasch vom Ableben Aarons" schließt an Num 20 an. Text Konstantinopel 1515; V 1544; BhM I,91–5; Übersetzung *A. Wünsche,* Lehrhallen I. *Zunz,* GV 154.

k) Midrasch Petirat Mosche

Der „Midrasch vom Ableben Moses" ist in mehreren Rezensionen erhalten, die zwischen dem 7. und 10./11. Jh. zu datieren sind. Die erste Fassung ist gedruckt Konstantinopel 1516; V 1544; BhM I 115–129. Übersetzung in *A. Wünsche,* Lehrhallen I. Ein langes Stück ist in den Jalqut aufgenommen (Dtn § 940), auch in DtnR. Die zweite Fassung knüpft an Spr 31,29 an und ist in BhM VI 71–8 gedruckt. Übersetzung des ersten Teils in *A. Wünsche,* Lehrhallen I 122–5. Im zweiten Teil gibt es eine abweichende Textfassung, aus Bereschit Rabbati (*Albeck* 136f), in BhM VI, pp. XXIIf abgedruckt. Siehe auch *Wertheimer* I 273–5.286f. Eine weitere Rezension in *Eisenstein,* II 368–371. Versuch der Rekonstruktion einer frühen Fassung: *L. J. Weinberger,* A Lost Midrash (h), Tarbiz 38 (1968f) 285–293. *Zunz,* GV 154.

l) Buch des Daniten Eldad ben Machli

Eldad ha-Dani (2. Hälfte 9. Jh.) behauptete, aus einem unabhängigen Judenstaat in Ostafrika zu sein, der von Angehörigen der Stämme Dan (daher sein Beiname), Ascher, Gad und Naftali bewohnt werde. Er besuchte Babylonien, Kairowan und Spanien. Durch seine Erzählungen über die Israeliten der verlorenen zehn Stämme jenseits des Flusses Sambation wie auch durch die angeblich aus seiner Heimat mitgebrachten, von den geltenden stark abweichenden Schächtregeln erregte er großes Aufsehen. Eldad scheint eine Art fahrender Sänger gewesen zu sein, dessen „autobiographische" Erzählungen nur den Rahmen der aus verschiedensten Traditionen geschöpften Geschichten bilden. Sein Buch hatte gewaltige Wirkung und wurde in zahlreichen Handschriften weitergegeben, dabei vielfach bearbeitet und verändert, so daß man heute mindestens 17 verschiedene Rezensionen kennt.

Schon um 1480 in Mantua gedruckt. Drei Rezensionen in BhM II, III, V. A. *Epstein*, Eldad ha-Dani, seine Berichte über die 10 Stämme und deren Ritus, mit Einleitung und Anmerkungen (h), Preßburg (W) 1891, Ndr. in Kitbe *A. Epstein* I; *M. Schloessinger*, The ritual of Eldad ha-Dani, reconstructed and edited from Mss. and a Genizah fragment, Lo 1908; engl. Übersetzung: *E. N. Adler*, Jewish Travellers, NY ²1966, 4–21. – *Weitere Lit.: J. Dan*, The Hebrew Story 47–61; *L. Rabinowitz*, Eldad ha-Dani and China, JQR 36 (1945 f) 231–8; *A. Shochat*, EJ VI, 576–8.

m) Sefer Zerubbabel

Die Serubbabel nach der Zerstörung Jerusalems durch Nebukadnezzar in den Mund gelegte Apokalypse wurde zu Beginn des 7. Jhs. im Stil biblischer Visionen (Dan, Ez) geschrieben. Sie schildert den endzeitlichen Kampf zwischen dem Führer Roms und des Christentums, Armilos, und dem Messias ben Josef, der in der Schlacht fällt, doch dem davidischen Messias den Weg bereitet. Armilos ist vielleicht an der Gestalt des Kaisers Heraklius geformt. Der große Einfluß der Schrift, die nur zum Teil aus rabb. Quellen schöpft, hat zu vielen Textveränderungen geführt, die eine Rekonstruktion des Urtextes ziemlich unmöglich machen.

Text: BhM II 54–7 (übersetzt in *A. Wünsche, Lehrhallen II*); *Wertheimer* II 495–505; *Eben-Schmuel*, Midresche Geulla 71–88 (Einführung 55 ff). Neue Geniza-Fragmente: *S. Hopkins*, Miscellany 10.15.64f.72f. – *Lit.: J. Dan*, The Hebrew Story 35–46; ders., EJ XVI, 1002; *I. Lévi*, L'apocalypse de Zorobabel et le roi de Perse Siroès, REJ 68 (1914) 129–160; 69 (1919) 108–121; 71 (1920) 57–65; *N. Martola*, Serubbabels Bok, Nordisk Judaistik-Scandinavian Jewish Studies 3 (1979) 1–20. Weitere messianische Schriften bei *J. T. Townsend*, Minor Midrashim, in: Bibliographical Essays in Medieval Jewish Studies, NY 1976, 360f.

n) Megillat Antiochos

Das Werk, auch Sefer Bet Chaschmonai, „das Hasmonäerbuch", oder Megillat Bene Chaschmonai, „die Hasmonäerrolle", ist eine legendarische Darstellung der Makkabäerzeit bis zur Einsetzung des Lichterfestes (Chanukka), in westlichem Aramäisch, wenn auch wahrscheinlich in Babylonien überarbeitet. *Kadari* möchte die Schrift aus sprachlichen Gründen zwischen dem 2. und 5. Jh. ansetzen, während man gewöhnlich das 8. oder 9. Jh. annimmt und die Sprache als literarische Nachahmung der Sprache des Targum Onqelos betrachtet. Die Schrift wird zuerst in den Halakhot Gedolot und dann bei Saadja erwähnt, der sie ins Arabische übertrug und auch eine arabische Einleitung dazu schrieb. Mehrere MSS und umfangreiche Geniza-Fragmente, letztere in *Hopkins*, Miscellany 18f.20–26 (ein fast vollständiger Text). 29–39.44f.50–53.55f.102f.110 (inklusive zwei

Stücke der arabischen Einleitung Saadjas), belegen die Schrift, die im Mittelalter sehr beliebt war und zum Teil auch in der Synagoge für Chanukka verwendet wurde.

Text: Erstdruck Aram.-Hebr. ca. 1481/2 in Guadalajara: dazu *I. Joel*, The Editio Princeps of the Antiochus Scroll, KS 37 (1961 f) 132–6 (Varianten des aram. Textes gegenüber BhM sowie der ganze hebr. Text hier wiedergegeben, der stark von der üblichen Fassung abweicht); *H. Filipowski* veröffentlichte den aram. Text am Ende von Mibchar ha-Peninim des Ibn Gabirol, Lo 1851; BhM VI 1–8; *M. Gaster*, Studies and Texts, 3 Bde, Lo 1925–8, Ndr. NY 1971, III 33–43 (englisch in I 179–183); *Wertheimer* I 319–330; *M. Z. Kadari*, The Aramaic Megillat Antiochus (h), Bar-Ilan 1 (1963) 81–105; 2 (1964) 178–214; *L. Nemoy*, The Scroll of Antiochus, New Haven 1952, gibt das Faksimile einer europäischen Version der Schrift. Sehr früh ins Hebräische übersetzt: so das Geniza-Fragment in *Hopkins* 102f, das leicht von BhM I 142–6 abweicht (übersetzt in *Wünsche*, Lehrhallen II 186–192); *N. Fried*, Nusach Ibri Chadasch schel Megillat Antiokhos, Sinai 64 (1969) 97–140 (MS Brit. Museum, eigenständige Übersetzung aus dem Aram.). Zur arabischen Einleitung des Saadja siehe *Hopkins*, Miscellany; *S. Atlas-M. Perlman*, Saadia on the Scroll of the Hasmoneans, PAAJR 14 (1944) 1–23. – *Weitere Lit.: I. Abrahams*, An Aramaic Text of the Scroll of Antiochus, JQR 11 (1898f) 291–9; *N. Fried*, Injanot Megillat Antiokhos, Areschet 4 (1966) 166–174; *M. Z. Kadari*, Be-eizo Aramit nikhteba Megillat Antiokhos, Leschonenu 23 (1958f) 129–145; *F. Rosenthal*, Saadyah's Introduction to the Scroll of the Hasmoneans, JQR 36 (1945f) 297–302; EJ XIV, 1045–7 (aus der deutschen EJ II, 1928, 944–7 bearbeitet übernommen).

o) Midrasch Elle ezkera

Benannt nach Ps 42,5: „Derer will ich gedenken". Das Werk beschreibt die Hinrichtung von zehn berühmten Tannaiten: Rabban Simeon ben Gamaliel II., der Hohepriester Jischmael, Aqiba, Chananja ben Teradjon, Jehuda ben Baba, Jehuda ben Dama, Chutspit, Chananja ben Chakhinai, Jeschebab und Eleazar ben Schammua. Das Werk will nicht geschichtliche Fakten beschreiben (die zehn Männer sind nachweislich nicht in derselben Zeit gestorben), sondern ist ein literarisches Werk, das aus Hekhalotkreisen stammt, wie Parallelen zu Hekhalot Rabbati (dazu A. *Goldberg*, FJB 1, 1973, 16–9; *I. Gruenwald*, Apocalyptic and Merkavah Mysticism, L-Köln 1980, 157–9) und dem Midrasch Konen zeigen. Anfangs stand die Zahl 10 noch nicht fest; diese wird dann mit den zehn Brüdern Josefs verbunden, die durch seinen Verkauf nach Ägypten schuldig wurden und für die nun die Märtyrer sühnen. Zugleich aber bedeutet ihr Martyrium die Garantie der kommenden Erlösung und des nahen Endes Roms. Die zu Beginn des Mittelalters entstandene Schrift – ob die Parallelen in KlglR 2,2 und MidrPs 9,13 schon von ihr abhängen oder umgekehrt, ist nicht sicher – gehörte im Mittelalter neben der Aqedat Isaak zur Grundlage der jüdischen Martyrologie und ist daher in zahlreichen MSS und Versionen erhalten.

Text: Drei Rezensionen hat BhM II 64–72 und VI 19–35 veröffentlicht, eine vierte findet sich in Bet Ab (Werk der spanischen Liturgie, Livorno 1777); *M. Hershler*, Midrasch Asara Haruge Malkhut, Sinai 71 (1972) 218–228 (neue Fassung aus MS Rom 285). *Lit.: M. Auerbach*, Asera Haruge Malkhut, Jeschurun 10 (1923) 60–66.81–8; *Ph. Bloch*, Rom und die Mystiker der Merkabah, FS J. Guttmann, Le 1915, 113–124; *J. Dan*, The Hebrew Story 62–8; *ders.*, The Story of the Ten Martyrs: Its Origins and Developments (h), FS S. Halkin, J 1973, 15–22; *L. Finkelstein*, The Ten Martyrs, GS L. R. Miller, NY 1938, 29–55; *M. D. Herr*, EJ XV, 1006–8; *S. Krauss*, Asara Haruge Malkhut, Hashiloah 44 (1925) 10–22.106–117.221–233; *S. Toder*, ,,Aseret Haruge Malkhut". Ha-sippur we-reqaʿo, Ha-Umma 9 (1972) 199–206; *N. Wahrmann*, Zur Frage der ,,zehn Märtyrer", MGWJ 78 (1934) 575–580; *S. Zeitlin*, The Legend of the Ten Martyrs and its Apocalyptic Origins, JQR 36 (1945 f) 1–16.209 f.

p) Midrasch Eser Galujjot

,,Midrasch über die zehn Exile". Text in BhM IV 133–6 (Übersetzung in *A. Wünsche*, Lehrhallen II). Eine spätere Rezension in BhM V 113–6; *L. Grünhut*, Likkutim III 1–22. *M. Isch-Schalom*, Midrasch ,,Eser Galujjot", Sinai 43 (1958 f) 195–211.

q) Midrasch Wa-joscha

Auslegung zu Ex 14,30–15,18, dem ,,Lied am Schilfmeer"; im Stil der jüngeren Haggada. Vieles wörtlich aus Tanchuma, auch die Dibre hajamim schel Mosche sind benützt. 15,18 erwähnt Armilos, der den Messias aus dem Stamm Josef erschlagen, aber vom Messias ben David getötet werden wird (vgl. das Serubbabel-Buch). Druck Konstantinopel 1519; BhM I 35–57. Vgl. *M. D. Herr*, EJ XVI, 1517; *Zunz*, GV 294 f.

r) Midrasch Aseret ha-Dibrot

Der ,,Midrasch der zehn Gebote" ist kein eigentlicher Midrasch, sondern eine Sammlung von jüdischen und anderen Erzählungen, die die zehn Gebote illustrieren sollen, meist in Extremsituationen, oft aber nur noch schwach mit den zehn Geboten zusammenhängend. Die Sammlung, zwischen dem 7. und 11. Jh. entstanden (eher zu Beginn dieses Zeitraums), war schon im Mittelalter nicht einheitlich: Zahl und Auswahl der Geschichten variieren beträchtlich (in der üblichen Fassung 17 Erzählungen, in MSS bis zu 44). Wohl die älteste hebräische Geschichtensammlung, abgesehen vom Alphabet des Ben Sira. Text in BhM I 62–90 (Übersetzung in *Wünsche*, Lehrhallen IV). Andere Fassung in *M. Gaster*, The Exempla of the Rabbis, NY 1968 (Ndr. von 1924 mit Prolegomenon von *W. G. Braude*) 7–8.142–8.

Vgl. *J. Dan*, The Hebrew Story 79–85; *ders.*, EJ XI, 1515f; *D. Noy*, General and Jewish folktale types in the Decalogue Midrash (h), 4th WCJS, J 1968, II 353–5; *L. Zunz*, GV 150–152.

s) *Midrasch Esfa*

Ein Midrasch zu Num, benannt nach Num 11,16 „Versammle mir 70 Männer von den Ältesten Israels". Fast nur in einigen Auszügen im Jalqut zu Num bekannt (gesammelt in *S. Buber*, Knesset Jisrael 1, Warschau 1887, 309–320, und *Abraham ben Elija Gaon*, Rab Pealim, Hg. *S. M. Chones*, Warschau 1894, Ndr. TA 1967, 147–153; *Wertheimer* I 208–214). Vgl. noch *Zunz*, GV 292.

t) *Midrasch Al-jithallel*

Benannt nach Jer 9,22 („Nicht rühme sich" der Mensch . . .). Geschichten aus dem Leben des weisen Salomo, des mächtigen David und des reichen Korach. Text in BhM VI 106–8; *L. Grünhut*, Sefer ha-Likkutim I, 21ff.

u) *Maase-Bücher*

Über die zahlreichen hebräischen und jiddischen *Maase-Bücher* siehe *M. Steinschneider*, Catalogus librorum Hebraeorum in bibliotheca Bodleiana, B 1860 (Ndr. H 1964) 3869–3942; *J. Dan*, The Hebrew Story.

2) Ethische Midraschim

a) *Derekh Erets Rabba und Derekh Erets Zutta:* siehe S. 219f.

b) *Tanna de-be Elijahu*

Das auch *Seder Elijahu* (SE) genannte Werk verdankt seine Einteilung und manches von seinem Inhalt dem Ket 106a Erzählten: der Prophet Elija habe Rab Anan, einen Schüler Rabs, Seder Elijahu Rabba (SER) und Seder Elijahu Zutta (SEZ) gelehrt. Von den in den verschiedenen Traktaten des Talmud mit der Formel Tanna debe Elijahu erwähnten Stellen befinden sich einige in unserem Buch. Es bezweckt, wie gleich im Anfang in Ausdeutung von Gen 3,24 ausgesprochen, zum rechten Lebenswandel (*Derekh Erets*) zu ermahnen und das Gesetzesstudium zu verherrlichen. Den Inhalt bilden einerseits Auslegungen von Gesetzesvorschriften, durch Gleichnisse, Sentenzen, Gebete und Ermahnungen belebt, andererseits Erzählungen über die Wanderungen des Verfassers, der aus Jabne stammen und nach Babylonien gezogen sein will, sowie seine Erlebnisse. Mehrfach tritt Elija auf; doch ist nicht anzunehmen, daß er durchgehend als der Erzähler gedacht ist, wo nicht ausdrücklich sein Name genannt ist. Für die Weitherzigkeit der Gesinnung ist beachtenswert SER 10 (F. 48): „Ich rufe den Himmel und die Erde als Zeugen an, daß, gleichviel ob jemand Nichtjude oder Jude, Mann oder Frau, Knecht oder Magd, je nach der Tat, die er tut, der heilige Geist auf ihm ruht."

Die Sprache von SE ist ein reines, doch mit eigenartigen Ausdrücken und zahlreichen neuen Wendungen geschmücktes, blumenreiches „klassizistisches" *(Urbach)* Hebräisch. Datierung und Lokalisierung der Schrift sind umstritten. Nach den einen ist sie im wesentlichen mit dem in bT als Tanna de-be Elijahu erwähnten Werk gleichzusetzen und im Grundstock im 3. Jh. in Babylonien entstanden *(Friedmann, Margulies, Braude)* bzw. jedenfalls vor der Endredaktion des bT in der 2. Hälfte des 5. Jhs. verfaßt, da die Verfolgung unter Peroz und die Macht der Magier vorausgesetzt sei *(Mann; Epstein,* der Anan für den Erstredaktor hält, doch mit mehreren Ausgaben in den babylonischen Akademien rechnet). Andere (z. B. *Zunz*) datieren die Schrift ins 10. Jh., gestützt auf die Daten in Kap. 2 (F. 6), 7 (F. 37) und 29 (F. 163). Die Parallelen in bT und GenR wären demnach nicht aus SE entnommen, sondern im Gegenteil Anregung dafür gewesen. Allerdings beweist ein Vergleich der ersten Zeitangabe in SER (schon mehr als 700 Jahre der vorgesehenen messianischen Zeit sind wegen unserer Sünden in Knechtschaft vergangen: das würde auf eine Redaktion nach 940 verweisen) mit dem Zitat der Stelle in Jalqut Makhiri zu Sach 14,7 (hier wird 664 genannt, also das Jahr 904), daß Abschreiber diese Daten jeweils aktualisierten. Auch ist deutlich, daß Natronai Gaon (9. Jh.) das Werk schon zitiert. Somit ist eine Abfassungszeit der Schrift vor dem 9. Jh. und wohl nach bT wahrscheinlich (so z. B. *Albeck*). Eine weitere Klärung ergibt sich vielleicht durch weitere Textfunde wie jenes Geniza-Fragment, das *Rabinovitz* veröffentlicht hat und das einen palästinischen Charakter (Halakha, Schreibweise) aufweist. Damit ist auch die babylonische Herkunft des Textes sehr fraglich geworden.

Nach dem Arukh, der aber kein Zitat bringt, hat der erste Teil (SER) 30 Kapitel, der zweite (SEZ) 12; in der Ausgabe V 1598 nach einem MS aus dem Jahr 1186 hat der 1. Teil 31, der 2. 25 Kapitel. Schon *Zunz* hat erkannt, daß in letzterem die Kapitel 15–25 spätere Zutat sind. *Friedmann,* der eine vatikanische Handschrift von 1073 (Faksimile: Torath Cohanim (Sifra). Seder Eliyahu Rabba and Zutta. Codex Vatican 31, J 1971) zugrundelegen konnte, hat den ersten Teil sachgemäßer in 29 Kapitel eingeteilt. Der 2. Teil endet bei ihm mit Kap. 15 der Ausgabe V, doch ist das letzte Kapitel nicht echt. In der Ausgabe von *Ch. M. Horowitz,* Bibliotheca Haggadica, F 1881, II 3–19, hat SEZ nur 12 Kapitel. Die Handschriften, Drucke und Auszüge im Jalqut weichen in bezug auf SEZ so voneinander ab, daß man verschiedene Rezensionen anzunehmen geneigt ist. Die Ausgabe *S. Haida,* Prag 1677, ist keine Ausgabe des eigentlichen Textes von SE, sondern wie der Verfasser selbst mitteilt, habe er angesichts des ver-

derbten überlieferten Textes Elija bewogen, ihm nach Gebet und Fasten
den Text des SE nochmals zu offenbaren!

Text: M. *Friedmann,* Seder Eliahu rabba und Seder Eliahu zuta (Tanna d'be Elia-
hu), W 1902; Pseudo-Seder Eliahu zuta, W 1904 (gemeinsamer Ndr. J 1960; dazu
J. Theodor, MGWJ 44, 1900, 380–384.550–561; 47, 1903, 77–79); L. *Ginzberg,*
Ginze Schechter I 235–245 (SEZ); Z. M. *Rabinovitz,* Ginzé Midrash 296–301. –
Lit.: V. *Aptowitzer,* Seder Elia, GS G. A. Kohut, 1935, 5–39; *J. Brand,* Seder Tanna
de-be Elijahu Rabba we-zutta (zemano u-mechabero), FS Z. Schazar, J 1972,
597–617; *W. G. Braude,* ,,Conjecture" and Interpolation in Translating Rabbinic
Texts. Illustrated by a Chapter from Tanna debe Eliyyahu, FS M. Smith, L 1975, IV
77–92; *ders.,* Tana Debe Eliyyahu on the Significance of Torah study, Tradition
16,1 (1976) 141–9 (Übersetzung von Teilen von SER 2); *J. Elbaum,* EJ XV, 803f;
J. N. Epstein, ITM 762–7; 1302f; A. *Goldberg,* Erlösung durch Leiden, F 1978,
28–31 (Verhältnis SEZ 19–25 und PesR 34–7 nicht unmittelbar. S. 31: ,,Die Möglichkeit, daß PesR 36–37 mittelbar auf SEZ 21 einwirkte, kann dagegen nicht ausgeschlossen werden"); M. *Kadushin,* The Theology of Seder Eliahu, NY 1932;
J. Mann, Date and Place of Redaction of Seder Eliyahu Rabba and Zuṭṭa, HUCA 4
(1927) 302–310; M. *Margulies,* Le-ba'ajat qadmuto schel SER, Sefer Assaf, J 1953,
370–390; E. E. *Urbach,* Le-scheelat leschono u-meqorotaw schel sefer ,,Seder Elijahu", Leschonenu 21 (1956f) 183–197; R. J. Z. *Werblowsky,* A note on the text of
Seder Eliyahu, JJS 6 (1955) 201–211; M. *Zucker,* Rav Saadya Gaon's Translation of
the Torah (h), NY 1959, 116–127.205–219 (antikaräische Polemik in SE, den er
zwischen 850 und 860 datiert); *Zunz,* GV 92f. 119–124 (*Albeck,* Deraschot
55–7.292–6).

c) Midrasch Ma'ase Tora

Eine Zusammenstellung von Lehren und Regeln nach den Zahlen von 3 bis
10, daher auch Midrasch Schloscha we-Arba'a genannt. Ein anderer Name
ist Pirqe Rabbenu ha-Qadosch. Es gibt verschiedene Versionen, die erst
zum Teil veröffentlicht sind. Der Midrasch dürfte im 9. Jh. entstanden
sein, jedoch ältere Quellen benützt haben.

Druck: Konstantinopel 1519, V 1544; BhM II 92–101 (Übersetzung in A. *Wünsche,*
Lehrhallen IV); andere Rezension in S. *Schönblum,* Schloscha sefarim niftachim,
Lemberg 1877 (Pirqa de Rabbenu ha-qadosch) und in *Grünhut,* Sefer ha-Likkutim
III 35–89, sowie *Wertheimer* II 45–73; M. *Higger,* Pirqe Rabbenu Ha-Qadosch,
Horeb 6 (1941) 115–149 (jemenitisches MS des JThS, das die Vorlage für das von
Grünhut edierte MS war); vgl. auch die von Ch. M. *Horowitz* in Kebod Chuppa
herausgegebene Chuppat Elijahu, F 1888. Vgl. M. D. *Herr,* EJ XVI, 1516; *Zunz,*
GV 297f.

d) Alphabet des Ben Sira

Eine aus biblischen und haggadischen Elementen zusammengesetzte scharfe Satire auf Bibel und rabb. Religiosität. Der erste Teil erzählt das Leben
des Ben Sira von der Zeugung bis zu seinem ersten Geburtstag (er gilt als

Sohn des Jeremia, da dieser Name denselben Zahlenwert wie Sira hat). Im zweiten Teil sagt der einjährige Ben Sira seinem Lehrer zu jedem Buchstaben, den er lernen soll, ein damit beginnendes Sprichwort, das den Lehrer jeweils veranlaßt, etwas aus seinem Leben zu erzählen. Im dritten Teil ist Ben Sira am Hof Nebukadnezzars und beantwortet dessen Fragen über die Eigenheiten von Tieren usw. (hier ist der Aufbau nicht ganz klar und offenbar einiges später ergänzt worden). Im letzten Teil kommentieren dann Ben Siras Sohn und Enkel Uzziel und Josef ben Uzziel dessen Sprichwörter, wiederum 22 in alphabetischer Reihenfolge. Trotz oder gerade wegen ihrer ironischen Religionskritik war die Schrift weitverbreitet, allerdings auch vielfach von Abschreibern zensuriert und verharmlost, so daß sie dann sogar die Chaside Aschkenaz beeinflussen konnte. Die Schrift dürfte in der frühen islamischen Zeit entstanden sein; doch sind alle näheren Einzelheiten noch ungeklärt.

Text: Erstdruck Konstantinopel 1519; V 1544; wissenschaftliche Ausgaben: *M. Steinschneider,* Alphabetum Syracidis, B 1858; *D. Friedman-D. S. Löwinger,* Alfa Beta de-Ben Sira, Hazofeh 10 (Budapest 1926, Ndr. J 1972) 250–281 (anderer Text); *A. M. Habermann,* Alphabet of Ben Sira, Third Version (h), Tarbiz 27 (1957f) 190–202; *Eisenstein* I 35–43.43–50 (andere Fassung); *Hopkins,* Miscellany 57–60.66.78–85 (Geniza-Fragmente). – *Lit.: J. Dan,* The Hebrew Story 68–78; *ders.,* Chidat Alfa Beta de-ben Sira, Molad 23 (1965f) 490–496; *ders.,* EJ IV, 548–550; *A. Epstein,* Qadmoniot 110–115; *S. Lieberman,* Shkiin, J 1939, 32–42; *A. Marmorstein,* A Note on the ,,Alphabet of Ben Sira", JQR 41 (1950f) 303–6; *J. Reifman,* Tekhunat Sefer Alfa Beta de-Ben Sira, Ha-Karmel 2 (1873) 124–138; *J. L. Zlotnick,* Aggadot minni qedem. Bene adam sche-nischtalu sche-lo ke-derekh ha-nischtalim, Sinai 18 (1945f) 49–58; *Zunz,* GV 111.

e) *Midrasch Temura*

Eine kleine ethisch-haggadische Schrift, welche die Notwendigkeit von Wechselfällen und Kontrasten in der Welt aufzeigen will. In den beiden ersten von fünf Kapiteln treten Jischmael und Aqiba lehrend auf (keine Absicht von Pseudepigraphie zu erkennen); es folgt eine Auslegung von Ps 136 in Beziehung auf Koh 3,1–8.
Gedruckt zuerst als Anhang zu *H. J. D. Azulai,* Schem ha-gedolim, Livorno 1786, dann in BhM I 106–114; kritische Ausgabe *Wertheimer* II 187–201. Vgl. *M. D. Herr,* EJ XVI, 1518; *Zunz,* GV 124.

f) *Midrasch Chaserot wi-Jterot*

Midrasch über die mit bzw. ohne mater lectionis geschriebenen Wörter der Bibel, wohl unter dem Einfluß der Masoreten in Palästina entstanden (9. Jh. oder früher, bei Hai Gaon schon zitiert). Das Werk richtet sich nicht nach der Ordnung der Bibel; eine solche Ordnung ist erst von einem späteren Redaktor eingeführt worden. Es sind verschiedene Fassungen des

Werkes überliefert: *Wertheimer* II 203–332; *A. Berliner,* Pletath Soferim, Breslau 1872, 34–41; hebr. Teil 36–45; *A. Marmorstein,* Midrasch Chaserot wi-Jterot, Lo 1917; *E. M. Mainz,* Midrasch Male we-Chaser, Kobez al Yad 6 (16), J 1966, 77–119 (MS Vat. 44, teils in Arabisch, wohl aus dem Jemen); *L. Ginzberg,* Ginze Schechter I 206–9. Ein verwandter Text (über die einander widersprechenden Bibelverse): *J. Mann,* HUCA 14 (1939) 338–352.

3) Geheimlehre (auch Buchstaben- und Zahlensymbolik)

Allgem. Lit.: I. Gruenwald, Apocalyptic and Merkavah Mysticism, L-Köln 1980; *G. Scholem,* Die jüdische Mystik in ihren Hauptströmungen, F ²1967; *ders.,* Ursprung und Anfänge der Kabbala, B 1962; *ders.,* Jewish Gnosticism, Merkabah Mysticism, and Talmudic Tradition, NY ²1965; *ders.,* EJ X, 489–653 (zusammen mit anderen EJ-Artikeln *Scholems* auch als Buch: Kabbalah, J 1974); *N. Séd,* La cosmologie juive I: La mystique cosmologique, P 1981 (?).

a) Sefer Jetsira

Das „Buch der Schöpfung" stellt in knapper Sprache Entstehung und Konstitution der Welt dar. In den „32 Pfaden der Weisheit" verbindet es dabei offenbar zwei ursprünglich selbständige Teile: der eine ist über die *zehn Sefirot,* die Grundzahlen, die zugleich die Grundprinzipien der Welt sind, nämlich die vier Grundelemente (göttlicher Geist, Äther, Wasser und Feuer) und die sechs Dimensionen des Raums (die vier Himmelsrichtungen, Höhe und Tiefe); der zweite Teil bespricht die 22 *Buchstaben* des hebräischen Alphabets. Wie sich die Buchstaben zu den Sefirot verhalten, ist nicht gesagt. Die Buchstaben, die die Schöpfung tragen, sind in drei Gruppen aufgeteilt: die drei „Mütter" Alef, Mem und Schin; die sieben „doppelten" (zweifach auszusprechenden) Buchstaben (b,g,d,k,p,t und r); die zwölf verbleibenden Buchstaben. Jede Buchstabengruppe wird sowohl kosmologisch wie auf den Menschen gedeutet. Alles Seiende existiert durch die Kombination dieser Buchstaben.

Die früher gern in gaonäische Zeit datierte Schrift wird nun von *Scholem* in die Zeit zwischen dem 3. und 6. Jh. datiert und nach Palästina verlegt. Mit *Gruenwald* ist allerdings zwischen der Entstehung der beiden Teile und ihrer Vereinigung in der Endredaktion (wohl zu Beginn der islamischen Zeit) zu unterscheiden, wobei jedoch genauere Aussagen noch nicht möglich sind. Die Schrift taucht im 10. Jh. erstmals auf, und zwar gleich in drei Rezensionen: eine kurze Rezension kommentierte um 956 Dunasch b. Tamim; eine lange liegt dem Kommentar von S. Donnolo (10. Jh.) zugrunde; eine dieser nahestehende Fassung befindet sich in Saadjas Kommentar von 931. Später wurde i. a. die Kurzfassung bevorzugt und von Jakob ben Nissim, Jehuda ben Barzillai, Mose ben Nachman und anderen kommentiert.

Text: Erstdruck Mantua 1562 (Kurzfassung mit mehreren Kommentaren; als Anhang die Langrezension ohne Kommentar); *L. Goldschmidt*, Das Buch der Schöpfung, Text nebst Übersetzung ... und Einleitung, F 1894 (Ndr. Darmstadt 1969):
dazu kritisch *A. Epstein*, MGWJ 39 (1895) 46–8.134–6; *I. Gruenwald*, A Preliminary Critical Edition of Sēfer Yeẓira, Israel Oriental Studies 1 (TA 1971) 132–177
(nimmt als Textbasis MS Vat. 299[8], wahrscheinlich 10. Jh.); *I. Weinstock*, Le-birur
ha-nusach schel Sefer Jetsira, Temirin 1 (J 1972) 9–61 (rekonstruiert den Text sehr
willkürlich: siehe *Gruenwald*, REJ 132, 1973, 475 Anm. 1); *M. Lambert*, Commentaire sur le Séfer Yesira ou le livre de la Création par le Gaon Saadya de Fayyoum,
P 1891; *A. M. Habermann*, Abanim le-cheqer „Sefer Jetsira“, Sinai 10 (1945)
241–265 (Geniza-Fragment des Kommentars Saadjas, 10. Jh.); *G. Vajda*, Le Commentaire de Saadia sur le Séfer Yeçira, REJ 106 (1941) 64–86; *ders.*, Le commentaire
kairouanais sur le „Livre de la Création“, REJ 107 (1946f) 99–156; 110 (1949f)
67–92; 112 (1953) 5–33; *ders.*, Nouveaux fragments arabes du commentaire de
Dunash b. Tamim sur le „Livre de la Création“, REJ 113 (1954) 37–66; *ders.*, Deux
nouveaux fragments arabes ..., REJ 122 (1963) 149–162; *D. Castelli*, Il commento
di Sabbathai Donnolo sul libro della creazione, Florenz 1880. – *Weitere Lit.: N. Allony*, Ha-schitta ha-anagrammatit schel ha-milonut ha-ibrit ba-Sefer Jetsira, Temirin 1 (J 1972) 63–100 (argumentiert vom 2. Teil des Buches aus für eine Entstehung
in islamischer Zeit); *I. Gruenwald*, Some Critical Notes on the First Part of Sēfer
Yeẓirā, REJ 132 (1973) 475–512; *N. Séd*, Le Sēfer Yeṣirā, L'édition critique, le texte
primitif, la grammaire et la métaphysique, REJ 132 (1973) 513–528; *G. Scholem*, EJ
XVI 782–8; *L. Zunz*, GV 175.

b) Midrasch Tadsche

Das nach dem am Anfang kommentierten Vers Gen 1,11 benannte Werk
heißt auch Baraita de Rabbi Pinchas ben Jair (P. wird zweimal im Text
und, als Autor, am Ende genannt). Es kommentiert verschiedene Stellen
der Tora und der Klgl. Es steht der talmudischen Geheimlehre nahe und
weist eine deutliche Kenntnis des Jubiläenbuches auf. *G. Scholem* (Ursprung und Anfänge der Kabbala 14) sieht die Schrift in Südfrankreich
bzw. in benachbarten Zentren entstanden. Sie wird von Mosche ha-Darschan zitiert (siehe *Albeck*, Bereschit Rabbati 16f), den *A. Epstein* überhaupt für den Verfasser der Schrift hält.

Text: BhM III 164–193; *A. Epstein*, Qadmoniot 144–171; Übersetzung *A. Wünsche*,
Lehrhallen V b. Vgl. *S. Belkin*, Midrasch Tadsche o Midrasch de R. Pinchas b. Jair.
Midrasch Hellenisti Qadmon, Horeb 11 (1951) 1–52 (sieht für die allegorische
Exegese eine mit Philo gemeinsame Quelle); *A. Epstein*, Qadmoniot 130–143; *ders.*,
Le livre de Jubilés, Philon et le Midrasch Tadsché, REJ 21 (1890) 80–97; 22 (1891)
1–25; *Zunz*, GV 292f.

c) Alphabet (Otijjot) des R. Aqiba

Diese in verschiedenen Rezensionen überlieferte Schrift der Merkaba-My-
stik enthält u. a. auch verschiedene Stücke der Schiʿur-Qoma-Spekulation.

Graetz versuchte einst den Nachweis, daß dieses Werk die Hauptquelle der Hekhalot-Literatur ist. Tatsächlich muß das Verhältnis dieser Schriften zueinander umgekehrt gesehen werden. Ab dem 10. Jh. wird das Werk zitiert. Eine Entstehungszeit zwischen dem 7. und 9. Jh. ist wahrscheinlich.

Text: BhM III 12–64 (zwei Rezensionen; Übersetzung in *A. Wünsche,* Lehrhallen IV); *Wertheimer* II 333–477 bringt diese Rezensionen und ähnliche Schriften; vgl. auch BhM V 31–3. – *Lit.: H. Graetz,* Die mystische Literatur in der gaonäischen Epoche, MGWJ 8 (1859) 67–78.103–118.140–153 (die zwei Fortsetzungen sind hauptsächlich zu Schiʿur Qoma); *M. D. Herr,* EJ XVI, 1516; *G. Scholem,* Über eine Formel in den koptisch-gnostischen Schriften und ihren jüdischen Ursprung, ZNW 30 (1931) 170–176; *Zunz,* GV 178.

d) Die großen und die kleinen Hekhalot

Die Schriften über die „Thronhallen" oder himmlischen „Paläste" sind die wichtigsten Texte der Merkaba-Literatur, die den mystischen Aufstieg zum Thronwagen (Merkaba) Gottes vorbereitet bzw. einfach schildert. Der Weg durch die sieben Himmel und sieben Thronhallen ist voller Gefahren, die man nur überwindet, wenn man die rechten Formeln weiß (viel von diesen Zaubertexten ist in Griechisch). Ein Großteil der Texte ist der himmlischen Liturgie gewidmet. Sie zitieren Hymnen, welche die Engel bzw. die vier Lebewesen singen, die den göttlichen Thron tragen. Diese Lieder enden gewöhnlich mit dem dreifachen Heilig von Jes 6,3. Die feierliche und monotone Einförmigkeit der Hymnen soll sicher auch die Ekstase fördern. *A. Goldberg* sieht in den Hekhalot Rabbati drei größere Teile, die später redaktionell ineinander verarbeitet worden sind: die Qeduscha-Lieder, die Initiation der Adepten über den Aufstieg zu den sieben Hekhalot, das Geheimnis der Tora. Hekhalot Rabbati und Zutrati sind in talmudischer Zeit in Palästina entstanden; eine genauere Datierung ist jedoch vor einer kritischen Edition nicht möglich. Auch sind sicher spätere (sogar noch sabbatianische) Ergänzungen anzunehmen.

Text: Die Aqiba zugeschriebenen Hekhalot Zutrati sind erst zu einem geringen Teil veröffentlicht: *S. Musajoff,* Sefer Merkaba Schlema, J 1921, Ndr. J 1972; die R. Jischmael zugeschriebenen Hekhalot Rabbati sind in voneinander teilweise abweichenden Textformen in *Wertheimer* I 65–136 und BhM III 83–108 enthalten. – *Lit.:* Außer den eingangs genannten Schriften *Scholems* ders., EJ XI, 1386–9; *A. Goldberg,* Einige Bemerkungen zu den Quellen und den redaktionellen Einheiten der großen Hekhalot, FJB 1 (1973) 1–49; *I. Gruenwald,* Apocalyptic 98–123.142–173; *J. Maier,* Vom Kultus zur Gnosis, Salzburg 1964, 128–146; ders., *Attah hu Adon* (Hekalot rabbati XXVI,5), Judaica 21 (1965) 129–133; ders., Hekalot Rabbati XXVII,2–5, Judaica 22 (1966) 209–217; ders., Serienbildung und „numinoser" Eindruckseffekt in den poetischen Stücken der Hekhalot-Literatur, Semitics 3 (1973) 36–66; *P. Schäfer,* Engel und Menschen in der Hekhalot-Literatur, Kairos 22 (1980) 201–225; *L. H. Schiffmann,* The Recall of Rabbi Neḥuniah Ben

Ha-Qaneh from Ecstasy in the Hekhalot Rabbati, AJSR 1 (1976) 269–281; *M. Smith*, Observations on Hekhalot Rabbati, in: *A. Altmann*, Hg., Biblical and Other Studies (Studies and Texts I), C (M) 1963, 142–160.

e) Andere Merkaba- bzw. Hekhalot-Texte

Der *Sefer Hekhalot*, von *Odeberg* als 3 Henoch ediert, stammt nach diesem aus dem späten 3. Jh., ist jedoch eher ans Ende der talmudischen Zeit zu rücken. Er schildert eine Himmelsreise des R. Jischmael unter Führung Henochs, der im Himmel zu Metatron umgewandelt wurde. Teilweise schon in BhM V, 170–190 veröffentlicht; *H. Odeberg*, 3 Enoch or The Hebrew Book of Enoch, C 1928 (Ndr. NY 1973 mit Prolegomenon von *J. C. Greenfield*). Vgl. *P. S. Alexander*, The Historical Setting of the Hebrew Book of Enoch, JJS 28 (1977) 156–180; *I. Gruenwald*, Apocalyptic 191–208.

Schon früher, wahrscheinlich im 4. oder Anfang 5. Jh. entstanden sind die „*Visionen Ezechiels*" (Reujjot Jechezqel), eine Art Kommentar zu Ez 1.

J. Mann, Pereq Reijjot Jechezqel, Hazofeh 5 (Budapest 1921, Ndr. J 1972) 256–264 (Geniza-Text); *Wertheimer* II 127–134 (Text von *Mann* plus Konjekturen); *A. Marmorstein*, A Fragment of the Visions of Ezekiel, JQR 8 (1917f) 367–378 (Geniza-Fragment). Kritische Ausgabe und Kommentar: *I. Gruenwald*, Temirin 1 (J 1972) 101–139. Vgl. *ders.*, Apocalyptic 134–141.

Merkaba Rabba, eine zusammengesetzte Schrift, deren Hauptthema das „große Geheimnis" (der Tora) ist, das sich R. Jischmael erwirbt. Reich an magischen Passagen, mit einem Schiʿur-Qoma-Stück und anderen Texten, wie der „Beschwörung des Sar ha-Panim", verbunden.

Text: S. Musajoff, Merkaba Schlema, J 1921, Ndr. 1972, 1a–6a; vgl. *P. Schäfer*, Prolegomena zu einer kritischen Edition und Analyse der Merkava Rabba, FJB 5 (1977) 65–99; *ders.*, Die Beschwörung des Sar ha-Panim. Kritische Edition und Übersetzung, FJB 6 (1978) 107–145. Siehe auch *I. Gruenwald*, Apocalyptic 174–180.

Weitere Hekhalot-Texte hat *I. Gruenwald* veröffentlicht: New Passages from Hekhalot Literature (h), Tarbiz 38 (1968f) 354–372; 39 (1969f) 216f; dazu *ders.*, Apocalyptic 188–190. Hierher gehört auch *Maʿase Merkaba*, ediert von *G. Scholem*, Gnosticism 101–117 (dazu *I. Gruenwald*, Apocalyptic 181–7); *Schiʿur Qoma*, wovon zwei Fassungen in Merkaba Schlema (*S. Musajoff*, J 1921, Ndr. 1972) 32a–43a veröffentlicht sind; dazu *G. Scholem*, Gnosticism 36–42; *J. Dan*, The Concept of Knowledge in the Shiʿur Qomah, FS A. Altmann, Alabama 1979, 67–73. Siehe auch *Maʿase Merkaba* in *Wertheimer* I 51–62, auch als Massekhet Hekhalot bekannt (siehe auch BhM II 40–47). Nach *Gruenwald*, Apocalyptic 209–212, wohl aus dem Kreis deutscher Chasidim im 12. oder 13. Jh.

f) Midrasch Konen

Ein Midrasch über die Weltschöpfung, zuerst V 1601 gedruckt; BhM II 23–39 (Übersetzung in *Wünsche*, Lehrhallen III). Das Werk gehört mit einer Reihe anderer Texte zum Maʿase Bereschit, dem zweiten Zweig der jüdischen Mystik neben dem Maʿase Merkaba: BhM V 63–9; *Wertheimer* I 1–48 (Seder Rabba de-Bereschit); *L. Ginzberg*, Nusach chadasch schel Seder Maʿase Bereschit, Ginze Schechter I 182–7. Cf. auch *N. Séd*, Une cosmologie juive du haut moyen age. La Berayta di Maʿaseh Bereshit, REJ 123 (1964) 259–305; 124 (1965) 23–123 (Einleitung und Text).

g) Sefer Raziel und Sefer ha-Razim

Sefer Raziel, zuerst Amsterdam 1701 gedruckt, dürfte in seiner jetzigen Fassung auch kaum viel älter sein. Er kompiliert jedoch eine Reihe älterer Schriften aus der Hekhalot-Literatur und Ähnlichem, wie auch eine lange Fassung des Schiʿur Qoma. Der Name geht wohl auf den Engel Raziel zurück, den Offenbarer der Geheimnisse, der schon im alten *Sefer ha-Razim*, dem „Buch der Geheimnisse", eine Rolle spielt. Diese aus einem Geniza-Text und verschiedenen MSS rekonstruierte Schrift, die vielleicht schon im 3. oder 4. Jh. in Palästina entstanden ist (*Gruenwald*, Apocalyptic 226: 6. oder 7. Jh.), ist mit den Hekhalot-Texten verwandt, indem sie die sieben Himmel schildert. Charakteristisch für die Schrift ist jedoch das Vorherrschen des Magischen, das oft schon die Grenzen des „rechtgläubig" Jüdischen überschreitet und seine nächste Parallele in den griechischen Zauberpapyri Alexandriens hat. Die Schrift enthält u. a. sogar einen griechischen Hymnus an Helios.

Text: M. Margalioth, Sepher ha-Razim. A newly recovered book of magic from the Talmudic period, J 1966. Die ausführliche Einleitung ist auch für das Buch Raziel relevant (zu diesem cf. auch *J. Dan*, EJ XIII, 1592f). *J. Dan*, „Sepher Harazim" edited by M. Margalioth (h), Tarbiz 37 (1967f) 208–214; *I. Gruenwald*, Apocalyptic 225–234; *J.-H. Niggemeyer*, Beschwörungsformeln aus dem „Buch der Geheimnisse", Köln 1974 (kritisch zu Edition von Margalioth); *N. Séd*, Le Sēfer ha-Razim et la méthode de „combinaison des lettres", REJ 130 (1971) 295–304.

VIII. Sammelwerke und Midrasch genannte Kommentare

1) Jalqut Schimʿoni

Gewöhnlich einfach Jalqut genannt. Ein midraschischer Thesaurus zum ganzen Alten Testament, aus mehr als fünfzig Werken zusammengesetzt, von denen manche für uns verloren gegangen sind (Sifre Zutta, Jelamdenu, die Midraschim Abkir, Tadsche und Esfa usw. sind z. T. nur durch Jalqut belegt). Wertvoll ist der Jalqut auch deswegen, weil er die Textkritik noch vorhandener Werke durch gute Lesarten fördert. Dies ist allerdings insofern einzuschränken, als der Verfasser des J. natürlich auch fehlerhafte MSS als Vorlage verwendet, diese z. T. durch Konjekturen korrigiert, auch seine Quellen kombiniert und kürzt. Auch hat J. selbst in seiner Überlieferung gelitten; daher ist selbstverständlich der Erstdruck Saloniki sowie die einzige fast vollständige Handschrift (MS Oxford 2637) heranzuziehen, die der seit 1973 erscheinenden kritischen Ausgabe zugrundeliegt. Die Quellen des Werkes sind jeweils zu Beginn des Zitats (so im Erstdruck) bzw. am Rand (in den späteren Drucken) vermerkt, was sicher schon auf den ursprünglichen Kompilator zurückgeht.

J. hat zwei Teile, den Pentateuch mit 963 Paragraphen *(remazim)*, die anderen Bücher der Bibel mit 1085. Die Reihenfolge der biblischen Bücher ist die in BB 14b angegebene, nur Est vor Dan, also: Jes nach Ez; Hagiographen: Rut, Pss (nur 147 statt 150! das geht vielleicht auf MidrPs 22,4 zurück, wonach die Zahl der Pss den 147 Lebensjahren Jakobs entsprechen soll), Ijob, Spr, Koh, Hld, Klgl, Est, Dan, Esr, Neh, Chron. In den späteren Ausgaben hat man sich an die übliche Reihenfolge der biblischen Bücher gehalten und damit das System der Remazim durcheinandergebracht. Die einzelnen Abschnitte sind von sehr ungleicher Länge und reichen von wenigen Zeilen zu mehreren Seiten. Wahrscheinlich sollten sie auch gar nicht als Texteinteilung dienen, sondern als internes Verweissystem: das geht daraus hervor, daß die Zahlen in MS Oxford wie in der Erstausgabe nicht zu Beginn der Paragraphen stehen, sondern neben einem Text, der im Werk auch anderswo verwendet wird (so *Hyman*). Einzig die Erstausgabe des J. fügt dem Text einen Appendix an *(Qunderes acharon)*, der in 256 Remazim Haggadot des pT und in 55 Remazim Zitate des Jelamdenu bietet.

Verfasser des J. ist Schimʿon ha-Darschan. Nach den Titelblättern der Ausgaben (schon V, dessen Herausgeber *M. Prinz* sich wohl auf Traditionen stützt), soll er aus Frankfurt (am Main) stammen. *S. I. Rapaport* (Kerem Chemed 7, 1843, 4ff) und andere lassen diesen Schimʿon ha-Darschan einen Bruder des Menachem ben Chelbo sein, des Vaters von Josef Qara; demnach müßte er schon in der 2. Hälfte des 11. Jhs. gelebt haben. Mit Recht haben diese Gleichsetzung schon *A. Geiger* und besonders *A. Epstein* bestritten; auch die Annahme von *M. Gaster* 38f, der Verfasser habe in Spanien nicht vor dem 14. Jh. gelebt, hat schon *A. Epstein* widerlegt. Als Datum ist vielmehr das 13. Jh. anzunehmen, wie aus der ältesten Handschrift (MS Oxford 2637 stammt von 1307) wie andererseits aus den zitierten Schriften hervorgeht: J. verwendet u. a. schon Bereschit Rabbati und Midrasch Abkir. Seit Ende des 15. Jhs. hat der zuerst bei Isaak Abrabanel zitierte J. immer mehr Verbreitung gefunden und dadurch auch dazu beigetragen, daß so manche Midrasch-Texte, die in ihm exzerpiert sind, nicht mehr selbständig überliefert wurden.

Ausgaben: Saloniki 1526f (Teil 1) und 1521 (Teil 2) (Ndr. J 1968 Teil 1, 1973 Teil 2); V 1566 (mit vielen Änderungen), die Grundlage der folgenden Drucke. Zu den Drucken siehe *A. Epstein*, Kitbe II 278–308. Kritische Ausgabe: Jalqut Schim'oni al ha-Tora le Rabbenu Schim'on ha-Darschan, Hg. *D. Hyman-D. N. Lerrer-I. Shiloni*, Gen 1–2 J 1973; Ex 1 J 1977. – *Lit.:* S. Abramson, Sinai 52 (1963) 145–7; *J. Elbaum*, EJ XVI, 707–9; *A. Epstein*, Qadmoniot (Kitbe II) 278–327.351–4; *A. B. Hyman*, The Sources of Yalkut Shimeoni (h), 2 Bde, J 1965–74; *D. [= A. B.] Hyman*, Rimze Jalqut Schim'oni, Hadorom 12 (1960) 144–7; *Ch. Z. Finkel*, ,,Jalqut Schim'oni'' u-feschar ,,remazaw'', Moria 7 (1977f) Heft 8–10, 62–92; *M. Gaster*, The Exempla of the Rabbis, NY 1968 (Ndr. von 1924) engl. Teil 21–39; *A. Greenbaum*, Sinai 76 (1975) 120–133 (Rezension von *Hyman); Zunz*, GV 308–315.

2) Jalqut ha-Makhiri

Makhir ben Abba Mari (ben Makhir ben Todros) hat nach verbreiteter Auffassung in Südfrankreich gelebt, was allerdings nur aus dem Namen erschlossen wird. Eine mittelalterliche Notiz, daß er ,,vor den Verfolgungen in Spanien'' geschrieben habe, würde sich mit der ursprünglichen Verbreitung seiner Schrift in Spanien und auch mit seiner Benützung des gerade in Spanien verbreiteten DtnR *Lieberman* decken (so schon *A. Marx*, OLZ 5, 1902, 295f). Wenn die genannte Notiz recht hat, wäre der terminus ante quem des Werkes 1391, sonst 1415, als MS Leiden verkauft wurde. Als Entstehungszeit ist somit wohl das späte 13. oder 14. Jh. anzunehmen. *M. Gaster* wollte das Werk in das Spanien des 12. Jh. verlegen und als Quelle von Jalqut II ansehen, was *A. Epstein* widerlegt hat. Die beiden Jalqutim sind wohl unabhängig voneinander entstanden.

Jalqut ha-Makhiri umfaßt die eigentlichen prophetischen Schriften und die drei großen Hagiographen, schloß also bewußt die im Midrasch Rabba schon behandelten Schriften aus. Als Quellen verwendet die Schrift die meisten uns bekannten Midraschim einschließlich so später wie Midrasch Ijob, MidrSpr und SER, aber auch sonst nicht erhaltene Schriften. Er zitiert manchmal Midrasch Jelamdenu neben Tanchuma, was darauf schließen läßt, daß dies für ihn zwei verschiedene Werke waren und nicht nur verschiedene Namen desselben Werkes. Auch stimmt der Text seiner Zitate mit den beiden Tan-Drucken nicht überein. Der Verfasser hatte offenbar zahlreiche MSS zur Verfügung, zu manchen Schriften auch mehrere. Da er i. a. genau zitiert, sind die Varianten, die er zu dem anderweitig bekannten Text seiner Quellen bietet, von großer Bedeutung.

Drucke: J. Spira, The Yalkut on Isaiah of Machir ben Abba Mari, B 1894 (nach Codex Leiden, in dem 20,4–40,20 und 63,2 bis Ende fehlen); *S. Buber*, Jalkut Machiri ... zu den 150 Pss, Berdyczew 1899, Ndr. J 1964 (zusätzliche Quellennachweise: *M. Margulies*, MHG Gen, J 1947=1967, 6f); *L. Grünhut*, Sefer ha-Jalqut ha-Makhiri al Mischle, F 1902 (zu Spr 18–31; Ndr. mit *J. Spira* zu Jes J 1964); Ergänzungen im Sefer ha-Likkutim 6 (Spr 2,3,13,14); weitere Ergänzungen (zu Spr 2,3,14) hat *I. Berdehav*, J 1927, veröffentlicht; *A. W. Greenup*, The Yalkut of R. Machir bar Abba Mari, 2 Bde, Lo 1910–1913 (Ndr. J 1967), nach dem am Anfang und Ende unvollständigen Codex Harley 5704 (kleine Propheten); *ders.*, A Fragment of the Yalkut of R. Machir bar Abba Mari on Hosea (I.9–XIV.1), JQR 15 (1924f) 141–212 (aus MS Vat. 291): Ndr. zus. mit *Berdehav* J 1968; *J. Z. Lauterbach*, Unpublished Parts of the Yalkut ha-Makiri on Hosea and Micah, FS M. Gaster, Lo 1936, 365–373. – *Lit.: A. Epstein*, Le Yalkout Schimeoni et le Yalkout Ha-Makhiri, REJ 26 (1893) 75–83 (gegen *Gaster*); *M. Gaster*, La source de Yalkout II, REJ 25 (1892) 44–52; 53–64 bringt er als Belege für seine These das Vorwort des Jalqut ha-Makhiri und Exzerpte zu Jes 10f und Obd; *J. Elbaum*, EJ XVI, 706f.

3) Jalqut Reubeni

Dieses Werk zur Tora, auch Jalqut Reubeni gadol genannt, zum Unterschied von dem zuerst in Prag 1660 gedruckten J. R. desselben Verfassers, einer thematisch geordneten Sammlung kabbalistischer Haggadot, stammt von *Ruben Höschke* (H. ist poln. Diminutiv für Jehoschua) *Kohen*, Rabbiner in Prag, gest. 1673. Dieser Jalqut (Wilmersdorf 1681, dann Amsterdam 1700; Warschau ohne Jahr, 2 Bde) ist eine Sammlung kabbalistischer Auslegungen zum Pentateuch und somit für die Geschichte der Kabbala, nicht jedoch für die Midrasch-Forschung von Bedeutung. Vgl. *G. Scholem*, Die jüdische Mystik 34f.

4) Midrasch ha-Gadol (MHG)

MHG zum Pentateuch ist die größte aller Midrasch-Sammlungen. David ben Amram von Aden, ein Gelehrter des 13. Jhs., gilt heute fast allgemein als Verfasser des MHG, auch wenn *A. Steinsalz* wegen der Reimtechnik im MHG an dessen jemenitischer Herkunft zweifelt und eher an Ägypten denken möchte. Die Zuschreibung an Abraham, den Sohn des Maimonides, ist nur äußerst schwach bezeugt.

Der Verfasser hat den Pentateuch nach dem einjährigen Lesezyklus eingeteilt. Jede Parasche beginnt mit einem gereimten zweistrophigen Proömium, das zum zu kommentierenden Abschnitt hinführt, und endet mit einem Ausblick auf die kommende Erlösung und die Heimkehr nach Israel. Dazwischen trägt er zu jedem Vers die Auslegungen der gesamten Midrasch-Tradition, der beiden Talmudim, vieler gaonäischer Schriften, des Alfasi und v. a. auch des Maimonides zusammen. Jedoch führt der Autor seine Quellen nicht an. Auch geht er, wie der Vergleich des MHG mit manchen seiner Vorlagen ergibt, die in der Geniza von Kairo wiederentdeckt wurden, mit seinen Quellen relativ frei um. Er zerlegt sie in kleinste Einheiten, korrigiert vielfach die Halakha der halakhischen Midraschim nach dem Wortlaut von M, ergänzt aus dem Talmud und anderen Schriften und fügt eigene erklärende Glossen ein. Somit entsteht, mosaikartig zusammengesetzt, ein ganz neues Werk mit eigenem Stil, dessen Vorlagen zu rekonstruieren oft nicht mehr möglich ist. Das mindert die Bedeutung des MHG für die Wiederherstellung von verloren gegangenen Midraschtexten wie der MRS, Sifre Zutta und MidrTann. Das zeigt u. a. ein Vergleich der beiden Ausgaben der MRS von *D. Hoffmann* und von *Epstein-Melamed* (cf. dort die Einleitung von *Melamed* 45–58); aber auch *Horowitz* ist es in seiner Rekonstruktion von Sifre Zutta nicht immer gelungen, echte Zitate von Sifre Zutta von solchen des Maimonides zu trennen. Hat man früher oft geglaubt, MHG habe Mek sowie Sifre nicht zur Verfügung gehabt und deshalb die anderen Midraschim, MRS, Sifre Zutta und MidrTann verwendet, so hat sich inzwischen gezeigt, daß er sehr wohl auch Mek und Sifre kennt und zitiert, gelegentlich auch mit den anderen Midraschim so kombiniert, daß er dabei die halakhischen Gegensätze verschwinden läßt, sie jedoch aus bestimmten Gründen vernachlässigt hat. MHG ist im Jemen sehr beliebt geworden und hat weithin andere Midraschim verdrängt. Auch der Midrasch Aggadat Ester (siehe S. 437) ist mit *Ch. Albeck* dem Verfasser des MHG zuzuschreiben. In Europa ist MHG erst im 19. Jh. bekanntgeworden: 1878 kam die erste Handschrift durch *M. W. Schapira* nach Berlin. Inzwischen sind zahlreiche weitere MSS bekannt geworden.

Die ersten Teilausgaben des Textes waren: *S. Schechter*, Midrash ha-gadol forming a collection of ancient Rabbinic homilies to the Pentateuch ... Genesis, C 1902; *D. Hoffmann*, Midrasch ha-Gadol zum Buche Exodus, B 1913–1921. Kritische Ausgaben: Gen – *M. Margulies*, J 1947, ²1967; Ex – *M. Margulies*, J 1956, ²1967; Lev – *E. N. Rabinowitz*, NY 1932; *A. Steinsalz*, J 1975; Num – *S. Fisch*, Lo 1940 (nur Teil; 1–136 ausführliche englische Einleitung); *ders.*, 2 Bde, J 1957–63; *Z. M. Rabinowitz*, J 1967, ²1973; Dtn – *S. Fisch*, J 1972. – *Lit.*: *S. Belkin*, Ha-Midrasch ha-Gadol u-Midresche Philon, FS J. Finkel, NY 1974, hebr. Teil 7–58; *S. Fisch*, EJ XI, 1515 f sowie Einleitungen zu MHG Num und Dtn; *S. Morag*, The Rhyming Techniques in the Proems of Midrash Haggadol and the Authorship of this Midrash (h), Tarbiz 34 (1964 f) 257–262; *Y. L. Nahum*, Mi-Tsefunot Jehude Teiman, TA

1962, 181–205; *Y. Ratzabi*, The Authorship of Midrash Haggadol (h), Tarbiz 34 (1964f) 263–271; *ders.*, Linguistic Study in „Midrash Haggadol" (h), Bar-Ilan 13 (1976) 282–320; *D. Sperber*, Al kamma millim ba-Midrasch ha-Gadol, Sinai 77 (1974f) 13–16; *A. Steinsalz*, Rhyming Techniques in the Proems of Midrash Haggadol (h), Tarbiz 34 (1964f) 94–7; *M. Zucker*, Pentateuchal Exegeses of Saadia Gaon and Samuel ben Chofni Incorporated into the Midrash ha-Gadol (h), FS A. Weiss, NY 1964, 461–481.

5) Bereschit Rabbati

Mosche ha-Darschan aus Narbonne (1. Hälfte 11. Jh.), oft von Raschi und dessen Enkel Jakob Tam zitiert, verfaßte Kommentare zu biblischen Büchern und kompilierte Midraschim, deren Umfang nicht geklärt ist (die ganze Tora? auch andere bibl. Schriften?). Der spanische Dominikaner Raymond Martini (1220–1285) zitiert in seiner ca. 1280 entstandenen Schrift Pugio Fidei oft einen Midrasch Bereschit Rabba major des Mosche ha-Darschan. Die Echtheit dieser Zitate ist oft bestritten worden, bis ein MS von Bereschit Rabbati entdeckt wurde. Da jedoch verschiedene Zitate in Pugio Fidei und bei Raschi auch hier nicht vorkommen, sieht *A. Epstein*, dem *Albeck* folgt, in Bereschit Rabbati eine Kurzfassung des Werkes von Mosche ha-Darschan, aus dessen Schule auch der von *S. Buber* veröffentlichte Midrasch Aggada (W 1894) und die Bearbeitung von NumR I stammt. Das Werk ist eine typische Midrasch-Kompilation, die die gesamte rabb. Literatur verwendet, aber auch den Midrasch Tadsche oft zitiert (so daß er gelegentlich dem Mosche ha-Darschan selbst zugeschrieben wurde) und auch die pseudepigraphe Literatur, v.a. Hen, Jub und Test XII, viel verwendet. Textkritisch ist das Werk für frühere Midraschim kaum verwertbar, da der Autor die Quellen, die er benützt, frei für seinen Zweck bearbeitet, kombiniert und kürzt.

Text: Ch. Albek, Midraš Berešit Rabbati ex libro R. Mosis Haddaršan collectus e codice Pragensi cum adnotationibus et introductione, J 1940, Ndr. 1967. – *Lit.: A. Epstein*, Moses had-Darschan aus Narbonne, Fragmente seiner litterarischen Erzeugnisse ... mit Einl. und Anm., W 1891, *J. Elbaum*, EJ VII,401f; *I. Ta-Shma*, EJ XII,429; *Zunz*, GV 300–306 (*Albeck*, Deraschot 149f.447).

6) Leqach Tob

Die Schrift ist nach Spr 4,2 (eine „gute Lehre") und zugleich in Anspielung auf den Namen des Verfassers Tobia ben Eliezer benannt. Nach Meinung von *Zunz* stammt dieser aus Mainz und hat später im Orient gelebt; doch ist mit *S. Buber* (18.20–26) als Wohnort Kastoria in Bulgarien anzunehmen. Er hat sein Buch wahrscheinlich im Jahr 1097 geschrieben, 1107 und

1108 selbst mit Zusätzen und Verbesserungen herausgegeben. Es enthält Anspielungen auf zeitgenössische Ereignisse wie die Judenverfolgung von 1096. Leqach Tob erstreckt sich über den Pentateuch und die Megillot und ist „halb Commentar, halb Hagada, grossentheils aus älteren Werken" (*Zunz*, GV 306f). Es verarbeitet v. a. bT und viele Midraschim sowie mystische Literatur, meist ohne Quellenangabe und nicht wörtlich zitierend, sondern das Ganze in ein einheitliches Hebräisch gießend und mit viel eigenen Auslegungen vermischend. Der Verfasser ist v. a. auch an Grammatik sowie Halakha interessiert. Später wurde die Schrift irrtümlich als Pesiqta oder auch als Pesiqta zutrata zitiert.

Drucke: V 1546 (Lev, Num, Dtn); Wilna 1884 mit Kommentar von A. M. (Katzenellenbogen von) Padua; *S. Buber*, Lekach tob (Pesikta sutarta), ein agadischer Commentar zum ersten und zweiten Buche Mosis von R. Tobia ben Elieser, Wilna 1884; Ndr. beider Bände Israel ohne Jahr; *J. Nacht*, Tobia ben Elieser's Comm. zu Threni, mit einer Einl. und Anm., B 1895; *A. W. Greenup*, The Commentary of R. Tobia b. Elieser on Echah, Lo ²1908; *G. Feinberg*, Tobia ben Elieser's Commentar zu Koheleth (Lekach tob) samt Einleitung und Comm., B 1904; Ndr. zus. mit *Greenup* J 1967; *S. Bamberger*, Lekach Tob (Pesikta Sutrata). Ein agad. Kommentar zu Megillat Ruth, Aschaffenburg 1887; *A. W. Greenup*, The Commentary of Rabbi Tobia ben Elieser on Canticles, Lo 1909; Ndr. zus. mit *Bamberger* ohne Ort, ohne Jahr (J 1968?); Leqach Tob zu Ester bei *S. Buber*, Sifre de-Aggadeta, Wilna 1886, 85–112. *Lit.: J. Elbaum*, EJ XI,1516f; *L. Ginzberg*, Ginze Schechter I 246–297; *L. Zunz*, GV 306–8.

7) Sekhel Tob

Eine midraschische Anthologie zum Pentateuch von Menachem ben Salomo, 1139 geschrieben, vielleicht in Italien (Fremdwörter im Text sind italienisch). Neben der rabb. Literatur zitiert der Verfasser gaonäische Schriften wie die Scheiltot und die Halakhot Gedolot, aber auch noch Alfasi und den Midrasch Leqach Tob. Von mittelalterlichen Autoren noch vollständig gekannt, doch nur Gen und Ex erhalten.

S. Buber, Sechel Tob. Commentar zum ersten und zweiten Buch Mosis von Rabbi Menachem ben Salomo verfasst i.J. 1139 ... herausgegeben ... commentiert und mit ... Einl., B 1900/1901 (Ndr. TA o.J.). Vgl. *I. Ta-Shma*, EJ XI,1307f.

8) Midrasch Samuel

Zunz (GV 281f) datierte diese Kompilation von Einzelauslegungen zu Sam nicht vor das 11. Jh. Doch ist das Werk sicher viel früher entstanden, wenn auch später überarbeitet worden (späte Petichot). Das belegen Zitate bei Samuel ben Chofni (10. Jh.) als Aggadat Schmuel und in der Megillat Setarim des Rab Nissim Gaon (*S. Abramson*, Injanot be-Sifrut ha-Geonim, J 1974, 154; *ders.*, Rab Nissim Gaon, J 1965, 311). Der Qitsur Aggadot ha-Jeruschalmi aus der Geniza zitiert „Samuel Rabba" (Ginze Schechter I 392); Buchlisten der Geniza erwähnen eine Aggadat Schmuel (*J. Mann*, Texts and Studies I, NY 1972 = Ndr. von 1931, 644). Die Schrift verwendet nicht nur die rabb. Midrasch-Literatur, sondern verwendet auch sonst nicht belegten Stoff, der z. T. sehr alt ist. Sie umfaßt 32 Kapitel (24 zu 1 Sam, 8 zu 2 Sam). Sie ist wohl in Palästina entstanden: die genannten Amoräer und die zitierten Quellen sind alle palästinisch. MS Parma 563 ist das einzige MS, doch sehr fehlerhaft; *Rabinovitz* hat acht Blatt aus der Geniza veröffentlicht, die einen sehr abweichenden Text bieten (ohne die späteren Ergänzungen, dafür jedoch mit anderem Material, das offenbar später ausgefallen ist).

Drucke: Konstantinopel 1517; V 1546; *S. Buber*, Midrasch Samuel ... kritisch bearbeitet, commentiert und mit einer Einl., Krakau 1893, Ndr. zus. mit Midrasch Mischle J 1965 (dazu *A. Ehrlich*, MGWJ 39, 1895, 331–6.368–370: viele Druckfehler, Auslassungen usw.); *Z. M. Rabinovitz*, Ginzé Midrash 179–217 (ca. 13. Jh.); ein weiteres Fragment bei *N. Alloni*, Geniza Fragments 77. Übersetzung: *A. Wünsche*, Lehrhallen V. – *Lit.: J. Elbaum*, EJ XI, 1517f; *M. Higger*, Beraitoth in Midrash Samuel and Midrash Mishlei (h), Talpioth 5, 3–4 (1952) 669–682; *Zunz*, GV 281f.

9) Bereschit Zutta

So nennt *S. Buber* den Gen-Kommentar des Samuel b. R. Nissim Masnut, der im 13. Jh. in Aleppo lehrte, aber wohl aus Toledo stammte. Nicht sicher ist seine Identifikation mit Samuel b. R. Nissim, den Alcharizi um 1218 in Aleppo besuchte (dieser nennt als Namen nicht Masnut; auch hat der Autor des Midrasch noch 1276 einen Dan-Kommentar geschrieben). Die Handschrift nennt das Werk einfach Midrasch des R. Samuel Masnut. Das Werk ist eine Kompilation aus der gesamten rabb. Literatur (nicht namentlich zitiert), mosaikartig aus kleinsten Einheiten zusammengesetzt und deutlich dem Literalsinn zuneigend. Vom selben Verfasser stammt ein „Midrasch Sefer Ijob Maʿajan Gannim", sowie Midraschim zu Dan, Esra (mit Neh) und Chron. Auch von einem Num-Kommentar ist ein Teil erhalten (JThS), so daß man wohl annehmen kann, daß der Verfasser die ganze Bibel kommentierte. Samuel Masnut stützt sich auch stark auf die Targumim und die Peschitta; sein Kommentar zu Chron kopiert einfach jenen des David Qimchi (ca. 1160–1235) und ergänzt ihn mit rabb. Zitaten. Vielleicht hat er dies auch zu Esra und Dan getan, wozu kein Kommentar Qimchis (abgesehen von einer Erklärung der aramäischen Ausdrücke) erhalten ist.

Text: S. Buber, Samuel b. R. Nissim Masnut, Maʿajan Gannim ... al Sefer Ijob, B 1889, Ndr. J 1970; *M. (Ha) Cohen*, Midrasch Bereschit Zutta, J 1962; *I. S. Lange-*

S. Schwartz, Midras Daniel et Midras Ezra auctore R. Samuel b. R. Nissim Masnuth (Saec. XIII), J 1968. Cf. *I. Ta-Shma*, EJ XI, 1097f.

10) Pitron Tora

Eine Sammlung von Auslegungen und Predigten zu Lev, Num und Dtn, wahrscheinlich im 9. Jh. in Babylonien entstanden. Das Werk, das in einem MS von 1328 erhalten ist, zitiert neben rabb. Quellen auch die Scheiltot des R. Achai sowie Auslegungen des Karäers Benjamin al-Nahawandi. Es ist für die Text- und Überlieferungsgeschichte der rabb. Literatur von Bedeutung. *E. E. Urbach*, Pitron Torah. A Collection of Midrashim and Interpretations, J 1978.

11) Weitere Midraschim und verwandte Werke

Die Sammlungen von *Eben-Schmuel*, Midresche Geulla, *J. D. Eisenstein*, Ozar Midrashim, *L. Grünhut*, Sefer ha-Likkutim, *Ch. M. Horowitz*, Sammlung kleiner Midraschim, 1. Teil, B 1881, 2. und 3. Teil F 1881–2, Ndr. in 2 Bden J 1966–7, *A. Jellinek*, BhM, und *S. A. Wertheimer* enthalten eine Reihe weiterer Midraschim. Eine Kompilation der Midrasch-Tradition bietet *M. M. Kasher*, Torah Shelemah, J–NY 1927ff (bis 1978 29 Bände); gekürzte engl. Übersetzung Hg. *H. Freedmann*, NY 1953ff (bisher 9 Bde). Für die Lokalisierung verstreuter Bibelauslegungen in der gesamten rabb. Literatur sehr wertvoll: *A. Hyman*, Torah Hakethubah Vehamessurah, Second Edition Revised and Enlarged by his Son *A. B. Hyman*, 3 Bde, TA 1979.
Weitere Bibliographie: *J. T. Townsend*, in: The Study of Judaism I, NY 35–80; II NY 1976, 333–392.

ANHANG

Liste der Wochenlesungen (Sedarim) aus der Tora nach dem einjährigen Zyklus

Gen	1,1–6,8	Bereschit	Num 1,1–4,20	Bemidbar
	6,9–11,32	Noach	4,21–7,89	Naso
	12,1–17,27	Lekh lekha	8,1–12,16	Beha'alotkha
	18,1–22,24	Wa-jera	13,1–15,41	Schelach
	23,1–25,18	Chajje Sara	16,1–18,32	Korach
	25,19–28,9	Toldot	19,1–22,1	Chuqqat
	28,10–32,3	Wa-jetse	22,2–25,9	Balak
	32,4–36,43	Wa-jischlach	25,10–30,1	Pinhas
	37,1–40,23	Wa-jescheb	30,2–32,42	Mattot
	41,1–44,17	Miqqets	33,1–36,13	Mas'e
	44,18–47,27	Wa-jiggasch		
	44,28–50,26	Wa-jechi		

Ex	1,1–6,1	Schemot	Dtn 1,1–3,22	Debarim
	6,2–9,35	Wa-era	3,23–7,11	Wa-etchannen
	10,1–13,16	Bo	7,12–11,25	Eqeb
	13,17–17,16	Beschallach	11,26–16,17	Re'e
	18,1–20,26	Jitro	16,18–21,9	Schoftim
	21,1–24,18	Mischpatim	21,10–25,19	Ki Tetse
	25,1–27,19	Teruma	26,1–29,8	(Ki) Tabo
	27,20–30,10	Tetsawwe	29,9–30,20	Nitsabim
	30,11–34,35	Tissa	31,1–30	Wa-jelekh
	35,1–38,20	Wa-jaqhel	32,1–52	Ha'azinu
	38,21–40,38	Pequde	33,1–34,12	We-zot ha-Berakha

Lev	1,1–5,26	Wa-jiqra
	6,1–8,36	Tsaw
	9,1–11,47	Schemini
	12,1–13,59	Tazri'a
	14,1–15,33	Metsora
	16,1–18,30	Achare
	19,1–20,27	Qedoschim
	21,1–24,23	Emor
	25,1–26,2	Behar
	26,3–27,34	Bechuqqotai

Abgekürzt zitierte Literatur

Dieses Verzeichnis enthält nur jene Werke, die über das ganze Buch verstreut öfter vorkommen, nicht jedoch jene, die aus der Bibliographie des jeweiligen Kapitels ersichtlich sind.

Albeck, Ch., Einführung in die Mischna, B-NY 1971 (Einführung).
- Introduction to the Talmud, Babli and Yerushalmi (h), TA 1969 (Mabo).
- Untersuchungen über die halakischen Midraschim, B 1927 (Untersuchungen).
- Deraschot: siehe bei *L. Zunz.*
Alloni, N., Geniza Fragments of Rabbinic Literature, Mishna, Talmud and Midrash, with Palestinian Vocalization (h), J 1973 (Geniza Fragments).
Alon, G., Toldot ha-Jehudim be-Erets Jisrael bi-Tequfat ha-Mischna we-ha-Talmud, 2 Bde, TA ³1958 (Toldot; engl. Übers. des größten Teils von Bd I: The Jews in their Land in the Talmudic Age, vol. I, J 1980).
- Jews, Judaism and the Classical World. Studies in Jewish History in the Times of the Second Temple and Talmud, J 1977 (Studies; eine Auswahl der wichtigsten Aufsätze der hebr. Ausgabe, 2 Bde, TA 1958).
Assaf, S., Tequfat ha-Geonim we-Sifruta, J 1955 (Geonim).
Bacher, W., Die Agada der Tannaiten, Straßburg I ²1903; II 1890; Ndr. B 1965–6 (Tann).
- Die Agada der palästinensischen Amoräer, 3 Bde, Straßburg 1892–9, Ndr. H 1965 (pAm).
- Die Agada der babylonischen Amoräer, F ²1913, Ndr. H 1965 (bAm).
- Die exegetische Terminologie der jüdischen Traditionsliteratur, Le 1899–1905, Ndr. H 1965 (ET).
- Tradition und Tradenten in den Schulen Palästinas und Babyloniens, Le 1914, Ndr. B 1966 (TT).
Baron, S. W., A Social and Religious History of the Jews, NY ²1952ff (History).
Beer, M., The Babylonian Exilarchate in the Arsacid and Sassanian Periods (h), TA 1970 (Exilarchate).
- Exilarchs of the Talmudic Epoch Mentioned in R. Sherira's Responsum, PAAJR 35 (1967) 43–74 (Exilarchs).
Beit-Arié, M., Hebrew Codicology, P 1976 (Codicology).
Dan, J., The Hebrew Story in the Middle Ages (h), J 1974 (The Hebrew Story).
Daube, D., Alexandrian Methods of Interpretation and the Rabbis, FS H. Lewald, Basel 1953, 25–44; Ndr. in *H. A. Fischel*, Hg., Essays 164–182 (Alex. Methods).
- Rabbinic Methods of Interpretation and Hellenistic Rhetoric, HUCA 22 (1949) 239–264 (Rabb. Methods).
Dor, Z. M., The Teachings of Eretz Israel in Babylon (h), TA 1971 (Teachings).
Eisenstein, J. D., Ozar Midrashim. Bibliotheca Midraschica, 2 Bde, NY 1915, Ndr. J 1969.
Eben-Schmuel, J., Midresche Geulla, J 1954, ³1968.

Ephrathi, J. E., The Sevoraic Period and its Literature in Babylonia and in Eretz Israel (500–689) (h), Petach Tikva 1973 (The Sevoraic Period).

Epstein, A., Me-Qadmoniot ha-Jehudim. Beiträge zur jüdischen Alterthumskunde, W 1887; Ndr. in Kitbe R. A. Epstein, 2 Bde, J 1950/7, Bd 2 (Qadmoniot).

Epstein, J. N., Introduction to the Text of the Mishna (h), J 1948 (ITM).

– Indroduction to Tannaitic Literature: Mishna, Tosephta and Halakhic Midrashim (h), Hg., E. Z. Melamed, J 1957 (ITL).

– Introduction to Amoraitic Literature. Babylonian Talmud and Yerushalmi (h), Hg. E. Z. Melamed, TA 1962 (IAL).

Fischel, H. A., Hg., Essays in Greco-Roman and Related Talmudic Literature, NY 1977 (Essays).

– Rabbinic Literature and Greco-Roman Philosophy, L 1973.

Frankel, Z., Mabo ha-Jeruschalmi. Einleitung in den jerusalemischen Talmud, Breslau 1870, Ndr. J 1967 (Mabo).

– Darkhe ha-Mischna. Hodegetica in Mischnam librosque cum ea conjunctos. Pars prima: Introductio in Mischnam, Le 1859; Additamenta et Index, Le 1876; Ndr. TA o.J. (Darkhe).

Gerhardsson, B., Memory and Manuscript. Oral Tradition and Written Transmission in Rabbinic Judaism and Early Christianity, Uppsala 1961.

Ginzberg, L., A Commentary on the Palestinian Talmud I, NY 1941, Ndr. 1971, hebr. Einleitung (Mabo).

– Genizah Studies in memory of Doctor Solomon Schechter: I Midrash and Haggadah, II Geonic and Early Karaitic Halakah (h), NY 1928/9, Ndr. 1969 (Ginze Schechter).

Goodblatt, D., Rabbinic Instruction in Sasanian Babylonia, L 1975 (Instruction).

Graetz, H., Geschichte der Juden von den ältesten Zeiten bis zur Gegenwart, Bd 4 und 5, Le ⁴1908–9 (Geschichte).

Green, W. S., Hg., Persons and Institutions in Early Rabbinic Judaism, Missoula 1977 (Persons).

Grünhut, L., Sefer ha-Likkutim. Sammlung älterer Midraschim und wissenschaftlicher Abhandlungen, 6 Hefte, J 1898–1903, Ndr. J 1967 (Sefer ha-Likkutim).

Halevy, I., Dorot Harischonim. Die Geschichte und Literatur Israels Ic, Ie, II, III, F 1897–1918, Ndr. J 1967 (Dorot).

Halivni, D. W., Sources and Traditions (h), 2 Bde, I TA 1968, II J 1975 (Sources).

Heinemann, I., Darkhe ha-Aggada, J ³1970.

Heinemann, J., Aggadah and its Development (h), J 1974 (Aggadah).

Hopkins, S., A Miscellany of Literary Pieces from the Cambridge Genizah Collections, C 1978 (Miscellany).

Juster, J., Les Juifs dans l'Empire Romain, 2 Bde, P 1914, Ndr. NY 1968.

Konovitz, I., Tannaitic Symposia. Complete Collected Sayings, in Halakah and Aggadah, in the Talmudic and Midrashic Literature (h), 4 Bde, J 1967–9 (TS).

Lauterbach, J. Z., Rabbinic Essays, Cincinnati 1951, Ndr. NY 1973.

Levine, L. I., Caesarea under Roman Rule, L 1975.

Lieberman, S., Greek in Jewish Palestine, NY ²1965 (Greek).

– Hellenism in Jewish Palestine, NY ²1962 (Hell.).

– Texts and Studies, NY 1974.

– Tosefta Ki-Fshuṭah. A Comprehensive Commentary on the Tosefta (h), 8 Bde und Ergänzungsband zu Moed, NY 1955–73 (TK).

Mantel, H., Studies in the History of the Sanhedrin, C (M) 1961.

Melammed, E. Z., An Introduction to Talmudic Literature (h), J 1973 (Introduction).

Neusner, J., A Life of Rabban Yohanan ben Zakkai, L ²1970 (Life).

– Development of a Legend. Studies on the Traditions concerning Yoḥanan ben Zakkai, L 1970 (Development).

– A History of the Jews in Babylonia, 5 Bde, L 1965–1970 (Bab).

– The Rabbinic Traditions about the Pharisees before 70, 3 Bde, L 1971 (Phar).

– Eliezer ben Hyrcanus. The Tradition and the Man, 2 Bde, L 1973 (Eliezer).

– A History of the Mishnaic Law of Purities, 22 Bde, L 1974–7 (Pur).

– Hg., The Modern Study of the Mishnah, L 1973 (The Modern Study).

– Hg., The Formation of the Babylonian Talmud, L 1970 (Formation).

Porton, G. G., The Traditions of Rabbi Ishmael, 3 Bde, L 1976–9 (Ishmael).

Rabinovitz, Z. M., Ginzé Midrash. The Oldest Forms of Rabbinic Midrashim according to Geniza Manuscripts (h), TA 1976.

Safrai, S.-Stern, M., Hg., The Jewish People in the First Century, 2 Bde, Assen/Amsterdam 1974–6 (Safrai-Stern).

Schäfer, P., Studien zur Geschichte und Theologie des rabbinischen Judentums, L 1978 (Studien).

Schürer, E., The History of the Jewish People in the Age of Jesus Christ. A New English Version Revised and Edited by *G. Vermes, F. Millar, M. Black,* Edinburgh I 1973, II 1979 (Schürer-Vermes).

Urbach, E. E., The Tosafists: Their History, Writings and Methods (h), J ²1955.

Vermes, G., Post-Biblical Jewish Studies, L 1975 (Studies).

Vries, B. de, Mechqarim be sifrut ha-Talmud, J 1968 (Mechqarim).

Weiss, A., Studies in the Literature of the Amoraim (h), NY 1962 (SLA).

– Mechqarim ba-Talmud, J 1975.

Weiss, I. H., Dor Dor we-Dorschaw. Zur Geschichte der jüdischen Tradition (h), 5 Bde, W 1871–1883, Ndr. Wilna 1904 und öfter (Dor).

Wertheimer, S. A., Batei Midrashot, 2 Bde, J ²1968.

Wünsche, A., Bibliotheca Rabbinica. Eine Sammlung alter Midraschim. Zum ersten Male ins Deutsche übertragen, 5 Bde, Le 1880–1885, Ndr. H 1967 (Bibl. Rabb.).

– Aus Israels Lehrhallen, 5 Bde, Le 1907–10; Ndr. in 2 Bden H 1967 (Lehrhallen).

Zunz, L., Die gottesdienstlichen Vorträge der Juden historisch entwickelt, F ²1892, Ndr. H 1966 (GV); hebr. Übersetzung: Ha-Deraschot be-Jisrael, J 1954, ergänzt von *Ch. Albeck* (Deraschot; zitiert nur bei wichtigeren Ergänzungen *Albecks*).

Abkürzungen

1) Zeitschriften und Sammelwerke

AcOr   Acta Orientalia (Budapest)
AJSR   Association for Jewish Studies Review
ANRW   Aufstieg und Niedergang der Römischen Welt Bd II 19/2, Hg. *H. Temporini* und *W. Haase*, B-NY 1979.
Archive   Archive of the New Dictionary of Rabbinical Literature, Ramat Gan I 1972, II 1974.
BhM   Bet ha-Midrasch. Sammlung kleiner Midraschim, hg. von A. Jellinek, 6 Teile 1–4 Le 1853–7, 5–6 W 1873–7; Ndr. in 2 Bden J 1967.
Bib   Biblica
BSOAS   Bulletin of the School of Oriental and African Studies
DBS   Dictionnaire de la Bible, Supplément
EJ   Encyclopaedia Judaica, J 1971 (Verweise auf die deutsche EJ, B 1928–34, erfolgen mit Jahreszahl)
FJB   Frankfurter Judaistische Beiträge
HR   History of Religions
HUCA   Hebrew Union College Annual
IEJ   Israel Exploration Journal
JAAR   Journal of the American Academy of Religion
JBL   Journal of Biblical Literature
JE   Jewish Encyclopedia
JJS   Journal for Jewish Studies
JQR   Jewish Quarterly Review
JSJ   Journal of the Study of Judaism
JSS   Journal of Semitic Studies
KS   Kirjath Sepher
MGWJ   Monatsschrift für Geschichte und Wissenschaft des Judentums
OLZ   Orientalistische Literaturzeitung
PAAJR   Proceedings of the American Academy for Jewish Research
PL   Patrologia Latina
REJ   Revue des Etudes Juives
RHR   Revue de l'Histoire des Religions
RQ   Revue de Qumran
RSR   Recherches de science religieuse
SH   Scripta Hierosolymitana
ThWAT   Theologisches Wörterbuch zum Alten Testament
VT (S)   Vetus Testamentum (Supplements)
WCJS   World Congress of Jewish Studies
ZDMG   Zeitschrift der deutschen morgenländischen Gesellschaft
ZThK   Zeitschrift für Theologie und Kirche

2) Verlagsorte

B	Berlin	NY	New York
C (M)	Cambridge (Mass.)	O	Oxford
F	Frankfurt am Main	P	Paris
H	Hildesheim	Phil.	Philadelphia
J	Jerusalem	R	Rom
L	Leiden	TA	Tel Aviv
Le	Leipzig	Tüb.	Tübingen
Lo	London	V	Venedig
M	München	W	Wien

3) Sonstige Abkürzungen

Bd	Band	Jb.	Jahrbuch/Jahresbericht
h	hebräisch	JThS	Jewish Theological Seminary
FS	Festschrift	MS(S)	Manuskript(e)
GS	Gedenkschrift	Ndr.	Nachdruck
Hg.	Herausgeber	rabb.	rabbinisch

4) Rabbinische Texte

a) Mischna, Tosefta, Talmudim

bT	babylonischer Talmud	pT	palästinischer Talmud
M	Mischna	T	Tosefta

Die Abkürzungen der Traktate dieser Werke sind stets dieselben. Zur Unterscheidung der Zitate: M wird nach Kapitel (römische Zahl) und Halakha (arabische Zahl) zitiert (z. B. AZ I, 1) der bT nach Blatt, Seite a oder b (z. B. AZ 2 b); Zitaten aus dem pT ist ein p vorangesetzt (z. B. pAZ I, 1, 39 a: die beiden ersten Zahlen entsprechen Kapitel und Halakha wie in M, die dritte gibt Blatt und Spalte an), solchen aus T ein T (TAZ I, 1: hier folgt jeweils der Anfangsbuchstabe der jeweiligen kritischen Ausgabe: L. = S. Lieberman, R. = K. H. Rengstorf, Z. = M. Zuckermandel).

Abot		Chul	Chullin
Ar	Arakhin	Demai	
AZ	Aboda Zara	Ed	Edujot
BB	Baba Batra	Er	Erubin
Bek	Bekhorot	Git	Gittin
Ber	Berakhot	Hor	Horajot
Betsa		Jad	Jadajim
Bik	Bikkurim	Jeb	Jebamot
BM	Baba Metsia	Joma	
BQ	Baba Qamma	Kel	Kelim
Chag	Chagiga	Ker	Keritot
Chal	Challa	Ket	Ketubbot

Kil	Kilajim		Qid	Qidduschin
Maas	Masserot		Qin	Qinnim
Mak	Makkot		RH	Rosch ha-Schana
Makh	Makhschirin		Sanh	Sanhedrin
MSch	Maaser Scheni		Schab	Schabbat
Meg	Megilla		Schebi	Schebiit
Meila			Schebu	Schebuot
Men	Menachot		Scheq	Scheqalim
Mid	Middot		Sota	
Miqw	Miqwaot		Suk	Sukka
MQ	Moed Qatan		Taan	Taanit
Naz	Nazir		Tam	Tamid
Ned	Nedarim		TebJ	Tebul Jom
Neg	Negaim		Tem	Temurot
Oh	Ohalot		Ter	Terumot
Orla			Uq	Uqtsin
Para			Zab	Zabim
Pea			Zeb	Zebachim
Pes	Pesachim			

b) Andere Texte

Abraham Ibn Daud:	G. D. *Cohen*, A Critical Edition with an Introduction and Notes of the Book of Tradition (Sefer ha-Qabbalah) by Abraham Ibn Daud, Phil. 1967.
ARN	Abot de Rabbi Natan, Text A oder B; Sch. = Ausgabe S. *Schechter*, W 1887, Ndr. H 1979.
DtnR	Deuteronomium Rabba; L. = S. Lieberman, Midrash Debarim Rabbah, J ²1965.
ExR	Exodus Rabba
GenR	Genesis Rabba; Th-A = *J. Theodor-Ch. Albeck*, Midrash Bereshit Rabba. Critical Edition with Notes and Commentary, J ²1965.
HldR	Hoheslied Rabba
ISG	Iggeret Rab Scherira Gaon; Seitenangabe nach *B. M. Lewin*, Hg., F 1920, Ndr. J 1972.
KlglR	Klagelieder Rabba; B = S. *Buber*, Midrasch Echa Rabbati, Wilna 1899, Ndr. H 1967.
KohR	Kohelet Rabba
LevR	Levitikus Rabba; M. = *M. Margulies*, Midrash Wayyikra Rabbah, 5 Bde, J 1953–1960.
Mek	Mekhilta de R. Jischmael; L. = *J. Z. Lauterbach*, Mekilta de Rabbi Ishmael, 3 Bde, Phil. 1933–5.
MHG	Midrasch ha-Gadol
MidrPss	Midrasch Psalmen; B. = S. *Buber*, Midrasch Tehillim, Wilna 1892, Ndr. J 1966.
MidrSpr	Midrasch Sprichwörter; B. = S. *Buber*, Midrasch Mischle, Wilna 1893, Ndr. J 1965.

MidrTann	Midrasch Tannaim; H. = *D. Hoffmann*, Midrasch Tannaim zum Deuteronomium, B 1908–9.
MRS	Mekhhilta de R. Simeon b. Jochai; E.-M. = Ausgabe *J. N. Epstein-E. Z. Melamed*, J 1965.
NumR	Numeri Rabba
PesR	Pesiqta Rabbati; F. = *M. Friedmann*, Pesikta Rabbati, W 1880.
PRE	Pirqe de Rabbi Eliezer; L. = Ausgabe *D. Luria*, Warschau 1852, Ndr. J 1963.
PRK	Pesiqta de Rab Kahana; M. = *B. Mandelbaum*, 2 Bde, NY 1962.
SER	Seder Elijahu Rabba; F. = Ausgabe *M. Friedmann*, W 1902, Ndr. J 1960.
SOR	Seder Olam Rabba
SOZ	Seder Olam Zutta
STA	Seder Tannaim we-Amoraim
SZ	Sifre Zutta; H. = Ausgabe *H. S. Horovitz*, J ²1966.
Tan	Tanchuma
TanB	Tanchuma Buber

Register

Sachregister

Büchertitel

O = *Ordnung*, Tr = *Traktat*, Md = *Midrasch*
(Die jeweils erstgenannte Zahl verweist auf die Seite,
die die Grundinformation bietet)

Eigennamen

*A = Amoräer, bA = babyl. Amoräer, G = Gaon, S = Saboräer, T = Tannait
Die Zahlen hinter A bzw. T zeigen an, welcher Generation der genannte
Lehrer angehört. Andere Namen nur in Auswahl
(Die jeweils erstgenannte Zahl verweist auf die Seite,
die die Grundinformation liefert)*

Abaje bA4 99, 194
Abba Arikha bA1 90
Abba aus Akko A3 96
Abba bar Abba bA1 90
Abba bar bar Chana = Rabba bA3
 97
Abba bar Kahana A3 96, 270
Abba bar Memel A3 95
Abba bar Ulla bA4 100
Abba bar Zabda (i) A2 92
Abba Chanin (Chanan) T3 82
Abba Eleazar b. Gamla T4 86
Abba Jose b. Dostai T3 84
Abba Saul T3 84
Abba Saul b. Batnit T2 78
Abbahu A3 94, 171, 172
Abimi bA2 93
Abin I. A4 98
Abin II. A5 100
Abina = Rabina II. bA7 102, 187f.
Abraham ben David 248
Abraham ha-Jakini 161
Abraham Ibn Daud 16, 17, 33, 168,
 188, 197
Abtaljon T 73, 27
Abudimi = R. Dimi A4 98f.
Abun = Abin I. A4 98
Acha aus Lydda A4 98
Acha b. Abbuha S 103
Acha b. Chanina A3 96
Acha b. Jakob bA4 100
Acha b. Raba bA6 102
Achai b. Joschijja T4 85
Achai b. Rab Huna S 103
Achawa = Ahaba b. Zera A4 98
Acher T2 81
Adda (Ada) b. Ahaba bA2 93
Adda II. b. Ahaba bA4 99
Ahaba b. Zera A4 98

Aibo A4 98
Aina S 103
Alexander A2 92
Alfasi 159, 164, 182, 193, 206
Amemar bA6 101
Ammi (Immi) b. Natan A3 94
Amram G 31
Antigonos von Sokho 72
Aqabja b. Mahalalel T1 74
Aqiba T2 79, 30, 31f., 33, 66, 69, 81,
 127, 128, 129, 131, 134f., 175, 235-5
 (Schule A.s), 239, 254, 308
Aqilas T2 79f.
Ascher b. Jechiel 148, 208, 210
Aschi bA6 102, 187f., 194
Assi bA1 91
Assi (Jose) A3 94
Azarja A5 101
Azikri, El., 182

Ba = Abba b. Zabda A2 92
Banna'a T5 88
Bar Pedaja A1 89
Bar Qappara T5 88, 86, 174, 252
Bebai A3 96
Bebai b. Abaje bA5 101
Ben Azzai T2 81
Ben Paturi T2 78
Ben Zoma T2 81
Bene Batyra T 27
Benjamin b. Levi A3 96
Berekhja (ha-Kohen) A5 100
Berurja 71, 80
Bet Schearim 12, 20
Bun = Abin I. A4 98

Caesarea 20, 169, 171f.
Chaggai A4 97f.
Chama b. Bisa A1 88

Eine Weltgeschichte der Juden
Die seit langem umfassendste Darstellung
in deutscher Sprache

Geschichte des jüdischen Volkes

Drei Bände. Herausgegeben von Haim Hillel Ben-Sasson

Band I: Von den Anfängen bis zum 7. Jahrhundert

Von Abraham Malamat, Hayim Tadmor, Menahem Stern,
Shmuel Safrai. Autorisierte Übersetzung aus dem Englischen von
Siegfried Schmitz. 1978. IX, 515 Seiten mit 13 Karten im Text
und 44 Abbildungen auf Tafeln. Leinen

Band II: Vom 7. bis zum 17. Jahrhundert. Das Mittelalter

Von Haim Hillel Ben-Sasson. Autorisierte Übersetzung aus dem
Englischen von Modeste zur Nedden Pferdekamp. 1979.
IX, 434 Seiten mit 37 Abbildungen auf Tafeln und Karten.
Leinen

Band III: Vom 17. Jahrhundert bis zur Gegenwart

Von Shmuel Ettinger. Autorisierte Übersetzung aus dem
Englischen von Christian Spiel. 1980. XI, 493 Seiten mit 10 Karten
und 37 Abbildungen auf Tafeln. Leinen

Seit der ‚Geschichte der Juden von den ältesten Zeiten bis auf die
Gegenwart‘ von Heinrich Graetz und seit Simon Dubnows ‚Weltgeschichte des jüdischen Volkes‘ ist in Deutschland keine Darstellung mehr erschienen, die sich an Umfang und Bedeutung mit der
hier vorgelegten ‚Geschichte des jüdischen Volkes‘ messen könnte.
Das Werk, zuerst 1969 in hebräischer Sprache in Tel Aviv erschienen, 1976 von zwei angesehenen Verlagen in Amerika und England
veröffentlicht, umfaßt in der deutschen Ausgabe drei Bände. Die
Verfasser sind Gelehrte der Universität Jerusalem.

Verlag C.H.Beck München

Werke zur jüdischen Kultur- und Geistesgeschichte

Günter Stemberger
Epochen der jüdischen Literatur
1982. 175 Seiten (Beck'sche Schwarze Reihe, Band 249)

Günter Stemberger
Geschichte der jüdischen Literatur
Eine Einführung. 1977. 257 Seiten
(Beck'sche Elementarbücher)

Hermann L. Strack / Günter Stemberger
Einleitung in Talmud und Midrasch
7., völlig neu bearbeitete Auflage. 1982. 341 Seiten
(Beck'sche Elementarbücher)

Günter Stemberger
Das klassische Judentum
Kultur und Geschichte der rabbinischen Zeit
(70 n. Chr. bis 1040 n. Chr.)
1979. 271 Seiten mit 2 Übersichtskarten im Text
(Beck'sche Elementarbücher)

Albrecht Alt
Kleine Schriften zur Geschichte
des Volkes Israel
Drei Bände
Band I: (1953) 4. Auflage. 1968. XII, 357 Seiten
Band II: 4., unveränderte Auflage. 1977. VIII, 476 Seiten
Band III: (1959) 2. Auflage. 1968. XII, 496 Seiten mit
einem Bild des Verfassers. Herausgegeben von Martin Noth

Verlag C. H. Beck München